Artur Fürst

Die Welt auf Schienen

Weltbild

Nach einem Modell im Deutschen Museum zu München
1. *Georg Stephensons Preislokomotive »Rakete«,*
die in dem Wettkampf zu Rainhill, 1829, den Sieg davontrug

Erbaut von I.A. Maffei in München

2. Die schwerste Lokomotive in Europa

Güterzug-Tender-Lokomotive der bayerischen Staatsbahn; Bauart Mallet, Achsanordnung D + D; Entstehungsjahr 1913

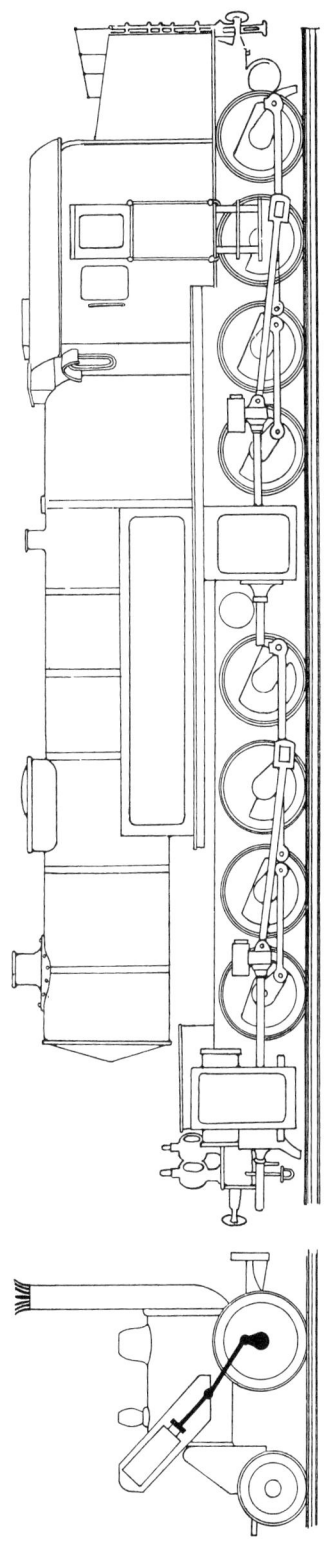

Vergleich der beiden Lokomotiven auf den Bildern 1 und 2

Länge	der alten Lok. 3,85 m	der neuen Lok. 17,55 m
Dampfspannung	der alten Lok. 3,3 kg auf 1 qcm	der neuen Lok. 15 kg auf 1 qcm
Heizfläche	der alten Lok. 12,8 qm	der neuen Lok. 285 qm
Gewicht	der alten Lok. 7450 kg	der neuen Lok. 122 500 kg
Höchste Leistung	der alten Lok. 10 PS	der neuen Lok. 1800 PS
Brennstoffverbrauch	der alten Lok. 1/2 kg Koks	der neuen Lok. 1/8 kg Kohle für 1 km Fahrt und 1000 kg Zuggewicht

Inhaltsverzeichnis

Geleitwort   7
    1. Das Zeitalter der Eisenbahn (1.)   11
Aus der Vergangenheit   29
    2. Die Vorläufer   31
    3. Der Meister   46
    4. »Das größte Wunderwerk unserer Zeit«   57
    5. Geschichte des Gleises   76
    6. Eisenbahnfrühling in Deutschland   95
    7. Ein Märtyrer   108
    8. Die Entwicklung des deutschen Netzes   121
Die Gegenwart   127
    9. Eine Fahrt von Berlin nach Halle   129
   10. Die neue Linie   134
   11. Die Erdveste   138
   12. Über Täler und Berge   144
   13. Der stählerne Pfad   173
   14. Die Lokomotive   196
   15. Die rollenden Häuser   259
   16. Die Lastträger   288
   17. Auf Zug und Stoß   307
   18. Der Zügel   314
   19. Der Ursprung   338
   20. Die gastlichen Hallen   362
   21. Die schützenden Arme   377
   22. Das dienstbare Heer   433
   23. Wache und Pflege   449
   24. Auf die Minute!   461
   25. Die Papptäfelchen   471
   26. Mit Zahn und Seil   477
   27. Der Einsame   499
   28. Unter dem Fahrdraht   507
Zukunft   531

Verwaltungen der deutschen Staats- und Privatbahnen   539
Quellenverzeichnis   545
Stichwörterverzeichnis   547

Geleitswort

Dieses Buch handelt von der *Technik* der Eisenbahn.

Damit ist ihm eine Beschränkung auferlegt. Von streifenden Betrachtungen abgesehen, bleiben die wirtschaftliche Bedeutung der Eisenbahn, ihr Einfluß auf das gesellschaftliche und politische Leben unerörtert. Nur durch die Ausschaltung dieses großen Stoffgebiets war Raum für das zu gewinnen, was hier dargelegt werden sollte.

Auf die eingehende Erörterung der wirtschaftspolitischen Einwirkungen und Zusammenhänge konnte um so eher verzichtet werden, als hierüber eine gute lesbare Literatur in reicher Fülle vorhanden ist. Ein Buch jedoch, welches auch nur ungefähr das enthält, was ich über die Eisenbahntechnik unserer Tage zu sagen beabsichtige, gibt es, so weit ich sehen kann, nicht.

Dem Leser, der, empfehlenswerten Beispielen folgend, diese einführenden Worte erst überfliegt, nachdem er das Buch selbst zu Ende gelesen, hoffe ich nichts Neues mehr mitzuteilen, wenn ich hier sage: ich habe nichts weiter gewollt, als die Fragen beantworten, die jedem Wißbegierigen sich aufdrängen, sobald er einen Bahnhof betritt oder aufmerksamen Auges die Gegenstände betrachtet, die an dem Fenster des fahrenden Zugs vorübergleiten. Damit ist zugleich ausgedrückt, daß ich kein Lehrbuch geschrieben, sondern die Leser nun auf einen Spaziergang durch die Welt auf Schienen mitgenommen habe. Meine Absicht war nicht, Eisenbahnbauer zu erziehen. Ich wollte ein Bild dieser gewaltigen Schöpfung menschlichen Geistes malen, so farbig und so anziehend, wie meine Schilderungsfähigkeit es zuließ. Ich bin bestrebt gewesen, eine in dem angegebenen Rahmen erschöpfende Darstellung der Eisenbahntechnik zu geben, zugleich aber auch ein Unterhaltungsbuch zu schreiben.

Meiner Meinung nach darf nämlich von dem Nichtfachmann, auch wenn er den heißen Wunsch hat, in ein bestimmtes Gebiet der Technik einzudringen, keineswegs verlangt werden, daß er den üblichen trockenen, vorlesungsmäßig aufgebauten Darlegungen folgt. Diese Anschauung führt mich zu der folgenden allgemeingültigen Anmerkung.

Die Ansicht ist weit verbreitet: »Technische Dinge kann man nicht verstehen!« Daraus folgt eine starke Abneigung gegen das Lesen von Werken, welche dieses Gebiet behandeln, und eine geradezu erstaunliche Unkenntnis der technischen Dinge, obgleich diese doch jeden täglich aufs engste berühren. Es ist aber ganz sicher, daß alles, was Menschen geschaffen haben, sich auch verständlich darlegen läßt. Wer Technisches erklären will, muß freilich die Aufnahmefähigkeit seiner Leser genau in Betracht ziehen. Am besten ist es, Vorkenntnisse in keiner Weise anzunehmen. Ferner darf es dem Leser, der in ein ihm gänzlich unbekanntes Land hineinschreitet, nicht überlassen werden, selbst zu erkennen, an welchen Orten zu Seiten seines Pfads er rasch vorübereilen kann, und wo er wegen der grundlegenden Bedeutung des zu Beschauenden längere Zeit verweilen muß. Der Verfasser der Darlegung hat vielmehr die Pflicht, seinen Stoff so zu gliedern und anzuordnen, daß Wichtiges von selbst stark hervortritt. Gelingt es noch, durch Beibringung vergleichenden, ja selbst anekdotischen Stoffs zu einer rein literarisch fesselnden Darstellung vorzudringen, so darf mit der Gewinnung neuer Freunde der Technik gerechnet werden.

Auf solchen Meinungen und Absichten ist der Inhalt dieses Buchs aufgebaut. Wie weit es mir gelungen ist, die gewollte Wirkung zu erreichen, muß dem Urteil der Leser überlassen bleiben.

Trotz des Fortfalls fast aller wirtschaftlichen Erörterungen ist eine weitere Beschränkung des Buchs auf die Schilderung der Einrichtungen und des Betriebs der Ferneisenbahnen notwendig gewesen, um den Band nicht zu unförmlicher Dicke anschwellen zu lassen. In den Aufbau und Ausbau der großen Strecken ist nämlich eine solche Fülle technischer Großleistungen eingesenkt, daß deren Darstellung allein den ziemlich weit gesteckten Rahmen ausfüllte. Ich beabsichtige, in einem Buch »Berlin im technischen Jahrhundert«, das im gleichen Verlag erscheinen wird, die hier fehlenden Stadtschnellbahnen und Straßenbahnen zu behandeln.

Bei der Heranschaffung des textlichen und bildlichen Stoffs für das vorliegende Werk habe ich mich bereitwilligster Unterstützung zu erfreuen gehabt. Zu besonderem Dank bin ich der Königlichen Eisenbahndirektion Berlin verpflichtet, die mir durch Hergabe von amtlichen Drucksachen und die Erlaubnis zur Besichtigung zahlreicher Dienststätten erst die gründliche Bearbeitung vieler Abschnitte ermöglicht hat. Auch das große Eisenbahngewerbe Deutschlands hat meiner Arbeit ein liebenswürdiges Verständnis entgegengebracht. Hervorheben möchte ich die umfangreiche Unterstützung durch die Hannoversche Maschinenbau A.-G (Hanomag) und ihren Leiter, Kgl. Baurat Metzeltin, dem ich zugleich für das Lesen eines großen Teils der Korrekturen zu danken habe.

Es ist ein großer Gegenstand, der in den folgenden Blättern behandelt wird. Unsere stark zur Kritik neigende Zeit begeht leicht den Fehler, über kleinen Flecken, die sie wahrnimmt, die Strahlen einer prächtig leuchtenden Sonne zu übersehen. Ich möchte mit diesem Buch bewirken, daß die Leser über die kleinen Ärgernisse, die auch bei einer Eisenbahnfahrt oft nicht zu vermeiden sind, über hier und da sich zeigende Mängel fortab leichter hinwegsehen, nachdem ihnen bekannt geworden, welche fast unübersehbare Fülle von Anlagen und Einrichtungen geschaffen werden können, welche gewaltige Arbeit täglich von neuem geleistet werden muß, um den Betrieb regelmäßig und unter Sicherung von Gesundheit und Leben der Reisenden durchzuführen.

Bei der Abfassung dieses Buchs über die Eisenbahnen hat mich in keinem Augenblick das Gefühl der Bewunderung und hohen Freude gegenüber dieser herrlichen Schöpfung des Menschengeschlechts verlassen. Wenn es mir gelingt, nur einen geringen Teil dieser Bewunderung und Freude auch auf den Leser zu übertragen, werde ich meine Arbeit nicht als mißlungen betrachten.

Berlin-Wilmersdorf, im Frühjahr 1918
Artur Fürst

Die Eisenbahnen sind wieder ein solch bestimmendes Ereignis, das der Menschheit einen neuen Umschwung gibt, das die Farbe und Gestalt des Lebens verändert. Es beginnt ein neuer Abschnitt in der Weltgeschichte, und unsere Generation darf sich rühmen, daß sie dabei gewesen ... Sogar die Elementar-Begriffe von Zeit und Raum sind schwankend geworden. Durch die Eisenbahn wird der Raum getötet. Es bleibt nur noch die Zeit übrig.

(Heine, 1843.)

8

Das Zeitalter der Eisenbahn

1. Das Zeitalter der Eisenbahn

Das Mittelalter der Menschheitsgeschichte reicht bis in das erste Drittel des vorigen Jahrhunderts. Erst mit dem Jahre 1830 beginnt die Neuzeit. Damals fand die Eröffnung der ersten Eisenbahnstrecke statt, die für den öffentlichen Verkehr bestimmt war.

Welch ein Ereignis!

Viele Jahrtausende lang war der Mensch an die Scholle gefesselt, auf die ihn der Zufall der Geburt gestellt hatte. Die Macht, die dem Erdbewohner von Beginn an feindlich war, hielt ihn an seiner Wohnstätte fest: der Raum. Gegen diesen konnte nur mit größter Mühsal, unter schrecklichen Gefahren und durch Opferung einer übermäßig großen Menge des kostbaren Besitztums Zeit angekämpft werden. Wenn darum früher einmal größere Menschenmassen über die Erdoberfläche zogen, wie es heute an jedem gewöhnlichen Tag geschieht, so waren sie durch einen mächtigen Anstoß in Bewegung gesetzt: durch den Angriff eines überlegenen Feinds, durch die von Naturgewalten verursachte Zerstörung der heimatlichen Ackererde oder durch die Sucht nach Eroberung und Kriegsbeute. Jede solcher Massenbewegungen wurde ein geschichtliches Ereignis, sie ward als Völkerwanderung oder Heereszug in die unvergänglichen Bücher eingeschrieben.

Die Natur, welche in den Geist des Menschen die Freude an der Fortbewegung gelegt hat, die Sehnsucht umherzuschweifen, so weit wie möglich vorzudringen, die ihn besondere Luft beim Erschauen des noch Unbekannten empfinden läßt, diese selbe Natur hat ihr letztes Geschöpf nur mit recht kümmerlichen Möglichkeiten bedacht, sich jene Freude zu verschaffen, diese Sehnsucht und Lust zu befriedigen.

Es ist eine recht erstaunliche Tatsache, daß sie, die wir so gern die Allmutter nennen, den lebendigen Wesen, soweit diese sich überhaupt willkürlich von der Stelle zu bewegen vermögen, höchst unvollkommene Werkzeuge hierfür zur Verfügung gestellt hat. Das Bein, welches – in Einzelheiten der Durchbildung verschieden, im ganzen immer in der gleichen Form und Art – den Tieren und Menschen zur Fortbewegung dient, ist eine Anordnung von recht bescheidenem Wirkungsgrad. Ein verhältnismäßig großes Gewicht muß beim Gehen immer von neuem angehoben werden, nur um sofort wieder hinabzusinken, der tote Pendelgang des Glieds bei jedem Schritt verbraucht umsonst Kraft und Zeit.

Dabei gibt es eine höchst einfache Fortbewegungsvorrichtung, die frei von unausgeglichenen Gewichtshebungen und jedem toten Gang ist. Der Mensch hat sie erfunden, als seine Gattung noch recht jung war, als er noch auf einer sehr niedrigen Stufe der Kultur stand; der Natur ist sie bei ihrer unabsehbar langen Entwicklungsarbeit niemals eingefallen.

Diese Vorrichtung ist das Rad.

Kein Mensch wird mit einem Raduntergestell geboren, was sehr wünschenswert wäre, so seltsam es auch klingen mag. Er muß sich vielmehr mit Hilfe eines weit weniger brauchbaren Werkzeugs über die Erde bewegen. Und dazu kommt noch, daß die Oberfläche unseres Heimatsterns durch ihre Gestaltung die Überschreitung größerer Strecken bedeutend erschwert.

Vor Jahrmillionen, als die Kruste der Erde schon bis zu einer gewissen Tiefe erkaltet und erstarrt, deren Inneres aber noch weit heißer war als heute, entstand durch die Zusammenziehung des immer weiter sich abkühlenden feuerflüssigen Erdkerns schließlich ein breiter Zwischenraum zwischen diesem und der starren Kruste. Die äußere Erdschicht, die bis dahin ganz glatt gewesen war, verlor dadurch ihre Unterstützung und mußte schließlich unter dem Zug der Schwerkraft einstürzen. Hierbei ging es ziemlich heftig drunter und drüber. Ungeheure Schollen stellten sich schräg ein, an einzelnen Stellen wurde der Boden hoch emporgedrückt, an anderen sank er ein. So entstand das heutige Antlitz des Himmelskörpers, auf dem wir wohnen; die glatte Stirn der Mutter Erde erhielt Falten. Nun werden die Gebirge emporgetürmt, Furchen eingepreßt, und die scharfen Nagezähne des fallenden Wassers sorgten für die Herstellung von tiefen Einschnitten auch im sonst flachen Land.

Seitdem ist dafür gesorgt, daß eine Vorwärtsbewegung über ein größeres Stück der Erdoberfläche kein einfaches Dahinschlendern über eine Ebene ist. Der wandernde oder fahrende Mensch hatte von Beginn an mit der Schwerkraft zu kämpfen, die sich bei jedem der unzähligen Auf und Ab unangenehm bemerkbar machte. Die kleinen Unebenheiten ihres Wegs vermochten unsere Vorfahren bereits vor Jahrtausenden durch die Anlage von Straßen mit einigermaßen befestigter Fahrbahn auszugleichen. Aber den großen Wellenbewegungen des Geländes mußte die Straße sich eng anschmiegen, hier vermochte sie keinen kraftsparenden Ausgleich zu gewähren. Niemand konnte auf den Gedanken kommen, für die langsam sich dahinschleppenden Verkehrsmittel, die bis zum Anfang des neunzehnten Jahrhunderts ausschließlich vorhanden waren, unter Aufwendung ungeheurer Kosten ebene Wege zu schaffen. Das hätte geheißen, einer Henne Kondorflügel anheften. Ein der Aufwendung entsprechender Nutzen wäre nicht entstanden.

Bevor das Riesenwerk der Anlage wirklich ebener Straßen lohnend erscheinen konnte, mußte erst etwas ganz Neues, ganz Großartiges geschehen. Das Rad mußte sich mit der Schiene vermählen, und in diese Ehe mußte die Triebkraft des Dampfs adoptiert werden.

Als dies geschehen, ward der Mensch plötzlich zum Herrn der Erde. Der Äquator und alle Meridiane wurden kürzer, die Erdkugel schrumpfte unter seinem festen Zugriff ein, der Raum, dieses Ungreifbare, ließ sich zusammendrücken.

Im Wagen auf der glatten Schiene dahingezogen, spottet der Mensch fortab der kümmerlichen Bewegungswerkzeuge, die ihm die wenig sorgsame Natur an den Leib gehetet. Aber gleichzeitig, im nämlichen Augenblick, da er das neue Verkehrsmittel geschaffen hatte, dachte der kluge Erfinder auch daran, das weite Hindernis zu beseitigen, welches ihm das rasche Umherschweifen über die Erde so sehr erschwerte. Jetzt wurden sogleich, schon für den ersten großen, der Allgemeinheit geweihten Schienenpfad, Talmulden aufgehöht, Hügel abgegraben, Flüsse überbrückt, Felsen durchbohrt. Dort wo der Mensch sein Eigentum, die Erde, durcheilen will, ist seitdem die Zerklüftete vor ihm wieder eben. Das auf der glatten, ebenen Bahn geflügelt gewordene Rad ward zum Zeichen eines anderen Abschnitts der Menschheitsgeschichte.

Die Neuzeit hatte begonnen.

Des Menschen Heimat ist der feste Boden, nicht das Wasser. Wie seltsam muß daher die Tatsache berühren, daß jahrtausendelang die Fortbewegung auf dem Wasser rascher und bequemer war als das Reisen über Land. All die gewaltigen Stätten, an deren Schicksal die Geschichte der früheren Jahrhunderte geknüpft ist, lagen am Meer oder an großen schiffbaren Flüssen, die rasch der See zueilten. Nur in der

Nähe der Küsten war der Austausch von Personen und Gütern, durch den allein menschliche Siedelungen erstarken können, in bedeutendem Maßstab möglich.

Der Römer kannte die dem Mittelmeer zugekehrten Küsten von Asien und Afrika weit besser als das Innere seines heimatlichen Erdteils. Die völkerverbindende Kraft des Weltmeers war noch bis in späte Jahrhunderte hinein der des festen Lands bedeutend überlegen. *Max von Weber*, der Sohn des »Freischütz«-Schöpfers, der ein hervorragender Ingenieur und ausgezeichneter Schriftsteller war, schreibt in seinem Buch »Aus der Welt der Arbeit«: »Es war noch im sechzehnten Jahrhundert leichter, tausend Zentner Kohlen von Newcastle nach Lissabon zu versenden, als einen Ballen Tuch von Norwich nach London zu bringen, und bis zu Anfang desselben Jahrhunderts, wo die Kohlengruben an den Küsten aufgetan wurden, hatte London, obwohl in waldloser Gegend gelegen und an Holzmangel leidend, keine Steinkohlen.«

Das Elend der Verkehrsverhältnisse im mittelalterlichen Europa ist zu bekannt, als daß es hier einer neuen Schilderung bedürfte. Wie man noch zur Zeit Friedrichs des Großen in Deutschland reiste, ist in den Lebenserinnerungen der Schwester des Königs, der Markgräfin *Wilhelmine von Bayreuth*, köstlich dargestellt.

Für eine Reise von der Hauptstadt ihres Ländchen nach Berlin, die heute in sieben Stunden überwunden wird, brauchte sie fast ebensoviele Tage. Und welche Erlebnisse konnte man auf solchem Weg haben! Die Markgräfin schildert eine ihrer Fahrten wie folgt:

»Es war ein höllisches Wetter! Die Wege waren so schlecht, daß ich, aller meiner Eile ungeachtet, nur bis Hof kommen konnte, und das erst abends um elf Uhr, da es doch nur sechs Meilen von Bayreuth entfernt ist. Mein Gepäck war zurückgeblieben, ich mußte mich also ganz angekleidet auf ein schlechtes Bett legen, auf dem ich wenig schlief. Das Gepäck kam erst um zwei Uhr an, ich befahl, es weiterfahren zu lassen, in der Hoffnung, daß mein Nachtlager in der zweiten Nacht besser sein würde wie das erste.«

»Die zweite Tagesreise war sehr lang. Ich reiste um drei Uhr ab und war mittags in Schleiz, das nur vier Meilen von Hof entfernt ist. Ohne aus dem Wagen zu steigen, nahm ich etwas Fleischbrühe, um recht früh in Gera, zwei Stationen weiter, einzutreffen. Die erste legte ich in vier Stunden zurück, auf der zweiten fand ich keine Pferde, obschon sie zwei Tage vorher bestellt waren.«

»Mich begleitete gar kein anderer Wagen als der, in welchem Herr von Seckendorf mit meinen Kammerfrauen saß. Der Postmeister, der wohl abgefeimt war, bat mich, um Gottes willen nicht weiterzureisen, weil die Wege zum Halsbrechen wären. ›Sie müssen‹, sagt er, ›durch einen großen Wald, wo alle Tage geraubt und gemordet wird, und da Sie dieselben Pferde, welche Sie hierher brachten, auch nach Gera führen müssen, können Sie nur sehr spät eintreffen. Ich muß Ihnen das alles sagen, um aller Verantwortung ledig zu sein.‹ Mir stieg der Kamm, wie ich diesen weisen Ratgeber hörte. Meine Hofdame wollte, daß wir die Nacht in diesem Dorfe zubringen sollten, allein wir hatten weder Betten noch Köche, das Haus sah wie eine Räuberhöhle aus, es stank zum Sterben, und die Schweinerei, die darinnen herrschte, machte einem übel und weh. Ich entschloß mich also schnell, stellte mich ganz heldenmäßig, indes mir himmelbang war, und setzte meinen Weg fort.«

»Des Postmeisters Rat war leider nur zu gerechtfertigt! Die Wege waren abscheulich! Bei jedem Schritt waren wir in Gefahr umzuwerfen, und, um das Unglück zu krönen, fing die Nacht an, ihren Mantel über uns auszubreiten. Wir hatten zwar Fackeln mit uns, allein in demselben Augenblick, wo wir in den Wald traten, verlöschten sie, und die Finsternis vermehrte unsere Angst. Je weiter wir kamen, hörten wir um uns her Pfiffe ertönen, die mich mit Furcht und Zittern erfüllten; der kalte Schweiß lief mir von der Stirn, meine Damen waren nicht besser daran, und wir gingen leise flüsternd zu Rate, was wir im Fall eines Angriffs tun sollten. In diesem Zustand blieben wir bis nachts zwei Uhr, wo wir endlich glücklich in Gera ankamen. Wir waren alle halbtot, mir insbesondere hatte meine heldenmütige Entschlossenheit das Blut so in Wallung gebracht, daß ich die ganze Nacht sterbenskrank war.«

Auch der Maler Wilhelm *von Kügelgen*, in dessen »Jugenderinnerungen eines alten Mannes« wir eine so treffliche Schilderung der ersten Jahrzehnte des vorigen Jahrhunderts besitzen, hatte auf einer winterlichen Reise durch Thüringen, die er im Jahre 1814 machte, keine allzu angenehmen Erlebnisse.

»Der Wagen von unbeschreiblichen Proportionen«, so schreibt er, »hing altersschwach und lahm in seinen Federn, die Schläge waren mit Bindfaden befestigt und die hart eingetrockneten Fensterladen weder einzuknöpfen noch zurückzuschnallen. Die Pferde standen da mit tiefgesenkten Häuptern, dem Anschein nach halb schlafend oder tot, und niemand konnte begreifen, wie sie nur bis hierher gelangt waren. Aber seine Pferde wären gut, sagte der Kutscher, begrüßte aber jeden Koffer, der ihm zugetragen wurde, mit schweren Seufzern.«

»Endlich war alles fertig, und Barduas wurden umarmt, soweit dies anging, denn wenigstens wir Kinder konnten die Arme nicht sehr rühren, da wir verpackt und eingewickelt waren wie Kokons. So wurde einer nach dem andern in den höchst jammervollen Kasten verladen, bis sich zuletzt auch noch die getreue Rose darstellte, um gleichfalls aufzusteigen. Sie hatte, um sich vor Kälte und ihre Siebensachen vor dem Verderben des Einpackens zu schützen, alles auf den Leib gezogen, was sie an Wäsche und Kleidern besaß und sah wie das Heidelberger Faß aus. Der Kutscher hatte jeden Einsteigenden im Geist gewogen und zu schwer befunden. Als er aber dieses Ungeheuers von Mädchen ansichtig wurde, tat er einen schauderhaften Fluch und Schwur, ihn solle dieser oder jener holen, wenn er sie in den Wagen ließe.

›So möge er sich denn hinpacken, wo er hergekommen wäre‹, schrie ihn der Vater an, ließ wieder abladen, und dieser erste Anlauf war gescheitert.«

Die Gesellschaft erhielt dann einen anderen Reisewagen.

»Aber trotz bester Equipage«, so schreibt Kügelgen weiter, »war es doch immer nicht die beste Fuhre. Die Wege gingen auf, und der Wagen taumelte wie ein Trunkenbold von einer Seite auf die andere, bis er schließlich in der Naumburger Gegend in einem Schneeloch stecken blieb. Mein Vater und der Kutscher sprangen ab. Sie durchnäßten sich fast bis zum Halse, indem sie mit Geschrei und Prügeln taten, was sie konnten, auch legten sich die Pferde mit allen Kräften ins Geschirr und taten ebenfalls, was sie konnten; aber der Wagen stand wie eingenietet.«

»Da schien es denn ein Glück zu sein, daß ganz in nächster Nähe ein Haufen Schneeschipper arbeitete. Mein Vater sprach sie an; sie sagten aber, sie wären angestellt, die verschneiten Gräben auszuschaufeln, daß kein Wagen hineinpoltere, und das übrige ginge sie nichts an. Der Kutscher entgegnete, die Löcher auf der Straße wären schlimmer als alle Gräben, und sie sähen doch, daß wir drin stäcken; aber es war so wenig mit ihnen anzufangen wie mit der Armsäule am Wege, die eben auch zwei unnütze Pfoten in die Luft streckte, und weder Bitten noch Geld konnten sie bewegen, ihren Beruf verständiger aufzufassen.«

»So saßen wir denn abermals fest ... Mein Vater und der Kutscher hielten Kriegs-rat, und es schien nichts anderes übrigzubleiben, als den Wagen zu entleeren und auszupacken; eine schlimme Aussicht für die kränkelnde Mutter und uns alle. Aber siehe! Da nahte sich mit fröhlichem Gesange ein kleines auf dem Marsch be-griffenes Detachement von etwa zwanzig russischen Soldaten. Als diese sahen, was hier los oder vielmehr stecken geblieben war, legten sie unaufgefordert und au-genblicklich Hand an. Ein paar starke Kerle krochen unter den Wagen und hoben ihn mit ihren Rücken, daß er in den Fugen krachte, während andere schoben, schri-en und in die Pferde hieben. Im Augenblicke waren wir aus dem Pfuhl heraus, und unsere Retter zogen beschenkt und singend weiter.«

Im Jahre 1821 waren die Verkehrsverhältnisse keineswegs besser geworden. Ludwig *Börne* faßte damals die Klagen über die argen Reisebeschwernisse in einem glei-ßelnden Aufsatz zusammen, den er »Monographie der deutschen Postschnecke« nannte. Er gibt darin unter anderem ein Gespräch wieder, das er mit einem Major führt.

»Herr Major, sagte ich, hätte ich einen Säbel wie Sie, meine ästhetischen Flüche gehörig zu unterstützen, hol' mich der Teufel, ich haute ein, und es gäbe blutige Köpfe. Ist der Passagier ein Narr jedes Postmeisters, Kondukteurs und Postillions, und muß er liegen bleiben, sooft es diesen Herrn gefällt, Wein zu trinken oder aus-zuschenken? Kommt man in ein Nest und trägt nicht Lust, im Postwagen zu war-ten und zu frieren, umdreht der Eigentümer des Ofens unsern schlotternden Leib, wie die Katze den Brei, und tausend Fragezeichen im Gesichte zweifeln, was man befehle. Muß ein armer Passagier leben, wie die große Welt in Paris, und um Mit-ternacht Koteletts essen? In Zeit von 46 Stunden, worunter 14 nächtliche, habe ich 12 Schoppen Wein getrunken und noch einige mehr bezahlt für den Kondukteur. Wie weit ist es, Herr Major, von Frankfurt nach Stuttgart? Also kaum 40 Stunden? Und auf diesem kurzen Wege haben wir 15 Stunden Rast gehalten!«

»Damit sich die Leser überzeugen können, daß ich mir keine größere poetische Freiheit genommen als billig ist, will ich eine genaue Berechnung der Zeit, die wir uns zwischen Frankfurt und Stuttgart aufgehalten, nebst Benennung der Orte, wo dieses geschah, folgen lassen. Aus dieser Statistik (Stillstandslehre) des Postwagens wird sich ergeben, daß ich noch nicht zwei Prozent gelogen, indem auf 15 Stunden die Übertreibung nur 16 Minuten beträgt.

	Stunden	Minuten
In Sprendlingen	–	12
" Langen	–	50
" Darmstadt	–	45
" Bickenbach	–	30
" Heppenheim	1	15
" Weinheim	–	30
" Heidelberg	3	15
" Neckargmünd	1	15
" Wiesenbach	–	12
" Sinzheim	–	15
" Fürfeld	–	30
" Heilbronn	3	10
" Besigheim	1	5
" Ludwigsburg	1	–
Summa:	14 Stunden	44 Minuten

»Ich bin von Straßburg nach Paris und von Paris nach Metz auf der Diligence gereist und hatte kein Sohlenleder unter mir, sondern gute Verviers-Mitteltücher, und auf diesen beiden Reisen zusammen hat sich der Wagen nicht 10 Stunden aufgehalten. Ist das nicht zum Tollwerden? Ist es nicht Schimpf und Schande, daß das Zusammentreffen der Postwagen auf den Kreuzwegen so schlecht eingerichtet ist, daß ich in Bruchsal 24 Stunden liegen bleiben und auf den Straßburger Wagen warten mußte, bis ich weiter konnte nach Frankfurt? Warum gibt man den Reisenden nicht wenigstens Wartegeld, gleich den quiescierenden Staatsdienern, bis sie einen Platz und ihr Fortkommen finden? Ich weiß nicht, ob Sie die Abendzeitung lesen, Herr Major; dort erzählt Herr Mühlen in Nr. 33 dieses Jahrgangs die Anekdote von einem Sonderling, der viel gereist sei. Auf diesen Reisen (wird erzählt), die er stets mit Extrapost machte, verursachte ihm aber nichts so viel Ärger als die Postmeister, Posthalter und Postillone, und wenn er auf diese zu sprechen kam, so war er unerschöpflich in Sarkasmen und Schilderungen ihrer Roheit, Habgier und der Langsamkeit auf den Stationen und im Fahren. Dieser Antagonismus sprach sich auch in seinem letzten Willen aus.«

»In seinem Testament hatte er Nachstehendes verordnet. Nachdem er diejenigen namentlich aufgeführt, welche seine Leiche zur Ruhestätte begleiten sollten, hieß es: ›Ich verlange ausdrücklich, daß die vorgenannten Personen in mit Extrapostpferden bespannten Wagen meiner Leiche folgen sollen, und sind die diesfälligen Kosten aus den zu meinem Begräbnis ausgesetzten Summen zu bestreiten; denn da es der Anstand erheischt, daß ein Leichenzug feierlich und langsam vor sich gehen muß, so werden die Postillone das letztere unfehlbar am besten ausrichten.‹«

»Hätten Sie, wie ich, die Abendzeitung gelesen, Herr Major, wären Sie nicht auch auf meinen nachfolgenden Gedanken gefallen? Man sollte nicht die Leidtragenden, sondern die Leichen selbst auf Hochfürstlich Thurn-und-Taxischen fahrenden Postwagen zum Begräbnisse führen, damit sie Zeit gewönnen, aus dem Scheintode zu erwachen, da, wenn in der Asche des Lebens nur noch ein Fünkchen glimmt, das Rütteln des Wagens es zur Flamme anfachen müsse. Wäre dieses nicht eine sehr gute ambulante Totenschau?«

Bis zur Eröffnung der Eisenbahn stand es also äußerst schlecht um alle Verkehrswege. Die Römer hatten bereits ausgezeichnete, bis nach Norddeutschland reichende Straßen gebaut, aber nicht zur Hebung des Verkehrs, sondern weil sie der leicht begehbaren Wege bedurften, um zur Befestigung ihrer Herrschaft Soldaten rasch überall hin werfen zu können. Als dieser politische Zweck fortgefallen war, ließ man die Legionsstraßen rasch wieder zugrunde gehen und dachte nicht daran, neue von ähnlicher Großartigkeit anzulegen, weil die Fahrzeuge dies als nicht lohnend erscheinen ließen.

Das Schiff war und blieb das wichtigste Beförderungsmittel. Friedrich der Große baute Kanäle, aber keine Straßen. In England war die Bedeutung der Wasserwege noch um 1830 so groß, daß die am Kanal des Herzogs von Bridgewater Beteiligten auf ein Haar das Werk Stephensons zu Fall gebracht hätten. Ein Fluch schien die für große Fahrt bestimmten Fortbewegungsmittel der Menschheit ins Wasser hineinzuzwingen, für dessen Teilung beim Voraneilen so viel Kraft unnötig aufgewendet werden muß. Daß die Luft, die sich in einem Zustand geringerer Dichtigkeit befindet, mit weniger Kraftaufwand zu durchdringen ist, wußte man längst, aber die von selbst sich einstellende Ebene des Wassers lockte zu sehr.

Die Eisenbahn erst schuf sich auch auf dem Land die Ebene und machte so der

Menschheit das königliche Geschenk der sausenden Geschwindigkeit. »Die Ausbildung der Straßen in einem Land bezeichnet«, so sagt Max von Weber, »den Positiv von dessen Kulturentwicklung, deren Komparativ erfordert den Kanal, der Superlativ ist ohne Eisenbahn nicht denkbar.« Dabei ist die Beobachtung merkwürdig, daß der Superlativ nicht etwa den Positiv und den Komparativ verdrängt hat. Diese sind im Gegenteil durch ihn gekräftigt worden. Niemals wurden so viel Straßen und Kanäle gebaut wie im Zeitalter der Eisenbahn. Alles, was wir heute Verkehr nennen, stammt erst aus dem Jahre 1830.

So wenig vor dem Auftreten der Brüder Wright und des Grafen Zeppelin ein Mensch jemals das wirkliche Bedürfnis gefühlt hat, zu fliegen, so wenig gab es vor Stephensons Schaffen ein Verkehrsbedürfnis. Die Wanderlust steckte als Urtrieb längst im Menschen; Faust empfand sehr stark die Sehnsucht nach dem Flügel. Aber das gewöhnliche Leben stockte nicht dadurch, daß man keine häufigen, schnellen und bequemen Reisegelegenheiten hatte. Die Eisenbahn im allgemeinen ist also nicht entstanden, weil sie erforderlich gewesen. Kaum an irgendeiner Stelle der Erde hat man etwas Derartiges vermißt, solange es nicht vorhanden war. Die großartige Erscheinung des regen Menschen- und Güteraustauschs über das Land bestand in keines Menschen Vorstellung, bis sie durch die Ausbreitung der Eisenbahnen sich einstellte.

Thiers sprach, als man die neue Verkehrsform in Frankreich einführen wollte, von einer englischen Narrheit. In den Jahren der Vorbereitung für die erste größere Eisenbahnlinie in Deutschland fragten die Leute einander: »Wozu eigentlich? Was hat der Dresdner in Leipzig, der Leipziger in Dresden zu tun?« Und der Generalpostmeister *Nagler* in Berlin, also der oberste Verkehrsbeamte Preußens, soll den Erbauern der Bahn von Berlin nach Potsdam entgegengehalten haben, daß seine nur einmal am Tag zwischen den beiden Städten fahrende Diligence niemals vollbesetzt wäre, das Bahnunternehmen also gänzlich aussichtslos sei. (Nach neueren Feststellungen Sautters soll dieser Ausspruch geschichtlich nicht beglaubigt, Nagler vielmehr ein Förderer des neuen Verkehrsmittels gewesen sein, das Wort ist dann, unter Loslösung von der Person, als Ausdruck des Zeitgedankens aufzufassen.)

Das bayerische Medizinalkollegium glaubte noch im Jahre 1835 den Eisenbahnbau dadurch hintanhalten zu können, daß es erklärte, die große Geschwindigkeit würde den Insassen der Wagen Kopfschmerzen und Schwindel verursachen. In England wollten sogar Mitglieder des Parlements der ersten größeren Lokomotivbahnstrecke die Erlaubnis versagen, weil sie fürchteten, daß der vorüberfahrende Zug die Kühe beim Grasen stören und die Hühner so erschrecken könnte, daß sie keine Eier mehr legen würden.

Trotzdem ward und wuchs die Eisenbahn. Sie ist heute das wichtigste und mächtigste aller Werkzeuge, die der Mensch besitzt.

In seinem trefflichen Büchlein »Am sausenden Webstuhl der Zeit« stellt *Launhardt* den sieben Weltwundern der Alten ebensoviele Wunder der Jetztzeit gegenüber. Zu diesen rechnet er die Lokomotiv-Eisenbahn, die großen Brücken und die Tunnel. Da der Brücken- und der Tunnelbau im großen erst durch die Eisenbahn entstanden, so sind nach Launhardt nicht weniger als drei von den sieben wunderbaren Erzeugnissen unserer Zeit dem Bannkreis der Eisenbahn zuzurechnen.

Und wahrlich, sie ist ein Weltwunder!

Seitdem die Urahne aller wirklich brauchbaren Lokomotiven, Stephensons »Rakete«, zum ersten Mal einen Zug in Bewegung gesetzt hat, sind noch nicht neun Jahrzehnte verflossen. Und wie durchgreifend haben sich in dieser verhältnismäßig so kurzen Zeitspanne alle Verkehrsverhältnisse auf der Erde durch die Einwirkung der Eisenbahn verändert!

Wenn man früher in Deutschland mit der Schnellpost 15 Kilometer in der Stunde zurücklegte, so war man glücklich über diese geschwinde Beförderung. Unsere heutigen Schnellzüge durchfahren 100 Kilometer in der Stunde und mehr. Doch dieses Verhältnis der reinen Fahrgeschwindigkeiten von 15 zu 100 wird weit in den Schatten gestellt durch den Vergleich der Reise-Geschwindigkeiten, das heißt derjenigen Zeiten, innerhalb deren die Fahrgäste wirklich von einem Ort zum andern gebracht werden. Während die Lokomotive mehrere 100 Kilometer durchfahren kann, ohne auch nur einen Augenblick zu verschnaufen, mußten auf den Poststrecken fortwährend die Pferde gewechselt werden. So brauchte man, nach Launhardt, noch im Jahre 1840, »für eine Reise von Hannover nach Leipzig, also zur Zurücklegung von 272 Kilometern, mit der Post 40 Stunden, während diese Reise jetzt auf der Eisenbahn weniger als fünf Stunden erfordert. Dabei fuhr die Post im Jahre 1840 zwischen jenen beiden Städten wöchentlich nur fünfmal in jeder Richtung, ja eigentlich nur dreimal, da bei zwei dieser Fahrten eine Unterbrechung durch eine Übernachtung vorkam, wodurch die Dauer der Reise von 40 auf 48–50 Stunden erhöht wurde. Heute verkehren zwischen Hannover und Leipzig täglich in jeder Richtung vierzehn Personen- und Schnellzüge, so daß eine regelmäßige Reisegelegenheit heute zwanzigmal häufiger als früher mit der Post geboten wird.«

Von Berlin nach München fuhr man im Jahre 1835 mit der Schnellpost noch mehr als 3 1/2 Tage; heute wird die Strecke in zehn Stunden zurückgelegt. Das Fahrgeld betrug damals 81 Mark, während eine Fahrkarte dritter Klasse von Berlin nach München jetzt 21,10 Mark kostet.

Man bezahlt also heute auf der Eisenbahn nur einen Bruchteil des Fahrpreises, der früher für den Verkehr über die Landstraßen erhoben wurde, und erfreut sich auf der Reise einer unvergleichlich viel größeren Bequemlichkeit, indem die Unbilden der Witterung gänzlich ferngehalten werden, die Erschütterungen fast vollständig verschwunden sind, und der Aufenthalt in den geräumigen, bei Bedarf geheizten und beleuchteten Wagen so sehr viel angenehmer ist als in den schmalen Postkutschen, dem Sinnbild der Rumpeligkeit und der drückenden Enge.

Trotz der gesteigerten Geschwindigkeit ist die Sicherheit des Reisens bedeutend gewachsen. Während beim Postverkehr schon auf je 400 000 Reisende ein Getöteter kam, raubt die Eisenbahn in Deutschland heute nur etwa einem von 15 Millionen Reisenden das Leben.

Die Zuverlässigkeit des Verkehrs ist durch die fast vollständige Unterbrechungslosigkeit und Störungsfreiheit des Eisenbahnbetriebs außerordentlich gestiegen. Auf den preußischen Staatsbahnen z.B. sind nach van der *Borght* im Jahre 1910 nur 41 Unterbrechungen bis zur Dauer von zwei Tagen und 8 Unterbrechungen von längerer Dauer, verursacht durch ungewöhnlich starke Regengüsse und Hochwasser, eingetreten. Dazu kamen im gleichen Jahr noch 37 Störungen von kurzer Dauer, die durch Schneeverwehungen veranlaßt wurden. Die Zahl von 78 Unterbrechungen überhaupt ist gegenüber der riesenhaften Ausdehnung des Eisenbahnverkehrs von ganz verschwindender Bedeutung. Hiergegen bedenke man, daß schon jeder stärkere Schneefall die Fahrpost zu gänzlicher Ruhe verurteilte, und daß die Wasserstraßen im Winter durch Frost, im Sommer durch anhaltende Trockenheit oft monatelang unterbrochen sind.

Die Pünktlichkeit der Eisenbahn ist sprichwörtlich. Von hundert Zügen pflegt nach der Statistik in Deutschland kaum einer seine festgesetzte Ankunftszeit um ein geringes zu überschreiten.

In der Eisenbahn hat sich die Menschheit ferner ein unvergleichliches Mittel zur Ausbreitung der Bildung geschaffen. Erst durch die Schienenwege ist die Kenntnis von der Beschaffenheit der Erdoberfläche Allgemeingut geworden; die Kunstbesitztümer aller Völker liegen seither vor jedermanns Auge. Jedes Volk kennt heute die Eigenheiten aller anderen.

Nur in einer Beziehung hat man sich leider über den günstigen Einfluß der Eisenbahn getäuscht. In vielen Schriften aus früheren Jahren kann man lesen, daß die durch die Eisenbahn geschaffenen engen Beziehungen zwischen den Völkern die Kriege weniger furchtbar machen, die geschwinden Beförderungsmöglichkeiten für die Truppen ihre Dauer abkürzen würden. Friedrich List meinte, daß »die Eisenbahn aus einer Kriegsmilderungs-Abkürzungs- und Verhinderungsmaschine am Ende gar eine Maschine werden würde, die den Krieg selbst zerstört.« Wir wissen heute, daß der grausamste aller Kriege und einer der längsten mit einer Hochentwicklung der Eisenbahn zusammengefallen ist.

Stärker noch als zur Beförderung von Personen wird die Eisenbahn zur Vermittlung des Güterverkehrs benutzt. Die Beförderung von Gütern kostet heute nur den sechsten Teil des Preises, der früher für den Weg über die Landstraße entrichtet werden mußte. Dabei ist mit der Beförderung im geschlossenen Eisenbahnwagen eine weit größere Schonung der Güter verbunden; es geht bei der Fahrt weit weniger von ihnen verloren als in den meist offenen Frachtwagen. Viele Gütergruppen sind überhaupt erst durch die Eisenbahn weltmarktfähig geworden, da ihre Versendung früher durch die hohen Frachtkosten nicht lohnend war, und weil durch die lange Beförderungszeit die in ihnen festgelegten Geldmittel der Nutzung zu lange entzogen blieben.

Noch sehr viel großartiger erscheint der Einfluß der Eisenbahn, wenn man erkennt, daß sie nicht nur auf den Austausch der Güter, sondern in stärkster Weise auch auf ihre Erzeugung einwirkt. Solange das Hervorbringen von Gütern nur den örtlichen Bedürfnissen dient, bleibt es beschränkt. Ein Bezirk, der durch eine besondere Gunst der Natur eine bestimmte Ware in großen Mengen zu erzeugen vermag, wird aber zur höchsten Ausnutzung seiner Möglichkeiten angetrieben, wenn er weiß, daß ein ganzer Erdteil sein Käufer ist. Das ist heute der Fall, wo die Eisenbahn tatsächlich jedes der zwischen den Ufern der Weltmeere liegenden gewaltigen Ländergebiete zu einer einzigen Stadt gemacht hat. Jeder Ort in Europa oder Amerika läuft heute, wenn er etwas braucht, was er nicht selbst hervorbringen kann, sozusagen mit offenem Marktkorb rasch einmal um die Ecke zu dem anderen, auch wenn dieser viele hundert Kilometer entfernt liegt.

Eine lebhafte Gütererzeugung an dazu besonders befähigten Stellen ist für die Allgemeinheit zwecklos, wenn nicht ein rasches und bequemes Beförderungsmittel zur Verfügung steht. Der Weltkrieg hat durch die in Rußland zutage getretenen Verhältnisse jedem deutlich gezeigt, daß, sobald die Eisenbahn versagt, in manchen Abschnitten eines Landes die schwerste Hungersnot auftreten kann, während in anderen Bezirken desselben Landes die gehäuften Lebensmittel verfaulen. Wenn in gut entwickelten Ländern zu Friedenszeiten das Gespenst des Hungers nur noch höchst selten auftritt, so ist dies in der Hauptsache das Verdienst der Eisenbahn.

Aus der Hand des Menschen ist keine Schöpfung hervorgegangen, die an Großartigkeit mit der Anlage dieses Verkehrsmittels zu vergleichen wäre. Damit die Eisenbahnen hergestellt werden konnten, haben zahlreiche Wissensgebiete ein enges

Nach einer Karte im Deutschen Museum zu München

3. Das deutsche Eisenbahnnetz im Jahre 1855

Bündnis miteinander schließen müssen: die Erdkunde in ihren beiden Formen, die man wissenschaftlich als Geologie und Geographie bezeichnet, die Naturwissenschaft, Technik, Baukunde, Staatsrecht, Völkerrecht, Volkswirtschaftslehre. Niemals ist auf Erden ein solcher Aufwand von Kraft und Geld an eine einzige Sache gesetzt worden, niemals aber auch war der Erfolg menschlicher Bemühungen größer.

Die Länge aller Eisenbahnen der Erde betrug im Jahre 1913, dem letzten regelmäßigen Jahr vor dem Weltkrieg, auf das sich auch alle folgenden Angaben beziehen, rund 1 Million 100 000 Kilometer. Da der Erdäquator 40 000 Kilometer lang ist, so kann man mit der Schienenlänge dieser Bahnen, wenn man nur 25 vom Hundert als zweigeleisig ansieht, wonach sich eine Gesamtschienenlänge von 1 Million 375 000 Kilometern ergibt, den Äquator 35mal umwickeln. Von der Erde zum Mond könnte man hiermit eine dreigeleisige Bahn bauen und würde noch 223 000 Kilometer zur Herstellung von Zubringerlinien für diese Weltraum-Strecke übrigbehalten.

Um das Gewicht des ungeheuren Schienenstrangs von 1 Million 375 000 Kilometern Länge – ohne das zur Verbindung der einzelnen Abschnitte erforderliche Kleineisenzeug – zu berechnen, gehen wir von der Tatsache aus, daß bei recht leichten

20

Nach einer Karte im Deutschen Museum zu München.
4. Das deutsche Eisenbahnnetz im Jahre 1905

Geleisen der deutschen Bahnen das laufende Schienenmeter 30 Kilogramm wiegt. Wir erhalten dann als Gesamtgewicht aller regelmäßig befahrenen Schienen auf der Erde 82 Milliarden 500 Millionen Kilogramm. Es ist dies das 9000fache Gewicht des höchsten und vermutlich auch schwersten Eisenbauwerks der Erde, des Eiffelturms. Gösse man aus Schienenstahl eine volle quadratische Säule, deren Querschnittsfläche gerade so groß wäre wie das durch die äußersten Fußpunkte des Eiffelturms gebildete Quadrat und deren Höhe wie die des Turms 300 Meter betrüge, sie würde kaum halb soviel wiegen wie die Schienen aller Eisenbahnen. Eine zylindrische Säule aus demselben Baustoff von der Höhe des ragendsten Bergs auf der Erde, des Gaurisankars, der seine Spitze rund 9000 Meter hoch über den Meeresspiegel emporreckt, würde immer noch einen Durchmesser von annähernd 40 Metern haben.

Im Jahre 1890 betrug die Länge aller Bahnen 617 825 Kilometer; sie hat sich also seitdem nahezu verdoppelt.

Unter den Erdteilen besitzt bei weitem die größte Bahnlänge Amerika, nämlich 570 000 Kilometer. Das ist mehr als die Hälfte der Bahnlänge auf der ganzen Erde. In Europa dagegen liegt noch nicht ein Drittel aller Gleislängen; es sind 346 000 Kilometer. Trotzdem ist selbstverständlich das Netz in dem alten Erdteil sehr viel engermaschig. In Europa kommen auf je 100 Quadratkilometer 3,5 Kilometer Eisenbahn, in Amerika dagegen nur ungefähr 0,8 Kilometer.

Das bei weitem dichteste Eisenbahnnetz aller Länder der Erde hat Belgien. Hier liegen auf je 100 Quadratkilometer Bodenfläche durchschnittlich 29,9 Kilometer Eisenbahn. Wenn man von dem kleinen Luxemburg absieht, hat das in der Engmaschigkeit der Geleise nächstfolgende Reich, Großbritannien und Irland, noch lange nicht die Hälfte der Eisenbahndichte Belgiens, nämlich nur 12 Kilometer auf dem gleichen Flächenraum. Deutschland steht mit 11,8 Kilometer unmittelbar dahinter an der dritten Stelle. Die Vereinigten Staaten von Nordamerika haben dagegen nur 4,4 Kilometer Bahn auf je 100 Quadratkilometer.

Die deutschen vollspurigen Eisenbahnen hatten im Jahre 1913 zusammen eine Betriebslänge von rund 61 000 Kilometern. Das ist immer noch mehr als das 1 1/2-fache des Erdäquators. Eigenartig ist in diesem Zusammenhang die Feststellung, daß die Länge der Landstraßen in Deutschland, die ja gerade im Eisenbahnzeitalter als Zubringer für die Schienenwege außerordentlich lebhaft ausgebildet worden sind, 150 000 Kilometer beträgt.

Von der Gesamtlänge der deutschen Eisenbahnen fallen auf die vereinigten preußisch-hessischen Staatsbahnen 39 000 Kilometer, auf die bayerische Staatsbahn 8300 Kilometer. Auf der wirklichen Länge der bayerischen Staatsbahngeleise, das heißt einer Schienenerstreckung, bei der man sich die tatsächlich nebeneinanderliegenden Geleise der mehrgeleisigen Strecken hintereinander ausgelegt denkt, könnte man bequem den Äquator des Mondes umfahren.

Welch eine ungeheure Weite der Schienenwelt offenbaren uns diese Zahlen! Die Vergleichsmaßstäbe müssen aus der Unendlichkeit des Weltraums herbeigeholt werden. Die Erde besitzt außer ihrer größten Umfassungslinie, die gleichfalls zu den sternkundlichen Längen gehört, keine Erstreckung, die zur Erhellung der Zahlengrößen herangezogen werden könnte.

Doch alles bisher Dargelegte wird zum blassen Nichts, wenn wir nun statt der unbeweglich daliegenden Schienenstränge das sausende Leben, die dröhnende Bewegung betrachten, die sich unausgesetzt auf ihnen abspielen.

Auf der ganzen Erde mögen jetzt etwa 175 000 Lokomotiven vorhanden sein. Allein die Lokomotiven der vollspurigen deutschen Bahnen, deren es einschließlich der Triebwagen rund 30 000 gibt, haben im Jahre 1913 zusammen 1 Milliarde 280 Millionen Kilometer durchfahren. Diese Länge nähert sich der Entfernung des Saturns von der Erde, die rund 1 1/2 Milliarden Kilometer beträgt. Ganz besonders erstaunlich aber ist die Tatsache, daß die durchschnittliche jährliche Fahrleistung jeder einzelnen deutschen Lokomotive 43 500 Kilometer beträgt, daß also jede von ihnen, wenn sie, statt fortwährend in ihrem kurzen Bereich hin und her zu eilen, ständig vorwärts gefahren wäre, die ganze Erde an ihrem Gürtel hätte umkreisen und noch dazu Abstecher von mehr als 3000 Kilometern hätte machen können.

Im Jahre 1913 besaßen die deutschen Eisenbahnen rund 3/4 Millionen Wagen, wovon 66 200, also noch nicht der zehnte Teil, Personen-, die übrigen Güter- und Gepäckwagen waren. Die sämtlichen Achsen dieser Gefährte haben im gleichen Jahr eine Weglänge von nicht weniger als 32 Milliarden 791 Millionen Kilometer durchlaufen. Legen wir diese Wagenachs-Kilometer-Stecke gradlinig von der Erde in den Weltraum aus, so trifft der Endpunkt ins Leere. Er ragt weit über die Grenze unseres Sonnensystems hinaus, erreicht aber doch noch nicht den nächsten Fixstern. Um daher eine passende Vergleichslänge aus der Sternkunde zu finden, müssen wir eine Teilstrecke betrachten. Wir denken uns, daß ein gewöhnlicher D-Zug-wagen mit Drehgestellen, also mit vier Achsen, die genannte Achskilometerzahl geleistet hätte; hiernach kommt auf jede Achse ein Viertel des ganzen Wegs. Ein solcher Wagen würde dann eine Fahrt bis in die Nähe des äußersten Planeten un-seres Sonnensystems, des Neptuns, gemacht haben und auch von dort wieder zu-rückgekehrt sein können. Freilich würde ihm diese Hin-und Rückfahrt während eines Jahres nicht möglich gewesen sein, auch wenn er ständig mit der höchsten jetzt üblichen Schnellzug-Geschwindigkeit gefahren wäre. Er würde hierzu viel-mehr – 9000 Jahre brauchen.

Für das Rechnungsjahr 1917 ist von der Verwaltung der preußisch-hessischen Ei-senbahnen zur Fahrzeugbeschaffung der größte aller bisher erteilten Aufträge an die deutschen Lokomotiv- und Eisenbahnwagenfabriken vergeben worden. Sein Wert betrug annähernd eine halbe Milliarde, genau 489 Millionen. Daß die deut-schen Erzeugungsstätten sich stark genug fühlten, diesen Riesenauftrag innerhalb eines Jahrs, noch dazu während des Kriegs, auszuführen, spricht am lautesten für ihren Umfang und ihre viel bewunderte Leistungsfähigkeit.

Selbst wenn der dicke gelbe Band des Reichskursbuchs mit seinen vielen hun-dert Seiten, seinen endlosen Zahlenreihen und der unerschöpflichen Fülle ver-schiedener Strecken vor uns liegt, haben wir keine Vorstellung von der ungeheuer großen Zahl der Züge, die allein in Deutschland am Tag und in der Nacht ständig in Bewegung sind. Dieses unendliche Gewimmel sich vorzustellen geht über das Auffassungsvermögen des menschlichen Gehirns hinaus, des Gehirns desselben Menschen, der das Schienenwirrsal doch geschaffen hat.

Allein im Jahre 1913 sind in Deutschland 18 Millionen 375 000 Züge gefahren worden. Die Anzahl der beförderten Personen betrug rund 1 Milliarde 800 Millio-nen. Danach wäre, wenn man von der verhältnismäßig geringen Zahl der Fremden absieht, jeder der 67 Millionen Einwohner, die Deutschland in dem genannten Jahr hatte, einschließlich aller Kinder, durchschnittlich 27 mal gereist. Die Strecke, über die jeder einzelne Fahrgast im Durchschnitt befördert wurde, war allerdings sehr kurz; sie betrug nicht mehr als rund 23 Kilometer, was ungefähr der Strecke Berlin-Bernau entspricht.

Besonders verblüffend ist das Gewicht der Güter, daß in dem einem Jahr auf den deutschen Bahnen befördert worden ist. Dieses war nämlich höher als 676 Milli-arden 626 Millionen Kilogramm.

Denkt man sich den Äquator und sämtliche 180 Meridiane mit Schienen belegt, so würde das Gesamtgewicht all dieser Stränge noch nicht einmal ein Drittel je-ner Güter-Kilogrammzahl betragen. Wenn man aus Wagen von je 20 000 Kilo-gramm Tragfähigkeit einen Güterzug zusammenstellen wollte, der imstande wäre, das gesamte Gütergewicht auf einmal zu befördern, so würde dieser Zug 236 800 Kilometer lang sein müssen.

Das in den deutschen Eisenbahnen festgelegte Anlagekapital, also die Summe, welche seit dem Beginn der einzelnen Unternehmen für feste Bauten, Fahrzeuge usw. aufgewendet worden ist, betrug zu Beginn des Weltkriegs 19 Milliarden 245 Millionen. Dagegen besaßen zur gleichen Zeit sämtliche deutschen Aktiengesell-schaften nur ein Aktienkapital von 15 Milliarden 500 Millionen Mark. Das allein für die preußisch-hessischen Staatsbahnen als dem größten gewerblichen Unter-nehmen auf der Erde verwendete Anlagekapital erreichte die Höhe von 12 Milli-arden 600 Millionen Mark. Der Wert aller deutschen Eisenbahnanlagen wird von *Kirchhoff* auf 30 Milliarden Mark geschätzt.

Die deutschen Eisenbahnen haben im Jahre 1913 aus dem gesamten Verkehr 3 Milliarden 563 Millionen Mark eingenommen. Hiergegen betrugen die Einnahmen des Deutschen Reichs nach dem ordentlichen und außerordentlichen Haushaltsplan nur 3 Milliarden 385 Millionen Mark. Dieser Vergleich zeigt wohl am besten die Riesenhaftigkeit der Summen, die ständig den Eisenbahnkassen zufließen.

Der Personenverkehr, dessen Bedeutung für die gesamte Eisenbahnwirtschaft von Fernerstehenden leicht überschätzt wird, lieferte hierzu einschließlich der Einnahmen aus der Beförderung des Reisegepäcks nur 1 Milliarde 17 Millionen. Das sind 28,55 vom Hundert der Gesamtsumme. Dagegen brachte der Güterverkehr 2 Milliarden 286 Millionen, gleich 64,16 vom Hundert. Der Rest entfällt auf kleinere Einnahmequellen.

Aus den Rieseneinnahmen ergaben sich zum Glück für die deutsche Geldwirtschaft auch sehr bedeutende Gewinne. Der Betriebsüberschuß aller deutschen Bahnen betrug 1913 die auch in der jetzigen Zeit nicht gering erscheinende Summe von 1 Milliarde 66 Millionen. Die Größe dieser Zahl wird noch deutlicher, wenn man zum Vergleich die Gesamtsumme der Jahresgewinne sämtlicher deutscher Aktiengesellschaften betrachtet; dies waren 1 Milliarde 736 Millionen.

Kein zweites Unternehmen auf der ganzen Erde kann im entferntesten einen so bedeutenden Jahresüberschuß ausweisen wie die preußisch-hessischen Staatseisenbahnen. Hat dieser doch im Jahre 1913 die außerordentliche Höhe von mehr als 787 Millionen Mark erreicht. Wäre der Weltkrieg nicht ausgebrochen, so hätte man wohl schon in wenigen Jahren einen Überschuß von einer vollen Milliarde erzielen können. Die preußische Staatskasse erhielt von der Eisenbahnverwaltung 654 Millionen 267 800 Mark überwiesen. Dagegen betrugen die Einnahmen des preußischen Staats aus sämtlichen unmittelbaren Steuern nur 525 Millionen 490 000 Mark. Die Anlagesumme der preußisch-hessischen Staatsbahnen hat sich dabei mit 6,41 vom Hundert verzinst.

Wer heute eine Reise antreten will, hat nichts weiter zu tun, als am Schalter seine Fahrkarte zu lösen. Dann ist der Beförderungsvertrag mit der Eisenbahnverwaltung geschlossen, und diese hat nun die Aufgabe, den Fahrgast an den gewünschten Ort zu bringen. Hierdurch wird es für diesen, abgesehen von der Zeitdauer der Reise, ganz gleichgültig, ob er etwa von München nach Starnberg oder von derselben Hauptstadt aus nach Memel fahren will. Er setzt sich auf seine Bank im Wagenabteil, schaut müßig zum Fenster hinaus, und für alles übrige sorgt die Eisenbahn.

Aber welch eine in ihrer Vielfältigkeit geradezu ungeheuerliche Anzahl von Veranstaltungen ist notwendig gewesen, damit alle Reisenden so glatt ihre verschiedenen Ziele erreichen können! Von den feststehenden Bauten und den rollenden Vorrichtungen der deutschen Eisenbahnen mit ihren Milliardenwerten haben wir schon gesprochen. Um jedoch die Gesamtheit dieses toten Stoffs zu beseelen, um ihm zielstrebiges Leben einzuhauchen, ihn zu einem wirklich brauchbaren Werkzeug des Verkehrs und Handels zu machen, sind auch sachkundige Menschen notwendig, ist ein Riesenheer von Angestellten erforderlich.

Im Jahre 1913 waren bei den deutschen Eisenbahnen rund 800 000 Beamte und Arbeiter tätig. Ein volles Drittel der gesamten Beamtenschaft aller deutschen Staaten ist bei der Eisenbahn beschäftigt. Jeder 84. Bewohner des Deutschen Reichs dient dieser Verkehrseinrichtung! Zum Vergleich sei die Angabe gemacht, daß das größte Fabrikunternehmen Deutschland, die Kruppschen Werke in Essen, im Jahre 1913 etwa 80 000 Angestellte beschäftigte. Der preußische Eisenbahnminister allein aber gebot über 560 000 Beamte und Arbeiter.

An Gehältern und Löhnen sind von den deutschen Eisenbahnen in unserem Stichjahr 1 Milliarde 350 Millionen ausgezahlt worden. Die Aufwendungen der Verwaltungen für die an Beamte und Arbeiter gezahlten Ruhegehälter sowie für die Hinterbliebenenfürsorge betrugen über 151 Millionen Mark. Für die Krankenpflege wurden im gleichen Zeitraum aus den Betriebsvermögen 12 1/4 Millionen Mark gezahlt. – –

Das Reichsgericht hatte vor etwa 45 Jahren in einem Streitfall festzustellen, was eigentlich eine Eisenbahn sei. Im ersten Band der Entscheidungen des Reichsgerichts auf Seite 252 findet sich die folgende Darlegung:

»Eine Eisenbahn ist ein Unternehmen, gerichtet auf wiederholte Fortbewegung von Personen oder Sachen über nicht ganz unbedeutende Raumstrecken auf metallener Grundlage, welche durch ihre Konsistenz, Konstruktion und Glätte den Transport großer Gewichtsmassen, beziehungsweise die Erzielung einer verhältnismäßig bedeutenden Schnelligkeit der Transportbewegung zu ermöglichen bestimmt ist und durch diese Eigenart in Verbindung mit den außerdem zur Erzeugung der Transportbewegung benutzten Naturkräften (Dampf, Elektrizität, tierischer, menschlicher Muskeltätigkeit, bei geneigter Bahn auch schon der eigenen Schwere der Transportgefäße und deren Ladung usw.) bei dem Betrieb des Unternehmens auf derselben eine verhältnismäßig gewaltige, je nach den Umständen nur in bezweckter Weise nützliche, oder auch Menschenleben vernichtende und die menschliche Gesundheit verletzende Wirkung zu erzeugen fähig ist.«

Man kann den Begriff der Eisenbahn wohl auch kürzer fassen: sie ist eine Fahrbahn aus eisernen oder stählernen Schienengeleisen, auf der Fahrzeuge durch Dampf oder andere mechanische Kraft fortbewegt werden. Diese einfache Feststellung birgt aber, wenn man sie genauer betrachtet, eine sehr eigentümliche Tatsache in sich.

Die Eisenbahnfahrzeuge fahren auf Schienen, das heißt, auf einer für jedes Rad äußerst schmalen Bahn, von der dieses auch nicht um ein weniges abweichen darf. Die Landstraße bildet eine viele Meter breite Fahrtafel, auf der die Räder an jeder beliebigen Stelle gleich gut rollen können. Meterweise seitliche Ausbiegungen sind darum allen Fahrzeugen auf der Landstraße ohne weiteres möglich. Sie vermögen aneinander vorbeizufahren, sich gegenseitig zu überholen. Daraus ergibt sich, daß Fahrzeuge der verschiedensten Art mit allen erdenklichen Achslängen und mit beliebigen Höchstgeschwindigkeiten auf der Landstraße fahren können.

Auf den Eisenbahnschienen geht das nicht. Hier sind die Züge fest hintereinander aufgereiht, die Geschwindigkeit des einen begrenzt bei gewöhnlichem Gleis die Bewegung aller folgenden.

An die Stelle der Freiheit ist der Zwang getreten.

Eine meisterliche Beschränkung ist es gewesen, die dem Verkehr seinen gewaltigen Fortschritt und seine Unbeschränktheit gebracht hat. Es galt, für den Lauf schwerbelasteter Räder eine möglichst glatte und feste Fahrbahn zu schaffen. Diese ist mit den Mitteln, die uns bis heute zu Gebote stehen, nur durch die Belegung der Straßenoberfläche mit Eisen oder Stahl zu erzielen. Hätte man, als die unersetzbare Nützlichkeit dieses Baustoffs erkannt war, an der alten Form der Fahrbahn, der gleichmäßigen, breiten Tafel, festgehalten, dann wäre die Menschheit, solange Fahrzeuge auf einer Unterstützungsfläche laufen müssen, niemals zur Hundertkilometer-Geschwindigkeit gelangt. Denn man hätte ja die Straßen mit Tafeln aus Stahl belegen müssen, was Kosten von unsinniger Höhe und gänzlich unüberwindliche Befestigungsschwierigkeiten verursacht haben würde. Glücklicherweise fand man heraus, daß jeder Radlauf ja immer nur einen schmalen Streifen für seine Fortbewegung beansprucht, und man begnügt sich damit, diesen allein glatt und fest zu machen. So entstand die Schiene, die, wenn man von den Stoßstellen der einzelnen Walzstücke absieht, eine vollkommene Glätte und Festigkeit besitzt. Sie brachte mit der Zwangläufigkeit des Verkehrs diesem die Freiheit.

Dieser Vorgang erscheint nur im ersten Augenblick überraschend, denn er kehrt allerorten im menschlichen Leben wieder.

Für die Technik ist er eine ganz allgemeingültige Regel. Die Achsen, die Wellen unserer Maschinen, werden mit Hilfe ihrer Lager durch Zwang in der gewollten Bewegung festgehalten und geben uns erst dadurch die Freiheit, ihnen die verschiedensten Arbeiten aufzubürden. Kein Wagen vermöchte um eine Biegung zu fahren, wenn die Achsen sich unter dem Fahrzeug beliebig hin und her schieben könnten. Aber auch der Staat ist nichts anderes als eine Zwangseinrichtung, und doch hat er die Einzelwesen der Freiheit näher gebracht. Dadurch, daß jedes Einzelwesen auf eine große Zahl willkürlicher Handlungen Verzicht leistete, hat die Gesamtheit ganz neue und ungeahnte Entwicklungsmöglichkeiten gewonnen. Die Heere sind die erdrückendste Zwangseinrichtung, die wir besitzen. Aber während 100 000 Soldaten, wenn jeder von ihnen nach seiner Willkür vorgehen würde, gar nichts zu erreichen vermöchten, sind sie im eisernen Reifen der Mannszucht zu gewaltigen Taten fähig.

Auf der Eisenbahn verzichtet der Verkehr nicht allein auf die Freiheit der allseitigen Bewegung, sondern auch auf den freien Wettbewerb. Die Landstraße kann von Gefährten jeder Art befahren werden, auf den Schienen vermögen nur solche Wagen zu laufen, die eigens dazu vorbereitet sind, nämlich Räder mit Spurkränzen besitzen. Trotzdem waren zu Beginn die Eisenbahngesellschaften nur Besitzerinnen der Fahrbahn; auf dieser sollte mit eigenen Wagen fahren können, wer wollte, wenn er nur gewisse Bedingungen erfüllte. In dem Beschluß der englischen Volksvertretung, der die Anlage der Eisenbahnstrecke von Manchester nach Liverpool gestattete, findet sich denn auch der Satz: »Die Bahn darf gegen Bezahlung der Abgabe und unter Beobachtung der gesetzlichen Bestimmungen sowie der Bahnordnung von jedermann benutzt werden.« Auch das erste preußische Eisenbahn-Gesetz von 1838 enthält ähnliche Bestimmungen. Seltsamerweise wurde der »freie Wettbewerb auf der Schiene« noch in den siebziger Jahren in Deutschland lebhaft erörtert. Heute wissen wir, daß auf dem schmalen Eisenpfad immer nur ein einziger Wille herrschen darf. Der gesamte Zugumlauf ist zu sehr von der Geschwindigkeit und Beschaffenheit jedes einzelnen Fahrzeugs auf dem Gleis abhängig, als daß verschiedene Fahrunternehmer auf derselben Strecke wirken könnten.

Innerhalb des gewaltigen Teilgebiets der Welt auf Schienen, das in Deutschland angesiedelt ist, werden drei Hauptgattungen unterschieden: Hauptbahnen, Nebenbahnen und Kleinbahnen.

Auf den Hauptbahnen, welche die großen Verkehrsmittelpunkte auf dem kürzesten herstellbaren Weg miteinander verbinden, ist der Oberbau in Baustoff und Verlegungsart so gestaltet, daß die schwersten Züge darauf mit einer Geschwindigkeit bis zu 110 Kilometern in der Stunde fahren können. Bei den Nebenbahnen sind leichtere Schienen zugelassen, die Geleise dürfen schärfere Krümmungen und stärkere Neigungen haben, die Wegübergänge in Schienenhöhe brauchen nicht sämtlich überwacht zu sein. Auch sonst lassen die strengen Bestimmungen der Eisenbahnbau- und Betriebsordnung für diese Gattung verschiedene Erleichterungen zu. Die Höchstgeschwindigkeit darf 40 Kilometer in der Stunde nicht überschreiten.

Während die Hauptbahnen stets, die Nebenbahnen fast immer vollspurig angelegt sind, das heißt mit einem Abstand der Schienen-Innenkanten von 1,435 Metern, herrscht bei den Kleinbahnen die Schmalspur, welche bei uns gewöhnlich
1 Meter oder 0,75 Meter beträgt. Über die Entstehung der Voll- oder Regelspur wird
im 5. Abschnitt Näheres mitgeteilt.

Infolge ihrer schmalen Spur sind die Kleinbahnen imstande, sich den Gelände-
verhältnissen besser anzupassen; sie vermögen sogar den scharfen Krümmungen
der Landstraßen zufolgen, ihre Geleise sind oft neben diesen, ja auf ihnen verlegt.
Die niedrigen Herstellungskosten der Kleinbahnen gestatten, die Vorteile des
Schienenpfads auch zur Verbindung solcher Orte zu benutzen, deren geringe Ver-
kehrskraft größere Ausgaben nicht rechtfertigen würde. Durch ihre Billigkeit und
Schmiegsamkeit tragen die Kleinbahnen zur Befriedigung wichtiger Verkehrs- und
Wirtschaftsbedürfnisse sehr viel bei. Ihr Ausbau ist bei uns im letzten Jahrzehnt,
namentlich auch durch die Hergabe von Staatsmitteln, sehr lebhaft gefördert wor-
den und wird sicherlich auch weiter liebevoll gepflegt werden.

Der weitaus größte Teil der deutschen Eisenbahnen befindet sich heute im
Staatsbesitz. Den 57 233 Kilometern vollspuriger Staatsbahnen stehen nur
3523 Kilometer vollspuriger Privatbahnen gegenüber. Bei den Kleinbahnen freilich
herrscht der Privatbesitz vor. Die deutschen Staaten gebieten nur über 1075 Kilometer solcher Schienenwege einfachster Art, während 1143 Kilometer Privatbesitz
sind.

Ein Verzeichnis der Verwaltungen der deutschen Staats- und Privatbahnen befindet sich am Schluß des Buchs.

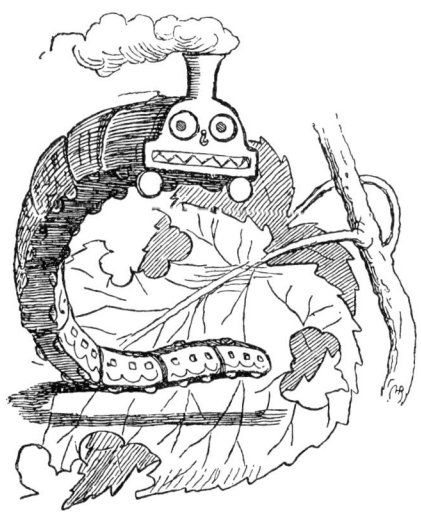

Aus Klima: »Die Technik im Licht der Karikatur«.
Die Eisenbahn als Raupe.

Aus der Vergangenheit

2. Die Vorläufer

Das Ursprungsland der Eisenbahn ist England.

Notwendig mußte jeder große technische Fortschritt in der ersten Hälfte des vorigen Jahrhunderts in dem Inselreich seinen Anfang nehmen. Dort war ein politisch geschlossenes, von unmittelbaren Kriegsschäden gänzlich verschontes Land, in dem sich das gewerbliche Leben zu einer für die damalige Zeit außerordentlichen Blüte entwickeln konnte. Reichtum häufte sich an, und das Verständnis für technische Dinge war weit fortgeschritten. Watt hatte dort seine Dampfmaschine geschaffen, die als erste größere Kräfte zuverlässig zu erzeugen vermochte und von England aus das technische Leben der ganzen Welt umwälzte, ja es eigentlich erst schuf. Der Verkehr war kräftig genug, um jedes neue Fortbewegungsmittel sogleich aufnehmen zu können.

Sehr früh setzten denn auch schon in England die Bemühungen ein, die Kraft des Dampfes der sich in ortsfesten Maschinen so ausgezeichnet bewährt hatte, zur Fortbewegung von Fahrzeugen anzuwenden.

Die erste Fahrt eines Schiffs mit Dampfantrieb freilich, an die sich dauernde Erfolge auf diesem Gebiet knüpfen, fand in Amerika statt. Am 17. August 1807 fuhr *Fulton* mit dem »Claremont« den Hudsonfluß bis Albany hinauf; aber er war ein Mann, der in England seine Ausbildung genossen hatte, und die Schiffsmaschine entstammte der berühmten Fabrik von Watt & Boulton zu Soho bei Birmingham.

Die Entwicklung der Landdampffahrzeuge bis zur fertigen Lokomotive vollzieht sich ganz in England; nur hier und da macht der Werdegang eine unbedeutende Biegung nach Frankreich und Amerika hinüber.

Die ersten Fahrzeuge mit Dampfantrieb gehören ebenso zu den Ahnen des Kraftwagens wie zu denen der Lokomotive. Denn sie waren für das Befahren von Straßen gedacht. Hierdurch war der Dampfwagen gezwungen, eine recht mühselige und kümmerliche Jugendzeit durchzumachen. Er glich einer schönen, entwicklungskräftigen Blume, die in ungünstiges Erdreich gepflanzt ist. Die schwere Ausrüstung eines mit Dampf betriebenen Fahrzeugs ist nicht für die unebene Straße, sondern nur für den glatten Schienenweg geeignet. Das hat man erst nach Jahrzehnten erkannt, als schon eine gewisse Gefahr bestand, daß von der weiteren Durchbildung dieses für die Menschheit so unvergleichlich wichtig gewordenen Hilfswerkzeugs ganz abgesehen würde. Glücklicherweise fand sich noch zur rechten Zeit der kluge Gärtner, der das Pflänzchen in günstige Erde setzte, wo es dann zu herrlicher Blüte gedieh.

Schon der geistvolle *Papin*, ein geborener Franzose, der aber lange Zeit in Marburg gelebt und gewirkt hat und als Erster eine Dampfmaschine mit Kolben baute, dachte daran, eine solche Maschine außer zum Betrieb ortsfester Pumpen auch zur Fortbewegung eines Wagens zu benutzen. Die im Jahre 1690 zuerst von ihm beschriebene Dampfmaschine war eine sogenannte atmosphärische; denn bei ihr wurde der Dampf nicht unmittelbar zum Antrieb des Kolbens benutzt, sondern er diente nur dazu, durch seine Niederschlagung unter diesem einen luftverdünnten Raum herzustellen, in welchen dann der Druck der Atmosphäre den Kolben niederpreßte. Papin hat in Wirklichkeit ebensowenig einen Dampfwagen gebaut wie der Engländer *Savery*, der die erste atmosphärische Dampfpumpe schuf und gleichfalls mit Dampf durch die Lande rollen wollte.

5. Der Urahne der Lokomotive und des Kraftwagens
Cugnots Dampfwagen, der im Jahre 1770 in Paris gefahren ist.

Als der Student Robison im Jahre 1759 zu Glasgow die Gedanken des großen James Watt zuerst auf die Dampfmaschine lenkte, machte er ihn auch gleich auf die Möglichkeit aufmerksam, Wagenräder durch die Kraft des Dampfs in Bewegung zu setzen. Doch zunächst war Watt mit der Ausgestaltung der Maschine selbst zu sehr beschäftigt, als daß er auf diesem vorläufig etwas abseits führenden Weg hätte weitergehen können.

Der erste, der wirklich einen Dampfwagen baute, war der französische Artillerieoffizier Nicolas Joseph *Cugnot*. Im Jahre 1769 hatte er bereits ein kleines Modell fertig. Im Jahre darauf fuhr er mit einem wirklichen Wagen durch die Straßen von Paris. Der Kriegsminister Choiseul nahm lebhaften Anteil an der Erfindung, obgleich der Wagen nur einen Viertelstunde lang ununterbrochen zu laufen vermochte. Alsdann mußte der Kessel von neuem mit Wasser versorgt werde, und man war gezwungen, zu warten, bis sich wieder eine genügende Dampfspannung entwickelt hatte. Über die schneckenartige Geschwindigkeit von vier Kilometern in der Stunde kam Cugnot nicht hinaus.

Dennoch wurde er beauftragt, einen kräftigeren Wagen zu bauen, weil der Kriegsminister hoffte, damit ein besonders brauchbares Mittel zur Beförderung von Geschützen zu erlangen.

Der erste Artillerie-Kraftwagen in der Welt, den Cugnot darauf ins Leben rief, ist bis auf den heutigen Tag erhalten geblieben. Es befindet sich als eine der größten Sehenswürdigkeiten in dem *Conservatoire des arts et métiers* in Paris. Der dreirä-

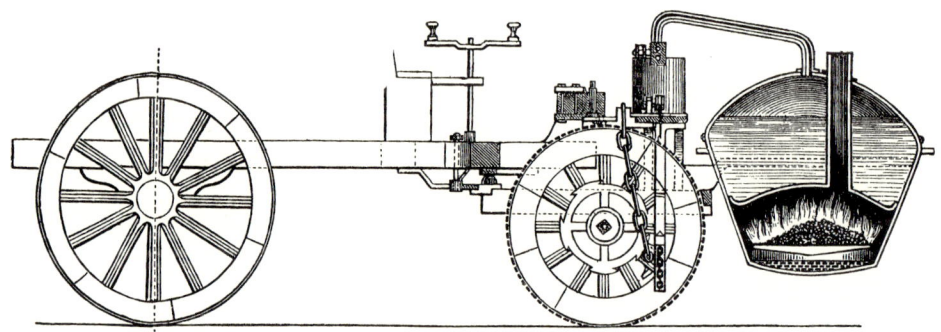

Aus Steiner: »Geschichte des Verkehrs«.
6. Cugnots Kochtopf-Dampfkessel
Übersichts-Zeichnung des ersten Dampfwagens mit geschnittenem Kessel.

drige Wagen besitzt einen Rahmen aus schweren Eichenbalken. Der kochtopfförmige Kessel ist seltsamerweise ganz vorn in einer eisernen Gabel aufgehängt. Der Schornstein der Kesselfeuerung geht durch den Wasserraum hindurch. Die beiden Zylinder sind senkrecht aufgestellt und drehen das Vorderrad mit Hilfe eines Sperradgetriebes, so daß die auf und nieder gehenden Zahnstangen nur in einer Richtung antreibend wirken.

Die Lenkung des Wagens erfolgte durch Drehen der Vorderachse, wobei also der Kessel und die ganze Maschine mitgewendet werden mußten. Nur sehr muskelkräftige Arme vermochten den Wagen zu steuern, und es ist kein Wunder, daß er infolge dieser ungefügen Lenkeinrichtung schon bei seiner ersten Ausfahrt verunglückte. Mit einer Last von 5000 Kilogramm, einschließlich vier Personen, rannte er in der Nähe des Platzes, auf dem heute die Madeleine-Kirche steht, gegen eine Mauer. Hierbei bewies das Fahrzeug eine den heutigen Kraftwagen zweifellos überlegene Dauerhaftigkeit, denn es warf die Mauer um, ohne selbst wesentlichen Schaden zu erleiden. Doch dem Erfindet war durch diesen Vorgang sein Werk verleidet, und er hat weitere Versuche zur Ausbildung des Dampfwagens nicht gemacht.

Doch der Gedanke war nun einmal in die Welt gesetzt und sollte nicht mehr zur Ruhe kommen, bis ihm ungeahnte Erfolge beschieden waren.

Zunächst freilich blieb es bei erfolglosen Versuchen. *Evans* fuhr mit einem Dampfwagen unter dem Jubel einer großen Menge durch Philadelphia, aber er scheiterte schließlich ebenso wie *Read* und *Symington* in England.

Als Watt im Jahre 1784 sein berühmtes Dampfmaschinenpatent nahm, sprach auch er darin sehr deutlich von der Möglichkeit, die Dampfmaschine zum Antrieb von Wagen zu verwenden. Einer der hierauf bezüglichen Sätze heißt: »Meine siebente neue Erfindung bezieht sich auf Dampfmaschinen, die zur Beförderung von Personen, Waren oder anderen Gegenständen von Platz zu Platz verwendet werden sollen; für solche Fälle muß die Maschine selbst beweglich sein.« An eine Ausführung des Gedankens ging Watt aber auch jetzt nicht. War doch damals seine wichtigste Aufgabe, den englischen Bergwerken, die infolge des immer tiefer eindringenden Abbaus im Wasser zu ertrinken begangen, endlich eine geeignete Antriebsmaschine für ihre Pumpen zur Verfügung zu stellen. Der große Erfinder wollte aber trotzdem jene andere Möglichkeit für die Verwendung der Dampfmaschine fest in seiner Hand behalten und ließ sie sich darum gesetzlich schützen. Das sollte für den zweiten wirklichen Dampfwagenerbauer ein schweres Hindernis werden.

In der großen Fabrik von Watt & Boulton zu Soho war als einer der tüchtigsten Betriebsingenieure W. *Murdock* beschäftigt. Ihn, der ein ungewöhnlich kräftig gebauter Mann von großer Entschlossenheit war, pflegten die Fabrikherren gern nach solchen Gegenden zu schicken, in denen die aufgestellten Maschinen nicht ganz nach Wunsch laufen wollten. Die Dampfmaschinen hatten ja damals noch viele Kinderkrankheiten zu überwinden und erregten jedesmal den höchsten Grimm der Bergarbeiter, wenn sie infolge Versagens die Grube ersaufen ließen. Der Abgesandte der Fabrik wurde von den Bergleuten meistens mit Hohn und Spott empfangen, und nur dem »eisernen Murdock«, wie man ihn gern nannte, gelang es, sie sich rasch vom Hals zu halten, indem er den stärksten zum Boxkampf forderte und meist rasch niederwarf.

Längere Zeit war Murdock als Aufsichtsbeamter in dem Bezirk von Cornwall tätig. Es ist dies jene Halbinsel, die im äußersten Südwesten von England weit in den Atlantischen Ozean vorspringt. In diesem eigenartigen Land sollte die Entwicklung des Dampfwagens ihre wichtigen nächsten Abschnitte durchmachen.

7. Dampfwägelchen von Murdock
erbaut im Jahre 1786.

In der freien Zeit, die Murdock während seiner Tätigkeit an den Bergwerkspumpen fand, beschäftigte er sich damit, kleine Modelle von Dampfwagen zu bauen. Er hatte den Mut, hierbei die Dampfspannung im Kessel höher zu steigern, als das bisher üblich gewesen war. Die ersten von ihm gebauten Hochdruckdampfwagen führten denn auch wegen der größeren Energie, die zur Verfügung stand, sofort zu einem guten Erfolg. Das erste von Murdock 1786 in Redruth gebaute Wägelchen war etwa einen Fuß hoch. Als der Mitbesitzer der Fabrik in Soho, Boulton, einmal in Cornwall weilte, sah er das Maschinchen und war ganz entzückt von seinem Arbeiten. In einem Brief teilte er Watt mit, daß die kleine Maschine ganz vortrefflich im Zimmer herumlaufe und Kohlenschaufel, Feuerzange sowie Schüreisen mit sich herumtrage.

Bald reizte es Murdock auch, seine Maschine auf der Straße zu erproben. Hierbei ereignete sich ein heiterer Zwischenfall. Nachdem die Spirituslampe unter dem kleinen Kessel entzündet war, setzte sich der Wagen in Bewegung und lief so schnell davon, daß der Erfinder ihn nicht mehr einholen konnte. Plötzlich drangen laute Hilferufe an sein Ohr. Als Murdock hinzueilte, sah er den Ortsgeistlichen vor Schrecken gelähmt am Wegrand stehen. Er hatte das feurige, zischende Ungeheuer von nie gesehener Art, das ihm auf seinem Weg nach der Stadt entgegengekommen war, für den leibhaftigen Teufel gehalten und war vor Entsetzen fast gestorben.

Murdocks Tüchtigkeit und Tatkraft hätten ihn gewiß dazu befähigt, den Bau des Dampfwagens bedeutend zu fördern. Aber gerade als er an die Ausführung eines größeren Fahrzeugs gehen wollte, teilte man ihm aus der Fabrik zu Soho, gestützt auf die Patentrechte, mit, daß man dort eine solche

Aus Steiner: »Geschichte des Verkehrs«.
8. Trevithicks Dampfkusche
mit der er in London aufsehenerregende Fahrten unternahm.

34

Beschäftigung des für andere Zwecke angestellten Beamten nicht gern sähe. Murdock gehorchte sofort und nahm von weiteren Versuchen Abstand.

Doch das Samenkorn, das er ausgestreut hatte, war nicht auf steinigen Boden gefallen. Denn in Cornwall lebte einer, der gleichfalls Murdocks Versuche mit angesehen hatte, aber mit ganz anderen Augen als der Geistliche von Redruth.

Um die Art des Manns verstehen zu können, der Murdocks Pläne mit so bedeutendem Erfolg fortgesetzt hat, muß man sein Geburtsland und den Volksstamm näher kennen, dem er entstammte.

»Cornwall ist«, so schreibt Max von Weber in seinem Buch »Aus der Welt der Arbeit« »ein ernstes, in den Ozean hinausragendes Land, von einer rauhen Gebirgskette durchsetzt, über deren kantige Gipfel und schroffe Täler das Meer, von drei Himmelsgegenden her, seine Winde und Regenwolken jagt, dessen Ebenen nur spärlich das Gold der Ährenfelder und das Silber der Blütenbäume zeigen.«

»Aber seit mehreren Jahrtausenden holt ein Geschlecht von keltischen Bewohnern, das seit den Tagen Cäsars nur wenig seine Physiognomie geändert hat, aus diesem unwirtlichen Gebirge Schätze der, nächst dem Eisen, nützlichsten Metalle, Zinn und Kupfer, deren Fülle seinerzeit hinreichte, Richard von Cornwall den römischen Kaisertitel zu erhandeln und der ganzen Inselgruppe Großbritanniens den Namen der Zinninseln gab.«

»Der Kampf mit den Gewalten des Meeres an den langen, schroffen Ufern der Halbinsel, die schwere, gefahrvolle Arbeit in den Metallgruben, der Verkehr in rauhem Gebirg und Land erziehen in den Männern Cornwalls ein knorriges, festes Geschlecht von innerlicher, starker Arbeit, von unablässigem, energischem Angriff wohlüberlegten Vorhabens, von eisernem Willen und kräftiger Faust.«

»Aber diesen realen, erzenen Naturen ist in sonderbarer Mischung ein phantastisches Element beigestellt.«

»Uralte druidische Traditionen, lebendig erhalten durch die wunderlich riesigen Steingebilde zahlreicher Stonehenges und Dolmen, verbunden mit der Einwirkung des gespenstischen Wirkens in der gestaltenreichen Welt der Seenebel und Sturmwolken, des Gnomenmärchengetriebes in der unheimlichen Tiefe der Erzgruben, gesellten der derben Natur des ›Cornishman‹, ein vages Wähnen und dunklen Impulsen Nachgeben, das sein ernstes und tüchtiges Wirken oft in folgeloser Weise von abenteuernden Ideen und Handlungen kreuzen ließ.«

Aus diesem Volk ging Richard *Trevithick* hervor, den man mit Weber den Ahnen der Lokomotiverfindung nennen muß, wenn man Georg Stephenson als deren Vater bezeichnete. Trevithick hat alle Höhen und Tiefen des Menschenlebens durchgemacht. Er pflegte lange Zeit mit größter Hartnäckigkeit bei der Durchführung eines einmal gefaßten Gedankens zu beharren, um ihn dann plötzlich, fast grundlos, wieder fahren zu lassen. Er war ein echter »Cornishman«.

Dieser ausgezeichnete, aber heute selbst in technischen Kreisen wenig bekannte Mann wurde am 13. April 1771 in einem Dorf des Kirchspiels Illogan inmitten des Bergwerkbezirks von Cornwall geboren. Sein Vater war Zahlmeister bei einer Zinn- und Kupfermine.

Wie viele Männer, die später Bedeutendes geleistet haben, hatte der junge Trevithick in der Schule keine großen Erfolge aufzuweisen. Der Lehrer in dem benachbarten Camborne bestätigte ihm, daß er ein ungehorsamer, schmutziger und unaufmerksamer Bube sei. Doch seine Fähigkeit im Rechnen blieb schon damals nicht unbemerkt.

Lieber als in die Schule ging der Knabe hinauf zu dem Hügel von Castle Carn

Brea, wo zwei riesige Dampfpumpen von Watt & Boulton aufgestellt waren. Die hin und her schwingenden mächtigen Balanziers, die sausenden Schwungräder übten auf ihn eine unwiderstehliche Anziehungskraft aus. Er trieb schon seine ersten Jugendspiele im Schatten der Maschinen, deren Poltern und Zischen ihn sein ganzes Leben hindurch begleiten sollten.

Der alte Murdock faßte rasch eine Zuneigung zu dem Knaben und zeigte ihm seine niedlichen Dampfwagenmodelle. Als Trevithick neunzehn Jahre alt war, trat er als Lehrling Murdock zur Seite. Dieser hatte ein solches Vertrauen zu dem jungen Mann, daß er ihm bald das schwierige Geschäft der Aufstellung großer neuer Maschinen übertrug. Trevithick lohnte dieses Vertrauen glänzend, indem die von ihm hergerichteten Maschinen bald am allerbesten in ganz Cornwall liefen.

Im Jahre 1791 war Trevithick bereits Ingenieur der Dingdong-Gruben. Er hatte die Wichtigkeit des hochgepreßten Dampfs erkannt und baute bald selbständig Pumpen, deren Dampfkessel weit höhere Spannungen aufwiesen, als Watt sie jemals zu verwenden gewagt hatte. Das war wichtig für den künftigen Bau von fahrenden Dampfmaschinen; denn diese, deren Kessel klein sein müssen; hätten mit Niederdruck niemals genügend Energie hergeben können.

Als die Hochdruckpumpen sich bewährt hatten, dachte Trevithick bald daran, die Versuche Murdocks fortzusetzen. Auch er stellte zunächst ein kleines Wagen-Modell her, dessen Kesselwasser durch Einlegen von glühenden Bolzen, also durch eine Art rauchloser Feuerung, zum Sieden gebracht wurde. Mit großer Freude sah er, wie sein Maschinchen Spazierfahrten im Zimmer machte. Aber unabhängiger als Murdock und wohl auch mit mehr Phantasie begabt als dieser bloße Gehilfe eines Größeren, beschloß er sofort, einen Versuch im großen mit dem neuen Gefährt zu versuchen.

Es schien ihm seltsamerweise jedoch zweifelhaft, ob die Reibung von glatten Rädern auf der Straße stark genug sein würde, um einen Dampfwagen auch Steigungen überwinden zu lassen. Als gescheiter Mann stellte er einen Versuch an Ort und Stelle an. Er lieh sich eine Postchaise, spannte vor einem Hügel die Pferde aus und drehte zusammen mit seinem Freund Gilbert die Räder, indem beide in die Speichen griffen. Der Wagen rollte vorwärts, und damit war die genügende Stärke der Anhaftung erwiesen.

Nun ging es sogleich an die Erbauung der ersten Dampfkutsche. Da es eigentliche Maschinenbauanstalten damals noch nicht gab, entstand sie mühselig in einer Schmiede. Lustig fuhr der Erfinder am Tag vor Weihnachten 1801 mit dem neuen Gefährt durch die Straßen von Camborne und lud jeden Vorübergehenden ein, mitzufahren. Bald saßen zehn bis zwölf Personen in dem fauchenden Wagen und fuhren mit diesem hügelan. Einem vermögenden Vetter Richard Trevithicks, Andreas *Vivian*, gefielen die Versuche so gut, daß er sich mit Trevithick verband. Der Abschluß des Teilnehmervertrags fand gleich beim Christmahl statt. Beide Männer beantragten und erhielten nun ein Patent auf den Bau von Hochdruckdampfmaschinen und deren Anwendung für Wagen. Doch rasch machte ein unglücklicher Zufall, der so oft im Leben Trevithicks eine Rolle gespielt hat, dem Dasein der ersten Dampfkutsche ein Ende. Sie verbrannte eines Tags, als der Erfinder gerade beim Mittagsmahl saß.

Rasch entstand nach dem ersten ein zweiter Dampfwagen, den unser Bild 8 darstellt. Er wurde glücklich auf den eigene Rädern bis nach London gesteuert und erregte, als er durch die Straßen der Hauptstadt fuhr, ungeheures Aufsehen.

Der Kessel mit dem waagerecht hineingebauten Zylinder lag zwischen zwei Rädern, die fast 2 1/2 Meter hoch waren und sich infolge ihrer Größe zum Fahren auf den schlechten Straßen besonders gut eigneten. Die Achse der hinteren Treibräder wurde von der Kolbenstange durch eine Kurbel und zwei Zahnräder angetrieben. Der Wagen konnte zehn Personen fassen und soll zuzeiten eine Geschwindigkeit von sechzehn Kilometern in der Stunde erreicht haben.

Sehr beachtenswert ist, daß Trevithick schon bei diesem Wagen vier noch für den heutigen Lokomotivbau wichtige Einrichtungen angewendet hat. Er arbeitete mit Hochdruck; der Kessel hatte eine zylindrische Form, die zum Widerstand gegen den hochgespannten Dampf am besten geeignet ist; in den Kessel war ein Flammrohr, das heißt eine von der Feuerung aus durch den ganzen Wasserraum laufende Röhre eingebaut, in der die heißen Abgase der auf dem Rost brennenden Flamme weiter zur Erhitzung des Wassers beitragen konnten; und endlich ließ der Erbauer den aus dem Kessel tretenden Dampf nicht unmittelbar ins Freie puffen, sondern führte ihn durch den Schornstein hinaus. Es ist dies die erste Anwendung des Blasrohrs, das bis zum heutigen Tage außerordentlich viel zur Erhöhung der Leistungsfähigkeit bei Lokomotiven beiträgt. Der im Schornstein mit großer Geschwindigkeit aus dem Auspuffrohr tretende Dampf reißt die Luftsäule im Schlot mit sich; dadurch entsteht ein Unterdruck, und die äußere Luft muß nachströmen. Sie findet aber keinen anderen Zugang als nur den durch den Rost und die Feuerung hindurch, die sie lebhaft anfacht. Durch das Blasrohr kann die Lokomotivfeuerung auch dann Zug bekommen, wenn die Maschine stillsteht und demzufolge kein Wind durch den Aschkasten eintritt. Je kräftiger die Maschine arbeitet, desto lebhafter wird auch das Feuer angefacht. So entsteht eine immer der Leistung angepaßte Anfachung des Kesselfeuers.

Es ist nicht sicher, ob Trevithick das Blasrohr sogleich unter voller Erkenntnis seiner Wirksamkeit einbaute. Wahrscheinlich hatte er nur die Absicht, den Auspuffdampf hoch über den Köpfen der auf den Straßen Vorübergehenden fortzuführen. Später aber hat Trevithick das Blasrohr wohl absichtlich zur Anwendung gebracht, und es ist darum eigenartig, daß auch dieser Gedanke des Erfinders, wie manch anderer noch viel wichtigere, später vergessen ward. *Séguin* baute noch in den zwanziger Jahren des vorigen Jahrhunderts eine Lokomotive, der ein besonderer Gebläsewagen zur Erzeugung des Luftzugs für die Feuerung beigegeben war, und selbst noch in der Blütezeit von Stephensons Wirken wurden ähnliche Versuche gemacht.

Die bedeutendsten Männer Londons bewunderten den Dampfwagen, welchen der große Physiker Humphrey Davy »Kapitän Trevithicks Drachen« nannte. Doch all das Staunen brachte dem Erfinder keinen Gewinn. Er verkaufte schließlich die Antriebsmaschine des Wagens an ein Walzwerk und hat nie wieder den Versuch gemacht, ein Kraftfahrzeug für die gewöhnliche Straße zu schaffen. Die Entwicklung dieser Gefährte ist jedoch später fortgeführt worden, und bevor die Eisenbahn alles andere verdrängte, gab es in England einen Dampfwagenverkehr auf den Landstraßen.

Wir gelangen nun zu dem kulturgeschichtlich unvergleichlich wichtigen Zeitpunkt, an dem Trevithick erkannte, daß das Schienengleis die rechte Bahn für seine fahrenden Maschinen sei. Der Anlaß, der ihn zu einem ersten Versuch trieb, war lächerlich genug: eine Wette.

Bei seinen vielen Reisen, die er zur Einführung der von ihm erfundenen Hochdruck-Dampfmaschine machte, kam Trevithick im Jahre 1804 auch nach Penydarran in Süd-Wales. In dieser Gegend bestand damals schon ein ziemlich bedeutender Schienenweg, der von dem Eisenwerk Merthyr Tydvil nach Cardiff führte und von Wagen mit Pferdezug befahren wurde. Bei einer Unterhaltung mit dem Grubenbesitzer Hill stellte Trevithick die Behauptung auf, daß ein auf die Schienen gestellter Dampfwagen eine Last von 10 000 Kilogramm würde befördern können. Das schien Hill, der wohl in der Hauptsache nur das Arbei-

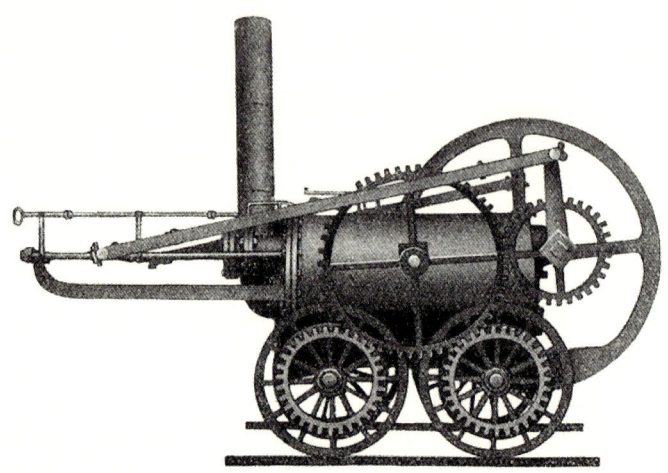

9. *Die erste Lokomotive*
erbaut von Richard Trevithick 1803.

ten von Niederdruckmaschinen gesehen hatte, ganz unglaublich. Er wettete gegen Trevithick um 500 Pfund Sterling, das sind 10 000 Mark. Der mit Glücksgütern nicht allzu reich gesegnete Erfinder fand durch diese Summe Anregung genug, sofort einen Dampfwagen für die Schiene zu bauen. Seiner großen Erfahrung gelang die Ausführung vortrefflich. Wie er selbst in einem Brief schreibt, rannte die Maschine »mit großer Geschwindigkeit hügelauf, hügelab und war leicht zu führen«.

Dieser Brief Trevithicks vom 15. Februar 1804 ist die erste Mitteilung über eine Lokomotivfahrt, die wir besitzen. Er spricht freilich von einem »*tram waggon*«, denn das Wort Lokomotive selbst ist erst sehr viel später eingeführt worden, wie im Abschnitt 14 näher dargelegt werden wird.

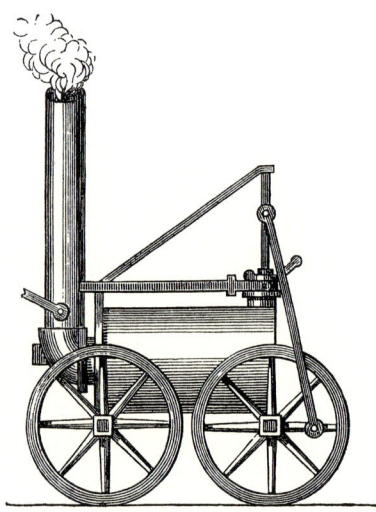

Aus Steiner »Geschichte des Verkehrs«.
10. *Trevithicks Lokomotive*
»Fang mich, wer kann«,
die 1808 in London als Schaustück vorgeführt wurde.

Bei diesem *tram waggon* finden wir, so ungefüge und seltsam er unseren heutigen Augen auch erscheinen mag, doch noch eine weitere, bis heute ausschlaggebend gebliebene Bauanordnung der Lokomotive verwendet. Es wird nämlich von der Maschine, die mit Hilfe von langen Geradführungsstangen eine Kurbel mit daran befestigtem Zahnrad antreibt, nicht mehr nur eine Achse gedreht, sondern beide Achsen haben zwangsläufigen Antrieb. Dies ist der Ursprung der gekuppelten Lokomotivachsen, die das nutzbare Reibungsgewicht auf den Schienen so bedeutend erhöhen. Freilich haben sich Zahnräder für diese Zwecke nicht bewährt. Die Achsenkupplung ist denn auch bald wieder verlassen worden, bis Stephenson, wie wir später hören werden, hierfür, wie für so vieles andere, die richtige Anordnung fand.

Bei dieser Lokomotive glaubte Trevithick noch ein Schwungrad zur Erzielung gleichmässiger Bewegung notwendig zu haben. Steuerung und Schornstein lagen beide nebeneinander an der Vorderseite des Kessels, in den der Zylinder wiederum, wie damals allgemein üblich, zur besseren Warmhaltung der Wände hineingebaut war.

Die Maschine leistete weit mehr, als zum Gewinn der Wette notwendig war. Sie zog einen Zug von fünf Wagen, der mit 10 000 Kilogramm Eisen und siebzig Menschen beladen war, über die sechzehn Kilometer lange Bahn. Die Gesamtlast, die an der Lokomotive hing, betrug 25 400 Kilogramm. Mit dieser legte die Maschine die Strecke in vier Stunden fünf Minuten zurück. Der ungläubige Hill machte die Fahrt mit und mußte seine Wette verloren geben. Er versuchte zwar noch verschiedene Einwendungen, um Trevithick das Geld vorzuenthalten, dieser scheint es aber schließlich doch bekommen zu haben.

Inzwischen war man in Soho ziemlich außer sich. Watt sah seine Alleinherrschaft im Dampfmaschinenbau gefährdet. Er tat alles, um ein gesetzliches Verbot der Trevithickschen Arbeiten zu erreichen, indem er erklärte, der Mann aus Cornwall verdiene gehängt zu werden, weil er so hohe Dampfspannungen anzuwenden wage, daß ein Unglück unausbleiblich sei. Nur mit Mühe gelang es Trevithicks Freunden, ein Einschreiten der Behörden zu verhüten.

Trevithick selbst war mit dem Erfolg seiner Lokomotive sehr zufrieden. Er beschloß, ganz nach Penydarran überzusiedeln und sich der weiteren Durchbildung des Dampfwagens für Schienengeleise zu widmen. Hätte er nun nicht wiederum Unglück gehabt, so wäre es ihm wahrscheinlich zwei Jahrzehnte vor Stephenson gelungen, den Grundstein für die Lokomotiveisenbahn zu legen. Aber es war nun einmal sein Schicksal, daß dem Sonnenschein stets sogleich finsteres Gewölk folgen mußte.

Trevithicks neue Lokomotive war gut, aber das Gleis war ihr nicht ebenbürtig. Nachdem die Maschine einige Zeit auf den gußeisernen Schienen gefahren war, begannen diese unter dem Gewicht des Fahrzeugs zu brechen. Das »Meaning Journal« brachte, nach Steiner, damals die folgende Mitteilung eines Augenzeugen über Trevithicks Lokomotive: »Sie war bestimmt, Eisen von den Hochöfen nach der alten Schmiede zu bringen, und arbeitete sehr gut. Wahrscheinlich infolge ihres Gewichts zerbrach sie die Schienen unter sich und fiel zwischen die Schwellen. Nachdem sie einige Zeit auf dem Gleis gearbeitet hatte, sollte sie eine Ladung Eisen von Penydarran hinunterbringen. An diesem Tag aber brachen viele Schienen, und die Maschine lief, ehe sie das Ziel erreichte, aus dem Gleis. Sie mußte mit Pferden nach Penydarran zurückgebracht werden und wurde von da an nicht mehr als Lokomotive gebraucht.« Nur fünf Monate lang war sie gefahren. Nun wurde sie zu einer ortsfesten Betriebsmaschine umgewandelt, als welche sie noch jahrzehntelang der Grube gedient hat.

Doch ganz hatte Trevithick trotzdem den Mut nicht verloren. Auf Anregung *Blacketts*, des Besitzers der Wylam-Gruben, der die Versuche in Penydarran gesehen hatte, baute er eine neue Lokomotive. Da aber der Schienenweg von Wylam nur aus hölzernen Balken bestand, so hat er vermutlich die Maschine, gewarnt durch seine Erfahrungen, möglichst leicht gemacht. Auf diese Weise aber konnte sie nichts Rechtes leisten, da ja die Zugkraft jeder Lokomotive von ihrem Gewicht und der daraus folgenden Stärke der Anhaftung auf den Schienen abhängig ist. Trevithick trug denn auch in Wylam keinen irgendwie nennenswerten Erfolg davon. Dennoch ist seine dortige Tätigkeit wichtig, denn die Kohlenbahn von Wylam ging an Georg Stephensons armseligem Geburtshaus in dem gleichnamigen Ort vorüber, und dieser dürfte so infolge Trevithicks Tätigkeit zum ersten Mal eine Lokomotive gesehen haben. Auch zwei andere Männer, deren Arbeiten für die Entwicklung des Dampfwagens auf den Schienen wichtig gewesen sind, Blenkinsop und Hedley, haben hier zweifellos Anregung erfahren.

Noch einmal versuchte Trevithick seine erste Erfindung durchzusetzen. Er wollte durch eine besondere Veranstaltung zeigen, wie vortrefflich der Dampfwagen zu fahren vermöge, wenn er auf Schienen gesetzt ist. Darum ging er 1808 noch einmal nach London und zwar mit einer neuen, wiederum verbesserten Lokomotive, der seine Schwester den stolzen Namen »Catch me who can« (»Fang' mich, wer kann«) beigelegt hatte. In der Tat soll diese Lokomotive eine für die damalige Zeit ganz außerordentliche Geschwindigkeit erreicht haben, nämlich 30 Kilometer in der Stunde.

Die Maschine sollte in London keinem wirklichen Betrieb dienen, sondern sie war als ein Schaustück gedacht. Trevithick mietete in der Nähe des Easten Square einen weiten, unbebauten Platz, auf dem seltsamerweise später der Endbahnhof einer der bedeutendsten Eisenbahnstrecken Englands, der Nordwestbahn, errichtet wurde. Dort wurde eine kreisförmige Gleisbahn von 60 Metern Durchmesser angelegt, und der ganze Platz mit einem hohen Zaun umgeben. Der Eintritt kostete einen Schilling, wofür man zugleich das Recht erwarb, in dem einen Wagen, den die Lokomotive hinter sich zog, mitzufahren. Aber hierzu hatten nur wenige den Mut. Überhaupt zog die Vorführung nicht so viel Zuschauer an, wie Trevithick erhofft hatte, und eines Tags, als die Lokomotive wieder einmal die Schienen zerbrochen hatte und ganz aus dem Gleis geraten war, sperrte er den Eingang zu, verkaufte die Maschine an einen Messerschmied und schloß damit auch seine Wirksamkeit für die Entwicklung der Lokomotive auf immer ab.

Nicht ohne Schmerz sieht man einen eifrig Strebenden hier in der Blüte seines Schaffens gebrochen. Aber Trevithick besaß eben nicht nur Kraft, sondern gleichzeitig einen allzu lebhaft umherschweifenden Geist. Er beschäftigte sich zur selben Zeit mit vielen Gegenständen, suchte Patenten nach für Dampfkräne, Schwimmdocks, Wassersäulenmaschinen, Masten aus Eisenblech und vieles andere. So konnte das einzelne nicht zu vollen Reife gelangen.

Bald nachdem er der Lokomotive entsagt hatte, ließ Trevithick sich verlocken, eine Arbeit von außerordentlicher Größe in Angriff zu nehmen, für welche die damaligen technischen Mittel zweifellos noch nicht ausreichend waren. Er begann eine Untertunnelung der Themse. Aber mehrere Male brach das Wasser des Flusses in den Bau ein, und schließlich wurde dieser ganz überschwemmt. Nach fünfmonatiger Arbeit mußte der Versuch aufgegeben werden. Erst ein Vierteljahrhundert später wurde der Rotherhithe-Tunnel unter der Themse durch Isambart *Brunel* fertiggestellt.

Von neuem brachte bald darauf ein Zufall Trevithick zu seiner Stellung voll Ruhm und hohen Ehren.

In Peru begannen damals die Silber- und Goldbergwerke, ebenso wie einst die Kohlengruben in England, bei tieferem Absenken der Schächte unter dem eindringenden Wasser zu leiden. Gewöhnliche Wattsche Dampfmaschinen vermochten hier keine Abhilfe zu schaffen, da deren schwere Teile nicht bis in die fast unzugänglichen Gebirgsgegenden gebracht werden konnten. Ein Schweizer, namens Charles Urville, wurde nach England gesandt, um sich dort umzusehen, ob es nicht irgendeine Maschinenbauart gäbe, die aus der Not zu retten vermöchte. Der Abgesandte war schon im Begriff, unverrichteter Sache wieder abzureisen, als er in dem Schaufenster eines Maschinenhändlers in London zufällig eine der kleinen, kräftigen Hochdruckmaschinen Trevithicks sah. Sofort bestellte er eine Anzahl

Nach einem Modell im Deutschen Museum zu München.
11. Eine Verirrung des Lokomotivbaus
Blenkinsops Zahnrad-Lokomotive für ebene Strecken

von ihnen, und einige Zeit darauf erging aus Peru ein Ruf an Trevithick, selbst dorthin zu kommen, um die Maschinen in Tätigkeit zu setzen. Als sein Schiff im Februar 1817 in Callao einlief, wurde er mit königlichen Ehren empfangen. Ein Einkommen von 100 000 Pfund Sterling jährlich wurde ihm zugesichert, und es sollte eine Bildsäule von ihm, als dem Retter des Lands, in Silber aufgerichtet werden.

Doch nur allzu rasch ward Trevithicks Lebenssonne abermals verfinstert. Ein Krieg brach aus, durch den die Spanier aus Peru vertrieben werden sollten. Trevithick, der den eindringenden Truppen Unterstützung geliehen hatte, geriet in die größte Gefahr, von den spanischen Soldaten, als sie die Bergwerksgegend besetzten, gefangengenommen und ermordet zu werden. Nur eilige Flucht konnte ihn retten. Kein anderer Weg blieb übrig, als sich zu Fuß durch das Innere Südamerikas nach Panama durchzuschlagen. Nur in Begleitung eines treuen Mannes begann Trevithick das Wagnis, und es gelang ihm nach unendlichen Gefahren wirklich, den Hafen von Cartagena am Golf von Darien zu erreichen. Zwei silberne Sporen waren sein ganzer Besitz, als er dort eintraf.

Zur gleichen Zeit mit Trevithick langte ein anderer Engländer in Cartagena an. Es war Robert Stephenson, der Sohn Georgs, der mit nicht geringerer Verwunderung in dem abenteuernden, von allen Mitteln entblößten Mann den viel verehrten Trevithick erkannte.

Sofort nahm der junge Stephenson sich seines Landsmanns an und ließ ihn auf seinem Schiff mitfahren. Doch als ob der Unglücksfälle noch nicht genug gewesen wären, scheiterte das Fahrzeug an der Südspitze von Florida; nur mit Mühe retteten die Reisenden das nackte Leben. Wie Trevithick das ihm bestimmte Schicksal beurteilte, zeigt am besten sein auf dieses Begebnis bezüglicher Ausspruch: »Wäre

41

ich nicht an Bord von Stephensons Schiff gewesen, wäre es nicht gescheitert, und wäre er nicht mit mir an Bord gewesen, so wäre ich ertrunken.«

Ende des Jahres 1827 war Trevithick wieder in England. Arm und elend kam er dort an: ein gebrochener Mann. Als das große Ereignis der Lokomotivwettfahrt zu Rainhill stattfand, war er noch am Leben. Doch zeigte er in keiner Weise mehr eine Teilnahme. 1833 starb Trevithick in einem kleinen Gasthof, und er wäre im Armensarg begraben worden, wenn nicht die Werkstattbesitzer und Arbeiter der Umgegend sich seines einst großen Namens erinnert und für ihn gesammelt hätten.

Das mißgünstige Schicksal, welches über Trevithicks Schaffen sein ganzes Leben hindurch geschwebt hatte, beeinträchtigte auch die Wirkung seiner Arbeiten auf die Zeitgenossen so sehr, daß sie bald gar nicht mehr beachtet wurden.

Die Vergessenheit, der die wichtige Wirkung des Blasrohrs schnell anheimfiel, wurde schon erwähnt. Aber viel schlimmer war, daß man auch bald von den Leitungen der Lokomotive auf glatten Schienen nichts mehr wußte. Schon wenige Jahre, nachdem Trevithick in London den Eingang zu seiner Rundbahn verschlossen hatte, glaubte man allgemein, daß die Anhaftung der Räder auf den Schienen allein nicht genüge, um die Lokomotive zum Ziehen schwerer Lasten zu befähigen.

Dieser sehr merkwürdige Rückschlag, welcher die Entwicklung der Eisenbahn jahrelang aufgehalten hat, ist vielleicht dadurch zu erklären, daß die letzten Lokomotiven Trevithicks aus Furcht vor der geringen Haltbarkeit der Schienen zu leicht gewesen waren, um einen genügenden Anhaftungsdruck auszuüben. So war es auch hier der unglückliche Mann wiederum selbst, der sein Lebenswerk beeinträchtigte.

Im Jahre 1811 baute *Blenkinsop* eine Bahn zwischen Leeds und Middleton, bei der er eine Zahnstange neben die Fahrschienen legte. Von den Kolbenstangen der beiden in den Kessel eingebauten Zylinder aus wurde durch zwei Schubstangen eine unter dem Kessel liegende Kurbelwelle gedreht, auf die ein großes Zahnrad gesetzt war. Dieses griff in die seitlich verlegte Zahnstange ein und zog so die Maschine vorwärts, während die anderen Räder nur zum Tragen dienten. Die Maschine ist lange Zeit in Betrieb gewesen.

Im folgenden Jahr führten die Brüder *Chapman* eine Anlage aus, bei der eine Kette zwischen die Schienen gelegt war. Sie wurde über eine Windetrommel an der Lokomotive geführt und bildete so eine Zugvorrichtung, wie sie noch heute in gleicher Weise bei der Kettenschiffahrt auf Binnenwasserstraßen angewendet wird.

12. Die »fußbewegende« Lokomotive
Bruntons Maschine mit Stemmhebeln zur Unterstützung der vermeintlich zu geringen Anhaftung auf den Schienen

Nach dem Urstück im Königlichen Kunstgewerbe-Museum zu Berlin.

13. Gußeisernes Bild der ersten deutschen Lokomotive
Neujahrskarte der Königlichen Eisengießerei in Berlin mit der Darstellung der ersten, 1815 in
Deutschland erbauten Lokomotive.

Ganz besonders seltsam war der Behelf, auf den Thomas *Brunton* verfiel. Seine
Lokomotive besaß zwei lange, hinter dem Kessel angebrachte Hebelstangen mit
Platten, die bis auf den Boden reichten. Durch mehrere Gelenke konnten diese Hebelstangen geradeso wie Beine bewegt werden, und sie hatten tatsächlich die Aufgabe, auf dem Boden zu schreiten und die Maschine auf diese Weise vorwärts zu
drücken. Als »fußbewegende Maschine« erlangte dieses seltsame Gebilde seinerzeit eine große Berühmtheit. Selbstverständlich konnte diese »Rückkehr zur Natur« nicht von dauernder Wirkung sein.

Auch nach Deutschland griff die eigenartige Verirrung hinüber.

Man glaubt größtenteils, daß die erste Lokomotive, die in Deutschland gefahren
ist, jene »Der Adler« genannte Maschine gewesen sei, die im Jahre 1835 den ersten
Eisenbahnzug von Nürnberg nach Fürth zog. Aber das ist ein Irrtum. Denn schon
1816 ist eine Lokomotive in Deutschland gefahren. Sie war kein englisches, sondern ein deutsches Erzeugnis, ein Berliner Kind. Von ihrer englischen Kameradin,
die 22 Jahre lang in Betrieb war, unterschied sie sich freilich in beträchtlichem Maß
dadurch, daß sie niemals einen Zug in Bewegung gesetzt hat. Bald nach den ersten
Versuchen mit Dampflokomotiven auf Eisenbahngeleisen, die sehr lebhaftes Aufsehen erregten, sandte die preußische Bergbauverwaltung zwei Beamte, *Eckardt*
und den Inspektor der Berliner Eisenbahngießerei Friedrich *Krigar* nach England,
wo sie die Anwendung der Dampfkraft für den Verkehr sich anschauen sollten. Sie
führten ihren Auftrag so gründlich aus, daß Krigar nach seiner Rückkehr mit dem

14. Lokomotive »Puffing Billy«
erbaut 1813 von Hedley zu Whylam in England

Bau einer Lokomotive beauftragt werden konnte, die auf der Königshütte in Ober-schlesien zum Kohlenschleppen verwendet werden sollte.

Anfang Juni 1816 war das technische Wundertier fertig und begann in Berlin Probe- und Schaufahrten. Nach Angabe von Feldhaus meldeten die »Berliner Nach-richten« vom 16. Juni, daß der »Dampfwagen« täglich vormittags von 9 bis 12 Uhr und nachmittag von 3 bis 8 Uhr gegen Eintrittsgeld von vier Groschen vorgeführt würde. Am 9. Juli berichtete die »Vossische Zeitung«: »In der Eisengießerei ist auch seit einiger Zeit der neu erfundene Dampfwagen zu sehen, der sich in eigenem Ge-leise ohne Pferde und mit eigener Kraft dergestalt fortbewegt, daß er eine ange-hängte Last von 50 Zentnern zu ziehen imstande ist.« Die Fahrten geschahen hier auf einer Rundbahn, und man kann sich wohl denken, welch ein Erstaunen das fau-chende und feuerspeiende Gebilde bei den Berlinern hervorgerufen hat.

Es waren die einzigen glorreichen Tage dieser ersten deutschen Lokomotive. Denn als sie in Schlesien anlangte, stellte sich heraus, daß die Spurweite der Räder nicht zu den Geleisen in der Königshütte paßte. Man konnte die Maschine also nicht in Betrieb nehmen. Alsbald ist sie verschollen. Niemals konnte festgestellt werden, ob sie vielleicht irgendwo in einem rußigen Winkel als ortsfeste Maschi-ne ein trübseliges Dasein gefristet hat.

Infolge des eigenen Unsterns, der über dieser Lokomotive schwebte, wäre uns auch beinahe jede Kunde über ihre äußere Gestalt verloren gegangen. Denn in dem politisch so unruhigen Jahr 1848 machten die Arbeiter einen Angriff auf die Königliche Eisengießerei. Ein Teil der Gebäude ging in Flammen auf, und dabei verbrannten fast alle Zeichnungen zu der denkwürdigen Lokomotive. Was erhalten blieb, würde ganz ungenügend sein, um uns ein Bild von der Maschine zu geben, wenn nicht die Eisengießerei die schöne Sitte gehabt hätte, am Neujahrstag höchst eigenartige und sehr haltbare Glückwunschkarten auszugeben. Diese waren aus Eisen sehr sauber gegossen und zeigten in erhabener Arbeit die Bilder der wichtigsten Erzeugnisse aus dem abgelaufenen Jahr. Auf der Grußkarte von 1816 hat ganz links unten unsere kurzlebige Lokomotive eine dauerhafte Wiedergabe gefunden. Man sieht deutlich das zwischen den Laufrädern angebrachte Zahnrad. Die Ähnlichkeit mit Blenkinsops Maschine ist sehr groß.

In England aber begann man schon im Jahre 1813 zur glatten Schiene zurückzukehren. *Hedley* hatte sich durch eigene Versuche von neuem von der genügenden Kraft der Anhaftung überzeugt. Seine Lokomotive »Puffing Billy«, die im gleichen Jahr in Betrieb kam, ist wieder frei von allem ziehenden oder schiebendem Beiwerk. Trotz der höchst verwickelten Antriebseinrichtung, die sie mit ihren Balanziers und Zahnradvorgelegen besitzt, bedeutet sie doch einen wichtigen Fortschritt in der Entwicklung der Eisenbahn. Auch sie besaß ein im Kessel hin und zurück gehendes Flammrohr; es liegen also auch bei ihr Schornstein und Feuerung auf derselben Seite. Die Maschine ist bis zum Jahr 1862 in Betrieb gewesen und wurde dann im Kensington-Museum in London aufgestellt, wo sie heute noch zu sehen ist.

1906 ließ der Verein deutscher Eisenbahnverwaltungen in der Zentralwerkstätte der bayerischen Staatseisenbahnen eine Nachbildung des »Puffing Billy« anfertigen, um diese dem »Deutschen Museum von Meisterwerken der Naturwissenschaft und Technik« in München zum Geschenk zu machen. Bevor die Lokomotive im Museum ausgestellt wurde, ist sie geheizt und auf einer Strecke ausgeprobt worden. Sie hat damals die über Hedleys ursprüngliche Maschine berichteten Leistungen tatsächlich vollbracht.

3. Der Meister

Als alle diese bald fördernden, bald zurückhaltenden Begebnisse sich zutrugen, war schon längst der Mann am Leben, der mit gewaltiger Hand das Schaffen so vieler Geister zusammenfassen, das mit so vieler Mühe errichtete Gebäude endlich unter Dach bringen sollte.

Viele kleine und größere Sterne hatten bereits am Himmel der Schienenwelt geleuchtet. Aber erst mit Georg *Stephenson* geht die Sonne im Eisenbahnland auf.

Als die Großtat Stephensons wird zwar im allgemeinen der Bau einer bestimmten, hervorragend wirkungskräftigen Lokomotive bezeichnet. Aber diese Leistung umfaßt doch bei weitem nicht seine gesamte Wirksamkeit. Georg Stephenson war viel mehr als ein tüchtiger Lokomotivbauer – er ist der erste wirkliche Eisenbahningenieur.

Vor seinem geistigen Auge erstand zum ersten Mal das Bild des Eisenbahnverkehrs in seiner Gesamtheit. Er sah zu einer Zeit, als alle anderen nur ein Herumstümpern auf den Schienen wahrnahmen, die Millionen rollender Räder auf dem Eisenpfad, die Rauchfahnen der Lokomotiven durch alle Länder ziehen, die rumpelnden Kutschen und Frachtwagen von einem neuen Verkehrsmittel endgültig abgelöst. Es ist das keine bloße Annahme; Stephenson selbst hat dieses treffende Vorausschauen selbst in einer Rede bestätigt, die er zu einer Zeit hielt, als noch nicht einmal der erste Fahrgast von einem Lokomotivzug über ein Gleis gezogen worden war.

Dieser große, umfassende Geist benügte sich nicht mit dem Bau von Lokomotiven. Er beschäftigte sich auch mit der Ausbildung der Geleise, er erkannte die Notwendigkeit der ebenen Bahnstrecke und brachte die zögernden Zeitgenossen durch die Kraft seiner Persönlichkeit zum ersten Mal dazu, mit gewaltigen Kosten einen großen, neigungslosen Schienenweg über Fluß und Moor hinweg, über Täler und durch Hügel hindurch anzulegen. Er bemühte sich, die physikalischen Gesetze, die im Eisenbahnbetrieb zur Anwendung kommen, zu durchforschen und ist so zum Begründer auch der Wissenschaft von der Eisenbahn geworden; durch ihn ist die Eisenbahnkunde für immer aus dem Urzustand herausgehoben worden, in dem sie nur von der rohen Erfahrung lernte.

Georg Stephenson wurde am 9. Juni 1781 zu Wylam bei Newcastle am Tyne in dem englischen Landesteil Northumberland geboren. Er wuchs inmitten dieser Kohlenkammer Nordenglands auf. Seine Umgebung bestand ausschließlich aus Arbeitern, die in den benachbarten Gruben beschäftigt waren. Der Vater Robert, genannt »der alte Bob«, war Heizer an der Pumpeinrichtung des Bergwerks zu Wylam. Er ist sein Leben lang über diese Stellung nicht hinausgekommen. Der kleine Georg hatte noch fünf Geschwister, und es fiel dem Vater äußerst schwer, nur den nackten Unterhalt für die vielköpfige Familie zu verdienen. Daher konnte er nicht daran denken, seine Kinder in die Schule zu schicken, und so kam es, daß der weltberühmte Erfinder noch als Jüngling weder lesen noch schreiben konnte.

Mit dem Verkehr kam der junge Stephenson schon früh in Berührung. Sein Geburtshaus, genannt das »Haus an der Landstraße«, lag an dem alten Postweg zwischen Newcastle und Hexham, der von Kutschen und Reitern lebhaft benutzt wurde. Auch die schon erwähnte Kohlenbahn, für die Trevithick eine Lokomotive gebaut hatte, führte in nächster Nähe vorüber. Als Georg mit acht Jahren als erste Aufgabe seines Lebens die Pflicht übernahm, die Herde einer Witwe zu hüten, war es seine Hauptaufgabe, die Kühe von dem Betreten der Geleise abzuhalten. Man zahlte ihm für diese Tätigkeit 18 Pfennig täglich.

Später verrichtete der Knabe als Kohlenausleser die niedersten Dienste auf der Wylamer Grube. Der Vater gesellte ihn sich dann als Hilfsheizer bei.

Wie Trevithick fühlte auch Stephenson sich schon in ganz jungen Jahren von den Maschinen lebhaft angezogen. Die Herstellung kleiner Modelle aus Lehm und Schilfrohr war sein liebstes

15. Georg Stephenson

Spiel, das Winken der eisernen Balanzier-Arme, das Zischen des Dampfs in den grossen Maschinen lockte ihn unwiderstehlich zu bewundernder Betrachtung.

Durch mancherlei Hilfsleistungen, mit denen er den Wärtern beigesprungen war, gelang es ihm denn auch, mit 17 Jahren von dem niedrigen Kesseldienst fortzukommen und zum Maschinenburschen aufzusteigen. Als solcher hatte er die Pflicht, die Maschinen zu beaufsichtigen, und rasch einen Ingenieur herbeizurufen, wenn etwas daran nicht in Ordnung war. Der junge Bursche nahm sofort jede Gelegenheit wahr, die Maschinen genau kennenzulernen, er überlegte sich, was notwendig wäre, um sie in regelmäßigem Lauf zu erhalten. Bald konnte er selbst beispringen, wenn irgendetwas auszubessern war, so daß man ihm erlaubte, solche Arbeiten auszuführen, ohne daß einer der leitenden Männer zugegen war.

Seine Hauptbeschäftigung aber war, am Schacht zu Water-Row den großen Aufzug zu bewachen und zu bedienen. Da die Kohlengefäße nur in größeren Abständen hinauf- und hinabgingen, so hatte Stephenson hier viel längere Ruhepausen. Er benutzte sie, um den Arbeitern die Schuhe auszuflicken und fertigte fleißig auch mancherlei Näharbeit an. Das Geld, das er auf diese Weise verdiente, setzte ihn in den Stand, eine Abendschule zu besuchen, wo er sich nun notdürftig die ersten Kenntnisse im Lesen und Schreiben verschaffte. Wie stolz war er, als er mit 19 Jahren seinen Namen schreiben konnte. Er kaufte jetzt ein paar Bücher und begann, sich ein wenig Bildung anzueignen.

Trotz seiner ärmlichen Verhältnisse, und weil er damals wohl glaubte, daß es ihm niemals sehr viel besser gehen würde, ging Stephenson bereits 1802 an die Gründung eines Hausstands. Er heiratete ein Dienstmädchen aus einem benachbarten Bauernhof, Fanny Henderson mit Namen. Im folgenden Jahr wurde dem Paar ein Sohn geboren, der einer der größten Ingenieure Englands werden sollte.

Robert Stephenson hat an dem großen Eisenbahnwerk seines Vaters mitgeschafft, es fortgesetzt und hat neben vielen anderen sehr bedeutenden Leistungen die für die damalige Zeit großartigsten und kühnsten Brückenbauten geschaffen.

Der Vater tat alles, um seinen Sohn Robert vor den Kümmernissen zu bewahren, die er selbst infolge seiner mangelnden Schuldbildung hatte durchmachen müssen. Schon nach zweijähriger Ehe starb ihm die Gattin, und er zog nun nach Killingworth, wo er als einfachster Maschinenwärter Dienste nahm. Aber hier sollte endlich ein wenig Helligkeit in sein trübes Dasein kommen.

Auf der Grube war eine sehr große Pumpmaschine aufgestellt worden, die aber, als sie fertig war, die in sie gesetzten Erwartungen nicht erfüllte. Es war unmöglich, sie in regelmäßigen Gang zu bringen. Zahlreiche Ingenieure hatten sich vergeblich darum bemüht. Da erbot der einfache Maschinenwärter Stephenson sich dazu, die Pumpe herzurichten. Man vertraute ihm das Werk an, weil man der Meinung war, daß an der Maschine doch nichts mehr zu verderben sei. Aber siehe da, schon nach vier Tagen lief die Pumpe wirklich, und da sie dauernd in Betrieb blieb, war den Grubenbesitzern eine große, bereits verloren gegebene Summe erhalten geblieben. Kein Wunder, daß sie den Retter in der Not reich belohnten und ihn zum Maschinenmeister aufsteigen ließen.

Stephenson erhielt nun häufig Aufträge zur Instandsetzung von Pumpwerken, und so war er bald in der Lage, seinen Sohn Robert fortab auf eine höhere Schule zu schicken. Rasch hatte dieser den Bezirk erreicht, bis zu dem das Wissen seines Vaters reichte. Es ist rührend, sich vorzustellen, wie nun Vater und Sohn allabendlich zusammensaßen, um gemeinschaftlich zu lernen und in gleicher Weise sich fortzubilden. Robert hat später die Universität in Edinburgh besucht, während der Vater immer sein eigener Lehrer geblieben ist.

Jene Rettungsarbeit an der widerspenstigen Pumpe ist als ein Wendepunkt im Leben des späteren Eisenbahnbauers zu bezeichnen. Der Vorgang ist zugleich ein treffender Beweis für die innere Unwahrheit der so häufig aufgestellten Behauptung, daß der Mensch, um etwas zu leisten, nicht nur Begabung, sondern auch Glück nötig habe. Dem ist nicht so. Das Glück hilft nicht der genialen Begabung, sondern diese zwingt das Glück herbei. Gewiß war es ein »Zufall«, daß die Ingenieure in Killingworth die große Pumpe nicht in Ordnung zu bringen vermochten. Aber wer vermöchte im Ernst zu bezweifeln, daß die reichen in Stephenson schlummernden Kräfte ihm auch bei vielen anderen Gelegenheiten die Möglichkeit gegeben hätten, sein Können zu offenbaren. Ein anderer jedoch als ein so Hochbegabter hätte jenen »Zufall« nicht zu nutzen vermocht, für ihn wäre er gar kein Glücksfall gewesen, weil er nicht verstanden hätte, das rasch vorüberrollende Glück am Rockzipfel zu fassen. Es gilt nun einmal für alle solche Fälle das tiefe Wort des Mephistopheles:

> Wie sich *Verdienst* und Glück verketten,
> Das fällt den Toren niemals ein;
> Wenn sie den Stein der Weisen hätten,
> Der Weise mangelte dem Stein.

Bei der Grube von Killingworth stieg Stephenson bald zur Stellung eines Ingenieurs auf. Seiner ganzen Veranlagung nach begnügte er sich, sobald er auf die Verhältnisse Einfluß zu nehmen vermochte, nicht mit dem Vorhandenen. Er sah, daß es notwendig sei, die Verkehrsverhältnisse in dem Grubenbezirk zu verbessern. Hierfür schien ihm das beste Mittel, die Pferde, welche die Kohlenzüge mühsam schleppten, durch Lokomotiven zu ersetzen. Nun lagen damals die Zeitverhältnisse noch nicht so, daß man irgendwo Lokomotiven bestellen konnte. Überall wurden erst Versuche gemacht, und niemand genoß ein so großes Vertrauen, daß man ihm ein solches Erzeugnis gern in Auftrag gegeben hätte. So war Stephenson gezwungen, für die Kohlenförderung auf der Grube von Killingworth selbst eine Lokomotive herzustellen, die erste, die er geschaffen.

Der künftige Vater des Eisenbahnwesens war 33 Jahre alt, als er jetzt zum ersten Mal mit dem Gegenstand in Berührung kam, dem seine Lebensarbeit gehören sollte.

Eine eigenartige Schwierigkeit, die nicht technischer Natur war, stellte sich ihm bei diesem Vorhaben entgegen. Die eigentlichen Schlosser und Mechaniker weigerten sich, nach seiner Anordnung zu arbeiten. Sie wollten nicht unter dem früheren Kuhhirten und Schuhflicker stehen. So mußte er die Maschine durch Huf- und Grobschmiede zusammenbauen lassen, und es ist deshalb um so erstaunlicher, daß ihm überhaupt ein Dampfwagen gelang, der zu fahren vermochte. Das hierzu nötige Geld gab ihm Lord Ravensworthh, der Hauptbesitzer der Grube.

Zu gleicher Zeit mit Hedley kehrte Stephenson in weiser Erkenntnis der Tatsachen zur glatten Schiene zurück, die nun zum Glück für die Entwicklung des Eisenbahnwesens nicht mehr verlassen wurde. Am 25. Juli 1814 machte die Lokomotive »Mylord« ihre erste Fahrt. Sie wurde im folgenden Jahr von den Arbeitern, die damals von dem eben über die Franzosen bei Waterloo errungenen Sieg sehr begeistert waren, in »Blücher« umgetauft.

Dieser »Mylord« oder »Blücher« war kein Meisterwerk. An dem recht minderwertig gearbeiteten Kessel waren sämtliche Ausrüstungsteile befestigt. Nirgends war eine Federung angebracht, so daß durch die heftigen Stöße beim Fahren leicht Brüche eintraten. Im Kessel wurden die heißen Feuergase sehr schlecht ausgenutzt, da nur ein einfaches Flammrohr vorhanden war, das von der Feuerung am Hinterende zum vorn angebrachten Schornstein hindurchging. Dies bedeutete einen Rückschritt, da schon vorher von vielen anderen Lokomotivbauern das rückkehrende Flammrohr angewendet worden war.

Die Maschine machte beim Fahren ein furchtbares Geräusch, so daß alle schreckerfüllt davonliefen, wenn das Ungeheuer herankam. Es stellte sich auch heraus, daß die Schnelligkeit der Lokomotive vor dem Kohlenzug nicht größer war als die von Pferden und daß sie auch keine Verringerung der Kosten brachte. Dabei erschien sie durch die angewendete Kesselspannung, die für die damalige Zeit hoch erschien, weit gefährlicher, denn Pferde können ja bekanntlich nicht zerbersten.

Stephenson erkannte, daß die schlechte Wirkung der Lokomotive in der Hauptsache dadurch entstand, daß die Heizfläche zu klein war, also nicht genügend Dampf erzeugt werden konnte. Um das Feuer lebhafter anzufachen, griff er nun eine Erfindung auf, die Trevithick bereits gemacht hatte. Er baute in seine Lokomotive ein Blasrohr ein. Der Lebensschilderer unseres Erfinders, Smiles, behauptet, daß hier die erste Anwendung des Blasrohrs unter voller Erkenntnis seiner Wirksamkeit vorläge. Trevithick habe sich noch zwei Jahre später eine besondere, außerhalb der Maschine liegende Vorrichtung patentieren lassen, um das Feuer seiner Lokomotive anzublasen. Wenn dies richtig ist, käme Stephenson also auch das Verdienst zu, das Blasrohr in den Lokomotivbau endgültig eingeführt zu haben. Wahrscheinlich gebührt die Ehre, diese Erfindung unter voller Erkenntnis ihrer Wirkung gemacht zu haben, aber doch Trevithick.

Die Wirkung des zugefügten Bauteils war sogleich sehr bedeutend. Dadurch, daß der mit großer Heftigkeit aus den Zylindern strömende Abdampf durch den engen Schornstein strich, riß er so viel Frischluft durch die Kesselfeuerung, daß diese sehr viel lebhafter brannte als vorher. Die Dampferzeugung war viel stärker, und die Kraft der Maschine verdoppelte sich.

Eine weitere Verbesserung, die Stephenson anbrachte, sollte die starken Stöße auf den Kessel mildern. Er befestigte an dem Rahmen der Maschine vier senkrechte Stangen, die oben Kolben trugen. Sie tauchten in vier Zylinder ein. Die Bauform war recht verfehlt. Ein Abbremsen der Stöße trat kaum ein, aber die Dampfpuffer sind doch weiter benutzt worden, bis die sehr viel besser wirkenden stählernen Blattfedern erfunden waren.

Trotz all dieser Maßnahmen konnte aber die grundsätzliche Feindschaft gegen die Lokomotive immer noch nicht besiegt werden. Die Wirksamkeit der Maschine war in der Hauptsache beschränkt durch die Minderwertigkeit der gußeisernen Geleise. Stephenson blieb dieser Zusammenhang nicht verborgen; er erklärte schon damals, Schiene und Rad gehörten zusammen »wie Mann und Weib«. Deshalb beschäftigte er sich lebhaft mit der Verbesserung der Geleise, schuf günstigere Schienenformen und erfand kräftigere Verbindungen der Schienenstücke miteinander. Die gußeisernen Räder seiner Lokomotive ersetzte er durch schmiedeeiserne, wodurch die Räder zugleich leichter und dauerhafter wurden.

Sein gedanklich immer tieferes Eindringen in das Wesen des Dampfeisenbahnbetriebs veranlaßte Stephenson im Jahr 1818, gemeinschaftlich mit *Wood* Untersuchungen über den Zusammenhang von Reibung und Schwere vorzunehmen, der ja für den Lokomotivbetrieb auf glatten Schienen von höchster Wichtigkeit ist. Er bestimmte die Größe des Widerstands, den Wagen auf Schienen erfahren, erkannte hierbei den Wert der ebenen Gleisführung und die ungünstige Einwirkung, den jede stärkere Steigung sofort auf die Zugkraft der Lokomotive ausübt. Diese Untersuchungen sind grundlegend für den gesamten Eisenbahnbau geblieben. Fortan verfocht Stephenson mit zähester Beharrlichkeit den Grundsatz, daß für Eisenbahnbauten aufgewendetes Geld niemals besser angelegt werden könne, als wenn man es zur Herstellung ebener Geleise verwendete.

In jene Zeit fällt auch eine sehr wichtige Erfindung Stephensons, die mit dem Eisenbahnwesen nichts zu tun hat, aber die Sinnesart dieses in jeder Beziehung großen Manns deutlich erkennen läßt. Als er noch Bremser am Schachtaufzug war, geschah im Jahre 1806 in der Grube, die er zu bedienen hatte, ein schweres Unglück infolge der Entzündung schlagender Wetter durch die unzweckmäßigen Lampen der Arbeiter. Zehn Bergleute wurden hierbei getötet. Drei Jahre darauf ereignete sich ein neues Unglück aus gleichen Ursachen, das zwölf Opfer forderte, und im Jahre 1812 ließ eine Entzündung schlagender Wetter in einem benachbarten Bergwerk gar neunzig Männer und Knaben durch Ersticken und Verbrennen umkommen. Stephensons Herz, das immer für die Not der Menschheit warm geschlagen hat, wurde durch diese Begebnisse schwer bedrückt. Er nahm sich vor, für die Bergleute eine Lampe zu schaffen, die nicht wie die bisherigen eine offen brennende Flamme haben sollte. Ohne alle wissenschaftlichen Kenntnisse kam er auf denselben Gedanken, den fast zu gleicher Zeit der berühmte Chemiker Humphrey *Davy* seiner Sicherheitslampe für Bergleute zugrunde legte.

Unter häufiger Einsetzung seines Lebens machte Stephenson viele Versuche in Bergwerken voll gefährlicher Gase, bis er wirklich eine Bauform für die Lampe gefunden hatte, die volle Sicherheit gegen Entzündung schlagender Wetter bot. Es erhob sich ein Streit zwischen ihm und Davy um das Erstrecht an der Erfindung. Der berühmte Gelehrte, der sich auch später gegenüber dem neu aufkommenden Ruhm Faradays recht wenig edel benommen hat, ging sehr scharf gegen Stephenson vor. Er behauptete, daß dieser ihm die Erfindung gestohlen habe. Tatsächlich muß der Ruhm, den Bergleuten die so außerordentlich wichtige Sicherheitslampe geschenkt zu haben, heute beiden Männern zugesprochen werden. Durch eine von den Bergwerksbesitzern in Northumberland veranstaltete Sammlung erhielt Stephenson damals 20 000 Mark ausgezahlt.

In langsamem, geduldigem Ausbau wurden indessen die zu Killingworth in immer größerer Zahl arbeitenden Lokomotiven weiter entwickelt. Es hieß, vielen Schwierigkeiten gegenüber das neue Zugmittel durchzusetzen, aber Stephenson war doch allmählich so weit gekommen, daß an einen Ersatz der Dampfwagen durch Pferde nicht mehr gedacht wurde. Die Lokomotiven hatten sich bewährt, seit Jahren zogen sie in regelmäßiger Arbeit die schwersten Lasten, und ihr Betrieb war auch schon billiger geworden als der der mit lebenden Zugkräften.

Merkwürdigerweise fanden diese so überaus wichtigen Vorgänge, die sich in Killingworth vollzogen, an keiner anderen Stelle irgendeine Beachtung. Die Grube war sehr abgelegen, keine der an der Entwicklung des Verkehrsleben beteiligten Persönlichkeiten kam dorthin. In der gleichen Zeit, als die englische Regierung Macadam für seine Erfindungen auf dem Gebiet des Landstraßenbaus reiche Unterstützungen bis zur Höhe von 40 000 Sterling zukommen ließ, blieb Stephenson ohne jede Hilfe. Auch für die Kunst des Eisenbahnbaus treffen Schillers Worte über die deutsche Kunst zu:

> Sie ward nicht gepflegt vom Ruhme,
> Sie entfaltete die Blume
> Nicht am Strahl der Fürstengunst.

Selbst erschuf Stephenson ihr den Wert.

Erst sechs Jahre nach dem Beginn der Arbeiten in Killingworth bot sich ihm wieder eine Gelegenheit zur Einrichtung einer Lokomotiveisenbahn. Die Besitzer der Grube von Hetton in der Grafschaft Durham beriefen, als ihnen die Anlage einer solchen wünschenswert erschien, zu Ingenieuren Georg Stephenson und seinen Sohn Robert, der damals mit 17 Jahren seine Ausbildung auf der Universität zu Edinburgh beendet hatte.

Alle Schienengeleise, die bis jetzt benutzt worden waren, hatten sich den Wellenbewegungen des Geländes anpassen müssen. Es war noch nicht lohnend erschienen, durch Kunstbauten ebene Strecken herzustellen. Auch die Linie, welche die beiden Stephensons zu Hetton schufen, war noch keine solche, wie sie heutigen Anschauungen entspricht. Streckenweise wurde zwar die Bahn eingeebnet, dann aber waren wieder so starke Steigungen eingeschaltet, daß keine von den fünf Lokomotiven, die für die Hettoner Grube hergestellt wurden, imstande war, einen Zug hinaufzuziehen. Es mußten vielmehr an fünf Stellen Seilaufzüge vorgesehen werden, so daß die Bahn teilweise durch fahrende, teilweise durch ortsfeste Dampfmaschinen bedient wurde, ein Zustand, der uns heute fremdartig genug erscheint. Wenn der Zug auf der ebenen Strecke am Fuß der Steigung angekommen war, wurde die Lokomotive abgekuppelt, das auf dem Rücken des Hügels über eine Trommel gelegte Seil angeschlossen, und der Zug so hinausgeschafft. Beim Hinabrollen auf der anderen Seite pflegten gewöhnlich die beladenen Wagen leere Wagen hinaufzuziehen, indem das Seil, welches die beiden auf zweigleisiger Bahn fahrenden Züge verband, oben über die vom Antrieb losgekuppelte Seilscheibe geführt wurde.

Bei dieser eigenartigen Anordnung war Gelegenheit, das Arbeiten der fahrenden und der ortsfesten Maschinen auf Eisenbahnstrecken zu vergleichen. Dies war besonders wichtig darum, weil zu jener Zeit vielfach der Plan gehegt wurde, Züge auf Geleisen ganz durch Seilzug zu befördern. Ja mehrere Strecken mit Anlagen solcher Art sind zur Ausführung gelangt. In Hetton zeigte es sich, daß die Lokomotiven vorteilhafter arbeiteten als die festen Maschinen, was sehr dazu beitrug, den Gedanken der Lokomotiveisenbahn zu fördern.

Seltsamerweise ist man in unseren Tagen zu der genau entgegengesetzten Anschauung gekommen. Ein Hauptantrieb für die Einrichtung elektrischer Fernbahnstrecken ist der Umstand, daß auf so betriebenen Linien nicht mehr viele hundert Feuer unter den einzelnen Lokomotivkesseln zu brennen brauchen, sondern ein einziges großes Feuer in dem Kraftwerk genügt. Die dort aufgestellten gewaltigen ortsfesten Maschinen vermögen die Krafteinheit billiger zu liefern als die Lokomotiven. Freilich kann dies nur unter Ausnutzung minderwertigen Brennstoffs, wie aschereicher Braunkohle, geschehen, die für Lokomotivfeuerung nicht zu verwenden ist.

Im Jahre 1821 genehmigte die englische Volksvertretung die Anlage eines Schienengleises in dem bedeutenden Kohlenbezirks des nördlichen Englands, dessen

Aus Steiner: »Geschichte des Verkehrs«.
16. Schiefe Ebene der Bahn Stockton – Darlington
Zugförderung durch ortsfeste Dampfmaschine mit Seilzug

Mittelpunkt die Stadt Darlington ist. Es war bestimmt, die großen in dem Bishop Auckland-Tal oberhalb Darlington gewonnenen Kohlenmengen dem Verladeplatz Stockton in der Nähe der Mündung des Teesflusses in die Nordsee zuzuführen. Dies war die erste Bahn, die wirklich fern voneinander liegende Orte verbinden sollte. Trotzdem dürften die Mitglieder des Unterhauses, als sie jene Genehmigung erteilten, keineswegs geahnt haben, daß sie damit den Grundstein für eine unabsehbare Entwicklung legten. Denn wenn man die etwas später gebaute Bahn von Manchester nach Liverpool als die Wurzel der Eisenbahn bezeichnet, so darf die Strecke Stockton – Darlington wohl das Samenkorn genannt werden.

Zur Beförderung der Züge waren auch hier Pferde in Aussicht genommen. Bevor jedoch der Bahnbau begann, erschien vor dem Leiter der Gesellschaft, *Pease*, ein bescheidener Mann, der sich erbot, Lokomotiven zur Herbeiführung eines weit vorteilhafteren Betriebs herzustellen. Da Pease von dem Wirken Stephensons in

17. Stephensons Lokomotive »Locomotion«
erbaut 1825 für die Bahn Stockton–Darlington; erste Anwendung der Kuppelstange zur Verbindung der Treibräder

Hetton bereits gehört hatte, faßte er Vertrauen zu ihm. »Stephenson sah«, so erzählte Pease später, »so ehrlich, so verständig und zugleich so bescheiden aus. Er sprach die stark northumbrische Mundart seiner Gegend und erklärte bloß, daß er der Maschinenmacher von Killingworth sei.« Zum großen Erstaunen des Bahnleiters behauptete Stephenson, daß eine Lokomotive ebensoviel zu leisten vermöge wie 50 Pferde. »Kommen Sie einmal nach Killingworth«, setzte er hinzu, »und überzeugen Sie sich von den Leistungen meines ›Blücher‹. Was das Auge sieht, das glaubt das Herz, Herr.«

Pease ging wirklich nach Killingworth, sah dort Stephensons Schaffen, und dieser wurde alsbald zum Leiter des Baus der Linie zwischen Stockton und Darlington berufen. Er schlug sofort eine bessere Führung der Strecke vor, wodurch diese um 41/2 Kilometer kürzer wurde. Zur Anlegung einer durchgehenden Ebene entschloß man sich aber auch hier noch nicht. Es blieb vielmehr eine sehr erhebliche Steigung unmittelbar vor Stockton bestehen, die von Lokomotiven nicht befahren werden konnte. Hier mußte also wieder Seilzug durch eine feststehende Dampfmaschine angewendet werden.

Da geeignete Werkstätten nicht vorhanden waren, bewog Stephenson, der noch einen beträchtlichen Teil der für die Sicherheitslampe erhaltenen Summe zur Verfügung hatte, Pease, mit ihm zusammen eine Lokomotivfabrik zu gründen. Der Leiter der Stockton-Darlington-Bahn ging hierauf ein und gab zu der Gründung gleichfalls einiges Geld her. So entstand die erste Lokomotivfabrik auf der Erde. Sie wurde bei Newcastle am Tyne angesiedelt und entwickelte sich zu einem gewaltigen Unternehmen, das für die Lokomotiverzeugung schließlich dasselbe bedeutete wie die Fabrik von Watt & Boulton in Soho für die Herstellung der ortsfesten Dampfmaschinen. Auch die Lokomotiven für die ersten deutschen Eisenbahnen sind aus Newcastle bezogen worden.

Zunächst wurden drei Lokomotiven gebaut. Eine von diesen war die berühmt gewordene und bis heute erhaltene »Locomotion«, eine immer noch recht schwerfällige Maschine mit stehenden, in den Kessel hinein gebauten Zylindern und schwieriger Übertragungseinrichtung durch lange Schubstangen. Aber hier wendete Stephenson zum ersten Mal einen neuen Bauteil an, der bis heute unverändert im Eisenbahnbetrieb gebraucht wird. Es waren nämlich an der »Locomotion« die beiden Räder auf jeder Seite durch je eine Kuppelstange miteinander verbunden. Damit war Trevithicks erste Achskupplung mittels Zahnrädern durch eine wirklich brauchbare Anordnung ersetzt. Ohne Kuppelstange ist die heutige Lokomotive nicht denkbar.

Am 27. September 1825 beförderte die Lokomotive »Active« zum ersten Mal einen Zug über die Strecke. Er mußte zunächst von der ortsfesten Maschine auf den Hügel hinaufgezogen und auf der anderen Seite wieder hinuntergelassen werden. Dann erst legte sich die Lokomotive davor. Trotzdem ist der Eröffnungstag der Linie Stockton-Darlington für die Kulturgeschichte von höchster Wichtigkeit. Denn in die Wagen des Zugs waren nicht nur Güter geladen, sondern es befanden sich auch Menschen darin. Die Strecke Stockton-Darlington ist die erste, wenn auch noch recht unbedeutende Eisenbahnlinien, die für den öffentlichen Verkehr freigegeben war und auch Personen befördern durfte.

Der erste Zug bestand aus 12 mit Kohle und Mehl beladenen Güterwagen, einem Wagen für den Vorstand der Eisenbahngesellschaft und 21 mit Sitzen ausgestatteten Fahrzeugen für die Gäste. Diese Wagen sahen seltsam genug aus. Denn man hatte, soweit nicht die Kohlenkarren auch zur Menschenbeförderung benutzt wurden, einfach die Kutschaufbauten von Postwagen heruntergenommen und sie auf Untergestelle gesetzt, die für die Eisenbahn einigermaßen geeignet waren. Im ganzen waren also an die Lokomotive 34 Wagen gehängt, in denen sich 450 Personen befanden.

Eine ungeheure Menschenmenge hatte sich eingefunden, um die erste Fahrt mit anzusehen. Viele waren gekommen, weil sie fühlten, daß hier ein wichtiges Ereignis vor sich ginge, manche hatte aber auch die Hoffnung hingeführt, die »Reisemaschine«, wie man damals die Lokomotive nannte, in die Luft fliegen zu sehen. Eine Zeitung berichtete über das außerordentliche Ereignis in folgender Weise:

»Nachdem das Signal gegeben war, setzte sich die Maschine samt dem ungeheuren Wagenzug in Bewegung. Die Geschwindigkeit war so groß, daß stellenweise zwölf Meilen (die englische Meile ist gleich 1,6 Kilometern) in der Stunde zurückgelegt wurden. Die Last betrug, da die Anzahl der mitfahrenden Personen sich auf 450 belief, mit Einrechnung der Wagen, Kohlen und anderen beförderten Waren, nahezu 90 Tonnen. Mit dieser ihrer Last langte die Maschine nach 65 Minuten in Darlington an.«

»Jetzt wurden die sechs mit Kohlen beladenen Wagen zurückgelassen, da sie für Darlington bestimmt waren. Nachdem man neuen Wasservorrat ein- und eine Anzahl Reisender sowie eine Musikkapelle aufgenommen hatte, setzte sich die Maschine abermals in Bewegung und erreichte das zwölf Meilen entfernte Stockton in drei Stunden und sieben Minuten, wobei die Zeit mit eingerechnet ist, die man unterwegs zu Aufenthalten brauchte. In dem Augenblick, als der Zug Stockton erreichte, beförderte er 600 Personen. So viele saßen in den Wagen oder hatten sich daran angehängt.« Der Berichterstatter setzt hinzu: »Groß war das Aufsehen und das Staunen, das die Ankunft des Zugs in Stockton erregte.«

Der Erfolg der Bahn war sehr zufriedenstellend. Zwar hob sich der Personenverkehr nur recht langsam, weil die meisten Leute Angst hatten, sich dem gefährlichen Beförderungsmittel anzuvertrauen, aber an Gütern hatte man schon nach einigen Jahren statt der angenommenen 10 000 Tonnen 500 000 Tonnen zu befördern.

Man muß sich jedoch den Betrieb dieser ersten öffentlichen Eisenbahn nicht so vorstellen, wie wir ihn heute gewöhnt sind. Es wurden darauf durchaus nicht alle

Züge durch Lokomotiven befördert, sondern zahlreiche von Pferden gezogene Wagen liefen dazwischen. Denn wie schon im 1. Abschnitt angedeutet wurde, war der Schienenweg öffentlich und für jeden Unternehmer zugänglich, der die wenigen ihm von der Gesellschaft hierfür auferlegten Bedingungen erfüllte. Die Züge mit Lokomotiven hatten nur insoweit ein Vorrecht vor den mit Pferden bespannten, als sie nicht in das Ausweichgleis hineinzufahren brauchen. Das mußten vielmehr die anderen tun.

Der Personenverkehr bevorzugte unverkennbar den Pferdebetrieb. Im Auftrag der Bahngesellschaft baute Stephenson damals den ersten eigentlichen Eisenbahnpersonenwagen. Dieser hatte auf jeder Längsseite eine Bank, ein langer Tisch aus Tannenholz stand in der Mitte. Der Wagen erhielt den Namen »Experiment«, und die Gesellschaft ließ darauf ihr Wappen und ihren Wahlspruch malen »Periculum privatum, utilitas publica« (Die Gefahr trifft nur den Einzelnen, die Allgemeinheit hat den Nutzen.)

Der Wagen »Experiment«, der beschämenderweise stets mit Pferdevorspann fuhr, wirkte belebend auf den Personenverkehr. Ein Zeitgenosse schreibt darüber: »Die Leute drängen sich in den Wagen; oft sind ihrer so viele, daß man, wenn sie aussteigen, wahrhaftig glaubt, es gehe eine kleine Kirchengemeinde auseinander.« Mehrere Gastwirte in Stockton und Darlington nutzten dies aus, indem sie ebenfalls Personenwagen bauen und diese von Pferden auf der Bahn ziehen ließen.

Auch der Anfang der Beleuchtung von Eisenbahnwagen ist hier bereits zu beobachten. Ein gewisser Dickson, der den Wagen »Experiment« öfter als Kutscher zwischen Darlington und Shildon hin und her fuhr, empfand es als Mangel, daß an finsteren Winterabenden die Fahrgäste im Dunkeln sitzen mußten. Er kaufte deshalb öfter ein Groschenlicht und klebte es auf die Tischplatte im Innern des Wagens. Aus dieser einfachen Kerze heraus hat sich unsere heutige blendende Zugbeleuchtung entwickelt.

An den ersten von ihr gebauten Lokomotiven erlebte die Fabrik in Newcastle nicht ausschließlich freudige Stunden. Es war sehr viel an den Maschinen auszusetzen. Und das konnte gar nicht anders sein, da sie, wie wir heute wissen, von einer wirklich brauchbaren Bauart doch noch recht weit entfernt waren. Darum tauchte auch bei der Leitung der Bahngesellschaft immer wieder der Plan auf, die Dampfwagen abzuschaffen und den Betrieb ganz mit Pferden durchführen zu lassen.

Trotz dieser und noch manch anderer Ärgernisse aber war Georg Stephenson von

Aus Steiner »Geschichte des Verkehrs«.
18. Eröffnungstag der Eisenbahn Stockton–Darlington,
die als erste einen regelmäßigen Personenverkehr aufnahm.

der großen Zukunft, die der Lokomotiveisenbahn bevorstand, fest überzeugt. Schon während des Bahnbaus hatte er einmal bei einer Flasche Wein zu seinen Mitarbeitern folgendes gesprochen: »Jungens, ich glaube, ihr werdet, wenn auch ich selbst nicht so lange leben werde, noch den Tag sehen, wo alle Postkutschen auf den Schienen fahren und die Eisenbahn die Hochstraße für Könige und Untertanen sein wird. Die Zeit wird kommen, wo man billiger mit den Dampfwagen als zu Fuß reisen kann. Ich weiß wohl, daß man fast unüberwindlichen Hindernissen begegnen wird, doch, was ich gesagt habe, wird kommen, so wahr ich lebe! Mein höchster Wunsch ist, jenen Tag zu erblicken, obgleich ich dies nicht hoffen darf, denn ich weiß, wie langsam alle menschlichen Fortschritte sich vollziehen und mit welchen Schwierigkeiten ich selbst zu kämpfen hatte, bis ich es dahin brachte, daß meine Lokomotiven trotz ihres mehr als zehnjährigen Erfolgs in Killingworth weiter benutzt wurden.«

Die Voraussage Stephensons sollte in weit großartigerer Weise in Erfüllung gehen, als er sich es vorzustellen wagte.

Schon die Bahn Stockton – Darlington offenbarte die außerordentliche Einwirkung eines raschen Beförderungsmittels auf die Erzeugnisse eines Landstrichs. Der Kohle aus dem Darlingtoner Bezirk wurden plötzlich ganz neue Märkte erschlossen. Die Förderung in den Gruben konnte bald in stärkster Weise erhöht werden. Sogar eine neue Stadt ließ diese erste Eisenbahn am Teesfluß entstehen. Wo jetzt Middlesborough liegt, stand im Jahre 1825 nur ein einzelnes Bauernhaus. Ringsumher war nichts als Weideland und Sumpf. Pease kaufte mit einigen Freunden einen größeren Landbezirk in der Nähe an. Es entwickelte sich hier im Anschluß an die Eisenbahn ein lebhafter Hafenverkehr, und nach zehn Jahren wohnten bereits 6000 Menschen in Middlesborough, das heute eine blühende Mittelstadt ist.

Ermutigt durch diese Erfolge ging Stephenson mit höchstem Eifer an die Arbeit, als ihm nun Gelegenheit geboten wurde, einen bedeutend größeren und wichtigeren Eisenbahnbau auszuführen.

4. »Das größte Wunderwerk unserer Zeit«

Durch die Erfindung des mechanischen Webstuhls war die Erzeugung von Baumwollstoffen insbesondere in Manchester und dessen Umgebung zu einem Gewerbebetrieb von ungeahnter Größe emporgewachsen. Die Rohbaumwolle, die hierzu in großen Massen gebraucht wurde, kam über See in der Hafenstadt Liverpool an, war von dort nach Manchester zu bringen, und die fertigen Waren mußten in ähnlicher Fülle über den umgekehrten Weg befördert werden. So war zwischen den beiden Städten, die, nach Weber, einander wie Mund und Magen bedingten, ein Verkehr von bis dahin noch nicht bekannter Lebhaftigkeit entstanden.

In der Hauptsache vollzog er sich auf den Wasserstraßen, den Mersey-, dem Irwellfluß und dem anschließenden Bridgewaterkanal. Aber diese Wege waren schließlich nicht im entferntesten mehr imstande, das zu leisten, was man von ihnen forderte. Nur langsam konnten die Schiffe hin und wieder fahren, der Winter brachte lang dauernde Einstellungen der Schiffahrt, und außerdem sorgte die auf ihre Alleinherrschaft pochende Kanalverwaltung durch schwere Nachlässigkeiten dafür, daß eine glatte Abwicklung des Verkehrs nicht möglich war. Waren, die in 21 Tagen von Amerika über den Ozean in Liverpool ankamen, brauchten oft längere Zeit, um von dort aus Manchester zu erreichen.

Die Zustände wurden allmählich so arg, daß unbedingt Abhilfe geschaffen werden mußte. Man beschloß die Anlage eines Schienengleises zwischen den beiden Städten.

Bereits im Jahre 1821 begann man mit den Vermessungen. Das war für die Leute, die in jener Gegend wohnten, das Zeichen zu heftigstem Widerstand. Merkwürdigerweise fürchteten sie, daß ihr Wohlstand durch die Führung der Bahn über ihre Äcker schweren Schaden erleiden könnte. Es entstand ein richtiger Kampf mit den Landmessern. Smiles erzählt, daß zu Newton-in-the-Willow ein Richter namens Bourne seinen Leuten befohlen hatte, ständig aufzupassen, um die unglückseligen Männer, die mit den Abmessungen betraut waren, zu verjagen, wo immer sie sich auf den Feldern blicken ließen. Die Pächter und Tagelöhner leisteten dem willig Folge. Sie stellten sich auf den Feldern mit Gabeln, oft sogar mit Flinten bewaffnet, auf, um die Eindringlinge zu vertreiben. Zu St. Helens wurde einer der Unglücklichen, welche die Meßketten zu tragen hatten, von einem Haufen Kohlengräber umringt und damit bedroht, daß man ihn in eine Kohlengrube hinabstürzen würde, wenn er sich wieder blicken ließe. Weiber und Kinder verfolgten überall die Landmesser und überhäuften sie mit Schimpfworten.

Die größte Wut erweckte indessen derjenige unter den Beauftragten, der das Meßfernrohr selbst zu tragen hatte. Man nahm daher einen besonders kräftigen Burschen, einen berüchtigten Boxer, für diesen Dienst an. Aber bald trat ihm ein baumstarker Kerl, der gefürchtetste Raufbold der ganzen Gegend, entgegen. Er wollte ihm durchaus das Meßfernrohr entreißen. Es kam zu einem richtigen Boxkampf, wobei der Raufbold den kürzeren zog. Doch das versammelte Landvolk wurde dadurch nur noch mehr zur Wut angestachelt. Es hagelte Steine, bis das Meßgerät zerschlagen war. So waren die Vermesser oft gezwungen, die Nacht zu Hilfe zu nehmen, und es wird erzählt, daß sie zur Ausführung ihrer Arbeiten in einem Dorf gern die Zeit benutzen, in der die Bewohner in der Kirche weilten, wo der Geistliche in heftigsten Ausdrücken gegen ihr Vorhaben predigte. Unter solchen Umständen konnten die Vermessungen nur recht unvollkommen vorgenommen werden, was sich später bitter rächen sollte.

Der Linienführung selbst stellten sich große technische Schwierigkeiten entgegen. Es waren tiefe Einschnitte und viele kleine Höhen zu überwinden; die Einführung der Linie in die beiden Endstädte erweckte schwerste Bedenken, obgleich vorläufig noch niemand an einen Lokomotivbetrieb dachte. Das schlimmste Stück der ganzen Strecke aber war das große zwischen Liverpool und Manchester liegende Katzenmoor, ein tiefer Sumpf mit so weichem, nachgiebigen Boden, daß eine hineingesteckte Eisenstange sofort vollkommen versank.

Diese Umstände ließen es den Leitern der Bahngesellschaft erwünscht erscheinen, einen besonders tüchtigen Mann als Leiter des Baus zu gewinnen. Stephensons Name hatte nun doch schon einen gewissen Klang, und im Jahre 1821, zu einer Zeit also, als die Stockton-Darlington-Bahn noch im Bau war, begaben sich Abgesandte nach Killingworth, um die dortigen Anlagen zu besichtigen. Sie bekamen von der Tatkraft und Leistungsfähigkeit des dortigen Maschinenmeisters den besten Eindruck, und er wurde einstimmig zum Leiter des großen Bahnbaus zwischen Manchester und Liverpool berufen.

Es eröffnete sich nun für Georg Stephenson ein großes Wirkungsfeld, auf dem er denn auch unvergängliche Taten vollbringen sollte.

Sofort setzte er sich aufs stärkste dafür ein, daß die neue Bahnstrecke so eben wie möglich angelegt werde. Neue Vermessungen wurden notwendig, und der alte Kampf mit den Anwohnern begann von neuem. Am heftigsten widersetzten sich den Vermessungen jetzt die Lords Derby und Sefton, über deren Landgüter die Strecke geführt werden sollte. Desgleichen wollte die Verwaltung des Bridgewaterkanals auf keinen Fall die Überbrückung dieses Wasserlaufs gestatten, weil sie sehr mit Recht einen erfolgreichen Wettbewerb fürchtete. Lord Derbys Leute traten überall den Messenden in den Weg; Stephenson selbst wurde in Knowsly von den Parkwächtern vertrieben und ihm ein tätlicher Angriff in Aussicht gestellt, falls er sich wieder auf dem Grund und Boden des edlen Lords sehen lassen würde.

Im Jahre 1825 war trotzdem eine vorläufige Vermessung beendet, und man beschloß, das Unterhaus um Genehmigung der Linie zu ersuchen. Kaum war dies bekannt geworden, da rüsteten sich die an den Wasserwegen beteiligten Gesellschaften zu heftigstem Widerstand.

Zunächst machten sie die Anwohner weiter aufrührerisch, indem sie erzählten, daß die Bahn vermutlich mit Lokomotiven betrieben werden würde, was ein schreckliches Unglück bedeuten würde. Die aus dem Schornstein der Maschine herausfliegenden Funken müßten jedes in der Nähe stehende Haus anzünden, die Luft würde durch die Rauchwolken verpestet werden. Die Pferdezucht werde eingehen müssen, und als Folge davon müßte auch die Landwirtschaft aufhören, weil kein Tier mehr da sein würde, welches das Heu fräße. Die Dampfkessel der »Reisemaschinen« würden häufig platzen, so daß kein Mensch in der Nähe der Bahn mehr seines Lebens sicher sein würde; der bloße Anblick des vorüberdonnernden Eisenbahnzugs müßte die Tiere zu Tode erschrecken, Menschen wahnsinnig machen.

Man trug dafür Sorge, daß in den Parlamentausschuß, der über den Antrag der Eisenbahngesellschaft auf Genehmigung des Baus zu verhandeln hatte, die tüchtigsten und redegewandtesten Mitglieder des Unterhauses abgeordnet wurden, damit sie den Antrag geschickt zu Fall brächten. Aber auch die Bahngesellschaft traf beste Vorsorge zur Durchführung ihres Plans, indem sie eine Reihe ausgezeichneter Rechtsanwälte mit ihrer Vertretung beauftragte. Es entspann sich dementsprechend vor dem Ausschuß ein Kampf, der lächerlich zu nennen wäre, wenn es sich dabei nicht um einen so bedeutenden Gegenstand gehandelt hätte.

Stephenson mußte als Bauleiter der Bahn ebenfalls vor dem Ausschuß erscheinen. Dem wenig redegewandten Mann, der noch dazu die breite Mundart Northumberlands sprach, war dies durchaus nicht angenehm. Über den Beginn seiner Vernehmung erzählte er später: »Kaum befand ich mich in der Vernehmungsbank, da wäre ich gern wieder zu einem Loch hinausgekrochen. Ich konnte die Worte nicht finden, die für den Ausschuß und in meinen eigenen Augen überzeugend gewesen wären. Acht bis zehn Rechtsvertreter stellten mit mir ein Kreuzverhör an in der Absicht, mich zu verwirren. Ein Ausschußmitglied fragte, ob ich ein Ausländer wäre, ein anderes gab zu verstehen, daß ich nicht bei gesundem Verstand sei. Ich aber ließ mich alles dies wenig anfechten und machte fort.«

Stephenson wirkte von Beginn an für den Lokomotivbetrieb auf der Eisenbahn. Den wichtigsten Beweggrund hierfür, daß nämlich mit der Lokomotive eine Geschwindigkeit von 30 Kilometern in der Stunde erreicht werden könnte, durfte er jedoch nicht vorbringen. Seine besten Freunde lachten ihn aus, wenn er diese Behauptung aufstellte. Alle erklärten, eine solch unerhörte Schnelligkeit sei überhaupt nicht möglich. Selbst die ernste Zeitschrift »Quarterly Review« verspottete, nach Feldhaus, eine solche Behauptung, indem sie sagte: »Auch wenn man allen Versicherungen über die Gefahrlosigkeit der Lokomotiven Glauben schenken wollte, könnte man doch eher glauben, daß die Einwohner von Woolwich sich mit einer Congreveschen Rakete abfeuern lassen würden, als daß sie sich einer so schnell fahrenden Maschine anvertrauten.« So war Stephenson gezwungen, unter schwerer Selbstüberwindung immer nur von einer beabsichtigten höchsten Geschwindigkeit von 16 Kilometern zu sprechen.

Der bedauernswerte Mann hatte es in dem Kreuzverhör vor den Abgeordneten wirklich nicht leicht. Es wurden die dümmsten Einwände vorgebracht.

»Nehmen wir an«, sagte ein Ausschußmitglied, »es komme bei einer Geschwindigkeit von 14 oder 16 Kilometern eine Kuh der Maschine in den Weg. Glauben Sie nicht, daß das recht peinlich sein würde?« – »In der Tat«, war die Antwort, »recht peinlich … für die Kuh!«

»Werden die Pferde auf der Landstraße nicht scheu werden«, fragte ein anderer, »wenn sie den rotglühenden Schornstein sehen?« – »Ich hoffe«, antwortete Stephenson, »die Pferde werden denken, daß der Schornstein nur rot angestrichen sei und werden ruhig bleiben.«

Der Abgeordnete Harrison meinte, er habe gehört, daß jeder Regen das Feuer in der Lokomotive auslöschen würde. Man könnte die Maschine ja zwar, um dies zu verhüten, in Decken einpacken, aber dann würde der Wind kommen und die Hüllen wieder fortreißen. Jeder Sturm müßte überhaupt die Lokomotivfahrt verhindern, weil er das Feuer in der Lokomotive so heftig anblasen würde, daß der Druck im Kessel ansteigen und die Maschine schließlich zum Platzen bringen müßte.

Gegenüber solchen Einwänden war Stephenson ziemlich machtlos. Er konnte in seiner Unbehilflichkeit nicht recht etwas darauf entgegnen und wiederholte schließlich nur immer wieder den ihn sehr kennzeichnenden Ausspruch: *»Ich kann's nicht sagen, aber ich werde es machen!«*

Gegen Schluß des Verhörs nahm der gelehrte Alderson das Wort zu einer zweitägigen Vernichtungsrede, in der er hauptsächlich auf die Schwierigkeiten des Bahnbaus einging. »Ich denke, es ist erwiesen«, sagte er, »daß der Stephensonsche

Plan der abgeschmackteste ist, der je in einem Menschenkopf ausgeheckt wurde. Wer vermag daran zu zweifeln, der Gelegenheit hatte, den Mann bei seinen Aussagen zu beobachten? Ich behaupte, daß er nie einen Plan gehabt hat, und glaube, daß er gar nicht fähig ist, einen zu entwerfen. Sein Geist schwankt hilflos in einem fort zwischen den entgegengesetzten Schwierigkeiten hin und her. Er weiß weder, ob er über Wege oder Flüsse Brücken bauen soll, noch weiß er, wo Dämme, Durchstiche oder schiefe Ebenen angebracht werden müßten. Ich erhebe feierlichen Einwand gegen eine Maßregel, die sich auf nichts Besseres zu stützen vermag als auf die Aussagen solcher Gewährsmänner und auf solche Berechnungen.«

Mit diesen letzten Worten waren die unsicheren Ergebnisse der Vermessung gemeint, die mit Recht vielfach angefochten wurden. Bei der Abstimmung wurde der Antrag der Bahngesellschaft mit 19 gegen 13 Stimmen abgelehnt. Zwei Monate lang hatte der Kampf gewährt. Man beschloß, ihn für jetzt aufzugeben und das nächste Mal besser gerüstet vor das Unterhaus zu treten.

Es ist recht schmachvoll, daß die Durchbringung des Genehmigungsgesetzes beim zweiten Antrag schließlich nicht sachlichen Gründen zu verdanken war, sondern vorher ausgeführten geschickten Maßnahmen und allerhand Schlichen und Kniffen. Es gelang vor allem, den Marquis von Stafford, den Hauptbeteiligten am Bridgewaterkanal, dem Plan dadurch günstig zu machen, daß ihm ein ziemlich beträchtlicher Teil der Aktien zugebilligt wurde. Man veränderte außerdem den Weg der Strecke so, daß Lord Seftons Güter ganz vermieden und das Schloß Lord Derbys in bedeutender Entfernung umgangen wurde. Alle Wildgehege vornehmer Herren ließ man mit größter Sorgfalt unberührt. Und siehe da! Nun war auf einmal fast der ganze Widerstand gegen die neue Eisenbahn verschwunden.

Zwar gab es immer noch Leute, denen die Angelegenheit nicht paßte, und Sir Isaac Coffin unternahm es vor dem zweiten Ausschuß noch einmal, alle die schäbigen Einwände der Leute, die vor dem Neuen zurückbebten, in anderer Form zu wiederholen.

»Für jeden muß es höchst unangenehm sein«, führte er aus, »eine Eisenbahn unter seinem Fenster zu haben. Und was soll, so frage ich, aus allen jenen werden, die zur Herstellung und Verbesserung der Landstraßen ihr Geld hergegeben haben? Was aus denen, die auch ferner wie ihre Vorfahren zu reisen wünschen, das heißt in ihren eigenen oder gemieteten Wagen, die es bald nicht mehr geben wird? Was aus Sattlern und Herstellern von Kutschen, aus Wagenbesitzern und Kutschern, Gastwirten, Pferdezüchtern, Pferdehändlern? Weiß das Haus auch, welchen Rauch, welches Geräusch, Gezisch und Gerassel die rasch vorübereilenden Lokomotiven verursachen werden? Weder das auf dem Feld pflügende noch das auf den Tristen weidende Vieh wird diese Ungeheuer ohne Entsetzen wahrnehmen. Die Eisenpreise werden sich mindestens verdoppeln, wenn die Vorräte an diesem Metall, was wahrscheinlich ist, nicht ganz und gar erschöpft werden. Die Eisenbahn wird der größte Unfug sein, sie wird die vollständige Störung der Ruhe und des körperlichen sowohl wie des geistigen Wohlbefindens der Menschen bringen, die jemals der Scharfsinn zu erfinden vermochte.«

Doch nun half alles nichts mehr. Huskisson und andere bedeutende Mitglieder unterstützten den Antrag, und er wurde mit einer Mehrheit von 88 gegen 41 Stimmen angenommen.

Sofort nahm man den Bau in Angriff, dessen Oberleiter selbstverständlich Georg Stephenson wurde. Um dem Feld seiner Tätigkeit möglichst nahe zu sein, siedelte er jetzt nach Liverpool über.

So große und kostspielige Anlagen, wie sie nun errichtet wurden, hatte die Welt noch nie gesehen. Galt es doch, zum ersten Mal eine wirklich ebene Bahnstrecke herzustellen. Das Sankeytal mit dem darin liegenden Kanal mußte durch eine gewaltige Steinbrücke überschritten werden. Der Irwell war in gleicher Weise zu kreuzen. Im ganzen wurde für die Bahnlinie die Errichtung von nicht weniger als 63 Brücken notwendig. Man höhte Senkungen auf und durchstach Felsen. Die Einführung der Strecke in die Stadt Liverpool konnte nur mit Hilfe eines Tunnels erfolgen. Es entstand so das erste größere Bauwerk dieser Art auf der Erde.

Nur ein Mann von Stephensons außerordentlicher Kraft vermochte alle Hindernisse zu überwinden, die hierbei auftraten. Im Tunnelbau hatte man noch keine Erfahrungen. Es fanden Einbrüche statt, so daß die Arbeiter wegen der Gefahr nicht mehr in den Schacht wollten. Stephenson hatte dennoch Gewalt genug über die Werkleute, um sie stets von neuem hinein zu führen. Das Allerschwierigste aber war die Gründung der Strecke auf dem Katzenmoor. Schüttungen, die immer von neuem gemacht wurden, sanken in eine unergründliche Tiefe hinab. Stephenson mußte eine ganz neue Bauart mit Abzugsgräben und Stichkanälen erfinden, damit er endlich festen Boden gewann. Oft wollte die Gesellschaft den Bau an dieser Stelle ganz aufgeben, da sie kein Gelingen mehr erhoffte. Aber der Baumeister wußte genau, was er tat, und schließlich war das Moor mit einem Kostenaufwand von 28 000 Pfund Sterling überbrückt, während im Parlament die Höhe der Kosten auf 270 000 Pfund geschätzt worden war.

Stephenson hatte wegen der Neuheit des ganzen Gegenstands für alles Erdenkliche zu sorgen. Er zeigte seine glänzende Begabung, alles sorgsam zu gliedern und in lebendiger Tätigkeit zu erhalten. Die Arbeiter mußten überall erst angelernt und in einsamer Gegend untergebracht werden. Dann aber hatte Stephenson auch die Schienenbefestigungen, die Weichen, die Drehscheiben, die Signale zu erdenken, ja sogar die Wagen zu entwerfen.

Und als all dieses schließlich überwunden war, trat noch eine grundsätzliche Schwierigkeit auf. Trotz der furchtbaren Kämpfe, die um die Lokomotive schon geführt worden waren, hatten sich die Leiter der Bahn doch noch durchaus nicht für dieses Zugmittel entschlossen. Immerhin war man sich allmählich darüber klar geworden, daß Pferde nicht in Betracht kämen. Zwar hatten auch diese lebendigen Schlepper ihre Verteidiger, aber nach Besichtigung von Stephensons Anlagen in Killingworth, Hetton und auf der Strecke Stockton – Darlington wurde es doch allen Beteiligten klar, daß der mechanische Antrieb den Vorzug verdiene, schon weil er keinen so häufigen Wechsel der treibenden Kraft notwendig machte.

Aber auch damit kam man noch nicht unmittelbar zur Lokomotive. Viele Ingenieure traten dafür ein, daß man auch auf dieser ebenen Strecke ortsfeste Maschinen aufstelle, die durch Aufwickeln von Seilen die Züge bewegen sollten. Es berührt uns heute höchst eigenartig, daß längere Zeit tatsächlich der Plan erwogen wurde, die Strecke in neunzehn Abschnitte zu teilen und jedem von diesen eine feststehende Dampfmaschine zuzuordnen, die den Zug am Seil schleppen sollte. Es wäre dann also notwendig gewesen, bei jeder Fahrt von Manchester bis Liverpool oder umgekehrt neunzehnmal Seile abzukuppeln und wieder am Zug zu befestigen. Welch eine Reisegeschwindigkeit man mit einer solchen Betriebsart erreicht hätte, ist leider jedem klar.

Andere Techniker wieder schlugen vor, die Züge durch Wasserkraft antreiben zu lassen oder auch durch gepreßte Kohlensäure. Es war auch noch nicht in allen Köpfen der Irrtum ausgerottet, daß die Lokomotivräder auf den glatten Schienen gleiten müßten. So konnte ein Vorschlag entstehen, eine dritte Schiene in die Mitte der Geleise zu verlegen und durch zwei seitlich hieran gepreßte Scheiben eine genügend kräftige Reibung herzustellen.

Die leitenden Männer der Bahngesellschaft wußten gegenüber allen diesen Vorschlägen bald nicht mehr aus noch ein. Nichts war erprobt, und Großes stand durch ihre Entscheidung auf dem Spiel. Es schien ihnen schließlich am zweckmäßigsten, durch ein Preisausschreiben die Leistungsfähigkeit von Lokomotiven mit einfachen Reibungsrädern festzustellen.

Der Wettbewerb wurde ausgeschrieben und führte zu dem weltberühmt gewordenen Wettkampf bei Rainhill.

Die wichtigsten Forderungen in dem Preisausschreiben lauteten:

Die Maschine muß ihren Rauch selbst verzehren. Sie muß imstande sein, einen Zug von 20 000 Kilogramm Gewicht mit einer Geschwindigkeit von 16 Kilometern in der Stunde zu ziehen. Der Dampfdruck darf 31/2 Atmosphären nicht übersteigen; der Kessel muß zwei Sicherheitsventile haben, von denen eins der Einwirkung des Maschinenwärters gänzlich entzogen sein muß. Maschine und Kessel müssen durch Federn getragen werden. Die Maschine darf mit gefülltem Kessel nicht mehr als 6000 Kilogramm wiegen. Sie muß am 1. Oktober 1829 vollständig fertig und in einem zur Erprobung geeigneten Zustand am Liverpooler Ende der Eisenbahn aufgestellt sein. Die Lokomotive darf nicht mehr als 550 Pfund Sterling kosten.

Georg Stephenson beschloß sofort, in seiner Fabrik zu Newcastle an die Herstellung einer Preislokomotive zu gehen. Er unterschätzte keinen Augenblick die Bedeutung der Angelegenheit und die Schwierigkeiten, die zur guten Erledigung der Aufgabe zu überwinden waren. Er berief darum seinen Sohn Robert, der zur Ausführung von Bauten in Südamerika weilte, zurück. Es war bei dieser Rückfahrt, als Robert Stephenson in Cartagena mit Trevithick in der bereits geschilderten Weise zusammentraf. Als er in Newcastle angekommen war, zeigte es sich, daß Vater und Sohn einander vorzüglich verstanden und ergänzten. Von Zeitgenossen wird berichtet, daß nun zwei mächtige Geister zusammenarbeiteten, die sich gegenseitig anfeuerten.

Das stärkste Reizmittel zu großen Taten ist die Unzufriedenheit. Wer bewundernd vor seinen eigenen Leistungen steht und sie für das Beste hält, das überhaupt vollbracht werden kann, der hört auf zu streben und vermag keine Leistungen mehr zu vollbringen. Georg Stephenson gehörte nicht zu den Menschen solcher Art. Seine Lokomotiven liefen nun schon seit Jahren auf vielen Strecken. Sie waren die besten, die es gab. Aber dennoch kannte er genau ihre Schwächen. Für den Wettbewerb wollte er etwas Höherentwickeltes hervorbringen.

In der Hauptsache lag ihm daran, die Lokomotive zu stärkerer Dampferzeugung zu befähigen. Die immer noch geringen Geschwindigkeiten führte er mit Recht auf den zu kleinen Dampfvorrat zurück, den der Kessel in jenem Augenblick barg. Mancherlei Mittel hatte er schon versucht, um durch stärkere Anfachung des Feuers hier Besserung zu schaffen. Daß er die vortreffliche Wirkung des Blasrohrs schon früh ausnutzte, wissen wir bereits. Bei einer Lokomotive für die Stockton-Darlington-Bahn war er, um einen noch kräftigeren Durchzug von Frischluft durch die Feuerung hervorzubringen, sogar so weit gegangen, die Maschine mit zwei Schornsteinen und zwei Blasrohren auszurüsten. Aber der Nutzen dieser Maßnahmen entsprach nicht den Erwartungen. Ein wirklicher Erfolg konnte nur durch eine Vergrößerung der Heizfläche erreicht werden.

Es ist nun sehr merkwürdig, daß der Gedanke, der Stephensons Lokomotive zum endlichen Sieg führte und dem Lokomotivkessel die bis zum heutigen Tage auf der ganzen Erde übliche Form gab, dem Gehirn eines Nichtfachmanns entsprang. Der Geschäftsführer der Bahn Manchester – Liverpool, Henry *Booth*, mit dem Stephenson schon früher manches Jahr zusammengearbeitet hatte, war es, der ihm empfahl, von der hinteren Kesselwand zur vorderen eine große Anzahl dünner Röhren zu führen, durch welche die heißen Gase bei ihrem Weg von der Feuerung zum Schornstein hindurchstreichen mußten. Die Fläche, auf der die Heizgase mit dem Wasser in Berührung kamen, wurde hierdurch außerordentlich vergrößert.

Versuche ähnlicher Art waren schon früh gemacht worden, aber hierbei waren die Röhren entweder senkrecht gestellt, oder man füllte sie mit Wasser, während die Heizgase die Außenwände der Röhren umspülten. Es waren also Siederohrkessel gebaut worden, während Booth den vielrohrigen Flammrohrkessel empfahl, der sich fortab als die geeignetste Bauform für die Lokomotive erwiesen hat. Unabhängig von Booth erfand Séguin in Frankreich gleichzeitig dieselbe Bauform.

Stephenson erkannte die Vorzüge des Boothschen Gedankens sogleich und nahm ihn für den Bau seiner Preislokomotive auf. Die Tatsache, daß er hier dem Vorschlag eines anderen folgte, mildert Stephensons Verdienst in keiner Weise. Denn nur er vermochte durch die großartigen Einrichtungen seiner Fabrik und die Erfahrungen, die er im Lokomotivbau hatte, den Gedanken zur Ausführung zu bringen. Hätte Booth seinen Vorschlag einem weniger tüchtigen Mann gemacht, so würde sich wieder einmal das Schauspiel begeben haben, daß der Weise dem Stein der Weisen gemangelt hätte.

Ganz aus eigener Erwägung fügte Stephenson der Lokomotive noch manchen neu gestalteten Bauteil an. So wurden die Zylinder schräg gestellt und die Austrittsöffnung des Blasrohrs verengt, wodurch eine bedeutende Steigerung der Dampfgeschwindigkeit und demgemäß eine Erhöhung des Luftzugs durch die Feuerung eintrat. Als die Maschine ihre erste Probefahrt machte, war der Erbauer selbst aufs höchste über ihre Leistungsfähigkeit erstaunt, die alles bis dahin Vorhandene weit in den Schatten stellte. Robert Stephenson erklärte in späteren Jahren, als die Eisenbahn schon ein allgemein übliches Verkehrsmittel war: »Zwar hat seit dem Tage, da unsere Maschine auf der Manchester-Liverpool-Bahn aufgestellt wurde, die Lokomotive viele kleinere Verbesserungen erfahren, und man ist seitdem insbesondere bemüht gewesen, ihre verschiedenen Teile möglichst sorgfältig herzustellen; dennoch unterscheidet sich die heutige Lokomotive in keinem wesentlichen Punkt von jener.« Das gilt auch noch für die Jetztzeit.

Die Maschine erhielt wegen der großen Geschwindigkeit, die sie zu entwickeln vermochte, den Namen »Rakete«. (Siehe das Bild vor dem Titel.)

Der für den Austrag des Wettbewerbs festgesetzte Tag rückte indessen heran. Der Ausgang wurde in ganz England mit höchster Spannung erwartet. Viele ahnten, daß hier ein höchst wichtiges Ergebnis sich zutragen würde. Nach englischer Art, die damals so war, wie sie noch heute ist, glaubte eine englische Zeitschrift die Bedeutung des Kampfs nicht besser kennzeichnen zu können, als indem sie erklärte, daß auch die vornehme Welt dem Vorgang gegenüber so viel Teilnahme zeige, als wenn es sich um das St. Leger, das bedeutendste aller Pferderennen, handle. Eine große Menschenmenge strömte herbei, um das eigenartige Schauspiel mit anzusehn. Als »Schlachtfeld« war eine 35 Kilometer lange, ganz ebene Strecke auf der Bahnlinie Manchester – Liverpool in der Nähe von Rainhill ausersehen.

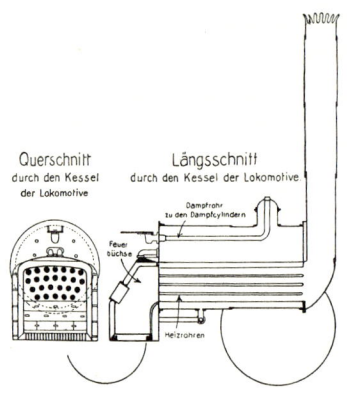

Querschnitt
durch den Kessel
der Lokomotive

Längsschnitt
durch den Kessel der Lokomotive

1. »The Novelty« (»Die Neuheit«) von Braithwaite und Ericson;

2. »Le Sans Pareil« (»Die Unvergleichliche«) von Hackworth;

3. »The Perseverance« (»Die Ausdauer«) von Burstall;

4. »The Rocket« (»Die Rakete«) von Stephenson.

Noch eine fünfte Maschine wollte mitfahren: der »Zyklopenfuß« von Brandreth. Sie wurde durch ein im Innern ihres Gehäuses aufgestelltes – Pferd fortbewegt. Da dies dem Sinn des Preisausschreibens nicht entsprach, das nur Dampflokomotiven in Betracht zog, so mußte sie abgewiesen werden. Bei der »Ausdauer« zeigte es sich alsbald, daß sie die vorgeschriebene Geschwindigkeit nicht würde erreichen können, und sie trat daher gleichfalls von dem eigentlichen Wettbewerb zurück. An diesem nahmen also tatsächlich nur drei Maschinen teil.

Am 6. Oktober 1829 fand die Vorprüfung der Maschinen statt.

Es entspricht Stephensons ganzer Art, daß seine Lokomotive, obgleich sie bestimmungsgemäß nicht als erste fahren sollte, doch zuerst fertig war. Aus diesem Grund gestattete man ihr, außer dem Wettbewerb eine erste Versuchsfahrt zu machen. Sie legte hierbei unter des Erbauers eigener Führung 19 Kilometer in 53 Minuten zurück.

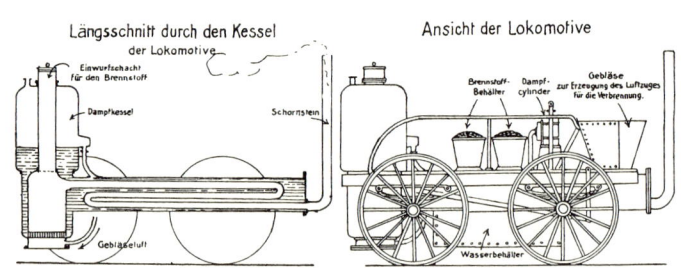

Längsschnitt durch den Kessel der Lokomotive   Ansicht der Lokomotive

Darauf fuhr die »Neuheit« vor. Ihr Verdampfungsraum lag senkrecht über der

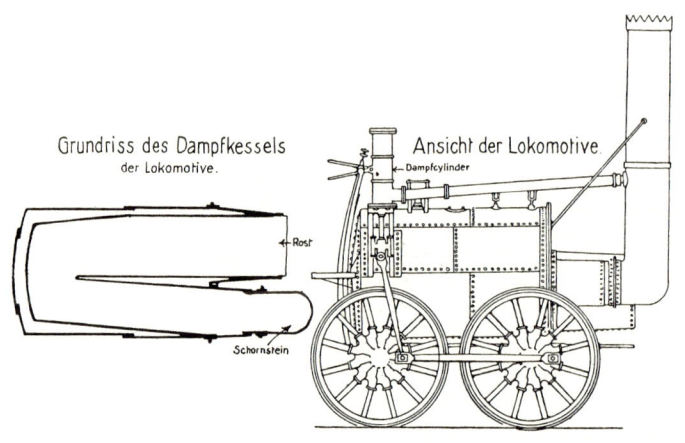

Grundriss des Dampfkessels der Lokomotive.   Ansicht der Lokomotive

19. Die Teilnehmer am Lokomotiv-Wettkampf von Rainhill 1829.

Oben: Stephensons »Rakete«;
in der Mitte: Brainwaites und Ericsons »Neuheit«;
unten: Hackworth' »Unvergleichliche«.

Nach einer Tafel im Deutschen Museum zu München

Feuerbüchse, von dort lief ein zweifach gekrümmtes Flammrohr durch einen zylindrischen, waagerecht liegenden Kesselteil. Gleich hinter dem Schornstein war ein besonderes Gebläse aufgebaut, das der Feuerung Frischluft zudrückte. Die Maschine hatte keinen Tender, sondern trug den Kohlevorrat auf dem Rücken des Kessels; der Behälter für das Speisewasser befand sich darunter.

»Die Unvergleichliche« besaß nur ein hin und hergehendes Flammrohr. Schornstein und Feuerung befanden sich also auf derselben Seite. Ihre Zulassung zum Wettbewerb machte Schwierigkeiten, da sie etwas schwerer war, als es den Vorschriften entsprach. Sie wurde aber schließlich doch angenommen.

Am Tag darauf sollte der eigentliche Wettbewerb beginnen. Er konnte jedoch nicht stattfinden, da die Blasebälge der »Neuheit« in Unordnung geraten waren und auch am Kessel der »Unvergleichlichen« sich Fehler gezeigt hatten. Um die versammelten Zuschauer nicht zu sehr zu enttäuschen, ließ Stephenson wieder seine »Rakete« vorfahren, hängte einen Wagen mit 30 Personen daran und durchfuhr die Bahn mit einer Geschwindigkeit von etwa 40 Kilometern. Der Jubel und das Staunen über diese Leistung waren außerordentlich.

Der 8. Oktober endlich brachte den wirklichen Beginn des Wettbewerbs. Die »Rakete« machte ihre Fahrten. Zwanzigmal durcheilte sie, wie es vorgeschrieben war, die Bahn, ohne daß sich irgendein Fehler an der Maschine zeigte. Die höchste erreichte Geschwindigkeit betrug an diesem Tag 46 Kilometer in der Stunde, was bei den Zuschauern ein geradezu ungläubiges Staunen erregte. Einer der Leiter der Bahngesellschaft, der bis dahin stets für die Anwendung ortsfester Maschinen eingetreten war, hob voll Bewunderung beide Hände und rief aus: »Endlich hat Georg Stephenson gezeigt, was er kann.« Er war, wie alle anderen, für immer zu der Lokomotive bekehrt.

Wider Erwarten konnten die Ausbesserungsarbeiten an der Gebläsemaschine der »Neuheit« nicht rechtzeitig beendet werden. Erst am 10. Oktober vermochte sie zu fahren. Doch gleich als sie das erstemal über die Bahn ging, brach ein Rohr an der Druckpumpe, so daß die Maschine fortgebracht werden mußte.

»Die Unvergleichliche« war gar erst am 13. Oktober bereit, aber auch an ihr barst alsbald ein Pumpenrohr.

»Die Rakete« fuhr am folgenden Tag noch einmal ohne jede Schwierigkeit, und nun war man bereit, ihr den Preis anzuerkennen. Doch die Besitzer der »Neuheit«

20. Englisches Spottbild auf das Lokomotiv-»Wettrennen« bei Rainhill
Aus späterer Zeit

Aus »Das größte Wunderwerk unserer Zeit«.

21. Bahnhof Liverpool
der ersten großen Eisenbahnlinie: Manchester – Liverpool

wollten noch einmal Gelegenheit haben, ihre Maschine zu zeigen. Kaum war diese jedoch auf der Bahn, als wiederum ein Bruch an einem wichtigen Teil eintrat. Dem Verlangen der »Unvergleichlichen«, gleichfalls noch einmal zugelassen zu werden, wurde nicht mehr Folge gegeben, da die Preisrichter nun genug mißlungene Fahrten gesehen hatten.

Nach dieser ganzen Kette von Unfällen, von denen die anderen Lokomotiven ereilt wurden, kann man wohl sagen, daß ihr Bau für die gestellten Anforderungen nicht ausreichend war. Es ist daher keinem Zufall zuzuschreiben, daß Stephensons Erzeugnis allein sich bewährte.

Nachdem also die »Neuheit« zum alten Eisen geworfen, und die »Unvergleichliche« einem Wrack glich, erhielt die »Rakete« den Preis von 500 Pfund Sterling. Freudig bewegt ließ Stephenson die Lokomotive nun nochmals vorfahren und allein, ohne angehängten Wagen, die Bahn durcheilen. Jetzt wurde die von niemandem erwartete und für die damalige Zeit ganz unerhörte Geschwindigkeit von 56 Kilometern in der Stunde erreicht. Damit war der Sieg der Lokomotive für immer entschieden. Niemand sprach mehr von Pferden, Seilbahnen und ähnlichen Dingen. Sie waren fortab überlebt. Die Aktien der Bahngesellschaft stiegen sofort um zehn vom Hundert.

Wie die »Rakete« an den Tagen von Rainhill wirklich ausgesehen hat, wissen wir leider heute nicht mehr mit Sicherheit. Sie hat sehr lange auf der Manchester-Liverpool-Bahn Dienste getan und dann noch in einem Bergwerk Kohlen geschleppt. Während dieser Zeit ist sie oft umgebaut worden. Die heute im Kensing-

Aus »Das größte Wunderwerk unserer Zeit«.
22. Der erste Eisenbahntunnel
Unterirdische Einfahrt in Liverpool

ton-Museum zu London stehende »Rakete« die unser Titelbild zeigt, dürfte noch nur wenige Bauteile der ursprünglichen Maschine enthalten.

Die Eröffnung der Bahnstrecke Manchester-Liverpool fand am 15. September 1830 statt. Dieser Tag bedeutet den Anbruch des Verkehrszeitalters. Die erste Eisenbahnlinie, die auch heutigen Anforderungen gegenüber einigermaßen bestehen könnte, begann ihren Betrieb. Auch das damalige England fühlte die Bedeutung dieses Ereignisses. Es wurde als eine Art Vaterlandsfest begangen. An der ganzen Bahnlinie entlang hatten sich wiederum Tausende von Zuschauern eingefunden, die durch Soldaten vom Betreten der Geleise abgehalten werden mußten.

Für die erste Fahrt, die von Liverpool aus stattfand, standen acht von Stephenson in Newcastle gebaute Lokomotiven zur Verfügung. Acht Züge wurden fertig gemacht, in denen sich etwa 600 Personen befanden. Viele bedeutende Persönlichkeiten hatten sich zur ersten Fahrt eingefunden. So der Nationalheld Herzog Wellington, der damals Ministerpräsident war, der Staatssekretär Robert Peel und der von den Bewohnern Liverpools in das Unterhaus gewählte Abgeordnete Huskisson, der ja von Beginn an ein lebhafter Verteidiger der Bahn im Unterhaus gewesen war.

Der erste Zug wurde von der Lokomotive »Northumbrian« gezogen. Jeder Wagen hatte einen eigenen Namen wie »Traveller«, »Chinese« oder »Wellington«. Das Gepäck der Reisenden lag auf dem Dach. Die vornehmsten Fahrgäste hatten ihre eigenen Kutschen auf Plattformwagen setzen lassen und fuhren auf deren Sit-

Aus »Das größte Wunderwerk unserer Zeit«.
23. Fahrzeuge der ersten großen Eisenbahnstrecke
Lokomotive »Northumbrian«, Personen- und Güterwagen der Linie Manchester – Liverpool.

zen teilweise unter freiem Himmel mit. Die Güterwagen glichen Vogelkäfigen, denn man hatte sie der größeren Leichtigkeit wegen nur aus Gitterstäben zusammengesetzt. Durch den Tunnel unter Liverpool konnte keiner der Züge mit der Lokomotive gefahren werden, da der Qualm die in den offenen Wagen Sitzenden allzusehr belästigt hätte. So mußten die Züge zu Stephensons großem Verdruß durch die Felsbohrung an Seilen hinuntergelassen werden, und dann erst wurden die Lokomotiven vorgespannt.

Ungefähr auf halbem Weg, beim Bahnhof Parkside, wurde halt gemacht, weil hier die Lokomotiven Wasser nehmen mußten. Leider sollte sich an dieser Stelle gleich das erste Eisenbahnunglück zutragen. Der Abgeordnete Huskisson hatte seinen Platz verlassen und stand neben einem der Züge auf dem Nachbargleis. Plötzlich brauste hier die »Rakete«, die, losgekuppelt, noch einmal ihre volle Geschwindigkeit zeigen wollte, heran. Es gelang Huskisson nicht mehr, rechtzeitig fortzuspringen. Er wurde von der Maschine erfaßt, die ihm ein Bein zermalmte. Er rief noch aus: »Ich muß sterben!« und wurde dann ohnmächtig. Seine Worte sollten in Erfüllung gehen; noch am Abend desselben Tags verschied er. In ganz England wurde damals weit mehr als von dem traurigen Ereignis von der Tatsache gesprochen, daß die Maschine »Northumbrian« mit dem schwerverletzten Huskisson in 25 Minuten eine Strecke von 24 Kilometern durcheilt hatte, um ihn zu einem Arzt zu bringen. Das war eine Stundengeschwindigkeit von fast 58 Kilometern, die mit Recht als ein großes Wunder angestaunt wurde.

Aus »Das größte Wunderwerk unserer Zeit«.
24. Die Stätte des ersten Eisenbahn-Unfalls
Wasserfüllstelle Parkside auf der Strecke Manchester – Liverpool, wo bei der Eröffnungsfahrt der Abgeordnete Huskisson überfahren wurde.

In die für den Eröffnungstag aufgestellte Festordnung brachte dieser Unglücksfall eine schwere Störung. Wellington und Peel wollten sogleich ihren Zug verlassen und nicht bis nach Manchester mitfahren. Man stellte ihnen jedoch die Enttäuschung der vielen Tausende vor, die in jener Stadt warteten, und so ließen sie sich bewegen, bis zu Ende im Zug zu bleiben. An den Festlichkeiten nahmen sie jedoch nicht teil. Doch dies war nur eine Beeinträchtigung der Äußerlichkeiten, das große Werk war glücklich zur Vollendung geführt.

Die Person Stephensons und sein Werk begeisterten damals jedermann. Der Ruhm des großen Eisenbahnbaumeisters verdunkelte fast den Namen Wellingtons. Jeder, der irgend Gelegenheit hatte, mit Stephenson in Berührung zu kommen, drängte sich dazu, ihn und seine Feuermaschinen kennenzulernen. In Liverpool hielt sich zu jener Zeit ein Schauspieler namens Kemble mit seiner Tochter auf. Frances Anne Kemble, ein sehr schönes Mädchen, war wie ihr Vater ein bedeutendes darstellerisches Talent. Von allen großen Dingen leicht begeistert, bemühte sie sich um die Erlaubnis, mit dem ersten Eisenbahnzug fahren zu dürfen. Stephenson sah sie, und ihrer Anmut gelang es, ihn zu bewegen, sie sogar bei einer Probefahrt mitzunehmen. Über ihre Erlebnisse hierbei hat Frances Anne, die einen lebhaften Geist besaß und gut beobachten konnte, in einem Brief an ihre Freundin sehr beachtenswerte Angaben gemacht; sie geben ein gutes Bild von dem Eindruck, den die Lokomotive und ihr großer Vorkämpfer auf die Zeitgenossen

Aus »Das größte Wunderwerk unserer Zeit«.
25. Felseinschnitt bei Olive Mount
auf der Strecke Manchester – Liverpool

machten. Nach der Übersetzung Max von Webers hieß es in dem Brief des Fräulein Kemble:

»Wir wurden der kleinen, munteren Maschine vorgestellt, die uns die Schienen entlang ziehen sollte. Sie (denn der zärtliche Sprachgebrauch macht die kuriosen, lieben kleinen Feuerrosse alle zu Stuten) besteht aus einem Kessel, einem Ofen, einer Bank und hinter der Bank einem Fasse mit genug Wasser, um ihren Durst während eines Rennens von fünfzehn Meilen zu stillen – das Ganze ist nicht größer als eine gewöhnliche Feuerspritze.«

»Sie wandert auf zwei Rädern, die ihre Füße sind, und diese werden durch glänzende Stahlbeine bewegt, die sie Kolben nennen.«

»Zügel, Gebiß und Trense, mit denen dies wundervolle kleine Tier geritten wird, bestehen zusammen aus einem kleinen Stahlhebel, der den Dampf auf die Beine (oder Kolben) wirken läßt oder ihn davon ablenkt. Ein Kind könnte ihn handhaben.«

»Dieses schnarchende, kleine Tier, das ich mich immer versucht fühlte zu tätscheln, wurde nun vor unseren Wagen gespannt, und nachdem mich Mr. Stephen-

Aus »Das größte Wunderwerk unserer Zeit«.
26. Brücke über das Sankey-Tal
zwischen Manchester und Liverpool

son zu sich auf die Bank genommen hatte, fuhren wir ungefähr mit zehn Meilen in der Stunde ab.«

»Du hast keinen Begriff davon, was das Durchschneiden der Luft für ein Gefühl war. Und dabei ist die Bewegung so sanft wie möglich. Ich hätte lesen oder schreiben können. Ich stand auf, nahm den Hut ab und trank die Luft vor mir. Der Wind war stark, oder war es unser Anfliegen gegen ihn, er drückte mir unwiderstehlich die Augen zu.«

»Als ich sie geschlossen hatte, war das Gefühl des Fliegens ganz zauberisch und sonderbar für jede Beschreibung – aber trotzdem hatte ich das Gefühl vollkommener Sicherheit und nicht die geringste Furcht.«

»An einer Stelle ließ Mr. Stephenson, um die Kraft seiner Maschine zu zeigen, einen anderen Dampfwagen, der ohne Feuer und Wasser vor uns stand, am Vorderteil unserer Maschine befestigen, einen mit Bauholz beladenen Lastwagen aber hinter unseren mit Personen schwer besetzten Wagen bringen – und mit alledem flog unser braver, kleiner Sie-Drache davon! Noch weiterhin fanden wir drei Erdwagen, die ebenfalls vor unsere Maschine gebracht wurden, und auch diese schob sie ohne Zögern und Schwierigkeit vor sich her.«

»Wenn ich hinzufüge, daß die charmante, kleine Kreatur ebenso behende rückwärts wie vorwärts läuft, glaube ich, Dir einen vollständigen Bericht über ihre Fähigkeiten gegeben zu haben.«

»Nun noch ein Wort über den Meister all der Wunder. Ich bin in ihn ganz ver-

Aus »Das größte Wunderwerk unserer Zeit«.
27. Die erste Moor-Überschienung
Stephensons Kunstbau über das Katzenmoor bei Manchester

zweifelt verliebt! Er ist ein Mann, fünfzig oder fünfundfünfzig Jahre alt; sein Gesicht ist edel, obwohl von Sorgen gefurcht, und trägt den Ausdruck tiefer Gedankenarbeit. Die Art, seine Ideen darzulegen, ist eigentümlich und sehr originell, treffend und eindringlich, und obwohl seine Sprache deutlich seine nordgrafschaftliche Abkunft bekundet, ist sie doch fern von jeder Gemeinheit oder Plumpheit. Er hat mir in der Tat gänzlich den Kopf verdreht! Vier Jahre haben genügt, sein großes Unternehmen zu vollenden. Die Eisenbahn soll am 15. nächsten Monats eröffnet werden. Der Herzog von Wellington wird herkommen, um dabei gegenwärtig zu sein, und ich denke, daß das bei der Masse der zusammenströmenden Zuschauer und der Neuheit des Schauspiels eine Szene von nie vorher dagewesenem Interesse geben wird.«

Ein männlicher Augenzeuge schrieb, gleichfalls nach Weber, über seinen Eindruck bei der Eröffnung der Eisenbahn:

»Man mag vom Pol zum Äquator, von der Straße von Malakka bis zum Isthmus von Darien reisen und wird nichts so Bewunderungswürdiges sehen wie diese Eisenbahn. Die Donner der Ausbrüche des Vesuv und Ätna, die Konvulsionen der Natur bei einem Hochgewitter erschüttern durch ihre Größe, drücken aber den Stolz des Menschen tief darnieder, während die Szenen, die wir hier vor uns sehen und die sich in ihrer Macht nicht würdig beschreiben lassen, ein hohes Selbstgefühl und eine Bewunderung für die Geisteskraft des Menschen entwickeln, intensiver und lebendiger als alle Produkte der Poeten, der Maler und Philosophen.«

»Die Erscheinung der Züge in den Tunnels und ihr Durchflug durch diese hat etwas Elektrisierendes. Das Donnergeprassel bei der Einfahrt, das plötzliche Versinken in tiefe Nacht und das Widerdröhnen des Maschinengetöses in so engem Raum vereinigen sich, um einen momentanen Schauder, eine Ahnung der Vernichtung hervorzurufen – welches beim Wiederaustritt aus dem Tunnel an das Licht einem Gefühl von Erlösung und Erheiterung Platz macht.«

»Kaum weniger nervenerregend als die Durchfahrten durch Tunnels sind die Begegnungen der mit voller Geschwindigkeit auf offener Bahn aneinander vorbeifliegenden Züge. Die fast planetarische Schnelligkeit ihres Laufs, die erschreckende Nähe, ja anscheinende Identität der eisernen Bahnen, in denen sich diese Meteore zu bewegen scheinen, führen die Möglichkeit eines Zusammenstoßes mit allen seinen entsetzlichen Konsequenzen in erschreckender Weise vor Augen. Diese Furcht dauert aber nur einen Augenblick. Erblicken des entgegenkommendes Zugs, aneinander vorbeifliegen und wieder fern voneinander sein, ist nur Sache eines Moments.«

In Deutschland erschien bereits im Jahre 1832 ein Buch mit dem Titel »Das größte Wunderwerk unserer Zeit oder die Eisenbahn für Dampfwagen zwischen Liverpool und Manchester in England«. Der Titel dieses bei Friederich Campe in Nürnberg gedruckten und mit prächtigen Kupferstichen gezierten Werks zeigt deutlich das Verständnis, das man auch bei uns dem Begebnis in England entgegenbrachte. Die hier wiedergegebenen Abbildungen von der Manchester-Liverpool-Bahn sind zu einem großen Teil diesem Buch entnommen.

Der Erfolg der Bahnstrecke überstieg rasch alle Erwartungen. Wenn auch der Güterverkehr nicht sofort mit voller Stärke einsetzte, so machte sich doch alsbald ein Sinken der Steinkohlepreise in jener Gegend bemerkbar. Eine Hebung der gesamten Gewerbtätigkeit schloß sich daran. Der Gewinn, den die Bahn selbst abwarf, ging über die gehegten nicht geringen Erwartungen schon bald um 20 000 Pfund Sterling jährlich hinaus.

Für Ländereien, die in der Nähe der Bahn lagen, wurden sogleich weit höhere Preise gezahlt als bisher, was ja einer später in allen Teilen der Erde bemerkbaren Einwirkung der Eisenbahnen entspricht. Die stolzen Lords, die sich so feindselig gegenüber dem neuen Verkehrsmittel verhalten hatten, bedauerten nun lebhaft, daß der Schienenweg fern ab von ihren Besitztümern lag. Lord Derby und Lord Seston bemühten sich nicht viel später lebhaft darum, eine zweite Eisenbahnverbindung zwischen Manchester und Liverpool zustande zu bringen aber nur unter der Bedingung, daß die Geleise diesmal durch ihre Güter geführt würden. Eisenbahnvermessungsbeamte sind fortab nirgends mehr mit Steinen beworfen worden.

Ganz besonders lebhaft aber war der Zustrom von Fahrgästen zu der Eisenbahn. Jedermann wunderte sich, wo denn plötzlich die zahllosen Fahrlustigen herkamen. Die Erklärung ist recht einfach: das großartige, bequeme Verkehrsmittel hatte den Verkehr hervorgerufen. Zwar gab es immer noch genug Menschen, die sich vor dem rasselnden und feuerspeienden Ungeheuer auf den Schienen fürchteten, doch ihre Zahl wurde rasch geringer. Zwei Ingenieure aus Edinburgh, Greinger und Buchanan, welche die neue Eisenbahn besichtigten, konnten sich, nach Smiles, gar nicht genug darüber wundern, daß man hier angenehmer und bequemer fahre als auf der Landstraße. Voll Erstaunen sagten sie in ihrem Bericht: »Selbst als die Geschwindigkeit volle 40 Kilometer in der Stunde erreicht hatte, konnten wir sehen, wie die Reisen-

28. Das Eisenbahnfieber in England
Spottbild aus einem Witzblatt

den, unter denen sich viele Damen befanden, mit größter Kaltblütigkeit sich unterhielten.«

Der außerordentliche Erfolg der »Rakete« genügte Stephenson noch nicht. Sein lebhaft strebender Geist dachte an kein Ausruhen. Kraftvoll und rastlos widmete er sich der weiteren Ausbildung der Lokomotive in seiner immer mehr aufblühenden Fabrik zu Newcastle. Jede Maschine, die das Werk verließ, trug eine neue Verbesserung, so daß der Lokomotivbetrieb immer sicherer und zuverlässiger wurde.

Dieses und der geldliche Erfolg der Manchester-Liverpool-Bahn bewirkten, daß sich nun in England allenthalben Aktiengesellschaften zur Errichtung und zum Betrieb von Eisenbahnen bildeten. Jede von ihnen suchte Stephenson als Mitarbeiter zu gewinnen. Es brach ein wahres Eisenbahnfieber in dem Inselreich aus. Jede größere Stadt wollte die Wohltaten des Schienenwegs sich zunutze machen. Manchester, das ja allen um einen wichtigen Schritt voraus war, wurde alsbald der Mittelpunkt eines ganzen Schienennetzes.

Als die Hauptstadt London daran ging, ihre erste Bahn zu bauen, die nach Birmingham lief, wurden Georg und Robert Stephenson auch hierhin als leitende Ingenieure berufen. Es war für sie eine ehrenvolle Aufgabe, die aber auch viele neue Schwierigkeiten brachte. War doch für diese Strecke der Bau einer ganzen Reihe von Tunneln notwendig. Dabei kamen den Stephensons ihre Erfahrungen auf den Steinkohlengruben in Northumberland lebhaft zustatten.

Als man die ersten längeren Tunnel zu bauen begann, gab es wiederum vielerlei ängstliche Bedenken. Selbst bedeutende Ärzte meinten, der furchtbare Lärm, die von Rauch erfüllte Luft und der plötzliche Wechsel von Hell und Dunkel müßten

29. Eisenbahn durch die Westminster-Abtei
Englisches Spottbild auf das rasche Vordringen der Eisenbahn

74

die Gesundheit der Reisenden arg gefährden. Die Tatsachen haben dann bald auch diese Einwände widerlegt.

Als die Herstellung neuer Bahnlinien immer lebhafter betrieben wurde, begründete Stephenson in London eine Niederlassung, in der Rat erteilt und Pläne angefertigt wurden. Sehr viel große Eisenbahnbauten sind von hier aus entworfen und ausgeführt worden. Bis zum Jahre 1836 war in England die Bauerlaubnis für Eisenbahnen im Wert von 80 Millionen Pfund Sterling erteilt. 1856 waren 14 000 Kilometer in Betrieb.

Im Jahre 1835 berief König Leopold I. von Belgien den großen Eisenbahningenieur in sein Land, um ihn für die Erbauung von Bahnen in dem Königreich zu Rate zu ziehen. Zehn Jahre darauf reiste Stephenson nach Spanien, das ebenfalls mit dem Bau von Bahnen beginnen wollte. Von dort her kam er leidend zurück und hat sich nie wieder ganz erholt.

In den letzten Jahren seines Lebens zog sich Stephenson daher von allen Geschäften zurück und lebte ruhig auf seinem Besitztum Taptonhouse. Neben der Leitung seiner Kohlengruben und Kalkbrennereien widmete er sich hier ausschließlich dem Gartenbau. Insbesondere war die Zucht von Südfrüchten seine größte Leidenschaft. Er besaß riesige Treibhäuser, in denen er große Ananas und Ähnliches zog. Fast rührend ist es, den Überwältiger ungeheurer Hindernisse bei der Bemühung zu sehen, Gurken zu einem geraden Wuchs zu veranlassen. Wenn ihm das durch mancherlei Maßnahmen einmal gelang, so hatte er seine größte Freude daran.

Georg Stephenson starb, 67 Jahre alt, am 12. August 1848. Er wurde in der Dreifaltigkeitskirche zu Chesterfield beigesetzt. Das Donnern der Eisenbahnzüge durch viele Länder, dieses Tönen, das der Menschheit so viel Heil gebracht hat, war seine Grabmusik.

5. Geschichte des Gleises

Erst die Vereinigung von Lokomotive und eisernem Gleis ergibt die Eisenbahn. Keines der beiden vermag ohne das andere allzuviel Nutzen zu bringen. Das bloße Gleis ist nicht mehr als eine Vorrichtung zur Erleichterung des Fahrens ohne die Befähigung, Schnelligkeit zu verleihen. Die Lokomotive auf der Landstraße gleicht einem Schwimmvogel, der, auf das Land gesetzt, unbeholfene Bewegungen vollführt. Beide Bestandteile zusammengebracht aber verwandeln sich zu einem völlig neuen Ganzen mit großartigen Eigenschaften. Dies ist ein Vorgang, der jenem in der Chemie gleicht, wenn das giftige Chlor und das bei Berührung mit Feuchtigkeit brennende Natrium zum Kochsalz sich vereinigen, das für den Menschen unentbehrlich ist.

Gerade wie der Jüngling und das Mädchen, die später ein Paar werden sollen, heranwachsen, ohne einander zu kennen, so haben sich auch das Schienengleis und die Lokomotive getrennt voneinander entwickelt, sie, die doch schließlich, nach Stephensons bereits erwähntem Ausspruch »Mann und Weib« geworden sind. Liebevoll wurden sie an verschiedenen Orten gehegt und gefördert, und erst als man glaubte, daß jedes von ihnen eine genügende Reife erlangt hätte, tat man sie zusammen. Aber auch hier gab es, wie das ja bei den Menschen gleichfalls manchmal vorkommen soll, einige Zeit nach der Hochzeit mancherlei Verdrießlichkeiten, was uns aus der Schilderung von Trevithicks Wirken bereits bekannt ist. Erst nach längerer Zeit, als beide gesetzter waren, gewöhnten sich die Gatten aneinander; und als sie um die letzte Jahrhundertwende die eiserne Hochzeit begehen konnten, da vermochten sie auf ein gemeinschaftliches Lebenswerk von unerhörter Großartigkeit zurückzublicken.

Nachdem wir in den vorhergehenden Abschnitten die Entwicklung der Lokomotive bis zum Sieg der »Rakete« beim Wettkampf zu Rainhill verfolgt haben, liegt es nun ob, den Werdegang des Gleises zu betrachten. Hierbei werden wir ein Stück weiter in das neunzehnte Jahrhundert vordringen müssen, da das Gleis um ein Beträchtliches später seiner heutigen Form sich näherte als die Lokomotive.

Häufig wird angenommen, daß bereits die Griechen zur klassischen Zeit Geleise gekannt haben. Es ist aber unsicher, ob die Rillen, die sich tatsächlich auf den steinernen Wegen für die Opferfahrzeuge befunden haben, nicht unbeabsichtigt durch die schleifende Wirkung der Räder entstanden sind. Bestenfalls könnte es sich hier immer nur um eine vertiefte Spur handeln, die mit dem heutigen Gleis wohl den Grundgedanken, nicht aber die Ausführungsform gemeinsam hat. Wir legen ja überall, wo nicht ein querender Verkehr es anders verlangt, die Schienen nicht *in Wege*, sondern auf diese.

Mit Sicherheit ist das Vorhandensein von Geleisen für das zweite Drittel des sechzehnten Jahrhunderts festgestellt. Danach ist der Ursprung der Spurbahn in Deutschland zu suchen.

Zu jener Zeit stand der deutsche Bergbau, gefördert durch eine wissenschaftlich gut begründete Hüttenkunde, in voller Blüte. Die im Jahre 1544 erschienene »Cosmographia« des Sebastian Münster schildert eine Vorrichtung, welche die deutschen Bergleute erfunden hatten, um die kleinen, mit Erzen beladenen Wagen leichter vorwärtsbringen zu können. Eine ähnliche Beschreibung findet sich in dem

Aus dem deutschen Bergwerkbuch um 1550.
30. Das älteste Schienengleis

»Bergwerckbuch, durch den hochgelehrten und weitberühmten Herrn Georgium *Agricolam*, der Arznei Doktorn / und Bürgermeister der Churfürstlichen Statt Kemnitz / erstlich mit großem Fleiß / Mühe und Arbeit in Latein beschrieben«. Dieses wurde im Jahre 1557 durch den »hochgelehrten Philippus *Beccius* / der löblichen Universität zu Basel Professor« neu herausgegeben und erlangte als brauchbares Lehrbuch eine weite Verbreitung. Danach benutzten die deutschen Bergleute damals zum Befördern den Lasten einen kleinen, vierrädrigen Wagen, den sie »Hund« nannten, weil er »so man ihn bewegt / ein thon gibet daß ihn bewegt / ein thon gibet daß etliche dunkt er habe ein thon / dem bellen der Hunden nicht ungleich«.

Weiter heißt es bei Agricola: »Aber der Hund ist wol halber weiter dann der Laufkarren / aber vier Werckschuh lang / dritthalben Werckschuh breit und hoch / dieveil er aber gevierdt ist / so wird er auch mit dreyen gevierdten Blächen umbgeschlagen / und gebunden unnd uber das auch mit eysenen Stabeysen befestigt / zu seinem boden sein zwey eysene Felchin angeschlagen / umb welcher Köpf zubeyden seiten höltzene scheiben umbgehen / welche damit sie nicht aus den Felchin / die vest seind herab fallen / so verwahrt man das mit kleinen eysenen Neglen / daß diese so der große Nagel der auch an boden ist geschlagen / kumpff ist vorden / nicht von dem gebahnten weg / das ist / auch der höle / oder auß der *gleiß der Trömen* so gelegt seind abweiche.«

Diese Beschreibung ist so zu verstehen, daß die vier Räder des »Hunds« auf mehr oder weniger bearbeiteten Baumstämmen rollten, die so dicht aneinander lagen, daß nur eine schmale Rinne zwischen ihnen blieb. In diese Rinne tauchte der Spurnagel und verhinderte ein Abgleiten des »Hunds« vom Gleis. So also sah die erste Zwangsspur aus.

In dem »Bergbuch« von Ettenhardi wird dann von sogenannten Reibeisen berichtet, die in der Länge von je einem Klafter, das ist etwa 1,8 Meter, auf die hölzerne Bahn genagelt wurden, um diese zu schonen. Hierin hat man häufig bereits den Anfang des eisernen Gleises gesehen. Es scheint jedoch, daß diese Reibeisen nicht auf die Langhölzer, sondern seitlich an deren Innenflächen genagelt wurden, um sie vor der Abnutzung durch den Spurnagel zu schützen.

31. Das älteste Schienenfahrzeug:
Förderhund mit Spurnagel

In der zweiten Hälfte des sechzehnten Jahrhunderts wurden die deutschen Bergleute, nachdem die Bestimmung aufgehoben worden war, daß Ausländer in den königlichen Werken nicht beschäftigt werden durften, nach England berufen, um dessen stark zurückgebliebenem Bergbau aufzuhelfen. Sie brachten den Gedanken der Lastenförderung auf Spurbahnen mit und schufen so die ersten Geleise in dem Land, das die Wiege der Eisenbahn werden sollte. Aus der schon von Agricola erwähnten Benennung »gleiß der Trömen« soll sich das ja heute noch lebendige englische Wort »*tram*« entwickelt haben.

Es scheint jedoch, als wenn der Beginn der Entwicklung, die zum heutigen Eisenbahngleis führte, nicht unmittelbar auf die Hundsläufe in den Bergwerken zurückzuführen ist. Es wird vielmehr behauptet, daß der Gedanke, eine längere vom Bergwerk zur Verschiffungsstelle führende Straße mit einer hölzernen Bahn zu belegen, ganz selbständig in der Gegend von Newcastle am Tyne entstanden sei, das später die erste Lokomotivfabrik auf der Erde sah.

In der Gegend von Newcastle brachte man die Kohle zu Anfang auf dem Rücken von Pferden zum Fluß. Als dann die Förderung in Karren aufkam, waren die schlechten Wege bald so zerfahren, daß sie nicht mehr benutzt werden konnten. Man belegte sie daher mit zwei Bohlenstreifen, die den gleichen Abstand voneinander hatten wie die Karrenräder. Das dürfte um 1620 der Fall gewesen sein.

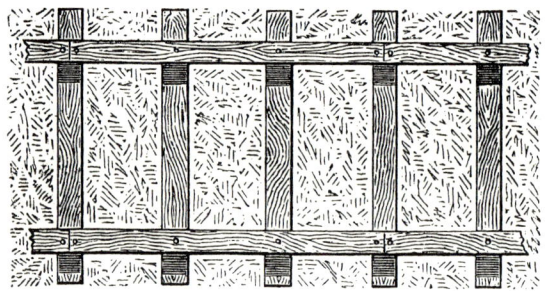

32. Altes englisches Holzgleis
in einem Bergwerk in Newcastle

Die Last der schweren Karren verdrückte jedoch die Bohlen in dem weichen Boden so stark, daß sie die Spur nicht mehr einhielten. Da kam im Jahre 1630 ein Kohlengrubenbesitzer in Northumberland, namens *Beaumont*, auf den Gedanken, die gleichlaufenden Bohlenbahnen durch Querhölzer zu verbinden, auf denen sie mit Nägeln befestigt wurden. Die so angelegte Spurbahn sieht schon wie ein richtiges Gleis aus. Sie soll die Möglichkeit geschaffen haben, durch ein Pferd eine vielmal

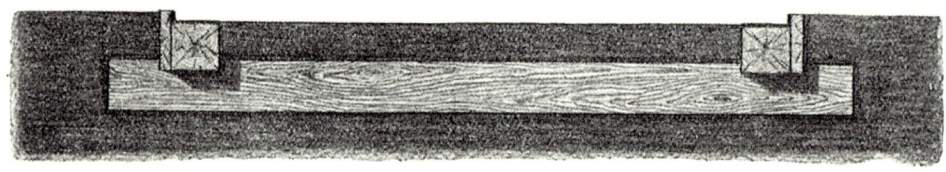

33. Holzgleis mit Spurrädern,
die das Hinunterrollen der Wagen von den Schienen verhindern sollten.

größere Last zu befördern, als es bis dahin angängig war. Die einzelnen Langhölzer, die Beaumont benutzte, waren 1 1/2 Meter lang, 11 Zentimeter breit und 3 1/2 Zentimeter hoch. Als die Holzbohlen sich allzu rasch abnutzten, ging man daran, sie mit eisernen Bändern zu beschlagen.

Es blieb die unangenehme Erscheinung, daß die Karren sehr leicht seitlich von der Spurbahn hinunterrollten. Um dies zu verhindern, setzte man den Außenkanten erhöhte Spurräder an, so daß eine zwangsläufige Führung der Fahrzeuge entstand. Doch auch mit diesem schon ziemlich weit fortgeschrittenen Zustand war noch nichts endgültig Brauchbares erreicht. Der dünne Eisenbeschlag wurde von den schweren Karren verbogen, die Nägel hinausgedrückt, so daß ein glattes Fahren bald unmöglich wurde. Auch eine Verstärkung der Eisenbänder nutzte nicht viel.

Da brachte ein Zufall die Entwicklung um ein bedeutendes Stück vorwärts.

Im Jahre 1767 litten die englischen Eisenwerke stark unter einem Rückgang des Geschäfts. Das aus den Hochöfen kommende Eisen konnte nicht sogleich verkauft werden. Der Mitbesitzer der Eisenwerke zu Coalbrookdale, *Reynolds,* beschloß daher, aus dem Eisen dicke Barren zu gießen und einen Versuch zu machen, ob ein solcher sehr kräftiger Belag der hölzernen Schienen die Karrenförderung nicht günstig beeinflussen würde. Er wollte zunächst das Eisen nur vorübergehend für diesen Zweck zur Verfügung stellen, es nachher, sobald die Geschäfte besser gingen, wieder umgießen lassen und verkaufen.

Die ersten Barren wurden in Coalebrookdale am 13. November 1767 gegossen. Kaum waren sie ausgelegt, da zeigten sich die Vorteile dieses kräftigen Belags der hölzernen Balken so deutlich, daß an ein Wiederaufnehmen des Eisens niemals mehr gedacht worden ist. Der Grubenbesitzer ließ vielmehr seine sämtlichen Geleise in solcher Weise ausstatten, und sein Vorgehen fand alsbald Nachahmung. Auf der nun zum ersten Mal erzeugten wirklich glatten Bahn rollten die Karren sehr viel leichter, und die unaufhörlichen Ausbesserungsarbeiten hörten infolge der Widerstandsfähigkeit der Anlage auf. Das ist der Ursprung des heutigen eisernen Gleises.

Die Entwicklung geht nun rasch weiter.

Reynolds Eisenkarren waren, um die Fahrzeuge in der Spur zu halten, mit einer schwachen Vertiefung versehen. Da hierdurch Entgleisungen nicht mit Sicherheit verhindert wurden, schuf Bejamin John *Curr* in dem Bergwerk des Herzogs von Norfolk bei Sheffield im Jahre 1776 eine neue gußeiserne Schienenform, die im Querschnitt einen Winkel darstellte. Der eine Schenkel dieses Winkels lag auf dem Langholz, der andere ragte senkrecht etwa fünf Zentimeter empor. Durch diesen hohen Rand war ein Abweichen von der Spur ausgeschlossen.

Als einige der unter den Winkelschienen liegenden Langhölzer verfaulten, und man an solchen Stellen neue Auflageflächen mittels Querhölzern herstellte, die unter dem Gleis hindurchgesteckt wurden, zeigte es sich, daß die eisernen Schienen fest genug waren, um auch ohne fortlaufende Unterstützung die Last der Wagen zu tragen. So wurde, wiederum durch Zufall, das freitragende, nur in gewissen Abständen aufgelagerte eiserne Querwellengleis erfunden. Als im Jahre 1800 die Plymouthwerke zu Merthyr-Tydvil ihre Bahn nach Aberdare-Junction eröffneten, da ruhten die verstärkten Winkelschienen nur noch auf einzelnen untergesetzten Steinwürfeln.

Bis jetzt waren die Schienen so gestaltet, daß jeder gewöhnliche Straßenwagen darauf fahren konnte, sobald nur sein Radabstand zur Spurweite paßte. Die fahrenden Räder übten jedoch ziemlich rasch einen zerstörenden Einfluß auf die Curr-

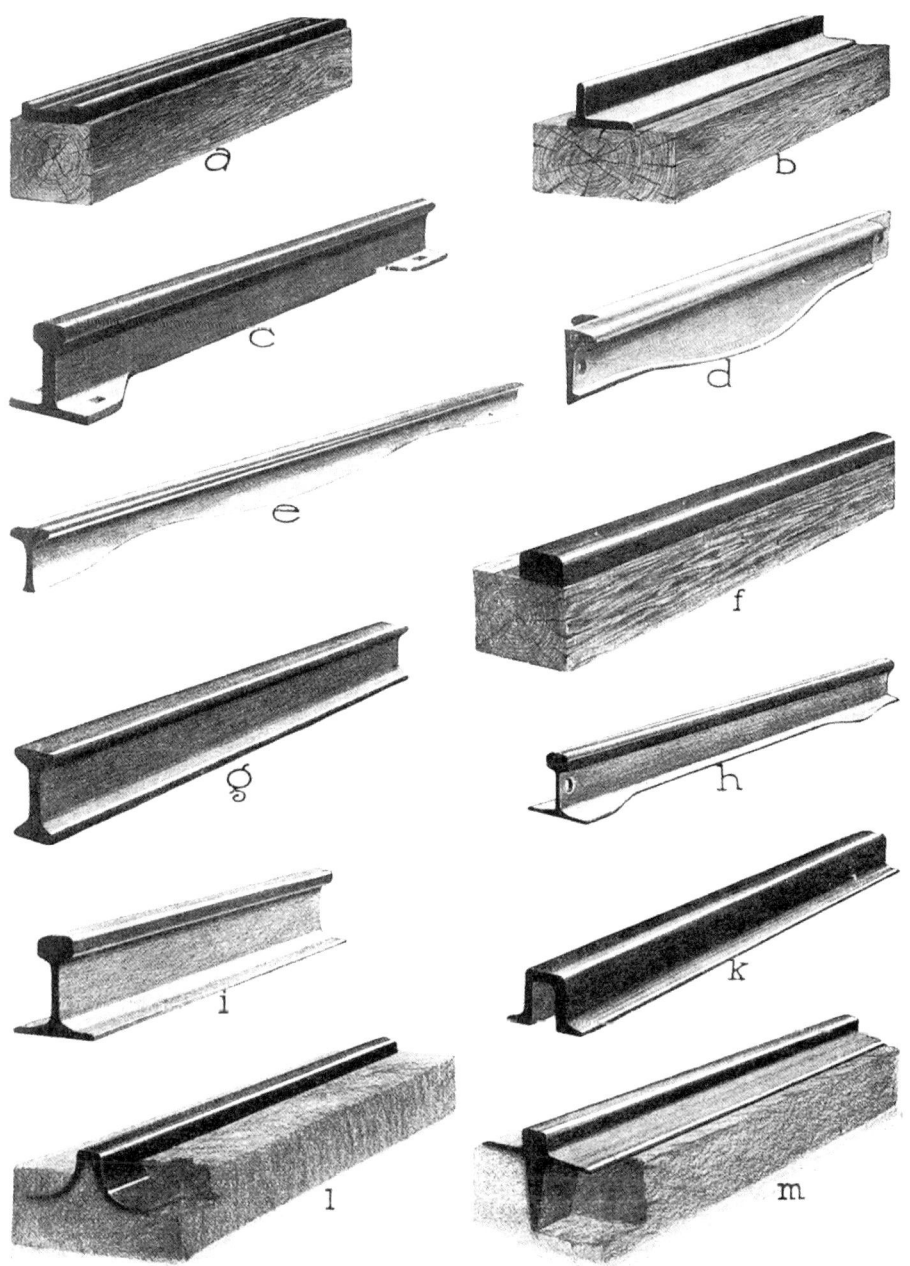

34–45. *Die Entwicklung der eisernen Schiene*

a) *Die erste Eisenbahnschiene*, gegossen von Reynolds in Coalebrookdale am 13. November 1767. –
b) *Currs Winkelschiene*, auf der gewöhnliche Wagen ohne Spurkranzräder sicher fahren konnten. –
c) *Jessops Pilzschiene*. Diese Schienenform machte zum ersten Mal die Anwendung von Spurkran-
krädern notwendig. – d) *Berkinshaws Walzschiene*. Lange, schmiedeeiserne Schiene mit Fischbauchform. Alle folgenden gleichfalls aus Schmiedeisen. – f) *Schiene der Eisenbahnlinie Leipzig–Dresden*. Flache Form auf hölzernen Langschwellen. – g *Doppelkopfschiene*, die noch heute in
England hauptsächlich verwendet wird. – h) *Stevens' Breitfußschiene*, Grundform für die heute am
weitesten verbreitete Schienenart. – i) *Neuzeitliche preußische Staatsbahn-Schiene. – Sonderarten:*
k) Brück-Schiene. – l) *Schwellen-Schiene in Sattelform*, die das Unterlegen besonderer Schwellen in
der Bettung unnötig macht. – m) *Schwellen-Schiene in Trägerform.*

schiene aus. Sie fraßen tiefe Rinnen in das Gleis, so daß immer noch zu häufige Auswechselungen notwendig wurden. Da erkannte *Jessop*, daß die Dauerhaftigkeit und zugleich die Tragfähigkeit der gußeisernen Schiene sehr verbessert würde, wenn man ihr eine im Querschnitt pilzförmige Gestalt gäbe. Seine Schiene hatte einen schmalen, senkrechten Steg und darauf einen stark verbreiterten Kopf. Bei dieser Form konnte die gleiche Tragfähigkeit mit weniger Eisen erreicht werden. Ein Einschleifen der Räder war hier nicht mehr möglich.

Um jedoch ein Entgleisen der Wagen auf solchen Schienen zu verhindern, mußten die Räder der Fahrzeuge mit vorstehenden Rädern versehen werden. Es entstand damals der Spurkranz, der bis heute jedem Eisenbahnfahrzeug eigentümlich ist. Von nun ist die Ausgestaltung der für Schienenwege bestimmten Wagen von denen getrennt, die gebaut wurden, um auf der Landstraße zu fahren. Dies ist für die Entwicklung der Eisenbahn-Fahrzeuge, die notwendig einen eigenen Verlauf nehmen mußte, sehr nützlich gewesen.

Die Beanspruchung einer solchen Pilzschiene, die freitragend zwischen je zwei festen Auflagern ruhte, ist nach den Gesetzen der Festigkeitslehre am stärksten, wenn sich eine Wagenachse gerade in der Mitte der freitragenden Schiene befindet. Es war darum bei Verwendung des gegen Durchbiegung wenig widerstandsfähigen Gußeisens wünschenswert, den Schienen eine Form zu geben, welche die Tragfähigkeit in der Mitte verstärkte. Dies war am bequemsten dadurch zu erreichen, daß man die Höhe jeder Schiene von den Enden her nach der Mitte zu wachsen ließ. Auf diese Weise entstand die Fischbauchform der gußeisernen Schiene, die lange Zeit sehr verbreitet gewesen war. Die ersten Lokomotiven sind auf solchen Fischbauchschienen gefahren.

So groß nun schon die Verbesserung des Gleises gegenüber der ursprünglichen Gestalt war, so wissen wir doch aus den Lebensgeschichten von Trevithick und Stephenson, mit welchen Schwierigkeiten sie ständig infolge der schlechten Beschaffenheit der Geleise zu kämpfen hatten. Die Schienen waren sorglos verlegt, so daß die Lokomotiven auf den Geleisen hüpften wie trabende Pferde, was denn auch den ersten Maschinen Stephensons in Killingworth den Beinamen »*iron horses*« verschaffte. Das Scheitern von Trevithicks Versuchen ist unmittelbar auf die geringe Widerstandsfähigkeit des Gußeisens gegen Biegung und Stöße zurückzuführen. Wir wissen, wie er seine Londoner Versuche aufgab, als die Lokomotive »*Catch me whon can*« wieder einmal durch Schienenbruch entgleist war. Diese Zerbrechlichkeit der gußeisernen Schienen schuf überall Unannehmlichkeiten und Unsicherheit, so daß der Wunsch nach einem besseren Baustoff mit größerer Widerstandsfähigkeit sich regte. Die Verwendung des Schmiedeeisens sollte den gewünschten Erfolg in vollkommenster Weise bringen.

Das erste Schmiedeeisengleis wurde von Ingenieur *Nixon* auf der Wallboottle-Kohlengrube bei Newcastle angelegt. Es bestand aus einfachen quadratischen Stäben von 38 Millimeter Höhe. In Frankreich benutzte man längere Zeit eine noch schmalere, aber sehr hohe rechteckige Schiene aus Schmiedeeisen.

Wie fast stets bei der ersten Einführung von technischen Neuerungen, die später große Bedeutung gewinnen, blieben auch hier zunächst Rückschläge nicht aus. Viele Bahnen wandten sich wieder von den schmiedeisernen Schienen ab, weil deren scharfe Kanten in die weichen Kränze der gußeisernen Räder einschnitten und diese rasch zerstören. Das Gußeisen behauptete noch längere Zeit weiter das Feld. Dies wurde erst anders, als durch eine tief eingreifende Verbesserung des Herstellungsverfahrens die richtige Form für die Schmiedeisenschiene gefunden wurde.

Obgleich das Walzen des Eisens schon recht lange erfunden war, vermochte man doch bis zum zweiten Jahrzehnt des neunzehnten Jahrhunderts nicht über die Herstellung von glatten Stäben durch dieses Verfahren hinauszukommen. Der Leiter der Bedlington-Eisenwerke in Durham, *Berkinshaw*, jedoch wollte die bei gußeisernen Schienen bereits erwiesenen Vorteile der Pilzform auch bei der schmiedeeisernen Schiene verwenden. Nach lang andauernden und äußerst mühseligen Versuchen gelang es ihm endlich, Walzschienen in Pilzform herzustellen.

Mit der hierdurch erzielten günstigen Verteilung des Eisens auf den Querschnitt war zugleich die Möglichkeit verbunden, das einzelne Schienenstück länger zu machen. Während man bei der gußeisernen Schiene über Längen von 1 bis höchsten 11/2 Meter nicht hinausgekommen war, hatten Berkinshaws Walzschienen Längen von 41/2 Meter. Hierdurch verringerte sich die Zahl der Schienenstöße außerordentlich, was insbesondere damals bei den recht schlechten Befestigungsarten sehr vorteilhaft war.

Georg Stephensons Scharfblick ließ ihn die Vorzüge der langen Walzschiene sofort erkennen, und er trat lebhaft dafür ein, die Bahnstrecke von Stockton nach Darlington, die er zu jener Zeit gerade baute, mit einem solchen Gleis zu versehen. Aber die Liebe zum Althergebrachten machte es auch damals unmöglich, die Leiter der Bahngesellschaft von der Nützlichkeit der neuen Bauform durchgreifend zu überzeugen. Die Linie Stockton – Darlington ist deshalb nur zur Hälfte mit schmiedeisernen Schienen ausgerüstet worden, die andere Hälfte erhielt ein gußeisernes Fischbaugleis.

Diese Sucht der Menschen, beim sogenannten Bewährten zu beharren, der wir nun schon recht häufig in der Geschichte

46. Rechteckige Schiene aus Schmiedeisen
mit scharfen Kanten

der Eisenbahn begegnet sind, behinderte auch in einer anderen recht merkwürdigen Weise das rasche Durchdringen der so sehr viel besseren Walzschiene. Obgleich Schmiedeisen gegen Durchbiegung sehr viel widerstandsfähiger ist als Gußeisen, so daß die Berkinshaw-Schiene ohne weiters imstande gewesen wäre, die damals noch üblichen, verhältnismäßig geringen Raddrücke zu tragen, meinte man doch, auch ihr die Fischbauform geben zu müssen, die für einen ganz anderen Baustoff erdacht war. Mit großer Mühe ward die glatt aus den Walzen kommende Schiene ausgebaucht. Diese schwere und teure Arbeit, die ganz überflüssig war, verhinderte das Eindringen der schmiedeisernen Schiene in den Eisenbahnbetrieb lange Zeit.

Als man das Schmiedeisen allgemeiner zu verwenden begann, wurde auch der Versuch gemacht, Flachschienen auf hölzerne Langschwellen zu verlegen, was eigentlich ein Rückgreifen auf bereits veraltete Formen bedeutete. Die erste größere Eisenbahnstrecke in Deutschland, die Linie von Leipzig nach Dresden, wurde mit solchen Flachschienen ausgerüstet, die jedoch nicht lange hielten und bald ersetzt werden mußten.

1835 erfand nach demm einen Robert Stephenson, nach dem andern Georg Stephensons Schüler John *Locke* die doppelköpfige Schiene. Es war dies nichts anderes als eine doppelte Pilzschiene mit gleichgeformten Verdickungen am Kopf wie am Fuß. Man versprach sich hiervon den Vorteil, jede Schiene zweimal benutzen zu können, indem man sie nach Verschleiß des einen Kopfs einfach umdrehte. Bald jedoch zeigte es sich, daß der untere Teil der Schiene an den Auflagestellen rasch so stark verdrückt wurde, daß beim Wenden eine glatte Fahrbahn nicht mehr erzielt werden konnte. Auf das Umdrehen der Schiene mußte daher von Beginn an verzichtet werden. Dennoch ist die Doppelkopfschiene in England bis zum heutigen Tag die am meisten verwendete Schienenform geblieben. Sie hat nur eine Änderung durch Umgestaltung zur sogenannten Bullenkopfschiene erfahren, indem man den Fahrkopf jetzt sehr viel stärker macht als die Verdickung am Fuß.

Die Befestigung der bis dahin gebräuchlichen Schienenformen an den Auflagestellen machte, wie noch näher darzulegen sein wird, große Schwierigkeiten, da stets besondere Einrichtungen zum Festhalten notwendig waren. Diese Not brachte den Amerikaner Robert *Stevens* auf den Gedanken, eine Schienenform zu schaffen, die eine Befestigung ohne zwischengeschaltete Hilfsmittel ermöglichen sollte. Er erfand die Breitfußschiene, die, wenn auch in etwas abgeänderter Form, in Deutschland und den meisten anderen Ländern der Erde noch heute in allgemeinster Anwendung ist. Zum ersten Mal wurde sie bei der Camden-Amboybahn in Amerika verlegt. Stevens verbreitete den Fuß besonders stark an den Auflegestellen, während bei der heutigen Breitfußschiene ein gleichmäßiger Querschnitt üblich ist.

Der verstärkte Fuß zusammen mit dem pilzförmig verdickten Kopf hat zugleich der Schiene die beste Tragform gegeben. Stellt sie doch im Querschnitt nichts anderes dar als einen Doppel-T-Träger, wie man ihn zur Aufnahme schwerer Lasten überall verwendet. Wird ein solcher Träger, der an seinen Endpunkten unterstützt ist, in der Mitte belastet, so tritt eine Beanspruchung auf Durchbiegung ein. Denkt man sich nun, daß der Träger dieser Beanspruchung nachgibt, so werden die Fasern an seinem Kopf etwas zusammengedrückt, während die Fasern am Fuß gereckt werden. Zwischen der Stauchung und der Streckung muß notwendig ein Abschnitt liegen, in dem die Fasern weder gestreckt noch gestaucht werden, also unbeteiligt bleiben. Diese Erkenntnis hat dazu geführt, das Eisen am Kopf und Fuß der Träger in breiten Flanschen anzuhäufen und für die Mitte nur einen dünnen Steg auszubilden. Die Schiene wird, wenn man sich ein Rad in der Mitte eines auf zwei Schwellen aufruhenden Schienenstücks denkt, in gleicher Weise beansprucht, und darum ist auch für sie die Trägerform am zweckmäßigsten. Das Walzen dieser Breitfußschiene machte erst außerordentliche Mühe, gelang aber alsbald zur Zufriedenheit.

Im Jahre 1836 führte *Bignoles* die Breitfußschiene, freilich mit sehr niedrigem Steg, in England ein. In Deutschland ist sie bei dem späteren Ausbau der Strecke Leipzig – Dresden zum ersten Mal verlegt worden, und seit der Technikerversammlung des Vereins Deutscher Eienbahnverwaltungen im Jahre 1850 ist sie bei uns die allgemein gebräuchliche Schienenform.

Eine andere eigenartige Schienenart wurde, gleichfalls in Amerika, von *Strickland* erfunden. Es war die hohle, sogenannte Brückschiene, die in den verschiedensten Querschnittformen gleichfalls weite Verbreitung gefunden hat. Auch in Deutschland ist sie häufig angewendet worden und wohl auch heute noch hier und da zu finden.

Barlow entwickelte später aus der Brückschiene die Sattelschiene, welche die Ausgangsform für die Schwellenschienen wurde. Es ist dies eine Schienengattung, die ohne Schwellen in die Bettung verlegt werden kann, weil ihre Form ihr gestattet, die Aufgabe der Schwellen, nämlich die Übertragung der auftretenden Kräfte auf die Bettung, selbst zu übernehmen. Eine andere Form der Schwellenschiene ist die 1854 von *Adams* erdachte Trägerschiene.

In den sechziger Jahren des vorigen Jahrhunderts war schließlich die Anzahl der üblichen

Aus Steiner: »Geschichte des Verkehrs«.
47. Kohlenwagen zu Newcastle auf Langschwellen-Gleis
1765

Schienenformen verwirrend groß geworden. Jeder wählte nach Gutdünken die Gattung aus, welche ihm paßte, ohne sich recht darüber klar zu werden, welche Vorteile er dadurch erringen konnte. Schließlich aber setzten sich die Doppelkopf- und die Breitflußschiene so weit durch, daß sie heute auf der ganzen Erde fast alleinherrschend sind.

Nicht weniger wichtig als die Schiene ist für die Standfestigkeit und Dauerhaftigkeit eines Gleises die Form und Art der Unterlage, auf der die Schienen ruhen. Die Schwellen, wie die Einzelteile dieser Unterlage genannt werden, haben gleichfalls recht verschiedenartige Entwicklungsabschnitte durchgemacht.

Die Schwelle war, wenn man es recht betrachtet, früher vorhanden als das Gleis, denn bei den ersten Spurbahnen fuhren die Wagenräder, wie wir gesehen haben, auf

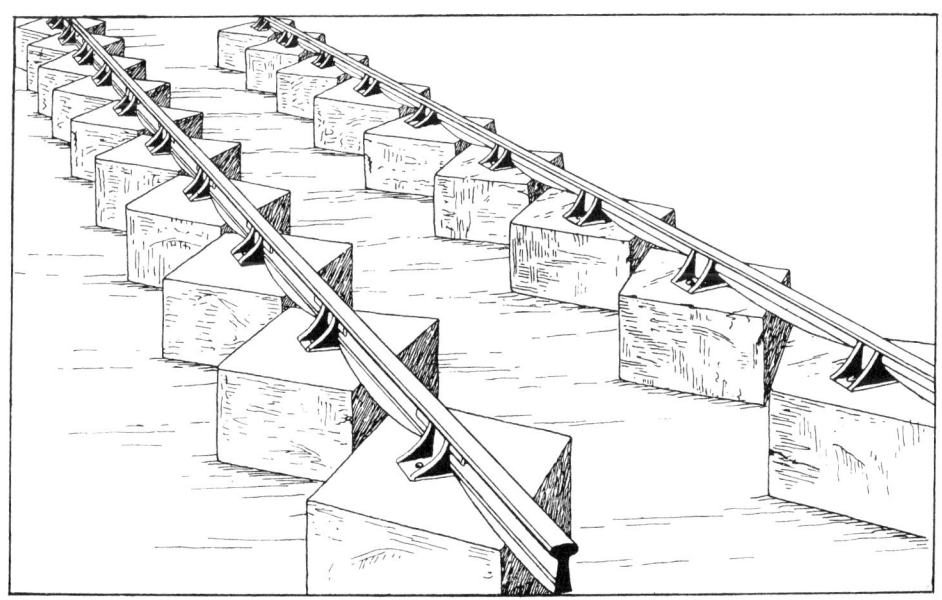

48. Gleis der Bahn Manchester –Liverpool
Verlegung auf Steinwürfeln. Die Bettung ist der besseren Übersicht wegen fortgelassen.

Nach Haarman: »Das Eisenbahngeleise«.
49. Rammpfähle als Schwellen
auf der Bahn Camden –Amboy in Amerika

Langschwellen. Daraus folgte, daß auch die ersten richtigen Schienen, die nur zur Erhöhung der Dauerhaftigkeit über die Holzspur gelegt wurden, auf Langschwellen ruhten. Die Schienen hatten so eine fortlaufende, ununterbrochene Unterlage, wie sie an nicht allzu wenigen Stellen noch heute üblich ist.

Den schärfsten Gegensatz zu den Langschwellen bilden die Einzelunterlagen aus Stein oder aus Holz. Auf Steinwürfeln ruhten die Schienen der Bahn Manchester – Liverpool und ebenso der Eisenpfad der ersten deutschen Eisenbahn von Nürnberg nach Fürth. Auch Holz ist einst in Form von eingerammten Pfählen als Einzelunterlage verwendet worden, so z.B. bei der Bahn von Camden nach Amboy in Amerika.

Doch beide Arten der Unterlage für die Schienen zeigten große Mängel. Die einzelnen Steinwürfel oder Holzpfähle veränderten allzu leicht ihre Lage gegeneinander, so daß die Spur nicht genau innegehalten wurde. Bei den Langschwellen zeigten sich bald große Schwierigkeiten bei der Entwässerung des Bettungsstücks, das zwischen den Schwellen lag. Notwendigerweise muß ja die Bahnbettung möglichst trocken gehalten werden, weshalb sie, wie wir später bei der Darstellung des neuzeitlichen Oberbaus hören werden, aus besonderen Stoffen hergestellt wird. Da die zusammenhängenden Langschwellen das auf die Bettung fallende Oberflächenwasser am seitlichen Fortfließen behindern, so bleibt der Boden zwischen ihnen sehr lange feucht, und rasches Verfaulen des Holzes ist die Folge. Wir haben ja schon gehört, daß man wegen dieses Verfaulens der Langschwellen durch Zufall auf den Querschwellenbau gekommen ist, der heute am weitesten verbreitet ist. Seit dem Jahre 1876 ist diese Bauform für die deutschen Bahnen als die beste erkannt und festgesetzt.

Die Holzquerschwellen hatten früher wechselnde Querschnittformen. So waren

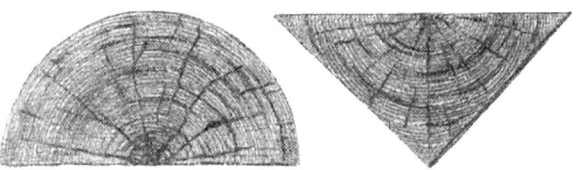

Nach Haarmann: »Das Eisenbahngeleise«.

50. Ältere Formen hölzerner Querschwellen

die halbrunde, die dreieckige und die trapezförmige Schwelle im Gebrauch. Heute wird ziemlich überall die rechteckige Form bevorzugt.

Als die Bahnen sich immer weiter ausbreiteten, kam der Augenblick, in dem man mit Schrecken überdachte, ob nicht der außerordentlich starke Verbrauch von Holz, den die immer weitergehende Vermehrung der Schwellen erforderte, allmählich alle Wälder auf der Erde aufzehren würde. Nach Haarmann heißt es in einer Besprechung dieser volkswirtschaftlichen Frage vom Jahre 1876:

»Den wundesten Punkt bildet der immer riesiger werdende Bedarf nach Eisenbahnschwellen. Hier kann man mit Recht fragen: ›Wo will das hinaus?‹ Auf der ganzen Erde wächst nur ein Bruchteil von dem Eichenholz hinzu, das alljährlich unter unsere Schienen gebettet wird, um dort trotz aller Präparierung in wenigen Jahrzehnten zu verfaulen. Es ist nur zu gewiß, daß die zweite, höchstens die dritte Generation, von uns an gerechnet, vor der Unmöglichkeit stehen wird, Bahnen mit Eichenschwellen zu bauen, und wenn man sie mit Gold aufwiegen wollte! Auch die Schwellen aus anderen Holzarten werden bei ihrer viel kürzeren Dauer immer teurer und seltener werden und zuletzt nicht mehr zu beschaffen sein.«

Diese schwarzseherische Voraussage ist nicht in Erfüllung gegangen, da der in der Tat sehr starke Holzbedarf der Eisenbahnen ziemlich in allen Ländern durch sogenannte Forstwirtschaft ausgeglichen wird. Dennoch blieb der Wunsch rege, Schwellen aus einem anderen Stoff benutzen zu können, und auch hierzu bot sich als selbstverständlich das Eisen an. Die Befürchtung, die man im Anfang hegte, daß man auf Geleisen mit Eisenschwellen härter fahren würde als auf solchen mit hölzernen Querschwellen und daß der Rost die eisernen Unterlagen zu schnell zerstören würde, haben sich als grundlos erwiesen.

Gußeiserne Schwellen freilich bewährten sich wegen ihrer leichten Zerbrechlichkeit ebensowenig wie das gußeiserne Gleis, und auch mit den ersten Formen der aus Schmiedeeisen gewalzten Schwellen erhielt man nicht sogleich gute Ergebnisse. Man dachte zuerst, daß es genüge, den Schwellen die Form der (Doppel-T-)Träger zu geben. Das war jedoch verfehlt, da die Hauptaufgabe der Schwelle nicht ist, die Schienen zu tragen, sondern vor allem, die Beanspruchung der Fahrbahn durch die Fahrzeuge möglichst vollständig auf die Bettung zu übertragen und sie dort zu verteilen. Diese Aufgabe erfüllte schon bis zu einem gewissen Grade die schmiedeiserne Schwelle von *Le Crenier* aus dem Jahre 1858, aber ihre Wandstärke war noch zu gering. Die beabsichtigte Wirkung trat erst vollständig ein, als man kräftige Schwellen walzte und sie mit Endverschlüssen versah, so daß ein bedeutender Teil der Bettung vollkommen von der trogförmigen Schwelle umschlossen wurde. Heute besteht die Eisenbahnschwelle vollberechtigt neben der Holzschwelle; beide haben Vorteile und Nachteile, aber keine der beiden Schwellenarten vermag die andere ganz zu verdrängen.

Die Befestigung der Schienen auf den Schwellen fand zu Beginn nur an den En-

51. *Erste Schwelle aus Schmiedeisen*
hergestellt von Le Crenier 1858

den der kurzen Schienenstücke statt. Erst als die schmiedeeisernen Schienen die Herstellung größerer Längen gestatteten, wurden auch dazwischenliegende Verbindungen mit den Schwellen hergestellt.

Zur Festhaltung der englischen Doppelkopfschiene war und ist noch heute das Aufschrauben eines besonderen Schienenstuhls notwendig, in dem die Schiene durch sehr kräftiges Eintreiben eines hölzernen Keils gehalten wird. Die Breitfußschiene wurde zunächst durch einfaches Eintreiben von Hakennägeln in die Schwelle festgehalten. Da jedoch die Nägel sich leicht lockerten, so gab man ihnen einen widerhakenähnlichen Ansatz, der beim Eintreiben des Nagels sich einen besonderen Weg in die Schwelle bahnte und so das Lockerwerden und Herausfallen des Nagels hinderte. Eine weit innigere Verbindung stellte dann die heute noch in gleicher Weise gebräuchliche Schienenschraube mit großem Kopf her.

Beim Befahren durch die Lokomotiven und Wagen werden die Schienen, besonders in den Krümmungen, auch durch seitliche Kräfte beansprucht, die sie nach außen umzukanten versuchen. Man ist dem schon frühzeitig dadurch entgegengetreten, daß man die Schienen über jeder Schwelle mittels eiserner Stangen verband, die durch Löcher in den Stegen gingen und dort verschraubt waren. Auch besondere Haltenasen, die von außen den Schienenkopf festhielten, wurden angewendet. Es stellte sich jedoch schließlich heraus, daß das beste Mittel zur Anwendung des Umkantens die Einschaltung von Unterlagsscheiben zwischen Schienenfuß und Schwelle sei.

Durch das ständige senkrechte Hin- und Herschwingen der Schienen unter dem rasch auftretenden und wieder verschwindenden Druck der Räder fraßen sich die Schienenfüße bald in die weichen Schwellen ein. Die Unterlagsplatte vergrößert nun die Auflagefläche zwischen Schiene und Schwelle sehr bedeutend, so daß das Einfressen geringer wird. Zugleich gestattet die Unterlagsplatte die Anbringung einer größeren Anzahl von Schrauben und Nägeln. Dadurch, daß man die Auflagefläche der Unterlagsplatte auf der Schienenseite nicht waagerecht macht, sondern sie nach außen hin schräg ansteigen läßt, bewirkt man zugleich eine nach innen geneigte Schräglage der Schienen. Diese ist vorteilhaft, weil hierdurch die stets etwas kegelförmig abgedrehten Radkränze, wenn sie seitlich auflaufen, immer wieder in die günstige Mittellage zurückgedrängt werden. Da der Schienenkopf in dieser Stellung nach außen zu immer etwas höher liegt als innen, so muß jedes Rad bei dem Versuch des seitlichen Auflaufens nach oben klettern, und die Schwerkraft zieht es dann sofort wieder zurück. Auch diese Schräglegung der Schienen ist heute wohl auf der ganzen Erde üblich. Näheres über die Unterlagsplatten ist in Abschnitt 13 zu finden.

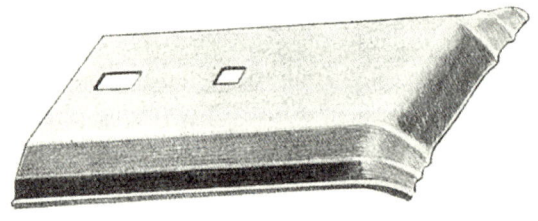

52. *Eisenschwelle neuzeitlicher Form*

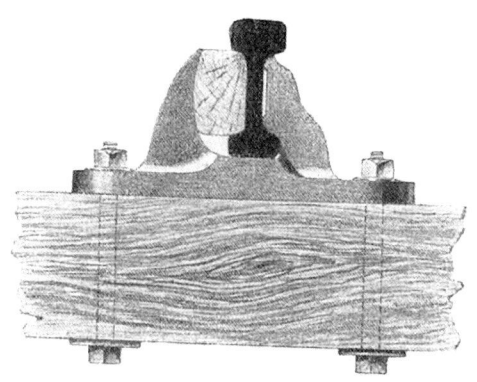

53. Englischer Schienenstuhl
zur Festhaltung der Doppelkopf-Schiene mittels
eingetriebenen Holzkeils

Dem Eisenbahnbau ist es im Laufe der Jahrzehnte gelungen, unerhörte Schwierigkeiten zu überwinden. Die viele tausend Kilogramm schweren Fahrzeuge rollen über unergründliche Moore hinweg, sie fliegen auf Brücken über grauenhafte Abgründe und haben sich einen Weg durch die mächtigsten Gebirgsstöcke gebahnt. Die Wüste und das Meer sind überwunden worden, aber ein Hindernis, das ganz bescheiden aussieht, hat bis zum heutigen Tag allen Bemühungen widerstanden, mit denen man versuchte, es unschädlich zu machen.

Wenn man noch jetzt auf der Eisenbahn durch ein lebhaftes Geräusch der fahrenden Züge und hier und da unter Erschütterungen leidet, so sind daran weder der Unterbau noch der Oberbau schuld, nicht die Schwellen und nicht die Schienen an sich verursachen diese Unannehmlichkeit, sondern ein Bauteil, im einzelnen von geringer Größe aber durch seine Vielfältigkeit von größter Bedeutung, ist der Unheilstifter. Wie ein Bazillus haust er im Bahnkörper und hat sich bis jetzt allen Austreibungsversuchen zu entziehen vermocht.

Die Schiene läßt sich auch auf der Walze nicht als endloses Band herstellen, und wenn dies möglich wäre, so müßte man sie trotzdem in verhältnismäßig kurzen Stücken anfertigen,

54. Hakennagel mit Speeransatz
zur Befestigung der ersten Breitfußschienen auf
Holzschwelle.

da jedes Gleis stark wechselnden Wärmegraden ausgesetzt ist. Hierbei verändert das Eisen fortwährend seine Länge, indem es sich bei Kälte zusammenzieht und bei Erwärmung wieder ausdehnt. Es ist notwendig, in gewissen, nicht allzu langen Abständen in die Geleise Lücken einzuschalten, die einen Ausgleich dieser Längenveränderungen gestatten. Der Schienenstoß ist also eine Notwendigkeit und wird es immer bleiben, solange Schienen ohne vollständige Einbettung daliegen.

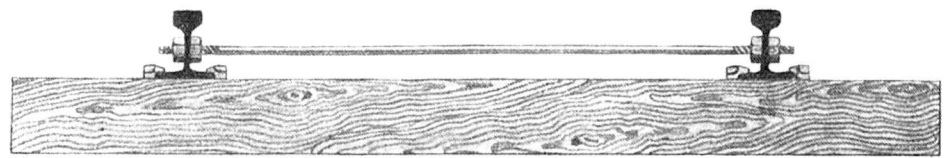

55. Spurstange
zur Sicherung der Schienen gegen Umkanten

87

Während die Räder über die Rücken der Schienen glatt hinweglaufen, erhalten sie jedesmal einen schweren Schlag, wenn sie am Stoß von einem Schienenstück auf das andere übergehen. Es ist wohl gelungen, hier einige Verbesserungen gegen die Anfangszeit zu schaffen, aber im Grunde wirkt der Stoß, wenn man die gesteigerte

56. Haltenase
zum Verhindern des Schienenumkantens

Geschwindigkeit in Betracht zieht, heute gerade noch so schädlich wie zu der Zeit, als Stephenson seine Strecken baute.

Über die Vorgänge, die sich am neuzeitlichen Schienenstoß vollziehen, wird gleichfalls in Abschnitt 13 Näheres mitgeteilt werden. Hier haben wir nur von der Entwicklung des Schienenstoßes bis in die Nähe seiner heutigen Form zu sprechen.

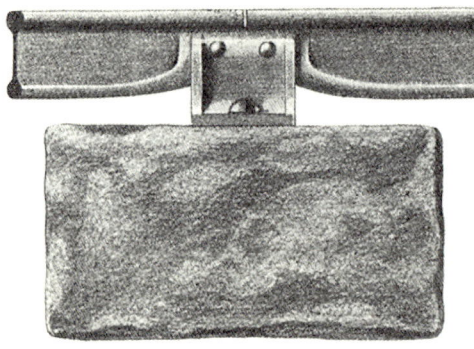

57. Älteste Stoßverbindung
Stoßstuhl mit besonderen Bolzen für jedes Schienenende

Die Reynoldsschen Gußbarren wurden mit je drei Nägeln auf die Längsbohlen genagelt. Eine besondere Berücksichtigung des Stoßes fand nicht statt. Jessops Pilzschienen hatten an den Enden Verbreiterungen zur Aufnahme der Befestigungsnägel. Eine Verbindung der Schienenstücke untereinander wurde auch hier nicht vorgenommen.

Um 1820 trifft man die ersten Stoßstühle an. Sie waren notwendig geworden, weil die Jessopschen Verbreiterungen sehr leicht abbrachen. Es schien darum besser, das Befestigungsmaterial von der Schiene selbst zu trennen. Man hielt die Schienen im Stuhl dadurch fest, daß durch jedes der beiden Schienenenden ein Bolzen gesteckt wurde.

Es stellte sich bald heraus, daß diese Befestigungsart sehr schädlich auf die Fahrzeuge einwirkte, welche über die Schienen rollten. Jedesmal wenn ein Rad von einem Schienenstück auf das andere überging, erhielt es einen schweren Stoß. Zusammen mit William Losh erfand George Stephenson 1816 den ersten Überblattungs-

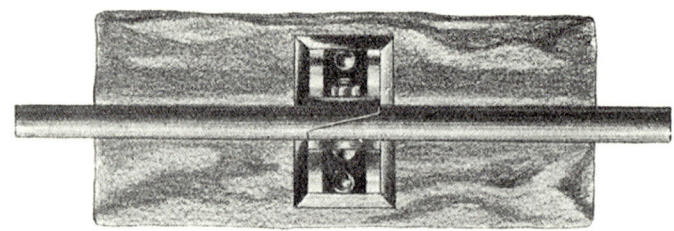

58. Überblattungsstoß
Die Schienenenden werden durch einen gemeinsamen Bolzen zusammengehalten

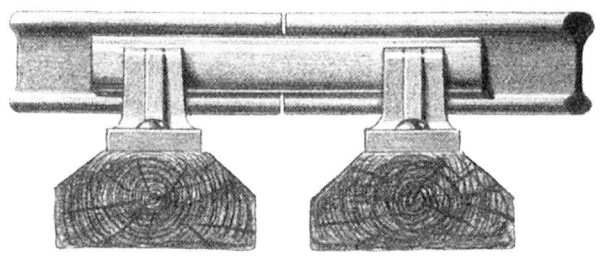

59. *Schwebender Stoß nach Bridges Adams*
Die Stoßfuge liegt zwischen den Schwellen. Die Laschen sind lose eingesetzt.

stoß. Hierbei stießen nun die Schienen nicht mehr stumpf zusammen, sondern die Enden waren in Z-Form ineinandergefügt und im Stuhl durch einen gemeinschaftlichen Bolzen befestigt. Hierdurch sollte ein gleichmäßigeres Sinken der beiden Schienenenden unter dem Raddruck herbeigeführt werden, was in der Tat auch bis zu einem gewissen Grad gelang. Für die Bahn Stockton – Darlington sind die Schienen, auch die aus Schmiedeisen, mit diesem Stoß verlegt worden.

Alle bis jetzt erwähnten Schienenendbefestigungen sind feste Stöße. Durch ihre

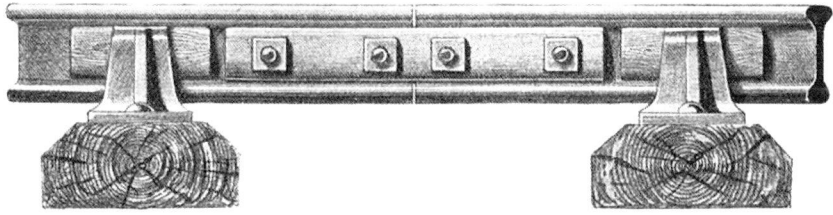

60. *Schwebender Stoß von Ashkroft*
mit verschraubten Laschen

unmittelbare Auflagerung auf den Schwellen wirken sie hart und unnachgiebig auf die Räder, hammerartig auf die Schwellen. Es war darum eine sehr bedeutende Verbesserung, als Bridges *Adams* im Jahre 1847 auf die Vorzüge des schwebenden Stoßes aufmerksam machte, der seitdem überall eingeführt worden ist. Der schwebende Stoß liegt zwischen den Schwellen. Die Schienenenden sind durch Laschen miteinander verbunden. Adams legte diese noch ohne besondere Befestigung in die Stühle ein. Aber schon 1850 verwendet *Ashkroft* Laschen, die durch je zwei Schraubenbolzen an den zusammenstoßenden Schienenstücken befestigt waren. Insbe-

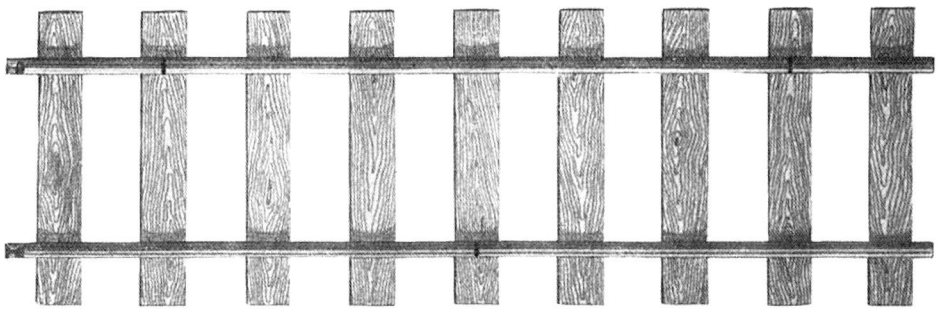

61. *Wechselstoß*
Die Stoßfugen liegen im Gleis nicht einander gegenüber

Aufgenommen im Königlichen Verkehrs- und Bau-Museum zu Berlin
62. Knüppelweiche in hölzernem Gleis
Weichen dieser Art sind heute noch in siebenbürgischen Bergwerken in Gebrauch

sondere nachdem die Schienen eine solche Form erhalten hatten, daß die Lasche als feste Stütze zwischen den scharf unterschnittenen Kopf und Fuß geklemmt werden konnte, bürgerte sich dieser verlaschte Schienenstoß überall ein, und er ist auch als die Grundform für die Bauart unseres heutigen Schienenstoßes anzusehen.

Wichtig ist noch die Lage der Stöße in den Schienen eines Gleises zueinander. Man kann die Stöße winkelrecht einander gegenüberlegen, oder man kann sie gegeneinander versetzen. Im ersten Fall spricht man vom Gleichstoß, die zweite Anordnung nennt man Wechselstoß.

Beim Wechselstoß schlagen die beiden Räder einer Achse nicht zu gleicher Zeit gegen die Schienenköpfe; aber dieser Vorzug ist doch sehr rasch als gering erkannt worden gegenüber dem Nachteil, daß für das Gefühl der Fahrgäste in den Wagen die Zahl der Stöße sich verdoppelt. So hat der Wechselstoß auf der geraden Strecke nur wenig Anwendung gefunden. In Deutschland ist er niemals üblich gewesen. In Krümmungen hat man ihn früher öfter eingebaut, da bei solcher Schienenlage der vollkommene Gleichstoß nicht ohne weiteres zu erzielen ist. Im Bogen ist ja die äußere Schiene länger als die innere. Heute ist bei uns auch im gekrümmten Gleis der Gleichstoß überall vorgeschrieben, die Unterschiede in den Schienenlängen werden vor jedem Stoß durch Ausgleichschienen behoben.

Die feste Führung der Fahrzeuge auf den Spurbahnen macht es notwendig, besondere Einrichtungen vorzusehen, damit man die Züge von einem Gleis auf das andere überführen kann. Wir nennen diese Einrichtungen Weichen.

Eine der ältesten Weichen-Bauarten wird noch heute auf der Apostelgrube Brad in Siebenbürgen verwendet. Eine solche Weiche ist in der ausgezeichneten Schienensammlung des Königlichen Verkehrs- und Baumuseums in Berlin ausgestellt. Diese Sammlung, die ein unvergleichliches lebendiges Bild von der Entwicklung des Gleises gibt, ist dem Museum von dem verstorbenen Generaldirektor des Georg-Marien-Bergwerks- und Hüttenvereins in Osnabrück, *Haarmann*, gestiftet worden, der sie mit außerordentlichem Fleiß allmählich zusammengebracht hat. Haarmann ist auch der Verfasser des großen Werks »Das Eisenbahngeleise«, einer umfassenden geschichtlichen Darstellung des Gegenstands, dessen Darlegungen hier größtenteils gefolgt wurde.

Die Brader Weiche hat nur ein einziges bewegliches Stück, in dem die beiden wichtigsten Teile der Weiche, die Zunge und das Herzstück, zusammengefaßt sind. Die Weichenzunge hat die Aufgabe, das Rad des über sie rollenden Fahrzeugs auf die Abzweigung hinüberzudrücken, indem sie den Spurkranz zur Seite zwingt. Das Herzstück ist diejenige Stelle des Gleises, in der die dem abzweigenden Strang näher liegende Schiene des geraden Strangs von der darüber laufenden des abzweigenden Strangs geschnitten wird. An diesem Punkt muß notwendigerweise eine Unterbrechung des Gleises stattfinden, damit die Spurkränze der Räder hindurchlaufen können. Die Brader Weiche, die für ein Gleis von nur 40 Zentimetern Spurweite bestimmt ist und eine sehr scharfe Krümmung hat, ist so kurz, daß der Drehpunkt der Weichenzunge zugleich das Herzstück bildet, was im eigentlichen Eisenbahngleis niemals vorkommt. Die Zunge ist nichts weiter als ein Holzknüppel, der mit dem Fuß verschoben werden kann.

Schon bei den Weichen, die von Stephenson auf der Bahnstrecke Stockton – Darlington angewendet wurden, finden wir eine Ausgestaltung, die sich den heute üblichen Bauarten sehr stark nähert. Zungenteil und Herzstück sind selbstverständlich getrennt, da auf Lokomotivbahnen ganz scharfe Knicke niemals angewendet werden konnten, und es findet sich bereits eine Zunge an jeder der beiden Schienen, was unserer heutigen Zweizungenweiche entspricht.

Bei manchen der ersten Eisenbahnen, z. B. auch bei der im Jahre 1835 eröffneten Linie Brüssel – Mecheln war die sogenannte Schleppweiche im Gebrauch. Ihre Bauart, die auf Bild 64 zu erkennen ist, erlaubt eine sehr einfache Ausgestaltung. Sie hat jedoch den schweren Nachteil, daß jedes Fahrzeug, welches aus dem Strang kommt, für den die Weiche nicht gestellt ist, notwendig entgleisen muß. Wegen dieser Gefahr, die sie bieten, ist die Anwendung von Schleppweichen bei uns jetzt verboten.

Eine ältere Bauart, die wir heute gleichfalls nicht mehr kennen, ist die Radlenkerweiche (Bild 65). Bei dieser waren zwei miteinander verbundene Zwangsschienenstücke innerhalb des Gleises beweglich. Das heranrollende Rad lief, je nach der Stellung der Weiche, gegen die Seitenfläche der einen oder der anderen Zwangsschiene und wurde so entweder auf das gerade oder auf das abzweigende Gleis hinübergedrückt – ein Vorgang, den man sich bei unseren heutigen Schnellzügen nicht ohne Beängstigung vorstellen kann.

Dasjenige Bahnmaß, welches den größten Einfluß auf die Gestaltung der feststehenden und beweglichen Eisenbahnbauten ausübt, ist die Spurweite, das heißt der Abstand der Schienen eines Gleises, gemessen von Innenkante zu Innenkante des Kopfs. Von ihr sind die Ausmaße des Unterbaus und die zulässigen Krümmungen ebenso abhängig wie die Breiten der Wagen und Lokomotiven. Um so eigenartiger ist es, daß die heute vorherrschende sogenannte Regelspur ohne rechte Überlegung mehr zufällig entstanden ist. Man kann dem blinden Schicksal, das hier obwaltete, kein Loblied singen. Wenn es denkbar wäre, die Spurweite der Bahnen heute noch zu ändern, so würde man zum mindesten für die Hauptbahnen einen breiteren Schienenabstand wählen. Insbesondere die Lokomotivbauer werden durch den geringen Raum, der ihnen in der Breite zur Verfügung steht, fortwährend in ihren Entwürfen behindert. Es fällt ihnen immer schwerer, neue Bauteile auf der Lokomotive unterzubringen.

Nachdem im achtzehnten Jahrhundert bei den mit Pferden betriebenen Kohlenbahnen Spurweiten von einem halben Meter und weniger üblich gewesen, wurde für die im Jahre 1800 eröffnete Merthyr-Tydvil-Bahn in England ein Spur von 5 Fuß = 1,524 Meter gewählt; dieses Maß bedeutet hier den Abstand der Innenflächen, der an den Currschen Winkelschienen außen angeordneten Spurräder. Es wurde mit Rücksicht auf die Radabstände der in Nordengland damals gebräuchlichen Stras-

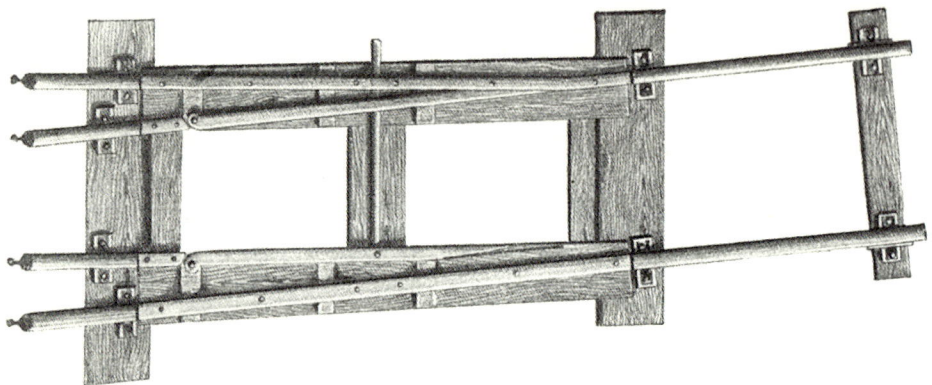

Nach Haarmann: »Das Eisenbahngeleise«
63. Älteste Zweizungen-Weiche
benutzt auf der Bahn Stockton –Darlington

senfuhrwerke gewählt, denen die Möglichkeit gegeben werden sollte, die Bahn zu benutzen. Der Betrieb auf der Strecke mit dieser Spur muß sich wohl als recht günstig erwiesen haben, denn der gleiche Schienenabstand wurde beibehalten, als durch die Einführung der Jessopschen Pilzschiene Wagen mit Spurkranzrädern notwendig wurden, so daß ein Befahren der Geleise durch Straßenfuhrwerk nicht mehr möglich war. Stephenson wendete bei seinen ersten mit Lokomotiven befahrenen Bahnen die gleiche Spurweite an, deren Maß, das jetzt nicht mehr zwischen außen angeordneten Spurrädern, sondern zwischen Schieneninnenkanten anzulegen ist, 4 Fuß 6 Zoll = 1,372 Meter betrug. Als der Meister sich dann aber später beim Bau seiner Lokomotiven in der Fabrik zu Newcastle in dem Raum zur Unterbringung der Dampfzylinder sehr beengt sah, erweiterte er, nach Haarmann, die Spur der von ihm zu erbauenden Bahnen, so auch bereits bei der Strecke Stockton – Darlington, um 21/2 Zoll. Auf diese Weise entstand die heutige Regelspur von 4 Fuß 81/2 Zoll = 1,435 Meter. Ihre Ausbreitung von England über viele andere Länder, zu denen auch

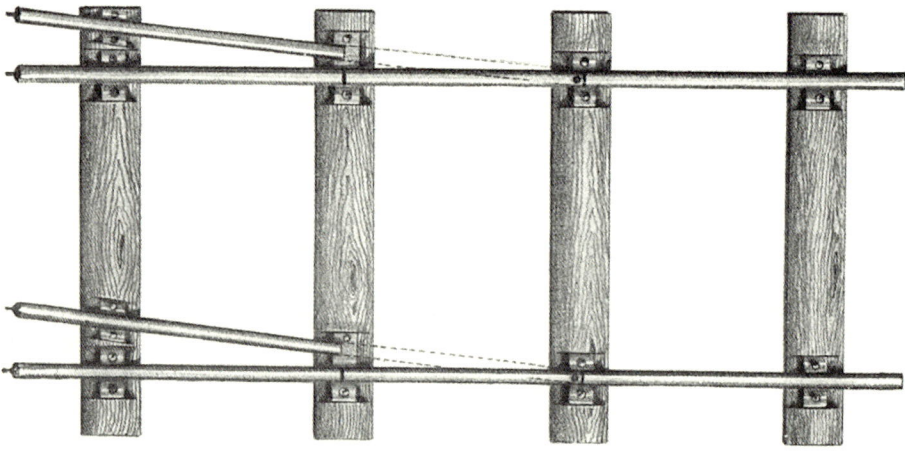

64. Schleppweiche
Ältere, sehr einfache aber betriebsgefährliche Weichenform, deren Anwendung in Deutschland verboten ist.

Deutschland gehörte, geschah dadurch, daß in der Anfangszeit des Eisenbahnbaus fast sämtliche Lokomotiven aus Newcastle bezogen wurden.

Ganz ohne Kampf aber konnte sich die Regelspur doch nicht durchsetzen. Der berühmte Erbauer des ersten Tunnels unter der Themse, Isambart Kingdom Brunel, befürwortete im Jahr 1833 bei der Erbauung der Großen Westbahn dringend eine größere Spurweite, weil er hoffte, daß man auf dem breiteren Gleis mit den hierauf möglichen geräumigeren Lokomotivkesseln eine höhere Geschwindigkeit würde erreichen können. Stephenson sprach sich in einem Gutachten dagegen aus. Dennoch wurde die Große Westbahn mit einer Spur von 7 Fuß = 2,135 Meter angelegt.

Diesem Beispiel folgten drei andere Bahnen in England und Irland. Und bald griff das böse Beispiel so weit um sich, daß, nach Launhardt, schließlich in Großbritannien 70 verschiedene Spurweiten vorhanden waren. Die Abmessungen bewegten sich zwischen der 59 Zentimeter breiten Spur der Bahn von Festiniog nach Port Madoc und der Spur von 2,135 Meter auf der Großen Westbahn. Es wurde schließlich notwendig, dem immer fühlbarer werdenden Übel durch die Gesetzgebung ein Ende zu machen. Der Spur-Ausschuß der Parlaments setzte fest, daß in England und Schottland keine Bahn mehr mit einer anderen als der Regelspur gebaut werden dürfe. Jede Gesellschaft, die eine andere Spurweite anwende, habe eine Strafe von 125 Mark für jeden Kilometer und für jeden Tag ihres Bestehens zu bezahlen. Ja, der Staat

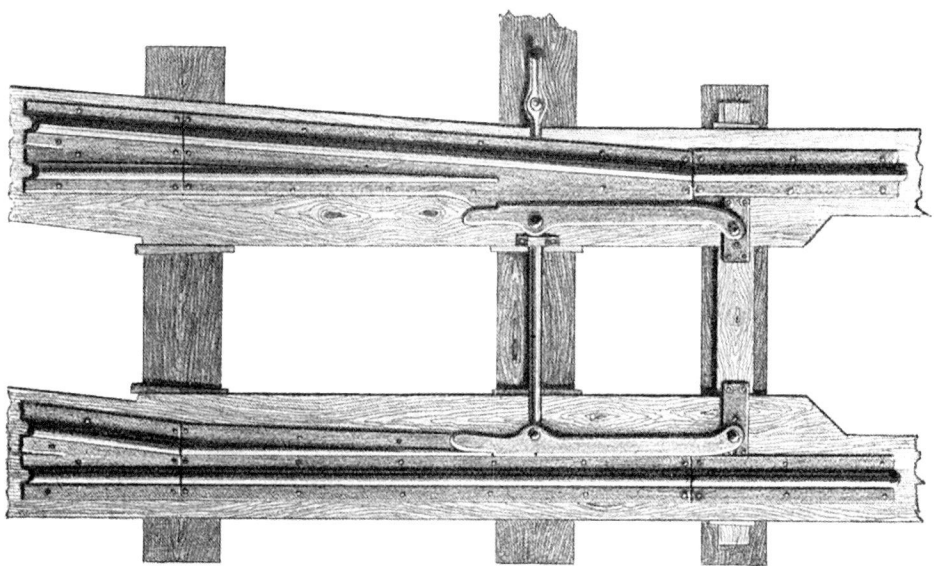

Nach Haarmann: »Das Eisenbahngeleise«

65. Radlenker-Weiche
mit verschiebbaren Zwangstücken für die Räder

erhielt das Recht, solche Eisenbahnen einfach beseitigen zu lassen. Für die Insel Irland wurde die Spur von 1,6 Meter vorgeschrieben, wie sie dort noch heute besteht.

Seltsamerweise durfte aber die Große Westbahn ihre breitere Spur noch beibehalten. Sie sah sich zwar schließlich genötigt, eine dritte Schiene zur Ermöglichung des Durchgangsverkehrs einzulegen, beseitigte jedoch die letzte Breitspurstrecke erst im Jahre 1892.

In Amerika versuchte man gleichfalls hier und da die Breitspur. Sie hatte dort jedoch keinen großen Erfolg. Überall wurde der breitere Schienenabstand bald wieder zur Regelspur umgebaut. Im Jahre 1871 brachte eine kanadische Bahn das recht amerikanische Kunststück fertig, ihre 547 Kilometer lange Strecke durch ein Arbeiterheer von 2720 Mann an einem einzigen Tag umzulegen.

Deutschland blieb von dem Kampf der Spurweiten glücklicherweise fast völlig verschont. Die badischen Bahnen, die Anfang der dreißiger Jahre ein Spurmaß von 1,8 Meter hatten, fügten sich bald dem üblichen ein.

Breitspur haben heute in Europa nur die Bahnen in Rußland (1,524 Meter) und in Spanien und Portugal (1,676 Meter).

Bei der Entwicklung des Eisenbahngleises ist von den Ingenieuren kühne und rasche Arbeit geleistet worden. Mit Fleiß und Ausdauer wurde immer von neuem versucht, die vorhandenen Fehler zu beseitigen, jeder neue Gedanke ward erprobt und, wenn er irgend brauchbar war, ausgestaltet. Trotz alledem ist die eigentümliche Tatsache zu beobachten, daß der an sich so einfache technische Gegenstand, den das Eisenbahngleis darstellt, noch heute, nach mehr als neun Jahrzehnten der Entwicklung, von der Vollkommenheit sehr weit entfernt ist. Eigentlich probt und bastelt man an den verschiedenen Bauarten heute noch geradeso herum wie zu Stephensons Lebzeiten.

Das Gleis ist ja eigentlich nichts anderes als ein Brücke mit sehr engen Jochen. Während aber bei den großen, weit gespannten Brücken über Flüsse und Täler vollkommen zufriedenstellende Festigkeitsergebnisse erreicht sind, ist das bei der Gleisbrücke nicht der Fall. Der Grund liegt darin, daß die Kräfte, durch welche die Brückenpfeiler beansprucht werden, der Berechnung verhältnismäßig leicht zugänglich sind. Das Gleis aber liegt nicht fest auf seiner Unterlage, sondern in nachgiebiger Bettung; die Joche erhalten an den Schienenstößen fortwährend furchtbare Schläge, deren Kraft man nicht kennt, so daß hier immer wieder nur die nackte Erfahrung maßgeblich ist. Die Hoffnung, zu einer endgültigen Form des Eisenbahngleises zu gelangen, ist auch heute noch sehr gering. Das hat aber nicht den ungeheuren Fortschritt verhindert, den das Stellen der Fahrzeuge auf die eiserne Bahn der Menschheit gebracht hat.

6. Eisenbahnfrühling in Deutschland

Unser Vaterland war in seiner Gestaltung nach den Freiheitskriegen nicht dazu geeignet, eine so neue und großartige Einrichtung, wie Stephenson sie geschaffen hatte, rasch aufzunehmen und bei sich zu entwickeln. Ein Großgewerbe gab es damals in deutschen Landen überhaupt noch nicht; der Ackerbau war vorherrschend.

Niemals hatte die Kleinstaaterei in üppigerer Blüte gestanden. Jeder der kleinen und kleinsten Ländchen schloß sich gegen das andere ab, wollte sich großtun, wollte ein Mittelpunkt sein. Gegen alle Vernunft und selbst gegen den eigenen Nutzen wurde in jedem Ländle ein Verkehrsschwerpunkt hochgezüchtet, der eigentlich gar keiner war, und durch diese künstliche Stauung konnte ein natürliches Fließen der Verkehrsgegenstände überhaupt nicht eintreten.

Zu dieser Mißgestalt des wirtschaftlichen Lebens gesellten sich die kümmerlichen politischen Zustände. Es war die Zeit des schärfsten Rückschritts in Deutschland. Der Geist Metternichs und der Heiligen Allianz erdrückte jede freiheitliche Regung. Die Regierungen waren ängstlich darum besorgt, das Selbstherrschertum gegen das immer dringendere Begehren des Volks nach Mitwirkung bei der Lenkung des Staats zu schützen, und sie wandten sich voller Scheu von jeder frischen Neuerung ab, weil der damals herrschende Geist nur in dumpfen Stuben zu gedeihen vermochte.

Der Eisenbahngedanke aber bedarf, um sich entwickeln zu können, eines weiten Wirkungsfelds, einer großen, geschlossenen Wirtschaftsgemeinschaft und zukunftsfreudiger Seelen. So ist es denn kein Wunder, daß die Anlage der ersten Schienenwege in Deutschland ohne rechten Plan erfolgte und daß die einzelnen Glieder vorerst gar keinen Zusammenhang miteinander hatten. Ganz ließ sich trotz der redlichen Bemühungen aller rückschrittlich Gesinnten die große neue Erfindung nicht fernhalten. Denn auch in dem damaligen Deutschland lebten Männer, die im Innersten ihres Herzens fühlten, daß durch die Einführung des neuen Verkehrsmittels eine große, vaterländische Aufgabe zu lösen war.

Zwei Gestalten insbesondere sind es, die aus der damaligen Zeit bis heute hinüberleuchten. Friedrich *Harkort* und Friedrich List. Sie sind die Begründer der deutschen Eisenbahnen.

Mit tiefer Achtung, ja ehrfurchtsvoll werden die Namen der beiden Männer heute bei uns ausgesprochen. Aber zu der Zeit, als sie gegen unerhörte Widerwärtigkeiten und rücksichtslose Angriffe wirkten, ward ihnen nur wenig Vertrauen entgegengebracht. Beider Lebensschicksale sind erschütternd. Der eine, Harkort, sah wohl, als er in hohem Alter starb, Deutschland schon von Eisenbahnlinien erfüllt, aber keine einzige der Strecken ist schließlich durch seine Einwirkung entstanden. List gar schied als ein Verkannter, Verdammter durch eigene Entschließung aus dem Leben. Der endlich hervorbrechende volle Strom des deutschen Eisenbahnverkehrs ging über die beiden Männer hinweg, deren Lebensarbeit es gewesen war, die hindernden Felsblöcke aus seinem Bett hinwegzuräumen.

Im Eröffnungsjahr der Stockton-Darlington-Bahn, im März 1825, erschien in der westfälischen Zeitung »Hermann« ein Aufsatz, der zum ersten Mal die deutsche Öffentlichkeit auf die Bedeutung der Eisenbahnen aufmerksam machte. Sein Verfasser war Friedrich Harkort. Der Aufsatz hatte folgenden Wortlaut:

Eisenbahnen (Railroads).

»Durch die rasche und wohlfeile Fortschaffung der Güter wird der Wohlstand eines Landes bedeutend vermehrt, welches Kanäle, schiffbare Ströme und gute Landstraßen hinlänglich bewähren.«

»Der Staat sollte aus diesem Grunde die Weggelder nicht als eine Finanzquelle betrachten, sondern nur die Kosten einer vorzüglichen Unterhaltung erheben.«

»Größere Vortheile wie die bisherigen Mittel scheinen Eisenbahnen zu bieten.«

»In England sind bereits zu diesem Behuf über 150 Millionen Preuß. Thaler gezeichnet: ein Beweis, daß die Unternehmungen die öffentliche Meinung in einem hohen Grade für sich haben.«

»Auch in Deutschland fängt man an, über dergleichen Dinge wenigstens zu reden, und folgende Bemerkungen liefern vielleicht einige Beiträge dazu.«

»Meine Absicht ist nicht, in die Einzelheiten der Sache einzudringen; vorläufig genügen wohl einige allgemeine Umrisse.«

»Die westliche Eisenbahn von London nach Falmouth wird eine Länge von 400 engl. Meilen erhalten.«

»Von Manchester nach Liverpool ist eine neue Eisenbahn von 32 engl. Meilen in Vorschlag gebracht, obgleich eine Wasserverbindung vorhanden.«

»Versuche, welche deshalb in Killingworth angestellt wurden, ergaben, daß eine Maschine von 8 Pferde Kraft ein Gewicht von 48 Tonnen mit einer Geschwindigkeit von 7 Meilen pro Stunde auf einer Ebene bewegte.«

»Denken wir uns nun eine solche Fläche von Elberfeld nach Düsseldorf, so würden 1000 Zentner in 21/2 Stunden von einem Orte zum andern geschafft werden, mit einem Kohlenaufwande von 5 Scheffel für die Reise.«

»Eine Maschine von 8 Pferde Kraft würde innerhalb 3 Stunden 1000 Scheffel Kohlen von Steele nach dem Rheine schaffen, das heißt die Ruhrschiffahrts-Cassa völlig aufs Trockene setzen.«

»Die sämtlichen Ruhr-Zechen erhielten durch eine Eisenbahn den unschätzbaren Vortheil eines raschen, regelmäßigen Absatzes unter großen Frachtersparungen.«

»Innerhalb 10 Stunden könnten 1000 Zentner von Duisburg nach Arnheim geschafft werden; die Beurtschiffer liegen allein 8 Tage in Ladung.«

»Man macht vielleicht den Einwand, daß nur selten eine Ebene sich ausmitteln läßt. Dagegen erwidere ich, daß zwar nach Verhältnis des Steigens mehr Kraft erforderlich ist oder die Geschwindigkeit abnimmt, die Rückfahrt indessen um so viel rascher vonstatten geht und die mittlere Geschwindigkeit bleibt.«

»Die größte Neigung des Weges zu Killingworth war 1 Fuß in 840 und das höchste Steigen 1 in 327.«

»Die Eisenbahnen werden manche Revolutionen in der Handelswelt hervorbringen. Man verbinde Elberfeld, Köln und Duisburg mit Bremen oder Emden, und Holland's Zölle sind nicht mehr!«

»Die Rheinisch-Westindische Compagnie darf Elberfeld als einen Hafen betrachten, sobald der Zentner für 10 Silbergroschen binnen 2 Tagen an Bord des Seeschiffes in Bremen zu legen ist.«

»Zu diesem Preise ist es für die Holländer unmöglich, selbst vermittelst Dampfbooten, die Güter zu übernehmen.«

»Wie glänzend würden die Gewerbe von Rheinland-Westfalen bei einer solchen Verbindung mit dem Meere sich gestalten!«

»Möge auch im Vaterlande bald die Zeit kommen, wo der Triumphwagen des

Gewerbefleißes mit rauchenden Kolossen bespannt ist und dem Gemeinsinne die Wege bahnet!«

Diese Darlegungen erregten großes Aufsehen, aber die Schwerfälligkeit des deutschen öffentlichen Lebens sorgte dafür, daß sie nicht sogleich greifbare Folgen nach sich zogen.

Der Mann, der hier als Vorkämpfer des neuen Verkehrsmittels auftritt, Friedrich Wilhelm Harkort, war am 22. Februar 1793 auf dem väterlichen Hof Harkorten in der Grafschaft Mark, unweit Hagen, geboren. Er entstammte einem alten Geschlecht, das schon viele Menschenalter hindurch auf eigenem Boden gesessen hatte und in ganz Westfalen ein großes Ansehen besaß.

Zwischen Hagen und Schwelm erstreckt sich die alte Enneper Straße, die schon Ernst Moritz Arndt im Auge hatte, als er von der Stätte sprach, »wo der Märker Eisen reckt«. Dort, wo heute ein Fabrikhaus neben dem andern liegt, standen damals in kurzen Zwischenräumen die Häuschen der Eisenschmiede. Reckhämmer nannte man die ungefügen Schläger, durch deren Aufpochen das Eisen in seinem inneren Gefüge verbessert und in rohe Form gebracht wurde. Die Wasserkraft des Ennepe-Flusses, der in die Ruhr fällt, war es, die jene Hämmer in Bewegung setzte. Hier ist die Wiege des mächtigen rheinisch-westfälischen, ja des deutschen Großgewerbes.

Auch der Vater Friedrichs, Johann Caspar Harkort, betrieb zusammen mit seinem Bruder vier Hammerwerke an der Enneper Straße. So kamen die »Harkorter Jungens« – Friedrich hatte noch sechs Brüder – schon früh mit dem Handwerk in Berührung.

Friedrich, der als ein schöner, kraftvoll gebauter Jüngling geschildert wird, machte als Leutnant die Feldzüge von 1814 und 15 mit. Er wurde hierbei mehrfach verwundet, so auch in der Schlacht bei Ligny. Des öfteren hatte er Gelegenheit, sich als einer der Tapfersten zu erweisen.

Als nach Napoleons Sturz die Heere aufgelöst worden waren, begann rasch jene Zeit der Unterdrückung aller politischen Freiheiten. Auch Friedrich Harkort litt schwer darunter und beteiligte sich durch Wort und Schrift mit großer Tatkraft an dem Kampf. Aber ebensosehr lag es ihm am Herzen, das gewerbliche Leben in Deutschland zu erwecken. Er kannte die Erfolge der Engländer auf dem Gebiet der Eisenindustrie, die ihnen insbesondere durch die Ausnutzung der neuen Wattschen Dampfmaschine möglich geworden waren. Harkort meinte, daß man es bei genügendem Eifer den Engländern in Deutschland wohl nachtun könnte.

So gründete er auf der alten Burg Wetter an der Ruhr im Jahre 1818 eine Maschinenfabrik. Es ist die Lehrstätte der deutschen Maschinenbauer geworden. Schon 1820 war die erste in Wetter gebaute Fördermaschine in Tätigkeit. Die Bezirke von Elberfeld und Barmen, in denen heute so viele Tausende von Rädern sich drehen, erhielten, nach dem Schilderer von Harkorts Leben, Berger, die ersten Dampfmaschinen gleichfalls aus Wetter. Im Jahre 1822 erklärte Beuth, die Harkortsche Fabrik gehöre »unter die merkwürdigsten und bewunderswerten Anstalten in Deutschland«. Die Maschinen, die dort erzeugt wurden, seien vollkommen und könnten sich den besten englischen an die Seite stellen. Auch die Einführung des für die Eisenaufbereitung so wichtigen Buddelverfahrens in Deutschland ist Harkorts Werk. So kann man es verstehen, daß in Westfalen das Sprichwort umging: »Fritz Harkort macht uns das Bett, und wir andern legen uns hinein«.

Das Vertrauen seiner Mitbürger berief später den kühn schaffenden Mann in die

Preußische Nationalversammlung von 1848. Er hat dem Norddeutschen und auch noch dem ersten Deutschen Reichstag angehört.

Es ist ganz selbstverständlich, daß ein Mann solcher Art die in seiner Umgebung bestehenden Verkehrsübelstände scharf empfinden mußte. Harkort sah, wie die Holländer, welche sich seit dem Wiener Kongreß im Besitz der Rheinmündungen befanden, den deutschen Überseehandel gewaltsam niederhielten, indem sie unmäßig hohe Ausgangszölle erhoben. In seinem Aufsatz im »Hermann« betonte er darum, daß eine Verbindung der Rheinnebenflüsse mit der Ems oder der Weser durch eine Eisenbahn die Möglichkeit schaffen würde, beim Ausgang der Handelsschiffe ins Meer Holland ganz zu vermeiden und Bremen oder Emden an die Stelle von Rotterdam zu setzen.

Bei dem schlechten Zustand der damaligen Landstraßen waren ja die Flüsse die einzigen verhältnismäßig bequemen Verkehrswege, die zur Verfügung standen. Vorläufig konnte noch nicht weiter gedacht werden, als die Eisenbahn nur zur Überbrückung solcher Gebiete zu benutzen, die nicht von einem schiffbaren Wasserlauf durchzogen wurden. Harkort erhoffte insbesondere viel von der Errichtung einer Eisenbahn zwischen Minden an der Weser und Lippstadt an der Lippe, einem Nebenfluß des Rheins, durch die ein Güteraustausch zwischen den beiden großen voneinander getrennten Flutznetzen möglich werden sollte.

Obgleich das Nützliche dieses Gedankens jedem einleuchten mußte, und obwohl, wie schon angedeutet, der Aufsatz Harkorts im »Hermann« viel beachtet wurde, fand er doch keinen Widerklang in den Kreisen, die dem Werk wirklich hätten förderlich sein können. Mit Recht wies, wie Berger mitteilt, eine Zuschrift im »Hermann« auf die für die damalige Zeit geltende Wahrheit hin, »daß in unserem Vaterland nützliche Erfindungen gewöhnlich erst dann in Anwendung gebracht werden, wenn uns das Ausland den besten Teil der Vorteile, die dadurch zu erreichen gewesen sein würden, vorweggenommen hat«.

Aber Harkort war von der Bedeutung der Eisenbahnen so fest überzeugt, daß er sich nicht mit Worten allein begnügte. Er schritt, seiner ganzen Natur entsprechend, sogleich zu einer Tat. Im Jahre 1826 erbaute er im Garten der Museumsgesellschaft zu Elberfeld eine Probebahnstrecke. Leider wählte er hierfür nicht die in England bereits vielfältig bewährte Bauart der zweischienigen Standbahn, sondern benutzte als Vorbild eine von Palmer ersonnene, etwas seltsame Bahngattung. Es wurden Baumstämme in die Erde gerammt, hierüber eine hoch über dem Boden schwebende Schiene befestigt und die Wagen zu beiden Seiten an darüber gelegte Querstangen gehängt. Es war also eine Art Schwebebahn, wenn auch ganz verschieden von der heute gerade in Elberfeld benutzten Bauart.

Große Erfolge ließen sich mit einer solchen Bahnstrecke nicht erzielen. Dennoch wurde allen, die den Bau sahen, klar, daß man wirklich auf einer eisernen Schiene Gefährte weit leichter fortbewegen könne als auf der Straße, und darauf kam es Harkort an. Die Art des Antriebs schien ihm gleichgültig. In jener Zeit war die Lokomotive noch nicht viel mehr als ein fremdartiges Tier. Der Begriff »Eisenbahn« bedeutete nichts weiter als einen Schienenweg, auf dem Wagen durch irgendein Zugmittel, meistens durch Pferde, fortbewegt wurden.

Es tauchte alsbald die Absicht auf, von Steele an der Ruhr eine Eisenbahn nach Elberfeld zu bauen, um die Ruhrkohle leichter dorthin schaffen zu können. Aber ehe noch der Antrag zur Genehmigung dieser Bahnstrecke bei der Staatsregierung gestellt war, erwachten auch in Westfalen jene Geister, die wir schon in England beim Auftauchen der ersten Eisenbahnentwürfe bei ihrer neuerungsfeindlichen

Tätigkeit gesehen haben. Es ertönte das gleiche Geschrei wie jenseits des Kanals: daß die Einnahmen aus den Landstraßengeldern zum Schaden der Allgemeinheit fortfallen, daß die Kohlenfuhrleute wie die Wagenbauer zugrunde gehen müßten, wenn der Staat derartige unsinnige Unternehmungen begünstigte.

Die mit lauter Stimme vorgebrachten Einwendungen hatten Erfolg, und am 31. Oktober 1826 wurde den Antragstellern in der Tat die Genehmigung zur Ausführung der Strecke versagt. Es ist das die erste Äußerung der preußischen Staatsregierung zur Eisenbahnfrage. Die Ergebnislosigkeit dieses ersten Vorstoßes ist vielleicht nicht so sehr zu bedauern, da die von Harkort erkorene Einschienenbahn kaum zu günstiger Entwicklung hätte gelangen können. Er ging denn auch bald von dieser Bauart ab.

Indessen mehrte sich der Unwille gegen die Willkürherrschaft der Holländer an den Rheinmündungen weiter. Immer größere Kreise erkannten die Wichtigkeit einer Eisenbahnverbindung zwischen Weser und Lippe, das heißt unter Benutzung der Ruhr mit dem Rhein. Man lenkte die Aufmerksamkeit des weitblickenden preußischen Finanzministers von Motz darauf, und dieser griff den Gedanken mit Lebhaftigkeit auf. Im Jahre 1828 schrieb er in dem Hauptverwaltungsbericht, den er dem König erstattete:

»Noch wichtiger (nämlich als der Ausbau der großen schlesischen Landstraße) ist es – womöglich mit einer Eisenbahn von Minden bis Lippstadt und damit zugleich einer Verbindung auf der schiffbaren Lippe mit dem Rhein – eine ganz neue gewisse Richtung für den Verkehr von Bremen nach dem westlichen und südlichen Deutschland innerhalb der eigenen Grenze Ew. Königlichen Majestät Staaten hervorzurufen.«

Mit den letzten Worten deutete Motz darauf hin, daß die Eisenbahn nicht nur die Umgehung Hollands bringen, sondern auch einen ganz in Preußen verlaufenden Verkehrsweg von der See nach Süddeutschland erschließen würde, auf dem man Hannover und Kurhessen, also das »Ausland« vermeiden könnte, was bei Benutzung der Flußläufe nicht möglich war.

Trotzdem geschah auch jetzt nichts von seiten des Staats zur Förderung der Angelegenheit. Da der allgewaltige Finanzminister sich für die Förderung des Eisenbahngedankens ausgesprochen hatte, so standen diesem nun allerdings die Beamten in Westfalen nicht mehr so feindlich gegenüber wie vorher. Auch die Holländer bekamen einen heilsamen Schreck und ermäßigten ihre Zölle. So hat hier die Eisenbahn schon allein in gedanklicher Form verkehrsfördernd gewirkt.

Immerhin wurden in den nächsten Jahren bereits ein paar kleine Schienenwege für Pferdebetrieb in Westfalen gebaut, von denen der wichtigste die Prinz-Wilhelm-Eisenbahn von Steele nach Vohwinkel war. Zu ihrer Errichtung war auf Harkorts Veranlassung ein Aktienverein gebildet worden, die erste Eisenbahngesellschaft in Deutschland. Der damalige Generalgouverneur von Rheinland-Westfalen, Prinz Wilhelm, der spätere deutsche Kaiser, besichtigte die Bahnstrecke im Jahre 1831 und gab die Erlaubnis, ihr seinen Namen beizulegen.

Die Kunde von dem Lokomotivwettbewerb zu Rainhill erregte bald darauf alle fortschrittlichen Geister in Deutschland. Immer klarer traten der Nutzen und die große Bedeutung der Eisenbahnen hervor. Harkort bewirkte, daß der Westfälische Provinziallandtag die Ausführung der Bahnstrecke Minden – Lippstadt zur Versorgung des Wuppertals mit Ruhrkohle beschloß und zwar als eine Anlage, die von den Provinziallandständen mit staatlicher Beihilfe gebaut werden sollte. Es ist bemerkenswert, daß in diesem Beschluß ausgedrückt wurde, die Bahn solle »einer

Chaussee gleichen, welche ein jeder unter Wahrnehmung allgemeiner Polizeivor-schriften gegen Erlegung des Wegegelds befahren könne«. Man war also auch hier der Meinung, daß einheitlicher Betrieb auf einer Bahnstrecke nicht unbedingt not-wendig sei. Es wurde eine Bittschrift an den König aufgesetzt, die in der Hauptsa-che von Harkort verfaßt war und mit den Worten schloß:

»Ew. Majestät gnädige Gesinnungen lassen uns hoffen, daß ein so großartiges und für unsere Provinz so rühmliches und nützliches Unternehmen durch Aller-höchstdero Huld auf das baldigste ins Leben gerufen werden möge.«

Diese Hoffnung sollte jedoch nicht in Erfüllung gehen. Die Eingabe des Landtags blieb zunächst einmal 11/2 Jahre lang unbeantwortet. Dann erging im Juli 1832 der Bescheid, daß die Regierung »einer zu gründenden Aktiengesellschaft möglichstes Entgegenkommen bezeugen wolle, daß sie sich auch zur Übernahme von Aktien verstehen werde, aber weiter zu gehen, sei nicht angemessen, weil das jetzige Kom-munikationsbedürfnis durch die Chaussee gesichert sei und die künftige kom-merzielle Wichtigkeit der Anlage auf unsicheren Voraussetzungen beruhe«. Da die Regierung hiermit ausgedrückt hatte, daß sie Eisenbahnen für überflüssig und nicht entwicklungsfähig halte, so wurde trotz der in dem Bescheid gewährten Zu-geständnisse die Entwicklung durch diese Antwort weiter verzögert.

Noch einmal entschloß sich Friedrich Harkort zu einem Vorstoß. Im Jahre 1833 veröffentliche er seine Schrift »Die Eisenbahn von Minden nach Köln«, die also, nachdem der Lippstädter Plan gescheitert war, für eine größere Linie unmittelbar zum Rhein eintrat. Wie klar sein Blick in die Zukunft schaute, beweisen die Wor-te, die er in dieser Schritt über die militärische Bedeutung der Eisenbahnen äußer-te:

»Die Kunst der Feldherren neuerer Zeit besteht darin, rasch große Streitmassen nach einem Punkte zu bewegen.«

»Während ein preußisches Korps sich von Magdeburg auf Minden oder Kassel begibt, erreicht in derselben Zeit ein französisches Heer von Straßburg aus Mainz, von Metz aus Coblenz, von Brüssel aus Aachen; wir verlieren also zehn Tagemär-sche, welche oft einen Feldzug entscheiden.«

»Diesen Nachteil würde die Eisenbahn heben, indem 150 Wagen eine ganze Bri-gade in einem Tage von Minden nach Köln schafften, wo die Leute wohl ausgeruht mit Munition und Gepäck einträfen.« – –

»Denken wir uns eine Eisenbahn mit Telegraphen auf dem rechten Rheinufer von Mainz nach Wesel. Ein Rheinübergang der Franzosen dürfte dann kaum mög-lich sein, denn bevor der Angriff sich entwickelte, wäre eine stärkere Verteidigung an Ort und Stelle.«

»Dergleichen Dinge klingen jetzt so seltsam, allein im Schoße der Zeiten schlummert der Keim so großer Entwicklung der Eisenbahnen, daß wir die Resul-tate nicht zu ahnen vermögen!«

Der Westfälische Provinziallandtag entschloß sich von neuem zu einem Ge-nehmigungsgesuch bei der Regierung. Aber schon im Rheinischen Landtag dachte man anders über die Angelegenheit. Dort sagte der Abgeordnete Schuchart:

»Aber, meine Herren, mir schaudert vor der furchtbaren Umwälzung, wenn ich mir denke, daß Deutschland, mit den schönsten Kunststraßen übersät, nach al-len Richtungen mit guten Verbindungswegen versehen, plötzlich mit einer Eisen-bahn durchschnitten werden sollte!«

Dieser Meinung schloß sich das preußische Ministerium an, indem es erklärte, die gewünschte Zinssicherung für die Bahn nicht gewähren zu können, da es die

Gelder vorschriftsmäßig nur »zum allgemeinen Besten« verwenden dürfe, hier aber – bei einer so bedeutenden Eisenbahnstrecke! – kein öffentliches, sondern nur ein örtliches Interesse vorliege.

Damit enden die Bemühungen, Westfalen zum Ursprungsbezirk des deutschen Eisenbahnnetzes zu machen. Harkort hörte, durch eigene Sorgen, durch die Tätigkeit für seine Maschinenfabrik und anderes in Anspruch genommen, fortab auf, weiter für seinen Lieblingsgedanken zu kämpfen. Im Jahre 1835 klagte er einem Freund:

»Heute sind es zehn Jahre geworden, als ich im ›Hermann‹ zum ersten Mal über Eisenbahnen schrieb. Großes hätte man in Preußen erreichen, alles mit einem Schlag voranbringen können, wenn die Sache damals energisch angegriffen würde. Stattdessen ist nichts geschehen; wir haben noch nicht eine Meile Bahn, und unsere Nachbarn, das junge Belgien voraus, schöpfen das Fett von der Suppe. Pfui über unsere unüberwindliche deutsche Schlafmützigkeit!«

Der Mißerfolg seines Lebenswerks hat Friedrich Harkort nicht das Herz gebrochen. In der allgemeinen Politik blieb er weiter tätig. Daß er so getrost im öffentlichen Leben fortwirken konnte, nachdem in späteren Jahren in Westfalen eine Eisenbahnstrecke nach der andern ohne sein Zutun gebaut wurde, erklärt sich vielleicht aus einem Ausspruch, den er über sich selbst getan hat: »Mich hat die Natur zum Anregen geschaffen, nicht zum Ausbeuten; das muß ich anderen überlassen!« Seine Tätigkeit als Anreger bleibt denn auch in der Geschichte der deutschen Eisenbahnen unvergessen. Sicherlich wären die tatsächlichen Anfänge, die an anderen Stellen erfolgten, ohne sein Wirken erst weit später zutage getreten.

Friedrich Harkort ist, 87 Jahre alt, im Jahre 1880 auf seinem Gut Hombruch bei Dortmund gestorben.

Vor dem ersten »Anreger« Harkort hat es in Deutschland noch einen allerersten gegeben. Es war dies der bayerische Oberbergrat Ritter Joseph von *Baader*, der schon im Jahre 1814 darauf hingewiesen hatte, daß die benachbarte Lage der Städte Nürnberg und Fürth sowie der rege Personenverkehr zwischen den beiden Orten die Anlage eines Schienengleises als notwendig erscheinen lasse. Obgleich nun Baader, im Gegensatz zu Harkort, nicht in einen Kampf für seinen Gedanken eintrat, sollte er doch dessen Verwirklichung sehn. An der Stelle, auf die Baader aufmerksam gemacht hatte, wurde die erste Lokomotiv-Eisenbahnstrecke in Deutschland eröffnet. Allerdings war die Linie nicht sehr bedeutend, denn sie hatte nur eine Länge von sechs Kilometern.

Der unmittelbare Urheber des Eisenbahnbaus war der Nürnberger Bürger Johannes *Scharrer*, der neunzehn Jahre nach dem Vorschlag Baaders mit großer Tatkraft daran ging, eine Schienenverbindung zwischen den Nachbarorten zu schaffen. Vom 20. Januar 1833 ab wurde, um die nötigen Anhaltspunkte zu schaffen, vierzig Tage lang eine Zählung der Fußgänger, Wagen und Reiter veranstaltet, die sich auf der Landstraße zwischen Nürnberg und Fürth bewegten. Es stellte sich heraus, daß durchschnittlich 1720 Personen täglich den Weg zwischen den beiden Städten zurücklegten. Das schien genügend, um ein Bahnunternehmen mit der Hoffnung auf guten Erfolg zu begründen. An eine Güterbeförderung wurde überhaupt nicht gedacht, und sie ist auch erst in späterer Zeit aufgenommen worden.

Am 14. Mai 1833 erschien die Aufforderung zur Zeichnung des Aktienkapitals von 132 000 Florin = 224 000 Mark. Es wurde in Aussicht gestellt, daß jeder Aktienbesitzer zwölf vom Hundert an Zinsen erhalten sollte. Trotzdem nahm man die Aufforderung keineswegs mit Begeisterung auf. Es dauerte ein paar Monate, bis die erforderliche Summe beisammen war. Die bayerische Staatsregierung stellte sich dem Unternehmen zwar nicht entgegen, aber sie tat auch herzlich wenig zu seiner Förderung. Der Staat übernahm nur zwei Aktien zu je 100 Florien; es kostete die leitenden Männer sogar noch einige Mühe, diese kleine Summe wirklich aus der Staatskasse zu erhalten. Als endlich doch das Geld in der gewünschten Höhe beisammen war, gestattete König Ludwig I., daß das Eisenbahnunternehmen seinen Namen erhielt.

An Feinden hat es auch der Ludwigs-Bahn nicht gefehlt. Die Zöpfe wackelten auch in Bayern gewaltig ob dieser Neuerung, und selbst die hohe Wissenschaft glaubte, sich der neuen Verkehrsgattung entgegenstellen zu sollen, obgleich doch schon seit Jahren öffentliche Bahnen in England bestanden, ohne daß die Welt deswegen aus den Fugen gegangen oder die Erde entvölkert worden wäre. In der Werdezeit der Nürnberg-Fürther Bahn war es, als das bayerische Obermedizinalkollegium sein kulturgeschichtlich unvergeßliches Gutachten abgab:

»Die schnelle Bewegung muß bei den Reisenden unfehlbar eine Gehirnkrankheit, eine besondere Art des *delirium furiosum* erzeugen. Wollen aber dennoch Reisende dieser gräßlichen Gefahr trotzen, so muß der Staat wenigstens die Zuschauer schützen, denn sonst verfallen diese beim Anblick des schnell dahinfahrenden Dampfwagens genau derselben Gehirnkrankheit. Es ist daher notwendig, die Bahnstrecke auf beiden Seiten mit einem hohen, dichten Bretterzaun einzulassen.«

Am 18. November 1833 wurde dennoch die Gesellschaft der Ludwigs-Eisenbahn im Rathaussaal zu Nürnberg gegründet. 207 Aktienbesitzer waren zugegen. Man nahm sogleich die Aussicht, einen oder zwei Dampfwagen zu bestellen, aber in der Hauptsache sollte der Betrieb durch Pferde vollzogen werden. »Nebst der Kostenersparnis«, so hieß es in dem erstatteten Bericht, »würde hieraus noch der Vorteil hervorgehen, daß die Fahrt auch zur Nachtzeit im Winter stattfinden könnte (warum?), und daß auch diejenigen Personen für die Bahn gewonnen werden, welche aus Besorgnis oder Furcht bei der Dampffahrt zurückblieben, jedenfalls würde dadurch unsere Unternehmung an Sicherheit und an Rente bedeutend gewinnen.«

Nachdem alle Vorbedingungen glücklich erfüllt waren, hieß es nun, den Baumeister für die Strecke zu bestellen. Man wandte sich an Herrn von Baader, aber dieser hatte vielerlei Bedenken und erklärte endlich, »er getraue sich's nicht.« Da den leitenden Männern in ganz Deutschland kein Ingenieur bekannt war, so wandte man sich an Stephenson nach Newcastle und war gerade im Begriff, für schweres Geld einen englischen Bauleiter kommen zu lassen, als Scharrer durch Zufall mit dem bayerischen Bezirksingenieur Paul *Denis* bekannt wurde. Dieser hatte auf seinen Reisen in England und Amerika den Eisenbahnbau gründlich kennen gelernt und erklärte sich sofort bereit, die Ausführung zu übernehmen.

Mit der Wahl dieses ersten Eisenbahningenieurs in Deutschland tat die Verwaltung der Ludwigs-Eisenbahn einen vorzüglichen Griff. Nach kurzer Zeit hatte Denis bereits alle Pläne aufgestellt, und nach einer Bauzeit von nur neun Monaten lag die Bahn fertig da.

Sämtliche Teile des Oberbaus stammten aus deutschen Fabriken. Aber das war nur deshalb der Fall, weil die bayerische Regierung durchaus nicht den Eingangszoll für englische Schienen erlassen wollte, wie es die Bahngesellschaft gewünscht hatte. Man hätte gar zu gern die Schienenbestellung nach England vergeben, da man zu den deutschen Fabriken gar kein Vertrauen hatte. Trotzdem gelang es der Firma Remy & Cons. in Raffelstein bei Neuwied, die Schienen zu vollster Zufriedenheit herzustellen.

Für den Oberbau hatte man die Bahnlinien Stockton – Darlington und Manche-

66. Das Gleis der ersten deutschen Eisenbahn Nürnberg–Fürth
Querschnitt durch Schienen, Steinschwellen und Bettung; rechts eine Bettungsstampfe

ster – Liverpool zum Vorbild genommen. Die Schienen ruhten auf steinernen Pfosten, die durch ringsum gestampfte Steine von Faustgröße im Boden gehalten wurden. Auf den Steinschwellen waren, dem englischen Vorbild entsprechend, gußeiserne Stühle mit Hilfe von eisernen Nägeln in Holzdübeln befestigt und in diese die Schienen mit Keilen festgeklemmt. Mit Rücksicht auf den Pferdebetrieb hatte man den Raum zwischen den Schienen gepflastert. Ein Stück der Bahn war jedoch auch auf Holzquerschwellen verlegt.

Daß die Lokomotive aus Newcastle bezogen werden mußte, war selbstverständlich. Sie leistete etwa 15 Pferdestärken und kostete 24 000 Mark. Man taufte sie auf den stolzen Namen »Adler«. Zur Bedienung der Maschine war ein Mechaniker aus England mit hinübergekommen, der alsbald sehr berühmte erste Lokomotivführer in Deutschland *Wilson*. Auf allen Bildern, welche die Nürnberg-Fürther-Bahn in ih-

rer Anfangszeit darstellen, sieht man ihn mit der steifen Haltung des Stockengländers auf der Lokomotive stehen. Er muß jedoch ein sehr tüchtiger Mensch gewesen ein, denn in einer der ersten Generalversammlungen erklärte ein Mitglied der Bahnleitung, daß man sehr zufrieden wäre, einen so brauchbaren Mann gefunden zu haben, der sehr nützlich sei, »obgleich es mit Schwierigkeiten und Kosten verbunden wäre, von seiner Gegenwart den besten Nutzen zu ziehen, da er kein Wort Deutsch spräche«. Die Wichtigkeit dieses mit dem geheimnisvollen Bau der Lokomotive vertrauten Manns drückte sich auch dadurch aus, daß er ein Gehalt von 2250 Mark bezog, während der Leiter der Bahngesellschaft selbst nur ein Einkommen von 1360 Mark hatte.

Bevor die Ludwigs-Eisenbahn

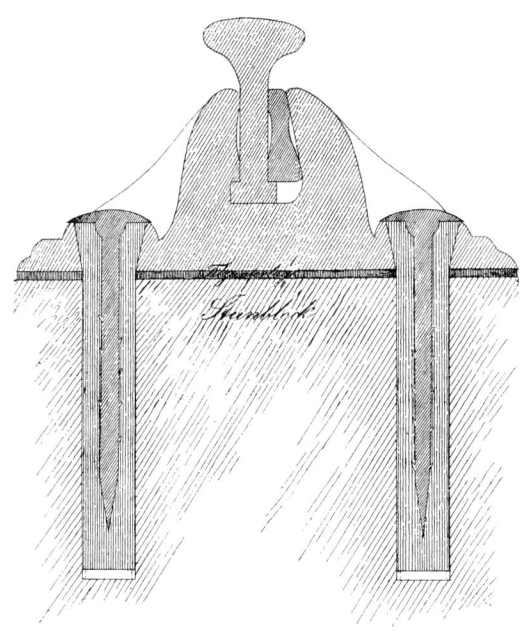

67. Schienenbefestigung auf der ersten deutschen Eisenbahn
Eiserner Schienenstuhl mit Nägeln, Dübeln und Filz-Unterlage auf Steinschwelle

eröffnet wurde, hatte der Vorstand der Gesellschaft noch Gelegenheit, der Einweihung der Strecke Brüssel – Mecheln beizuwohnen, wofür eine Einladung der belgischen Regierung nach Nürnberg gelangt war. Am 5. Mai 1835 begannen die Fahrten auf dieser Strecke, welche die erste Lokomotivbahn auf dem europäischen Festland war. Am 7. Dezember desselben Jahrs wurde dann die Linie Nürnberg – Fürth eröffnet.

Die Betriebsmittel waren zu Beginn eine Lokomotive und elf Pferde. Es herrschte auch durchaus der Pferdebetrieb vor; im ersten Jahr kamen auf je drei Lokomotivfahrten immer acht Pferdefahrten.

Das Unternehmen entwickelte sich sogleich sehr günstig. In der Generalver-

68. »Der Adler«, Lokomotive der ersten deutschen Eisenbahn
erbaut in Stephensons Lokomotiv-Fabrik zu Newcastle

sammlung von 1836, also nach einjährigem Betrieb, konnte Scharrer die erfreuliche Mitteilung machen, daß von der Bahn 450 000 Personen befördert worden und 102 000 Mark eingenommen worden wären. Mit besonderer Freude betonte Scharrer, daß sich kein einziger Unfall ereignet hätte. Auch das Gleis liege ausgezeichnet, und es sei fast noch keine Schienenauswechslung notwendig gewesen. Stephensons Dampfwagen aber sei ein Meisterstück; er habe während des ganzen Jahrs mit Ausnahme eines einzigen Tags ununterbrochen im Betrieb gestanden. Scharrer fügte hinzu:

»Die Wirkung unserer Anstalt beschränkt sich nicht bloß auf die so wichtige Beförderung des Erwerbsverkehrs der zwei hierin so innig verwandten Städte; sie ist auch ein neues schönes Glied in der Kette des geselligen Lebens, ein erfreulicher Vereinigungspunkt aller Klassen und Stände, ein wohlfeiles Mittel des Vergnügens und der Erholung, eine Wohltat für die zahlreichen Boten und Lastenträger, welche ehedem in glühender Hitze oder Kälte auf den Wegen ihre Kräfte erschöpften und nun Gelegenheit haben, mit wenigen Kosten ihre Kräfte und Gesundheit zu schonen und einen reicheren Erwerb zu gewinnen.«

Die weitere Voraussage Scharrers, daß das Unternehmen alle Aussicht habe, sich günstig fortzuentwickeln, ist in Erfüllung gegangen. Keine Wirklichkeit geworden aber ist ein anderes, kühnes Bild, das dem gern ins Hohe und Große aufsteigende

Geist dieses Manns vorschwebte. Er meinte, die Ludwigs-Eisenbahn werde dereinst ein Teil des Landverkehrswegs von England nach Ostindien sein, »weil sie einen Bestandteil der großen Kommunikationslinie bilde, welche den europäischen Kontinent von Westen nach Osten durchschneidet und an die Küsten Asiens führt«. Seltsamerweise ist vielmehr die Ludwigs-Eisenbahn bis zum heutigen Tag eine vereinsamte kleine Strecke geblieben. Sie hat niemals auch nur den Anschluß an das bayerische Eisenbahnnetz gefunden. Die große Schnellzugstrecke München – Nürnberg – Berlin, die auch Fürth berührt, hat sich einen neuen besonderen Schienenweg geschaffen. Die Ludwigs-Eisenbahngesellschaft besteht noch jetzt selbständig fort, und sie betreibt nach wie vor nichts weiter als die sechs Kilometer lange Strecke zwischen Nürnberg und Fürth.

Die Bedeutung, die erste Lokomotiveisenbahn in Deutschland gewesen zu sein, bleibt der kleinen Strecke trotzdem erhalten. Wie stark die Gemüter damals durch das Ereignis der Bahneröffnung bewegt wurden, zeigt am besten ein Bericht des »Stuttgarter Morgenblatts«, der hier, nach Vogtländers Quellenbüchern, wiedergegeben sei:

»Am 7. Dezember morgens um neun Uhr fand die feierliche Eröffnung der Ludwigs-Eisenbahn zwischen Nürnberg und Fürth auf dem eingehegten Platze statt, welcher zu dem Verwaltungslokal der Eisenbahngesellschaft gehört.«

»Die freudigste und nicht zu erschöpfende Aufmerksamkeit widmete man dem Dampfwagen selbst, an welchem jeder so viel Ungewöhnliches, Rätselhaftes zu bemerken hat, den aber in seiner speziellen Struktur nach äußerem Ansehen selbst ein Kenner nicht zu enträtseln vermag.«

»Auf den Achsen von Vorder- und Hinterrädern wie ein anderer Wagen ruhend, hat er mitten zwischen diesen zwei größere Räder, und diese sind es, welche von der Maschine eigentlich in Bewegung gesetzt werden (Die Treibräder). Wie? läßt sich zwar ahnen, aber nicht sehen.«

»Zwischen den Vorderrädern erhebt sich, wie aus einem verschlossenen Rauchfang, eine Säule von ungefähr 15 Fuß Höhe, aus welcher der Dampf sich entladet. Zwischen den Vorder- und Mittelrädern erstreckt sich ein gewaltiger Zylinder nach den Hinterrädern, wo der Herd und Dampfkessel sich befindet, welcher von einem zweiten, vierrädrigen angehängten Wagen aus mit Wasser gespeist wird. Dieser hintere Wagen nämlich, auf welchem der Platz für das Brennmaterial ist, hat auch einen Wasserbehälter, aus welchem Schläuche das Wasser in die Kanäle des eigentlichen Dampfwagens leiten. Außerdem bemerkt man eine Anzahl von Röhren, Hähnen, Schrauben, Ventilen, Federn, die alle wahrzunehmen mehr Zeit erfordert, als uns vergönnt war.«

»Überdies nahm das ruhige, umsichtige Zutrauen erweckende Benehmen des englischen Wagenlenkers uns ebenso in Anspruch. Wer möchte in einem solchen Mann nicht den ganzen Unterschied der modernen und der alten, wie der mittleren Zeit personifiziert erblicken! Jedes körperliche Geschick, welches gleichwohl nicht fehlen darf, tritt bei ihm in den Hintergrund, in den Dienst der verständigen Beachtung auch des Kleinsten, als eines für das Ganze wichtigen. Jede Schaufel Steinkohlen, die er nachlegte, brachte er mit Erwägung des rechten Maßes, des rechten Zeitpunktes, der gehörigen Verteilung auf den Herd. Keinen Augenblick müßig, auf alles achtend, die Minute berechnend, da er den Wagen in Bewegung zu setzen habe, erschien er als der regierende Geist der Maschine und der in ihr zu der ungeheuren Kraftwirkung vereinigten Elemente.«

»Als der Dampf sich stark zu entwickeln begann, regnete es aus der sich augenblicklich bildenden Wolke durch die etwas rauhe Morgenluft auf uns herab; ja, der Gegensatz der glühenden Dämpfe und der Atmosphäre machte, daß zugleich ein Hagelstaub niederfiel.«

»Als darauf auch der nach einer Heideloffschen Zeichnung gefertigte, sehr einfache Denkstein mit der einfachen Inschrift: »Deutschlands erste Eisenbahn mit Dampfkraft. 1835« enthüllt war, wurde Sr. Maj. dem König ein Lebehoch gebracht. – Hierauf begann die erste Fahrt in den mit Fahnen geschmückten Wagen; ein Kanonenschuß verkündete den Abgang des ersten Zuges. Alle neun Wagen waren angefüllt und mochten etwa 200 Personen fassen.«

»Der Wagenlenker ließ die Kraft des Dampfes nach und nach in Wirksamkeit treten. Aus dem Schlot fuhren nun die Dampfwolken in gewaltigen Stößen, die sich mit dem schnaubenden Ausatmen eines riesenhaften antediluvianischen Stieres vergleichen lassen. Die Wagen waren dicht aneinandergekettet und fingen an, sich langsam zu bewegen; bald aber wiederholten sich die Ausatmungen des Schlotes immer schneller, und die Wagen rollten dahin, daß sie in wenigen Augenblicken den Augen der Nachschauenden entschwunden waren. Auch die Dampfwolke, welche lange noch den Weg, den jene genommen, bezeichnete, sank immer tiefer, bis sie auf dem Boden zu ruhen schien; die erste Festfahrt war in neun Minuten vollendet, und somit eine Strecke von 20 000 Fuß (6 Kilometer) zurückgelegt.«

»Die Fahrt wurde an diesem Tage noch zweimal wiederholt. Das zweite Mal bin auch ich mitgefahren, und ich kann versichern, daß die Bewegung durchaus angenehm, ja wohltuend ist. Wer zum Schwindel geneigt ist, muß es freilich vermeiden, die vorüberfliegenden, nähergelegenen Gegenstände ins Auge zu fassen.«

»Es war eine unvergeßliche Menschenmenge vorhanden, und sie jauchzte und jubelte zum Teil den Vorüberfahrenden zu; in der Tat, es gewährt der Anblick des vorüberdrängenden Wagenzuges fast ein größeres Vergnügen als das Selbstfahren. Wenigstens drängt sich uns das Gefühl der gewaltigen, wundersam wirkenden Kraft bei jenem Anblick weit mehr auf; es imponiert, wenn man den Wagenzug mit seinen 200 Personen wie von selbst, wenn auch nicht pfeilgeschwind, doch gegen alle bisherige Erfahrung schnell, unaufhaltsam heran-, vorüber- und in die Ferne dringen sieht.«

»Das Schnauben und Qualmen des ausgestoßenen Dampfes, der sich sogleich als Wolke in die Höhe zieht, verfehlt auch seine Wirkung nicht. Pferde auf der nahen Chaussee sind daher beim Herannahen des Ungetüms scheu geworden, Kinder haben zu weinen angefangen, und manche Menschen, die nicht alle zu den ungebildeten gerechnet werden dürfen, haben ein leises Beben nicht unterdrücken können. Ja, es möchte wohl keiner, der nicht völlig phantasielos ist, ganz ruhigen Gemütes und ohne Staunen beim ersten Anblick des wunderwürdigen Phänomens geblieben sein.«

Nach dem Wandgemälde von Professor Heinrich Heim im Treppenhaus des Deutschen Museums zu München

69. Eröffnung der ersten deutschen Eisenbahnstrecke Nürnberg –Fürth am 7. Dezember 1835

Bürgermeister Binder bringt das Hoch aus, Direktor Scharrer spricht mit dem Regierungsvertreter, Regierungspräsidenten von Stichauer (in Uniform). Hinter ihnen der Erbauer der Strecke, Denis. Auf der Lokomotive der englische Führer Wilson

7. Ein Märtyrer

Nun war der Augenblick gekommen, da der deutsche Eisenbahnfrühling in die fruchtbringende Zeit übergehen konnte. Doch der freundlichere Sonnenganz, der fortab auf die schienenreifen Gefilde unseres Landes herniederstrahlte, ward verdüstert durch den Schatten eines Menschenschicksals, dessen Träger zu leuchtenden Taten berufen war, aber im Dunkeln enden sollte.

Deutschland hatte das Glück, daß der erste Denker auf der Erde, welcher ein wahres und tiefes Verständnis für die umfassende Wirkung und weitgreifende Bedeutung der Eisenbahn hatte, auf seinem Boden geboren wurde und wirkte. Während in allen anderen Ländern, selbst in England, immer noch planlos Linien von nur örtlicher Bedeutung ins Leben gerufen wurden, hat jener Mann als erster ein Eisenbahnnetz als Ganzes deutlich vor seinem geistigen Auge gesehen.

Die Alten, wenn sie zum Himmel blickten, dachten, daß jeder der Sterne ohne Zusammenwirken mit den andern und ohne von ihnen beeinflußt zu werden, seine Kreise am Himmel zöge. Aber es traten Männer wie Kopernikus auf, die lehrten, daß da droben jede der Sternenbahnen mit den anderen eng verwoben sei, daß die »Harmonie der Sphären« nur deshalb bestehe, weil eins mit dem anderen wirke und lebe. Auch die Eisenbahn hat ihren Kopernikus gehabt, und er ist gleichfalls ein Deutscher gewesen.

Die tief eindringenden Gedanken dieses Manns machten nicht bei der Erkenntnis halt, daß es für das Wohl der Eisenbahn selbst notwendig sei, von vornherein nicht einzelne Strecken, sondern sogleich große, zusammenhängende Netze zu entwerfen. Denn seinem für das Vaterland glühenden Herzen war selbst das Riesengebilde der vielen eisernen Verkehrswege, die er vor Augen hatte, nichts anderes als ein Werkzeug zur Erhöhung Deutschlands. Er sah in ihnen das beste Mittel, die Entwicklung seines Vaterlands zu fördern, es durch immer engere Verkettung der einzelnen politischen Mittelpunkte aus seiner jammervollen Zerrissenheit emporzuheben zu größerer Einheit. Er glaubte fest an das geeinte große Deutsche Reich, das er selbst niemals sehen sollte, er opferte sein Dasein diesem größten Ziel, dem er am ehesten durch Förderung des Eisenbahngedankens im größten Maßstab sich nähern zu können glaubte.

Den Schöpfer der ersten deutschen Eisenbahnlinie von wirklicher verkehrspolitischer Bedeutung, den Gründer des Handelsvereins, aus dem dann der große deutsche Zollverein hervorging, Friedrich *List*, nennen wir heute einen Vorläufer Bismarcks. Die Zeitgenossen aber hatten für diesen großen Sohn deutscher Erde nichts übrig als Kränkungen und Verachtung. Man verfolgte ihn ob seines vorwärtsdrängenden Wirkens, man trieb ihn aus dem Vaterland und endlich in die Verzweiflung.

Lists Wirken für die Eisenbahn blieb nicht so ohne tatsächliche Erfolge wie das Streben Friedrich Harkorts. Er hat wirklich die rasch dahinrollende Lokomotive vor die Masse der schwer zu bewegenden Geister gespannt. Aber während der stämmige Westfale trotz der Ergebnislosigkeit seiner Kämpfe ein ruhiges Alter erreichte, mußte List an der Flamme seines Geistes, die draußen nicht genug Nahrung fand, endlich selbst verbrennen. Er sah die erste von ihm geschaffene Eisenbahnlinie, die Strecke Leipzig – Dresden, aufblühen und gedeihen, er erblickte die segensreichen Folgen, welche an dieses Werk sich schlossen, indem Deutschland sich mehr und mehr mit Schienenwagen überzog, aber man hatte ihn selbst von dem Arbeitsplatz fortgestoßen, auf dem er den ersten Hammerschlag für das große Werk getan, und so mußte sein heißes Herz im Alpenschnee verbluten.

Treffend hatte Treitschke das Auftreten und Wirken Lists mit folgenden Worten umrissen:

»Alle die wohlgemeinten Entwürfe früherer Eisenbahnlinien waren doch nur auf das Wohl einzelner Städte oder Ländereien berechnet, und fast schien es, als sollten die Deutschen durch den Fluch ihres Partikularismus verhindert werden, die große Erfindung mit großem Sinne zu benutzen. Da trat Friedrich List hervor mit dem Plan eines zusammenhängenden, ganz Deutschland umfassenden Eisenbahnnetzes und zeigte durch die Tat, durch die glückliche Vollendung einer großen Bahnlinie, daß sein, dem Durchschnittsmenschen fast unfaßbares Ideal sich verwirklichen ließ.«

»Als der Bahnbrecher des deutschen Eisenbahnwesens erwarb er sich sein größtes Verdienst um die Nation, seine Stellung in der vaterländischen Geschichte. Als er vor Jahren für die deutsche Zolleinheit gearbeitet, hatte er doch nur mutig ausgesprochen, was die Mehrzahl der Zeitgenossen schon ersehnte und in der Wahl der Mittel vielfach fehlgegriffen. Jetzt aber mit seinen Eisenbahnplänen eilte er allen Landsleuten weit vor und bewährte überall die geniale Sicherheit seines Seherblickes. Wenig gelehrt, aber reich gebildet und im Leben erfahren, überragte er alle damaligen volkswirtschaftlichen Publizisten.«

Friedrich List wurde im Jahre 1789 in Reutlingen als der Sohn eines Weißgerbers geboren. Von Beginn an ging er einen unregelmäßigen Weg.

»Seine Bildung wird ihm«, so sagt der erste Schilderer seines Lebens, Ludwig Häußer, »nicht auf dem gewohnten Wege zugeführt; seine Erfahrung muß er sich im bittersten Kampfe mit äußeren Verhältnissen erringen, und seiner Lebenstätigkeit überall unter entmutigenden Hindernissen und Opfern neue Bahnen zu brechen suchen. Das Autodidaktische in der geistigen Erziehung des Mannes, das Energievolle und Selbständige in seinem Charakter, das Kampffertige und Rührige in seinem öffentlichen Tun wird von früher Zeit vorbereitet – denn es ist ein bitteres, vielbewegtes Leben, das ihn von Anfang an in die harte Zucht nimmt und seinen Geist und Charakter zu jenem seltenen Grade von Selbständigkeit und schöpferischer Rührseligkeit heranbildet, die Lists hervorragendes Verdienst, aber auch die Quelle seiner Verkennungen war. Wie das Ziel seines Wirkens eigentümlich war, und in der Geschichte literarischer Persönlichkeiten einen ganz neuen Abschnitt für Deutschland bezeichnete, wie der Ausgang seines Lebens ein ungemeines, tragisches Interesse weckte, so waren auch die Wege nicht gewöhnlich, auf denen das Schicksal diese kostbare Fülle von Kräften prüfte und stählte.«

Nachdem er eine einfache Schule besucht hatte, ward List schon früh auf den Kampf hingewiesen, den er sein ganzes Leben hindurch geführt hat: das Ringen gegen willkürliche, dem Leben abgewandte Beamtenherrschaft, wie sie zum Schaden des Vaterlands damals blühte. Eine seltsame Verkettung von Umständen fügte es, daß der Tod seiner Mutter und seines Bruders mittelbar durch harte Eingriffe der Behörden in die Familienverhältnisse herbeigeführt wurde. Dennoch war List gezwungen, Schreiber im Dienst der württembergischen Regierung zu werden.

In Ulm begann er widerwillig diese Laufbahn. Seine bedeutenden Fähigkeiten führten ihn jedoch alsbald in höhere Stufen. Er legte die Prüfung für das obere Verwaltungsfach ab und kam als Rechnungsrat ins Ministerium. Hier wurde der freisinnige Minister von Wangenheim auf die außerordentliche Bildung aufmerksam, die der junge Mann sich selbst angeeignet hatte, und schon mit 28 Jahren saß Friedrich List auf dem Lehrstuhl für Staatskunde an der Universität zu Tübingen.

Doch nicht lange sollte er sich dieser ehrenvollen Stellung erfreuen. Die sehr tatkräftigen württembergischen »Altrechtler« stürzten seinen Gönner Wangenheim, und damit verschwand die starke Stütze, die der junge, den Fortschritt lehrende Professor besaß. Nach einem Jahr bereits schied er aus Tübingen.

Unstet wandernd kam nun List 1819 auf einer durch Süddeutschland nach Frankfurt a.M. Dort war eine Zahl tüchtiger Kaufleute und Fabrikanten im Begriff, sich zusammenzuschließen, um eine Aufhebung der unzähligen Zollgrenzen innerhalb des Deutschen Reichs zu erwirken. List erschien ihnen als der geborene Führer dieser Vereinigung. Rasch brachte er den Handelsverein zustande, die Urzelle des deutschen Zollvereins. »Von diesem«, so schrieb List später, »datiert sich die Wiedergeburt des deutschen Unternehmungsgeistes, der jahrhundertelang geschlafen hatte. Von ihm datiert sich die Teilnahme des deutschen Publikums an allen Nationalangelegenheiten, und erst der Zollverein hat die Deutschen die Notwendigkeit und die Nützlichkeit der politischen Ausbildung und Einigung gelehrt.«

Die Stadt Reutlingen hatte indessen ihren bedeutenden Sohn nicht vergessen. Die Bürger wählten List zum Abgeordneten in die Ständeversammlung. Diese Stellung benutzte List, wie man es von ihm erwartet hatte, dazu, durch heftige Angriffe eine Erneuerung des alten, erstarrten Beamtenstaats anzustreben.

Es währte nicht lange, bis er sich eine Klage wegen »Verleumdung der bestehenden Staatsverwaltung und dringenden Verdachts eines begangenen Staatsverbrechens« zuzog. Der Volksvertreter genoß damals noch nicht das gleiche Recht der Unverletzlichkeit wie heute, und so erreichte die Regierung, daß List aus der Kammer ausgeschlossen wurde. Dazu gesellte sich alsbald eine Verurteilung zu zehnmonatiger Festungsstrafe »mit angemessener Beschäftigung innerhalb der Festung«.

Um diese Strafe nicht abbüßen zu müssen, begab sich List nach dem damals ja noch französischen Straßburg. Aber er hat niemals an einem Ort Ruhe gefunden, der außerhalb der deutschen Grenze lag. So versuchte er nach kurzer Zeit, bald in dem einen, bald in dem andern der vielen deutschen Vaterländer wieder Fuß zu fassen. Doch überall wußte die württembergische Regierung ihm den Boden heiß zu machen.

Als er es nach Ablauf von drei Jahren gar wagte, nach Württemberg zurückzukehren, wurde er wider Erwarten sogleich ergriffen und auf dem Alsberg festgesetzt. Die im Urteil ausgesprochene »angemessene Beschäftigung« bestand darin, daß der Gefangene dem Platzkommandanten Abschreiberdienste leisten mußte. Er ward zwar schon mehrere Monate vor Ablauf der Strafzeit entlassen, aber nur unter der Bedingung, daß er innerhalb vier Tagen Württemberg verlasse.

Nun sah List ein, daß er in Deutschland kein Wirkungsgebiet mehr habe, und er siedelte mit seiner Familie nach Amerika über. Erleichtert wurde ihm dieser Entschluß durch eine Einladung Lafayettes, des alten Freiheitskämpfers und Freundes Washingtons, den er schon früher einmal in Paris kennen gelernt hatte. Durch Lafayettes Empfehlung fand List jenseits des Weltmeers einen sehr freundlichen Empfang. Er siedelte sich zu Reading, in dem Kohlen- und Eisenbezirk von Pennsylvanien, an. Dort in dem kühn aufstrebenden Land konnte er nun alle seine volkswirtschaftlichen Anschauungen zur Reife bringen. Die 1827 erschienen »Briefe über die kosmopolitische Theorie der Ökonomie« machten ihn darüber zu einem weithin bekannten und hochangesehenen Mann.

110

Auch Lists Vermögensverhältnisse sollten sich rasch bessern. Bei einem Ausflug ins Gebirge entdeckte er zufällig neue, reiche Kohlenlager. Sein scharfer Blick ließ ihn die Möglichkeiten einer guten Nutzung erkennen, und rasch gelang es ihm, Geldmänner für den Plan der Anlegung eines Bergwerks zu gewinnen. Er erweckte das Vertrauen in sein Unternehmen in der Hauptsache dadurch, daß er sofort daran ging, die Verkehrsverhältnisse der abgelegenen Gegend auf das gründlichste zu verbessern.

Er erbaute eine Eisenbahnlinie von Tamaqua nach Port Clinton in der Nähe von Philadelphia, auf die Kohle bequem zum Schuylkillkanal gelangen konnte. Die Strecke war 34 Kilometer lang und wurde von einem Lokomotivzug in 21/2 Stunden durchfahren.

Die neue Verkehrsanlage hatte einen ausgezeichneten Erfolg. Das Bergwerk warf reiche Erträgnisse ab, und auch der Landstrich zu beiden Seiten der Bahn entwickelte sich zusehends in außerordentlicher Weise. Dort, wo bisher kein Mensch gewohnt hatte, waren bald vier kleine Städte entstanden und reich besiedelt. Dieser Vorgang erinnert lebhaft an die Entstehung von Middelsborough unter dem Einfluß der Bahn Manchester – Liverpool.

Der überraschende Erfolg seiner kleinen Bahn sollte richtunggebend für Lists ganzes Leben werden. Es war ihm plötzlich durch ein lebendiges Beispiel klar geworden, welch ungeheuren Nutzen die Eisenbahn einem darniederliegenden Land zu bringen vermag. Nicht der persönliche Vorteil war es, der sein Herz aufs tiefste bewegte, sondern der Gedanke, daß hier das richtige Mittel zur Weiterentwicklung Deutschlands gefunden sei.

»Mitten in den Wildnissen der Blauen Berge«, so hat er später geschrieben, »träumte mir von einem deutschen Eisenbahnsystem; es war mir klar, daß nur durch ein solches die Handelsvereinigung in volle Wirksamkeit treten könne. Diese Ideen machten mich mitten im Glück unglücklich. Notwendig mußte die finanzielle und nationalökonomische Wirksamkeit in Deutschland um so größer sein, je unvollkommener vorher die Transportmittel im Verhältnis zu der Kultur, Größe und Industrie der Nation waren.«

Nachdem List dies erst einmal deutlich erkannt hatte, hielt es ihn, obgleich er zum ersten Mal in seinem Leben in gutem Wohlstand und höchst angenehm lebte, nicht mehr in Amerika. »Mir gehts«, so sagte er, »mit meinem Vaterland wie den Müttern mit ihren krüppelhaften Kindern: sie lieben sie um so stärker, je krüppelhafter sie sind. *Im Hintergrund all meiner Pläne liegt Deutschland,* die Rückkehr nach Deutschland; es ist wahr, ich werde mich dort ärgern über die Kleinstädterei und Kleinstaaterei.«

So erwuchs in der Ferne für Deutschland der große Förderer seiner Volkswirtschaft in diesem Mann, der im Ausland die Heimat nicht zu vergessen vermochte. Wer müßte in diesem Zusammenhang nicht an das Wort eines anderen großen Verbannten denken, an Heines »Denk' ich an Deutschland in der Nacht, so bin ich um den Schlaf gebracht!«

Bald begann List nun einen Briefwechsel mit Joseph von Baader, den wir bereits als einen alten Anhänger des Eisenbahngedankens kennen. Häußer gibt aus einem Brief Lists an Baader unter anderem folgende Stellen wieder, die erkennen lassen, in welch bewundernswerter Weise Lists Geist den Eisenbahngedanken von dem bescheidenen Anfang in eine großartige Zukunft weiterspann. Zunächst weist der Briefschreiber auf die Segnungen hin, welche die in jener Zeit einzig vorhandene große Verkehrseinrichtung, die Schiffahrt, der Menschheit gebracht hat:

»New-York brennt die Steinkohle von New-Castle; die ältesten Häuser von Albany sind mit holländischen Backsteinen erbaut; der Philadelphier läßt sich zuweilen die im niedersächsischen Sande gewachsene Kartoffel wohlschmecken; in Savannah erheben sich Gebäude und Denkmäler von Steinen, die an der nördlichen Grenze von Neu-England gebrochen worden sind; der Müller in Pennsylvanien mahlt mit Steinen, die über 3000 Meilen weit herkommen; in England ißt man Äpfel aus der Jersey, und während ich dieses schreibe, lösche ich den Durst mit italienischen Limonen, die mich wahrscheinlich nicht so hoch kommen als Sie die Ihrigen, obschon Sie dem Platz, wo sie gewachsen, ungefähr 3000 Meilen näher sind als ich. Auch trinke ich wolhfeileren Bordeaux als Sie.«

»Nun bedenke man, wie unermeßlich die Produktionskräfte von ganz Deutschland gesteigert würden, wenn eine der Seefracht an Wohlfeilheit und Schnelligkeit gleichkommende Landfracht stattfände.«

»Alle mittel- und norddeutschen Länder würden sich an einen regelmäßigen Genuß der ordinären Rhein- und Frankenweine gewöhnen; es würde mehr Wein in der Traube dahin geführt als jetzt im Faß oder in der Bouteille. Essen wir doch hier Trauben aus Spanien und Portugal zu billigen Preisen. Regensburger Bier käme in Hamburg nicht teurer zu stehen als gegenwärtig in Nürnberg ... Hamburg und Bremen würden bayerisches Brot essen; die Feinschmecker in München frische Austern und Seekrebse. Wie würden nur allein die Fischereien jener Seeplätze sich heben, wenn aller Tran, alle gesalzenen und getrockneten Fische, die jetzt von Holland den Rhein heraufkommen, von dort bezogen würden.«

»Vermittels Eisenbahnen könnte die lothringische und rheinpreußische Steinkohle und das Holz aus den Gebirgen so wohlfeil ins Rheintal geschafft werden, daß man nicht mehr nötig hätte, einen bedeutenden Teil des besten Bodens zur Holzpflanzung zu verwenden. Der Harz, das Fichtelgebirge, das Erz- und Riesengebirge würden ihre Erzeugnisse nach allen Gegenden aufs Wohlfeilste versenden und die Getränke und Getreidefrüchte der fruchtbaren Gegenden entgegennehmen.«

Bald sollte sich für List eine ausgezeichnete Gelegenheit ergeben, nach Europa zurückzukehren. Der Präsident der Vereinigten Staaten, Jackson, war längst auf seine bedeutenden Fähigkeiten aufmerksam geworden und wollte sie dazu benutzen, eine engere handelspolitische Verbindung zwischen Amerika und Europa herbeizuführen. Er sandte List deshalb zunächst nach Frankreich, damit er dort für einen lebhafteren Güteraustausch mit den Staaten wirke, insbesondere aber für die Einführung amerikanischer Steinkohle tätig sei. Man versprach ihm, daß er, sobald diese Aufgabe günstig gelöst wäre, zum amerikanischen Konsul in Hamburg ernannt werden würde, wodurch dem Verbannten die Rückkehr ins Vaterland möglich werden konnte. »Mich reizt aber«, so schrieb List später, »weniger dies Versprechen, als die Hoffnung, dadurch Gelegenheit zu erhalten, die Eisenbahn auf dem europäischen Kontinent einzuführen, den Antrag anzunehmen.«

So ging er denn nach Frankreich, kehrte nach zufriedenstellendem Wirken noch einmal nach Amerika zurück und landete endlich im Jahre 1832 mit seiner Familie in Hamburg, um nun für immer in dem alten Erdteil zu bleiben.

Der Rückkehrende war ein anderer Mann als jener, der einst ausgezogen. Der Gelehrte hatte sich in einen schaffenden Handelspolitiker verwandelt. Nur die Liebe zum Vaterland war die gleiche geblieben.

Ein Jahr lang lebte List nun in Hamburg und begann schon dort seine Werbetätigkeit für die Errichtung von Eisenbahnlinien in Deutschland. Aber man belächelte seinen Eifer und gab ihm kein Gehör. Darum schaute er sich nach jener Stelle innerhalb der deutschen Grenze um, die wohl am ehesten und besten zu einer Ausnutzung des neuen Verkehrsmittels geeignet wäre.

Er erkannte Leipzig als den geeignetsten Ausgangspunkt für ein großes Eisenbahnnetz. »Dort lag«, wie er sich ausdrückte, »die Herzkammer des deutschen Binnenverkehrs, des Buchhandels und der deutschen Fabrikindustrie.« Die zahlreichen Fremden, die alljährlich zweimal durch die Messe herangezogen wurden, trugen sehr viel zur Belebung des Menschenaustauschs bei. Auch eine Besserung des Güterverkehrs an dieser Stelle schien ihm notwendig. »Was leichter Transport vermag und was schwerer und teurer nicht vermag, darüber können wir«, so schrieb er bald darauf, »die Sandsteine von Pirna zu Zeugen aufrufen, die zu Wasser bis Berlin, Hamburg und Altona, ja, in noch größerer Menge nach Kopenhagen gegangen sind und noch gehen, während es ihnen nie möglich war, landwärts nur bis Leipzig vorzudringen. Und noch bedürfte man ihrer hier sehr, wäre es auch nur, um dieser sonst so schönen Stadt Trottoirs zu verschaffen.«

Kühn entschlossen zog List nach Leipzig und begann eine ausgedehnte Werbetätigkeit für eine Eisenbahnstrecke von dort nach Dresden. Er suchte die Verkehrsverhältnisse zwischen den beiden Städten genau kennenzulernen, bereiste vielfach die Strecke und machte sich mit den Bodenverhältnissen bekannt.

Zuerst begegnete List auch bei den Leipzigern kalter Zurückhaltung. Da aber veröffentlichte er ein hochbedeutsames Werk, das in der Geschichte der Eisenbahn niemals vergessen wird. Es hieß »Über ein sächsisches Eisenbahnsystem als Grundlage eines allgemeinen deutschen Eisenbahnsystems«.

Er widerlegte darin zunächst die weitverbreitete Meinung, daß Eisenbahnen wohl in England und Amerika möglich und nützlich seien, aber nicht in Deutschland. Daß hier bisher noch keine irgendwie bedeutende Strecke gebaut worden sei, habe seinen Grund nicht darin, daß die Verhältnisse dazu nicht geeignet und das nötige Geld nicht vorhanden sei, es wäre vielmehr allein der mangelnde Unternehmungsgeist, der im Gegensatz zu drüben von dem großen Werk abhielte. In Sachsen könne man sogar unter weit günstigeren Umständen Eisenbahnen bauen, da hier die Löhne niedriger seien und die weiten Ebenen von der Notwendigkeit entbänden, große Bodenschwierigkeiten zu überwinden.

Es sei auch keinesfalls zu befürchten, daß durch das neue Verkehrsmittel einzelne Gewerbe und Personen bleibenden Schaden erleiden würden. »Zur Zeit der Erfindung der Buchdruckerkunst mögen in Leipzig wohl für den Augenblick über ein Dutzend Abschreiber arbeitslos geworden sein; heute beschäftigt hier die Presse 5000 Menschen. So gut es Torheit gewesen wäre, den Fortschritten des Erfindungsgeistes Einhalt zu tun, um jene Abschreiber in Tätigkeit zu erhalten, so töricht wäre es heute, um etlicher Gastgeber und Fuhrleute willen auf die unermeßlichen Wohltaten der Eisenbahn Verzicht zu leisten.«

Es mutet uns heute seltsam an, war aber damals eine dringende Notwendigkeit, daß List in seiner Schrift darauf hinwies, die Eisenbahnen würden nicht nur den Verkehr erleichtern, sondern ihn auch heben. Zugleich müßten sie den Wert des Eigentums steigern und das Wohlbefinden aller Klassen verbessern. Es wurde von ihm schon darauf hingedeutet, daß der Staat wohl am ehesten dazu berufen wäre, Eisenbahnen zu bauen. Große, ertragreiche Strecken könnten zwar von nichtöffentlichen Gesellschaften ausgeführt werden, aber solche, die an sich keinen Verdienst abzuwerfen vermöchten, volkswirtschaftlich aber dennoch von großer Wichtigkeit wären, sollten auf Staatskosten angelegt werden.

Die spätere Entwicklung ist tatsächlich diesen Weg gegangen.

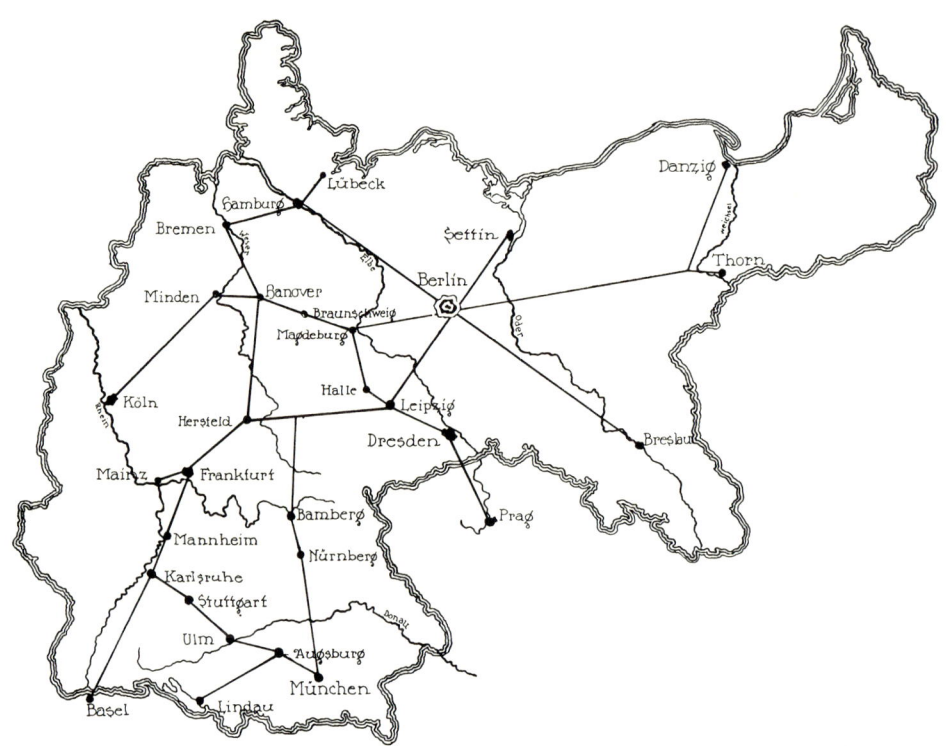

70. Friedrich Lists Entwurf für ein deutsches Eisenbahnnetz
gezeichnet 1833. Sämtliche Linien sind heute tatsächlich gebaut.

Ein Entwurf für die Errichtung einer Aktiengesellschaft zur Erbauung der Eisenbahn Leipzig – Dresden war in der Schrift enthalten. Ganz neu für Deutschland war auch ein darin ausgesprochener Gedanke, für den List bereits in Frankreich eingetreten war: daß nämlich den Bahngesellschaften das Enteignungsrecht verliehen werden müsse, ohne dessen Besitz sie zur Überwindung größter Schwierigkeiten und oft zu schädlichen Umwegen gezwungen würden.

Wenn auch List vorsichtigerweise vorläufig nur für die Erbauung der Linie Leipzig – Dresden eintrat, so hatte er doch ein großes deutsches Eisenbahnnetz stets vor Augen. Der Schrift war eine Karte beigefügt, welche die beste Führung der großen Eisenbahnlinien über ganz Deutschland andeutete. Nichts spricht deutlicher für die Fähigkeit dieses großen Geistes, künftige Entwicklungen vorauszusehen, als die Tatsache, daß schon nach fünfzehn Jahren die sämtlichen von List vorgezeichneten Eisenbahnlinien ohne seine unmittelbare Einwirkung, nur hervorgerufen aus dem tatsächlichen Bedürfnis, wirklich vorhanden waren.

Das »National-Transportsystem« steht immer im Vordergrund von Lists Handeln. Zollverein und Eisenbahnnetz nennt er die »siamesischen Zwillinge«.

Stets spricht er mit begeisterten Worten von der großen und allgemeinen Wirkung der Eisenbahnen, die er wie keiner seiner Zeitgenossen begriffen und vorausgesehen hat. »Was die Dampfschiffahrt für den See- und Flußverkehr«, so schreibt er, »das ist der Eisenbahnwagentransport für den Landverkehr – ein Herkules in der Wiege, der die Völker erlösen wird von der Plage des Krieges, der Teuerung und Hungersnot, des Nationalhasses und der Arbeitslosigkeit, der Unwissenheit und des Schlendrians; der ihre Felder befruchtet, ihre Werkstätten und

Schächte beleben und auch den Niedrigsten unter ihnen Kraft verleihen wird, sich durch Besuch fremder Länder zu bilden, in entfernten Gegenden Arbeit, an fernen Heilquellen und Seegestaden Wiederherstellung ihrer Gesundheit zu suchen. Ja, durch die neuen Transportmittel wird der Mensch ein unendlich glücklicheres, vermögenderes und vollkommeneres Wesen, seine Kraft und Tätigkeit erweitert.«

Er steht nicht an, die Eisenbahn ein Gottesgeschenk zu nennen. Wie er auf ihre Wirkungen für das Große und Allgemeine hinweist, so gedenkt er auch ihrer freundlichen Wirkungen auf die Familien- und die Lebensverhältnisse des einzelnen:

»Wie vieler Kummer wird nicht erspart, wie viele Freuden werden nicht gewonnen, wenn entfernte Verwandte und Freunde sich mit Blitzesschnelle von ihren Zuständen und Begebnissen Nachricht geben können und ihnen das Wiedersehen um so viel leichter erreichbar ist.«

»Wie viele Schmerzen werden nicht gestillt, wenn auch der minder Bemittelte durch Zerstreuung und Luftveränderung, durch die regelmäßige und sanfte Bewegung der Dampfwagen, durch die Reisen nach einer Heilquelle oder ins Seebad, durch Versetzung in ein milderes Klima oder in die frische Bergluft die verlorene Gesundheit, ohne die er seiner Familie den Lebensunterhalt nicht zu erwerben imstande ist, für eine Reihe von Jahren wieder restaurieren kann, während er bei den jetzigen Transportverhältnissen aus Mangel an Mitteln, oder weil er die Beschwerlichkeiten der Reise, zumal das Nachtfahren, nicht ertragen kann, mit seiner Familie elendiglich verkümmern muß.«

»Wie vieler Sorgen werden nicht die Eltern überhoben, wenn ihnen nur ein so weiter Kreis eröffnet ist, um den Kindern die ihren Vermögensumständen und Wünschen und den Anlagen und Neigungen der Kinder entsprechenden Bestimmungen zu geben.«

»Um wieviel leichter werden diejenigen, die in ihrer Heimat kein zureichendes Auskommen finden und die hier dem gemeinen Wesen zur Last fallen, sich und ihre Familien in andere Gegenden, Länder und Weltteile versetzen, um dort eine neue und glücklichere Existenz zu gründen.«

Mit einer Sicherheit, die gerade heute für uns verblüffend ist, macht List auf die militärische Bedeutung der Eisenbahnen aufmerksam: »Ein vollständiges Eisenbahnsystem wird das ganze Territorium einer Nation *in eine große Festung verwandeln*, die von der ganzen streitbaren Mannschaft der angegriffenen Nation mit der größten Leichtigkeit, mit dem geringsten Kostenaufwand und den geringsten Nachteilen für das Land verteidigt werden kann.«

Von der Schrift über das sächsische Eisenbahnsystem, in der er vorsichtigerweise von der Voraussetzung ausgeht, daß täglich nur 120 Personen zwischen Leipzig und Dresden hin und her reisen würden, ließ List 500 Drucke an alle wichtigen sächsischen Behördestellen, an die Kammern und maßgebenden Persönlichkeiten Sachsens verteilen.

Die Wirkung war außerordentlich. Mit der Veröffentlichung dieser Listschen Schrift beginnt das Verständnis für den Eisenbahngedanken sich in Deutschland zu verbreiten. Die sächsische Regierung, die beiden Kammern und die Leipziger Stadtverordneten sandten List Danksagungsschreiben.

Es wurde alsbald die Gründung eines Ausschusses beschlossen, der die Vorbedingungen für den Bau der Strecke Leipzig – Dresden ausarbeiten sollte. Die tätigsten Mitglieder in diesem Ausschuß waren, außer List, die Herren Dufour-Féronce, Lange, Seiffert und Gustav Harkort, ein Bruder Friederichs, der in Leipzig ein großes Ausfuhrgeschäft betrieb.

Wiederum entfaltete List eine außerordentliche Tätigkeit, bis alle Punkte geklärt waren. Als dann aber mit Genehmigung der sächsischen Regierung ein endgültiger Arbeitsausschuß von zwölf Männern gewählt wurde, zu denen auch List gehören sollte, da wurde die Gültigkeit seiner Wahl nicht anerkannt, weil er nicht Leipziger Bürger war. Es ist dies der Beginn des Unheils, das fortab List wiederum auf allen seinen Lebenswegen verfolgen sollte.

Am Tag der Ausschreibung wurde das gesamte Aktienkapital von 11/2 Millionen Mark sofort voll gezeichnet. Nach vier Tagen zahlte man für die Papiere bereits ein Aufgeld von 221/2 vom Hundert. Auch dieser Vorgang verlieh dem weiteren Vordringen der Eisenbahnen in Deutschland einen kräftigen Schwung.

Obgleich es keinem Zweifel unterliegen konnte, daß Lists Raten und Taten die ausschließliche Ursache dieses glänzenden Erfolgs war, begann man doch von jetzt ab, ihn planmäßig beiseite zu schieben. Die kühne, harte und heißblütige Art des großen Manns behagte den Durchschnittsbürgern im Ausschuß nicht. Es kam in den Versammlungen zu sehr häßlichen Auftritten. Man unterbrach ihn bei seinen Vorträgen, man lud ihn schließlich zu den Beratungen überhaupt nicht mehr ein und fand es unerklärlich, »daß ein Schwabe, der ohne allen Beruf ins Land gekommen und offenbar nur oberflächliche Kenntnisse über die Sache besitze, sich mehr zutrauen wolle als den Koryphäen des Leipziger Handelsstandes«.

Es war um so leichter, List aus seiner eigenen Schöpfung hinauszudrängen, als dieser mit der ganzen Sorglosigkeit des schöpferischen Geists und eines von seiner Sache tief durchdrungenen Manns sich kein bestimmtes Entgelt für seine Tätigkeit ausbedungen hatte. Er begnügte sich damit, daß ihm in unverbindlichen Besprechungen in Aussicht gestellt worden war, er werde in späterer Zeit, wenn das Unternehmen schon guten Ertrag abwerfe, zwei vom Hundert der sämtlichen Aktien zum Ausgabekurs zeichnen dürfen. Da es List nur um die Sache und gar nicht um seine Person zu tun war, sah er von einer festen Abmachung um so eher ab, als er fürchten mußte, daß die Öffentlichkeit sonst leicht der Meinung hätte sein können, daß er nur zu seinem eigenen Nutzen so warm für das Eisenbahnunternehmen eingetreten wäre.

Sein unbedingter Glaube an die Ehrlichkeit der ihm von hervorragenden Bürgern gemachten Zusagen sollte ihn jedoch aufs bitterste enttäuschen. Man glaubte, genug zu tun, wenn man ihm ein Ehrengeschenk von 2000 Talern anbot, im übrigen aber nur leere Dankesworte spendete. Für die persönliche Lage des so Verratenen waren diese Ereignisse um so schlimmer, als er sein in Amerika erworbenes und drüben untergebrachtes Vermögen durch eine Änderung in der Handelspolitik der dortigen Regierung inzwischen wieder verloren hatte.

Das Ende von Lists aufopfernder und fast beispiellos erfolgreicher Tätigkeit für das Zustandekommen der ersten großen Eisenbahnlinie in Deutschland war, daß er endlich vollkommen verdrängt wurde, daß man einen anderen Streckenzug wählte, als er vorgeschlagen hatte, und daß bei der Eröffnung der Bahn niemand mehr an ihn dachte. Die Auszeichnungen und öffentlichen Belobigungen erhielten andere Ausschußmitglieder; List war schon an diesen Festtagen in Leipzig völlig vergessen.

Welch eine große Seele man hier schmachvoll mißhandelt hat, zeigt am besten die Tatsache, daß List trotzdem nicht davon abstand, weiter für den Ausbau von Eisenbahnen in Deutschland zu wirken, weil er sie als notwendig für sein Vaterland erachtete. Er ging zunächst nach Berlin, um vom König von Preußen die Genehmigung für eine Bahn von dort nach Magdeburg und nach Leipzig zu erlangen. Es kam zu keinem Ergebnis, insbesondere weil auch in Berlin, wo man List zunächst sehr freundlich aufgenommen hatte, bald eine Erkaltung der Gefühle ihm

71. Vom Bau des ersten deutschen Eisenbahntunnels
für die Strecke Leipzig –Dresden

gegenüber eintrat. Man hatte sich in Leipzig nach seiner Person erkundigt, und Gustav Harkort stand nicht an, den Mann, der ihn bei der Eisenbahngesellschaft, doch erst in den Sattel gesetzt hatte, zu verleumden, ihn als phantastisch und unzuverlässig zu bezeichnen, von den »extravaganten Plänen des Herren List« zu sprechen.

Diesen beschäftigte nach dem neuen Mißerfolg die Anlage einer großen Eisenbahnstrecke von Frankfurt nach Basel, wobei er jedoch auch nichts zu erreichen vermochte, da die beteiligten Staaten die Linie selbst anzulegen gedachten.

All das konnte auch jetzt noch Lists eifrigste Tätigkeit für die Ausbreitung des Eisenbahngedankens nicht hemmen. Im Jahre 1835 gründete er eine eigene Zeitschrift das »Eisenbahn-Journal«, dessen Zweck er selbst folgendermaßen darstellte:

»Die Vorbereitung eines allgemeinen deutschen Eisenbahnsystems ist ein Hauptzweck des Blattes, und die Redaktion wird sich daher besonders bestreben, richtige Ansichten über den Nutzen der Eisenbahn, über die zweckmäßigste Bauart derselben und über die Richtung der Hauptrouten zu vertreten. Sie wird die Verhältnisse der einzelnen Routen mit Rücksicht auf ihren Verkehr, ihre Lokalität und ihre Anlage- und Transportposten und folglich ihre Ertragsfähigkeit beleuchten und denen, die sich für dergleichen Unternehmungen interessieren, mit gutem Rat beistehen. Auch wird sie sich angelegen sein lassen, das deutsche Publikum über Bewegungen und Fortschritte, welche in dieser Beziehung in dem In- und Ausland stattfinden, in fortlaufender Kenntnis zu erhalten.«

Die uneigennützige Arbeit des unermüdlichen Manns für die ihm so wichtig erscheinende Ausbreitung der Eisenbahn geht also fort. Wirklich hat das Blatt die Gemüter im Listschen Sinn weiter stark beeinflußt und aufgerüttelt. Das unmittelbare Ergebnis aber war, daß das »Eisenbahn-Journal« schon im Jahre 1837 in Österreich, wo es sehr viele Leser besaß, verboten wurde und deshalb eingehen mußte.

Jetzt verlegte List seine Tätigkeit nach Frankreich. Doch auch hier konnte er nichts Rechts erreichen, weil man in Frankreich zu jener Zeit die Eisenbahnaktien als geeignete Gegenstände für das Börsenspiel ansah, wodurch der Gegenstand für List nicht mehr verlockend war.

Als er nach Deutschland zurückkehrte, erhielt er davon Kenntnis, daß die geplante Linie von Halle nach Kassel eine Richtung bekommen sollte, die sehr da-

72. Eingangstor des ersten deutschen Eisenbahntunnels bei Oberau

zu geeignet war, das Gedeihen der thüringischen Länder zu schädigen. Sofort wies er in der ihm eigenen tatkräftigen Art nach, daß es wichtiger sei, Städte wie Eisenach, Gotha, Erfurt und Weimar zu berühren, als eine kürzere Linie unter Vermeidung der alten thüringischen Landesstraße zu schaffen. Wirklich setzte er eine Abänderung der Linienführung in seinem Sinn durch. Zum Dank erhielt er nichts als ein Geschenk von 100 Louisdor für diese Tätigkeit, die, wie man anerkannte, die thüringischen Staaten »von tödlicher Gefahr gerettet hatte«.

Auch in Bayern, wo man jetzt recht lebhaft an den weiteren Ausbau der Eisenbahnen ging, bot List seine Dienste an, überall stellte er seine großen Erfahrungen auf diesem Gebiet zur Verfügung. Er wurde viel befragt, leistete überall Hilfe, aber nirgends kam es zu einer Anstellung, die er nun recht gern gehabt hätte.

Es bemächtigt sich Lists allmählich eine tiefe Verstimmung über den Undank der Welt. Bevor jedoch die Trübsal allzusehr Herr über seinen Geist werden konnte, schuf er noch sein größtes volkswirtschaftliches Werk das »Nationale System der politischen Ökonomie«. Es erschien 1841 und hat ihn als Volkswirtschafter unsterblich gemacht.

Ein mit Arbeit bis zum Rand angefülltes Leben hatte List nicht zu einem wohlhabenden Mann gemacht. Die Sorge um seinen Lebensunterhalt wurde vielmehr immer ärger. Es gesellten sich körperliche Leiden hinzu, die ihn befürchten ließen, daß er bald überhaupt nicht mehr imstande sein würde, geistig zu arbeiten. Immer deutlicher sah der rasch Alternde ein, daß sein Streben für Deutschlands Größe ihm nichts anderes gebracht hatte als den Verlust seines Vermögens und die Unmöglichkeit des Vorwärtskommens. In einem Brief aus jener Zeit macht er eine recht trübselige Zusammenstellung:

»Als ich im Jahr 1831 aus Amerika zurückkam, hatte ich mir wieder ein unabhängiges Vermögen erworben. Durch mein Bestreben, den Eisenbahnbau und eine nationale Handelspolitik emporzubringen, glaubte ich mich um mein Vaterland verdient zu machen und mich wenigstens bei meinem Vermögen erhalten zu können. Mein Lohn aber war Verfolgung und der Verlust eines großen Teils meines Vermögens.«

»Jetzt den Sechzigern nahe und von körperlichen Übeln heimgesucht, sehe ich nur mit Besorgnis in die Zukunft, ja, ich traue mir nicht einmal mehr die Kraft zu, zum zweiten Male nach Nordamerika auszuwandern, wohin mich meine dortigen Freunde rufen, und wo ich leicht in einigen Jahren mich wieder erholen könnte.«

Es ist zu einer neuen Übersiedlung nach Amerika wirklich nicht mehr gekommen. Als List, von Kopfschmerzen und anderen Leiden gequält, eine Reise nach Meran antrat, gelangte er nur bis Kufstein. Dort brach er körperlich zusammen, und eines Tags, am 30. November 1846, fand man seine Leiche halb verweht im Schnee. Er hatte sich erschossen.

Im äußersten Winkel des großen Deutschen Reichs, für das sein Herz sein Leben lang geschlagen hatte, mußte dieser Mann verlassen und verzweifelt ein trauriges Ende finden. Er hat einen echten Märtyrertod erlitten.

»Armer Freund«, so rief ihm Heinrich Laube ins Grab nach, »ein ganzes Land konntest du beglücken, aber dies Land konnte dir nicht einen Acker Erde, konnte dir nicht ein warmes Haus geben für die traurige Winterzeit des Alters! Dieser Fluch des zerrissenen Vaterlands, in welchem man so kinderleicht heimatlos werden kann, in welchem das Genie selbst niemand angehören darf, dieser Fluch hat dich im Schneesturme oberhalb Kufsteins in den Tod gejagt, und unsere Tränen, unsere Lorbeerkränze, was sind sie deiner verwaisten Familie?!« – –

Die Strecke Leipzig – Dresden war nach Lists Fortgang aus seinem Wirkungsort weiter gebaut worden. Wie schon angedeutet, hatte man die von dem geistigen Urheber vorgeschlagene Linienführung verworfen und, nach dem Rat eines englischen Fachmanns, die von dem Oberingenieur Kunz empfohlene Strecke ausgeführt. Diese erforderte eine schwierige Überschreitung der Elbe und viele andere Kunstbauten, wodurch sehr große Ausgaben entstanden. Auch den Rat Lists hatte man verworfen, zunächst möglichst billig zu bauen, um später, wenn das Unternehmen selbst schon Ertrag abgeworfen hätte, einen teureren Unterbau auszuführen. So kam es, daß das Aktienkapital unter großen Schwierigkeiten von 11/2 auf 41/2 Millionen Mark erhöht, also verdreifacht werden mußte.

Von Leipzig bis Wurzen wurde der Bau mit Flacheisen und Langschwellen nach der auf Bild 39 wiedergegebenen Form ausgeführt. Diese Bauart bewährte sich jedoch so schlecht, daß man bereits für die Fortsetzung zu schwereren Schienen in der Breitflußform nach Bignoles überging. Auch die Anfangsstrecke mußte nach 31/2 Jahren für diese Schienen umgebaut werden, da damals bereits alle Langschwellen verfault waren. Die Hauptkunstbauten auf der Strecke waren der tiefe Einschnitt von Machern, die Elbbrücke bei Riesa, die Talüberbrückung bei Röderau

73. Der älteste Bahnhof in Leipzig
eröffnet 1837

und der Tunnel bei Oberau. Dies war der erste Tunnelbau in Deutschland. Seine Länge betrug nur 500 Meter.

Am 24. April 1837 war das Teilstück von Leipzig bis Althen fertiggestellt. Erst am 8. April 1839, später als andere durch sie veranlaßte deutsche Linien, wurde die ganze Strecke unter lebhafter Teilnahme der Bevölkerung eröffnet. Sie hatte eine Länge von 115 Kilometern. Im Anfang fuhren täglich nur zwei Personen- und zwei Güterzüge zwischen Dresden und Leipzig hin und her.

Dennoch trug die Linie zur Belebung des gesamten Verkehrs in Mitteldeutschland sehr lebhaft bei und zog die Ausführung anderer Eisenbahnstrecken unmittelbar nach sich. Die Dresdner Gasthöfe, die im Jahre 1838 nur 7000 Fremde beherbergten, hatten im genannten Eröffnungsjahr bereits mehr als 40 000 Gäste aufzunehmen. Auch der Güterverkehr entwickelte sich bald sehr lebhaft.

Die Fahrgäste der dritten Klasse wurden in offenen Wagen befördert, die der zweiten in solchen mit einem Dach, aber ohne Fenster; nur wer eine Fahrkarte erster Klasse gelöst hatte, durfte in einem gänzlich geschlossenen Wagen Platz nehmen. Es kamen auch große offene Güterwagen zur Verwendung, auf welche die Fuhrleute ohne weiteres mit ihren Pferden hinauffuhren, ohne diese auszuspannen. So gelang es der Eisenbahn recht rasch, auch die Lastenförderung auf der Straße an sich zu ziehen, da die Zeitersparnis außerordentlich war und die Kosten der Fahrt kaum mehr betrugen als die Abgaben, die beim Vorbeifahren an den vielen Schlagbäumen zwischen Leipzig und Dresden zu entrichten waren.

74. Der neue Leipziger Hauptbahnhof
der größte Bahnhof Europas, vollendet 1915

75. Zug der Eisenbahn Berlin –Potsdam
der ersten Eisenbahnstrecke in Preußen; eröffnet 1838

8. Die Entwicklung des deutschen Netzes

Die Kraft, mit der Friedrich List den Eisenbahnfunken in Deutschland angeblasen, hat dafür gesorgt, daß er hier niemals wieder zum Erlöschen gekommen ist. Zunächst entwickelte sich aus ihm eine schmale Flamme, dann aber breitete diese sich als loderner Brand nach allen Richtungen des Reichs aus. Die Eisenbahnbegeisterung erfaßte schließlich jeden, und mit überraschender Geschwindigkeit wurden die Grundlinien des heutigen gewaltigen deutschen Eisenbahnnetzes gezogen, deren Verlauf sich so eng an Lists Grundplan anschließt.

Bevor noch die Strecke Leipzig – Dresden ihren Betrieb eröffnet hatte, unter der bloßen Einwirkung des vielversprechenden Gründungsvorgangs, war die erste Eisenbahnlinie in Preußen zustande gekommen.

Dem Justizkommissar *J. E. Robert* und dem Bankier *L. Arons* wurde auf ihre Eingabe an den damaligen Handelsminister, Wirklichen Geheimrat *Rother*, die Erlaubnis zur Anlegung einer Eisenbahnlinie zwischen Berlin und Potsdam erteilt. Nach dem ersten Entwurf sollte ein eingleisiger Schienenweg von der Schafbrücke, der jetzigen Potsdamer Brücke, zu Berlin in ziemlich gerader Richtung bis in die Gegend der Langen Brücke bei Potsdam führen. Später aber wurde beschlossen, den Beginn der Bahn weiter in das Innere von Berlin zu rücken und den Bahnhof in unmittelbarer Nähe des Potsdamer Tors anzulegen. Der Schafgraben, der heutige Landwehrkanal, mußte nun durch eine Drehbrücke überschritten werden.

Schon bei der Anlage der ersten Bahnhofsbauten wurde der kleine Begräbnisplatz der Dreifaltigkeitskirche an der Hirschel-, der heutigen Königsgrätzer Straße, als recht störend empfunden. Dieser Friedhof besteht bekanntlich heute noch. Damals forderte die Kirchenbehörde die Einfriedigung durch eine feste, acht Fuß hohe Mauer, die gleichfalls noch heute vorhanden ist. Außerdem mußte die Bahngesellschaft für den der Kirchenkasse erwachsenden Einnahmeausfall durch die vermeintliche Wertverminderung des Friedhofgeländes eine jährliche Entschädigung von 40 Talern zahlen. In Wirklichkeit ist eine außerordentliche Wertsteigerung des Grundstücks eingetreten, das heute vor dem später in seiner jetzigen, endgültigen Gestalt errichteten Gebäude des Potsdamer Bahnhofs an der wichtigsten Stelle der Stadt liegt.

Nach einem Stahlstich

76. Ältester Bahnhof der Berlin – Potsdamer Eisenbahn zu Berlin
Der Potsdamer Platz ist im Hintergrund des Bilds zu denken.

Aufnahme von Alice Matzdorff in Berlin

77. Der heutige Potsdamer Bahnhof zu Berlin
Links im Vordergrund der alte Friedhof der Dreifaltigkeits-Gemeinde

Am 22. September 1838 wurde der Betrieb auf der Strecke Zehlendorf – Potsdam, am 29. Oktober desselben Jahrs auf der ganzen Linie eröffnet. Als Zugmittel waren sechs aus Newcastle bezogene »Dampfwagen bester Qualität« und 45 Pferde vorhanden.

Die Begeisterung der Berliner bei diesem Anlaß war nicht gering. Der damalige Kronprinz, der spätere König Friedrich Wilhelm IV., sprach bei der Einweihung die voraussagenden Worte: »Diesen Karren, der durch die Welt rollt, hält kein Menschenarm mehr auf.« Aber es gab auch in der preußischen Hauptstadt Leute, die anders dachten. »Als der erste Eisenbahnzug von Potsdam her Berlins Einwohner in Raserei versetzte«, so erzählt ein Zeitgenosse, »habe ich selbst in der Böhmeschen Kirche einer Predigt des alten Gosner angewohnt, worin die Schäflein inständigst gewarnt wurden, sich ja von dem höllischen Drachen, dem Dampfwagen, um ihrer Seligkeit willen fernzuhalten.« Weniger Gewissensangst als ganz gewöhnliche Furcht vor dem Ungewöhnlichen hielt denn auch noch lange genug manchen Berliner von einer Eisenbahnfahrt zurück.

Obgleich in andern Teilen des Reichs alsbald größere Eisenbahnstrecken gebaut wurden, erweiterte Berlin seinen Bahnabschluß vorläufig nicht. Erst im Jahre 1841 wurde das Teilstück der Anhalter Bahn von Berlin über Wittenberg nach Cöthen hergestellt, so daß man nun auf einem Umweg Magdeburg erreichen konnte, das inzwischen mit Leipzig verbunden worden war, und ebenso Dresden. Im Jahre 1842 folgten die ersten Bahnen nach dem Osten, Berlin – Angermünde in Richtung auf Stettin und Berlin – Frankfurt a. O. Das Jahr 1846 brachte die Verbindung mit Hamburg und die Verlängerung der Berlin – Potsdamer Bahn bis Magdeburg.

Das beste Zeugnis für die große Wichtigkeit, die man gleich nach Inbetriebsetzung der ersten Strecke nunmehr dem Eisenbahnwesen in Preußen beimaß, ist der Erlaß eines Eisenbahngesetzes bereits am 3. November 1838. Es war das erste Gesetz dieser Art in Deutschland und hat mit seinen zum größten Teil sehr einsichtsvollen Anordnungen und durch die einheitliche Ordnung, die es schuf, der Entwicklung lebhaften Nutzen gebracht.

Das Gesetz enthält eine Reihe durchaus neuzeitlich anmutender Bestimmungen. So die Möglichkeit der Verleihung des Enteignungsrechts an Eisenbahngesellschaften; Ersatzpflicht für jeden Schaden, der nicht durch nachgewiesene Schuld des Beschädigten oder durch unabwendbaren äußeren Zufall bewirkt worden ist; die Verpflichtung für jede Eisenbahngesellschaft, den Anschluß anderer Linien zu gestatten und den Vorbehalt, daß der Staat nach Ablauf einer gewissen Zeit berechtigt sein solle, jede Bahnstrecke anzukaufen. Merkwürdig berührt, besonders in der Nachbarschaft solcher guten Gedanken, die im Absatz 27 den Gesellschaften auferlegte Verpflichtung, auch anderen gegen Entrichtung des Bahngelds die Benutzung des Schienenwegs zu gestatten. Es ist dies die schon früher kurz gestreifte Forderung des »freien Wettbewerbs auf der Schiene«. Tatsächlich hat er infolge der technischen Unmöglichkeit in Deutschland niemals stattgefunden.

Am 1. Dezember 1838 war auch die erste Staatsbahn in Deutschland eröffnet worden, die Strecke von Braunschweig nach Wolfenbüttel und Harzburg. Diese Linie ist besonders bemerkenswert auch dadurch, daß sie im Jahre 1869 an eine Aktiengesellschaft verkauft wurde, was der einzige Fall des Übergangs einer deutschen Staatsbahn in nicht öffentlichen Besitz geblieben ist.

Im Jahre 1845 waren in Deutschland bereits 2162 Eisenbahnkilometer vorhanden. Überall wurden jetzt Schienenwege gebaut. Auch die Kleinstaaten blieben vom Eisenbahnfieber nicht verschont. Sogar der Herzog Alexander von Anhalt-Bernburg, fühlte sich zu dem Ausruf veranlaßt: »Ich muß eine Eisenbahn in meinem Land haben, und wenn sie mich tausend Taler kosten sollte!«

Doch trotz der immer wachsenden Ausbreitung fehlte dem Netz noch jede Geschlossenheit. »Von Berlin konnte man«, nach von Mühlenfels, »im Norden nur Stettin, im Osten nur Frankfurt a. O., im Süden Dresden, Leipzig, Werdau erreichen. Nach Westen gelangte man über Magdeburg bis Halberstadt über Oschersleben nach Braunschweig, Harzburg und Hannover. Aber zwischen Frankfurt a. O. und Bunzlau, zwischen Werdau und Nürnberg, Halle und Frankfurt a. M., zwischen Hannover und dem Rheinland klafften große Lücken. Im Südosten bestand nur die Linie Bunzlau, Liegnitz, Breslau, Oppeln und Schwientochlowitz, in Bayern waren, außer der Ludwigs-Bahn, Nürnberg – Magdeburg, Augsburg – Donauwörth und München – Augsburg fertig. Frankfurt a. M. und Nassau hatten nur die Taunusbahn, dann die Strecke von Mannheim bis Freiburg, am Rhein war Köln mit Bonn und Aachen, Deutz mit Düsseldorf, Aachen mit Herbestal, Elberfeld mit Düsseldorf verbunden. In Württemberg, das im Jahre 1843 ein Gesetz über den Bau von Eisenbahnen erließ, eröffneten 1845 die Staatsbahnen ihre erste Strecke von Cannstatt nach Eßlingen. Im Norden waren Altona – Kiel und Neumünster – Rendsbrug im Betrieb.«

Fortab machte sich dann der Wunsch nach einem planmäßigen Ausbau geltend. Sehr viel hierzu beigetragen hat ein Zusammenschluß verschiedener Verwaltungen, dessen Folgen segensreich bis zum heutigen Tag fortwirken. Auf Einladung der Privatbahngesellschaft Berlin-Stettin traten am 10. November 1846 zehn Verwaltungen zur Beratung gemeinschaftlicher Maßnahmen zusammen. Es wurde ein dauernder Verband der preußischen Eisenbahnen errichtet, aus dem schließlich der heute noch bestehende *Verein deutscher Eisenbahnverwaltungen* hervorging. Im Jahre 1910 umfaßte diese Vereinigung 63 Verwaltungen und zwar 40 deutsche, 15 österreichisch-ungarische, 4 niederländische, eine luxemburgische, eine belgische, eine rumänische und eine russische. Fast ein Drittel aller europäischen Bahnstrecken war bereits in diesem Jahr angeschlossen. Die Vereinstätigkeit hat sich auf die Herbeiführung gleichmäßiger Wagenbenutzung erstreckt. Die Allgemeinheit hat den größten Nutzen aus diesem Wirken gezogen, das in den folgenden Abschnitten noch sehr häufig zu erwähnen sein wird.

Für die Herbeiführung eines geschlossenen Deutschen Eisenbahnnetzes waren ferner die Überbrückungen der großen deutschen Ströme sehr wichtig. In den Jahren 1856 bis 1865 wurden der Rhein bei Köln, Mannheim und Kehl, die Weichsel bei Dirschau, die Nogat bei Marienburg mit eisernen Jochen überspannt.

Nachdem in Preußen lange die Privatbahnen allein geherrscht hatten und der Staat sich nur in loser Form an den Unternehmungen beteiligt hatte, brachte das Jahr 1879 durch das zielbewußte Vorgehen des Eisenbahnministers *von Maybach* den Übergang zum Staatsbahnsystem. In den folgenden dreißig Jahren wurden in Preußen nicht weniger als 16 200 Kilometer Privatbahnen im Wert von 41/2 Milliarden Mark verstaatlicht. Da zu gleicher Zeit auch der Staat selbst viele neue eigene Linien baute, so entstand allmählich das größte Erwerbsunternehmen, das es heute auf der Erde gibt; die preußische Staatsbahn.

Als die Verstaatlichung der hessischen Ludwigs-Bahn notwendig erschien, deren Linien zum Teil auf preußischem, zum Teil auf hessischem Gebiet lagen, kam ein Staatsvertrag zwischen den zwei Ländern über die gemeinschaftliche Verwaltung des beiderseitigen Eisenbahnbesitzes zustande. Seit 1896 besteht demzufolge die preußisch-hessische Eisenbahn. Man glaubte damals, daß auch andere deutsche Bundesstaaten dem Beispiel Hessens folgen und sich an Preußen unmittelbar anschließen würden. Diese Hoffnung ist nicht in Erfüllung gegangen, eine einheitliche deutsche Reichseisenbahn besteht bis zum heutigen Tag nicht.

Seit 1908 ist der deutsche Staatsbahnwagenverband errichtet, der die freie Benutzung aller deutschen Güterwagen ohne Berücksichtigung des Eigentumsrechts der einzelnen Verwaltungen gestattet. Dadurch ist eine sehr bedeutende Ersparnis infolge Verringerung der Leerläufe erreicht worden. Die Güterwagenverteilung für ganz Deutschland erfolgt seitdem durch das beim Eisenbahnzentralamt in Berlin errichtete Hauptwagenamt. Auch über diese beispiellos großartige Verkehrsmittelstelle wird noch ausführlich zu sprechen sein.

Am Schluß dieses Rückblicks auf die Geschichte der Eisenbahn möge eine Zusammenstellung der Eröffnungszeiten einiger geschichtlich besonders wichtigen Strecken Platz finden:

Stockton – Darlington: 1825
Manchester – Liverpool: 1830
Brüssel – Mecheln (erste Lokomotivbahn auf dem Festland): 1835
Nürnberg – Fürth (erste Eisenbahnstrecke in Deutschland): 1835
Berlin – Potsdam (erste Strecke in Preußen): 1838
Braunschweig – Wolfenbüttel (erste deutsche Staatsbahn): 1838
Leipzig – Dresden: 1839.

78. Sicherheitstrachten für Eisenbahnreisende
Spottbild auf ängstliche Fahrgäste der Berlin –Potsdamer
Eisenbahn

Die Gegenwart

9. Eine Fahrt von Berlin nach Halle

An einem sonnenhellen Julitag im Anhalter Bahnhof zu Berlin.

In der großen Vorhalle drängt sich um die Schalter eine dichte Menge in fröhlichster Ferienstimmung. Kaum zwanzig Schritt vom Berliner Innenverkehr getrennt, sind die Geister bereits vollkommen der Stadt abgewendet. In dem Augenblick, da das Eingangstor des Bahnhofs durchschritten ist, fühlt sich ein jeder losgelöst von der Gegenwart, getrennt von dem Ort, an dem er sich befindet. Was eben noch fernab lag, ist plötzlich näher gerückt, das oft viele hundert Kilometer entfernte Reiseziel scheint bereits in greifbarer Nähe zu liegen; denn jeder der Reiselustigen sieht mit dem geistigen Auge vor sich den glatten, hindernisfreien, stählernen Weg, der vom Anhalter Bahnhof bis zu jenem Ort hinführt.

So rasch es geht, macht jeder Reiselustige den Schienenpfad zu seinem Diener, indem er eine ganz einfache Handlung vollzieht: das Lösen der Fahrkarte. Hinter den Schalterfenstern treten die Beamten unausgesetzt an die weit gedehnten Schränke, entnehmen ihnen mit schnellem Griff die Fahrkarten, drücken einen Preßstempel darauf und häufen die entrichteten Beträge in den Kassen an. An manchen Ausgabestellen sind keine Schränke mehr vorhanden, an ihrer Stelle steht eine langgestreckte Maschine, auf der fortwährend ein Schlitten geschoben und eine vielfach beschriebene Walze gedreht wird. Hierauf werden die geforderten Fahrkarten stets frisch gedruckt.

Droben in der eigentlichen Bahnhofshalle hängt am Kopfende des letzten Ausfahrgleises eine Tafel mit der Aufschrift: »Schnellzug (D-Zug, zuschlagpflichtig) nach München über Halle, Nürnberg«. Das Gleis selbst ist noch leer, die Sperre geschlossen. Vor der schmalen Pforte stellen sich allmählich immer mehr und mehr mit Karten versehene Fahrgäste auf. Sie stehen im tiefen Schatten des schweren Hallendachs und blicken sehnsüchtig durch die drei schön gewölbten Endbogen des Bahnhofs hinaus in den hellen Sonnenschein, der auf den blanken Schienen funkelnde Lichter hervorruft, auf diesen Schienen, die einen ununterbrochenen, verbindenden Strang mit dem Reiseziel herstellen.

Nun fällt ein Schatten auch auf die Schienen. Still und langsam wird der Zug in die Halle geschoben. Unsichtbar für die vor der Sperre Wartenden liegt vor ihm eine kleine, pustende Verschiebelokomotive, welche die Wagen geschickt und vorsichtig bis in die Nähe des Endprellbocks drückt. Nachdem dies geschehen ist, wird die Kupplung des ersten Wagens von der Maschine gelöst und diese fährt eifrig puffend davon.

Kraftvoll und ragend stehen die großen D-Wagen mit ihren einfachen, angenehmen Formen auf dem Gleis, jeder mit einem Schild versehen, welches das Endziel seiner Fahrt und die wichtigsten Zwischenbahnhöfe mitteilt. Die größte Zahl der Wagen geht nach München und bestimmt damit die Benennung des Zugs. Aber es sind auch andere eingestellt, die viel weiterliegende Ziele zu erreichen haben: Lindau am Bodensee, Chur, das Einfallstor für das Engadin, Innsbruck, die Schwelle für so manche Italienfahrt, Salzburg in den Tiroler Alpen. Fest und schwer gebaut wie Häuser, scheinen die Wagen jetzt unverrückbar auf dem Gleis verwurzelt. Wer noch niemals eine Eisenbahn gesehen hat, vermöchte nicht ohne weiteres zu glauben, daß diese großen Gebäude zur Fortbewegung bestimmt sind. Am wenigsten könnte er sich wohl vorstellen, daß sie kurze Zeit später mit atembeklemmender Geschwindigkeit weit, weit über die Lande dahinfliegen werden. Düster ragen die vom Rauch geschwärzten Wände der Wagen über den Bahnsteigrand empor, kalt und hart blicken die leeren Fensteröffnungen, schweigend und einsam liegen die Gänge und Abteile da.

Doch nun wird die Sperre geöffnet. Der Bahnsteigschaffner durchschneidet mit seiner Zange endgültig die Scheidewand, welche die Reiselustigen noch von der lockenden Ferne abtrennt. Die freudig erregte Menge ergießt sich strudelnd wie ein Wildbach in die Wagen. Im Augenblick ist deren Aussehen verwandelt.

Leichte Röcke rauschen durch die Gänge, schmucke Ledertaschen und derbe, vollgestopfte Rucksäcke füllen die Gepäcknetze, lachende Kinderköpfe blicken überall aus den Fenstern. Zwischen den auf dem Bahnsteig Gebliebenen und den Insassen der Wagen werden lebhafte, schnelle Gespräche geführt. Hier und da sieht man auch einmal ein betrübtes Gesicht, das Abschiedsschmerz um einen für lange Zeit Scheidenden ausdrückt. Meistens aber geht ein fröhliches Geplauder herüber und hinüber, das angenehme Gefühl des Eisenbahnfiebers vor einer Vergnügungsreise hat alle ergriffen. Wer vermöchte sich noch vorzustellen, daß diese reich und heiter bevölkerten Räume derselben Wagenburg angehören, die eben kalt und einsam am Rand des Bahnsteigs stand! Die düsteren Wände scheinen verschwunden, alles Scharfkantige der Nutzbauten ist verwischt, man sieht nur noch ein lustiges Gehäuse zur Aufnahme fröhlicher Menschenkinder.

Zwischen den hell Gekleideten hindurch drängt sich ein rußiger Gesell. In der rechten Hand hält er einen langgestielten Hammer, die linke trieft von Öl. Er mischt in die leichte Heiterkeit um den Zug den Ernst des technischen Betriebs und schafft einen Gegensatz, der für den nachdenklich Beobachtenden stets etwas Ergreifendes hat. Den leichtsinnigen, jauchzenden Seelen dient ernst und mit lastendem Verantwortungsgefühl eine andere Menschengruppe, die erst durch ihren Ernst und ihre Arbeit jene vertrauensvolle Heiterkeit möglich macht. Der Mann mit dem Hammer ist der Wärter, dem die Aufgabe obliegt, jedes Rad unter den Wagen noch einmal daraufhin zu prüfen, ob es zuverlässig und in Ordnung ist. Tönt der Hammerschlag hell auf dem Reifen, so ist man sicher, daß er keinen Sprung hat und nach aller menschlichen Voraussicht imstande sein wird, das gewaltige Gewicht des Wagens trotz der furchtbaren Stöße auf den Schienen bis zum Endpunkt der Fahrt zu tragen. Zugleich hebt der Wärter an jeder Achse den Verschlußdeckel des Ölbehälters empor, um zu sehen, ob genügend Schmierstoff eingefüllt ist, so daß keine der Achsen Gefahr läuft, sich unterwegs allzusehr zu erhitzen.

Kurz hinter ihm schreitet der kräftige, schnurrbärtige Zugführer, mit der roten Tasche um den soldatisch stramm aufgerichteten Leib, den Zug entlang und verzeichnet in einem Dienstbuch die Nummern der Wagen, die seiner Obhut anvertraut sind.

Der Schatten der Bahnhofshalle schneidet mit Messerschärfe in der Mitte des vorletzten Wagens ab. Der Vorderteil des langen Zugs steht schon außerhalb der Wölbung in der brennenden Sonne. Noch aber fehlt dem Ganzen der Kopf. Die Lokomotive ist noch nicht vorgefahren.

Da kommt sie langsam und majestätisch mit dem Tender voran herbeigerollt. Der Kuppler springt zwischen die Puffer des ersten Wagens, der Heizer, der sich weit aus dem Fahrstand der Maschine herausgelehnt hat, gibt dem Lokomotivführer einige Winke, bis dieser durch wiederholtes geschicktes Öffnen und Schliessen des großen Reglerhebels die Lokomotive gerade so weit an den Zug herange-rückt hat, daß die Puffer des ersten Wagens ein wenig eingepreßt werden. Die In-sassen des Zugs haben von diesem wichtigen Vorgang, der ihnen erst die Möglich-keit des raschen Davonfliegens erschließt, gar nichts bemerkt. Rasch wirft der Kuppler die schwere stählerne Öse über den Haken am Tender, zieht die Kupp-lungsschraube an, hakt noch einmal zwei Kettenteile ineinander und schließt end-lich den Bremsschlauch der Lokomotive mit der unter dem ganzen Zug dahinlau-fenden Rohrleitung zusammen.

Prächtig ist der Anblick der nun vor dem Zug liegenden Maschine. Sie ist der schönste Ausdruck des Zwecks, dem sie dient. Die breite Brust mit ihrer kühnen Wölbung bedeutet Kraft. Alle die niedrigen, aus ihrem Leib herausragenden Teile, wie Schornstein, Dampfdom und Sandkasten scheinen anzuzeigen, daß sie sich zu-sammengeduckt hat, um möglichst wenig im Vorwärtsstürmen gehindert zu sein, daß sie alle ihre Fähigkeiten zusammenfaßt auf das Vorwärtseilen, das alsbald sei-nen deutlichsten Ausdruck finden soll durch das verwirrend eilige Umlaufen der blanken Stangen unten am Triebwerk. Eine Persönlichkeit ist die Lokomotive, wie sie jetzt mit klopfenden Pulsen, mit dampfenden Flanken dem Augenblick ent-gegenharrt, in dem man ihr die Freiheit lassen wird, dahinzustürmen auf der Bahn, die von ihr allein beherrscht wird.

Nun gibt es in den meisten Wagen einen kleinen Schreck: denn plötzlich faucht und zischt es am ganzen Zug. Der Lokomotivführer hat das Bremsventil betätigt, um die Bremsprobe vorzunehmen. Nachdem festgestellt ist, daß überall die Brems-klötze richtig angezogen haben, ist der Zug fahrtbereit.

Eines von den vielen Signalen, die kurz vor der Lokomotive auf einer hohen Brücke stehen, hat seinen Arm schräg aufwärts erhoben. Es erschallt der Ruf »Bit-te, Platz nehmen!«, das bekannte Geräusch der zufliegenden Türen wird hörbar, die Unterhaltung schwillt zu einem brausenden Meer der Stimmen an, die Kinder packen ihre Hüte fest, die Taschentücher werden gelüpft, und mit ernstem Gesicht blickt der Aufsichtsbeamte mit der roten Mütze noch einmal den ganzen Zug ent-lang. Dann hebt er mit einer kurzen Bewegung den Befehlsstab.

Der Lokomotivführer hat das Zeichen wahrgenommen, große Dampfwolken entströmen der Maschine, langsam setzt der Zug sich in Bewegung. Noch eine hal-be Minute lebhaften Winkens, dann ist er um die nächste Biegung verschwunden.

Die Zurückgebliebenen schauen ihm immer noch nach, und kaum einer ist da, dem man nicht das Bedauern darüber ansieht, daß er nicht auch, wie jene glück-licheren Reisenden, losgelöst von Raum und Zeit, dahinfliegen kann über die hel-len Lande. Einer Trauerversammlung nicht unähnlich verlassen die Begleiter mit schweren Schritten durch die Sperre hindurch den Bahnsteig. Das leergewordene Gleis läßt wiederum keine Ahnung mehr davon aufkommen, welch ein von Men-schen wimmelnder, gewaltiger Bau eben noch auf ihm geruht hat.

Indes hat der Zug schon eine gesteigerte Geschwindigkeit erreicht. Die Loko-motive jauchzt ob des freigelassenen Zügels, ihre gewaltigen Räder prasseln über die Schienen, wie spielend zieht sie die ungeheure Last der Wagen hinter sich her, während über ihrem Haupt triumphierend die Rauchfahne hoch in die Lüfte flat-tert.

Der Heizer öffnet die Feuertür und wirft mit geschicktem Schwung eine gehäufte Schaufel mit Kohlen nach der andern vom Tender in das lodernde Meer dort drin-nen. Er regelt den Wasserstand und hat unausgesetzt an den zahllosen Hebeln und Handrädern zu drehen.

Indessen späht der Lokomotivführer mit angespanntem Ernst durch das rechte Fensterchen des Stands hinaus auf die Stecke. Immer wieder nach wenigen Minuten taucht ein kurzer Pfahl mit vorgesetzter weißer Scheibe auf, das Vorsignal, dann schneidet der fadendünn erscheinende Gittermast des gezogenen Hauptsignals tief in die Landschaft ein. Dem Führer zur Hand liegen der blanke, lange Reglerhebel, die Kurbel für die Schiebereinstellung und der kurze Griff der wichtigsten Sicherheitseinrichtung am Zug, der Druckluftbremse. Die Maschine gibt willig die ganze Kraft her, die in ihr steckt, so daß der Geschwindigkeitsmesser zwischen den Zahlen 90 und 100 Kilometer in der Stunde spielt. So kann der Lokomotivführer seine ganze Aufmerksamkeit der Beobachtung der Signale widmen, den einzigen Zeichen, welche die einsame Lokomotivmannschaft noch mit der übrigen Welt verbinden. Er findet sie alle in der Stellung Fahrt Frei.

Das Prasseln der Räder verstärkt sich, denn der Zug rollt durch einen größeren Bahnhof – Luckenwalde liest man im Vorbeifliegen –, in dem das glatte Gleis sich in zahlreiche Schienenstränge auflöst. An der Zungenspitze einer jeden Weiche gibt es einen verstärkten Schlag, aber dieser erschreckt den Führer nicht, denn das für ihn geltende gezogene Signal sagt ihm, das die Weichen richtig gestellt sind und die Zungen mit zuverlässiger Festigkeit anliegen.

Weiter gehts bis Jüterbog. Hier zweigt von der Strecke nach Halle die große Schnellzuglinie nach Dresden ab. Zwei Signale stehen an der Trennungsstelle. Mit leichtem Blick erkennt der Lokomotivführer, daß das für die Richtung Halle geltende auf Fahrt Frei gestellt ist, und wiederum weiß er hierdurch genau, daß sein Zug in das richtige Gleis hineinfahren und nicht etwa eine Ablenkung auf den für ihn falschen Dresdner Strang erfahren wird.

Ernst und streng liegt die Strecke vor dem Auge des Lokomotivlenkers. Mit ihren geraden mathematischen Linien zieht sie, allen Zufälligkeiten abhold, durch das lustige Grün der Wiesen, über Bäche und Senkungen hinweg, durch Hügeleinschnitte hindurch weiter, immer weiter. An dem klapprigen ländlichen Fuhrwerk, an dem hochbeladenen Düngerwagen vorbei, die auf den Landstraßen halten, fliegt die vornehme Bildung des Zugs, von den weißgedeckten Tischen des Speisewagens blicken die Fahrgäste auf die bescheidenen dörflichen Häuschen, in denen ein stilles karges Leben auf der festen Scholle sich abspielt.

Wie ein gewaltiger Herr, der durch seine Lande reist, wird der Zug überall dienend empfangen. Kein Kaiser findet seinen Weg so wohlvorbereitet, so glatt und hindernisfrei wie er. Längst ist sein Herannahen durch Glockenzeichen gemeldet, jedes Steinchen, fast jedes Stäubchen ist vor ihm von den Schienen entfernt, alle das Gleis querenden Straßen sind durch einen Schlagbaum verschlossen. Diensteifrig steht der Wärter am Übergang und blickt ehrfurchtsvoll, mit geschulterter Notfahne, zu dem donnernd vorbeistürmenden Zug empor. Aus den Fenstern der großen Stellwerkstürme vor den mit voller Fahrt durchsausten Bahnhöfen schauen die diensttuenden Beamten hinab, auf den Bahnsteigen stehen die Fahrdienstleiter stramm, und die Reisenden, welche einem der folgenden Personenzüge entgegenharren, drängen sich hinter den Schranken.

So weit der Zug zu sehen ist, bleibt längs der Strecke bei seinem Vorüberfahren kein Mensch gleichgültig. Der Kutscher, der auf seinem Wagen vor der geschlossenen Schranke sitzt, der Kartoffelgräber auf dem Feld, der pflügende Landmann, der spazierende Städter, sie alle richten das Gesicht dem Zug entgegen, und für Minuten ist ihr Denken gänzlich von diesem eindrucksvollsten aller beweglichen Gebilde gefangengenommen. Auch die Tiere werden aufmerksam. Der Hund bellt, die

Pferde springen erschreckt durch das Gras, selbst die träge wiederkäuenden Kühe hören für einige Zeit auf, ihre Kinnbacken zu bewegen.

Weiter geht's in glatter Fahrt über die Lande. Auch das tief eingeschnittene Elbtal bei Wittenberg ist kein Hindernis für die Hundertkilometergeschwindigkeit des Zugs. Auf langer, eiserner Brücke wird der Fluß überflogen, als läge gewachsener Boden unter den Rädern.

Beim raschen Durchfahren des Bahnhofs Bitterfeld grüßt die Dampflokomotive eine neu heraufkommende Zeit, denn dieser Bahnhof ist überzogen von eisernen Jochen, an denen schwere Porzellanklötze und Kupferdrähte hängen. Hier nimmt die erste elektrische Vollbahnstrecke in Preußen Bitterfeld – Dessau ihren Anfang.

Weiter drehen sich die Räder der Lokomotive in tollem Wirbel um und um. Die Triebstangen fahren wild hin und her, der Dampf zischt aus dem Blasrohr durch den Schornstein, der Kohlenvorrat des Tenders mindert sich mehr und mehr, da die gefräßige Feuerung einen Zentner nach dem andern aufzehrt. Nachdem kaum mehr als zwei Stunden vergangen sind, nähert sich der Zug seiner ersten Haltestelle, dem Bahnhof Halle. Schon lange vorher schließt der Lokomotivführer das Reglerventil und sperrt damit die Dampfzufuhr zu den Zylindern ab. Zur rechten Zeit setzt er die Bremse in Tätigkeit, langsam sinkt die Geschwindigkeit des Zugs, und, nachdem er mehr als 160 Kilometer frei durchfahren hat, kommt er fast auf das Zentimeter genau an der vorgezeichneten Stelle leise und stoßlos zum Halten.

Während nun die Wagentüren sich wieder öffnen, Fahrgäste aus und ein steigen, löst sich die Lokomotive vom Zug und fährt in den Schuppen. Sie hat ihre Pflicht mit wundervoller Tatkraft und Ausdauer erfüllt, nun wird ihr einige Zeit zum Ausruhen und zur Erholung gegeben. Eine neue, noch mächtigere Maschine wird angekuppelt. Sie soll den Zug ohne Aufenthalt durch das halbe Deutschland hindurch in 3 1/2 Stunden bis nach Nürnberg führen.

Wir sind sicher, daß sie gleichfalls ihre Pflicht pünktlich auf die Minute erfüllen wird. Auch keiner der Fahrgäste zweifelt daran, daß er zur vorgeschriebenen Zeit das Endziel seiner Fahrt erreichen wird. Und das um so weniger, als sicherlich kein einziger von ihnen überhaupt seine Gedanken auf den Eisenbahnbetrieb richtet, der ihm eine so schöne glatte Reise ermöglicht.

Was ist jedoch alles notwendig, damit der Zug wirklich in der geschilderten Weise auch nur von Berlin bis Halle gelangen konnte! Welche außerordentlichen Vorkehrungen mußten in der Vergangenheit getroffen, welch eine Unzahl von Verrichtungen während der Fahrt vollführt werden, damit Menschen die Entfernung von Berlin bis Halle in zwei Stunden zu überwinden vermochten! Es ist die Aufgabe der folgenden Abschnitte, zu zeigen, welche Mittel vorhanden sein und angewendet werden müssen, um eine Eisenbahnfahrt unserer Tage zu ermöglichen.

10. Die neue Linie

Auch dort, wo heute die Strecke Berlin – Halle durch die Lande zieht, lagen einst Feld, Wald und Wiese in unberührtem Grün. Da erschienen eines Tags die Männer mit bunten Pfählen, Fernrohren und Merkbüchern, maßen und schrieben eifrig, und nicht lange nachher ward gegraben und gerodet, das freundliche Grün beseitigt, der Wald gefällt, das Wasser mit schweren Jochen überdeckt, bis schließlich ein unfruchtbarer, grauer Pfad dalag, auf dem ein neues, donnerndes Leben anhub. Zwar ist es schon viele Jahrzehnte her, daß diese Vorgänge sich zwischen Berlin und Halle abspielten, doch sehr viel anders dürften die Geschehnisse auch damals nicht gewesen sein, als sie heute vor sich gehen, wenn eine neue Eisenbahnlinie angelegt werden soll.

Sobald der Entschluß gefaßt ist, zwei bestimmte Punkte durch eine Eisenbahn zu verbinden, muß man sich zunächst darüber klar werden, welche Bahngattung gewählt werden soll. Man hat die Auswahl zwischen Hauptbahn, Nebenbahn und Kleinbahn. Ausschlaggebend für den Entschluß sind die Stärke des Verkehrs, der zwischen Anfangs- und Endpunkt der Bahn zu erwarten ist, die Länge der Strecke und das Gelände, welches durchzogen werden soll.

Heutzutage wird in Preußen, dessen Verhältnisse wir hier hauptsächlich im Auge haben, der Anfang einer neuen Bahn fast stets ein Bahnhof sein, der Endpunkt zum größten Teil ebenfalls. Läuft die Bahn tot aus, so kommt nur örtlicher Verkehr für sie in Betracht, und dann wird man einfachere Bahngestaltung vorziehen. Beim Lauf der neuen Strecke von einem Eisenbahnknotenpunkt zum andern aber ist darauf zu achten, ob die Linie dem großen Durchgangsverkehr der Gegend einen abkürzenden Weg bietet. In solchem Fall ist es unwichtig, ob der Ortsverkehr gering ist oder nicht, man wird dann stets eine voll gerüstete Hauptbahn zur Ausführung bringen, auf der die Schnellzüge mit der größten Geschwindigkeit fahren können. Hierdurch ist man verpflichtet, die Bahn mit sehr geringen Neigungen auszuführen, die Halbmesser der Krümmungen sehr groß zu nehmen und den Oberbau so kräftig zu gestalten, daß er den vorgeschriebenen höchsten Raddrücken zu widerstehen vermag.

Die Neigung der freien Strecken auf preußischen Hauptbahnen darf für gewöhnlich das Maß von 1 : 80 nicht überschreiten. Das heißt auf einer Länge von 80 Metern darf die Bahn nicht um mehr als ein Meter steigen oder fallen. Man drückt die Neigung auch in Tausendteilen aus; 12,5 ‰ bedeutet dasselbe wie 1 : 80, 25 ‰ dasselbe wie 1 : 40. Bis zur Anwendung eines Neigungswinkels von 1 : 40 darf in besonders schwierigen Fällen mit Erlaubnis der Landesaufsichtsbehörde gegangen werden, doch wendet man in Preußen im allgemeinen keine stärkeren Neigungen als 1 : 150 an.

Der kleinste zulässige Krümmungshalbmesser für Hauptbahnen ist 300 Meter, mit besonderer Genehmigung 180 Meter, aber ein geringerer Halbmesser als 1000 Meter kommt in Wirklichkeit wenig in Betracht. Hierdurch und wegen der Flachheit der allgemein bei ihnen üblichen Neigungen gehören die preußischen und auch die übrigen deutschen Bahnen zu den bestgebauten auf der ganzen Erde.

Jeder Punkt des Oberbaus einer Hauptbahn muß imstande sein, eine Last von 8000 bis 9000 Kilogramm zu tragen. Bei der Berechnung des Oberbaus ist jedoch zu bedenken, daß es sich bei seiner Beanspruchung nicht um ruhende Lasten, sondern um ständig wechselnde Belastungen handelt, die mit harten Stößen anzugreifen pflegen. Das Gleis muß also sehr kräftig durchgebildet werden.

Aus den angegebenen Gründen vermag eine Hauptbahn am wenigsten sich den Geländeverhältnissen anzuschmiegen, ihr Bau wird darum am teuersten.

Die Länge der Strecke hat insofern einen Einfluß auf die Wahl der Bahngattung, als bei einer kurzen Linie die Entwicklung einer bedeutenden Geschwindigkeit keine allzu große Rolle spielt. Auf preußischen Hauptbahnen dürfen zur Personenbeförderung bestimmte Züge, die eine durchgehende Bremse besitzen, mit einer Höchstgeschwindigkeit von 100 Kilometern in der Stunde fahren. Auf Nebenbahnen sind nur 40 bis allerhöchstens 50 Kilometer Höchstgeschwindigkeit zulässig. Dieser Unterschied hat einen großen Einfluß auf die Reisedauer, wenn lange Strecken zurückzulegen sind, bei kürzeren Entfernungen aber ist ein Zeitverlust bei geringerer Fahrgeschwindigkeit wenig bemerkbar. Man kann sich also in einem solchen Fall mit einer Nebenbahn, auch bei nicht allzu wichtigen Durchgangsstrecken, begnügen, wodurch große Summen gespart werden, weil nun die Neigungen größer, die Krümmungen schärfer werden dürfen, man also mit weit mehr Rücksicht auf das Gelände bauen kann.

Wenn die Bahn nicht eine Ebene durchschneidet, sondern über stark gewellten oder gar gebirgigen Boden geführt werden muß, so bestimmt diese Bodengestaltung für alle anderen Gesichtspunkte hinaus die Wahl der Bahngattung. Bei ständiger Anwendung der höchsten zulässigen Neigung können Züge auch über eine Hauptbahn nur mit geringer Geschwindigkeit fahren, und darum macht es wenig Unterschied für den Verkehr, wenn man hier nur Nebenbahnausgestaltung anwendet. Die Schmalspur mit ihrer großen Schmiegsamkeit ist in solchen Fällen am allergünstigsten und gestattet oft die Vermeidung vieler Brücken- und Tunnelbauten.

Wenn die Bahngattung gewählt ist, beginnt man mit den »allgemeinen Vorarbeiten«. Sie dienen bei Privatbahnen als Unterlage bei der Einholung der staatlichen Genehmigung, bei Staatsbahnen zur Bildung eines endgültigen Urteils darüber, ob die Strecke bauwürdig ist und zu Mitteilung an den Landtag beim Ansuchen um die Genehmigung der notwendigen Bausumme.

Wenn einer privaten Gesellschaft die Erlaubnis zur Vornahme der »allgemeinen Vorarbeiten« erteilt ist, so erhält sie damit zugleich das Recht, fremdes Eigentum in dem notwendigen Umfang betreten und dieses gegen Ersatz beschädigen zu dürfen. Jedoch gibt diese Vorerlaubnis noch keinen Anspruch auf wirkliche Genehmigung des Baus. Diese steht in Preußen allein dem König zu, in anderen Ländern ist ein Gesetz notwendig.

Längst nicht alle Linien, die geplant werden, kommen zur Ausführung. Denn manchmal zeigen schon die Vorarbeiten, daß der zu erwartende Verkehr anfänglich überschätzt worden ist oder daß die Baukosten infolge ungünstiger Bodenverhältnisse zu hoch werden. Darum ist auch die Aufnahme der Vorarbeiten an eine Genehmigung geknüpft. Denn durch diese wird stets eine gewisse Beunruhigung bei den Bewohnern der angrenzenden Ländereien hervorgerufen, indem Hoffnungen auf Landverkäufe oder Wertsteigerungen des Bodens erweckt werden, die nachher nicht in Erfüllung gehen.

Am besten wäre es natürlich, wenn man den Anfangs- und Endpunkt der neuen Bahn durch eine gerade Linie verbinden könnte. Das wird jedoch nur in den allerseltensten Fällen möglich sein. Falsch wäre es jedoch, bei den Vorarbeiten nun diejenige Streckengestaltung heraussuchen zu wollen, welche die geringsten Baukosten erfordert, das heißt sich bei der Linienführung nur danach zu richten, daß man möglichst wenig Einschnitte zu machen, Dammaufschüttungen herzustellen oder andere Kunstbauten auszuführen hat, wenn auch Neigungs- und Krümmungsverhältnisse dadurch arg verschlechtert werden und große Umwege zu machen sind. Es müssen vielmehr von vornherein auch die künftigen Bahnunterhaltungs- und Betriebskosten in Betracht gezogen werde. Jede stärkere Steigung, jede schärfere Krümmung erfordern größere Zugkräfte und sind daher im Betrieb teurer. Die einmalige Ausgabe für einen Durchstich oder eine Brücke darf deshalb nicht gescheut werden, wenn man dadurch eine günstigere Bahngestaltung erreicht, welche die späteren ständigen Kosten mindert. Zwischen diesen beiden Gegensätzen ist es oft schwer, die richtige Mitte zu finden, und es gibt so manche Strecke in Deutschland und in anderen Ländern, die durchaus nicht so günstig gebaut ist, wie man es nachher gern gesehen hätte.

Man muß stets, bis man auch nur zur vorläufigen Festlegung der Bahnführung gelangt, vielerlei Möglichkeiten gedanklich und zeichnerisch erwägen. Es gibt stets zahlreiche Punkte, an welche die Bahn unbedingt herangeführt werden muß, und andere, die sie ängstlich zu fliehen hat. Sehr treffend sagt Blum, daß die Streckengestaltung von anziehenden und abstoßenden Magnetpolen beeinflußt werde. Unbedingt anziehend wirken große Städte oder tiefe Einsattelungen in Gebirgszügen, die zu überschreiten sind, wie z. B. die Westfälische Pforte. Das sind Zwangspunkte, die unter allen Umständen angegangen werden müssen. Als abstoßende Pole sind große, tiefe Seen, weite Moore, sumpfige Ufer breiter Flüsse zu betrachten.

Die Lage der Bahnhöfe ist mit besonderer Sorgfalt zu bestimmen, denn diese bilden ja die einzige Einnahmequelle der künftigen Strecke. Wenn die Linie hauptsächlich auf Ortsverkehr angewiesen ist, so wird sie keiner größeren Siedelung aus dem Weg gehen können. Kleinbahnen machen Umwege fast wegen eines jeden Dorfs. Eine ganz große durchgehende Schnellzugstrecke kann jedoch auch einmal einen sehr bedeutenden Ort seitlich liegen lassen, um eine allzu starke Abweichung von der geraden Linie zu vermeiden. So geht die Strecke Frankfurt a. M. – Basel bei Oos vorbei, ohne in das benachbarte Tal einzubiegen, in dem Baden-Baden liegt.

Recht sorgfältig wird man bei der Linienfeststellung auch darauf zu achten haben, wie oft Landstraßen und sonstige bedeutendere Wege gekreuzt werden müssen. In einem solchen Fall ist jedesmal zu überlegen, ob Überkreuzung in Schienenhöhe zufällig ist, oder ob die Bahn mit einer Über- oder Unterführung fortzuleiten ist. Die Sonderbauten an Wegekreuzungen verursachen jedesmal recht erhebliche Kosten, aber auch die Kreuzung in Schienenhöhe ist oft nicht billig, weil häufig größere Verlegungen der alten Wege notwendig sind. Um den Fahrzeugen und Fußgängern auf der Landstraße das Überblicken der Bahnstrecke zu erleichtern, dürfen die Wege nicht in scharfem Winkel auf diese zulaufen. Die Kreuzung hat vielmehr möglichst unter einem rechten Winkel zu erfolgen. Das macht Geländeerwerbungen sowie manche schwierige Bauausführung notwendig, und aus allen diesen Gründen kann man darum auch Wegekreuzungen als abstoßende Pole bezeichnen.

Wo Wasserläufe gekreuzt und berührt werden, ist die Bahn so zu führen, daß sie vollkommen hochwasserfrei daliegt. Durch Erkundigungen muß festgestellt werden, wie die Läufe sich zur Hochwasserzeit verhalten; danach ist die Höhe der Bahnkrone und die Weite der Durchlässe zu berechnen. Einen vielfach gekrümmten

Wasserlauf, der die Strecke häufig durchschneidet, überwindet man unter Vermeidung der sonst erforderlichen zahlreichen Brücken manchmal dadurch, daß man ihn begradigt und ganz an die eine Seite des Bahnkörpers legt. Das läßt sich häufig aber nicht ohne weiteres ausführen, da die Vorflutverhältnisse der anliegenden Ländereien mit in Betracht gezogen werden müssen, das heißt das Recht der Anlieger, Abfallwässer oder solche aus Trockenlegungsleitungen in den Lauf hineinzuführen.

Weiter ist bei den Vorarbeiten eine ungemein große Anzahl von Dingen zu erwägen. In Preußen z. B. wird man auch alle in der Nähe der geplanten Linie stehenden Gebäude anmerken müssen, die mit Stroh und Schindeln gedeckt sind. Denn wegen der Gefahr, daß diese Dachbedeckung durch Funkenflug von der Lokomotive in Brand gesetzt werden kann, müssen solche Häuser vor Inbetriebnahme der Bahn umgedeckt werden, wenn sie nicht mindestens im Abstand der anderthalbfachen Dammhöhe vermehrt um 38 Meter von der nächsten Schiene stehen.

Am besten ist es, wenn man die Bahn auf festen, tragfähigen und trockenen Boden legen kann. Auch die sonstige geologische Beschaffenheit der Umgebung ist wichtig, weil der Bahnbau sehr verbilligt wird, wenn die notwendigen Steine und der Baustoff für die Bettung in großer Nähe gewonnen werden können. Desgleichen müssen in gewissen Abständen Quellen erschließbar sein, damit das notwendige Wasser für die Speisestellen der Lokomotiven herangeschafft werden kann.

Als zeichnerische Grundlage für die Darstellung des Ergebnisses der allgemeinen Vorarbeiten benutzt man die beste Übersichtskarte der Gegend, die zu haben ist. In Deutschland kommen hierfür hauptsächlich die sogenannten Meßtischblätter der Generalstabskarten in Betracht, die im Maßstab von 1 : 25 000 hergestellt sind, also fast jede Einzelheit enthalten. Sonst muß in sich mit den weniger gründlichen Generalstabskarten in den Maßstäben von 1 : 50 000 oder 1 : 1 000 000 begnügen. Selbstverständlich ist durch Berechnungen und Nachmessungen der augenblickliche Zustand aufs sorgfältigste festzustellen.

Zur Erlangung der endgültigen Genehmigung sind Pläne einzureichen, in welche die Längs- und die Höhenlage der Bahn aufs genaueste einzutragen sind. Ferner müssen alle baulichen Anlagen wie Brücken, Durchlässe, Über- und Unterführungen, Wegeübergänge, Bahnhöfe, Haltestellen usw. genau angegeben werden. Ein Erläuterungsbericht, eine Denkschrift, Ertragsberechnung und ein Kostenüberschlag sind beizufügen; der letzte muß alle Fragen eines feststehenden Musterblatts beantworten, damit nichts vergessen werden kann. Bevor die Genehmigung erteilt wird, sind die Wünsche der Verwaltungen von etwa in der Nähe liegenden Bergwerken, der beteiligten Forstbehörden, der Domänenverwaltungen, der Moorkulturausschüsse, der Garnisonsverwaltungen und der Festungsbaubehörden zu hören.

Erst wenn die wirkliche Baugenehmigung erteilt ist, beginnen die ausführlichen Vorarbeiten, die zu einer genauesten Festlegung der Strecke auf Karten in dem ungeheuren Maßstab von 1 : 2500 führen. Es werden jetzt die endgültigen Vermessungen vorgenommen, und die Strecke wird durch Einschlagen von Pfählen in der Mittellinie der künftigen Bahnkrone in Entfernungen von je hundert Metern genau festgelegt. Im Anschluß daran können die eigentlichen Bauarbeiten beginnen.

11. Die Erdveste

Auch bei der Fahrt von Berlin nach Halle wird der aufmerksame Reisende bemerken, daß die Bahnstrecke nur äußerst selten in einer Ebene mit den angrenzenden Ländereien liegt.

Das ist hier ebensowenig möglich wie bei irgendeiner andern Linie, da die Erdoberfläche durch ihre Wellenform ja fortwährend von der Ebene abweicht, während die Bahn, wie wir wissen, die flache Gestaltung nach Möglichkeit anzustreben hat. So findet man denn auf jeder Eisenbahnstrecke eine fast ununterbrochene Folge von Einschnitten und Anschüttungen; es wechseln, wie der Fachmann sagt, Abtrag und Auftrag ständig miteinander ab.

Es ist die Aufgabe des *Unterbaus*, die Unebenheiten des Geländes auszugleichen. Beim Aufsuchen einer neuen Linie wird man auch dies in Betracht ziehen müssen, den der Unterbau wird sich dann am billigsten stellen, wenn Auftrag und Abtrag einander ergänzen, wenn man das an einem Einschnitt gewonnene Erdreich in geringer Entfernung gleich wieder zur Errichtung eines Damms verwenden kann. Nicht immer ist solch ein Massenausgleich möglich, er bleibt jedoch stets erstrebenswert.

Die eigentliche Fahrbahn und ihre Befestigungen ruhen größtenteils auf einem Erdkörper. Dieser Stoff für den Unterbau ist auch am meisten erwünscht, da er billig zu haben ist und seine Nachgiebigkeit ein angenehmes Fahren ermöglicht. Wo sich tiefere Einschnitte im Gelände befinden, wie bei der Kreuzung von Flußtälern, oder wo sie künstlich geschaffen werden müssen, wie bei Wegeunterführungen, besteht der Unterbau aus Stein und Eisen oder ähnlichen haltbaren Baustoffen wie Beton. Außer auf den Brücken fehlt der Erdkörper meist auch in Felsdurchstichen und Tunneln, wo dann der Oberbau auf den gewachsenen Fels aufgelegt wird.

Die Breite der durch den Unterbau herzurichtenden Bahnebene wird durch die für den Oberbau notwendigen Maße bestimmt, über die ausführlicher in Abschnitt 13 gesprochen werden wird. Hier seien nur einige wenige Angaben vorausgenommen.

Man bezeichnet die Linie AB auf unserem Bild 79, das einen Schnitt durch Oberbau und Erdkörper darstellt, mit Kronenbreite. Sie ist durch die Unterkante der Schienen bis zum Schnitt mit den verlängert gedachten Seitenkanten des Unterbaus gezogen. Der Abstand zwischen der Oberkante des Unterbaus und der Unterkante der Schwellen, H, heißt Bettungshöhe. Die Fläche C D heißt die Bahnkrone. Die Neigungen der unter A und B den Unterbau begrenzenden Flächen gegen die Waagerechte zu ihren Füßen wird der Böschungswinkel genannt. Der Abstand der Schnittpunkte A und B von der Mitte der nächsten Geleise hat bei Hauptbahnen mindestens zwei Meter zu betragen, damit die Bettung noch mindestens 50 Zentimeter für die Schwellenenden hinausgeführt werden kann. Für scharfe Krümmungen und hohe Dämme wird von der Bauordnung eine Verbreiterung der Bahnkrone empfohlen. Die Bettungshöhe H hat bei Hauptbahnen mindestens 20 Zentimeter zu betragen.

Aus diesen Zahlen läßt sich die Kronenbreite für eingeleisige Bahnen ohne weiteres ermitteln. Für mehrgeleisige Strecken sind noch einige weitere Angaben notwendig. Der Abstand der Mitten zweier benachbarter Geleise auf freier Strecke muß bei Hauptbahnen mindestens 3,50 Meter betragen. Dies Maß gilt jedoch nur

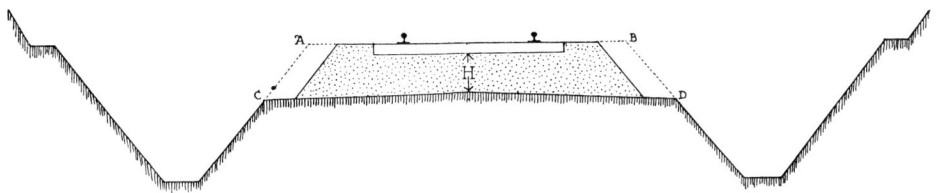

79. *Erdkörper mit Oberbau*
A B Kronenbreite, H Bettungshöhe, C D Bahnkrone

für zwei zusammengehörige Geleise. Sobald noch ein weiteres oder mehrere hinzukommen, ist der nächste Abstand der Gleismitten nicht unter 4 Metern zu bemessen. Auf Bahnhöfen und Haltestellen ist ein Gleismittenabstand von 4,50 Meter vorgeschrieben; dort wo Bahnsteige angelegt werden, muß dieses Maß mindestens 6 Meter betragen.

Die Grundlage für diese letzten Bestimmungen bildet die festgelegte »Umgrenzung des lichten Raums«, das heißt derjenige gedachte Querschnitt durch den Luftraum über der Schienenoberkante, der unbedingt überall freigehalten werden muß. Eine Verkörperung dieses nur gedachten Querschnitts hat jeder Reisende schon einmal gesehen. Auf jedem Güterbahnhof steht über einem der Geleise ein rechteckiges eisernes Tor, von dessen oberster Kante Kugeln an verschieden langen Ketten oder ein vielfach gekrümmter Bügel hinunterhängen. Dieser leicht bewegliche Bügel oder die gebrochene Linie, durch die man sich die untersten Punkte der Kugeln verbunden denken kann, stellen die Umgrenzung des lichten Raums in seinem oberen Teil dar. Hochgepackte Güterwagen, von denen man fürchtet, daß ihre Ladung an irgendeiner Stelle über die Umgrenzungslinien hinausragen könnte, werden durch diese Tore hindurchgefahren, um zu sehen, ob hierbei das Joch oder eine der Kugeln ins Schwanken gerät. Wenn das der Fall ist, muß die Form der Ladung geändert werden, damit diese bei der Fahrt nicht an Brückenträger oder Tunnelwände anstoßen kann, die oft vom Gleis nicht weiter abstehen, als eben die Umgrenzung des lichten Raums vorschreibt.

Der Abstand der Gleismitten ist so groß gewählt, damit ein verderblicher Anprall auch dann nicht stattfinden kann, wenn zwei Züge einander auf freier Strecke begegnen, während vielleicht gerade eine Tür offensteht. Bei den D-Wagen, die zur Unterbringung des Gangs breiter sind als die andern Eisenbahnfahrzeuge, sind die Türöffnungen in der bekannten eigentümlichen Weise etwas eingezogen, weil sonst die erwähnte gefährliche Berührung doch stattfinden könnte.

Jeder Unterbau ist so hoch auszuführen, daß die Bahnkrone wenigstens 60 Zen-

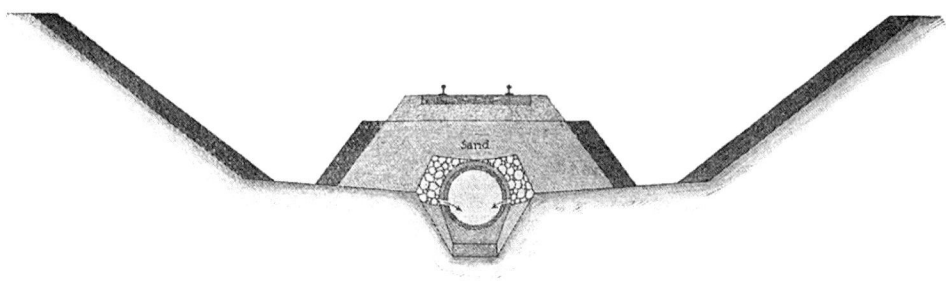

80. *Eisenbahndamm im Einschnitt mit Sickerkanal für das Niederschlagswasser*

139

timeter über dem höchsten, erfahrungsgemäß jemals zu erwartenden Hochwasserstand liegt. Die Festigkeit der Strecke wird jedoch nicht nur durch das auf dem Boden ruhende oder fließende Wasser bedroht, sondern auch von Niederschlägen. Damit die

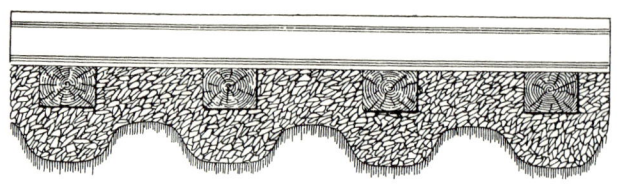

81. Verdrückungen im Erdkörper
hervorgerufen durch Schwellenpressung auf wasserundurchlässigem Boden

hölzernen oder eisernen Schwellen eine möglichst lange Lebensdauer haben, ist es notwendig, ihre Umgebung so trocken wie nur irgend möglich zu halten. Aus diesem Grund werden sie stets in eine wasserdurchlässige Schicht, in die Bettung aus kleinen Steinen oder Kies, gelegt. Das niedergehende Wasser dringt sofort durch diese hindurch und fällt auf die Oberfläche des Unterbaus. Hier muß es stets leicht abfließen können. Deshalb darf diese Fläche niemals muldenförmig oder auch nur wagerecht gestaltet sein, sondern sie muß Neigungen nach beiden Seiten haben.

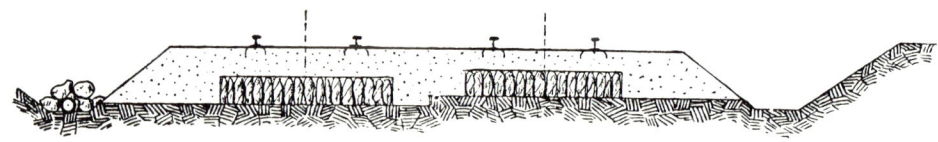

Aus »Eisenbahntechnik der Gegenwart«
82. Bettung mit Packlage, hergestellt 1879

Durch solche Bedachungen sind ein- und zweigeleisige Strecken auf Dämmen ziemlich leicht zu entwässern. Liegt die Bahn jedoch in einem Einschnitt, wo das Wasser nicht zur Seite abfließen kann, oder ist die Dammkrone sehr breit, weil sie mehrere Geleise zu tragen hat, so kommt man mit den einfachen Abdachungen nicht mehr aus. Es müssen vielmehr besondere Entwässerungstechniken geschaffen werden, z.B.: ein Sickerkanal in der Mitte, dem alles durch die Bettung dringende Wasser zufließt und der mit einer Neigung in der Bahnrichtung bis zum Ende des Einschnitts geführt ist; dort kann das Wasser nun zur Seite ablaufen. Auf Bahnhöfen sind oft sehr umfangreiche Entwässerungsanlagen zum gleichen Zweck notwendig. Zum Auffangen des von der Bahnkrone ablaufenden Wassers ist jede Strecke fast stets auf beiden Seiten von Abzugsgräben begleitet.

Die Böschungen tiefer Einschnitte können sehr leicht durch herabstürzendes Wasser beschädigt werden. Aus diesem Grund legt man meist droben an der Böschungskante einen Graben an, der wenigstens das vom angrenzenden Land zufließende Wasser auffängt und verhindert, daß auch dieses über die Böschungswände hinunterläuft.

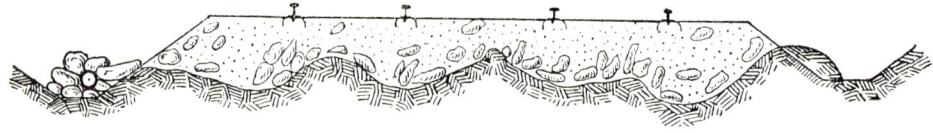

Aus »Eisenbahntechnik der Gegenwart«
83. Derselbe Bettungskörper im Jahre 1888
Der Erdkörper ist verdrückt; die Packlage hat sich in der Bettung verstreut

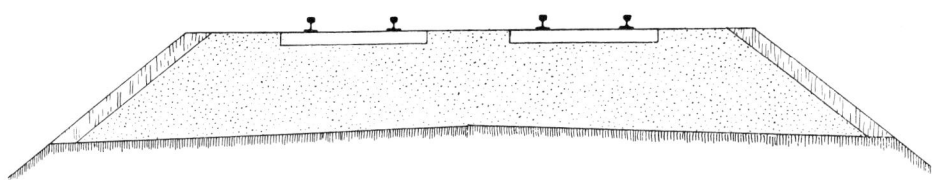

84. Frostsichere Bettung
Sehr hoher Bettungskörper zur Verhütung von Frosteinwirkung auf die Bahnkrone

Besonders gefährlich wird das Wasser bei solchen Unterbauten, die nicht aus durchlässigem Sand, sondern aus Lehm oder Ton bestehen; dieser quillt beim Feuchtwerden leicht auf und wird dann locker. Ein solcher aufgeweichter Boden gibt dem Druck der über ihm liegenden Schwellen allmählich nach, und es bilden sich unter diesen in der zuerst ganz glatten Dammkrone muldenförmige Vertiefungen. Wenn diese Eindrückungen anfangs auch nur klein sind, so wachsen sie doch verhältnismäßig rasch an, weil sie sogleich Sammelbecken für das Wasser bilden, das fortab noch gründlicher seine schädliche Einwirkung üben kann.

Auch der Frost wirkt auf einen solchen Unterbau in zerstörender Weise ein, indem das häufig gefrierende Wasser den Boden auflockert. Man hat versucht, durch Packlagen aus Steinen solche schädlichen Einwirkungen zu vermeiden, aber das ist nicht gelungen. Bild 82 zeigt, nach der »Eisenbahntechnik der Gegenwart«, eine zweigeleisige, mit eisernen Langschwellen ausgerüstete Bahnstrecke in einem Toneinschnitt, die im Jahre 1879 mit solcher Packlage versehen wurde. Schon neun Jahre später hatte sich die Krone arg verdrückt, und die Steine waren infolge der wechselnden schweren Stöße der über die Schiene rollenden Fahrzeuge durch die ganze Bettung verstreut. Weit besser wirkt die Anbringung eines sehr kräftigen Bettung, die oft über einen Meter hoch wird, aber nun den Tonboden vor Angriffen des Frosts sichert und das Wasser nur so langsam hindurchlaufen läßt, daß es Zeit hat, über die Abdachungen nach den Seiten abzufließen.

Die Gestaltung der Dammquerschnitte und ebenso der Einschnitt-Umgrenzungen ist abhängig von der Art des aufgehöhten oder angeschnittenen Bodens. Die Böschungswinkel können bei lehmfreiem Sand oder Kies steiler sein als bei Tonboden oder Lehm. Die Größe der Böschungswinkel spielt keine geringe Rolle für die Anlagesumme einer Bahn, da bei sehr breit ausladenden Böschungen weit mehr Gelände erworben werden muß, als wenn man steil hinab- oder hinaufgehen kann. Darum schreitet man bei allzu wenig haltbarem Boden oft dazu, die Erdböschungen durch Mauern zu ersetzen. Der Augenblick hierfür ist gekommen, wenn die Kosten, die durch das Aufführen der Mauern entstehen, übertroffen werden von den Ersparnissen beim Landerwerb, oder wenn gar das Abbrechen von nahe am Bahnkörper stehenden Häusern hierdurch vermieden werden kann. Erdböschungen werden stets sofort besät, damit das wachsende Gras oder Buschwerk Abspülungen verhindert.

Dem Unterbau zuzurechnen sind auch die Anlagen zum Schutz des der Bahn naheliegenden Geländes gegen Feuer und der Bahn selbst gegen Schneebedeckungen.

Die aus dem Schornstein der Lokomotive trotz mancher Vorkehrungen doch immer wieder hinausgeschleuderten glühenden Kohleteilchen bilden eine ständige Gefahr. Daß mit Stroh oder Schindeln bedeckte Häuser in Preußen nicht in der Nähe einer Bahnstrecke stehen dürfen, wurde bereits erwähnt. Arg bedroht sind aber auch die Wälder. Erfahrungsgemäß entsteht ein Waldbrand fast stets dadurch, daß die trockene Bodenbedeckung zu brennen beginnt, woraus sich dann ein geschwind vordringendes Lauffeuer entwickelt. Die Baumkronen werden fast niemals zuerst vom Feuer ergriffen. Es ist deshalb vorgeschrieben, daß überall dort, wo die Bahn durch Wald, Heide oder trockenes Moor gelegt ist, ein Streifen zu beiden Seiten der Strecke wund, das heißt von Bodenbewachsung freigehalten werden muß. Um die Ausbreitung eines trotzdem immer noch möglichen Brands zu verhüten, werden durch Wälder, in denen brennbares, geschlagenes Holz lagert, vertiefte Wundstreifen gezogen, die von den Flammen nur schwer überschritten werden können.

Der Funkenwurf der Lokomotive ist besonders lebhaft, wenn die Feuerung neu beschickt wird. Bei der Fahrt durch Wälder und an sonstigen besonders gefährdeten Stellen ist das Nachfeuern darum möglichst zu unterlassen. An solchen Streckenabschnitten sind die Telegraphenstangen mit breiten weißen Bändern bemalt, die dem Heizer sagen, daß er hier nur mit Vorsicht Kohle aufwerfen darf.

In unmittelbarer Nähe der Strecke sind die Wälder so weit zu roden, daß nicht vom Wind umgebrochenen Äste auf die Geleise fallen können.

Ein gefährlicher Feind des regelmäßigen Bahnbetriebs im Winter ist der Schnee. Nicht die niederfallenden Flocken wirken störend, denn die ganz vorn an den Lokomotiven angebrachten Bahnräumer können selbst eine 15 Zentimeter hohe Schneedecke bequem von den Schienen fegen. Es müssen schon größere Massen auf den Geleisen liegen, bis die gewaltige Kraft der vorwärtsstürmenden Lokomotive von ihnen so weit vernichtet wird, daß der Zug stecken bleibt.

Die Stürme sind es, welche leicht wahre Schneemauern auf den Geleisen auftürmen können. Sie raffen die auf den Feldern liegenden weißen Massen von weit her zusammen und werfen sie in den Einschnitt. Darum ist die Bahn dort am allermeisten gefährdet, wo der Wind über große, leere Flächen streichen kann. In Wäldern kommen Schneetreiben nicht vor.

Bei der Anlage von Eisenbahnstrecken nimmt man von vornherein auf den Schneeschutz sorgsam Bedacht. Man verläßt sich nicht darauf, daß nach einem Schneetreiben Arbeitergruppen die Strecke wieder freischaufeln, sondern man schafft Maßregeln, die nach Möglichkeit ein Verwehen der Strecke von vornherein verhüten.

Die Schneewehe muß aufgehalten werden, bevor sie die Bahn erreicht. Das geschieht am besten durch das Anbringen einer Schutzwehr, also von durcheinandergepflanzten hohen und niedrigen Nadelbäumen, durch Erddämme oder durch Zäune. Die Schutzwehr darf jedoch niemals unmittelbar an den Rand des Einschnitts gesetzt werden. Denn gerade dicht hinter dieser pflegen sich die Schneemassen am stärksten anzuhäufen.

Die Gewalt des Sturms wird nämlich an der Schutzwehr gebrochen, und hinter ihr entsteht ein windstiller Streifen. Dadurch hat der Schnee Gelegenheit niederzugehen. Es muß also ein Lagerungsabschnitt zwischen der Schutzwehr und der Einschnittkante vorgesehen sein. Die Ermittlung der günstigsten Höhe für die Wehr ist Aufgabe sorgfältiger Berechnungen. Es sind recht schwierige mathematische Formeln, die hier in Anwendung gebracht werden müssen.

Man hat auch versucht, an Stelle der Schutzwehren geneigte Leitbahnen an den Seiten der Bahn anzubringen, die der herannahenden Schneewehe eine solche Richtung geben sollen, daß sie unschädlich über die Geleise hinweggeht. Die hiermit angestellten Versuche sind jedoch nicht gelungen.

Die am häufigsten zur Schneeabwehr benutzten Zäune werden aus alten Schwellen hergestellt, die entweder senkrecht in den Boden eingelassen oder waagerecht übereinander zwischen geeigneten Haltern angebracht werden. Vielfach sind auch Brettertafeln in Gebrauch, die nicht ständig zwischen den für sie vorgesehenen Pfosten stecken, sondern, da sie leicht zu bewegen sind, erst eingesetzt werden, wenn ein Schneetreiben zu erwarten ist. Ihre Anwendung ist darum billig, weil man immer nur, je nach der Richtung des Winds, die eine oder die andere Seite der Bahn abzudecken braucht, so daß nur halbsoviel Bretterwände vorzuhalten sind wie bei festen Zäunen. Die Einsteckpfosten müssen selbstverständlich auf beiden Seiten vorgerichtet werden. Anstelle der Holzwehren verwendet man auch Geflechte aus Binsen oder Weidenruten. Manche Verwaltungen halten frei aufstellbare Bockzäune bereit.

Ein Schutz der deutschen Bahnen gegen Lawinengefahr ist nur im südlichen Bayern notwendig. In Gebirgsländern sind zu diesem Zweck aber häufig recht große Bauten ausgeführt, die entweder Abstürze von der Strecke fernhalten sollen oder dafür sorgen, daß die Lawinen über die Bahnstrecke hinübergehen. Die Bernina-Bahn z. B., die St. Moritz mit Tirano in Italien verbindet, besitzt sehr viele solcher Lawinen-Leitanlagen.

12. Über Täler und Berge

Die Schaffung des Eisenbahnunterbaus, die vielfach zu eintöniger Maulwurfsarbeit zwingt, gibt an einzelnen Stellen auch Anlaß zur Herstellung kunstvoller Bauten. Die Überführung von Strecken über tief eingeschnittene Täler hat Werke entstehen lassen, die zu den großartigsten Leistungen der Technik gehören. Die Kunst des *Brückenbaus* wäre niemals zu so hoher Vollendung gelangt, wenn die Eisenbahn nicht die Bewältigung größter Gewichte gefordert hätte. Die Beherrschung der Baustoffe ist hierdurch in außerordentlicher Weise gefördert worden. Und infolge der tief eindringenden wissenschaftlichen Erkenntnis über die wirklichen Beanspruchungen von Bauteilen schwerer Brücken ist man dazu gelangt, auch an andern Stellen, wie bei der Herstellung großer Hallen, Leistungen von oft schwindelerregender Kühnheit zu vollbringen.

Auch Deutschland, das infolge seiner meist ebenen Gestaltung an ragenden Eisenbahnbauten nicht gerade reich ist, weist eine Reihe höchst eindrucksvoller Brücken auf. Im Jahre 1910 waren für die vollspurigen Eisenbahnen in Deutschland 534 Brücken mit einer Gesamtlänge von annähernd 74 Kilometern errichtet.

Die technische Kraft, durch welche es gelang, die heutigen großen Eisenbahnbrücken in aller Welt zu schaffen, hat ihre Wurzeln so sehr in den Anfängen der Brückenbaukunst, daß es zum besseren Verständnis der nun erreichten Leistungen notwendig ist, den Blick ein wenig rückwärts zu wenden.

In älteren Zeiten waren Holz und Steine die einzigen Baustoffe, die für Brücken verwendet werden konnten. Die erste eiserne Brücke entstand in den Jahren 1776 bis 1779 auf englischem Boden in der Nähe der Grube von Coalebrookedale, wo zehn Jahre vorher Reynolds die ersten Schienen gegossen hatte. Die Brücke hatte eine Spannweite von nur 31 Metern und war aus Gußeisen gefertigt. Auf dem Festland wurde die erste eiserne Brücke in Deutschland errichtet, und zwar im Jahre 1796 in Schlesien, wo sie heute noch das Striegauer Wasser überspannt.

Gußeisen ist jedoch für Brückenbauten ein wenig zweckmäßiger Baustoff. Es besitzt zwar eine sehr große Druckfestigkeit, jedoch kann es Zug- und Biegungskräften nur in geringem Maß Widerstand leisten. Als man daher breitere Wasserläufe überbrücken wollte, wurde es notwendig, eine Eisensorte zu benutzen, die Beanspruchungen aller Art auszuhalten vermag.

1818–1826 baute *Telford* die erste schmiedeeiserne Brücke. Sie überschreitet den schmalen Meeresarm zwischen der Westküste von Wales und der Insel Anglesey, die Menai-Straße. Telford schuf hier mit einer für die damalige Zeit außerordentlichen Kühnheit eine weitgespannte Hängebrücke. Er mußte bei den Abmessungen der einzelnen Teile meist nach dem Gefühl arbeiten, da zuverlässige Zahlen über die Haltbarkeit des Eisens und Formeln zur Berechnung der Beanspruchungen noch nicht vorhanden waren. Es wird erzählt, daß sich der Bauleiter, als das Stützgerüst unter der Brücke weggeschlagen wurde, in das Brückenhäuschen zurückzog, dessen Fensterläden geschlossen waren, um dort zu beten. Es ging jedoch alles gut. Diese erste Hängebrücke der Welt bewährte sich vortrefflich, weil sie von einem hochbefähigten Mann mit sicherem Gefühl geschaffen worden war.

Über Telfords Brücke lief nur eine Landstraße. Für die verhältnismäßig geringen Belastungen, die auf solchen Wegen auftreten, waren die leichten Hängebrücken

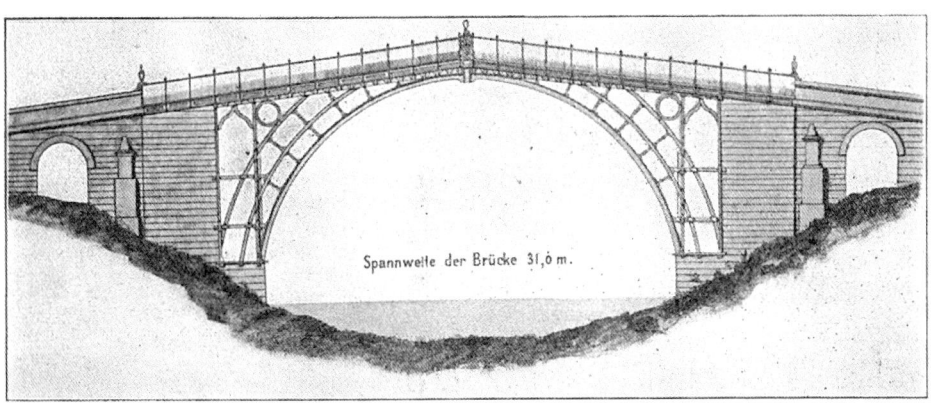

85. Die erste eiserne Brücke
entworfen von Abraham Darby; in Gußeisen erbaut bei Coalebrookdale in England 1776–1779

jener Zeit denn auch sehr gut geeignet. Aber es zeigte sich doch bald, daß ihre Steifigkeit nicht allzu groß war. Hier und da kam es vor, daß Brücken solcher Art bei heftigen Stürmen stark ins Schwanken gerieten und wohl auch einmal abgerissen wurden. Man konnte daher nicht daran denken, diese Bauform auch für Eisenbahnüberführungen anzuwenden. Es war der bedeutende Sohn des großen Georg Stephenson, der das von seinem Vater begonnene Eisenbahnwerk durch die Schaffung der ersten gewaltigen Eisenbahnbrücke fortsetzte. Robert Stephenson erbaute in den Jahren 1846–50 seine weltberühmte Britannia-Brücke, die gleichfalls über die Menai-Straße führt; sie wird noch heute von der Eisenbahnlinie benutzt, die von Chester nach dem wichtigen Hafen Holyhead auf Anglesey läuft.

Die Brücke ist 559 Meter lang. Sie stellt technisch nichts anderes dar als zwei gleichlaufende gewaltige eiserne Balken, deren Inneres entfernt ist. Der Querschnitt ist also kastenförmig. Der an zwei Enden aufgelagerte Balken ist ja die einfachste Form einer Überbrückung, da sich die bei Belastung in einem solchen Balken auftretenden Kräfte am leichtesten übersehen lassen. Wird ein Gewicht auf den Balken aufgelegt, so sucht er sich durchzubiegen. Hierbei erleiden die untersten Fasern eine Streckung, die obersten werden zusammengedrückt. Dazwischen muß ein unbeanspruchter Bezirk liegen. Darum kann man auch mit gutem Erfolg Balken mit ganz schmalem Mittelteil verwenden, wie es heute bei den Schienen und bei den Doppel-T-Trägern geschieht, oder man vermag, wenn man die Ränder nur kräftig genug ausbildet, das Innere auch ganz fortzulassen. Diesem Gedanken folgend, schuf Robert Stephenson die beiden großen Kasten der Britannia-Brücke.

Das Bauwerk erscheint uns heute ungefüge und grob zusammengehauen. Den Eindruck aber, den es kurz nach seiner Errichtung auf einen sachverständigen Zeitgenossen machte, kennen wir aus einer Schilderung Max von Webers:

»Schwindelhoch, turmhoch und in der Tat wie auf Türmen auf schlanken Pfeilern ruhend, liegt das zweihunderttausend Zentner schwere, gewaltige Eisenrohr über dem vierzehnhundert Fuß breiten Arm des St.-Georg-Kanals, der die Insel Anglesey von der Westküste von Wales trennt. Selbst wie eine Schöpfung, die nur der Allmacht gelingen zu können scheint, steht das Bauwerk ohnegleichen, seiner ungeheuren Gliederung gemäß, mit seinem Formensinn aus Elementen ägyptischen Stils in hohem Ernst aufgebaut, an beiden Ufern von riesenmäßigen Sphinxen bewacht, in der tiefblauen Meeresflut zwischen paradiesischen Küsten. Tief drunten

Aus Kohl: »Beschreibung der Göltzsch-, Elstertal- und Britannia-Röhrenbrücke«
86. Die erste Eisenbahnbrücke: Britannia-Röhrenbrücke
Erbaut von Robert Stephenson 1846–1850 über die Menai-Meeresstraße. Im Hintergrund die
Kettenbrücke von Telford, die erste schmiedeiserne, erbaut 1818–1826.

die tiefazurne, mit weißem Schaum um die Brückenpfeiler brandende Flut, und auf ihr vor der frischen Morgenbrise hingleitende, sanftgeneigte, schwellende Segelmassen tragende Schiffe.

»Wie die Vögel des Himmels schauen wir von der Himmelshöhe der Brückenröhre hinab auf das schlanke Spierenwerk der darunter hinrauschenden Dreimaster. Vor uns stehen die zauberisch feinen, streng geometrischen und doch so unnachahmlich graziösen Linien von des großen Telfords Wunderwerk, der Menai-Kettenbrücke, die, nur eine Viertelmeile von der Britanniabrücke entfernt, die Chaussee seit dreißig Jahren über dieselbe Meerenge führt, über welche die Britanniabrücke die Eisenbahn trägt. Von welch großer, anregender Wirkung ist der Kontrast der Formen dieser beiden Meisterstücke der neueren Brückenbaukunst, die der Blick gleichzeitig umfaßt!«

»Feenhaft fein, wie aus Sonnenfäden gewebt, bogig, leichtgeschwungen, scheint die Brücke Telfords über dem Wasser zu schweben, während Stephensons Bau massig, gewaltig, unerschütterlich in scharfen, geraden Linien und Kanten darüber her ruht und es mit unermeßlichem Gewichte bedrückt und beherrscht.«

Der deutsche Ingenieur Max von Weber hatte kurz nach seinem Besuch der Britanniabrücke Gelegenheit, in Robert Stephensons Haus zu weilen und hierbei einem Bericht des großen Baumeisters über den wichtigsten und aufregendsten Augenblick bei der Erbauung der Brücke zu lauschen.

Die beiden hohen Kastenröhren – für jede Fahrtrichtung eine – waren nicht am Ort ihrer endgültigen Aufstellung zusammengenietet, sondern dicht am Ufer auf Gerüsten

Aus Kohl: »Beschreibung der Göltzsch-, Elstertal- und Britannia-Röhrenbrücke«
87. Blick in die Britannia Röhrenbrücke

146

hergestellt worden, die über das Wasser ragten. Um sie zwischen die Pfeiler zu bringen, benutzte Robert Stephenson ein Verfahren, das noch heute vielfach angewendet wird. Beim Beginn der Flut wurden zwei kräftige Schiffe mit aufgebauten starken Stützpfeilern so unter jedes Rohr gestellt, daß sie beim weiteren Steigen des Wassers schließlich den Brückenteil von den festen Gerüsten abheben und selbst tragen mußten. Alsdann fuhr man mit den Schiffen so zwischen die Pfeiler, daß sich die Rohre während der Ebbe auf vorbereitete Lager aufsetzten, von denen sie später nur noch senkrecht bis zur vollen Höhe der Pfeiler hinaufgewunden zu werden brauchten. An Kühnheit läßt dieses Verfahren, insbesondere wenn man das gewaltige Gewicht der Britannia-Brückenrohre in Betracht zieht, nichts zu wünschen übrig, und Robert Stephenson war denn auch aufs freudigste ergriffen, als kurz vor dem Beginn der Arbeit zwei Männer, die gleich ihm damals der Stolz des technischen England waren, freiwillig ihre Hilfe für das Einschwimmen der Brücke anboten. Es waren Isambart *Brunel*, der Schöpfer des ersten Themse-Tunnels, und William *Fairbairn*, der Erbauer der ersten eisernen Schiffe. Die Schilderung des aufregenden Vorgangs aus Robert Stephensons Mund gibt Max von Weber so wieder:

»Ich war am Morgen, der um zehn Uhr den Eintritt der verhängnisvollen Flut bringen sollte, vor Tagesanbruch unten am Ufer des Menai-Kanals. Es war stürmisch, ich hörte die hohe Brandung durch die Nacht brausen. Weithin brannten auf beiden Ufern die Wachtfeuer und Fackeln, bei denen die Nacht über gearbeitet wurde. Mir lag es schwer auf der Seele. Da rief mich eine helle Stimme durch die Nacht an: ›*All right! All goes well! Good morning!*‹, und ich erkannte Brunel, der schon vom Werkplatz kam. Ich bin nicht poetisch, aber ich muß gestehen, der handfeste, kleine, große englische Ingenieur erschien mir in diesem Momente wie ein lichter Engel!«

»Der Augenblick kam, wo die Flut eintrat. Ich stand auf der zuerst zu flößenden Röhre, die seit Jahr und Tag, seitdem die Arbeit an ihr begonnen wurde, bergfest auf ihren Werklagern ruhte, volle zwei Millionen Pfund schwer. Totenstille auf beiden Ufern, mit ihren Hunderten von Arbeitern, die, Hand am Griff, vor ihren Ankerwinden standen, mit Tausenden zugeströmter Zuschauer. Ich sah Fairbairn wie einen Punkt am Anglesey-Ufer auf seinem Gerüst stehen, unter mir, an der Hauptwinde des Wales-Ufers, stand Brunel, die klugen Augen nach mir heraufgerichtet – alle totenstill – nur die steigende Flut brodelte um die Pontons, in deren gewaltigem Zimmerwerk und Rippen es knackte, knarrte und polterte, je mächtiger das Wasser sie gegen die große Last, die sie heben sollte, preßte.«

»Endlich wurde auch dies Prasseln still – sie mußten ihre volle Last haben – ich sah nach der Uhr und den Wassermassen – die Flut war fast auf ihrer Höhe – die Eisenmasse rührte sich nicht – mir stand das Herz fast still – da plötzlich fühlte ich, wie es wie ein Zittern durch die kolossale Röhre unter meinen Füßen lief – der eiserne feste Boden wich – und im selben Moment sah ich, wie die Gerüste sich gegen uns verschoben.«

»Die Arbeitermannschaften brachen unaufhaltsam in unermeßliche Cheers aus, die aus tausend Kehlen weit und breit an den Ufern widerhallten. Die ungeheure Röhre schwamm! Rasch packte die Flut die Pontons – ich gab meine Signale. Meine großen Rivalen folgten dem Wink meiner Hand! Die Flut spritzte von den angestrafften Tauen und Ketten turmhoch empor oder brodelte über die erschlafft ins Wasser sinkenden mit einer Präzision, als belebe ein einziger Wille die Hunderte von Männern hüben und drüben.« – – –

88. *Gitterbalkenbrücke über die Weichsel bei Dirschau*
Vollendet 1857

»Ich will Sie nicht mit der Erzählung davon ermüden, es ist bekannt, wie die Röhre ohne Unfall und mit bewunderungswürdiger Genauigkeit, trotz Sturm und Stromschnellen zwischen die Pfeiler trieb, und die sinkende Flut, sie auf ihren Lagern liegen lassend, lustig die davon gelösten Pontons mit fortnahm, während ich mit Entzücken das Knirschen hörte, mit dem der Koloß sich sicher auf die Steinunterlage bettete. Aber Sie werden verstehen, daß ich mich nie so gehoben und so klein zugleich gefühlt habe wie damals, als meine Rivalen zu mir auf die Röhre kletterten und mir die Hand drückten.«

Heute, wo man im beruhigenden Besitz jahrzehntelanger Erfahrungen ist, werden derartige Arbeiten ohne Erregung und ohne Hochgefühle erledigt. Das Einschwimmen eines neuzeitlichen Brückenbogens, und zwar auf der Donau bei Passau, zeigt unser Bild 96.

Die Britannia-Brücke hat den für den Eisenbahnbetrieb recht unangenehmen Mangel, daß es in ihrem Innern dunkel ist. Bei später errichteten Balkenbrücken ging man daher vom vollen Balken ab; man löste ihn in einen Gitterträger auf. Ein schönes Beispiel einer solchen Gitterbalken-Bauart ist die große Weichselbrücke bei Dirschau, durch deren Errichtung im Jahre 1857 in Verbindung mit der ganz gleichartig gestalteten Nogatbrücke bei Marienburg der bis dahin durch die tiefen Flußtäler unterbrochene Schienenstrang von Königsberg nach Schneidemühl und Kreuz endlich geschlossen wurde.

Auch die Dirschauer und Marienburger Brücken von 1857, neben denen heute schon neue Bauwerke stehen, sehen noch schwerfällig aus. Bei ihrem Anblick hat man nicht das Gefühl, das jede gutgebaute neuzeitliche Brücke im Beschauer auslöst, nämlich das eines vollständigen Gleichklangs, die Empfindung, daß all die zahllosen Träger und Stangen sämtlich dort stehen, wo wirklich Kräfte auftreten, und daß sie Abmessungen haben, die der Größe dieser Kräfte in jedem Augenblick entsprechen. Die später geschaffenen Ausleger- und Bogenbrücken sind mit viel weniger Eisen gebaut, und sie erscheinen dem Auge doch weit zuverlässiger und fester.

89. Eisenbahnbrücke über den Firth of Forth in Schottland
Die weitest gespannte Auslegerbrücke

Die weitest gespannte Auslcgerbrücke auf der Erde, zugleich eines der mächtigsten Eisenbauwerke, das jemals errichtet wurde, ist die Brücke über den Firth of Forth bei Queensferry in Schottland. Sie schließt die Hauptstadt Edinburgh über die einem Meeresarm gleiche, weit gedehnte Mündung des Forth-Flusses hinweg an das Eisenbahnnetz Nordost-Schottlands an.

Die Entstehungsgeschichte der in den Jahren 1883–90 errichteten Forth-Brücke hängt eng mit der Geschichte einer anderen schottischen Eisenbahnbrücke zusammen.

Über den etwas weiter nördlich liegenden, schmaleren Firth of Tay war schon in den siebziger Jahren eine Eisenbahnbrücke gespannt worden. Ihr damals ob der Kühnheit seines Werks viel bewunderte Erbauer, *Bouch*, hatte für die Stützpfeiler sehr viel Gußeisen verwenden müssen, das, wie wir wissen, kein zuverlässiger Brückenbaustoff ist. Ein anderer englischer Ingenieur, John *Fowler*, warnte häufig davor, diesem Bauwerk zu trauen. Bevor die Brücke noch irgendeinem andern Mißtrauen einflößte, hatte dieser kluge Mann ihre Schwäche so genau erkannt, daß er seinen Familienmitgliedern strengstens verbot, mit der Eisenbahn über den Tay zu fahren.

Und er sollte nur allzu sehr recht behalten. In der Nacht zum 28. Dezember 1879 brach Bouchs Brücke bei einem Orkan plötzlich zusammen, als gerade ein Zug darüber fuhr. Die Mittelbogen stürzten mit dem Zug ins Wasser. Es ist dies der folgenschwerste Unglücksfall, der sich je auf einer Eisenbahnstrecke ereignet hat; 200 Menschen kamen dabei ums Leben.

Das furchtbare Begebnis ist von Theodor Fontane in seinem berühmten Gedicht »Die Brück' am Tay« behandelt worden, und der Dichteringenieur Max *Eyth* hat es in seinem schönen Buch »Hinter Pflug und Schraubstock« unter der Überschrift »Berufstragik« ausführlich beschrieben. Er erzählt da, wie er zusammen mit dem alten Brückenwärter in wütendem Sturm und dunkler Nacht die Brücke abschreitet, nachdem die Vermutung aufgetaucht war, daß auf dieser ein Unglück gesehen sei:

90. Pfeiler der Forthbrücke im Bau

»Es war kein Kinderspiel, dieser Gang. Zum Glück hatten wir vollauf mit uns zu tun, so daß wir kaum an das Unglück denken konnten, das uns vorwärts trieb.«

»Knox ging voraus, drehte sich aber um, sooft er ein paar Dutzend Schritte gemacht hatte, um mir zu leuchten. Ich folgte ihm stetig und langsam, vor jedem Schritt versuchend, ob ich fest genug stand, um dem wechselnden Luftdruck Trotz bieten zu können.«

»Wir hatten so den Brückenkopf erreicht. Zwischen seinen monumentalen Granitblöcken war man etwas geschützt und konnte aufatmen. Dann traten wir auf die Brücke, indem wir uns mit beiden Händen an dem luftigen Eisengeländer anklammerten und daran fortarbeiteten. Unser Steg war die etwa drei Fuß breite Dielung, die nach der Innenseite der Brücke an die linksseitige Bahnschiene anstieß. Die war die gefährlichere Seite, denn zwischen den Schienen und den bloßliegenden Schwellen gähnte der schwarze Abgrund, und der Wind blies uns mit boshaften Stößen in diese Richtung. Nach der andern Seite hatten wir wenigstens das Geländer und den Winddruck zu unserm Schutz.«

»Gut war es, daß der Blick nicht in die Tiefe dringen konnte, wo ein zischender Lärm die hereinbrechende Sturmflut ankündigte. Auf Augenblicke nur sah man dort unten weiße Flocken blinken, ohne abschätzen zu können, ob sie sich ganz nahe oder turmtief unter uns bewegten. Das waren die Schaumkronen der sturmgepeitschten Wellen. Über uns war die Nacht ein Wühlen und Wallen, ein Sausen und Seufzen, ein Klatschen und Krachen, als ob der wilde Jäger und der fliegende Holländer sich in den Haaren lägen. Aber wir kamen vorwärts, Schritt für Schritt. Die Brücke zitterte fühlbar, aber sie stand noch. Wenn es so fortging, konnte vielleicht alles gut werden.«

»Da nach zwanzig Schritten das Ufer in undurchdringlicher Finsternis versunken war, und uns das gleiche, bleierne Schwarz entgegenstarrte, zählte ich die Pfeiler, über die wir kamen, um ungefähr zu wissen, wo wir uns befanden. Es war dies möglich, obgleich sie nicht zu sehen waren, weil das Geländer auf jedem Pfeiler von einem höheren, reichornamentierten Pfosten getragen wurde, der uns sozusagen durch die Finger ging. So wußte ich, wie langsam wir vorwärts kamen, und nachdem wir fünf, sechs Pfeiler hinter uns hatten und über einer scheinbar unendlichen See hingen, die einförmig, unablässig, in schwarzer Wut unter uns toste, gewöhnte ich mich an unsern krebsartigen Gang und fing an, mich über meine kalt werdenden Hände zu ärgern, wie wenn es eine alltägliche Beschäftigung wäre, so in die unergründliche Nacht hinauszuklettern. Auch ging es nach jedem Pfeiler rascher. Ich glaube, ich wäre förmlich munter geworden, wenn nicht das leise, unheimliche Zittern der Brücke mich von Zeit zu Zeit daran erinnert hätte, daß wir auf einem Todesgang begriffen waren.«

»Jetzt hörte man aus weiter Ferne den hartklingenden Schlag eines Eisens – jetzt wieder. Dies war unerklärlich, unnatürlich. Ich hielt an und lauschte, hörte dann aber nur das Pfeifen des Windes und das dumpfe, summende Zischen des Wassers unter meinen Füßen. Weiter!«

»Da plötzlich war die Schattengestalt meines Vordermanns verschwunden. Das Geländer, das ich jetzt auf dreißig Meter ganz deutlich sehen konnte, war leer. Er konnte doch nicht abgestürzt sein. Ich schrie laut: ›Knox! Knox!‹ Keine Antwort. Ich ließ jetzt selbst das Geländer mit der Rechten los und lief vorwärts, so schnell ich konnte. ›Knox! Knox!!‹«

»Nein, er war nicht abgestürzt. Dort saß er auf dem Bretterboden, die Beine über

Aus Kohl: »Beschreibung der Göltzsch-, Elstertal- und Britannia-Röhrenbrücke«
91. Göltzschtalbrücke im sächsischen Vogtland
auf der Eisenbahnstrecke Leipzig–Hof

den Schienen zwischen den Schwellen herabhängend, die Arme auf den Knien, den Kopf auf den Armen, wie ein Igel, der sich zusammengerollt hat.«

»Er richtete sich ein wenig auf und deutete mit dem linken Arm nach vorwärts.«

»Zum ersten Mal, seit wir auf dem Wege waren, zerriß das Gewölke unter der dünnen Mondsichel und ließ einen grellgrünlichen Fleck des Himmels scheinen. Man sah mit einemmal ziemlich weit nach allen Seiten. Es war, als stünde man in der Mitte einer Zauberkugel, tief unter uns in einem dämmerigen Kreis die schaumbedeckte See, um uns bestimmt und klar die Schienen, die Schwellen, das Geländer, vor uns, plötzlich scharf abgeschnitten, das Ende der Brücke, das ins leere Nichts hinausragte.«

»Ich ging noch zwanzig Schritte vorwärts, fast ohne zu denken, einem qualvollen Drange folgende, der mich weitertrieb. Dann klammerte ich mich wieder mit beiden Händen ans Geländer und sah in das dunstige Blau hinaus, wo noch vor zwei Stunden die riesigen, tunnelartigen Gitterbalken begonnen hatten. Sie waren verschwunden, spurlos weggeblasen.«

»In weiter, weiter Ferne sah man die Brücke wieder, das Ende, das vom Nordufer der Bucht kam, wie einen schlanken senkrechten Pfahl, der hoch aus dem Wasser emporragte. Zwischen diesem Ende und dem unsern war eine leere Strecke, fast ein Kilometer breit, über die in ungestörter Kraft und Freiheit das herausstürmende Meer hinwogte. Nur eine Reihe weißer Punkte bezeichnete über die Wasserfläche weg die Linie der einstigen Brücke. Es war die Brandung, die an den Resten der verschwundenen Pfeiler aufschäumte.«

»Ich zählte sie mechanisch, ohne zu denken. Zwölf! Ich wußte, dies war die Zahl der großen Pfeiler, auf denen der höhere Teil der Brücke geruht hatte. Wenn ich träumte, so träumte ich mit entsetzlicher Folgerichtigkeit. So mußte es gekommen sein. Die ganze Länge der hochliegenden Gitterbalken war eingestürzt.«

92. Eisenbahnbrücke über die Isar bei Großhesselohe
1912 durch ein neues Bauwerk ersetzt

Derselbe Bouch, dessen Werk unter so erschütternden Umständen vernichtet wurde, hatte auch einen Entwurf für die Forth-Brücke gemacht, der dann glücklicherweise nicht zur Ausführung kam. Fowler konnte nachweisen, daß auch dieser Plan schwere Fehler enthielt. Ihm wurde dann zusammen mit Benjamin *Baker* das große Werk der Überquerung des Forth-Busens übertragen.

Die Gestaltung der Brücke ist höchst eigenartig; sie hat nicht ihresgleichen auf Erden. Die Mittelstücke der gewaltigen Bogen sind infolge einer eigenartigen Anordnung der Ausleger ganz schwach durchgebildet, was einen geradezu abenteuerlichen Eindruck macht. Die ganze Forth-Brücke ist 2470 Meter lang. Die Spannweiten der beiden Mittelöffnungen betragen je 541 Meter. Die Schienen liegen etwa 50 Meter über dem Wasserspiegel. Die Pfeiler erreichen eine Höhe von 100 Metern. Die Gesamtbaukosten, einschließlich der Anschlüsse an die vorhandenen Bahnstrecken, haben 3 367 625 Pfund Sterling, das sind 67 352 500 Mark, betragen. 50 Millionen Kilogramm Eisen sind für das Bauwerk verbraucht worden.

Fast alle größeren Eisenbahnbrücken in Deutschland sind in Eisen ausgeführt. Eine der Zahl äußerst geringen Ausnahmen macht die Brücke, welche seit dem Jahre 1851 die Eisenbahnstrecke von Leipzig nach Hof über das Göltzschtal trägt. Ih-

93. Ein kühner Brückenbau
Gerüstfreie Herstellung des Mittelbogens bei der Eisenbahnbrücke über den Inn bei Königswarth

153

re kleinen, in Stockwerken übereinandergestellten Bogen erinnern an die Wasserleitungsbauten der Römer. 1500 Arbeiter sind bei ihrer Herstellung fünf Jahre lang tätig gewesen.

Die Beanspruchung jedes auf zwei Pfeilern liegenden Brückenteils durch die Belastung ist in der Mitte am stärksten. Der gerade durchgeführte Gitterbalken entspricht darum nicht den tatsächlichen Verhältnissen. Weit mehr kommt diesen ein Balken mit gekrümmten Gurtungen nahe, wie ihn unter den Ersten die Erbauer der Isarbrücke bei Großhesselohe für die Eisenbahnstrecke München – Holzkirchen angewendet haben.

Dieses Bauwerk, das schon sehr feine, dem Auge wohlgefällige Linien aufwies, ist im Auftrag der Maschinenfabrik Augsburg-Nürnberg im Jahre 1857 von *Pauli* errichtet worden. Die Bauaufsicht führte damals Heinrich *Gerber*, der Erfinder des nach ihm benannten, für den Brückenbau noch heute wichtigen Gerberbalkens. Als die Tragfähigkeit dieser Brücke für die stark gestiegenen Zuggewichte nicht mehr ausreichte, wurde sie im Jahre 1912 abgebrochen und durch eine neue ersetzt. Die geschichtliche Wichtigkeit dieses hervorragenden deutschen Bauwerks ist dadurch geehrt worden, daß einzelne Teile aus den eisernen Bogen herausgeschnitten und im Deutschen Museum für Meisterwerke der Naturwissenschaft und Technik in München ausgestellt worden sind.

Kühner noch als das Einschwimmen fertiger Brückenteile ist das heutzutage nicht selten angewendete Freibauverfahren. Es ist an manchen Stellen nicht möglich, Stützgerüste für die Brücken aufzubauen. Die Träger müssen alsdann von den Seiten frei vorgestreckt werden, und sie schweben während dieser Zeit, bis die beiden Teilstücke einander getroffen haben und verbunden sind, in geradezu beängstigender Weise frei in der Luft. Nur eine ganz genaue Beherrschung des Baustoffs und eindringliche Kenntnisse der auftretenden Beanspruchungen ermöglichen diese kühne Bauweise.

Sie ist auch bei der Errichtung des mächtigsten deutschen Eisenbahnbauwerks, der Kaiser-Wilhelm-Brücke über das Wuppertal bei Müngsten, im Zuge der Strecke Solingen – Remscheid, angewendet worden. Der Mittelbogen hat hier eine Spannweite von 170 Metern, der Scheitel des Bogens liegt nicht weniger als 107 Meer über dem tief eingeschnittenen Flußtal. Als die Brücke 1807 fertig war, stellte sie die weitest gespannte Bogenbrücke auf dem europäischen Festland dar. Die Maschinenfabrik Augsburg-Nürnberg hatte durch ihre Herstellung der deutschen Eisenbaukunst ein besonders glänzendes Zeugnis ausgestellt. Heute führt über den Biaurfluß in Frankreich eine Brücke, deren Mittelbogen 230 Meter weit gespannt ist.

Wenn eine Brücke so tief über das Wasser gelegt werden muß, daß der Schiffsverkehr darunter nicht unbehindert stattfinden kann, so ist es notwendig, das Bauwerk beweglich zu machen. Man muß imstande sein, den Schiffen jederzeit eine Durchfahrt von ausreichender Breite freizugeben. Es kann dies durch drei verschiedene Verfahren geschehen. Die Brücke wird entweder in ihrer ganzen Erstreckung waagerecht emporgehoben, also gleich einer Hebebühne bewegt; sie wird aufgeklappt, indem die Fahrbahn um eines der Endlager schwingt, oder sie wird auf einem Mittelpfeiler gedreht, so daß zu dessen beiden Seiten Durchfahrten frei werden.

Eine Klappbrücke mit ungewöhnlich großen Abmessungen ist von der Deutschen Maschinenfabrik-Aktiengesellschaft in Duisburg über den Hafen von Husum zur Überführung der Strecke von Elmshorn nach Tondern gebaut worden. Für jedes der beiden Geleise ist eine von der andern unabhängige Klappe vorgesehen.

Erbaut von der Maschinenfabrik Augsburg-Nürnberg

94. Die weitest gespannte Bogenbrücke in Deutschland
Kaiser-Wilhelm-Brücke über das Wuppertal bei Müngsten

95. Freibau an einem Bogen der Müngstener Eisenbahnbrücke

Bei derartig großen, frei in die Luft ragenden Bauwerken muß der Winddruck sehr aufmerksam als Belastung in Rechnung gezogen werden. Denn es ist ohne weiteres klar, daß ein Sturm, der gegen so riesige Platten bläst, auf diese eine starke Kraftäußerung übt. Bei der Husumer Klappbrücke hat man, abgesehen von den sehr kräftigen Versteifungen in dem Bau selbst, den Winddruck auch bei der Anordnung des Hubwerks berücksichtigt. Das Aufklappen kann bei Sturm mit geringerer Geschwindigkeit vorgenommen werden als bei Windstille. Im ersten Fall dauert das Öffnen der Brücke zwei Minuten, sonst nur eine Minute, was bei den anzugehenden Gewichten gewiß keine geringe Leistung ist.

Da die Brücke von Schnellzügen befahren wird, so ist auf eine besonders gute Sicherung derjenigen Stellen Wert gelegt, an denen die auf den Klappen liegenden Schienen mit den festen Geleisen zusammenstoßen. Vom Steuerhaus der Brücke aus werden durch ein Hebelwerk sehr kräftige, keilförmige Laschen an beiden En-

Erbaut von der Maschinenfabrik Augsburg-Nürnberg
96. Ein fahrender Brückenbogen
Einschwimmen des am Land fertiggestellten Mittelteils der Donaubrücke bei Passau

den der niedergelegten Brücke gegen die zusammenstoßenden Schienenenden gepreßt. Selbstverständlich sind die Signale vor der Brücke so eingerichtet, daß sie nur dann auf Fahrt Frei gezogen werden können, wenn die Brücke geschlossen und fest verriegelt ist.

In Schweden ist eine sehr große Klappbrücke anderer Form von einer deutschen Firma erbaut worden. Sie führt über den Trollhätta-Kanal. Man hat hier besonderen Wert auf rasche und leichte Beweglichkeit der Brückenbahn gelegt, da sowohl Wasserlauf wie Eisenbahn lebhaften Verkehr haben. Es ist darum am Ende der Klappe ein Gegengewicht angebracht, das der Brücke die Form einer Wippe gibt. Das Gegengewicht bildet mit den Brückenbalken ein verschiebbares Parallelogramm. Die Gewichte sind so ausgeglichen, daß bei jeder Bewegung immer nur der Reibungswiderstand zu überwinden ist. Dadurch wird bei dem hier notwendigen, sehr häufigen Öffnen der schweren Brücke sehr viel an Betriebskosten gespart, und die Bewegung vollzieht sich rasch. Diese Wippbrücke hat eine Länge von 42 Metern. Die Firma Gollnow & Sohn in Stettin hat sie in den Jahren 1914–16 trotz aller Schwierigkeiten, die der Krieg verursachte, rechtzeitig fertiggestellt.

Ein ganz besonders eindrucksvolles Werk deutscher Brückenbaukunst im Ausland ist die Eisenbahnbrücke auf der Strecke Amsterdam – Zaandam, die über den vom Amsterdamer Hafen zur Nordsee laufenden großen Seekanal führt. Die Unterkante der Brücke liegt zwölf Meter über dem Wasserspiegel, so daß kleine Dampfer ohne weiteres hindurchfahren können. Das Öffnen erfolgt durch Drehen des 128 Meter langen Mittelteils. Er ist 150 000 Kilogramm schwer, kann aber trotzdem in einer Minute um 90 Grad gedreht werden.

Den Antrieb besorgen Elektromotoren, die sich über dem gewaltigen, einem Turm gleichen Mittelpfeiler befinden. Ein Zahngetriebe greift zum Hervorrufen der Bewegung in einen Zahnkranz ein. Die Drehbrücke ruht nicht auf einem Spurlager, sondern sie steht auf 48 Stahlrollen, die in einem kreisförmigen Rahmen gelagert sind. Diese größte Drehbrücke auf dem europäischen Festland ist von der Firma August Klönne in Dortmund hergestellt worden.

Wer Amsterdam besucht, wird von seinen Freunden stets auch zu dieser Sehenswürdigkeit geführt, obgleich sie recht weit von der Stadt abliegt. Es gibt in der Tat wenige Brücken in Europa, die einen so mächtigen Eindruck machen wie diese ungeheure, um den Kopf eines Turms sich drehende eiserne Fahrbahn.

Die vollspurigen Eisenbahnen Deutschlands besaßen zwar schon im Jahre 1910 639 *Tunnel*, aber es befindet sich kein einziges Bauwerk darunter, das im Vergleich zu den großen Alpendurchstichen irgendwie bemerkenswert genannt werden könnte.

Der längste deutsche Tunnel ist der, mit welchem die Moselbahn das Randgebirge des Flusses, den sie sonst treu begleitet, bei Cochem durchstößt. Das Bauwerk ist 4200 Meter lang und hat die Aufgabe, einen Bogen von 22 Kilometern, den die Mosel an dieser Stelle bildet, geradlinig abzuschneiden. Vom Eingang bis zum Ausgang des Cochemer Tunnels fährt die Eisenbahn sechs Minuten; das Dampfschiff braucht für die gleiche Strecke stromab 11/2 , stromauf 21/2 Stunden. Da die Rauchgase aus diesem Tunnel sehr schlecht abziehen, befindet sich an seinem Eingang eine große, durch Maschinen betriebene Lüftungsanlage.

Der zweitgrößte Felddurchstich in Deutschland ist der neue Tunnel unter dem Diestelrasen, der seit wenigen Jahren die Spitzkehre von Elm abschneidet. Der Begriff der Spitzkehre wird alsbald näher erörtert werden. Unter der Bandleite bei dem bekannten Thüringer Badeort Oberhof liegt der drittgrößte Tunnel Deutschlands; er ist 3030 Meter lang. Alle übrigen sind weit kürzer.

Die Anlagen aber, mit deren Hilfe die Eisenbahn große vorgelagerte Gebirge überschreitet, gehören zu den großartigsten Werken, die jemals von Menschenhand ausgeführt worden sind. Auch in Europa sind zur Überschienung der Alpen, die sich in der Schweiz, in einem Teil von Österreich und beim Vordringen nach Italien der Eisenbahn entgegenstellen, viele gewaltige Tunnelanlagen mit großartigen Zufahrtsstraßen hergestellt worden, deren Errichtung die höchste Kunst der Ingenieure erfordert hat. Der deutsche Boden hat keinen Anteil an diesen Leistungen, wohl aber der deutsche Geist, da es zu einem großen Teil Baumeister deutscher Abstammung gewesen sind, welche diese wahrhaft erhabenen Werke erdacht und ausgeführt haben.

Noch weniger als im flachen Land kann die Eisenbahn im Gebirge den kürzesten Weg wählen. Hat sie doch hier fortwährend große Höhenunterschiede zu überwinden, wobei eine gewisse Weglänge niemals unterschritten werden darf, damit die Steigungen in zulässigen Größen bleiben. Geht es allzu steil aufwärts, so versagt die einfache Reibungsbahn, und man muß zur Anwendung des Zahnrads über-

Erbaut von der Deutschen Maschinenfabrik-Aktiengesellschaft in Duisburg
97. Eine Riesenklappbrücke
Eisenbahn-Überführung über den Hafen von Husum; Brücke geöffnet

98. Die Riesenklappbrücke über den Hafen von Husum geschlossen
im Vordergrund der in der Bildmitte liegenden Klappe die Verriegelungs-Vorrichtungen

gehen. Bei Benutzung dieser Vorrichtung aber können die Strecken nur mit so geringer Geschwindigkeit befahren werden, daß ein großer durchgehender Verkehr darauf nicht mehr zu bewältigen ist. Zur Herbeiführung schneller Beförderung zieht man daher vor, den Gebirgsbahnen künstliche Längenentwicklungen zu geben. Wenn diese auch große Umwege in sich schließen, so kommt man doch immer noch schneller von Punkt zu Punkt als auf der kürzeren Strecke mit Zahneinrichtung.

Die einfachste Form der künstlichen Längenentwicklung, zugleich aber die am wenigsten vorteilhafte, ist die Spitzkehre. Ein jeder kennt sie von den Gebirgsstraßen her, wo sie in der Form der sogenannten Schlangenwege auftritt. Damit der Wanderer nicht allzu scharf emporsteigen braucht, wird die Straße nicht geradlinig an der Berglehne hinaufgeführt, sondern sie zieht im Zickzack dahin, weicht bald weit nach rechts, bald weit nach links aus, um sich in spitzem Winkel stets wieder zurückzuwenden, damit für das Emporklimmen eine größere Zahl von Schritten gemacht werden kann, bei jedem einzelnen also nur eine geringere Hebung des Körpers notwendig ist.

Auf diese Weise vermag auch die Eisenbahn an einem steilen Hang hinaufzuklettern. Freilich kann der Zug an dem spitzen Ende des Umwegs nicht ohne weiteres umkehren, wie das der Fußgänger vermag. Beim Befahren von Spitzkehren muß der Zug vielmehr bald vorwärts, bald rückwärts laufen, indem er jedesmal auf dem Weg zwischen zwei Spitzen etwas in die Höhe steigt. Es ist also notwendig, bei jeder Spitze anzuhalten und die Lokomotive an das andere Ende des Zugs zu bringen. Hierdurch wird ein absatzweises, also sehr langsames Fahren bedingt.

Erbaut von J. Gollnow & Sohn in Stettin
99. Wippbrücke über den Trollhätta-Kanal in Schweden
Das Öffnen der Klappe ist durch Anbringen eines Gegengewichts erleichtert

Von einer solchen Spitzkehren-Anlage macht die Bahn, welche aus der indischen Ebene zu dem berühmten Badeort Darjeeling im Himalaya emporführt, einen reichen Gebrauch. Auch in Deutschland sind auf Bahnstrecken mehrmals Spitzkehren vorhanden. Die Harzbahn Blankenburg – Tanne besitzt eine solche auf ihrem Bahnhof Bast-Michaelstein, und ferner waren zwei Spitzkehren bis vor kurzem auch in die große Schnellzugstrecke Berlin – Bebra – Frankfurt a. M. bei Bebra und in der Nähe des bereits erwähnten Bahnhofs Elm eingeschaltet. Sie liegen heute beide in Nebenstrecken.

Die Bahn hat bei Elm die Wasserscheide zwischen dem Main und der Weser zu übersteigen. Um die Kosten möglichst gering zu halten, suchte man bei der Anlage der Strecke über die Höhe von 318 Metern dadurch hinwegzukommen, daß man die Bahn vom Bahnhof Schlüchtern aus, gleichlaufend mit dem Höhenrücken in einem langen Umweg nach Elm führte, dort die Zugrichtung umkehrte und wieder an dem Höhenrücken, aber auf dessen anderer Seite, entlang zurückfuhr, bis bei Flieden die eigentliche Fahrtrichtung von neuem erreichbar war. Die Entwick-

160

lung der Strecke Berlin – Bebra – Frankfurt a. M. zu einer der wichtigsten Durchgangslinien ließ jedoch diese zeitraubende Höhenüberwindung so lästig erscheinen, daß man sich vor einigen Jahren entschloß, statt der weit ausbiegenden Spitzkehre einen Tunnel zwischen Schlüchtern und Flieden durch den Diestelrasen-Berg anzulegen. Infolge dieser Neuanlage ist der Weg jetzt um 6,8 Kilometer abgekürzt und die Steigung um 36 Meter vermindert. Jeder Schnellzug gewinnt dadurch 15 Minuten, eine Zeitersparnis, durch welche allein die sehr bedeutenden Ausgaben für den Bau des Diestelrasentunnels wohl gerechtfertigt wären, wenn sich nicht auch noch weitere Vorteile ergäben.

Bei der Alpenüberquerung läßt sich auch auf den ganz großen, durchgehenden Strecken die Anlage von Kehren nicht vermeiden. Man verbessert sie aber dadurch, daß man an der Stelle, wo die Fahrtrichtung umkehrt, nicht eine Spitze anordnet, sondern einen sanften Bogen, den der Zug durchfährt, ohne anzuhalten, und ohne daß die Maschine umgesetzt zu werden braucht. Es entsteht auf einer solchen Rundkehre also kein größerer Zeitverlust als er von der unvermeidlichen Durchfahrung des Umwegs erheischt wird. Man legt, wenn es irgendmöglich ist, solche Rundkehren oder Schleifen in Seitentäler, weil bei solcher Anordnung die geringste Zahl von Kunstbauten notwendig ist.

Bild 105 stellt eine solche Seitentalschleife dar. Beim geradlinigen Durchfahren der Strecke zwischen den Höhenlagen + 100 und + 170 Meter würde die Bahn eine unzulässige Steigung zu überwinden haben; daher läßt man sie einen Umweg durch das Seitental machen, das gerade günstig zur Hand liegt. Hier klettert sie an der Berglehne der einen Talseite langsam empor, kehrt immer steigend, am Ende des Tals in einem Bogen um und klettert langsam weiter, bis die Höhenlage + 170 Meter erreicht ist. Ein schönes Beispiel einer solchen Seitental-Ausfahrung findet sich auf der Bahn über den Semmering, wo die Bahnhöfe Gloggnitz und Eichberg in der

100. Die Wippbrücke über den Trollhätta-Kanal geschlossen
Das Gegengewicht ist emporgehoben

Erbaut von August Klönne in Dortmund

101. Drehbrücke über den Nordsee-Kanal bei Amsterdam
Der Mittelteil kann vollständig herumgedreht werden

102. 150 000 Kilogramm Drehlast
Tragpfeiler und Drehlager für den beweglichen Mittelteil der Amsterdamer Kanalbrücke

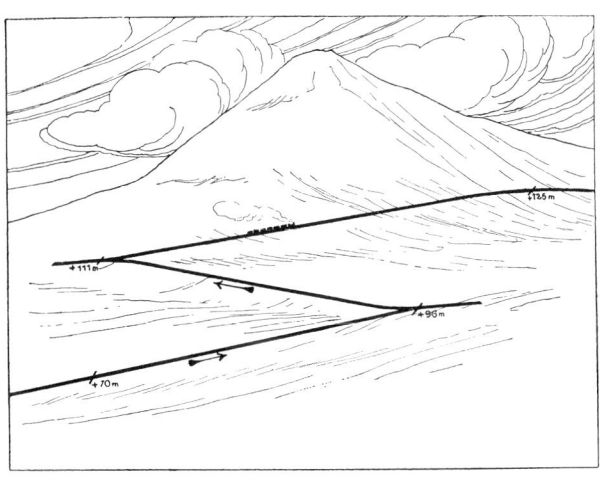

Luftlinie nahe beieinander liegen, der eine sich jedoch 171 Meter über dem anderen befindet. Dieser große Höhenunterschied wird durch eine weit ausholende Schleife im Seitental über Payerbach erstiegen.

Auch die Strecke über den Brennerpaß besitzt eine Anlage dieser Art. Hier zeigt die Eisenbahn einmal, daß sie schwerfälliger ist als die Landstraße. Zu Fuß gelangt man von Schellenberg nach Gossensaß weit schneller als im Abteil des D-Wagens. Die Landstraße steigt zwischen den in

103. Wie die Eisenbahn Berg-
hänge erklettert
Spitzkehre im Himalaja

104. Spitzkehre bei Elm
früher in der Schnellzugstrecke
Berlin – Bebra – Frankfurt a. M.

105. Rundkehre
im Seitental
Zur Vermeidung zu starker Steigung im Haupttal

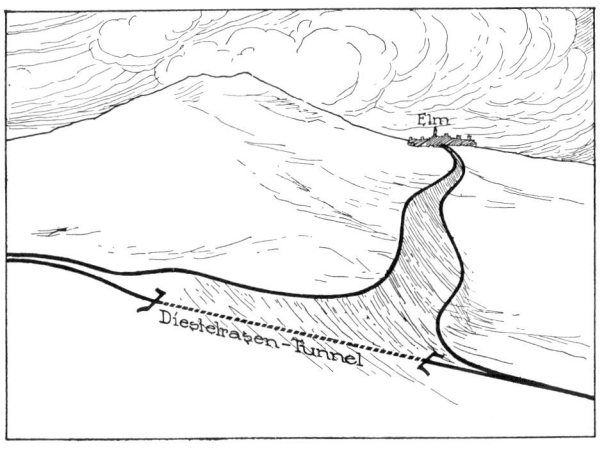

der Luftlinie nur 1100 Meter voneinander entfernten Orten ziemlich geradlinig hinunter. Die Bahn aber muß sich, um 176 Meter tief in das Tal der Eisack zu gelangen, seitlich weit in das Pflerschtal hineinwenden, da ihr die unmittelbare Überwindung durch eine Neigung von 1 : 6 versagt ist. Sieben Kilometer werden hier – vom reinen Verkehrsstandpunkt betrachtet – unnötig durchfahren, aber nun beträgt die größte Neigung auf der ganzen Strecke nur 1 : 45.

Seitentäler sind jedoch

163

nicht immer zur Verfügung. Alsdann muß die künstliche Längenentwicklung in dem von der Bahn benutzten Hauptal selbst stattfinden. Dies gibt Anlaß zu den großartigsten und überraschendsten Bauten, insbesondere dann, wenn doch eine Seitenentwicklung durch die höchst merkwürdige Anlage von Kehrtunneln gewaltsam ermöglicht wird.

In diesen Bauarten hat die Bahn über den St. Gotthard zum ersten Mal besonders Hervorragendes geleistet.

In der Nähe des Pfaffensprungs steigt das hier sehr schmale, beiderseits von rasenden Felsen eingeschlossene Tal der Reuß weit rascher auf, als daß die Bahn der Talhebung ohne weiteres zu folgen vermöchte. Es ist hier auch keine Gelegenheit, irgendwohin ohne weiteres auszubiegen, und so mußte eine Seitenausladung dadurch erzwungen werden, daß man in den Berg selbst einen eigenartig geformten Tunnel hineintrieb, der nun also die ansteigende Seitentalschleife zu ersetzen hat. In dem rückkehrenden Tunnel muß daher eine allmähliche Hebung der Bahn stattfinden, so daß dieser die Form einer Schraubenlinie mit einer Windung erhält. Bei der Einfahrt in den Pfaffensprung-Berg liegt die Bahn 774 Meter hoch, bei der Ausfahrt hat sie 809 Meter erreicht, so daß sie im Berg um 35 Meter gestiegen ist.

Solcher großen Kehrtunnel, in denen die Bahn steigend ihre Fahrtrichtung einmal umkehrt, besitzt die Gotthardbahn jenseits des großen Scheiteltunnels noch vier, von denen die zwei in der Biaschina-Schlucht liegenden einander fast berühren. Dies schon ist ein besonders deutliches Zeichen dafür, welche außerordentlichen Umwege einer Gebirgsbahn mit gewöhnlichem Anhaftungsgleis zugemutet werden dürfen, ohne daß dessen Vorteile gegenüber dem Zahngleis verloren gehen.

Der größte Umweg, den die Gotthardstrecke macht, befindet sich jedoch bei dem Ort Wasen, bald hinter dem Pfaffensprung. Hier sind die nicht ganz geschlossenen Kehrtunnelschlingen als Enden zweier langer Schleifen in dem breiten Hauptal ausgebildet. In drei Stockwerken liegen die Bahnabschnitte in kühnstem Bau übereinander. Da die Umkehr der Fahrtrichtung an den Enden der beiden Schleifen in verdeckten Kehren, nämlich im Wattinger und Leggistein-Tunnel stattfindet, so daß sie mit dem Auge nicht verfolgt werden kann, vermag der Reisende der keine Karte zur Hand hat, sich keine Vorstellung von dem Weg der Bahn zu machen. Welche Verwirrung die dreimalige Rückkehr zu dem gleichen Punkt in manchem Kopf anzustiften vermag, zeigt eine bekannte Anekdote, deren Schauplatz die Wasener Schleifenstrecke ist.

Ein Reisender, der des Landes unkundig ist, fährt zusammen mit einem Schweizer in einem Abteil des Gotthardzugs. Nachdem der Pfaffensprung-Kehrtunnel verlassen ist, fragt der Reisende den Schweizer, indem er zum rechtsliegenden Fenster hinausdeutet: »Was ist das für ein Bauwerk da oben?« – »Da ist die Kirche von Wasen«, lautet die Antwort. Es

106. Kehrtunnel
Bahnsteigung in einem Berg

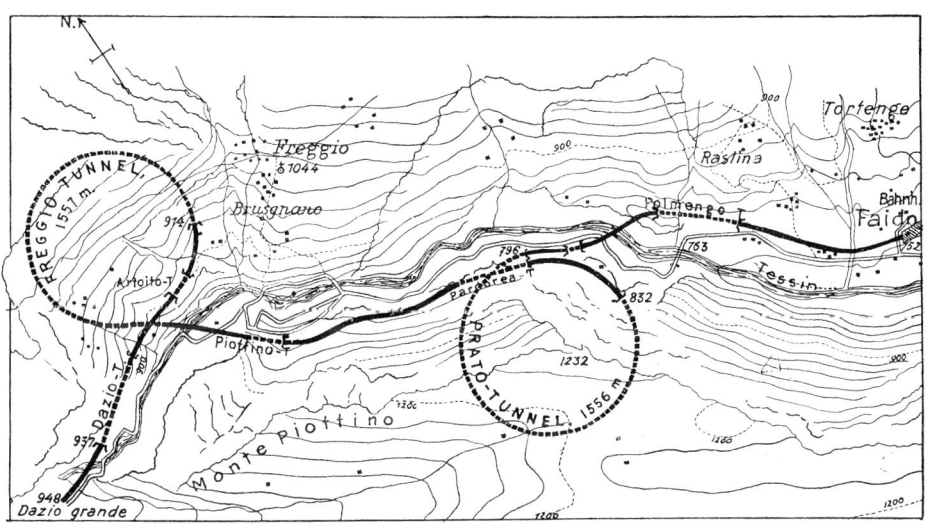

107a. Kehren der Gotthardbahn bei Faido un Dazio Grande

vergeht etwa eine Viertelstunde, und der Fremde sieht ein Gebäude dicht neben sich. »Und was ist dies?« fragt er wieder. »Das ist die Kirche von Wasen«, sagt der Schweizer. Der Fremde glaubt nicht recht gehört zu haben, denn dieselbe Antwort hatte er ja schon vor einer Viertelstunde erhalten, und damals lag die Kirche hoch

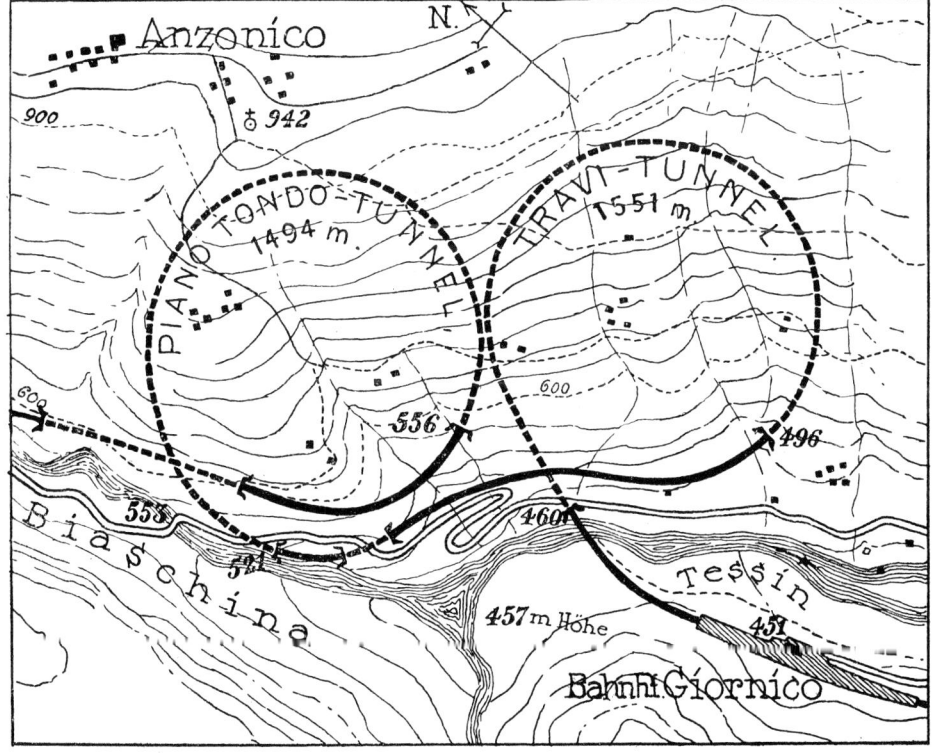

107 b. Doppelkehre der Gotthardbahn in der Biaschina-Schlucht

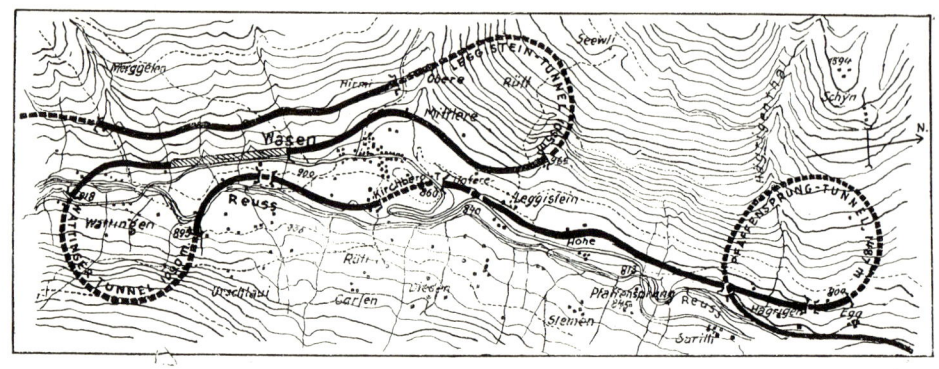

108a) Doppelschleife der Gotthartbahn bei Wasen

über der Bahn. Stumm blickt er weiter hinaus, bis er plötzlich wiederum einen Turm weit unter sich, und zwar auf der linken Seite, erblickt. »Und diese Kirche dort, wie heißt sie?« spricht er den Mitreisenden von neuem an. »Das ist die Kirche von Wasen«, lautet die Antwort. Nun aber wird der Reisende wütend, er blickt den Schweizer zornig an, weil er glaubt, daß dieser ihn zum Narren halten wolle, und richtet während der ganzen Zeit, in der sie noch zusammen im Abteil sitzen, kein Wort mehr an ihn.

In der Wasener Doppelschleife, deren Anfangs- und Endpunkte in der Geraden nur drei Kilometer voneinander entfernt sind, steigt die Bahn um 256 Meter.

Der Zweck all dieser Kehren und Schleifen ist die Erreichung des eigentlichen

108b) Blick auf Wasen mit den drei übereinanderliegenden
Eisenbahnlinien (x)

Gebirgsdurchbruchs, des großen, meist ganz gerade durch die Gebirgsmasse hindurchführenden Tunnels. Man muß diese Bauten notgedrungen in eine gewisse Höhe legen, da sie näher am Fuß des Gebirges zu lang werden würden und auch der Druck des übergelagerten Gebirges beim Bau kaum zu bewältigen wäre. Bis zu welcher Höhe man jedesmal hinaufgehen soll, ist Sache oft sehr langer und beschwerlicher Erwägungen. Die großen Gebirgstunnel liegen denn auch in sehr verschiedenen Höhen.

Am höchsten von allen Bahnlinien klettert die Peruanische Zentralbahn Callao – Lima – Oroya hinauf. Der Galera-Tunnel, in dem sie die südamerikanischen Anden durchfährt, liegt 4774 Meter über dem Meeresspiegel. Das ist fast die Höhe des Mont Blanc, dessen Gipfel 4810 Meter emporragt. Man vermag in Peru die Geleise so hoch hinaufzuführen, weil dort, nicht allzuweit vom Äquator, die Grenze des ewigen Schnees in einer Höhe von 5000 Metern liegt, während die Alpen schon von 2800 Metern ab vereist sind.

Eine Fahrt mit der Peruanischen Andenbahn wird als ein besonderer Naturgenuß gerühmt. Es ist jedoch keine reine Freude, die man hierbei genießt. Denn schon in einer Höhe von 4000 Metern beginnt die Bergkrankheit sich bemerkbar zu machen. Die Eisenbahn klettert trotz aller Umwege viel zu schnell empor, als daß der menschliche Körper Zeit hätte, sich langsam an den verminderten Luftdruck zu gewöhnen. So stellen sich denn, ehe noch der Galera-Tunnel erreicht ist, bei den meisten Reisenden Atemnot, Herzklopfen und eine sehr unangenehme Mattigkeit in den Gliedern ein. Wenn der Zug in Oroya angelangt ist, füllt sich das dortige Hotel meist rasch mit Kranken, die einige Stunden brauchen, um sich wieder zu erholen. So nehmen die Gewalten, welche das heutige Antlitz der Anden schufen, dem Menschen einen großen Teil des Genusses wieder fort, den der Anblick der ungeheuren Gebirgsbildungen ihm zu gewähren vermag.

Die höchste Lage von allen Eisenbahnen in Europa – abgesehen von den eigentlichen Bergstrecken – erreicht die Brennerbahn mit 1367 Metern über dem Meeresspiegel. Über den Brenner läuft der älteste Verkehrsweg zwischen Nordeuropa und Italien, weil hier die tiefste Alpeneinsattelung liegt. Aus demselben Grund wurde an dieser Stelle auch der erste Schienenweg über das gewaltige Gebirge gelegt. Die Brennerbahn ist die einzige von allen Alpenüberschienungen, die keinen großen Durchbruchstunnel besitzt. Die Paßhöhe wird vielmehr in einem offenen Einschnitt überschritten. Dies bedeutet einen großen Vorzug der Brennerbahn, sowohl was die Baukosten, als was die Annehmlichkeiten für die Reisenden bedeutet. Die Vermeidung eines Tunnelbaus ist jedoch nur möglich, wenn die Schienenoberkante, wie hier, nicht tiefer als 15 Meter unter den Bergrücken gelegt werden muß. Von da ab würde die Herstellung eines Einschnitts zu teuer werden.

Die weltberühmten großen Alpendurchstiche haben folgende Höhenlagen:

Arlberg (Schweiz-Österreich) . . . . 1320 Meter
Mont Cenins (Schweiz-Frankreich) . . . . 1294 Meter
Lötschberg (Nordwest-Schweiz-Italien) . . . . . . 1245 Meter
Gotthard (Nordost-Schweiz-Italien) . . . . 1154 Meter
Simplon (Südwest-Schweiz-Italien) . . . . 704 Meter.

Durch diese gewaltigen Bauten hat die Schweiz ihr Land an die großen zwischenstaatlichen Verkehrswege angeschlossen.

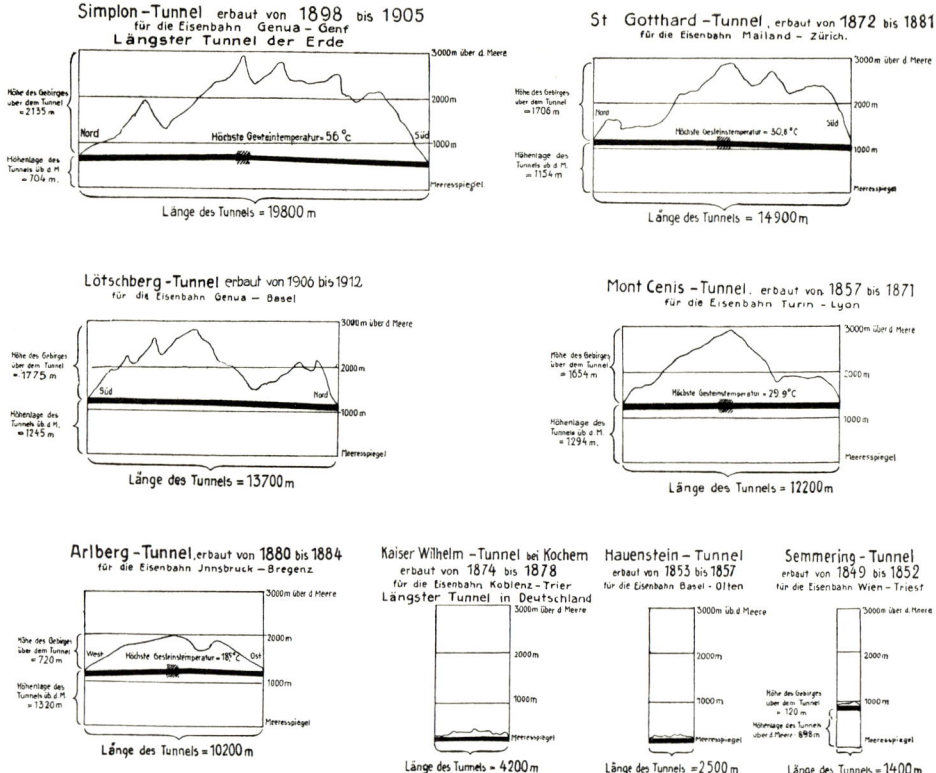

Simplon-Tunnel erbaut von 1898 bis 1905
für die Eisenbahn Genua - Genf
Längster Tunnel der Erde

Höhe des Gebirges über dem Tunnel = 2135 m
Nord
Höchste Gesteintemperatur = 56 °C
Süd
Höhenlage des Tunnels üb d M. = 704 m.
Länge des Tunnels = 19800 m

St Gotthard-Tunnel, erbaut von 1872 bis 1881
für die Eisenbahn Mailand - Zürich.

Höhe des Gebirges über dem Tunnel = 1708 m
Nord
Höchste Gesteinstemperatur = 30,8 °C
Süd
Höhenlage des Tunnels üb d M. = 1154 m
Länge des Tunnels = 14900 m

Lötschberg-Tunnel erbaut von 1906 bis 1912
für die Eisenbahn Genua - Basel

Höhe des Gebirges über dem Tunnel = 1775 m
Süd
Nord
Höhenlage des Tunnels üb d M. = 1245 m
Länge des Tunnels = 13700 m

Mont Cenis-Tunnel, erbaut von 1857 bis 1871
für die Eisenbahn Turin - Lyon

Höhe des Gebirges über dem Tunnel = 1654 m
Höchste Gesteinstemperatur = 29,9 °C
Höhenlage des Tunnels üb d M. = 1294 m.
Länge des Tunnels = 12200 m

Arlberg-Tunnel, erbaut von 1880 bis 1884
für die Eisenbahn Innsbruck - Bregenz

Höhe des Gebirges über dem Tunnel = 720 m
West
Höchste Gesteinstemperatur = 18° C
Ost
Höhenlage des Tunnels üb d M. = 1320 m
Länge des Tunnels = 10200 m

Kaiser Wilhelm-Tunnel bei Kochem
erbaut von 1874 bis 1878
für die Eisenbahn Koblenz - Trier
Längster Tunnel in Deutschland
Länge des Tunnels = 4200 m

Hauenstein-Tunnel
erbaut von 1853 bis 1857
für die Eisenbahn Basel - Olten
Länge des Tunnels = 2500 m

Semmering-Tunnel
erbaut von 1849 bis 1852
für die Eisenbahn Wien - Triest
Höhe des Gebirges über dem Tunnel = 120 m
Höhenlage des Tunnels über d Meer = 898 m
Länge des Tunnels = 1400 m

Nach einer Tafel im Deutschen Museum zu München
109. Vergleichende Angaben über die wichtigsten Tunnelbauten

In diesem Zusammenhang muß noch der Bahn über den Semmering besondere Erwähnung getan werden, da sie in den Jahren 1848–1854 als erste große Gebirgsbahn des europäischen Festlands erbaut wurde. Sie dient der Verbindung zwischen Wien und dem großen Adriahafen Triest. Alle Gebirgsbahnbauer auf der Erde haben aus dieser Anlage gelernt; was hier geschaffen wurde, wurde unmittelbar zum Vorbild für die Überschienung des Schwarzwalds und alsdann der Alpen.

Infolge ihrer verschiedenen Höhenlagen haben die großen Alpentunnel auch verschiedene Längen. Außer beim Mont-Cenis-Durchstich wächst die Länge mit abnehmender Höhenlage. Die Längen betragen in abgerundeten Zahlen:

beim Arlberg-Tunnel . . . . 10 Kilometer
beim Mont-Cenis-Tunnel . . . . 12 Kilometer
beim Löschberg-Tunnel . . . . 14 Kilometer
beim Gotthard-Tunnel . . . . 15 Kilometer
beim Simplon-Tunnel . . . . 20 Kilometer

Dieser letzte ist der bei weitem längste Tunnel auf der Erde.

Der Bau eines Tunnels wird stets mit einem sogenannten Richtstollen begonnen. Es ist dies ein schmaler, niedriger Durchbruch in der gewählten Richtung, der nur gerade so viel Raum bietet, daß man darin arbeiten und das geförderte Gestein hinausschaffen kann. Vom Richtstollen aus wird dann die Ausweitung nach allen Seiten hin vorgenommen. Der endgültige Querschnitt muß so groß sein, daß je-

derzeit, ohne Beeinträchtigung des Bahnverkehrs, ein Gerüst für Ausbesserungsarbeiten im Tunnel aufgeschlagen werden kann.

Der Bau wird, damit man nicht allzuviel Zeit aufzuwenden braucht, stets von
beiden Seiten zugleich begonnen. Dies setzt eine allergenaueste Feststellung der
Richtung voraus, da die beiden Stollen ja in der Mitte zusammentreffen müssen.
Mit Recht ist diese Richtungs-Festlegung eine der am meisten bewunderten Leistungen menschlichen Geistes. Ihre Grundlagen seien ganz kurz angegeben.

Die beiden Tunneltore liegen bei den großen Bauten stets so, daß man von dem
einen aus weder das andere noch irgendeinen Punkt von dessen Umgebung wahrzunehmen vermag. Man kann auch nicht eine Vermessungslinie über den Bergrücken legen und von dort etwa Bohrlöcher hinuntertreiben, da deren Länge viel
zu groß werden würde und furchtbare Abgründe sowie die Vergletscherung das Betreten des zwischenliegenden Bergrückens an vielen Stellen unmöglich machen.
Es muß daher eine mittelbare Verbindung hergestellt werden. Deren Ziel ist, auf
beiden Seiten den Winkel festzulegen, den die gewählte Tunnelrichtung mit je einer bekannten Linie im Gelände bilden muß.

Wir wollen, um ein Beispiel zu geben, annehmen, daß aus der nächsten Umgebung des Punkts, an dem das eine Tunneltor errichtet werden soll, eine Landstras-
se mit vielen Windungen in die Nähe des andren Tors hinüberführt, wie das auf
Bild 110 der Fall ist. Man kann alsdann diese Landstraße genau abmessen, die Länge jeder gradlinigen Erstreckung festlegen und mit Hilfe der trigonometrischen
Hilfsmittel auch ganz genau den Winkel bestimmen, den jede geänderte Richtung
zu der vorhergehenden bildet. Nach Beendigung dieser Arbeit ist man imstande,
die Landstraße mit vollkommener Genauigkeit in eine Karte einzuzeichnen. Verbindet man nun die beiden Anfangspunkte des Tunnels durch eine gerade Linie und
verlängert diese so weit nach beiden Seiten, bis sie die eingezeichnete Landstraße
schneidet, so kann man auf der Karte den Winkel abmessen, den die Tunnelachse
zu den geschnittenen Landstraßenstücken diesseits und jenseits bilden muß. Da-

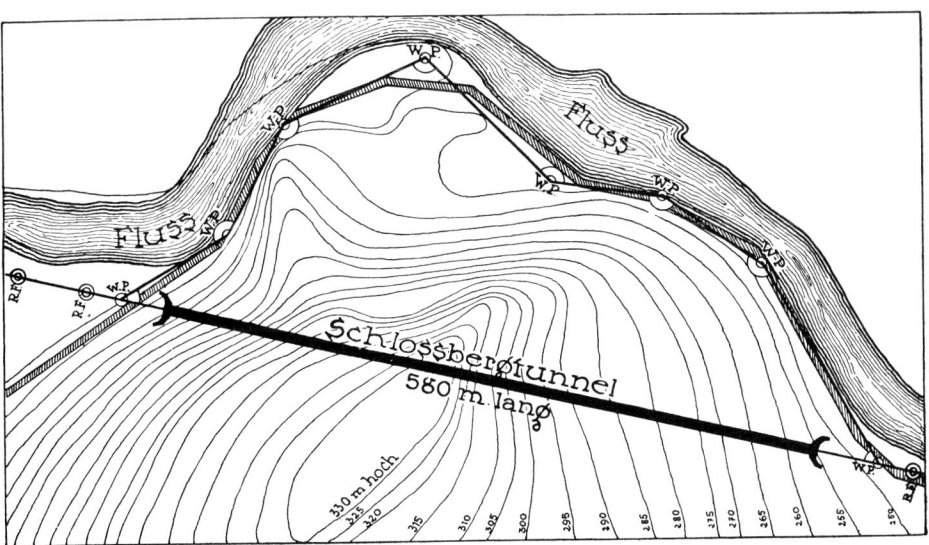

110. Messungen vor Beginn eines großen Tunnelbaus von beiden Seiten
Festlegung der Tunnelrichtung durch trigonometrische Aufnahme im Gelände

mit liegt die Richtung genau fest, und es kommt jetzt nur darauf an, sie auch im Gelände abzustecken und beim Bau aufs genaueste innezuhalten.

Zu diesem Zweck wird zunächst auf jeder Seite der von der Karte entnommene Winkel zwischen dem letzten Straßenstück und der Tunnelrichtung in die Erde gesetzt. Auf ihnen werden die Richtungs-Festpunkte angebracht. Alsdann wird hinter dem ersten Pfosten ein Fernrohr aufgestellt, in dem ein senkrechter und ein waagerechter Faden, das Fadenkreuz, so angebracht sind, daß sie einander genau in der Mittelachse des Fernrohrs kreuzen. Man richtet das Fernrohr so, daß seine Mittelachse genau in der Richtung der Verbindungslinie liegt, die von dem Festpunkt des ersten Pfostens zum zweiten führt.

Wenn man nun an der Bergwand eine kleine Lampe derartig aufhängt, daß sie beim Schauen durch das so eingestellte Fernrohr gerade im Kreuzungspunkt der beiden Fäden erscheint, dann ist damit der Anfang der Tunnelachse bestimmt. Sobald der Richtstollen ein kleines Stückchen vorgetrieben ist, läßt man von der Decke wiederum ein Lämpchen hinunterhängen und verschiebt es so lange, bis der durch das Fernrohr Blickende es in gerader Linie hinter den beiden Pfostenmarken und der ersten Lampe liegen sieht. So wird allmählich Lampe hinter Lampe gehängt, neue mit vollkommenster Genauigkeit festgelegte Pfostenmarken werden auch im Tunnel in gewissen Abständen immer wieder geschaffen, und auf diese Weise ist man imstande, von beiden Seiten aus die Achsrichtung innezuhalten.

Die Genauigkeit der Richtungshaltung hängt natürlich von der Vollkommenheit der verwendeten Winkelmessungswerkzeuge ab. Bei dem vor kurzem von der deutschen Firma Julius Berger in der Schweiz gebauten neuen Hauenstein-Tunnel, der 8200 Meter lang ist, betrug beim Durchschlag die Achsabweichung der beiden Bauseiten nicht mehr als zwei Zentimeter; selbst bei dem 20 Kilometer langen Simplontunnel waren es nur 20 Zentimeter. Der Meßtechnik kann kein glänzenderes Zeugnis ausgestellt werden als durch diese eindrucksvollen Tatsachen.

Der Tunnel muß so gebaut werden, daß seine Sohle von beiden Seiten her gegen die Mitte etwas ansteigt, damit das Wasser, sowohl zugeführtes wie auch angeschlagenes Gebirgswasser abfließen kann. Für die Heranschaffung von Frischluft zur Lüftung und Kühlung muß während der ganzen Bauzeit in lebhaftester Weise Sorge getragen werden. Sobald der Durchschlag erfolgt ist, pflegen sich die Tunnel, insbesondere durch die Mithilfe der fahrenden Züge, selbst zu lüften, da zwischen den beiden Toren gewöhnlich ein starker Unterschied des Luftdrucks besteht. Wenn die Selbstlüftung nicht ausreicht, müssen, wie beim Kochemer Tunnel und auch auf dem Gotthard, künstliche Luftzuführungs-Einrichtungen geschaffen werden.

Die Tunnelbaukunst ist in den letzten Jahrzehnten lebhaft vervollkommnet worden. Früher mußte man die zur Aufnahme des Sprengstoffs dienenden Bohrlöcher mit der Hand herstellen. Ein Arbeiter drehte den Bohrer, eine mit stählerner Spitze versehene Eisenstange, während ein anderer daraufschlug. Sehr viel geschwinder arbeiten natürlich Bohrmaschinen, von denen die ersten beim Mont Cenis-Tunnel verwendet wurden. Heute besitzt man vorzügliche Einrichtungen dieser Art, die durch Preßwasser, Druckluft oder Elektrizität betrieben werden können. Auch die Maschinenbohrer arbeiten sämtlich so, daß die Bohrstange zugleich gestoßen und gedreht wird. Man vermag heute mehrere Löcher zu gleicher Zeit herzustellen, und da auch die Wirkung der Sprengstoffs bedeutend vervollkommnet ist, wodurch man mit einer immer geringeren Zahl von Löchern auskommen kann, so vollziehen sich die Tunnelbauten immer rascher. Beim Gotthard-Tunnel

Sprengung des Gesteins
beim Vortriebe der Richtstollen für den:
Mont Cenis - Tunnel von 1857 bis 1871.

Stollen-Längschnitt   Stollen-Querschnitt

Breite des Stollens = 2,90 m
Höhe   -   -   2,60 -

70 bis 80 Bohrlöcher
von 0,80 bis 1 m Tiefe und ca 30 mm Weite.
Ladung mit Schwarzpulver.
Zündung durch Zündschnüre.
Zeitdauer eines Angriffes
– d. i. Bohren, Sprengen und Abräumen –
= 8 bis 15 Stunden.

St. Gotthard - Tunnel von 1872 bis 1881.

Stollen - Längschnitt   Stollen - Querschnitt

Breite des Stollens = 2,60 m
Höhe   -   -   2,50 -

13 bis 30 Bohrlöcher
von 1 bis 1,20 m Tiefe und 40 mm Weite.
Ladung mit Dynamit.
Zündung durch Zündschnüre.
Zeitdauer eines Angriffes
– d. i. Bohren, Sprengen und Abräumen –
= 5 bis 9 Stunden.

Simplon - Tunnel von 1898 bis 1905.

Stollen - Längschnitt   Stollen - Querschnitt

Breite des Stollens
Höhe ·

9 bis 12 Bohrlöcher
von 1,30 bis 2 m Tiefe und 84 mm Weite.
Ladung hauptsächlich mit Sprenggelatine.
Zündung durch Zündschnüre.
Zeitdauer eines Angriffes
– d. i. Bohren, Sprengen und Abräumen –
= ca 4 Stunden.

Der gesamte Sprengstoffverbrauch für den 19800 m langen Simplon-Tunnel beträgt rund 2000 Tonnen d. s. ca 200 Eisenbahnwagenladungen

Nach einer Tafel im Deutschen Museum zu München
111. Zahl der Bohrlöcher bei verschiedenen Tunnelbauten
Durch Verbesserung der Sprengmittel ist die Zahl der für jede Sprengung notwendigen Bohrlöcher
rasch geringer geworden.

vermochte man in den günstigsten Monaten nur um je 111 Meter vorwärts zu kommen, beim Arlberg-Tunnel brachte man es schon auf 166 Meter im Monat, und der Simplon-Tunnel wurde in der gleichen Zeit um je 270 Meter vorgetrieben.

Noch deutlicher sprechen die folgenden Zahlen. Für die Herstellung des im Jahre 1880 durchgeschlagenen, 15 Kilometer langen Gotthard-Tunnels brauchte man 8 Jahre, für den 1871 vollendeten, um 3 Kilometer kürzeren Mont Cenis-Tunnel sind 13 Jahre Bauzeit notwendig gewesen. Der 20 Kilometer lange Simplon-Tunnel ist von der Hamburger Firma Brandt, Brandau & Co. trotz vieler unerwarteter Hindernisse in nur 6 1/2 Jahren hergestellt worden. Die Gesamtkosten betrugen 78 Millionen Franken.

Welche Schwierigkeiten bei der Führung eines Tunnels durch eine gewaltige Gebirgsmasse zu überwinden sind, welch furchtbare Kämpfe der Mensch hierbei mit den unterirdischen Gewalten auszufechten hat, die ihm immer neue Hindernisse in den Weg stellen, zeigt am besten eine Schilderung vom Bau des Simplon-Tunnels, den die schweizerischen Bundesbahnen veröffentlicht haben:

»Bald erhöhte der Berg die Wärme im Innern zu unerträglicher Hitze, bald schob er heimtückisch weiches, bröckelndes Gestein in die zu erbohrende Bahn, bald suchte er mit lastender Masse das Gewölbe einzudrücken, und bald ließ er wieder aus seinem Schoß mächtige kalte und warme Quellen, wahre Bergbäche, in die mühsam gebauten Stollen einbrechen, Vernichtung und Untergang drohend.

»Bis zum November 1903 sollte nach der ursprünglichen Berechnung der Tunnel erbohrt sein. Nach den Fortschritten der ersten Zeit glaubte man den Durchschlag noch früher ermöglichen zu können. Als man jedoch auf der Nordseite beim sechsten Kilometer angelangt war, stieg plötzlich die Gesteinswärme in erschreckender und ganz ungeahnter Weise. Für den siebenten Kilometer hatte man auf 36–37 Grad gerechnet; stattdessen fand man aber 45–56 Grad; 500 Meter weiter waren es bereits 53 Grad, und immer noch schien die Hitze sich steigern zu wollen. Die bloße Zuführung kalter Luft genügte nicht mehr, um die weiteren Bohrarbeiten zu ermöglichen; es mußten besondere Vorrichtungen aufgestellt werden, die durch mächtige Sprühregen von eisigkaltem Wasser die Luft vor Ort so weit abkühlten, daß die Arbeit wieder aufgenommen und fortgesetzt werden konnte.«

»War es im Nordstollen die Hitze, so waren es im Süden das nachrückende Gestein und die gewaltigen Wassereinbrüche, welche die Arbeiten fast völlig zum Stillstand brachten. Der Druck des Bergs war ungeheuer; er zersplitterte die stärksten eingebauten Holzstämme und verbog mächtige Eichenbalken. Erst durch den Einbau gewaltiger Zementblöcke und stärkster Eisenträger gelang es, der fürchterlich lastenden Wucht dauernden Widerstand zu leisten. Die einbrechenden kalten und warmen Quellen, die den Tunnel überschwemmten, mußten mit unendlicher Mühe gefaßt und abgeleitet werden. Durch die Spalten des Gesteins rinnen jetzt ungefähr 1000 Sekundenliter ins Gewölbe und durch den Parallelstollen ins Freie.«

»Das Maximum des Arbeiterstands zeigte die Ziffer von 4000 Mann. Weit über eine Million Kubikmeter Ausbruchsmaterial mußte aus dem Berginnern ins Freie geschafft werden. Zu den Sprengungen wurden etwa 1350 Tonnen Dynamit verwendet; dazu kamen etwa 4 Millionen Sprengkapseln und ungefähr 5300 Kilometer Zündschnüre. Die Anzahl der erforderlichen Bohrlöcher betrug rund 4 Millionen.«

Der stärkste der Wassereinbrüche, der plötzlich einsetzte, begrub eine Anzahl von Arbeitern im nachstürzenden Gestein. An der Stelle, wo sie gestorben sind, liegen sie noch heute im steinernen Ehrengrab, über dem sich als das mächtigste aller Denkmäler die gewaltige Masse des Simplon hoch emporwölbt.

13. Der stählerne Pfad

Tack! Tack! Tack! machen die Räder unseres nach Halle fahrenden Schnellzugs.

Es ist ein eintöniges, in gleichen Abständen immer wiederkehrendes Geräusch, das seltsam einschläfernd auf die Nerven wirkt. Die Gleichmäßigkeit dieses ewig klingenden Tons weckt die Erinnerung an manche gern gehörte Weise; während der auf seinen Federn sich schaukelnde Wagen uns langsam einwiegt, scheint es einem jeden, als sängen die Räder sein Lieblingslied.

Der Zug fliegt über den blanken, stählernen Pfad, über die Schienen, wie man einfach sagt. Nichts scheint leichter als die Ausstreckung der vier silberigen Stränge vor der Maschine. Und doch ist die Arbeit von vielen Geschlechtern, die angestrengte Tätigkeit unzähliger Geister notwendig gewesen, um nur den heutigen Zustand zu erreichen, der von Vollkommenheit noch weit entfernt ist.

Die Unterlage für die Fahrbahn haben wir bereits besprochen. Es bleibt uns übrig, Bettung, Schwellen, Schienen und das zugehörige Kleineisenzug in den Arten und Formen, wie sie heutzutage angewendet werden, erst im einzelnen, dann in ihrem Zusammenhang, also den *Oberbau* zu betrachten. Es ist ein weites Feld, wie Effi Briests Vater in Fontanes Roman zu sagen pflegt.

Wir wissen aus Abschnitt 5, daß es die Aufgabe der Bettung ist, für die Schwellen einen Lagerbezirk zu schaffen, in dem diese fest und möglichst trocken liegen. Der Bettungsstoff muß daher Wasser sehr leicht durchlassen und doch fest genug sein, um die sehr großen Kräfte, die von oben und von den Seiten her gegen die Schienen und Schwellen wirken, aufnehmen und über eine weite Fläche verteilen zu können. Außerdem muß die Form der einzelnen Bettungsstücke so beschaffen sein, daß man sie leicht unter die Schwellen schlagen kann, um deren durch den Betrieb immer wieder bewirkte Senkung auszugleichen.

Die deutschen Bahnen sind entweder in Kies oder in Steinschlag verlegt. Die tiefste Lage der Bettung auf dem Unterbau, die nur zu tragen, aber keine seitlichen Kräfte aufzunehmen hat, wird auch öfter aus gut zusammengesetzten, größeren Steine, der sogenannten Packlage, gebildet. Der Steinschlag besteht bei uns zumeist aus Basalt, Porphyr, Quarzit oder Grauwacke, und zwar in Form von scharfkantigen kleinen Stücken mit einer Seitenlänge von drei bis vier Zentimetern.

Die Längsschwellen, mit denen der Eisenbahnoberbau einst begann, sind heute als überlebt zu betrachten. Die Querschwellenbau herrscht vor. Er wird aus hölzernen oder eisernen Stücken zusammengesetzt, neuerdings hat man auch Versuche mit Schwellen aus Beton mit Eiseneinlage gemacht. Auch die Schwellenschiene, das heißt eine Schiene mit sehr breit ausladendem Fuß, der die Schwelle ersetzt, kommt vor, jedoch nur selten und meist in Nebengeleisen.

Die Bevorzugung des Querschwellengleises ist leicht begreiflich durch die großen Vorteile, die es bietet: die sichere Festhaltung der Spur ohne besondere Vorkehrungen und die leichte Möglichkeit des Erneuerns einzelner Stücke. Bei dieser Bauart kann man auch in einfacher Weise eine Verstärkung der Tragfähigkeit des Gleises bewirken, da man in solchem Fall nur nötig hat, die Zahl der Schwellen für die Längeneinheit zu erhöhen.

Auf den preußischen Bahnen, deren Verhältnisse auch hier wieder als Beispiel herangezogen werden sollen, ist der Querschnitt der Schwellen stets ein Rechteck, meist mit abgeschrägten Kanten an der oberen Fläche. Bei den Holzschwellen, die wir nun zunächst betrachten, entstehen diese sogenannten Waldkanten, die man aus Gründen der Holzersparung zuläßt, meist von selbst; sie ergeben sich für viele Schwellen durch die Art, wie diese aus dem vollen Baumstamm herausgeschnitten werden. Die beiden Schwellen oben und unten auf Bild 112 können keinen voll rechteckigen Querschnitt mehr erhalten.

Die üblichen Abmessungen für die Schwellen sind: Breite 26 Zentimeter, Höhe 16 Zentimeter, Länge 2,70 Meter. Eine Bearbeitung der Oberfläche findet heute für gewöhnlich nicht mehr statt, da die seitliche Neigung der Schienen durch Zwischenlegen von Unterlags-

112. Wie Holzschwellen aus einem Stamm geschnitten werden

platten hergestellt wird. Die Löcher, welche später die Befestigungsmittel für die Schienen, Nägel oder Schrauben, aufzunehmen haben, werden vor dem Verlegen auf einer Seite vorgebohrt, auf der anderen Seite geschieht das Bohren erst während des Auslegens, damit man imstande ist, die häufig vorkommenden, kleinen Abweichungen von der Regelspur auszuführen.

Bei uns werden in der Hauptsache Eiche, Buche, Fichte, Tanne und Kiefer, diese letzte in größter Zahl, zu Schwellen verarbeitet. Unter ihnen ist seltsamerweise das Buchenholz, obgleich es zu den sonst besonders widerstandsfähigen Harthölzern gehört, am leichtesten vergänglich. Die Buchenschwellen faulen so rasch, daß sie ohne die Anwendung besonderer Erhaltungsverfahren gar nicht verwendet werden können. Da es durch dieses Verfahren gelungen ist, auch die Weichhölzer sehr haltbar zu machen, so geht der Verbrauch der teuren Eiche allmählich immer weiter zurück. In neuerer Zeit wird die Brauchbarkeit der Weichholzschwellen auch dadurch erhöht, daß man die Nägel und Schrauben nicht mehr unmittelbar in ihren Körper einsetzt, sondern an den in Betracht kommenden Stellen zunächst sehr starke, in der Mitte durchbohrte Bolzen aus Hartholz einschraubt. Diese Dübel erst nehmen die eisernen Befestigungsmittel auf.

Die Holzschwellen verderben im natürlichen Zustand deshalb leicht, weil der Holzsaft Eiweiß und andere Stoffe enthält, die sich im toten Holz zersetzen und das Gefüge locker machen. Ferner ist die Schwelle der Gefahr des Faulens so stark wie kaum ein anderer Baustoff gleicher Art ausgesetzt, da Trockenheit und Feuchtigkeit im Bahnbett unaufhörlich miteinander abwechseln. Man macht die Schwellen standhaft gegen diese schweren Angriffe, indem man sie

113. Hartholzverdübelung
Verstärkung von Weichholzschwellen durch Einschrauben von Hartholzdübeln zur Aufnahme der Schraubenlöcher

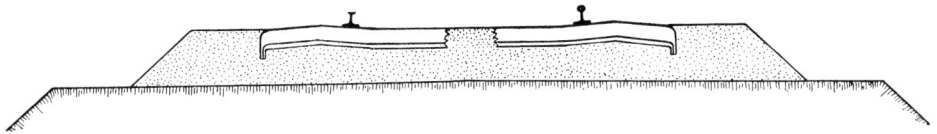

114. Lage der Eisenschwelle in der Bettung

mit fremden Stoffen vollkommen durchtränkt. Durch besondere Verfahren wird der Holzsaft ausgesogen, und an seine Stelle werden unter sehr kräftigem Druck Kreosot, Chlorzink oder kreosothaltiges Teeröl zwischen die Fasern gepreßt. Die Lebensdauer der Schwellen steigt dadurch sehr bedeutend. Eichenholz hält roh 14 bis 16 Jahre, getränkt 20 Jahre; bei Buchenholz ist der Unterschied sehr viel größer, nämlich 3 Jahre gegen 12–18. Die Zahlen für Kiefernholz lauten 7–8 Jahre gegen 14–18. Die Einführung des Tränkens bedeutet also eine außerordentlich große Ersparnis bei der Unterhaltung des Gleisoberbaus und dies um so mehr, als man die Beobachtung gemacht haben will, daß das Tränken die Schwellen auch widerstandsfähiger gegen äußere Angriffe macht.

Es wurde in dem Abschnitt über die Geschichte des Gleises bereits kurz angedeutet, daß die eisernen Schwellen erst brauchbar wurden, nachdem man ihnen eine vollkommen geschlossene, trogförmige Gestalt gegeben hatte. Sie sind dadurch imstande, einen großen Teil der Bettung vollkommen zu umgreifen und sich gegen jede Verschiebung zu sichern, indem sie diesen Bettungsteil zwingen, sich bei Bewegungen auf der darunter liegenden Fläche zu reiben. Die Eisenschwellen werden heute sämtlich aus Flußeisen oder Flußstahl gewalzt. Die am meisten gebräuchlichen Formen zeigt unser Bild 115; die Kreuzschwelle wird jedoch immer seltener verwendet. Damit man die Befestigungsmittel für die Schienen durch die Eisenschwellen hindurchstrecken kann, müssen diese an der Decke durchlocht werden. (Siehe auch Bild 52.)

Ausschlaggebend für die Stärke des Oberbaus ist die Schwellenteilung, das heißt der im allgemeinen stets gleichmäßige Abstand der einen Schwellenmitte von der anderen. Bei stark befahrenen Hauptbahnen pflegen in Preußen auf einem Kilometer 1675 Schwellen zu liegen. Nur am Stoß werden die Schwellen näher zusammengelegt, als der gewöhnliche Abstand beträgt. Auch die drei nächsten Schwellen werden noch etwas herangerückt. Bei Eisenschwellen bildet man am Stoß eine zusammenhängende Doppelschwelle aus.

Alle die bisher erwähnten Vorkehrungen im Unterbau und Oberbau haben doch zuletzt nur den Zweck, die Schienen unverrückbar festzuhalten. Diese selbst werden heute ausschließlich aus Flußstahl bereitet. Zur Herstellung dieses Stoffs wird das aus dem Hochofen gewonnene Roheisen im Siemens-Martin-Ofen oder in der Thomasbirne von dem zu starken Kohlenstoffgehalt befreit. Es ist ein prächtiges Schauspiel, dem Arbeiten von Thomasbirnen in einem großen Eisenwerk zuzu-

115. Querschnitte von Eisenschwellen

schauen. In seinem Buch »Das Reich der Kraft« schreibt der Verfasser über die Eindrücke, die er bei dem Besuch einer Schienenfabrik empfing:

Die unter dem hochgewölbten Dach einer großen Halle aufgehängten Birnen für die Stahlbereitung werden von außen nicht geheizt. Denn das Eisen wird in flüssigem Zustand eingefüllt und Preßluft hindurchgedrückt, so daß drinnen eine rasende Glut entsteht. Von Zeit zu Zeit räuspert sich eines der Ungeheuer und bläst einen Klumpen flüssigen Feuers hinaus, der, von einem Funkenregen begleitet, dumpf zur Erde niederfällt. Dann schlägt die Lohe mit erneuter Kraft aus dem glühenden Maul, und ein rollendes Geräusch dringt hervor.

Wenn der Vulkan dort drinnen ein paar Stunden lang getobt hat, wird durch elektrische Kraft ein großer Bottich hinzugefahren. Mit einem plötzlichen Ruck senkt das flammengekrönte Haupt sich abwärts, und das Ungeheuer speit seine ganze Flammenseele aus. Weithin wird alles von einem blendenden Licht übergossen. Eine schwere, breite, mächtig flutende Feuerwelle gleitet in den Bottich, ein Schwarm blendend weißer Funkensterne fliegt weit hinaus. Minutenlang rinnt das Feuer in kräftigem Strom und verbreitete eine kaum zu ertragende Hitze, ein Licht, heller als tausend Bogenlampen. Dann endlich hört die ungeheure Birne auf zu speien und zu brausen, richtet sich langsam und stolz wieder in die Höhe, und der mit dem feuerflüssigen Eisen bis an den Rand gefüllte Bottich fährt, ächzend unter seiner Last, davon. Sein Inhalt wird in eiserne Gefäße gegossen; es entstehen mehrere Walzblöcke, die darauf von kleinen Lokomotiven auf einer Feldeisenbahn dem großen Kran in der Walzhalle zugeführt werden.

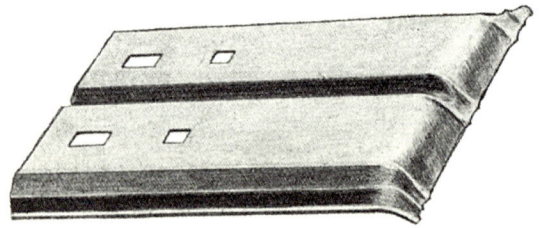

116. Eiserne Doppelschwelle für Stoßunterstützung

Wir folgen solch einem Block, aus dessen Leib Eisenbahnschienen hergestellt werden sollen, auf seinem Weg und haben nun Gelegenheit, einem Vorgang beizuwohnen, der an Pracht und Großartigkeit von wenigen auf Erden übertroffen wird.

Im Sonnenglanz dunkelt die mächtige, nach allen Seiten hin weit geöffnete Halle. Unter dem großen Wellblechdach ist alles Leuchten des Tags erloschen. Man steht in einer silbergrauen Wolke, die leicht auf und ab wallt und den Blick einschließt. Doch das Auge gewöhnt sich rasch an den feinen Nebel und vermag ihn zu durchdringen.

Menschen mit ledernen Panzern, große spitze Eisenstangen, abenteuerlich geformte Zangen gleich Waffen in den Händen, bewegen sich lautlos und mit seltsamen Gebärden um ein hochragendes schwarzes Gerüst, das in erhabener Größe dasteht.

Ein dumpfes Rollen ertönt.

Langsam heranbewegt, erscheint hoch droben, dicht unter dem Hallendach, der glühende, funkensprühende Eisenblock. Der Kran, der ihn vom Wagen genommen hat, fährt leicht auf hochliegendem Gleis; sein Gerüst biegt sich nicht unter der Last der zweitausend Kilogramm. Der Block ist dunkelrot. Man merkt, daß sein Bau, der eben erst aus flüssigem Eisen gefügt wurde, sich noch nicht bei sich selbst zu Hause fühlt. Knisternd springen Funken auf, hier und da zischt eine kleine Feuergarbe an ihm empor. Wechselnde Farbenschattierungen laufen über die Eisenmasse. Es ist, als fröre sie in der kalten Welt; man könnte denken, der mächtige Klotz atme. Eine ungeheure Glut entströmt ihm. Noch in weiter Entfernung glaubt man die Augen versengt, man weiß nicht, ob von der Hitze oder von der Flut des hereinströmenden Lichts. Es dringt durch den Dunst der Halle und macht tausend Einzelheiten deutlich. Eine neue künstliche Sonne ist hier drinnen unter dem Wellblechdach aufgegangen.

Aber sie hat keine Ewigkeit. Sie bleibt nicht lange droben an dem wellblechenen Himmel.

Der Kran ist an den mächtigen dunklen Eisenbau herangefahren, vor dem die Arbeiter mit ihren Werkzeugen wartend stehen, wie die Priester vor dem Hochaltar, um das Opfer in Empfang zu nehmen. Langsam steigt die Krankette nieder. Der rote, frierende Eisenblock wird sanft und fast geräuschlos niedergelegt. Von selbst lösen sich die Klemmbacken, die Kette rollt in die Höhe, der Kran zieht sich ruhig und langsam, wie er gekommen, zurück, ganz unberührt davon, daß er eben um eine Riesenlast erleichtert worden ist. Leise sprühen kleine weiße Funken vom roten Block.

Plötzlich ein dumpfes Dröhnen. Aus der breiten eisernen Brücke, die von dem Ruheplatz des Blocks zur Walze führt, ragen in kurzen Zwischenräumen die Rücken kräftiger stählerner Rollen um wenige Zentimeter heraus. Diese Rollen haben sich in Bewegung gesetzt, und sie schieben nun, indem eine ihn der andern zuführt, den schweren Block mit einer Schnelligkeit und spielenden Leichtigkeit vorwärts, die aufs höchste überrascht. Von Rolle zu Rolle tanzend, stürzt der Block rasend wie ein wildes Tier vorwärts.

Da läßt ein donnerndes Getöse den Boden und die Halle erbeben. Jenes hohe schwarze Gerüst beginnt zu leben. Die Walze hat sich in Bewegung gesetzt. Eine Dampfmaschine von dreitausend Pferdestärken dreht mit großer Geschwindigkeit die schweren, stählernen Walzenräder, zwischen denen der Eisenblock hindurchgetrieben werden soll, um an Dicke zu verlieren, an Länge und innerer Festigkeit zu gewinnen. In tollem Lauf wirbeln die Massen an der Walze um und um, der rotglühende Block faucht und prasselt über den Rollgang, die Erde bebt, das Hallendach zittert.

Jetzt hat der Block die Walze erreicht, er fährt gegen die beiden Walzenräder, die zwischen sich einen Spalt offen lassen, niedriger als die Höhe des Blocks. Dieser will sich hineinzwängen, die Walzenräder packen ihn – und nun kommt ein Augenblick, der dem Zuschauer den Atem stocken läßt, wo er mit aufgerissenen Augen erwartet, daß ein verheerendes Unglück eintritt.

In dem Augenblick, als die Walzen den Block faßten, ist plötzlich lautlose Stille eingetreten. Die gewaltige Maschine ist mit einem Ruck stehengeblieben, dreitausend Pferdestärken wurden im Bruchteil einer Sekunde angehalten und vernichtet. Man meint, daß der ungeheure Stoß, der eine Quadermauer umstürzen würde, auch die Walzmaschine zersprengen müßte. Doch diese hält mit ihrer wuchtigen Kraft ruhig stand. In drei Sekunden hat die Zugmaschine auch schon genügend Kraft ausgeholt, Gebrüll und Getöse erheben sich von neuem, die Walzräder wirbeln, der Eisenklotz wird durch den Spalt gequetscht, und schon liegt er, gereckt und immer noch Funken sprühend, auf der anderen Seite der Walze.

Wieder ein Augenblick der Stille. Lautlos drehen sich die mächtigen Schraubenspindeln am Kopf der Walzmaschine und schienen die beiden langen Walzräder ein wenig enger aneinander, so daß der Spalt zwischen ihnen niedriger wird. Dann fährt der Rollgang, in umgekehrter Richtung, von neuem an, der Block saust wieder durch den Spalt, um nun schon als eine dicke Stange hervorzukommen.

Dieser Vorgang wiederholt sich noch mehrere Male. Bald treiben dreitausend Pferdestärken die Walzräder rechts herum, bald laufen sie in umgekehrter Richtung, unsichtbare Hände spielen mit den ungeheuren Kräften wie Kinder mit ihrem Fangeball. Es ist, als sei der Mensch Herr jeder Stärke, jeder Kraft, als könne er Berge von ihrem Platz rücken und Weltenkörper aus ihrer Bahn zwingen. Man sieht hier eine bewundernswerte Beherrschung des Stoffs, ein freies Schalten mit Kräften, die des Menschen geringe Muskelstärke so unendlich weit überragen.

Es dauert nicht fünf Minuten, und aus dem kurzen gedrungenen Block ist eine mehr als dreißig Meter lange, in roter Glut strahlende Eisenbahnschiene geworden. Der Rollgang, der das fertige Walzerzeugnis aus der Maschine empfängt, gibt es sofort weiter in die Halle hinein, wo an einer Stelle schon eine klobige Kreissäge wartet, die von der glühenden Schienenstange mit Gekreisch und Gesprühe Stücke in der vorgeschriebenen Länge einer preußischen Staatsbahnschiene abschneidet.

Bei dieser ersten Bearbeitung der neugeborenen Schiene muß darauf acht gegeben werden, daß der Stahl jetzt noch heiß ist. Die Abschnitte sind also so zu bemessen, daß nach dem Erkalten die richtige Schienenlänge vorhanden ist, das heißt, daß man ein Stück für die Verkürzung beim Erkalten, das sogenannte Schwindelmaß, zugeben muß. Alsdann wird jene Schiene noch aufs genaueste ausgerichtet, da beim Walzen doch hier und da Verbiegungen vorkommen. Man bearbeitet sie in noch glühendem Zustand auf einer großen eisernen Unterlage, dem Warmlager, mit Holzhämmern und fügt später, wenn es nötig ist, noch ein Kaltrichten hinzu, damit eine vollkommen gerade Erstreckung unbedingt erreicht wird.

Die Ansprüche, welche eine Schiene für Eisenbahnen zu erfüllen hat, sind nicht gering. Der Kopf soll, da er fortwährend den gewaltigen Schlägen der Räder ausgesetzt ist, eine möglichst große Härte besitzen; der Fuß aber, der auf Biegung beansprucht wird, muß möglichst zäh sein. beide einander fast entgegengesetzte Eigenschaften lassen sich in einem gleichmäßigen Stahlstück natürlich nicht erwirken, und darum muß man den Schienenstoff so wählen, daß seine Eigenschaften die Mitte zwischen den beiden begehrten halten. Es gelingt heute, einen Schienenstahl herzustellen, der Härte und Zähigkeit zugleich besitzt.

Bei der Annahme durch die Eisenbahnverwaltung werden die Schienen einer schweren Prüfung durch Schlag-, Biege- und Zerreißproben unterzogen. Kugeln, die man mit einer bestimmten Kraft gegen den Kopf drückt, dürfen nicht allzu tief eindringen, kalt gebogene Schienen dürfen bis zu einer bestimmten Krümmung nicht bersten, und bei den Zerreißproben muß jedes Quadratmillimeter des Querschnitts einen Zug von 60 bis 70 Kilogramm aushalten können. Von der vorgeschriebenen Höhe darf keine der Schienen um mehr als ein halbes Millimeter abweichen. Man sollte meinen, daß eine solche Genauigkeit bei dem recht groben Verfahren, welches das Walzen immerhin darstellt, nicht leicht einzuhalten sei; sie gelingt heute jedoch fast stets.

Die Form des Kopfs der heutigen Schiene ist in engem Zusammenhang mit der Form des Radreifens durchgebildet. Die Lauffläche ist eben, um dem Reifen als Auflager zu dienen. Der Übergang zur Seite wird, entsprechend der Hohlkehle am Rad, abgerundet; die Seitenfläche selbst hat die Aufgabe, den Spurkranz zu führen. Nicht selten, insbesondere in Krümmungen, kommt es vor, daß das Rad sich vollständig gegen die Schiene preßt. Alsdann muß eine überall passende Auflagefläche vor-

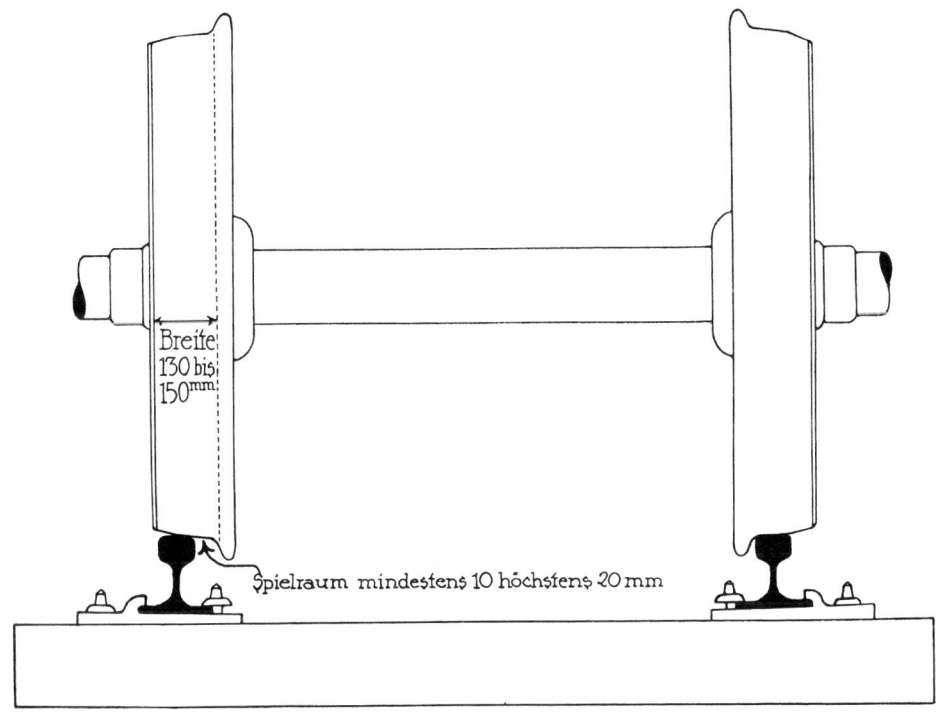

117. Radstand im Gleis
Den Spurkränzen wird ein Spielraum gelassen

handen sein, damit keine Stöße entstehen. Die Übergänge vom Kopf zum Steg und von dort zum Fuß müssen scharf unterschnitten sein, damit die Lasche am Stoß sich fest zwischen Kopf und Fuß pressen kann.

An sich scheint es begehrenswert, im Gleis so lange Schienen zu verlegen, wie sie durch das Walzverfahren nur irgend herzustellen sind. Denn die Zahl der Stöße wird ja dadurch herabgesetzt. Wir haben aber eben gehört, daß der aus der Walze hervorgehende Schienenstahl zerschnitten wird. Diese Kürzung ist um so bedauerlicher, als eine lange Schiene mit ihren zahlreichen Befestigungen weit besser geeignet wäre, die sehr starken, auf sie einwirkenden Seitenkräfte aufzunehmen. Erfahrungsgemäß ist selbst das Niederbeugen des Schienenendes beim Befahren eines Stoßes bei langen Schienenstücken geringer als bei kürzeren. Leider aber ist es nicht möglich, in der Schienenlänge über ein gewisses Maß hinauszugehen. Der Hinderungsgrund sind die Witterungsverhältnisse und die aus den Wärmeschwankungen folgenden Längenveränderungen jeder Schiene.

Die Wärme unter freiem Himmel schwankt in unseren Breiten zwischen etwa – 25 Grad Celsius im kältesten Winter und + 60 Grad Celsius bei stärkstem Sonnenbrand, also um nicht weniger als 85 Grad. Eisen und Stahl verändern bei wechselnden Wärmegraden wie alle andern Körper ihre Ausdehnung. Bei einer Erwärmung um 100 Grad dehnt sich ein jeder Stahlstab um 1/900 seiner Länge aus. Eine 9 Meter lange Schiene würde also in einem solchen Fall 10 Millimeter länger werden. Da infolge der eben erwähnten Verhältnisse mit einer Wärmeschwankung von 85 Grad im Gleis zu rechnen ist, so muß schon bei 9 Metern Länge der Abstand des einen Schienenendes vom nächsten bei stärkster Kälte mindestens

85/100 x 10 = 8 1/2 Millimeter betragen. Bei einer Schienenlänge von 18 Metern müßte die Wärmelücke bereits 19 Millimeter groß sein, und da man für Ungenauigkeiten in der Bearbeitung des Schienenendes und für Schieflagen bei Krümmungen stets noch 2 Millimeter zugeben muß, sogar 21 Millimeter.

Eine so große Lücke im Gleis ist jedoch bereits nicht mehr zulässig. Um ein Einsinken der Räder in die Wärmelücke zu verhüten, darf diese 15 bis 18 Millimeter keinesfalls überschreiten. Demzufolge können bei uns Schienen von 18 Metern Länge nur in Tunneln oder unter Bahnhofshallen verwendet werden, wo die Wärmeschwankungen nicht so groß sind. Auf freier Strecke sind 9 oder 12, höchstens 15 Meter zulässig. Würde man eine genügende Wärmelücke nicht offen lassen, so daß im Sommer die Schienenenden fest aneinander stießen, bevor die ganze Dehnung ausgeführt ist, dann wären die Züge größten Gefahren ausgesetzt, da durch Werfen der Schienen Spurerweiterungen oder Spurverengungen eintreten würden, die beide gleich bedrohlich sind.

Die Kraft der Wärmespannung in einem Körper ist außerordentlich groß. Wir haben kein Mittel, ihre Wirkung in einem offen daliegenden Gleis anders aufzuheben, als daß wir ihr durch Fugen freies Spiel lassen. Anders liegen die Verhältnisse bei ganz eingebetteten Geleisen, wie z. B. denen der Straßenbahnen. Diese sind dem Sonnenbrand zum größten Teil entzogen, da nur der Kopf frei liegt, und außerdem verhindert die allseitig fest anliegende Straßenbettung auch die Verwerfung. Straßenbahnschienen können darum zu einem einheitlichen Strang zusammengeschweißt werden, was leider beim Eisenbahngleis unmöglich ist. So ist nicht darauf zu rechnen, daß hier der Stoß, dieser böse Feind, jemals verschwinden wird.

Die Verbindung der Schienen mit den Schwellen durch Befestigungsmittel, auch Kleineisenzeug genannt, erfolgt heute nicht mehr, wie zu Beginn, nur am Stoß, sondern wird bei jeder Schwelle sorgfältig vorgenommen. Das Einschieben von Unterlagsplatten zwischen Schiene und Schwelle ist heute in Deutschland allgemein üblich. Durch Abschrägung der eisernen Plattenoberfläche wird in bequemster Weise die Neigung der Schiene nach innen mit einem Abfall der Kopffläche von 1 : 20, entsprechend der kegelförmigen Abdrehung des Radkranzes, hergestellt. Die feste Platte bewirkt ferner dadurch, daß alle in die Schwelle zu treibenden Befestigungsmittel durch sie hindurchgehen, deren Zusammenwirken gegen Verschiebungen durch die auftretenden Kräfte. Ferner wird durch die Unterlagsplatte die Auflagefläche der Schiene auf der Schwelle vergrößert, und so das Einpressen des Schienenfußes am wirksamsten verhindert. In Frankreich, wo man Unterlagsplatten weniger gern verwendet, müssen die Schwellen unter dem Schienenfuß ausgearbeitet, gedrechselt, werden, was erfahrungsgemäß ihre Lebensdauer durch Begünstigung der Fäulnis verkürzt.

Durch Versuche von Sarrazin ist fest-

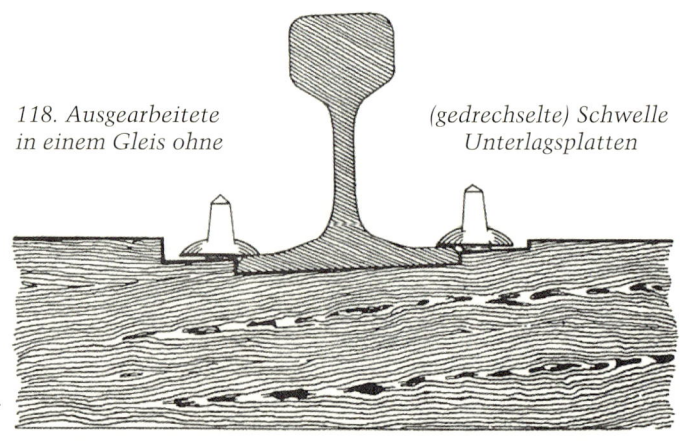

118. Ausgearbeitete (gedrechselte) Schwelle in einem Gleis ohne Unterlagsplatten

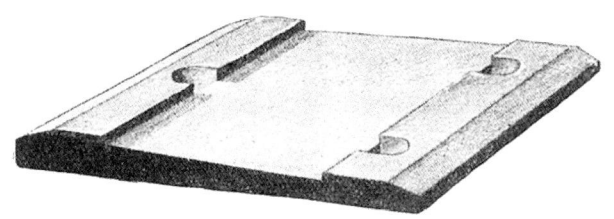

119. Unterlagsplatte ohne Haken

gestellt worden, daß innerhalb sechs Jahren von Schwellen mit Unterlagsplatten 91,8 vom Hundert wegen mechanischer Zerstörung und nur 8,2 vom Hundert wegen fortgeschrittener Fäulnis ausgewechselt werden mußten. Durch die Anwendung der Platten erhöht sich die Lebensdauer der Eichenschwellen von 10,3 auf 16,6 Jahre, der Kiefernschwellen von 12,8 auf 15,5 Jahre.

Auf Stoßschwellen verwendet man in Preußen heute stets Hakenplatten, bei denen der außen um den Schienenstoß greifende Haken die sonst notwendigen anderen Befestigungsmittel ersetzt. Bei Mittelschwellen kommen noch häufig offene Unterlagsplatten zur Verwendung.

Die eigentliche Verbindung zwischen Schienen und Schwellen geschieht durch eingetriebene Hakennägel oder durch Schrauben. In durchgehenden Geleisen werden jetzt ausschließlich Schrauben verwendet, bei leichterem Oberbau in Nebengeleisen überwiegen mehr die Nägel. Diese können natürlich durch die unvermeidliche Auf- und Abwärtsbewegung der Schiene beim Befahren leichter ausgezogen werden als Schrau-

120. Unterlagsplatte mit Haken

ben, da ihre Verbindung mit dem Schwellenholz weniger innig ist. Man gibt den Nägeln am Kopf seitliche, über den Schaft hinausragende Verbreiterungen, damit sie mit einfachen Klauen bequem ausgezogen werden können. Der heutige Schienennagel hat keine Spitze, sondern besitzt eine Schneide, die mit der Schienenerstreckung gleichgerichtet ist. Sie durchschneidet beim Einschlagen die Holzfasern, ohne ein Spalten der Schwelle zu bewirken, was als das vorteilhafteste erkannt ist.

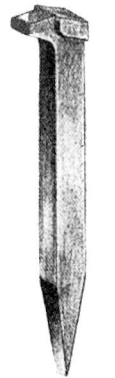

121. Ha-
kennagel

Die Schwellenschrauben haben am Kopf einen quadratischen oder rechteckigen Aufsatz, auf den der Schlüssel für das Eindrehen gesteckt werden kann. Über dem Aufsatz befindet sich eine Spitze, manchmal ein Buchstabe, deren Beschaffenheit nach fertig eingezogener Schraube deutlich erkennen läßt, ob diese nicht etwa aus Bequemlichkeit mit Hammerschlägen eingetrieben worden ist. Das darf natürlich nicht geschehen, weil das für die Festigkeit so wichtige Einlagern des Gewindes in das Schwellenholz sonst nicht stattfinden würde. Damit die Schrauben nicht nur einseitig auf dem Schienenfuß aufsitzen, damit also die Unterfläche des Kopfs ein vollständiges Auflager findet, werden häufig noch Klemmplatten auf die

122. Schwel-
lenschraube

181

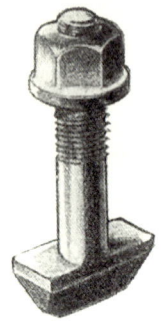

123. Hakenplatte für eiserne Schwellen mit Bolzen

Unterlagsscheibe gelegt. Auf diese Weise wird ein Verbiegen des Schraubenschafts verhindert.

Die Zahl der Verbindungsmittel bei eisernen Schwellen ist durch eine Erfindung von Haarmann stark verringert worden. Er schuf eine Unterlegsplatte mit einem Haken an der Unterfläche, der unter die Decke der eisernen Schwelle greift und jede weitere Befestigung der Schiene an der Außenseite unnötig macht. Innen wird die Schiene durch einen Bolzen mit Mutter festgemacht, dessen rechteckiges Schaftende durch eine gleichfalls rechteckige Öffnung in der Schwellenecke hindurchgesteckt und dann um 90 Grad gedreht wird, so daß die breite Ausladung des Schafts nunmehr über die schmale Erstreckung der Öffnung hinübergreift und sich gegen die Unterseite der Schwellendecke legt. Die Muttern müssen gegen das Losrütteln durch besondere Mittel gesichert werden.

Die Ausrüstung des Stoßes selbst beruht heute auf dem Gedanken, die an dieser Stelle unterbrochene Schiene durch einen anderen Träger zu ersetzen. Nach vielerlei Versuchen hat sich als die am wenigsten schlechte Bauart das kräftige Einklemmen von Laschen zwischen Kopf und Fuß, ohne Berührung des Stegs auf beiden Seiten der Schiene erwiesen. Eine wirkliche Lösung dieser so wichtigen Aufgabe wird, wie wir ja alle an unserm eigenen Körper oft genug erfahren haben, auch hierdurch nicht erreicht. Es ist nun einmal nicht zu verhindern, daß die Schiene, von der das Rad beim Fahren abläuft, etwas nach unten sinkt. Der Kopf der Auflaufschiene ragt dadurch etwas höher empor, und ein geradezu furchtbarer Schlag eines jeden Rads gegen den Kopf der Auflaufschiene ist, insbesondere bei schnell fahrenden Zügen, unvermeidlich. Hierbei wird die Auflaufschiene nicht nur wie durch einen Hammer jählings nach unten geschlagen, sondern sie erhält auch einen Stoß in waagerechter Richtung, der sie vorwärts treiben will. Dadurch entsteht das so gefürchtete Wandern der Schienen in der Fahrtrichtung, das aber auch durch die Bewegung der Räder auf der glatten Lauffläche verursacht wird, insbesondere an Stellen, wo häufig gebremst werden muß.

Die Stoßausrüstung hat also eine doppelte Aufgabe: sie muß den Übergang von einem Schienenstück zum andern möglichst glatt gestalten und das Wandern der Schienen verhindern, das leicht zu Spurveränderungen und zu einer gefährlichen Aufhebung der Wärmelücken führen kann. In den Laschen selbst sind die Löcher zur Aufnahme der Bolzen länglich geformt, damit die Wärmeausdehnung der Schienen ohne Verbiegung der Bolzen stattfinden kann.

Daß heute allgemein der schwebende Stoß, also eine Lage der Stoßlücke zwischen zwei Schwellen, nicht auf einer von diesen, üblich ist, wurde bereits in Abschnitt 5

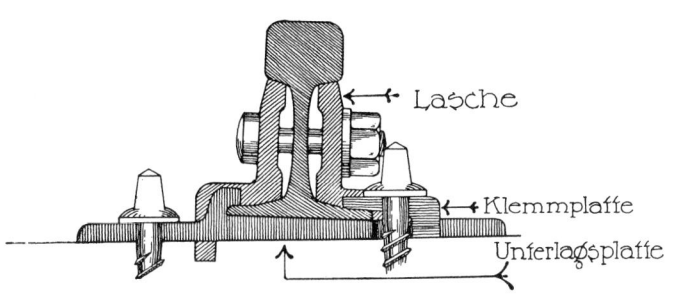

124. *Schienenstoß der preußisch-hessischen Staatsbahnen*
Querschnitt

erwähnt. Die Vorzüge dieser Anordnung gegenüber dem ruhenden Stoß sind folgende. Bei guter Laschenverbindung wird die Last durch zwei Schwellen auf die Bettung übertragen statt durch eine. Das hammerartige Niederschlagen des Kopfs der Auflaufschiene trifft keine Schwelle unmittelbar. Die Laschenverbindung kann wegen der größeren wirksamen Längserstreckung weit kräftiger ausgebildet werden.

Um die sehr unangenehmen Wirkungen des Stoßes zu verringern, hat man auch versucht, der Fuge selbst eine andere Form zu geben als die, welche bisher ausschließlich erwähnt worden ist. So hat die preußische Staatsbahn eine Zeitlang den Versuch gemacht, den stumpfen Stoß durch den Blattstoß zu ersetzen. Hierbei ist jedes Schienenende rechteckig ausgeklinkt, und die eine Schiene überblattet die andere um ein mehr oder weniger langes Stück (Bild 127). Dieser von Haarmann im Anschluß an einen Gedanken Stephensons erfundene Blattstoß, der lange Zeit auf der Berliner Stadtbahn lag, wo es ganz besonders auf Verminderung des Geräuschs der fahrenden Züge ankommt, hat sich jedoch, wie alle ähnlichen Bauarten, im Betrieb nicht bewährt. Zunächst scheint es bestechend, daß das Rad bereits von der Auflaufschiene getragen wird, während es noch auf der Ablaufschiene ruht. Eine günstige Wirkung trat jedoch nur bei neuen Stößen und bei nicht abgenutzten Radreifen ein. Später zeigten sich Sprünge in der Längsfuge, die das Schlagen der Räder noch verstärkten.

Auch die Stoßfanglasche hat zu keinem durchgreifenden Erfolg geführt. Hierbei wird die Schiene an der Außenseite rechteckig ausgeklinkt, und der Laschenkopf steigt bis zur Fahrhöhe auf, so daß er das Rad über die Stoßfuge hinwegleiten kann. Trotz mancherlei Ausbildungsarten haben sich wesentliche Vorteile nicht ergeben.

Der untere Teil der auf Bild 125 dargestellten Lasche ist das wirksamste Mittel zur Verhinderung des Schienenwanderns. Die Bewegung der Schienen wird dadurch, daß die Lasche die Klemmplatten umfaßt, auf die Unterlagsplatten und Schwellen übertragen und durch diese unter Zuhilfenahme der Bettung aufgehalten. Damit möglichst viele Schwellen bei der Verhinderung des Wanderns mitwirken, stellt man hier und

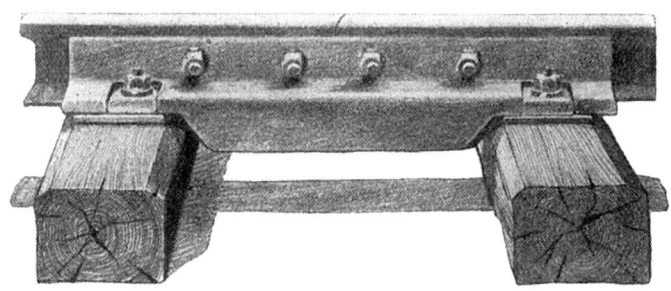

125. *Schienenstoß*
von der Seite gesehen

183

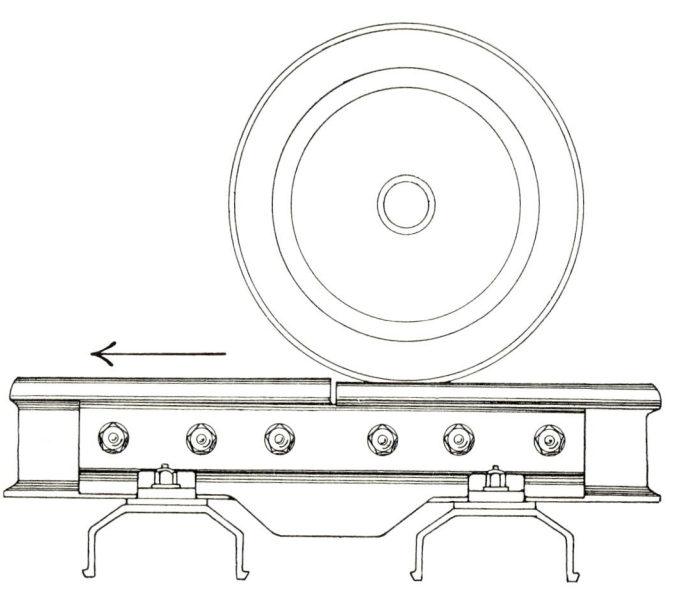

da Längsverbindungen zwischen mehreren Schwellen durch darüber genagelte Hölzer oder eiserne Bänder her. Da, wo ein besonders starkes Wandern der Schienen zu befürchten ist wie bei Gefällen, die mit stark gebremsten Rädern befahren werden, befestigt man auch an anderen Stellen der Schienen als am Stoß besondere Stemmlaschen, die an den Schienensteg geschraubt sind und die Klemmplatten oder die Haken der Unterlagsplatten umschlies-

126. Die Ursache des Räderschlagens auf den Schienen
Stoß unter der Last eines Wagenrads

sen. Ferner gelangen Keilklemmen zur Anwendung, die sich unter dem Schienenfuß gegen die Schwellen legen.

Das Gleis muß imstande sein, die schwerste vorkommende Belastung zu ertragen, ohne schnell der Zerstörung anheimzufallen. Vollständig aber lassen sich die schädlichen Einflüsse des Betriebs auf das Gleis nicht hintanhalten, so daß ständige Unterhaltungsarbeiten notwendig sind, die sehr große Ausgaben verursachen. Darüber wird noch später zu sprechen sein. In Preußen ist der höchste zulässige Raddruck auf 9000 Kilogramm festgesetzt, das heißt, keine Fahrzeugachse darf mit mehr als 18 000 Kilogramm belastet werden. Bei der Berechnung des Gleises ist jedoch in Betracht zu ziehen, daß infolge der raschen Bewegung die Kraftwirkung etwa das Doppelte des ruhenden Raddrucks erreichen kann.

Die Regelspurweite beträgt bei uns, wie wir bereits wissen, 1,435 Meter, gemessen zwischen den Innenkanten der Schienenköpfe. Damit ein Klemmen der Räder zwischen den Schienen unbedingt vermieden wird, macht man den Abstand zwischen den Spurkränzen der Räder auf einer Achse kleiner als die Spurweite. Der

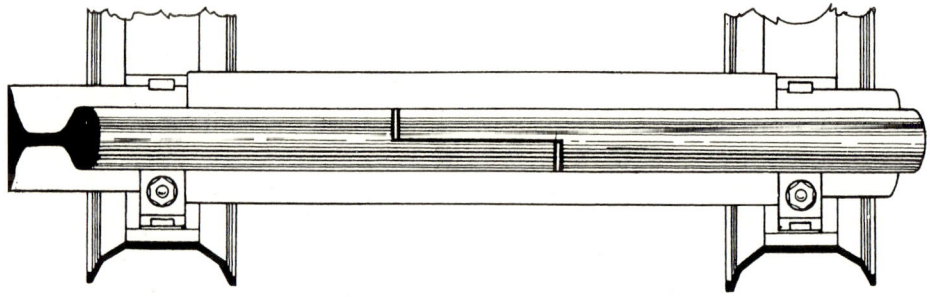

127. Blattstoß von Haarmann

184

Radstand, wie wir dieses Maß, abweichend von der amtlichen Gewohnheit, nennen wollen, darf, ein Zentimeter unter der Lauffläche gemessen, nicht mehr als 1,425, aber auch nicht weniger als 1,415 Meter betragen. Es entsteht hierdurch ein Spielraum im Gleis, der infolge des Schwankens der Fahrzeuge selbst auf glatter Strecke notwendig ist. (Siehe Bild 117).

Aber dieser Spielraum genügt nicht mehr, wenn Krümmungen mit einem geringeren Halbmesser als 1000 Meter durchfahren werden. Bei mehrachsigen Fahrzeugen müssen sich die Räder in den Krümmungen notwendigerweise schief zur Gleisrichtung einstellen. Die Achsen liegen nicht in der Richtung des Halbmessers, sondern hiergegen verschoben. Damit auch jetzt kein Klemmen der Spurkränze zwischen den Schienenkanten eintritt, muß an solchen Stellen die Spur erweitert werden. Da die Lauffläche der Radkränze ja eine ziemliche Breite besitzt, 13 bis 15 Zentimeter, so braucht man mit dieser Spurerweiterung, die außerordentlich viel zum ruhigen Fahren beiträgt, nicht allzu ängstlich zu sein. Sie kann bei uns auf Hauptbahnen bis zu drei Zentimetern betragen. Bei einem Krümmungshalbmesser von 400 Metern ist die Spurerweiterung auf 1,5 Zentimeter festgesetzt, bei einem Halbmesser von 200 Metern auf 2,4 Zentimeter. In Betracht zu ziehen ist bei der Bemessung der Spurerweiterung auch der Achsstand der Fahrzeuge, von denen die Strecke befahren wird. Je weiter solche Achsen voneinander abstehen, die unverrückbar am Fahrzeug befestigt sind, desto stärker wird die Schiefstellung im Gleis.

Es sei hier bemerkt, daß der Abstand der Achsen eines Fahrzeugs voneinander amtlich Radstand genannt wird. Diese Bezeichnung ist jedoch wenig glücklich, und

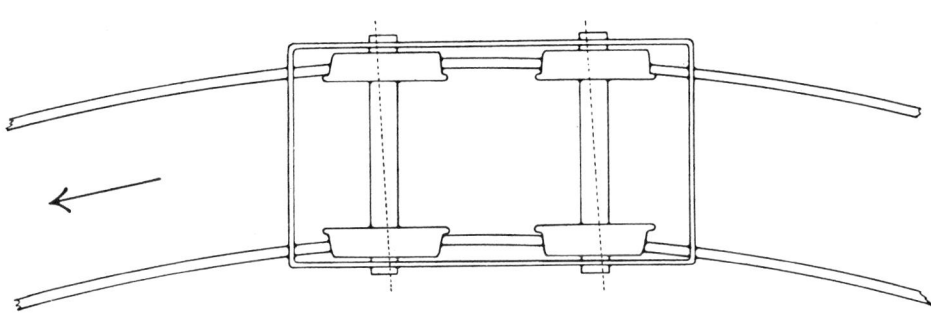

128. Radgestell in einer Gleiskrümmung
Die Achsen stehen schief im Gleis, denn ihre Richtung weicht von der (gestrichelten) Halbmesserlinie ab.

im Anschluß an die in vielen Fachwerken heute bereits bestehende Üblichkeit wollen wir stets das deutlichere Wort Achsstand hierfür anwenden.

Um bei den sehr langen Achsständen, die heute an Lokomotiven und Wagen vorkommen, die Spurerweiterung nicht allzu weit treiben zu müssen, sind statt der steifen, im Gleis bewegliche Achsen eingeführt worden. Näheres darüber wird bei der Behandlung der Lokomotiven und Wagen gesagt werden.

Die Spurerweiterung wird stets durch Verschieben der in der Krümmung innen liegenden Schiene herbeigeführt. Die äußere Schiene läßt man unverändert durchlaufen, weil sie ja infolge der Abdrängung der bewegten Masse vom Krümmungs-Mittelpunkt, welche durch die Fliehkraft verursacht wird, die Fahrzeuge zu führen hat. Es ist darauf zu achten, daß die Erweiterung sich aus dem Gleis mit gewöhnlicher Spurweite ganz langsam entwickelt. Man läßt sie gewöhnlich von 10 zu

129. *Die Gefahren der Neigungswechsel*
Wagen beim Überfahren eines Neigungswechsels ohne Ausrundung

10 Schwellen um je drei Millimeter anwachsen. Wenn zwei Krümmungen entgegengesetzter Richtung aufeinander folgen, darf die eine nicht ohne weiteres in die andere übergehen, weil der plötzliche Richtungswechsel die Fahrzeuge allzu sehr erschüttern würde. Es ist dann stets eine Zwischengerade ins Gleis einzulegen.

In Krümmungen zeigen die Spurkränze der Räder leicht eine Neigung, auf die Außenschiene hinaufzuklettern. Dadurch entsteht eine starke Entgleisungsgefahr. Um sie zu beseitigen, setzt man neben die Innenschiene, gleichgerichtet mit dieser und in kurzem Abstand, eine Schutzschiene, die das auf der Innenschiene laufende Rad seitlich führt. Diese Schutzschiene dient zugleich auch zur Entlastung der Außenschiene, die ja sehr starken seitlichen Pressungen ausgesetzt ist.

Ein sehr viel wirksameres Mittel gegen Entgleisungsgefahr und Fliehkraftdruck ist jedoch die für schärfere Krümmungen überall vorgeschriebene Überhöhung des Gleises.

Um die Fahrzeuge möglichst kräftig nach dem Mittelpunkt der Krümmung zu drängen, hebt man die Außenschiene an. Die Berechnung der günstigsten Überhöhung ist deshalb besonders schwierig, weil sie von zwei Umständen abhängt: einmal von dem Handmesser der Krümmung, dann von der Geschwindigkeit, mit der die Züge hindurchfahren. Diese ist dazu noch bei den Zügen verschiedener Gattung nicht gleich. Es ist leicht einzusehen, daß eine Überhöhung, die einen Schnellzug sehr glatt durch die Krümmung hindurchbringt, für den langsameren Güterzug zu hoch sein muß. Dieser wird infolge der geringeren Fliehkraft bei allzu hoher Rampe stark gegen die Innenschiene absinken, so daß die Spurkränze seiner Räder kräftig an dieser schleifen. Man muß also bei der Anlegung der Überhöhungen einen Mittelweg einschlagen.

Im allgemeinen beträgt die Überhöhung bei einem Krümmungshalbmesser von 1000 Metern und einer höchsten Fahrgeschwindigkeit der Züge von 60 Kilometern in der Stunde 3 Zentimeter, bei 100 Kilometern Stundengeschwindigkeit 5 Zentimeter.

Die Zwischengerade bei Gegenkrümmungen soll nach Möglichkeit so lang gemacht werden, daß sie die Anläufe für die beiden Überhöhungsrampen aufnehmen kann, die ja in solchem Fall zuerst unter der einen, dann unter der andern Schiene liegen müssen.

Allmähliche Übergänge müssen auch bei Neigungswechseln vorgesehen werden. Würde man eine Steigung unmittelbar an ein fallendes Gleis anschließen, so müßten die Mittelachsen langer Fahrzeuge sich am Brechpunkt vom Gleis abheben (Bild 129). Daher sind an solchen Stellen Ausrundungen vorgeschrieben.

Damit bei Gleisumbauten alle vom Üblichen abweichenden Gleislagen aufs genaueste wiederhergestellt werden können, ohne daß man erst in den Plänen nachzusehen braucht, sind die Abweichungen durch dauerhafte Angaben auf der Strecke angezeichnet. Am Beginn und am Ende einer jeden Krümmung steht ein Täfelchen, auf dem der Halbmesser, die Bogenlänge, die Überhöhung und die Spurerweiterung angegeben sind. Bei jedem Neigungswechsel ist ein Pfahl mit zwei Armen aufgestellt, die nach rechts und links deuten. Wenn eine Steigung folgt, ist der betreffende Arm nach oben gerichtet, bei beginnender Senkung abwärts. Jeder Arm gibt das Neigungsverhältnis und die Länge der Neigung an. Also z. B.: auf 180 Meter 1 : 190. Bei waagerechter Strecke liegt auch der Neigungszeiger waagerecht und trägt die Aufschrift: 1 : ∞ (unendlich).

130. Krümmungs-Täfelchen
Gibt Halbmesser, Bogenlänge, Überhöhung und Spurerweiterung für die Krümmung an.

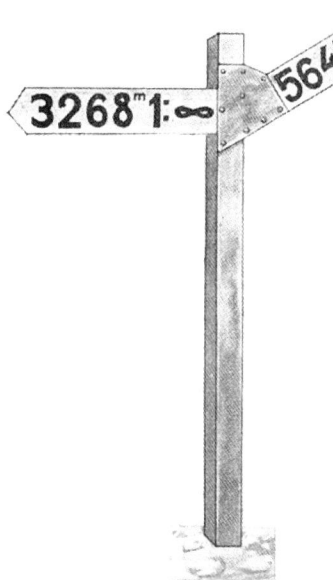

131. Neigungszeiger
Nach links waagerechtes, nach rechts ansteigendes Gleis

Nachdem wir uns – vielleicht etwas mühselig – durch die Fülle der Gegenstände hindurchgearbeitet haben, welche für die dauerhafte Verlegung des stählernen Pfads notwendig sind, können wir nun daran gehen, der Erbauung einer neuen Strecke selbst beizuwohnen.

Sobald die Auslegung der Schienen vor sich gehen soll, bevölkert sich der Landstrich, der oft bis dahin ganz still dagelegen hat, plötzlich mit einem Heer von Werkleuten.

In langsamerem, ruhigem Schaffen ist schon vorher der Unterbau fertiggestellt und eingeebnet, die Bettung bis fünf Zentimeter unter die Schwellenunterkanten aufgetragen worden. Nun erfolgt durch Meßbeamte ein äußerst genaues Abstecken der Gleisrichtung und der wechselnden Höhenlagen der Schienenoberkanten. Richtung und Höhen werden durch Einschlagen von Pfählen festgelegt, bleibende Werkpfosten aus Stein errichtet. Bei zweigleisigen Bahnen steckt man so die Bahnmittellinie ab, bei eingleisiger Strecke eine Linie, die sich seitlich in einem Abstand von zwei Metern von der Mittellinie des

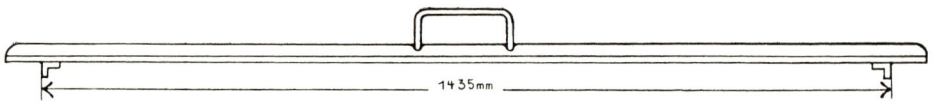

132. *Spurmaß*

Gleises befindet. In den Geraden werden die Pfähle in einem Abstand von 100 Metern eingeschlagen, bei den Krümmungen beträgt die Entfernung der Pfähle nur 25 Meter, und außerdem wird an jedem Anfangs- und Endpunkt eines Bogens sowie bei jedem Neigungswechsel ein Pfahl eingeschlagen. Die Oberfläche des Pfostens liegt genau in der Höhe der künftigen Schienenoberkante.

Ein Sägeschnitt, der künftigen Gleiserstreckung gleichgerichtet, bezeichnet die Stelle, von der aus in der Waagerechten gemessen werden soll.

Die Baustoffe waren bereits vorher an geeigneter Stelle angeliefert. Sie wurden sorgfältig und luftig gelagert, so daß die Schwellen nicht faulen, die Schienen nicht rosten konnten. Bei der Lagerung der Schienen war auf die Schaffung einer guten glatten Unterlage geachtet worden, damit sich die einzelne Schiene nicht durch das Gewicht des darüberliegenden Stapels verbiegen konnte.

Da heutzutage fast jede neue Strecke an einem Bahnhof zu beginnen pflegt, so wollen auch wir von einem solchen ausgehen. Die Zufuhr der Baustoffe zur Arbeitsstelle erfolgt in diesem Fall stets durch einen Arbeitszug. Die Wagen mit den Schienen fahren voraus, dann folgen die Fahrzeuge mit der Bettung, hieran schließt sich ein Wagen zur Unterbringung der Mannschaft und meistens auch des Kleineisenzugs. Die schiebende Lokomotive bildet den Schluß.

Zuerst werden die Schwellen abgeladen und auf der Bettung so ausgelegt, daß die Schwellenmitten genau in der Mittellinie des Gleises liegen. Mit Hilfe eines Bandmaßes, das mit Löchern, entsprechend der beabsichtigten Schwellenteilung versehen ist, werden die Abstände genau geregelt.

Sobald die hölzernen oder eisernen Unterlagen in dieser Weise ausgerichtet sind, wird eine Schiene vor den Kopf der letzten, bereits liegenden gebracht, ein Stoßlückenblech eingelegt und die Lasche mit vorläufig nur zwei Bolzen angeschlossen. Die Dicke der Lückenbleche muß entsprechend der Tageswärme ausgewählt werden. Im Winter also werden starke, im Sommer dünne Bleche verwendet. Zur Vereinfachung des Arbeitsvorgangs begnügt man sich jedoch mit nur drei verschiedenen Blechdikken. Damit Irrtümer leicht ausgeschlossen werden können, hat Launhardt für die Lückenbleche drei verschiedenen Farbanstriche vorgeschlagen:

heiß = weiß
lau = blau
Frost = rost.

Bei dem Anstoßen ruht die Schiene nicht auf den ausgelegten Schwellen, sondern auf drei Holzklötzen, die in Zwischenräume gestellt sind und die Schwellendecken etwas überragen. So können die Unterlagen leichter gerückt werden.

Durch Kreidestriche wird die Schwellenteilung genau auf die Schiene gezeichnet. Bei Regenwetter geschieht dies in dem geschützten Bezirk der Stegfläche. Alsdann läßt man die Schwellen hochheben, fest an die Schiene pressen und bringt die Nägel oder Schrauben ein, so daß eine innige Verbindung entsteht. Darauf wird die zweite Schiene herbeigeschafft, in gleicher Weise angestoßen und befestigt. Hierbei ist auf genaueste Einhaltung des Spurabstands Achtung zu geben. Die Überwachung geschieht durch das Einlegen von Spurmaßen.

Während die Schwellen auf der einen Seite stets bereits vor dem Auslegen vorgebohrt sind, werden die Löcher auf der anderen Seite größtenteils erst während der Auslegens mittels Schnellbohrmaschinen hergestellt, damit Spurerweiterungen leicht anzubringen sind. Zur Herstellung von Krümmungen mit einem Halbmesser von mehr als 700 Metern können gerade Schienen verwendet werden; der Stahl federt genügend durch, um so geringe Verbiegungen ohne weiteres zu gestatten. Für engere Krümmungen müssen die Schienen vorher gebogen werden, was durch einfache Schraubvorrichtungen geschieht.

Wenn auf diese Weise eine längere Gleisstrecke fertiggestellt ist, werden die fehlenden Laschenbolzen eingezogen, die Holzklötze entfernt. Das Gleis liegt nun auf der Unterbettung, ohne jedoch schon die genaue Höhe zu haben. Zu ihrer Herstellung ist eine sehr schwierige und sehr eigentümliche Arbeit vorzunehmen.

Es wird Bettungsstoff herangebracht und zwischen die Schwellen geschüttet. Nachdem die Gleisrichtung nach den Weisungspfählen ganz genau eingestellt ist, werden die Schwellen gestopft. Dies geschieht, indem man mit besonders geformten Äxten, den Stopfhacken, Bettungsstoff darunterschlägt.

Das Stopfen kann nur von sehr geschickten und geübten Arbeitern ausgeführt werden. Muß doch hier mit einem ganz rohen Stoff eine fast feinmechanische Genauigkeit erzielt werden. Denn die festgelegte Höhe der Schienen-Oberkante, auch in den Überhöhungen muß durch das Stopfen ganz scharf erreicht werden.

Das Stopfen erfolgt von beiden Längsseiten der Schwelle zu gleicher Zeit, wobei sorgfältigstes Zusammenarbeiten von zwei oder vier Mann notwendig ist, damit der Grund unter jeder Schwelle genügend gefestigt wird. Man beginnt das Stopfen an den Schwellenköpfen, stopft dann unter den Schienenfüßen und weniger kräftig unter den Schwellenmitten. Die Stoßschwellen werden zuerst auf diese Weise in die endgültige Lage gebracht, darauf eine Schwelle in der Mitte und dann erst die dazwischenliegenden. Liegt einmal eine Schwelle nach Beendigung der Stopfarbeit zu hoch, so darf der Überstand keinesfalls durch Aufschlagen auf die

133. Stopfhacke zum Unterschlagen von Bettungsstoff unter die Schwellen

Schwelle wieder beseitigt werden, weil dadurch eine Lockerung des Stopfgrunds eintreten würde. Die Bettung muß vielmehr mit großer Vorsicht seitlich abgegraben und dann von neuem untergestopft werden.

Nach Abschluß des Stopfens werden sämtliche Befestigungsmittel noch einmal genau nachgesehen und darauf die Stoßlückenbleche entfernt. Jetzt erst darf das Gleis von einer Lokomotive befahren werden, weil vorher ein Verbiegen der Schienen durch die schwere Auflast hätte stattfinden können. Wenn die Lokomotive mehrmals über den neu verlegten Streckenabschnitt gefahren ist, wird durch Vergleich mit den Höhen der Weisungspfähle festgestellt, ob die angestopfte Höhenla-

Erbaut von der Maschinenfabrik Augsburg-Nürnberg
134. Schiebebühne in einer Eisenbahnwerkstatt

135. Versenkte Drehscheibe

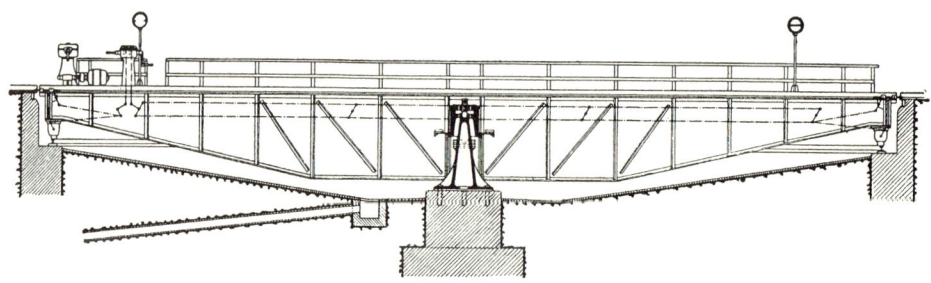

136. Der Königsstuhl
Lagerung einer Drehscheibe; Querschnitt durch die Versenkgrube mit Entwässerungskanal

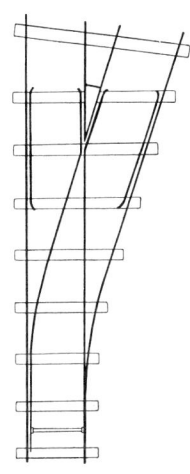

ge auch erhalten geblieben ist. Wo durch Zusammenpressen der Bettung Senkungen stattgefunden haben, muß nachgestopft werden. Nach Beendigung auch dieser Arbeit wird das noch fehlende Bettungsmaterial bis zur Höhe der Schwellen-Oberkanten aufgeschüttet. In der Schwellenmitte wird die Bettung etwas niedriger gehalten, damit die Streckenläufer bequemer im Gleis gehen können. Sie vermögen dann von Schwelle zu Schwelle zu schreiten, ohne die mit scharfen Steinkanten durchsetzte Bettungsoberfläche mit den Sohlen zu berühren.

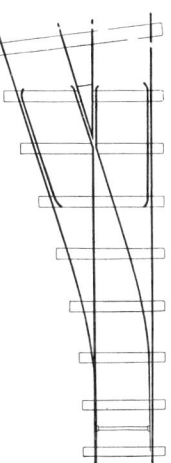

Nun ist der Bau der Strecke vollendet. Als ein neues Glied des gewaltigen Schienennetzes liegt sie in Erwartung des Verkehrs da, dem sie alsbald zu dienen hat.

137. Rechtsweiche

138. Linksweiche

Der stählerne Pfad erstreckt sich zwar heute ohne Unterbrechung und in stets gleicher Art von Memel bis Marseille, von Hamburg bis Konstantinopel, aber die silbernen Linien der Geleise sind nicht überall gleichmäßig und glatt, sie laufen nicht kalt und abweisend nebeneinander her, sondern treten öfter in Verbindung miteinander. Insbesondere vor und in Bahnhöfen ist hierdurch die Glätte der Schienenfläche zerrissen und zerschnitten, allerdings nicht in einer Weise, welche die Durchfahrt der Züge verhindert, sondern vielmehr durch Anordnungen, welche eine Erhöhung der Fahrmöglichkeiten bringen.

Damit ein wirklicher Eisenbahnbetrieb aufrechterhalten werden kann, ist es notwendig, die einzelnen Geleise so zusammenzuschließen, daß Fahrzeuge und ganze Züge von einem auf das andere übergeführt werden können. Hierfür gibt es drei Mittel: die Schiebebühnen, die Drehscheiben und die Weichen.

Schiebebühnen, die in senkrechter Richtung zur Gleiserstreckung beweglich sind, und Fahrzeugen, die von einem Gleis auf die davorstehende Bühne gefahren sind, die Moglichkeit zu geben, auf ein anderes Gleis zu gelangen, sind fast ausschließlich in Eisenbahnwerkstätten in Gebrauch.

Drehscheiben hingegen werden auf Bahnhöfen in großer Zahl verwendet. Nur in sehr seltenen Fällen wird man sie benutzen, um mit ihnen Wagenverschiebungen auszuführen; in der Hauptsache dienen sie dem Wen-

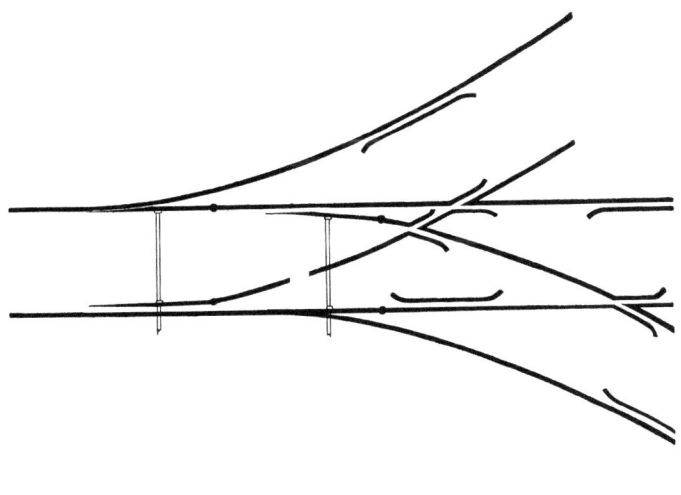

139. Doppelweiche

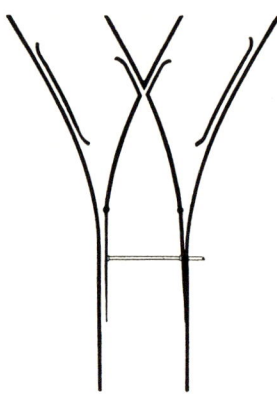

140. Zweibogenweiche

den von Lokomotiven und dem Übersetzen der Maschinen auf andere Geleise. Insbesondere an Stellen, wo von einem Stammgleis her sehr viele Abzweigungen erreichbar sein müssen, wie vor Lokomotivschuppen, sind die Drehscheiben sehr brauchbare Hilfsmittel. Sie werden von Hand oder durch mechanische Antriebe bewegt und sind trotz ihrer schweren Bauart ziemlich leicht zu drehen, da die Hauptlast nur auf einem Mittelzapfen, dem sogenannten Königsstuhl, aufruht. In durchgehende Geleise, wie das früher oft vorkam, dürfen Drehscheiben bei uns heute nicht mehr eingeschaltet sein. Die Festigkeit ihres Mittellagers und der seitlichen Auflager, die auf einem Drehkranz laufen, ist nicht so stark, daß man mit großer Geschwindigkeit über sie hinwegfahren könnte.

Zur Überführung geschlossener Züge von einem Gleis zum anderen und mit jeder beliebigen Geschwindigkeit sind nur Weichen verwendbar. Sie gestatten Ablenkungen und das Zusammenführen getrennter Fahrwege in die gemeinsame Fortsetzung.

Wegen der sehr starken Beanspruchungen, denen die gekrümmten Weichenstränge ausgesetzt sind, muß der Grund unter ihnen besonders fest und unerschütterlich gestaltet werden. Hier ist stets bester Bettungsstoff zu verwenden und sorgfältigstes Stopfen der Schwellen vorzunehmen. In Preußen werden jetzt unter Weichen fast stets eiserne Schwellen eingebaut.

Die am häufigsten vorkommende Form der Ablenkung ist die einfache Weiche. Sie stellt sich, je nach der Richtung des abzweigenden Gleises, als Rechts- oder Linksweiche dar (gesehen gegen die Spitze). Wegen Platzmangels ist es in Bahnhöfen oft nicht möglich, zwei aufeinander folgende Weichen, die also vom Stammgleis in zwei Abzweigungen geleiten, hintereinander anzuordnen, sondern man muß sie so zusammenschieben, daß die Spitzen in ganz kurzem Abstand aufeinander folgen. Alsdann entsteht die verschränkte Doppelweiche. Wenn das Stammgleis nicht gerade, sondern an der Abzweigungstelle gleichfalls gekrümmt ist, ergibt sich eine Anordnung, die man Zweibogenweiche nennt.

An den Stellen, wo zwei Geleise einander in gleicher Höhe kreuzen, sieht man gern die Möglichkeit des Übergangs von einem zum andern vor. Die Anbringung von Weichen an solchen Stellen ist jedoch nur möglich, wenn der Kreuzungswinkel ein gewisses Maß nicht überschreitet. So kann z.B. eine rechtwinklige Kreuzung nicht ohne Anlage von längeren Überführungsgeleisen mit Weichen ausgerüstet werden. Wohl aber ist dieses bei schiefwinkligen Kreuzungen möglich. Hier kann man, je nach Bedarf, eine einfache oder eine doppelte Kreuzungsweiche einbauen.

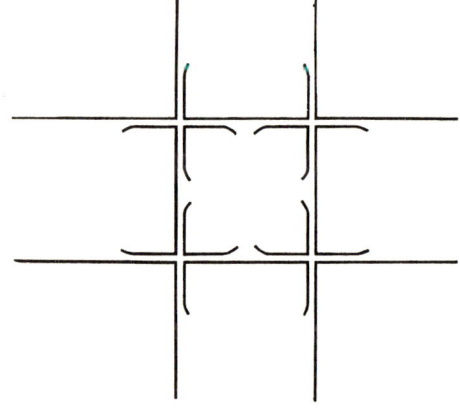

141. Rechtwinklige Kreuzung

142. Weiche mit Herzstück

Die auf Bild 144 wiedergege-
bene Kreuzung gestattet selbst
nur Fahrten von A nach B und
von A′ nach B′, sowie in umgekehrter Richtung. Die einfache
Kreuzungsweiche aber er-
schließt auch die Möglichkeit
von A′ nach B zu fahren. Will
man nun ferner den vierten
Weg, nämlich den von A nach

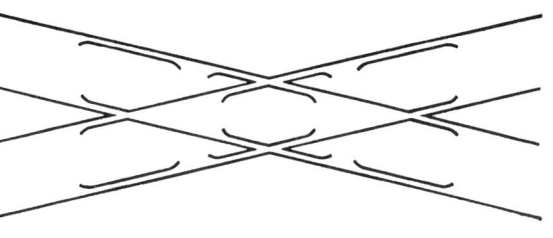

143. Schiefwinklige Kreuzung

B′ eröffnen, so muß eine doppelte Kreuzungsweiche (Bild 145) eingebaut werden.

Die Ablenkungsvorrichtung selbst besteht an den heutigen Weichen immer aus
zwei beweglichen, gleichlangen Zungen, die meist an ihren Wurzeln drehbar im
Zungenstuhl gelagert sind und ihre seitliche Bewegung auf untergelegten Gleit-
platten ausführen können. Statt der Weichen mit Drehstühlen, die häufiger Nach-
arbeitung bedürfen, kommen immer mehr federnde Zungenweichen zur Anwendung; nach Ausschneiden des Schienenfußes an der Drehstelle federt die in Zun-
genform gehobelte Schiene
selbst genügend durch, um die
notwendige kleine Bewegung
zu gestatten.

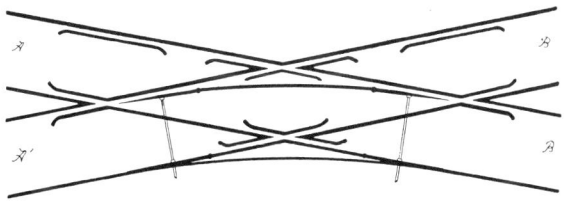

144. Einfache Kreuzungsweiche

Die Zungen sind an den
Spitzen miteinander durch eine Stange verbunden und können durch eine Stellvorrichtung bewegt werden. Wenn die
eine Zunge an ihrer Backen-
schiene anliegt, muß die andere von der zugehörigen Backenschiene genügend weit
abstehen, damit die Spurkränze der Räder durch die Lücke hindurchlaufen können.

Diejenige Stelle des Gleises, an der die Abzweigung beginnt, die Weichenspitze,
bedarf einer äußerst sorgfältigen Durcharbeitung. Nach jahrzehntelangen Versuchen verfährt man in Preußen heute so, daß man zur gänzlichen Vermeidung von
Stößen die Fahrkante der Backenschiene an der Ablenkungsstelle unverändert
durchlaufen läßt. Die Zungen laufen, damit die Richtungsänderung der Fahrzeuge
ganz allmählich eintritt, sehr schlank aus. Dadurch werden die Zungen an der Spitze stark verschwächt, so daß sie hier nicht imstande sind, eine Last zu tragen. Um
nun ein Verbiegen zu vermeiden, das gerade an dieser Stelle äußerst gefährlich wäre, sorgt man dafür, daß die Zunge von dem Raddruck nicht erreicht werden kann,
solange sie nicht genügend tragfähig ist. Darum schlägt die Zungenspitze nicht in
der Höhe der Fahrfläche an die Backenschiene an, sondern ihre Oberkante senkt sich

hier ab, so daß die Zunge
unterschlägt. Von rückwärts
gesehen erreicht die Zunge
die Höhe der Fahrebene erst
dann, wenn sie eine genügende Breite besitzt, um Lasten
tragen zu können. Die Verschiebung des über die un-
terschlagende Weichenspitze

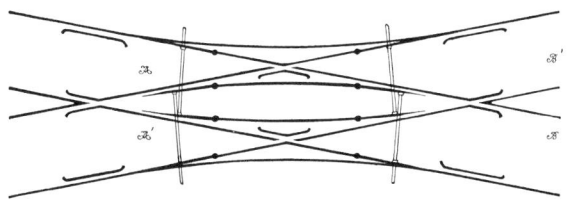

145. Doppelte Kreuzweiche

gleitenden Fahrzeugs erfolgt dadurch, daß der Spurkranz durch die sich allmählich verbreiternde Zunge seitlich abgedrängt wird.

Bei jeder Abzweigung müssen notwendigerweise die Innenschienen der beiden Geleise einander durchschneiden. An dieser Stelle muß also gleichfalls Raum für die Spurkränze geschaffen werden. Es ist daher notwendig, daß hier die Fahrkanten, von denen die Räder fest geführt werden, eine Unterbrechung erleiden.

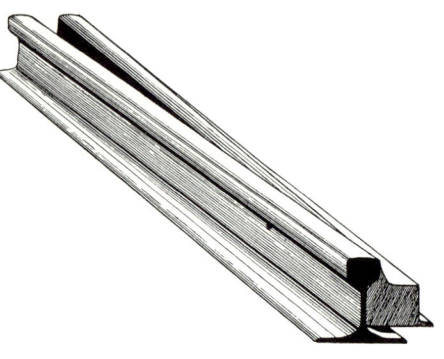

146. Schnitt durch eine Weichenspitze mit unterschlagender Zunge

Jede dieser sehr schwierigen Überschneidungs- und Unterbrechungsstellen wird als besonderer Bauteil ausgebildet. Man nennt ihn das Herzstück. Jeder seiner Teile muß mit äußerster Sorgfalt hergerichtet werden, weil hier je ein Rad einer jeden Achse über eine Lücke hinweg muß, bei deren Überschreitung es die feste Führung auf der Laufschiene verliert.

Zum leichteren Verständnis der nun folgenden Ausführungen betrachte man Bild 147. Die an der Lücke fehlende Tragfläche der gewöhnlichen Laufschiene wird durch die abgebogenen Flügelschienen ersetzt, welche die Fortsetzung der Laufschienen bilden. Infolge seiner Breite greift der Randkranz, während er über die Lücke hinweggeht, auf die Flügelschienen über und wird von ihnen getragen, bis er die Herzstückspitze überschritten und nun eine neue Auflagefläche erreicht hat. Wären die Flügelschienen nicht vorhanden, so müßte das Rad an der Unterbrechungstelle tief einsinken und mit furchtbarer Gewalt gegen die Herzstückspitze schlagen. Auch diese ist an ihrer schmalsten Stelle aus denselben Gründen wie die Zungenspitze etwas nach unten gesenkt.

Während die Flügelschienen also die fehlende, gewöhnliche Tragfläche für das Rad ersetzen, ist der gegenüber jeder Lücke an dem nicht unterbrochenen Strang angebrachte Radlenker (Bild 137 und folgende) diejenige Vorkehrung, welche für die gleichfalls fehlende Führung an der Fahrkante eintritt. Der Radlenker verhin-

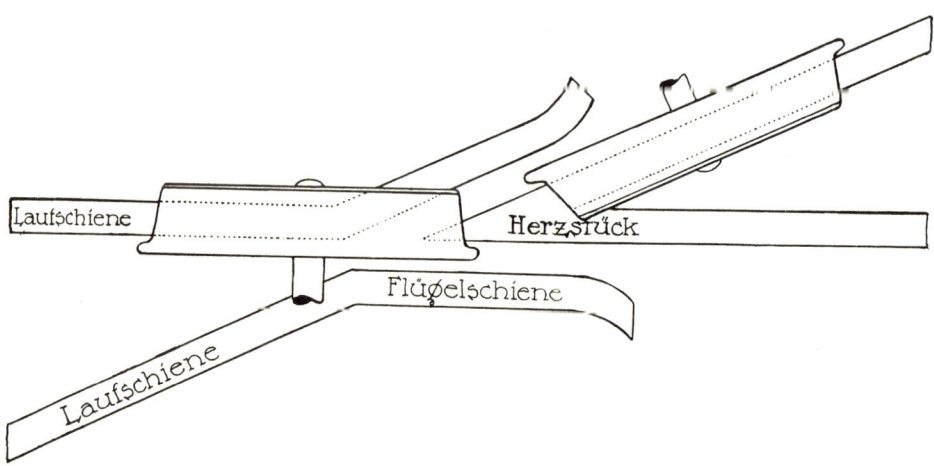

147. Rad im Herzstück

dert durch seitliche Begrenzung des Spielraums für das äußere Rad, daß das andere führungslose Rad in unzulässiger Weise seitlich ausweicht. Es entstünde ja ohne diese Vorkehrung für das über die Herzstücklücke hinweggehende Rad die Gefahr, sich so weit zu verschieben, daß der Spurkranz gegen die Spitze des Herzstücks
schlüge, oder gar auf dessen falscher Seite anliefe.

Trotz all dieser Vorkehrungen ist es aber doch ein Wunder, daß die Herzstücke
von den außerordentlich schweren Lokomotiven, die wir heute besitzen, mit einer
Geschwindigkeit von hundert Kilometern in der Stunde und mehr werden durchfahren können. Nur eine Edelzucht jedes kleinsten Bestandteils durch jahrzehnte-
lange geistige Durchdringung der geringsten Vorgänge, die sich beim Durchfahren
der Herzstücke abspielen, und eine kaum genug zu bewundernde Güte des Baustoffs
für diese machen eine solche Beanspruchung möglich.

Neuerdings bringt man die Herzstücklücken in durchlaufenden Schnellzugge-
leisen dadurch zum Verschwinden, daß man eine der Flügelschienen beweglich
macht. Wir wollen annehmen, daß die waagerecht liegende Laufschiene auf Bild 147
zu einem solchen Hauptgleis gehört. Alsdann ist die nach oben ragende Flügel-
schiene drehbar. Sie wird durch starke Federn gegen die Herzstückspitze gepreßt.
Die Räder, welche über das durchgehende Gleis laufen, finden alsdann eine glatte,
ununterbrochene Fahrbahn vor. Diejenigen Räder aber, die aus dem Nebenstrang
durch das Herzstück fahren wollen, müssen mit ihren Spurkränzen die federnde
Laufschiene wegdrücken, damit die Spurkränze hindurchkönnen. Eine solche Vorrichtung kann daher nur an solchen Stellen angebracht werden, wo das schneidende
Nebengleis stets mit geringer Geschwindigkeit durchfahren wird. Die federnde
Laufschiene trägt sehr viel zum ruhigen Laufen schneller Züge bei.

Wo Weichen vorhanden sind, besteht die Möglichkeit, daß ein Fahrzeug, welches auf dem einen Gleis steht, dem Nebengleis so nahe kommt, daß es von einem
auf diesem laufenden Fahrzeug gestreift werden könnte. Um diese Gefahr auszuschließen, sind an allen Gleisüberschneidungen weiß und rot gestrichene Grenz-
oder Merkpfähle angebracht, die anzeigen, wie weit ein Fahrzeug höchstens vorgeschoben werden darf, ohne daß es in die Umgrenzung des lichten Raums für das
Nachbargleis hineinragt.

Über die Signale an den Weichen und über die besonderen, sehr ausgedehnten Si-
cherungseinrichtungen an diesen, sowie über den Zusammenhang zwischen Weichenlage und Signalstellungen wird in Abschnitt 21 ausführlich zu sprechen sein.

148. Herzstück

149. Anfahrender Schnellzug

14. Die Lokomotive

Nunmehr haben wir die Straße kennen gelernt, die gebaut sein mußte, damit unser Schnellzug seine Fahrt vom Anhalter Bahnhof in Berlin nach München antreten konnte. Denn trotz der außerordentlichen Mühen und Anstrengungen, die man an die Herrichtung einer Eisenbahnstraße wendet, ist diese doch kein Selbstzweck. Sie stellt für sich nur ein ruhendes, nutzloses Gebilde dar. Und doch hat man allmählich die Erde mit einem dichten Netz dieser dürren, bräunlichen Dammstreifen überzogen – weil sie der Schemel sind für die Füße eines höheren.

Erst die schnelle Bewegung auf der gebahnten Straße füllt den Begriff »Eisenbahn«. Das an strotzendem Leben, behender Kraft und eindrucksvoller Wirkung reichste Gebilde, das je aus Menschenhand hervorging, ist es, das ganz allein die brausende Bewegung auf dem stählernen Pfad hervorruft.

Wir haben vorhin den zur Abfahrt fertigen Schnellzug betrachtet. Die Bahnhofshalle, in der er stand, das Gleis, auf dem seine Räder aufruhten, die großen D-Wagen selbst, sie alle waren nur unbeseelte Gebilde aus Holz und Eisen. Die Lokomotive allein ist im Bereich der Schienenwelt eine Persönlichkeit. Das atmende, pochende Leben erst, das in ihrem wohlgebildeten Leib eingeschlossen ist, bringt die herrliche Erscheinung des über die Schienen sausenden Zugs zustande, ihre Riesenkraft allein macht die lastenden Wagenburgen leicht beweglich.

Winden wir uns nunmehr durch das Gewühl, welches aus dem Steig des Anhalter Bahnhofs um den zur Fahrt nach Halle bereiten Schnellzugs herrscht, und beschauen wir das ungeheure Pferd, das vor ihn gespannt ist.

Welch eine andere Maschine sehen wir hier vor uns, als die es gewesen, welche vor noch nicht 90 Jahren beim Wettkampf zu Rainhill von dem Meister Stephenson zum Sieg geführt wurde. Die »Rakete« leistete zehn Pferdestärken. Unsere Schnellzuglokomotive vermag mehr zu leisten als 1200 Pferde. Im Kessel der »Rakete« drückte der Dampf mit einer Pressung von 3,3 Kilogramm auf jedes Quadratzentimeter, und man fürchtete damals schon ein Zerspringen. Heute ist der

196

Erbaut von J. U. Massei in München

150. Die schnellste Lokomotive

Diese für die bayerische Staatsbahn erbaute Vierzylinder-Verbund-Lokomotive erreichte auf ebener Strecke mit einem daranhängenden Zug von 150 000 Kilogramm Gewicht eine Stunden-Geschwindigkeit von 155 Kilometern. Dienst-Gewicht 84 000 Kilogramm; Achsanordnung 2 B 2

Dampf im Kessel bis zu 16 Atmosphären angespannt. Das Gewicht der Maschinen ist von 8000 Kilogramm auf 120 000 Kilogramm gestiegen. Die Höchstgeschwindigkeit vor dem Zug, die damals 40 Kilometer in der Stunde betrug, ist auf 120 Kilometer angewachsen.

Die schöne Frances Anne Kemble, die mit Georg Stephenson auf der »Rakete« mitfahren durfte, sprach in dem Brief, den sie über dieses Erlebnis an ihre Freundin schrieb, und der in Abschnitt 4 mitgeteilt wurde, von der »kleinen und munteren Maschine«, die nur »aus einem Kessel, einer Bank und einem Faß dahinter« bestehe. »Ein einziger kleiner Stahlhebel«, so bemerkte sie, »ist zur Lenkung des Ganzen vorhanden.« Wer heute eine Fahrt auf der Lokomotive zu beschreiben hat, kommt mit so einfachen Wendungen den Tatsachen nicht mehr nahe. Die geistige Arbeit von vielen Geschlechtern der Eisenbahntechniker ist jetzt in dem Hebelgewirr der Lokomotive vereinigt. Sie ist weder klein noch munter, sondern riesenhaft gefügt und trägt den tiefen Ernst nutzbaren und unentbehrlichen Schaffens im Dienst der Menschheit auf dem kühnen Antlitz, das unsere durch ihren Anblick stark erregte Vorstellungskraft ihrem Körper anfügt. Die Schilderung ihres Baus und ihres Arbeitens läßt sich nicht mehr in ein paar Sätzen zusammenfassen.

Ebaut von I. A. Maffei in München

151. Vierzylinder-Verbund-Lokomotive der Gotthard-Bahn

Dienstgewicht 76 400 Kilogramm; Achsanordnung 1 D

Bevor wir diese Beschreibung beginnen, wollen wir noch einen Augenblick bei dem Namen verweilen, den die Maschine heute trägt, der aber zu Lebzeiten des Fräuleins Kemble noch nicht in der heutigen Art gebräuchlich war.

Es gibt nur sehr wenige Benennungen, die sich, allen Sprachgrenzen zum Trotz, so weit über die Erde verbreitet haben, wie das Wort »Lokomotive«. Es ist aus zwei lateinischen Worten gebildet, dem der klassischen Zeit entstammenden Wort *locus* = Ort und dem spät-lateinischen *motivus* = beweglich. In der Patentschrift, die Stephenson im Jahre 1815 einlieferte, spricht er von einer »*construction of locomotive engines*«. Der heutige Name wird hier als Eigenschaftswort gebraucht. Erst um 1840 fängt dieses, nach einem Aufsatz von *Metzeltin* in den »Hanomag-Nachrichten«, an, sich zum Hauptwort umzuwandeln. Von da an beginnt sein Siegeslauf durch die Länder zahlreicher Völker, gleichgültig ob sie eine romantische oder eine germanische Sprache reden. Der Engländer sagt heute »*the locomotive*«, der

Ebatu von der Hannoverschen Maschinen-Aktien-Gesellschaft (Hanomag) als 8000. Lokomotive
152. Zwillings-Schnellzug-Lokomotive der oldenburgischen Staatsbahn
Dienst-Gewicht 72 000 Kilogramm; Achsanordnung 1 C 1; Ventil-Steuerung

Franzose »*la locomotive*«, im Italienischen heißt es »*la locomotiva*«, in Portugal »*a locomotiva*«; der Rumäne spricht von einer »*lovomotiva*«, der Holländer sagt »*de locomotif*«, der Däne und Schwede »*locomotivet*«. Nur im Spanischen findet sich eine Abweichung; hier heißt es »*la locomotora*«.

Auch wir Deutschen haben uns dem allgemeinen Gebrauch in dieser Beziehung angeschlossen, was ja bei unserer bedauerlich leichten Hinneigung zu Fremdworten wahrlich kein Wunder ist. Die Bezeichnung »Lokomotive« ist so tief in unseren Sprachschatz eingedrungen, daß bis zum heutigen Tag ein wirklich deutsches Ersatzwort hierfür fehlt. In Verdeutschungs-Wörterbüchern findet man wohl »Dampfwagen« und »Dampfroß« angegeben. Beide sind für den wirklichen Gebrauch nicht verwendbar. Das Wort »Dampfwagen« ist durch die technische Sprachübung für eine besondere Gattung von Eisenbahnfahrzeugen belegt, nämlich für solche, bei denen die Dampfmaschine und der zur Aufnahme von Fahrgästen bestimmte Wagenkasten baulich zu einem untrennbaren Ganzen vereinigt sind. »Dampfroß« ist eine ausschließlich in gehobener, dichterischer Sprache zulässige Wendung, und auch hier ist sie nicht gerade schön, weil der bildliche Vergleich, den sie ausdrückt, durch allzu häufige Benutzung bereits stark abgeblaßt ist.

Überhaupt kann heute keine Ersatzbildung, welche die Worte »Dampf« oder

Erbaut von der Hanomag
153. Schwere Güterzug-Tender-Lokomotive der javanischen Staatsbahn
Achsanordnung 1 F 1

auch »Feuer« in sich schließt, also etwa »Feuerwagen« mehr in Gebrauch genommen werden, da sie für die elektrische Lokomotive keinesfalls passend sein würde. Ob vorgeschlagene Neubildungen wie »Beweger«, »Treibling« oder »Treibzeug« sich jemals die deutsche Sprache werden erobern können, muß abgewartet werden. Wünschenswert bliebe es natürlich, daß unsere so überquellend reiche Muttersprache auch an dieser Stelle den eingedrungenen Fremdling erfolgreich vertriebe. Bemerkenswert ist noch der Hinweis von Metzeltin, daß einstmals in Deutschland ein Streit darüber getobt hat, ob man »die Lokomotive« oder »das Lokomotiv« sagen solle. Heute ist dieser Kampf ja vollständig zugunsten des weiblichen Geschlechts entschieden. Aber an der Bahnstrecke Salzburg – Hallein gibt es noch immer ein »Gasthaus zum Lokomotiv«. – –

Wir haben uns die Erlaubnis erwirkt, in den Führerstand der Lokomotive hinaufsteigen zu dürfen. Sobald wir nach Überwindung der steilen Stufen auf der eisernen Plattform angelangt sind, blicken wir zuerst durch das längliche runde Fenster an der rechten Seite der vorderen Abschlußwand des Führerstands hinaus auf die Strecke.

Wie ganz anders stellt sich uns der Eisenbahnkörper jetzt dar, als wir ihn gewöhnlich, in unserer Eigenschaft als einfache Reisende, zu sehen gewohnt sind! Alles heitere gesellschaftliche Treiben, das wir eben noch am Zug beobachtet haben, ist verschwunden. Kalt und streng recken sich die Schienen über der mit größ-

Erbaut von der Hanomag
154. Mallet-Lokomotive der Arica-La-Paz-Bahn in Chile
Dienstgewicht 62 600 Kilogramm; Achsanordnung C + C

199

ter Sauberkeit hingebreiteten Bettung aus. Man kann zwar, wenn man zur Seite blickt, die Bahnsteige auf der Ankunftsseite des Anhalter Bahnhofs sehen, aber diese haben plötzlich die hervortretende Bedeutung, welche sie für jeden Reisenden besitzen, vollständig verloren. Sie sind bescheidene Auswüchse am endlos sich ausreckenden Streckenkörper geworden.

Mit haarscharfer Deutlichkeit heben sich die Arme der Signale vom leuchtenden Sommerhimmel ab. Man begreift plötzlich, welche ungeheure Bedeutung diesen Zeichengebern innewohnen kann, wenn sie sinnvoll bedient und in ihren wachsenden Stellungen richtig verstanden werden. Zu den Füßen der Signalmaste wimmelt, wie das Unterholz im Hochwald, das Gestrüpp der Weichenlaternen mit ihren weißen Pfeilern, viereckigen und runden Scheiben. Die sanft geschwungenen Bogen der Weichen selbst durchschneiden die glatten Schienenstränge in einem tollen Durcheinander; sie bringen, so scheint es, Verwirrung in die geraden Geleise, so etwa wie ein ABC-Schütze die Sauberkeit der vorgezogenen Linien vernichtet, wenn er auf der Seite seines Schreibhefts Zeichenübungen anstellt. Aber wir wissen schon, daß die Anordnung jeder dieser vielen Dutzende von Weichanlagen genauester Überlegung entsprungen ist.

Weit mehr noch werden wir verwirrt, wenn wir uns nun im Führerstand selbst umblicken. Da sind massige und zierliche Hebel zu sehen, große und kleine Räder, Handgriffe, die hinauf, hinab, nach rechts oder nach links bewegt werden können, Zifferblätter, Klappen und allerhand Kurbeln. Nur wenige dieser Vorrichtungen sind bezeichnet, so daß wir uns vorläufig über ihre Wirksamkeit nicht klar werden können.

Aber jetzt hat der Aufsichtsbeamte draußen auf dem Bahnsteig das Zeichen zur Abfahrt gegeben, und wir haben nun Gelegenheit, den Lokomotivführer beim Bedienen einer großen Zahl dieser Hilfswerkzeuge zu beobachten. Während die Maschine anfährt, gibt er uns einige Erläuterungen.

Zunächst dreht er an einer blanken, mit einem breit gezahnten Rad versehenen Kurbel, die unter seinem Fenster angebracht ist. Es bewegt sich draußen eine Stange, die fast bis zur Vorderwand des Kessels reicht. Sie legt die Dampfsteuerung in der Maschine durch Verstellen der Schieber so um, daß der nun alsbald in die Zylinder tretende Dampf die Lokomotive zum Vorwärtsfahren bringt. Bis dahin haben die Schieber in der Mitte, in Abschlußstellung, gestanden. Ein Drehen der Kurbel nach der anderen Seite hätte Rückwärtsfahrt verursacht. Sobald die richtige Schieberstellung erreicht ist, fällt ein kräftiger Daumen in eine Vertiefung des gezahnten Rads und hält Kurbel und Steuerungsstellung unverrückbar fest.

Erbaut von der Hanomag

155. Güterzug-Lokomotive für Venezuela
mit Tender auf zwei Drehgestellen. Dienstgewicht 21 300 Kilogramm; Achsanordnung 1 C.
Kessel sehr hoch liegend; Sonnendach am Führerstand

Erbaut von A. Borsig in Berlin-Tegel
156. »Zugespitzte« Lokomotive
der Paris-Lyon-Mittelmeer-Bahn. Achsanordnung 2 C. Die abgeschrägten Flächen sollen eine
möglichst widerstandslose Durchschneidung der Luft herbeiführen.

Durch Zug an einem kleinen Griff öffnet der Führer nun Ventile, die sich ganz
vorn an den Zylindern befinden. Sofort tropft, was wir allerdings von unserem
Stand aus nicht beobachten können, Wasser auf den Bahnkörper hinunter. Es ist
der Niederschlag, der sich in den Zylindern beim Stillstand der Maschine aus dem
erkalteten Dampf gebildet hat; dieser muß bei den ersten Kolbenhüben einen freien
Ausweg finden, damit keine schädlichen Wasserschläge gegen die Zylinderwände
entstehen.

Dann ist der große Augenblick gekommen, in dem der mächtigste, auch für das
Auge stark vortretende, blanke Hebel in der Mitte des Führerstands bewegt wird:
der Regler. Er gibt dem im Kessel schon ungeduldig brausenden, hochgespannten
Dampf den Weg zu den Zylindern frei. Erst zischt es aus den immer noch offenen
Zylinderhähnen hinaus, dann läuft die Maschine, deren ungeheures Gewicht bisher wuchtig und anscheinend unverrückbar auf den Schienen geruht hat, langsam
an, die Last der Wagen unwiderstehlich hinter sich herziehend. Draußen auf dem
Bahnsteig beginnt das Abschiedswinken, aber hier im Führerstand bemerken wir
nichts davon. Der Führer hält den Reglerhebel fest gepackt und öffnet, indem er
ihn auf einer kleinen kreisförmigen Gleitbahn verschiebt, das Dampfventil immer
weiter. Dann schließt er die Zylinderhähne, das Zischen dort vorn hört auf, so daß
man nun allein des Ausstoßen des von seiner Arbeit in den Zylindern kommenden
Dampfs aus dem Blasrohr unter dem Schornstein hört. Noch einmal wird an dem
Steuerungshebel gedreht, bis der daran angebrachte Zeiger auf einer Zahleneinteilung eine bestimmte Ziffer anzeigt. Jetzt ist die Steuerung in jene Stellung gebracht,
die erfahrungsgemäß den geringsten Dampfverbrauch sicherstellt. Die Maschine
befindet sich in voller Fahrt.

Mit der Tabakspfeife im Mund steht der Führer hinter seinem Fenster. Der Blick,
der sich ihm von dort auf die Strecke öffnet, ist nicht völlig frei. Er kann das Gleis
erst in einer Entfernung von mehreren Metern erblicken, denn zunächst streckt
sich vor dem Fenster der mächtige Leib des Kessels aus, der alles unter ihm Liegende zudeckt. Die Maschine wiegt sich bei dem Laufen über die Schienenstöße auf
ihren Federn, und der Beschauer bemerkt auf einmal, wie richtig doch das abge-
griffene Bildwort »Dampfroß« den Eindruck der laufenden Maschine wiedergibt.

Erbaut von der Maschinenfabrik Eßlingen
157. Lokomotive mit zwei Dampfdomen
die durch ein Rohr verbunden sind. Achsanordnung 2 B

Sie hüpft und springt wirklich wie ein Pferd, die Kesselwölbung gleicht dem Rükken eines Rosses, und die Mähne wird durch die wehenden, flatternden Wölkchen gebildet, die aus dem Schornstein dringen.

Jetzt sind es einzig die Signale, nach denen der Führer emsig späht. Sie allein können ihm durch ihre Stellung anzeigen, ob die Strecke für ihn frei ist, oder ob er anhalten soll. Hier und da nur wirft er einen Blick auf die Zifferblätter der zahlreichen Druckmesser, die vor seinen Augen angebracht sind und den Dampfdruck im Kessel, im Schieberkasten, die Luftpressung in dem großen Bremsbehälter sowie in der Bremsleitung anzeigen.

Für die Aufrechterhaltung des richtigen Kesseldrucks und der sonstigen für die Maschine vorgeschriebenen Ordnung hat sein Gefährte, der Heizer, zu sorgen. Dessen Hauptaugenmerk ist der richtigen Unterhaltung der Feuerung zugewendet. In kurzen Abständen öffnet er die Tür, und der Blick vermag nun in die lodernde Hölle dort drinnen zu spähen. Blendende Helligkeit bricht aus der schwarz umrahm-

Erbaut von A. Borsig in Berlin-Tegel
158. Kran-Lokomotive

ten Öffnung heraus. Ein roter Vorhang ist aufgezogen, der alle Bauformen verdeckt. Schmale, schwarze Streifen, gebildet von den aus dem Brennstoff dringenden Dämpfen, ziehen sich hindurch. Knatternd und prasselnd pfeift die durch den Blasrohrzug von unten her angesaugte Luft durch die glühenden Kohlen.

In den Pausen aber zwischen den häufigen Versorgungen der Feuerung läßt der Heizer nicht ab, den Stand des Wassers in dem an den Kessel geschraubten Glasrohr zu beobachten. Sobald eine bestimmte Höhe unterschritten ist, setzt er geschwind die Pumpe in Bewegung, die nun neues Wasser aus dem Vorratsbehälter auf dem Tender in den Kessel wirft. Ununterbrochen bedient er die verschiedenen Griffe, deren Bedeutung wir aber erst nach genauerer Kenntnis des Lokomotivkörpers recht werden verstehen können.

159. Lokomotive am Kran
in der Zusammenbauhalle der Maschinenfabrik Eßlingen

Keinen Augenblick läßt die Aufmerksamkeit der beiden Männer nach, welche die Verantwortung für das Leben der vielen Reisenden dort drinnen in den Wagen tragen; unablässig ist der eine bemüht, sich von dem Zustand der Strecke, der andere von dem Wohlbefinden der ihm anvertrauten Maschine zu überzeugen.

Endlich kommen die gewölbten Kuppeln des Bahnhofs Halle in Sicht. Der Führer faßt einen Griff, an den er bisher noch nicht gerührt hat: das Führerbremsventil. Mit wohl abgewogenen Bewegungen des schwachen kleinen Hebels hemmt er langsam die Riesenwucht des mit einer Geschwindigkeit von hundert Kilometern dahinsausenden Zugs. Noch ein Zischen der gepreßten Luft, und die Wagenburg ist an der richtigen Stelle zum Halten gebracht. Die Stimmen vieler Menschen, die man nicht sieht, tönen aus der Ferne zum Führerstand hinauf, der so lange ganz von hartem Dröhnen erfüllt gewesen ist. Aus der besonderen Welt, in der wir zwei Stunden lang geweilt haben, sind wir nun dem allgemeinen Leben wiedergegeben. Wir haben das ruhige, selbstbewußte Arbeiten der Lokomotivmannschaft im Gewirr der Hebel und Griffe beobachtet, ohne doch noch im entferntesten den Sinn all dieser Vorrichtungen zu begreifen. Deshalb beschließen wir, zunächst den Bau der Lokomotive näher kennen zu lernen. Hierzu haben wir beste Gelegenheit, da unsere Maschine nunmehr vom Zug abgekuppelt wird, um einer anderen mit noch unverbrauchter Kraft Platz zu machen.

Nachdem unsere Lokomotive auf ihrem Ruheplatz angelangt ist, umschreiten wir ihren Körper, um zunächst einmal dessen äußere Formen näher kennen zu lernen.

Fünf Hauptbauteile sind es, die das Auge eines sorgsamen Beobachters an der Lokomotive ohne große Mühe unterscheiden kann. Recht deutlich heben sich voneinander ab: der Kessel, der Rahmen, das Triebwerk, das Laufwerk und der Tender.

Wie eine große Kuppel einen mächtigen Hallenbau krönt und ihm seinen Ausdruck verleiht, so beherrscht der langgestreckte Rundkessel den Körper der Lokomotive. Neben seiner Größe verschwinden fast die Anbauten, die sich ihm vorn und hinten gesellen und heute untrennbar zu ihm gehören. Den hinteren Abschluß des Rundkessels bildet ein kleinerer, oben gleichfalls gerundeter, aber an seinem Fußende eckiger Kessel, in dem sich die Feuerkiste befindet. Vorn erblickt man eine Erweiterung der Rundung. Es ist die Rauchkammer, aus deren Wölbung der Schornstein nur noch zu einem kargen Teil heraussieht.

Nicht ohne Erstaunen wird man inne, daß die Kesselform heute noch ganz die gleiche ist wie bei Stephensons »Rakete«. Und das nicht nur im äußeren, sondern auch in dem ganzen inneren Aufbau. Neu hinzugekommen ist nur die Rauchkammer, die jener Ahne der Lokomotive noch gefehlt hat.

Auf dem Rücken des Rundkessels erblicken wir den Dampfdom, in welchem die Dampfzuführungsrohre für die Zylinder ihren Anfang nehmen, und eine zweite Erhebung: den Sandkasten.

Kantig springt unter dem Rundkessel die Grundveste hervor, die ihn trägt und unterstützt. Es ist dies der breit und wuchtig gefügte Lokomotivrahmen; er verleiht dem Ganzen Festigkeit und hartes Widerstandsvermögen.

An ihn gehängt ist das Triebwerk, bestehend aus den Zylindern und einem Gewimmel blanker Stangen. Die Zahl der Zylinder können wir von außen nicht mit Sicherheit erkennen. Nur zwei von ihnen werden ganz vorn als wohlgerundete, seitliche Schwellungen sichtbar. Wenn die Lokomotive noch mehr Zylinder besitzt, was bei den großen Schnellzugmaschinen heute stets der Fall ist, so bleiben diese dem Auge des Beschauers verborgen, da sie durch den Rahmen verdeckt werden.

Die Zylinder sind die Erzeuger der Antriebskraft für die ganze Maschine. Von hier geht der Antrieb für das Laufwerk aus, der durch die Triebstangen dorthin übermittelt wird.

In jedem der sorgfältig ausgebohrten Zylinder steckt ein genau abschließender, scheibenförmiger Kolben. Durch die beim Laufen der Maschine selbsttätig eintretende Bewegung der Steuerungsteile wird bewirkt, daß der Dampf bald vor, bald hinter die Kolbenscheibe tritt, so daß diese hin und her bewegt wird. Die gleiche Bewegung macht die Kolbenstange. Von ihrem in einer Geradführung gelagerten Ende geht die auch in der senkrechten Ebene bewegliche Pleuel- oder Schubstange aus, die mittels einer Kurbel an einer der Radachsen angreift. Auf diese Weise wird die hin und her gehende Bewegung der Kolben in eine drehende verwandelt.

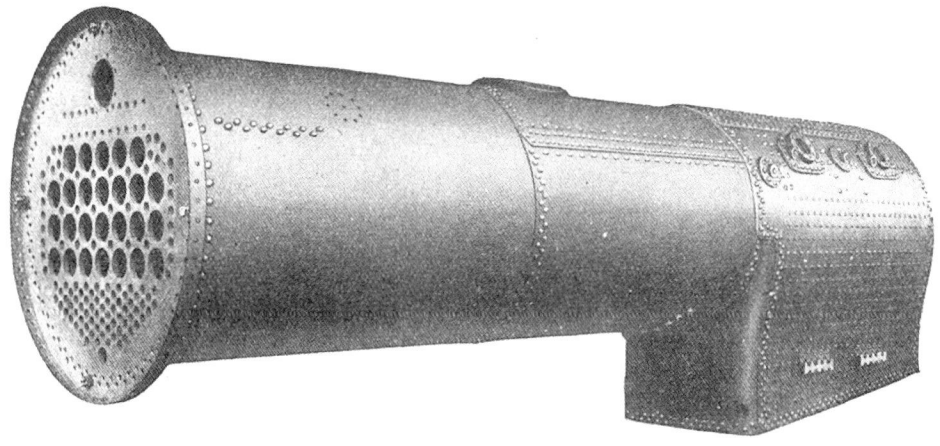

Erbaut von der Hanomag

160. Lokomotiv-Kessel

Rechts, an der Führerstandseite, der Stehkessel mit Stehbolzenköpfen, daran anschließend Rundkessel mit Öffnungen für die Heizrohre an der Rauchkammerseite. Die oberste große Öffnung ist
zum Durchlaß für das Dampf-Zuführungsrohr zu den Zylindern vorgesehen. Die oberen Heizrohre
sind zur Unterbringung der Überhitzer-Einrichtung weiter gehalten

Die Hauptkurbel ist durch weitere Stangen mit kleineren Kurbeln an jenen Achsen verbunden, die ferner noch angetrieben werden sollen. Dieses Gestänge zusammen mit dem vielfach gegliederten Antrieb der Steuerung bildet auf jeder Seite der Maschine die blanke Mannigfaltigkeit des Triebwerk.

Gleich den Zylindern sind auch die Achsen der Lokomotive in den Rahmen eingesetzt. Ihre Zahl wechselt bei den verschiedenen Maschinen-Gattungen sehr lebhaft. Auch die Größe der auf die Achsen gesteckten Räder ist außerordentlich mannigfaltig. Neben den angetriebenen Achsen findet man noch solche, an die keine
Kuppelstangen angelenkt sind. Man nennt sie Laufachsen.

Der letzte der Hauptbauteile gehört nicht eigentlich mehr zum Lokomotivkör-
per selbst. Es ist ein selbständiges Fahrzeug, das durch eine schwere, sehr kurze
Kupplung mit dem Maschinenwagen verbunden ist. Der Tender trägt den Mundvorrat für den immer gefräßigen Kessel: das Wasser in einem geschlossenen Behälter, die Kohle hoch aufgetürmt darüber. Der Kohlenvorrat ist durch eine zwischen
Führerhaus und Tenderplattform gelegte Brücke für den Heizer ohne weiteres zugänglich, das Wasser wird durch bewegliche Rohre oder biegsame Schläuche hin-
übergesaugt.

Damit haben wir das Äußere der Lokomotive aufmerksamen Auges überblickt.
Wir haben aber von ihrer Fügung jetzt noch nicht mehr erfahren als etwa von der
des menschlichen Körpers, wenn wir nur die auf der Straße vorübergehenden, wohl
angekleideten Bürger betrachten. Selbst viele wichtige Einzelheiten, die auch nach
außen hervortreten, sind uns entgangen, und gar nichts wissen wir von den inneren Teilen.

Um zu erkennen, wie es möglich ist, daß auf so kargem Raum, wie er bei der Lokomotive trotz ihrer Riesenhaftigkeit nur zur Verfügung steht, so viel Kraft vereinigt sein kann, wie man imstande ist, die fast unzähligen Hilfsmittel für ihre ordnungsgemäße Unterhaltung so unterzubringen, daß auch die während der Fahrt
nicht zugänglichen Maschinenteile ständig beeinflußt werden können, wie vier

Hände von einem schmalen Bezirk aus die ganz gewaltige Bildung zu bändigen und den zahllosen Anforderungen entsprechend zu beeinflussen vermögen – um das zu erkennen, müssen wir auch in das Innere der Maschine hineinschauen. Das aber vermögen wir weder in der Bahnhofshalle noch im Lokomotivschuppen zu tun, zu diesem Zweck müssen wir uns in die Fabrik begeben, wo der Bau aus seinen einzelnen Teilen langsam aufgeführt wird.

Der Stoff, welcher in der Lokomotiv-Maschine Arbeit leistet, wird in dem Dampfkessel erzeugt. Es sind für diesen Zweck der hintere Stehkessel mit der

161. Stehkessel mit innerer Feuerkiste
Beim Zusammenbau. Stehbolzenlöcher in den Wänden noch nicht gebohrt

162. Schnitt durch Stehkessel und Feuerkiste
Der Raum zwischen den kräftig gezeichneten Wänden wird mit Wasser gefüllt

163. Stehbolzen
Verschraubungsstellen in den Kesselwandungen geschnitten

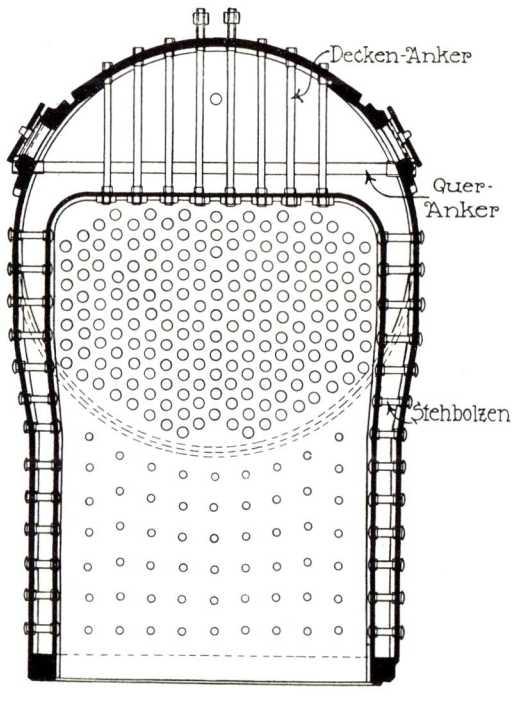

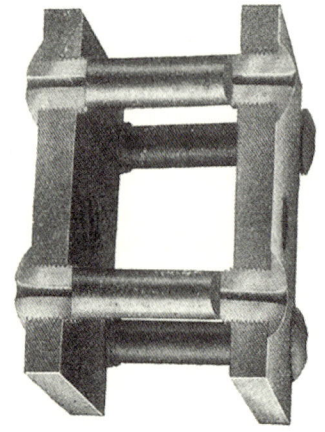

darin liegenden eigentlichen Feuerkiste und der daran sich anschließende Rundkessel zur Verfügung, durch den die heißen Feuergase ziehen. Die Gesamtheit der von diesen bestrichenen Flächen nennt man die Heizfläche; von ihrer Größe ist die Menge des in jeder Minute erzeugten Dampfs abhängig.

Die Ausgangsstelle für die Wärme, die notwendig ist, um das in den Kessel gefüllte Wasser in Dampf zu verwandeln, ist die Feuerung. Durch eine Öffnung in der hinteren Wand der Feuerkiste, die Feuertür, wird Kohle auf einen in den Boden der Feuerkiste eingesetzten Rost geworfen. Das Glühen der Kohlenschicht wird durch immer neue zwischen den Roststäben eintretende Luft unterhalten. Die Feuerung entwickelt eine Hitze von 1500 bis 1600 Grad.

Über die eigentliche Feuerkiste ist mit einem schmalen Abstand aller Wandungen eine zweite, an den Seiten gleichfalls ebene, doch jedoch gewölbte Schale gestülpt. Sie bildet die äußeren Wandungen des Stehkessels. Unten sind innerer Kistenkörper und Außenschale durch einen waagerechten Bodenring vereinigt. An diesem hängt der Aschkasten, in dem auch die durch den Rost fallenden glühenden Kohlestückchen aufgefangen werden, damit sie nicht auf die Strecke gelangen und die hölzernen Schwellen in Brand setzen. Der Aschkasten ist an den Seiten geschlossen, nach vorn und hinten dagegen offen. Durch Klappen, die vom Führerstand her zu bedienen sind, kann er nach Belieben auch hier abgeschlossen werden.

In dem Raum zwischen den inneren und äußeren Wänden des Stehkessels, der die Feuerung umschließt, befindet sich Wasser, damit auch schon hier die Hitze der entwickelten Feuergase ausgenutzt werden kann. Doch die Wassermenge, die man an dieser Stelle unterzubringen vermag, ist gering. Sie spielt im Gesamthaushalt des Kessels nur eine bescheidene Rolle.

Es ist sehr merkwürdig, daß sich die viereckige Form des Feuerungsraums, die Stephenson bei der »Rakete« anwendete, bis zum heutigen Tag unverändert erhalten hat. Die Benennung »Feuerkiste« ist sehr treffend, denn der Querschnitt ergibt ein richtiges, wenn auch an den Ecken abgerundetes Rechteck. Man hat bis jetzt für diesen Kesselteil keine bessere Form finden können, die Raum für den tiefliegenden Rost gewährt und zugleich den Übergang zu dem anstoßenden Rundkessel gestattet. Die geradwandige Kiste ist jedoch ziemlich die ungünstigste Form, um so hohen Kesseldrucken zu widerstehen, wie sie heute angewendet werden. Gehen wir doch bis zu Dampfpressungen von 16 Atmosphären hinauf, das heißt jedes Quadratzentimeter der Wände wird so stark gepreßt, als wenn es mit einem Gewicht von 16 Kilogramm belastet wäre.

Damit die geraden Wände des Stehkessels hiergegen genügenden Widerstand leisten können, ist die Einfügung sehr schwieriger Versteifungen zwischen ihnen notwendig gewesen. Man sorgt dafür, daß beide Wandungen, die vom pressenden Dampf in entgegengesetzter Richtung beansprucht werden, sich gegenseitig unterstützen. Diese Hilfehandlung wird erreicht durch das Einziehen von Stehbolzen an den Seiten sowie von Decken- und Querankern unter der Wölbung des Stehkessels.

In geringen Abständen sind die beiden Stehkesselwandungen durchbohrt und die Löcher mit tiefgängigen Gewinden versehen. Kräftige Stangen, die an ihren Enden je ein entsprechendes Außengewinde tragen, werden hindurchgeschraubt und dann außen vernietet, so daß die beiden Wandungen unverrückbar gegeneinander versteift sind. Die Decken- und Queranker, die zum Teil noch durch aufgeschraubte Muttern gesichert sind, haben die gleiche Aufgabe zu erfüllen.

Bis zum Ausbruch des Weltkriegs wurden in Deutschland sowohl die Feuerkiste wie auch die Stehbolzen aus Kupfer hergestellt. Dieser Stoff ist bei uns stets sehr teuer gewesen, und man kann sich leicht denken, daß besonders zwingende Umstände vorgelegen haben müssen, damit man sich zum Verbrauch so großer Kupfermengen veranlaßt sah. Der Grund hierfür ist die geringe Empfindlichkeit von Kupfer gegen wechselnde Spannungen seines Gefüges.

Das Feuer brennt ja unter den Lokomotiven durchaus nicht immer. Zwischen den Arbeitszeiten, in denen mit aller Macht geheizt wird, liegen immer wieder

164. Lokomotivkessel-Reihe
in einer Halle der Hanomag

Stunden, in denen nur ein schwaches Feuer unterhalten wird, und es kommen auch Zeiten, in denen dieses ganz erlischt, wie bei langen Betriebspausen, Untersuchungen und Ausbesserungsarbeiten. Durch die wechselnde Erhitzung und Abkühlung werden nun die Stoffe, die in unmittelbarer Nachbarschaft des Feuers liegen, durch die rasch aufeinanderfolgenden Dehnungen und Zusammenziehungen fortwährend hin und her gezerrt.

Man ist in Amerika schon seit vielen Jahrzehnten der Meinung gewesen, daß auch Eisen imstande ist, solchen Beanspruchungen genügenden Widerstand zu leisten, ohne zu reißen. In den Vereinigten Staaten hat man, obgleich dort Kupfer im eigenen Land reichlich zur Verfügung steht, schon seit Jahrzehnten eiserne Feuerkisten sowie Stehbolzen aus gleichem Stoff verwendet und damit gute Erfahrungen gemacht. Der Krieg hat auch uns dazu gezwungen, auf das Kupfer an dieser Stelle zu verzichten. Ein abschließendes Urteil über die Bewährung der eisernen Feuerkisten und Stehbolzen bei uns wird sich erst nach längerer Zeit fällen lassen.

Wenn wir nicht zu dem gleichen günstigen Ergebnis kommen sollten wie die Amerikaner, so kann das seinen Grund darin haben, daß drüben fast sämtliche Lokomotiven mit doppelter Mannschaft besetzt sind, sich also bis zum Eintritt größerer Schäden ununterbrochen im Dienst und demgemäß in gleicher Wärme befinden. Die Schwankungen sind deshalb im Betrieb der deutschen Bahnen mit ihrer zum Teil einfachen Lokomotivbesetzung und den daraus folgenden zahlreichen Ruhepausen der Maschinen sehr viel häufiger.

Jeder einzelne der Stehbolzen hat eine wichtige Sicherungsaufgabe zu erfüllen. Sie sind gerade in der Zahl eingezogen, die für die genügende Befestigung der Feuerkistenwände notwendig ist. Die fortwährenden Zerrungen bewirken jedoch ein verhältnismäßig nicht allzu seltenes Brechen der Stehbolzen. Es ist notwendig, daß dieses sofort kenntlich wird. Aus diesem Grund ist jeder der Stehbolzen in seiner Mittelachse von vorn und von hinten angebohrt. Tritt ein Bruch ein, der niemals in der Mitte des Bolzens, sondern stets am Ende der fest eingespannten Gewindestücke erfolgt, so dringt entweder aus der äußeren oder der inneren Bohrung sofort ein feiner Wasser- oder Dampfstrahl hervor. Die Lokomotivmannschaft weiß nun, daß ein neuer Stehbolzen eingezogen werden muß.

Der bei weitem größte Teil der von der Feuerung entwickelten Hitze wird aber erst in dem Rundkessel verwendet. An seinen Wandungen geben die heißen Gase den größten Teil ihrer Wärme ab. Damit die Berührungsflächen so ausgedehnt wie möglich sind, damit also eine möglichst große Wasserfläche durch die metallenen Wandungen hindurch von den Heizgasen erwärmt wird, ist der Wasserraum des Rundkessels von vielen waagerechten Rohren durchzogen. Jedes von ihnen bildet ein gasdurchströmtes Heizrohr.

Erbaut von der Hanomag

165. Blick in die Rauchkammer
In der Mitte, hinter dem waagerechten Verschlußbalken für die Rauchkammertür, das Blasrohr, darüber der Funkenfänger. An den Seiten Dampf-Einströmrohre für die Zylinder. Lokomotive für Java.

Was hier zu höchst wirksamer Verwendung gelangt, ist der alte Boothsche Gedanke, der schon die »Rakete« befähigt hat, alle ihre Gegner zu überwinden.

Die Heizrohre haben jedoch heute nicht mehr in allen Lagen gleichen Durchmesser, sondern sie sind bei den meisten der großen Maschinen oben weiter gehalten als unten; dies geschieht aus einem Grund, den wir noch kennen lernen werden. Die Rohre werden in senkrechten Reihen übereinander angeordnet, damit die sich entwickelnden Dampfblasen überall leicht aufsteigen können.

Auf seinem Rücken hat der Rundkessel noch eine hohe Ausbuchtung, die nach außen als Dom zutage tritt. An der höchsten Stelle des Doms liegt, wie wir schon gehört haben, die Dampfentnahmestelle, welche durch den Reglerhebel geöffnet und geschlossen werden kann. Diese Stellung für die Ausströmungsöffnung ist gewählt, weil man möglichst trocknen Dampf in die Zylinder leiten will. Die im ganzen Wasserraum des Kessels an den Wänden der Heizrohre sich entwickelnden Dampfblasen reißen ja immer etwas Wasser in feinsten Tröpfchen mit. Der Wasserreichtum des Dampfs wird immer geringer, je höher dieser aufsteigt. Außerdem sorgt auch ein in besonderer Weise durchbrochener Abschluß der Domausbuchtung nach unten zu für reichliche Abscheidung des Wassers.

Dieses will man von den Zylindern möglichst fernhalten, da ja nur der Dampf Arbeit leisten kann, Wasser jedoch toter Ballast ist. Den trockensten Dampf liefert eben die Kuppel des Doms. Um möglichst viel Dampf in geeigneter Form zur Verfügung zu haben, werden manche Lokomotiven auch mit zwei Domen ausgerüstet, die dann durch ein Rohr miteinander verbunden sind.

Die großen Rohre, die den Dampf vom Dom zu den Zylindern leiten und ihn von dort nach geleisteter Arbeit wieder abfließen lassen, führen durch die Rauchkammer. Diese wird heute breit ausladend und sehr tief gebaut, damit die glühenden Kohlestückchen, die von den Heizgasen durch die Kesselrohre mit hindurchgerissen werden, sich an der Vorderwand ablagern können. Der Schornstein ist aus dem gleichen Grund etwas nach hinten zurückgesetzt. Er steckt zum großen Teil im Innenraum die Rauchkammer, nur ein Stumpf seines kegelförmigen, nach oben breiter werdenden Baus schaut noch heraus, damit die Umgrenzung des lichten Raums nicht überschritten wird. Hierdurch bekommen unsere neuen großen Maschinen ihr geducktes Aussehen. Vor die untere Schornsteinmündung ist stets noch ein Funkenfänger gesetzt.

Feuerkiste und Rauchkammer stehen durch die Heiz- oder Rauchrohre in engstem Zusammenhang miteinander. Auf dem Weg zwischen ihnen findet die Ausnutzung der heißen Gase für die Erwärmung des Wassers statt. Nur diejenige Wärme ist nutzbar angewendet, welche die Gase vor ihrem Eintritt in der Rauchkammer abgegeben haben. Bei ordnungsgemäßem Zusammenarbeiten aller Vorrichtungen dürfen die Gase, die in der Feuerkiste bis zu 1600 Grad erhitzt waren, in der Rauchkammer nur noch 300 bis 500 Grad haben. Diese Wärme ist ein Rest, der notwendigerweise verloren gehen muß. Die Lokomotive ist eben auch eine Dampfmaschine und hat darum letzten Endes ein ebenso geringes Nutzergebnis wie alle anderen Vorrichtungen dieser Art.

Das Hineinsaugen der Heizgase in die Rauchkammer geschieht durch die Wirkung des Blasrohrs, dessen Öffnung genau unter der Mitte des Schornsteins sitzt. Der in gewaltigen Stößen rasch ausströmende Dampf erzeugt in der Rauchkammer eine Luftverdünnung. Es muß darum Luft nachströmen, und das kann nur dadurch geschehen, daß sie vom Aschkasten her durch den Rost und die Feuerung hindurch eintritt, indem sie diese anfacht.

Das Blasrohr spielt im Wärmehaushalt der Lokomotive eine außerordentlich große Rolle. Es vermag jedoch naturgemäß nur zu arbeiten, wenn aus den Zylindern Dampf ausströmt, das heißt also nur dann, wenn die Maschine sich in Bewegung befindet. Beim Anheizen der Lokomotive und auch beim Nachfeuern während des Stillstands auf Bahnhöfen möchte man trotzdem nicht vollständig auf die anfachende Blaswirkung verzichten. Aus diesem Grund ist über dem Hauptbläser stets noch ein Hilfsbläser angebracht, dem durch Betätigen eines Hebelzugs im Führerstand Frischdampf unmittelbar aus dem Kassel zugeführt werden kann.

Der Funkenfänger, welcher, um das Herausfliegen kleiner glühender Kohlestückchen aus der Rauchkammer zu verhindern, deren Raum gegen den Schornstein abschließt, darf keine zu geringen Öffnungen haben, denn dadurch würde die durch die Blasrohrwirkung erzielbare Luftverdünnung in der Kammer stark herabgesetzt werden. Man bildet die Funkenfänger daher nicht immer aus engmaschigen Sieben, sondern bringt im oder am Schornstein auch gebogene Flächen an, die sich dem senkrecht nach oben gerichteten Funkenstrom entgegenstellen, die Stückchen anprallen lassen, so daß sie wieder in die Rauchkammer zurückfallen.

Ein ganz besonders wirksames Mittel gegen allzu reichlichen Funkenwurf befindet sich noch in der Feuerung. Unmittelbar unter dem Ansatz des Rundkessels ist, von der hinteren Wand der Feuerkiste oder aus deren unmittelbarer Nähe vorspringend, ein Schirm aus feuerfesten Seinen aufgemauert. Ein großer Teil der vom Luftstrom hochgerissenen, glühenden Kohlestückchen wird bereits von dessen Unterfläche zurückgehalten. Der Feuerschirm hat dazu die noch weit wichtigere Aufgabe, ein allzu rasches Abströmen der Heizgase in den Rundkessel zu verhüten. Er sorgt dafür, daß ihre Hitze auch für den Wasserraum im Stehkessel nutzbar wird, indem er die Gase zwingt, um seine weit vorspringende Vorderkante herumzustreifen, also etwas länger in der Feuerkiste zu verweilen. Außerdem schützt er auch die Enden der Heizrohre vor allzu scharfem Angriff durch das Feuer.

Um die im Kessel erzeugte Hitze möglichst wenig nach außen abströmen zu lassen, ist dieser in seiner ganzen Ausdehnung mit Einschluß des Doms und der Zylinder, die ja auch noch zum Dampfraum gehören, mit einer Verkleidung bedeckt. Sie besteht aus dünnen Blechen, die in einem Abstand von mehreren Zentimetern um die gesamten Außenflächen herumgeführt sind. Es wird hierdurch um den Dampfraum eine ruhende Luftschicht gebildet, die bekanntlich ein sehr gutes Wärmeschutzmittel ist. Die Zylinder werden noch besonders durch zwischengelegte Asbesttücher geschützt, und das gleiche geschieht an den Kesselwandungen, die dem Innern des Führerhauses zugekehrt sind, um die Mannschaft nach Möglichkeit vor der Wärmestrahlung zu schützen.

Während des Kriegs ist man, da Asbest bald nicht mehr zu haben war, zu einem Ersatz der Wärmeschutzpackung durch Glasgespinst geschritten. Allerfeinste Glasfäden sind zu watteähnlichen, weichen Tafeln verarbeitet und mit bestem Gelingen als Wärmeschutztücher verwendet worden. Diese Glaswolle, neben der auch Gespinste aus Hochofenschlacke in Anwendung gekommen sind, ist als eine der vielen dauernden Bereicherungen der Technik zu betrachten, die der Krieg uns gebracht hat.

Mit harter Eckigkeit ragt unter der wohlgerundeten Fügung des Kessels nach allen Seiten

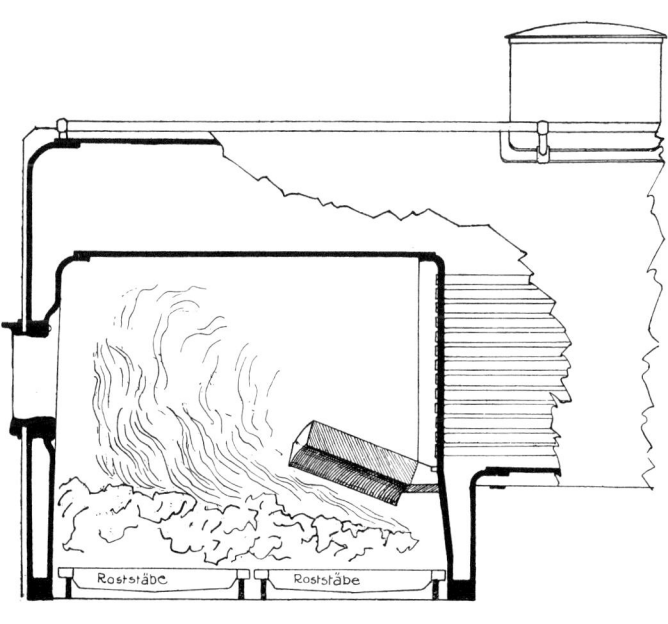

166. *Feuerschirm*
Steinerne Wölbung im hinteren Teil der Feuerkiste. Aus einer Borsig-Lokomotive.

167. Zusammensetzung der Lokomotiv-Hauptteile
Kessel mit Führerstand, Dampfdom, Sandkasten und Rauchkammer; Rahmen mit Zylindern,
Laufwerk

die stählerne Quader hervor, die ihn auf ihrem Rücken trägt. Der Rahmen, der die Aufgabe hat, wie eine gewaltige Klammer den Gesamtbau der Lokomotive zusammenzuhalten, der Kessel, Trieb- und Laufwerk erst zu einem einheitlichen Kraftkörper zusammenfaßt, besteht entweder aus starken Blechen oder aus schmalen eisernen Trägern, die zusammengenietet oder geschweißt sind. Im ersten Fall spricht man von einem Platten-, im anderen von einem Barrenrahmen. Der Rundkessel, der in Querstützen auf dem Rahmen liegt, ist an ihm nur in der Nähe der Rauchkammer festgeschraubt. Sonst liegt er frei gleitend auf den Trägern und ist auch hinten in die Feuerkistenhalter so eingelegt, daß er sich um ein gewisses Stück nach vorwärts und rückwärts verschieben kann. Das ist notwendig, um dem langen Kesselbau die Zusammenziehung und Ausdehnung nach den wechselnden Graden seiner Erwärmung zu ermöglichen.

Damit der immerhin zarte Bau des Röhrenkessels und der gleichfalls auf dem Rahmen erbaute Führerstand vor den argen Stößen geschützt werden, die durch das Überfahren der Schienenstöße entstehen, ist der Rahmen nicht fest und unmittelbar mit den Laufachsen verbunden, sondern federnd auf diese gesetzt. Das Zwischenglied wird durch lange Blattfedern gebildet, die auf mehrere Lagen kräftiger Stahlbleche zusammengesetzt sind; die Stahlbleche werden in der Mitte durch einen Bund zusammengehalten. Die Enden der Federn sind durch verstellbare Gestänge mit dem Rahmen verbunden, der mittlere Federbund ruht auf dem Gehäuse des Achslagers oder ist darangehängt.

Die Federn haben nicht allein die Aufgabe, die Stöße zu mildern, sie werden auch gleichzeitig dazu benutzt, einen Ausgleich zu schaffen, wenn zwei benachbarte

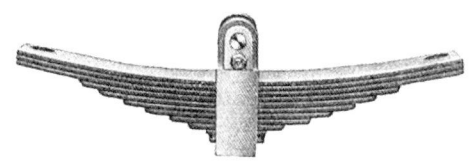

168. Blattfeder

Achsen der Lokomotive infolge von Erschütterungen verschiedenartig belastet werden. Zu diesem Zweck sind die Enden benachbarter Federn durch Ausgleichhebel miteinander verbunden. Wird die eine der Federn durch die senkrecht über ihre aufgestellte Last stark niedergedrückt und gespannt, so zieht sie auch die andere an, so daß durch verstärkten Druck des Federbunds auch die Nachbarachse an der Belastung mitträgt. Ein solcher Ausgleichshebel ist zwischen Mittel- und Hinterachse der auf Bild 189 dargestellten Tenders deutlich zu erkennen.

Der Kessel liegt heute oft recht hoch über dem Rahmen und damit auch in ziemlich beträchtlicher Höhe über der Schienenoberkante. Man gibt ihm diese Stellung, weil man den Durchmesser der Rundung gern größer macht, als der Raum zwischen den oft sehr hohen Rädern es ermöglicht. Ein geräumiger Kessel ist dringend nötig, um die für den heutigen scharfen Betrieb erforderlichen großen Dampfmengen stets zur Verfügung zu haben.

Die Entwicklung der Lokomotive ist eine Zeitlang dadurch aufgehalten worden, daß man sich fürchtete, den Schwerpunkt des Kessels hochzulegen. Man glaubte, daß die Maschine dann beim Fahren allzu stark schwanken würde oder gar in Krümmungen kippen könnte. *Crampton* schuf nur aus diesem Grund im Jahre 1846 eine heute recht seltsam aussehende Lokomotive mit nur einer Treibachse, die weit hinter dem Kessel angebracht war, damit er diesen recht tief legen und doch ziemlich geräumig ausgestalten konnte. Die Cramptonsche Lokomotive hat lange auch bei uns in Deutschland eine recht große Rolle gespielt, da sie als einzige den begehrten großen Dampfraum besaß. Wogegen Crampton mit seinem eigenartigen Bau ankämpfe, war die allzu große Schmalheit der Regelspur, wie wir sie ja noch heute besitzen. Für Brunel wurde die Schwierigkeit der Kesselvergrößerung auf der Regelspur der Grund, beim Bau der Großen West-Eisenbahn in England die Breitspur einzuführen. Denn hierbei konnte er die Räder weiter auseinander legen, also ohne Schwierigkeiten einen größeren Kessel einbauen und so die ganze Bahn leistungsfähiger machen.

Heute ist die Furcht von einer hohen Kessellage überwunden. Man hat vielmehr

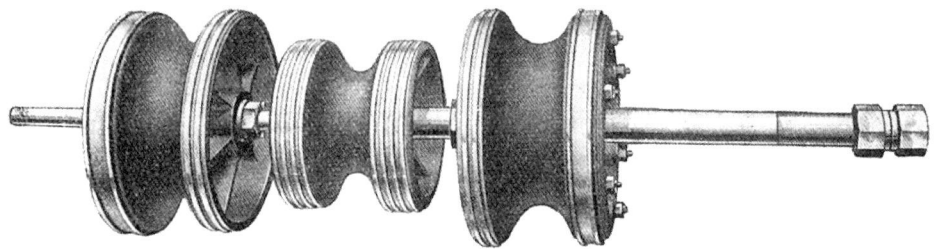

Von einer Hanomag-Lokomotive

169. Kolvenschieber
einer Vierzylinder-Verbund-Maschine; steuert die Dampf-Zuführung für je einen Hochdruck- und Niederdruck-Zylinder

170. Zylinder-Gußstück
vom Kran aus der Gießgrube gehoben

eingesehen, daß ein Empor-schieben des Schwer-punkts die Stöße des Fahr-zeugs gegen das Gleis mil-dert, dieses schont und rückwirkend auch die Ma-schine selbst. Manchmal geht man hierin jetzt sogar über das unbedingt Not-wendige hinaus, nur um nebensächliche Vorteile zu erringen. So zeigt die von der Hannoverschen Ma-schinenbau-Aktiengesell-schaft für eine Bahnstrecke in Venezuela erbaute, auf Bild 155 dargestellte Loko-motive eine besonders ho-he Kessellage, durch die das innen liegende Triebwerk sehr bequem zugänglich wird.

Lokomotiven mit hoch-liegenden Kessel sind dem Auge nicht wohlgefällig. Man beschaue die auf Bild 150 dargestellte Lokomo-tive. Sie zeigt einen schö-nen Zusammenklang aller Einzelformen, befriedigt aber doch das künstlerische Gefühl nicht so wie die andere Maffei-Lokomotive, die auf dem Bild vor dem Titel wiedergegeben wird. Da diese eine Güterzugmaschine mit niedrigen Rädern ist, so konnte der Kessel hier sehr viel tiefer gelegt werden. Unser Schönheitsempfinden nimmt für diesen Fall seinen Maßstab wahrschein-lich vom Bau der Tiere her. Niemals finden wir in der heutigen Tierwelt massige Leiber auf lange, dünne Beine gestellt, wie dies bei unseren großen Schnellzug-Ma-schinen der Fall zu sein scheint. Sie sehen so aus, als wenn ihr Unterbau für die dar-auf ruhende Last nicht genügend kräftig wäre, und das verhindert die Auslösung eines Gefühls voller Befriedigung bei ihrem Anblick.

Die Zylinder sind unter gewöhnlichen Umständen heute stets vorn am Rahmen aufgehängt. Über ihrer Wölbung liegt der Schieberkasten, in dem sich die Vorrich-tung für die Steuerung des Dampfs hin und her bewegen kann. Die Schieber sind entweder flache Teller oder runde Kolben, die den aus den Zuströmungsrohren kom-menden Dampf bald vor die eine, bald vor die andere Seite des Kolbens treten las-sen. Auch Steuerung durch Ventile, wie sie bei den ortsfesten Maschinen schon längst mit bestem Erfolg in Gebrauch sind, wird heute bisweilen bei großen Loko-motiven angewendet.

Die Zylinderkörper selbst bestehen aus Gußeisen und stellen oft recht gewalti-ge Gußstücke dar. Der scheibenförmige Kolben gleitet in dem mit äußerster Ge-

Hanomag

171. Kraftkörper einer Vierzylinder-Maschine
Oben Schiebergehäuse, unten die beiden kleinen Hochdruck- und die zwei größeren
Niederdruck-Zylinder. Zwei große Gußstücke

nauigkeit ausgebohren Gehäuse und ist durch eingesetzte, federnde Ringe aus Gußeisen abgedichtet.

Um den Lokomotiven für die sehr schnell fahrenden Züge, welche der Personenbeförderung dienen, und für das Schleppen der immer schwerer werdenden Güterzüge genügend Kräfte zu verleihen, ist es notwendig, möglichst große Kolbenflächen zu schaffen, auf die der Dampf wirken kann. Das erheischt zugleich eine Vergrößerung der Zylinder. Aber wegen der schmalen Begrenzung des lichten Raums ist an mit den Durchmessern der einzelnen Zylinder in ziemlich enge Grenzen gebannt. Wenn man trotzdem große Kolbenflächen zur Verfügung haben will, bleibt nichts übrig, als die Zahl der Zylinder zu vermehren.

In der Tat gibt es heute weit weniger Lokomotiven mit nur zwei Zylindern, als der Nichtfachmann auf Grund seiner rein äußerlichen Betrachtungen annimmt. Er sieht stets nur die beiden außenliegenden Dampfbehälter, dazwischen sind aber bei den großen Maschinen meist noch ein oder zwei Zylinder untergebracht. Aus besonderen Gründen ist es auch öfter notwendig, die vier Zylinder so anzuordnen, daß zwei Paare hintereinander liegen. Ja es sind in Amerika bereits Maschinen mit drei Zylinderpaaren gebaut worden. Die Führung des Dampfs zu und zwischen diesen beiden Zylindern, von denen oft zwei durch denselben Schieber gesteuert werden, ist sehr vielfältig durchgebildet und macht oft sehr große Schwierigkeiten. Davon werden wir noch zu sprechen haben.

215

172. Dampfkolben
Die gußeisernen Dichtungsringe, welche in die ausgedrehten Nuten eingesetzt werden, sind der
Deutlichkeit wegen an die Kolbenstange gehängt.

Die Übertragung der durch den Dampfdruck auf den Kolben hervorgerufenen Bewegung auf das Laufwerk geschieht durch das Triebgestänge. Dieses, einschließlich des Kolbens, trägt die Hauptschuld an dem trotz aller Bemühungen immer noch merkbaren nickenden und zuckenden Gang der Lokomotiven. Denn das Triebwerk ist nicht in gleichförmiger Bewegung. Seine schweren Gewichte wechseln unaufhörlich ihre Geschwindigkeit, ja sogar die Richtung ihrer Bewegung. Trotz vieler Maßnahmen gelingt es bis heute niemals ganz, diese hin und her gehenden Massen abzugleichen. Am ehesten gelangt man noch zu einem vollständig ruhigen Gang bei Vierzylinder-Lokomotiven, weil hier die Bewegungen der Triebwerke so gegeneinander verschoben werden können, daß die hergehenden Massen stets den hingehenden entgegenarbeiten.

An dem Kolben ist die Kolbenstange befestigt, die durch eine Stopfbüchse aus dem hinteren Deckel des Zylinders ins Freie tritt. Diese Stopfbüchse sowohl wie alle anderen Abschlüsse an Stellen, wo bewegte Teile aus dem Dampfraum der Lokomo-

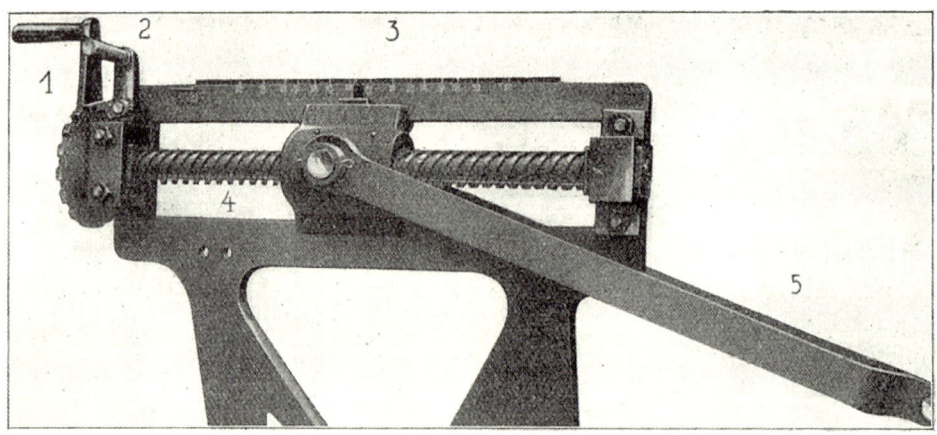

A. Borsig, Berlin-Tegel

173. Steuerkurbel
zum Verstellen der Steuerung vom Führerstand aus: 1 Kurbelgriff; 2. Festhalte-Klinke, 3. Zahleneinteilung zum Ablesen der Steuerungsstellung, 4. Steuerpinsel, 5. Steuerstange

tive hervortreten, sind hohe technische Kunstwerke. Müssen sie doch gleichzeitig eine spielend leichte Bewegung der Stangen gestatten und dem hochgespannten Dampf den Weg nach außen versperren. Durch die Pakkung in den Stopfbüchsen wird tatsächlich eine fast vollkommene Abdichtung erreicht. Die Kolbenstange selbst ist so fein geschliffen, daß ihr Durchmesser nicht um mehr als den hunderten Teil eines Millimeters von der vorgeschriebenen Größe nach oben oder unten abweicht.

Das dem Zylinder abgekehrte Ende der Kolbenstange ruht in einer Geradführung, die nach einem aus dem Englischen stammenden Wort der Kreuzkopf heißt. Dieser bewegt sich auf einer feinst vorgerichteten Gleitbahn. Vom Kreuzkopf zu der mächtigen Hauptkurbel führt die Schubstange. Von der Hauptkurbel wiederum wird durch eine Kuppelstange der Antrieb für das nächste Kup-

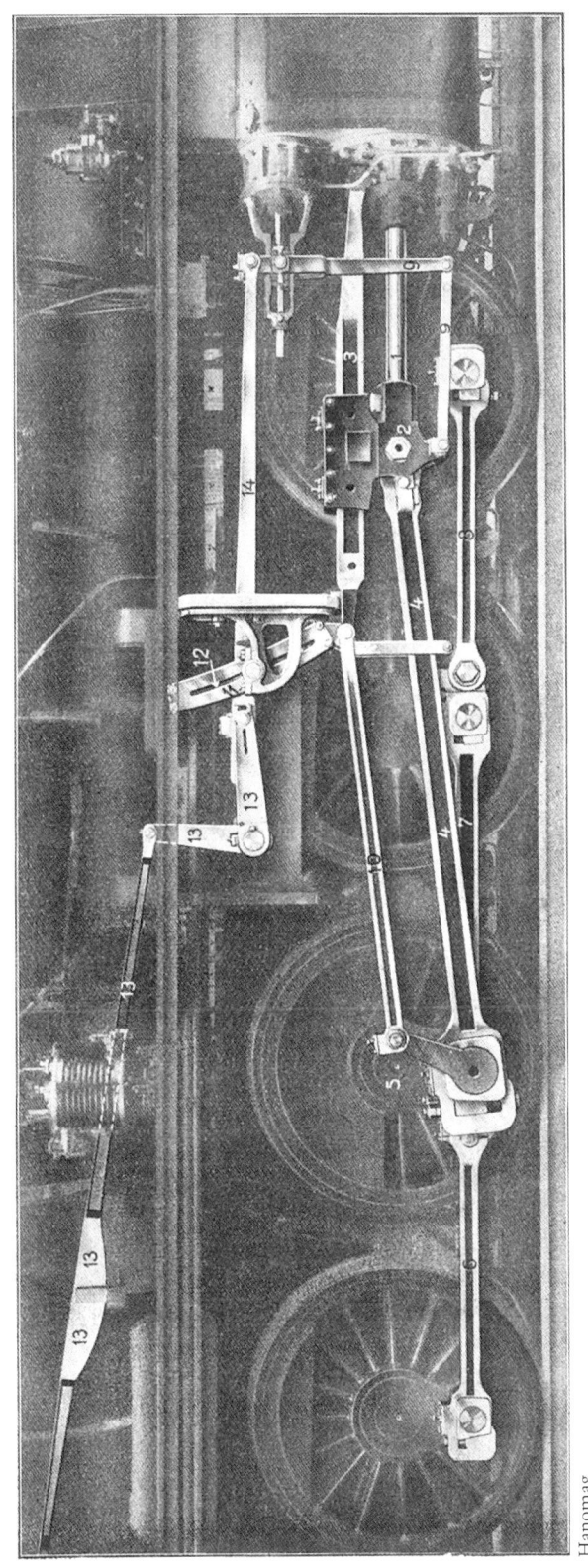

Hanomag

174. Triebwerk

1. Kolbenstange, 2. Kreuzkopf, 3. Gleitbahn, 4. Schubstange, 5. Hauptkurbel, 6., 7., 8. Kuppelstangen, 9. Voreilhebel der Steuerung, 10. Antrieb für die Schwinge (zur Steuerung gehörig), 11. Schwinge, 12. Gleitbahn für den Schwingenstein, 13. Steuerungszugstange und Antriebshebel der Steuerkurbel im Führerstand, 14. Umsteuerungsstange

175a: *Treibachse einer Zweizylinder-Maschine*
mit Hauptkurbel und Antriebskurbel für die Steuerung
a) Lagerzapfen, b) Kurbelzapfen

pelrad abgeleitet, und von dessen Kurbel geht es, falls dies notwendig ist, auf die gleiche Weise weiter zu den anderen Kuppelrädern. Neben der Hauptkurbel ist dann noch eine kleinere Kurbel angebracht, mit deren Hilfe die Bewegung eines besonderen Teils des Steuerungsgestänges, der Schwinge, hervorgerufen wird; ein zweiter Antrieb der Steuerung erfolgt gewöhnlich vom Kreuzkopf aus.

Diese doppelte Anlenkung der Steuerung läßt schon erkennen, daß dieser Triebwerksteil recht verwickelte Bewegungen auszuführen hat. Sie sind notwendig, weil von der Anordnung und den Verschiebungen der Steuerungswerkzeuge die Güte der ganzen Maschine in hohem Grad abhängig ist. Gute oder schlechte Steuerungen können den Verbrauch von viel oder wenig Kohle herbeiführen, denn sie bestimmen hauptsächlich den Dampfverbrauch.

Die alten Stephenson-Lokomotiven waren richtige Kohlenfresser, weil ihre Steuerungen nichts weiter taten, als den Dampf im ungefähr richtigen Augenblick bald vor die eine, bald vor die andere Kolbenseite zu führen. Die Zylinderäume blieben während des ganzen Hubs mit dem Kessel in Verbindung, so daß stets der in diesem herrschende volle Druck auf sie wirkte. Sie arbeiteten, wie man sagt, mit ganzer Füllung.

Heute bewirkt man durch die Steuerung einen Abschluß vor Beendigung jedes Kohlenhubs, weil sonst die Dehnungsfähigkeit des Dampfs nicht ausgenutzt würde. Ist nämlich der Zylinder-

175b. *Treibachse einer Dreizylinder-Maschine*

raum zum Teil mit Dampf gefüllt, so hat dieser das Bestreben, sich mit großer Kraft auszudehnen. Es genügt also, wenn man den Zylinder nur während eines Teils des Kolbenhubs mit dem Kessel in Verbindung läßt. Über den Rest seines Wegs wird der Kolben dann von der

175c. Treibachse einer Vierzylinder-Maschine

sich dehnenden Dampfmenge geschoben. Es ist klar, daß man durch diese Voreilung des Schiebers weniger Dampf und damit auch weniger Kohle verbraucht.

Den günstigsten Augenblick des Zylinderabschlusses für jede Maschine zu ermitteln ist Sache eingehender Berechnungen. Aber der Füllungsgrad hat sich auch nach den wechselnden Anstrengungen der Lokomotive zu richten. Auf Steigungen ist der beste Füllungsgrad ein anderer als bei Fahrten in der Ebene, bei höchster Geschwindigkeit ein anderer als bei langsamer Fahrt. Aus diesem Grund ist das Schiebergestänge so eingerichtet, daß die Füllung jederzeit mechanisch geändert werden kann und zwar vom Führer aus durch die uns bereits bekannte Steuerungskurbel.

Die Verstellung wird dadurch ermöglicht, daß das Ende der Antriebsstange für den Schieber nicht fest, sondern verschiebbar gelagert ist. Es kann in der Vorrichtung, von welcher die Bewegung der Stange abgeleitet wird, der Schwinge, nach oben und unten verschoben werden, wodurch bewirkt wird, daß die Stange bald längere, bald kürzere Bewegungen vollführt. Hierdurch wird nicht nur die Füllung verändert, sondern es kann durch vollständige Umstellung der Steuerung Vorwärtsfahrt in Rückwärtsfahrt umgewandelt werden. An dem verschiebbaren Teil, dem Schwingenstein, der trotz seiner Benennung natürlich aus Stahl gefertigt ist, greift die lange, vom Führerstand herkommende Stange an.

Die heute verwendeten Steuerungen weisen eine Fülle der verschiedenartigsten Bauarten auf.

Wie jede andere Kolben-Dampfmaschine ist auch die Lokomotive eine Maschine mit totem Punkt. Wenn die Kurbel eines ihrer Triebwerke genau waagerecht liegt, wenn also Kolbenstange und Schubstange eine gerade Linie

175d. Kuppelachse

176. Bei einem Unfall verbogene Lokomotivachse
Aus dem Königlichen Verkehrs- und Bau-Museum in Berlin

bilden, so ist hier eine Drehwirkung nicht möglich. Bei ortsfesten Maschinen überwindet man dies bei jedem Kolbenhub zweimal eintretenden toten Punkte durch das Beharrungsvermögen des Schwungrads. Bei der Lokomotive, an welcher eine solche Vorrichtung nicht anzubringen ist, kommt man über die Totlagen dadurch hinweg, daß man bei doppeltem Triebwerk die Kurbeln um 90 Grad gegeneinander versetzt.

Liegt also z.B. die rechte Kurbel waagerecht, wobei sie keine Drehung hervorzurufen vermag, so befindet sich die andere gerade in der senkrechten Mittelstellung, welche die größte Angriffsleistung ermöglicht.

Kessel, Rahmen und Maschine werden vom Laufwerk, den Achsen und Rädern, getragen. Die Räder dienen gleichzeitig dazu, die Bewegung der Kolben in Fortbewegung der Lokomotive auf dem Gleis zu verwandeln, indem sie diese bei ihrer Drehung durch Reibung auf den Schienen vorwärtstreiben.

Die Achsen sind die am höchsten beanspruchten Teile jeder Lokomotive. Jede von ihnen muß eine sehr schwere Belastung aushalten und gleichzeitig die schweren Stöße an den Schienenenden ohne nachgiebiges Zwischenwerk aufnehmen. Dazu kommt noch die hohe Beanspruchung durch die Kolbendrücke, welche bis zu 40 000 kg betragen kann. Achsen werden daher stets aus dem besten, zähesten Stahl in einem Stück geschmiedet. Der zuverlässigste Baustoff, der überhaupt erlangt werden kann, ist für sie gerade gut genug.

Bei Zwei-Zylinder-Maschinen sind die Achsen stets gerade, bei Anwendung einer größeren Zahl von nebeneinanderliegenden Zylindern müssen sie dagegen gebogen, gekröpft, werden. Eine Kropfachse ist, insbesondere weil die Genauigkeit der Herstellung sehr groß sein muß, stets ein äußerst schwieriges Arbeitsstück.

Die Räder bestehen heute immer aus zwei Teilen: Den inneren Stern und dem diesen umfassenden Laufkranz. Der Stern, ein schmaler Ring mit den zur Nabe laufenden Speichen, wird meist aus Stahlformguß hergestellt. Er muß gegenüber den Stößen eine gewisse federnde Nachgiebig-

177. Achsprobe
Lokomotivachse, zur Erprobung der Zähigkeit des Stahls kalt zusammengebogen. Aus dem Königlichen Verkehrs- und Bau-Museum

keit haben. Der Laufkranz oder Reifen dagegen soll hart sein, damit er auf den Schienen
so wenig wie möglich abgenutzt wird. Von der
Erhaltung seiner runden Form ist der ruhige
Gang der Maschine in hohem Grad abhängig.

In früheren Zeiten, als auf der Eisenbahn
noch geringe Geschwindigkeiten und bescheidene Lokomotivgewichte üblich waren, stellte man den Radreifen her, indem man einen
stählernen Stab rund bog und die Enden zu-
sammenschweißte. Eine solche Schweißstelle
aber bedeutet immer eine Verschwächung.
Auch bei sorgfältigster Arbeit ist ein vollkom-
menes Zusammenfügen der beiden Stabenden
nicht möglich. Die Haltbarkeit ist an der
Schweißnaht stets geringer als in dem übrigen,
gleichförmig gefügten Teil. Ein Reifenbruch
aber gehört zu den gefährlichsten Erscheinungen im Eisenbahnbetrieb. Es kommt heute
wohl vor, daß ein Rad nach Abspringen des
Laufkranzes auch auf seinem Stern ein kurzes
Stück weiterläuft, ohne zu zerbrechen, aber

Aufnahme von Alice Matzdorff in Berlin
178. Ein widerstandsfähiger Radstern
Dieser Radstern einer Lokomotivachse
ist nach Bruch und Abspringen des Reifens noch 70 Kilometer gelaufen, ohne zu
brechen. Aus dem Königlichen Verkehrs-
und Bau-Museum in Berlin

das ist doch ein Ausnahmefall. Meistenteils pflegt das Springen des Reifens eine Zerstörung des ganzen Rads und damit einen schweren Zugunfall nach sich zu ziehen.
Bei den heutigen hohen Geschwindigkeiten und riesigen Achslasten können daher
nur noch Reifen verwendet werden, die ohne jede Schweißnaht aus einem völlig
gleichförmigen Gußstahlstück bestehen.

Der nahtlose Reifen für Eisenbahnräder ist eine Erfindung Alfred *Krupps*. Man kann
sagen, daß er hierdurch das Eisenbahnwesen geradezu gerettet hat. Die Entwicklung
hätte ohne den vollkommen zuverlässigen Reifen nicht weiterkommen können.

Was Alfred Krupp der Eisenbahn so schenkte, hat diese ihm reichlich zurückge-
zahlt. Denn seltsamerweise verdankt der spätere Kanonenkönig den Aufstieg seiner
Fabrik diesem Friedenswerk. Die großen Summen, die er in den fünfziger und sechziger Jahren für Ausprobung und Verbesserung der Geschützrohre ausgeben mußte,
hatte er nur dadurch zur Verfügung, daß er bedeutende Einkünfte aus dem Verkauf

der nahtlosen Radreifen zog. Das heutige riesenhafte
Vermögen der Familie Krupp hat hier seine Wurzel.
Noch heute sind drei ineinander gesteckte Radreifen
das Fabrikzeichen der Firma Fried. Krupp in Essen.

Die Herstellung der Reifen geschieht nach dem
Kruppschen Verfahren auf folgende Weise. Einer der
viereckigen Stahlklötze, wie sie aus der Gießgrube
kommen, wird rund vorgeschmiedet und darauf von
ihm ein Stück von genügender Dicke abgeschlagen.
Die volle, stählerne Scheibe kommt nunmehr unter
eine Wasserpresse, die mit ungeheuren Kräften ausgestattet ist. Der mit furchtbarer Gewalt niedergehende
Stempel der Presse drückt aus der Scheibe einen Pfrop-
fen heraus, so daß diese in ihrer Mitte nunmehr eine

*179. Fabrikzeichen der Firma
Fried. Krupp in Essen*
Drei nahtlose Eisenbahn-
Radreifen

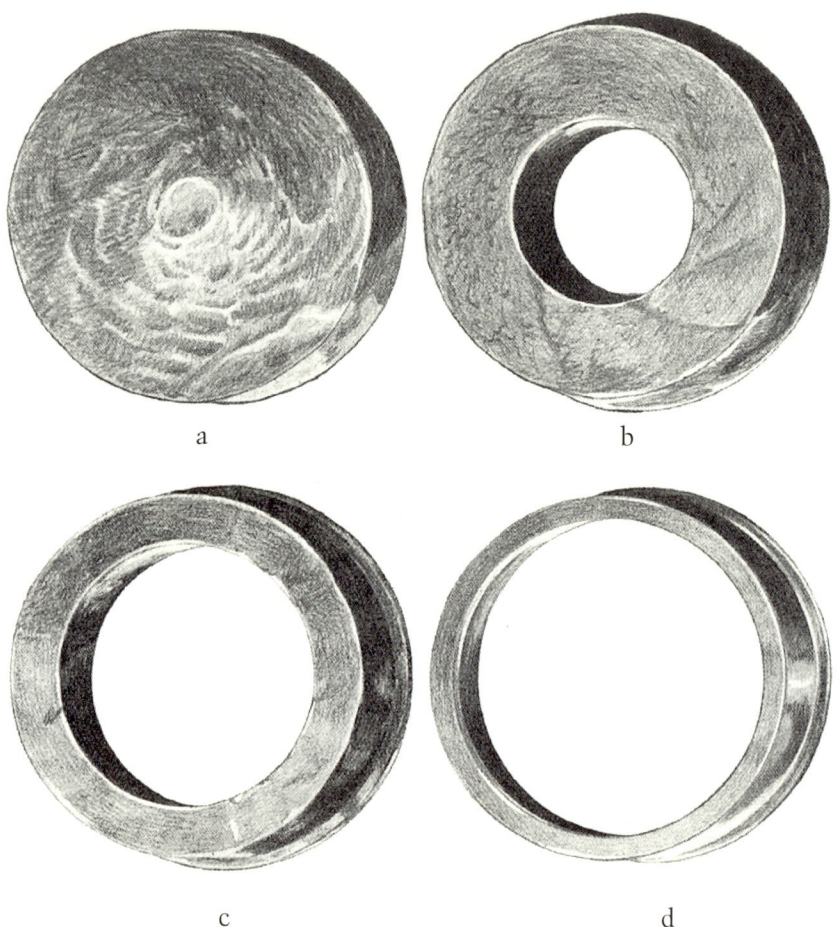

a   b

c   d

180. Entstehung eines nahtlosen Radreifens
a) Abgehauener Stahlblock, rund geschmiedet, b) Stahlblock gelocht. c.) Aufgewalzter Reifen
d) Fertig gedrehter Radreifen

runde Öffnung hat. Alfred Krupp selbst, dem Pressen von genügender Stärke noch nicht zur Verfügung standen, mußte die Öffnung in der Stahlscheibe weit mühsamer schaffen. Mit Meißeln wurde ein Spalt in der Scheibe erzeugt und dieser dann langsam zu einem kreisförmigen Loch erweitert.

Die gelochte Stahlscheibe wird darauf zum Reifenwalzwerk gebracht. Sie wird zwischen zwei Walzen hindurchgedreht, von denen die eine in der Mittelöffnung gesteckt, die andere von außen gegen den Reifen gepreßt wird. Beim Durchgang zwischen den Walzen, die allmählich enger gestellt werden, wird die Dicke des Reifens immer geringer, während der Durchmesser wächst. Eine Ausdrehung in der äußeren Walze bewirkt, daß der Reifen zugleich in roher Form den richtigen Querschnitt mit Spurkranz erhält. Nach dem Walzen wird der Reifen auf der Drehbank weiter bearbeitet.

Da die Lauffläche des Kranzes ganz glatt und unbeschädigt bleiben muß, so kann dieser nun nicht etwa mittels hindurchgesteckter Schrauben mit dem Stern verbunden werden. Solche Schraubenverbindungen, ja selbst Vernietungen, würden auch bei den starken Erschütterungen, denen jedes Rad ausgesetzt ist, nicht halten. Die Verbindung von Kranz und Stern wird darum auf eine andere Weise hergestellt, die das Naturgesetz der Wärmedehnung in schönster Weise ausnutzt.

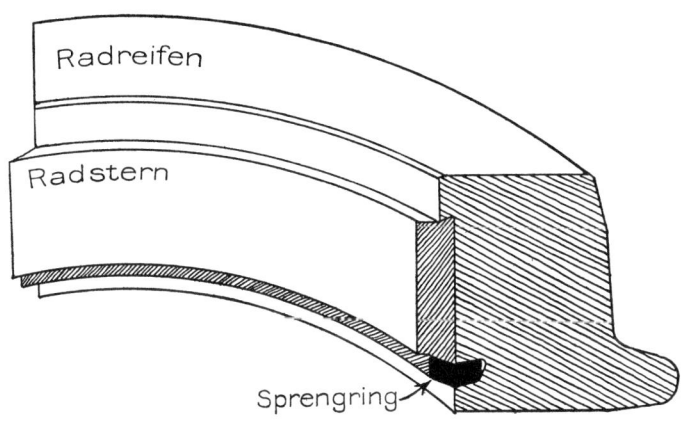

181. *Sprengring*
Hält Rad-Reifen und –Stern so zusammen, daß der Reifen nach einem
Bruch nicht abfliegen kann.

Der innere Durchmesser des Radreifens wird um ein Tausendstel seiner Länge kleiner gehalten als der äußere Durchmesser des Sterns. Der Reifen ist also nicht ohne weiteres darüber zu schieben. Damit dies aber doch möglich wird, bringt man ihn in ein Rundfeuer, das den Laufkranz von allen Seiten her gleichmäßig er-wärmt. Er dehnt sich aus und kann nun leicht über den Stern gelegt werden. Vorläufig ist die Verbindung noch äußerst locker. Sobald der Reifen aber erkaltet, zieht er sich mit außerordentlicher Kraft zusammen und preßt sich derartig um den Stern, daß er mit diesem geradezu ein einheitliches Ganzes bildet. Eine Trennung kann nur erfolgen, wenn der Reifen an einer Stelle springt. Um in einem solchen Fall, falls er einmal während des Rollen des Rads auf den Schienen eintreten sollte, ein vollständiges Loslösen des Reifens zu verhindern, wird an der Stelle, wo der Kranz auf dem Stern aufliegt, seitlich ein so-genannter Sprengring eingefügt, der wie eine Klammer Kranz und Stern am ganzen Umfang umfaßt und zusammenhält (Bild 181).

Auch der lichte Durchmesser der Radnabe wird etwas geringer gehalten als der Durchmesser des Achszapfens, auf den das Rad auf-gesetzt werden soll. Die Vereinigung erfolgt hier durch kaltes Aufpressen mit einem Druck von 120 000 bis 150 000 Kilogramm. Damit die Radnabe diese gewalt-same Einwirkung gut übersteht, muß sie sehr starkwandig sein. Das Rad sitzt dann aber auch oh-ne Keil oder sonstige Verbindung unverrückbar auf der Achse.

An die Radsterne werden in der Nähe des Kranzes Gegenge-wichte angegossen, welche die

182. *Treibradstern einer Schnellzug-Lokomotive*
Aus dem Königlichen Verkehrs- und Bau-Museum in Berlin

223

Aufgabe haben, die beim Laufen der Maschine wechselnd auf die Achsen einwirkenden lebendigen Kräfte der sich ungleichförmig drehenden und hin und her gehenden Teile des Triebwerks nach Möglichkeit auszugleichen.

Man unterschiedet an der Lokomotive drei Arten von Achsen: Trieb-, Kuppel- und Laufachsen. Diejenige Achse, an der die Maschinenkraft angreift, an deren Kurbel also die von Kolbenstange und Kreuzkopf herkommende Schubstange angelenkt ist, heißt die Treibachse. Alle mit der Hauptkurbel durch Stangen verbundenen Achsen nennt man Kuppelachsen. Die Summe von Treibachse und Kuppelachsen ergibt die Zahl der angetriebenen Achsen. Der Rest sind vom Antrieb freie Laufachsen.

Der Durchmesser der auf den angetriebenen Achsen sitzenden Räder ist entsprechend der Geschwindigkeit zu bemessen, die man mit der Maschine erzielen will. Bei jedem vollen Gang des Kolbens, also bei jeder Vor- und Rückwärtsbewegung, drehen sich die an den angetriebenen Achsen befestigten Räder einmal herum. Ist ihr Durchmesser groß, so wird hierbei ein langer Weg zurückgelegt, bei kleinem Durchmesser ein entsprechend kürzerer. Schnellzug-Lokomotiven haben daher stets große Räder, Güterzug-Lokomotiven kleine.

Bei diesen Maschinen steht damit zugleich größere Zugkraft zur Verfügung. Denn die vom Dampfdruck durch Bewegen des Kolbens erzeugte Arbeit läßt sich, wie jede andere, in die beiden Bestandteile Kraft und Weg auflösen. Das physikalische Gesetz lautet: Arbeit = Kraft x Weg. Wird bei einem Kolbenhub nur ein kurzer Weg zurückgelegt, so ist die zur Verfügung stehende Zugkraft um so größer. Für die ja stets sehr schweren Güterzüge wird diese notwendigst gebraucht und wirkt vermindernd auf die Geschwindigkeit ein.

Die Durchmesser aller angetriebenen Räder einer Lokomotive müssen stets gleich sein. Die Laufräder dagegen können verschiedene Größen haben.

Die Gesamt-Achszahl der Lokomotive ist abhängig von ihrem Gewicht. Der Druck eines Rads auf die Schiene darf bei Hauptbahnen, wie wir wissen, 9000 Kilogramm nicht überschreiten, der Achsdruck darf also keinesfalls größer sein als 18 000 Kilogramm.

Die Zahl der gekuppelten Achsen wird bestimmt durch die Zugkraft, welche die Maschine entfalten soll. Damit die Lokomotive überhaupt eine Last ziehen kann, müssen die Räder, an denen die Maschinenkraft angreift, mit einem gewissen Druck gegen die Schienen gepreßt werden. Wir wissen, daß man früher ein Gleiten der Räder auf den glatten Schienen befürchtete, wenn an den Zughaken der Lokomotive eine Last gehängt würde. Darum bauten ja Blenkinsop, Brunton, Chapman und andere ihre eigenartigen Dampfwagen. Die Furcht vor dem Drehen der Räder auf der Stelle war jedoch weit übertrieben. Ein Gleiten tritt, wie wir heute wissen, unter gewöhnlichen Umständen nur ein, wenn man von der Maschine mehr als 1/6 der Kilogramm an Zugkraft verlangt, die das Reibungsgewicht beträgt. Hat man eine mit dem höchsten zulässigen Gewicht von 18 000 Kilogramm belastete Achse, so kann man also durch diese, eine genügende Leistung der Antriebsmaschine vorausgesetzt, getrost 3000 Kilogramm ziehen lassen. Will man 12 000 Kilogramm Zugkraft haben, so muß man mindestens drei angetriebene Achsen nehmen usw. Güterzug-Lokomotiven, die sehr schwere Züge zu befördern haben, müssen also mehr gekuppelte Achsen erhalten als Schnellzug-Maschinen.

Um aber eine genügend leistungsfähige Maschine zur Verfügung zu haben, ist es notwendig, den Kessel, insbesondere bei den Schnellzug-Maschinen mit ihren wenigen Kuppelachsen, so schwer zu machen, daß diese allein das Gewicht des hoch belasteten Rahmens nicht zu tragen vermögen. Dann muß man eben noch eine entsprechende Zahl von Laufachsen hinzufügen.

Die hohen Gewichte der heutigen Lokomotiven bringen es mit sich, daß ihr Gesamtachsstand, das heißt die Entfernung der Mitte der ersten Achse von der Mitte der letzten, zehn und mehr Meter beträgt. (Es sei hier nochmals darauf hingewiesen, daß in diesem Buch für die Entfernung der Achsen voneinander der Ausdruck Achsstand gebraucht wird, im Gegensatz zu der in Deutschland üb-

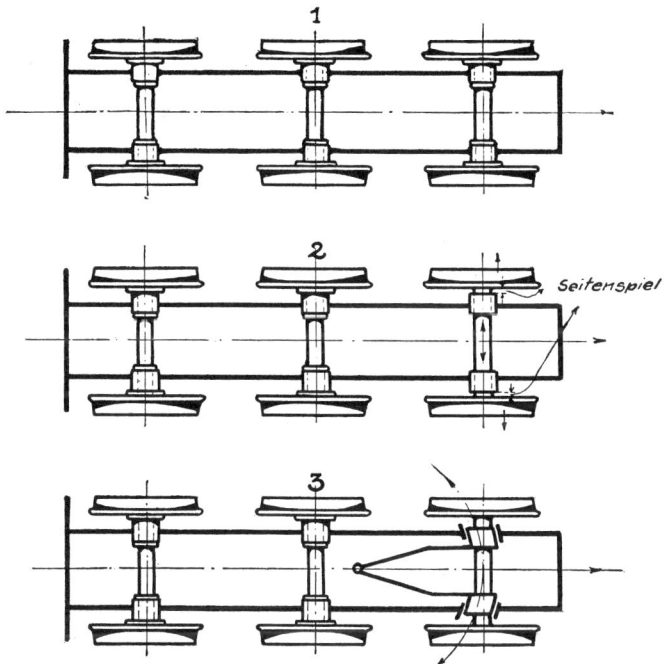

183. Beweglichkeit der Lokomotivachsen im Gleis
1. Steife Achse, 2. Vorderachse verschiebbar. 3. Vorderachse einstellbar
(in der Richtung des Krümmungshalbmessers.)

lichen amtlichen Bezeichnung Radstand, die weit weniger treffend ist.) Solche langen Achsstände erschweren aber den Lokomotiven außerordentlich das Durchfahren von Gleisbogen, ja dies würde selbst bei den sanften, auf den deutschen Hauptbahnen üblichen Krümmungen unmöglich sein, wenn man nicht an dem Laufwerk besondere Vorkehrungen für die Fahrt durch Gleisbogen getroffen hätte.

Der Rahmen der Lokomotive ist ein starres, gerades Stück. Die Räder der an ihm fest angebrachten Achsen stehen also immer in einer vollkommen geraden Linie hintereinander. Das Gleis aber bildet in der Krümmung eine Bogenlinie, weshalb die Räder imstande sein müssen, dieser sich anzuschmiegen, wenn sie nicht entgleisen sollen. Es muß also mit anderen Worten dafür gesorgt werden, daß bei Lokomotiven mit langen Achsständen die Verbindungslinien der Achsmitten aus einer geraden Linie sich so weit wie irgend möglich in eine Bogenlinie verwandeln kann.

Man vermag dies annähernd zu erreichen, indem man einzelne Achsen seitlich verschiebbar macht, ihnen ein Seitenspiel gibt. Solche verschiebbaren Achsen vermögen, je nach der Lage der Gleiskrümmung, etwas nach rechts oder links auszuweichen, so daß sie sanft und ohne Stöße durch Krümmung rollen. Besondere Vorkehrungen sind notwendig, um, trotz der Verschieblichkeit, eine feste Lagerung der Achsen zu erzielen. Damit ein Hin- und Herschieben in den Lagern während der Fahrt durch gerade Strecken vermieden wird, werden die verschiebbaren Achsen meist durch kräftige Federn in der Mittellage festgehalten. Erst beim Anlaufen des Spurkranzes am äußeren Rad gegen den Kopf der gekrümmten Schiene tritt die Seitenverschiebung ein. Die Verschiebbarkeit darf natürlich wenige Zentimeter nicht überschreiten.

Durch den Einbau von verschiebbaren Achsen wird für die Ruhe und Sicherheit des Lokomotiv-Gangs schon recht viel erreicht Die hicrmit ausgestatteten Loko-

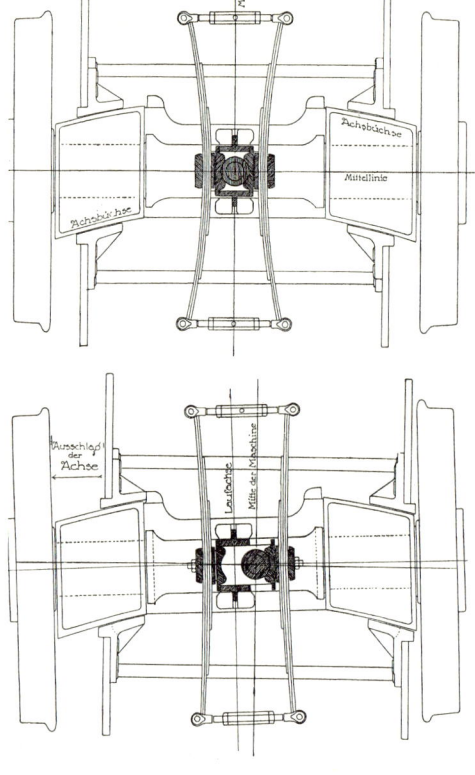

184. Adamsachse
Lokomotiv-Laufachse, die sich in Gleiskrümmungen in Richtung des Halbmessers einstellen kann. 1. Adamachse im graden Gleis; 2. Adamsachse im gekrümmten Gleis, um 80 Millimeter ausgeschlagen.

motiven durchfahren Krümmungen um so leichter, als ja der Radstand, der etwas schmaler ist als die Spurweite, den Achsen ohnedies ein gewisses Spiel läßt. Aber die Stellung der verschiebbaren Achsen im gekrümmten Gleis ist doch nicht die am meisten erwünschte.

In den Geraden stehen die Achsen immer senkrecht zur Schienenerstreckung. Nur bei dieser Stellung liegt die Lauffläche richtig auf dem Schienenkopf, und der Spurkranz hat keine Neigung, hinaufzulaufen. In den Krümmungen aber stehen steife Achsen wie verschiebbare Achsen, stets schief im Gleis. Am weichsten würde man durch Krümmungen fahren, wenn jede Achse sich stets in der Richtung der vom gedachten Mittelpunkt des Krümmungsbogens zum Gleis gezogenen Linie, also gleichgerichtet mit dem Halbmesser, einstellen würde. Solche Verschiebungen gegen die Lokomotivlängsachse sind nun bei gekuppelten Achsen nicht möglich, da die Zapfenmitten der aufgesteckten Kurbeln stets den gleichen, durch das Triebgestänge festgelegten Abstand voneinander und von der Kreuzkopfmitte haben müssen. Wohl aber ist Einstellbarkeit bei freien Laufachsen denkbar und auch ausgeführt.

Es war um so wünschenswerter, gerade den Laufachsen große Beweglichkeit im Gleis zu geben, als diese ja an den äußersten Enden des Achsstands zu liegen pflegen, also am meisten der Schmiegsamkeit bedürfen. Im großen unterscheidet man zwei verschiedenen Anordnungen zur Herbeiführung der Einstellbarkeit von Achsen: solche für Laufachsenpaare und für Einzelachsen.

Ein Laufachsenpaar kann man in einem Drehgestell zusammenfassen. Es wird ein besonderer, selbständiger, kleiner Wagen aus einem Rahmen und den hieran befestigten beiden Achsen gebildet. Der kleine Rahmen ist nur durch einen senkrechten, runden Zapfen, der am Hauptrahmen befestigt ist und in ein entsprechendes Lager im kleinen Rahmen eingreift, mit dem Gesamtbau der Lokomotive verbunden; das Gestell kann sich also bequem in der waagerechten Ebene drehen. Die Achsen solcher Drehgestelle, die man in mannigfachster Weise baut, werden sich stets in Richtung des Halbmessers einstellen. Sie führen ein besonders weiches, stoßloses Durchfahren der Krümmungen herbei. Auch hier wird die Mittellage durch kräftige Federn sichergestellt. Auf die Drehgestellbauarten wird näher bei Besprechung der Laufwerke an Personenwagen eingegangen.

Eine Anordnung, die man besonders häufig anwendet, um Einzelachsen einstellbar zu machen, ist die Adamsachse. Hierbei sind die Achslager nicht mehr mit

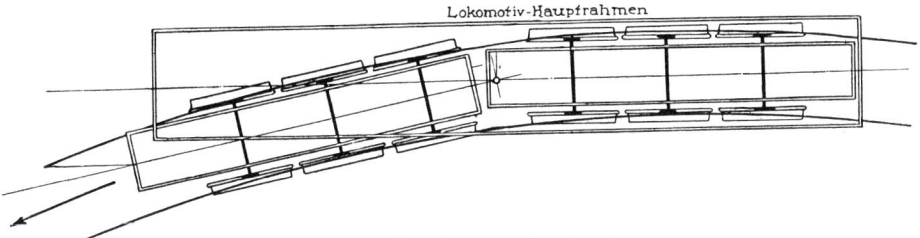

185. Einstellbarkeit von Treibachsen
Laufwerk einer C + C-Mallet-Lokomotive. Der hintere Laufwerkrahmen ist mit dem Hauptrahmen
starr verbunden, der vordere Laufwerkrahmen ist beweglich

geraden Führungen in den Rahmen gelegt, sondern mit solchen, deren Flächen nach
einem Kreisbogen gekrümmt sind (Bild 184). Die Achse selbst geht selbstverständlich nach wie vor in vollkommenster Geradheit durch; nur die Außenflächen
der Lagerbüchsen sind gekrümmt. Sobald durch Anlaufen eines Spurkranzes gegen
eine gekrümmte Außenschiene Seitenverschiebung eintritt, weicht die Adamsachse nicht geradlinig seitlich aus, sondern macht eine Drehung, als wäre sie mit
einer Deichsel in dem Mittelpunkt des Kreises befestigt, nach dem die Lagerach-
sen gekrümmt sind; sie stellt sich also schräg ein. Hierbei sucht die Achse die ihr
bequemste Stellung zu erreichen, und das ist die in Richtung des Halbmessers vom
durchfahrenden Gleisbogen. Die Rückstellung erfolgt auch hier durch Federn.

Es wurde bereits gesagt, daß Einstellbarkeit bei Kuppelachsen nicht möglich ist.
Doch auch mit der seitlichen Verschiebbarkeit allein kommt man unter Mitwirkung
des Spielraums, der durch den Längenunterschied zwischen Radstand und Spurweite
entsteht, beim Durchfahren von Krümmungen noch aus, wenn die Maschine nicht
mehr als fünf oder sechs gekuppelte Achsen hat. Bei schwersten Güterzug-Maschinen
aber, insbesondere wenn sie über Steigungen zu fahren haben, ist es oft notwendig, über
diese Kuppelachszahl noch hinauszugehen. Acht, zehn, ja zwölf Kuppelachsen sind
hier manchmal notwendig. Da kann nun der bloß durch seitliche Verschiebbarkeit ge-
minderte feste Achsstand nicht mehr beibehalten werden. Um überhaupt den Bau von
Lokomotiven mit so hohem Reibungsgewicht und entsprechender Zugkraft zu ermöglichen, hat man sich zu ganz besonders kunstvollen Bauarten und zu einer tief ein-
greifenden Änderung in der Anlage des Lauf- und Triebwerks entschließen müssen.

Um eine Lokomotive mit sehr vielen Kuppelachsen, wie sie z. B. Bild 2 zeigt, in
Krümmungen genügend beweglich zu machen, ist man davon abgegangen, sämtliche Achsen von einer einzigen Maschine antreiben zu lassen. Man legt vielmehr
unter den Kessel zwei Dampfmaschinen, von denen jede eine gleiche Anzahl Kuppelachsen antreibt. Die vier Zylinder liegen jetzt nicht mehr nebeneinander, sondern sind paarweise hintereinander angebracht. Hierdurch gewinnt man die Möglichkeit, eine kleine Zahl von Kuppelachsen in einen den Drehgestellen ähnlichen
Sonderwagen zu legen, in dem sie sich, obgleich starr gegeneinander, zu den übrigen in verschiedenen Winkeln einstellen können. Die beiden vorderen Zylinder
drehen sich hierbei mit. Um dies zu ermöglichen, muß die Dampfzuführung zu diesen Zylindern durch eine bewegliche Leitung erfolgen.

Lange Zeit nachdem der Gedanke der frei beweglichen Kuppelachs-Gestelle bereits vorhanden war, kam es nicht zu einer im Betrieb wirklich brauchbaren Ausführung, weil man nicht imstande war, die beweglichen Dampfleitungen genügend
dicht zu halten. Hatten sie doch den sehr hohen Druck der vollen Kesselspannung
aufzunehmen. Erst *Mallet* und gleichzeitig einem Deutschen, *Rimrott*, gelang die

186. Riesen-Lokomotive der Erie-Bahn in Amerika
mit sechs Zylindern und drei gesonderten Triebwerken; das hinterste unter dem Tender. Diese
1 D + D + D 1 Lokomotive hat 28 Räder.

Lösung, da sie aus einem Grund, den wir alsbald kennen lernen werden, dem beweglichen Kuppelgestell Dampf niedrigerer Spannung zuführen konnten. Erst die Mallet-Rimrott-Maschine mit ihren vielen Kuppelachsen hat die Möglichkeit geschaffen, auch schwerste Züge mit nicht mehr als zwei Lokomotiven über starke Steigungen zu bringen.

Eine Lokomotive mit acht gekuppelten Achsen und einem Reibungsgewicht von 122 500 Kilogramm ist schon ein ziemlich gewaltiges Gebilde. Bei uns ist man vorläufig hierüber nicht hinausgegangen. In Amerika aber, wo man auch in Eisenbahndingen gern ins Riesenhafte hinausschweift, sind bereits Maschinen mit zwölf Kuppelachsen gebaut worden. Diese finden nicht mehr sämtlich unter der eigentlichen Lokomotive Platz, die letzten liegen vielmehr bereits unter dem Tender, was den Vorteil bringt, daß auch dessen Reibungsgewicht für die Zugkraft mit ausgenutzt werden kann. Die Riesen-Lokomotive der Erie-Bahn, welche unser Bild 186 zeigt, wird von drei getrennten Dampfmaschinen angetrieben, von denen die vorderste mit ihren Achsen in einem beweglichen Gestell liegt, die hintere ihre Einstellbarkeit durch die Tender-Kupplung gewinnt.

Ein anders gearteter Versuch, um Lokomotiven mit sehr langen Achsständen durch Krümmungen zu bringen, ist von der Atchison-Topeca- und Santa-Fé-Eisenbahn gemacht worden. Sämtliche unter dem sehr langen Kessel verteilte Kuppelachsen liegen hier im Rahmen fest. Dieser selbst aber und auch der Kessel sind mit einem Gelenk ausgestattet, das also eine Anschmiegung an die Gleiskrümmung gestattet. Die Anbringung dieses Gelenks erzwang eine vollständige Änderung des Kesselbaus. Die Heizrohre reichen nur vom Führerhaus bis zum Gelenk. Der vor-

187. Zylinder einer amerikanischen Riesen-Lokomotive.

188. Große amerikanische Lokomotive mit Gelenkkessel
Das Gelenk im Kessel und Rahmen ermöglicht der langen Lokomotive das Durchfahren von
Gleiskrümmungen

dere Kesselteil enthält die ganze Hilfsausrüstung. In Europa hat man sich zu einer
solchen Bauart noch nicht entschließen können.

Im allgemeinen ist zu sagen, daß alle die schwierigen und oft mit vielem Aufwand geistiger Arbeit erdachten Vorkehrungen, um die Lokomotiv-Laufwerke in Krümmungen beweglich zu machen, dem Eisenbahnbetrieb große Vorteile gebracht haben. Fast noch günstiger aber wirkt jede Erhöhung des zulässigen Achsdrucks, weil es dadurch möglich wird, mit weniger Achsen und dementsprechend einfacheren Maschinen die gleiche Zugkraft zu erreichen. Freilich setzt die leicht aussprechbare Zahl eines erhöhten Achsdrucks gewaltige Vorarbeiten voraus. Der gesamte Oberbau, insbesondere auch die Brücken, muß ja für die schwerere Belastung verläßlich hergerichtet werden.

Die Lokomotive hat bei ihrem raschen Lauf durch die Lande einen treuen Begleiter, der ihr unablässig folgt. Nur bei Maschinen, die ausschließlich kurze Reisen zu erledigen haben, gestattet er sich öfter, zu Hause zu bleiben. Lokomotiven, die nur für Vorspann- oder Verschiebedienste bestimmt sind, ferner Stadt- und Vorortbahn-Lokomotiven besitzen meistens keinen besonderen Tenderwagen. Sie können den verhältnismäßig geringen Wasser- und Kohlevorrat, den sie brauchen, auf den eigenen Achsen mitnehmen. Der technische Sprachgebrauch will, daß man solche Maschinen ohne selbständigen Tender Tender-Lokomotiven nennt.

Alle Maschinen für große Fahrt aber haben Schlepptender. Denn die bedeutenden Mengen an Wasser und an Kohle, die sie mit auf die Reise nehmen müssen, sind so schwer, daß die ohnedies stark belasteten Lokomotivachsen sie nicht mehr zu tragen vermögen. Außerdem ist hierfür auch infolge der scharfen Raumausnutzung bei solchen Maschinen kein Platz aufzutreiben. Der Vorrat muß also auf einen besonderen Wagen geladen werden, der infolge seiner eigenartigen Ausbildung seinesgleichen in dem mannigfaltigen Fahrzeugpark der Eisenbahn nicht hat.

Auch die Tenderachsen werden sehr schwer belastet. Für Güterzug-Lokomotiven haben die Tender etwa 16 Kubikmeter Wasser und 7000 Kilo Kohle mitzunehmen. Bei Schnellzügen mit ihren langen Lokomotivwegen wächst die Last auf 30 Kubikmeter Wasser und etwa 10 000 Kilo Kohle an. Das ist eine Gesamtlast von 40 000 Kilogramm, da jedes Kubikmeter Wasser bekanntlich 1000 Kilo = 1 Tonne wiegt.

Das Wasser wird im Innern des Tenderkastens untergebracht. Der für seine Aufnahme bestimmte Behälter ist oben durch ein Deckblech abgeschlossen; dessen Lage zwischen den senkrechten Wänden des Tenders ist auch von außen her, beim Blick von der Seite, deutlich durch die gebrochene Linie zu erkennen, die von den sehr kräftigen Nieten gebildet wird. Das Deckblech läuft, von hinten angefangen, zuerst waagerecht, alsdann ein Stück schräg nach unten, um dann noch einmal in eine kurze Waagerechte überzugehen. Diese Lage gibt man ihm, weil er zugleich die Aufgabe hat, die Kohlen zu tragen, die nur über die Schräge hinweg stets selb-

Erbaut von der Hanomag

189. Tender

ständig nach vorn rutschen, so daß sie von der Schaufel des Heizers stets bequem erreicht werden können. Um ein Überstürzen des Kohlebergs in den Führerstand zu verhüten, wird ganz vorn von oben her stets noch eine Bohle eingeschoben. Der Wasserbehälter hat kräftige Versteifungen und Querwände, die verhindern, daß durch die Erschütterungen die ganze Wassermenge in gleichmäßige Bewegung gerät und mit großer Gewalt gegen die Außenwände schlägt.

Der Kohlekasten reicht auf dem Tenderwagen nicht bis ganz nach hinten, weil dort noch Platz für eine Öffnung zum Einfüllen des Wassers bleiben muß. Diese Füllöffnung wird stets so geräumig gemacht, daß ein Mann hindurchsteigen und den Innenzustand des entleerten Wasserkastens feststellen, nötigenfalls kleine Nacharbeiten oder eine gründliche Reinigung ausführen kann. Die Füllöffnung darf nicht höher als 2,75 Meter über der Schienenoberkante liegen, damit die Ausleger der Wasserkrane noch eingeschwenkt werden können. Mit den Speisevorrichtungen am Lokomotivkessel ist der Wasserbehälter auf dem Tender durch bewegliche Rohre oder durch Füllschläuche verbunden.

Es wäre wirtschaftlich nicht richtig, die Abmessungen der Tender über ein gewisses Maß hinaus zu steigern. Der Wasservorrat, der für jede einzelne Lokomotive mitgeführt werden kann, ist also in gewissen Grenzen erschöpfbar. Die Länge der Strecken, welche von Schnellzügen ohne Aufenthalt durchfahren werden können, wird hierdurch eingeschränkt. In England und Amerika sucht man auf einigen Bahnen diesem Zwang durch eigenartige Anordnungen zu entgehen. Man schafft nämlich die Möglichkeit, den Tender nicht nur bei Stillstand, sondern auch während der Fahrt füllen zu können. Zu diesem Zweck wird an geeigneter Stelle in der Gleismitte ein etwa 500 Meter langer Trog eingebaut, der nach seinem ersten Erbauer *Ramsbottomscher* Fülltrog heißt. Vom Tender hängt ein Mundstück hinab, das für gewöhnlich frei über die Schwellenoberkante hinweggeht. Neben der Erstreckung des Trogs aber sind die Schienen um 8 bis 10 Zentimeter gesenkt, so daß der Füllansatz in das Wasser hineinreicht, aber auch selbsttätig vor dem Ende des Trogs durch neues Ansteigen der Schienen wieder herausgehoben wird. Auf diese Weise vermag der Tender seinen Wasservorrat während der Fahrt in wenigen Sekunden zu erneuern.

Man hat in Deutschland trotz des auch hier bestehenden lebhaften Bestrebens, die aufenthaltslos durchfahrenen Schnellzugstrecken zu verlängern, bisher auf die Anordnung von Fülltrögen verzichtet. Die Gründe hierfür sind ausreichend genug. In unseren Breiten würde das Wasser im Trog während mehrerer Monate eines jeden Jahrs gefroren sein. Besondere Heizeinrichtungen hinzuzufügen wäre sicherlich zu teuer und zu umständlich. Außerdem gelangen in das Trogwasser häufig grobe Unreinlichkeiten, welche leicht die Durchgangsöffnungen der Speisevorrichtungen an der Maschine verstopfen können. Während des Speisens bei schneller Fahrt spritzt das Wasser aus dem Trog nach den Seiten hoch empor, so daß der Tender vollständig in eine Wasserwolke eingehüllt wird. Das Bewässern aller Teile ist betrieblich recht unerwünscht.

Damit man die Menge des im Tenderkasten noch vorhandenen Wassers stets leicht erkennen kann, ist an der vorderen Querwand ein Zeiger angebracht, der durch einen auf der Wasseroberfläche ruhenden Schwimmer bewegt wird.

Die Kupplung zwischen Lokomotive und Tender ist in Abschnitt 17 behandelt. Über diese Kurzkupplung hinweg wird eine Brücke aus geriffeltem Blech gelegt, die an der Lokomotive mit Drehangeln befestigt ist.

Wie schon öfter angedeutet wurde, haben die letzten Jahrzehnte dem Bau der Lokomotive, der sich sonst gedanklich immer noch so eng an die Gestaltung der »Rakete« anlehnt, hauptsächlich zwei Neuerungen gebracht, die eine durchgreifende Wirkung geübt haben. Das Ziel beider war die Herbeiführung einer bedeutenden Kohlenersparnis, die denn auch erreicht worden ist.

Die eine dieser Neuerungen betrifft die Führung des Dampfs durch die Maschine, die andere eine nochmalige Bearbeitung des aus dem Wasser gewonnenen Dampfs im Bereich der Heizrohre; diese ist etwa dem Durchkneten zu vergleichen, durch das der Bäcker den bereits fertiggestellten Teig für den Gebrauchszweck geeigneter macht. Die nun zu besprechenden beiden wichtigsten Errungenschaften des Lokomotivbaus sind: die Schaffung der Verbund-Maschine und die Erfindung der Dampfüberhitzung, also der Bau der Heißdampf-Maschine.

Die heutigen Lokomotiven arbeiten, wie wir bereits gehört haben, längst nicht mehr mit ganzer Füllung. Der Zylinderraum wird schon vor Beendigung jedes Kolbenhubs vom Kessel abgesperrt, so daß der Dampf sich ausdehnen kann. Aber auch hierbei wird er noch nicht völlig entspannt. Es wohnt ihm, wenn er den Kolben bis ans Ende seines Hubs geführt hat, immer noch eine ziemlich bedeutende Arbeitskraft inne, die früher verloren ging. Bei Lokomotiven, an denen die neue Bauart nicht verwendet wird, hört man denn auch den Dampf mit außerordentlich kräftigem Stoß durch das Blasrohr entweichen. Dies ist ein Zeichen dafür, daß hier Kraft verloren geht.

Der Gedanke, die Arbeitsfähigkeit des Dampfs, die er immer noch besitzt, nachdem er seinen Kolben bis zum Hubende gebracht hat, weiter auszunutzen, wurde zuerst bei der ortsfesten Maschine angewendet. Man läßt hier schon seit langem den vom Kessel kommenden Frischdampf nicht gleichzeitig in beide Zylinder eintreten, sondern gibt nur dem einen von diesen eine Verbindung mit dem Kessel, während der zweite Zylinder von dem Auspuffrohr des ersten her gespeist wird. So kann der Dampf also nun zum zweiten Mal Arbeit leisten. Da auf diese Weise eine Verbindung zwischen den beiden Zylindern geschaffen wird, nennt man Maschinen mit solcher Einrichtung Verbund-Maschinen. Nach genügender baulicher Durchbildung konnte durch diese Einrichtung eine erhebliche Kohlenersparnis erzielt werden.

Die Übertragung auch auf die bewegliche Dampfmaschine gelang, wie stets, erst nach vielen Mühen. Infolge ihrer eigenartigen Bauart, des geringen Raums, der bei ihr zur Verfügung steht, und wegen sonstiger besonderer Eigenschaften, zwingt die Lokomotive ja stets zu lebhaftestem Aufwand geistiger Arbeit, wenn eine Neuerung bei ihr eingeführt werden soll. Mit dem bloßen Gedanken ist es hier noch weniger getan als auch sonst in der Technik. Der fachunkundige Erfinder glaubt meistens, schon etwas Großes geleistet zu haben, wenn der Plan zu einer wünschenswerten Neuerung in schattenhaften Umrissen seinem Gehirn entsprungen ist. Damit ist aber noch längst nicht die Neuerung selbst erdacht, sondern eigentlich nur der Wunsch geboren, daß dieses Eigentum der Technik werden möge. Erst jetzt beginnt die wirkliche Erfindungsarbeit. Die Neuerung muß so geformt und hergerichtet werden, daß sie allen Ansprüchen der sehr harten technischen Wirklichkeit zu entsprechen vermag. Hieran pflegen bei weitem die meisten Erfindungen zu scheitern, wodurch sie beweisen, daß sie in Wirklichkeit gar keine gewesen sind. Nirgend ist es schwerer, einen Erfindungsgedanken zu völliger Reife zu bringen wie gerade im Eisenbahnbetrieb mit seinen unzähligen, unabweisbaren Betriebsforderungen. Es ist heute kaum noch denkbar, daß ein Nichtfachmann auf diesem Gebiet etwas Neues zu schaffen vermag, das wirklich ersprießlich ist.

Der Gedanke, die Verbund-Anordnung für Lokomotiven anzuwenden, wurde zum ersten Mal von einem Deutschen ausgesprochen. In einem Patent, das der deutsche Ingenieur Gerhard Moritz *Roentgen* im Jahre 1834 in Frankreich auf eine Verbund-Einrichtung für ortsfeste Dampfmaschinen nahm, heißt es: »Dieselben Vorteile werden sich auch bei Übertragung dieser Verbund-Anordnung auf die Eisenbahn-Maschinen ergeben.« Roentgen hat dieser Anregung jedoch keine Tat folgen lassen; sein Patent blieb auf dem Papier stehen, geradeso wie Erfindungen vieler anderer auf diesem Gebiet.

Die erste Verbund-Lokomotive ist erst im Jahre 1876 von dem schweizerischen Ingenieur Anatole Mallet gebaut worden. Sie wurde von der Firma Schneider & Co. in Creusot für die Bahn Bayonne – Biarritz in Frankreich hergestellt. Seit dem Jahre 1880 hat sich dann der damalige Maschinen-Inspektion bei der Eisenbahn-Direktion Hannover, August von *Borries*, große Verdienste um die Durchbildung der Verbund-Maschine erworben. Die erste Lokomotive dieser Art für die preußische Bahn wurde im gleichen Jahr von Schichau in Elbing gebaut. Seitdem sind die Verbund-Maschinen im Bereich der preußischen Bahnverwaltung in immer größerer Zahl zur Verwendung gelangt.

Die heutige Verbund-Maschine gewährt eine Kohleersparnis von etwa 20 vom Hundert. Um die Anordnung wirklich nutzbar verwerten zu können, war der Einbau einer ganzen Anzahl besonderer Vorrichtungen auf der Lokomotive notwendig.

Die Spannung des Dampfs ist, wenn dieser durch den ersten Zylinder hindurchgegangen, natürlich hinabgesetzt, der Druck, den er auf jedes Quadratzentimeter Kolbenfläche nur noch auszuüben vermag, also geringer. Da man jedoch auf beiden Seiten der Lokomotive die gleiche Arbeitsleistung haben will, so muß diese Druckminderung ausgeglichen werden. Dies geschieht durch eine Vergrößerung des Kolbens und damit des Zylinders auf derjenigen Lokomotivseite, die den Dampf aus zweiter Hand empfängt. Das Ergebnis der Rechnung Dampfdruck x Kolbenfläche, welches die Leistung ergibt, muß auf der Hochdruck- wie auf der Niederdruckseite das gleiche sein.

Es ist ferner nicht möglich, die beiden Zylinder nur durch ein einfaches Rohr miteinander zu verbinden. Denn der Hochdruck-Zylinder sendet dem Niederdruck-Zylinder den Dampf durchaus nicht immer in dem Augenblick zu, in welchem dieser ihn am meisten benötigt. Wenn der Hochdruckkolben am Ende eines Hubs angelangt ist, steht der Niederdruckkolben wegen der Versetzung der Kurbeln um 90 Grad gerade in der Mitte. Dies ist der Augenblick höchsten Dampfbedarfs bei ihm; der Hochdruck-Zylinder kann aber gerade jetzt fast nichts abgeben. Aus diesem Grund schaltet man zwischen die beiden Zylinder einen ziemlich geräumigen Behälter ein, aus dem die Niederdruckseite sich unabhängig von der Kolbenstellung drüben versorgen kann.

Die größte Kraftleistung hat die Lokomotive stets beim Anfahren zu vollbringen. Jeder Körper ist ja leichter in Bewegung zu erhalten, als zu dieser zu bringen. Wie eine Beharrung der Bewegung gibt es auch eine Beharrung der Ruhe. Niemals empfindet die Lokomotive die Last des angehängten Zugs so stark, wie wenn sie, nach gegebenem Abfahrtzeichen, anfahren muß. In diesem schwierigsten Augenblick versagt aber die Verbund-Maschine manchmal. Da der Dampf so erst den Hochdruck-Zylinder durchlaufen muß, um zur Niederdruckseite zu gelangen, so können beim Anfahren nicht beide Maschinen wirken. Aus dem Zwischenbehälter kann der Niederdruck-Zylinder in diesem Augenblick gleichfalls nicht schöpfen, weil sich darin bei Beginn des Anfahrens überhaupt kein Dampf befindet. Man hat aus diesem Grund dazu schreiten müssen, ein Steuer-Ventil anzubringen, das dem Führer gestattet, die Verbundwirkung während des Anfahrens aufzuheben. Nach Öffnung dieses Ventils erhalten beide Zylinder Frischdampf, so daß die Maschine nicht mit Verbund-, sondern mit Zwillingswirkung arbeitet.

Die Vorzüge der Verbund-Maschine verschwinden also bei solchen Lokomotiven, die häufig anfahren müssen, wie Verschiebe-, Güterzug- und Stadtbahn-Lokomotiven. Die preußische Eisenbahn-Verwaltung baut darum Maschinen dieser Art stets mit Zwillingswirkung, während Lokomotiven für Schnellzüge und Eil-Güterzüge heute allermeist mit Verbundwirkung versehen sind.

Bei Maschinen mit vier Zylindern werden zwei für Hoch- und zwei für Niederdruck verwendet. Jedem Hochdruck- wird ein Niederdruck-Zylinder zugeordnet. Hierbei ergibt sich nun ein besonderer Vorteil für solche Maschinen, die zum bequemen Durchfahren von Krümmungen ein frei bewegliches Triebwerk haben. Mallet und Rimrott kamen auf den Gedanken, hierbei die beiden Niederdruck-Zylinder an dem beweglichen Triebwerk-Rahmen anzubringen. Die biegsamen Dampfleitungen brauchten nun also nicht mehr den Hochdruck des Kessels aufzunehmen, sondern nur noch gegen den weit geringeren Niederdruck abgedichtet zu werden. Auf diese Weise gelang es also zum ersten Mal, wirklich brauchbare Maschinen mit einstellbaren Kuppelachsen auszurüsten. In Deutschland ist die erste Mallet-Rimrott-Maschine bei J.A. Maffei in München hergestellt worden.

Noch weit wichtiger als die Ausnutzung der Verbundwirkung ist für den Lokomotivbau die Einführung des überhitzten oder Heizdampfs geworden.

Der aus dem Wasser des Kessels erzeugte Dampf enthält stets noch Wasser in Form mitgerissener, feinster Tröpfchen. Diese sind für die Wirkung der Maschine sehr schädlich; wenn sie in die Zylinder gelangen, weil sie dort keinerlei Wirkung auszuüben vermögen, jedoch dem arbeitsfreudigen Dampf den Platz fortnehmen. Schon in früheren Jahrzehnten hat man sich deshalb damit beschäftigt, den Dampf vor seinem Eintritt in die Zylinder zu trocknen, indem man ihn so lange im Bereich der Heizung ließ, bis das mitgerissene Wasser gleichfalls verdampft war.

Große Vorteile ergaben sich aber erst, als man mit der Erhitzung des Dampfs weit über den Wärmegrad hinausging, der zur Trocknung notwendig ist. Wenn nämlich auch völlig trockener Dampf in den Zylinder eintritt, so schlägt sich ein Teil davon stets sofort zu Wasser nieder, weil seine Wärme durch Berührung mit den verhältnismäßig kalten Zylinderwänden, aber auch durch die Ausdehnung beim Vorschieben des Kolbens sogleich hinabgesetzt wird. Wieder erhält man so im Zylinder totes, schädliches Wasser. Überhitzter Dampf jedoch, das heißt solcher, der bis zu einer Wärme von etwa 360 Grad gebracht ist, kann ein Abkühlung wohl ver-

190. Eine seltsame Lokomotive
Erbaut von Petiet im Jahre 1864 zur Heißdampferzeugung

tragen, ohne sich niederzuschlagen. Er behält noch lange die Eigenschaft eines ausdehnungsfähigen Gases. Durch die Überhitzung kann man also eine weit bessere Ausnutzung des Dampfs erzielen, indem alle seine Teile zum Arbeiten gelangen, anstatt als Wasser ungenutzt verloren zu gehen.

Die Erkenntnis von der Nützlichkeit des überhitzten Dampfs ist nicht neu, aber eine verwendbare Ausführung von Heißdampf-Lokomotiven war lange Zeit hindurch nicht möglich. Mußten doch alle Vorkehrungen, die notwendig sind, um den Naßdampf von 100 Grad auf 360 Grad zu bringen, so beschaffen sein, daß sie sich am Lokomotivkessel anbringen ließen, ohne daß dessen bewährter Bau grundsätzlich verändert zu werden brauchte. Eine äußerste Anpassung an räumlich beschränkte Verhältnisse war hierbei erforderlich.

Um dem Heißdampf wirklich freie Bahn zu eröffnen, durfte man nicht solche Lokomotiven bauen, wie *Petiet* in Frankreich es tat, der hierbei, wie Bild 190 zeigt, so ziemlich alle äußeren Formen des Kessels veränderte.

Es war auch notwendig, darauf zu achten, daß die Heißdampf-Ausrüstung das Gewicht der Lokomotive nicht allzu sehr steigerte. Die einzelnen Vorrichtungen mußten leicht anzubringen sein, und endlich war es noch erforderlich, alle Maschinenteile wie Kolbenringe, Schieber, Stoffbüchsen, Dichtungen und insbesondere das Schmieröl so herzurichten, daß sie imstande waren, den außerordentlichen Hitzegraden zu widerstehen, welchen sie fortab ausgesetzt werden mußten.

Die wirklich brauchbare Ausführung der Heißdampf-Lokomotive, die alsbald einen fast beispiellosen Siegeszug durch alle Länder der Erde angetreten hat, gelang als erstem dem deutschen Ingenieur Wilhelm *Schmidt* in Cassel zu Anfang dieses Jahrhunderts. Er überwand alle Schwierigkeiten und hat durch seine Arbeit einen erneuten Beweis dafür geliefert, daß der deutsche Techniker auf Grund seiner wissenschaftlichen Schulung zu den größten Taten fähig ist.

Nachdem Schmidt zuerst einige andere Bauarten versucht hatte, so z. B. den Rauchkammer-Überhitzer, ist heute allgemein der Heiz- oder Rauchröhren-Überhitzer in Gebrauch. Die Überhitzung des Dampfes geschieht hier dadurch, daß dieser nach Durchströmen des geöffneten Reglerventils im Dom auf einem

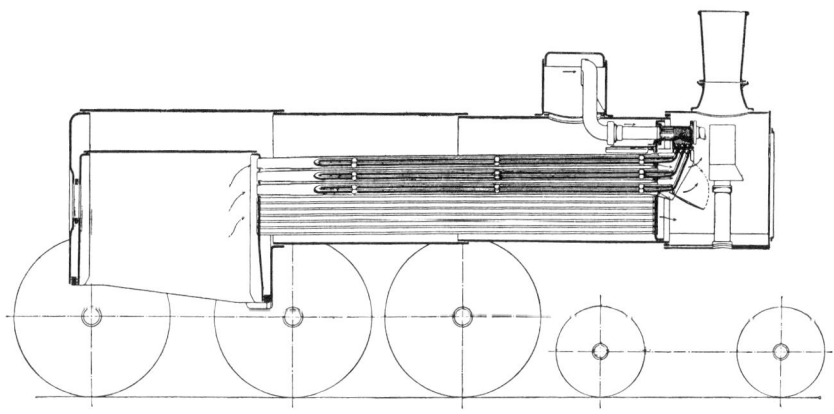

Schmidtsche Heißdampf-Gesellschaft in Cassel
191. Heißdampf-Erzeugung
Längsschnitt durch die Lokomotive zur Veranschaulichung der Lage der Überhitzerröhren in den Heizrohren

langen Weg mit den heißen Feuerungsgasen in engste Berührung gebracht und dann erst den Zylindern zugeführt wird.

Zur Aufnahme der Überhitzer-Einrichtung sind die Heiz- oder Rauchröhren in den Reihen, die im oberen Teil des Kessels liegen, weiter gehalten als die anderen. In jede Röhre taucht ein Überhitzer-Teilstück ein, ein Rohrstrang, der von einem vor der vorderen Querwand des Kessels, also in der Rauchkammer, liegenden Sammelgefäß für den Naßdampf herkommt und mit seinem Ende an das Sammelgefäß für Heißdampf angeschlossen ist.

Jedes Überhitzer-Teilstück ist ein zweifaches-, U-förmig gebogenes Rohr. Der Dampf durchläuft erst die eine Schiene, dann die andere, wird also in jedem Rauchrohr zweimal hin und zurück geführt, wobei er von den Heizgasen, welche die U-Rohre von außen umspülen, bis auf 360 Grad erhitzt wird.

Es ist erstaunlich, daß man vermocht hat, gezogene Stahlrohre herzustellen, die in der außerordentlichen sie umgebenden Hitze nicht durchbrennen. Die Heizrohre werden zwar in gleicher Weise erwärmt, aber das Wasser, welches sie ständig umspült, verursacht eine gründliche Kühlung. Diese fällt bei den dampferfüllten Überhitzerrohren fort. Die größten Schwierigkeiten macht es, die Endstellen

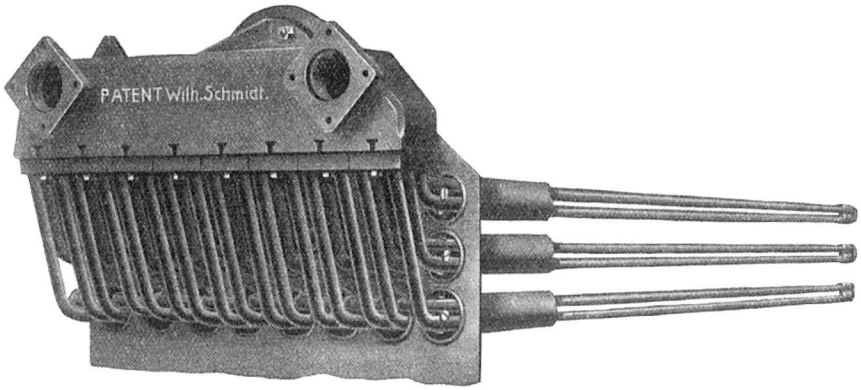

192. Rauchröhren-Überhitzer nach Wilhelm Schmidt
Sammelgefäß in der Rauchkammer und Überhitzeröhren. Die Röhrenenden sind verstärkt

193. *Überhitzer-Anordnung in der Rauchkammer*
Aus dem oberen Sammelgefäß gehen die sehr weiten Dampfzuströmungsrohre für die Zylinder ab

haltbar zu machen, an denen die U-Rohre umgebogen sind, weil diese dem vollen Ansturm der heißen Gase ganz besonders ausgesetzt sind. Heute ist durch das Aufschweißen einer verstärkenden Kappe auf die Rohrenden auch hier eine genügende Haltbarkeit erreicht.

Eine gewisse Kühlung, wenn man einen solchen Ausdruck für diese Hölle überhaupt anwenden kann, erhalten die Überhitzerrohre immerhin so lange, wie sie vom Dampf durchströmt werden. Sobald das Regler-Ventil geschlossen ist, hört jedoch die Dampfzufuhr auf, und die Wandungen sind nicht mehr imstande, Wärme abzugeben und fortleiten zu lassen. Aus diesem Grund wird dafür gesorgt, daß bei geschlossenem Regler-Ventil die Erhitzung der U-Rohre vermindert wird.

Wenn man eine Heißdampf-Lokomotive von vorn her anschaut, bemerkt man gleich hinter der Rauchkammer an der rechten Seite des Rund-Kessels einen kleinen waagerecht liegenden Zylinder. Er ist an der Lokomotive auf Bild 152 deutlich zu erkennen. In diesem Zylinder ist ein Kolben untergebracht, der durch hinten eintretenden Dampf aus seiner Ruhelage verschoben wird, solange das Regler-Ventil offen ist, die Heizrohre also mit Dampf versorgt sind und die Maschine arbeitet. Sobald Abschluß erfolgt, kehrt der Kolben in seine Ruhelage zurück. Er verstellt hierbei mit Hilfe einer Hebelübersetzung eine breite Klappe in der Rauchkammer.

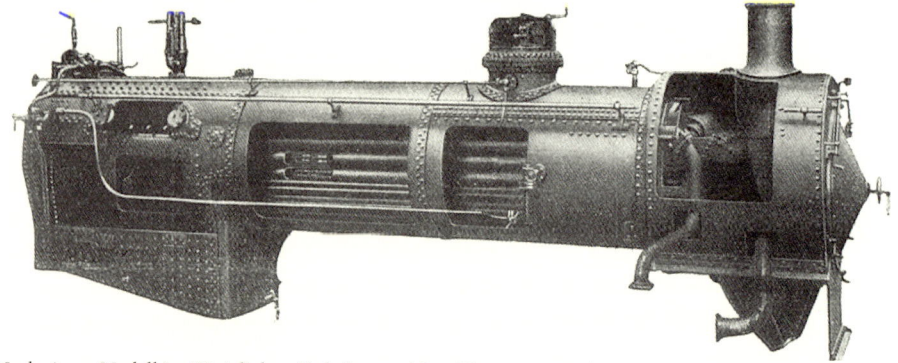

Nach einem Modell im Königlichen Verkehrs- und Bau-Museum zu Berlin
194. *Blick in den Kessel einer Heißdampf-Lokomotive*
Vorn Überhitzer-Anordnung in der Rauchkammer. In den geschnittenen Rauchröhren doppelte Überhitzerschlangen

236

Diese geht aus ihrer waagerechten Lage in die senkrechte über und verschließt die Ausgangsöffnungen derjenigen Heizrohre, in denen die Überhitzeröhren liegen. Der Durchzug der heißen Gase durch diese Rohre wird dadurch stark vermindert, die Erhitzung sinkt.

Im Führerstand ist ein Handrad angebracht, mit dessen Hilfe auch bei geöffnetem Regler-Ventil die Überhitzerklappe nach Belieben verstellt werden kann. Hierdurch vermag die Lokomotivmannschaft den Grad der Überhitzung nach Vorschrift einzustellen. Eine elektrische Vorrichtung ermöglicht ständig das Ablesen des Hitzegrads auf einem Zifferblatt im Führerstand.

Um die Entwicklung der Heißdampf-Maschine hat sich die preußische Staatsbahnverwaltung ein großes Verdienst erworben. Wagemutig, wie sie stets hoffnungsvollen technischen Neuerungen gegenüber zu sein pflegt, nahm sie sich dieser Erfindung schon in einer Zeit der Entwicklung an, als der Ausgang noch nicht abzusehen war. Viele Millionen wurden für Versuche ausgegeben, die, wie man heute weiß, ganz gewiß nicht umsonst geopfert worden sind. Tausende von Heißdampf-Lokomotiven sind heute in Preußen im Betrieb.

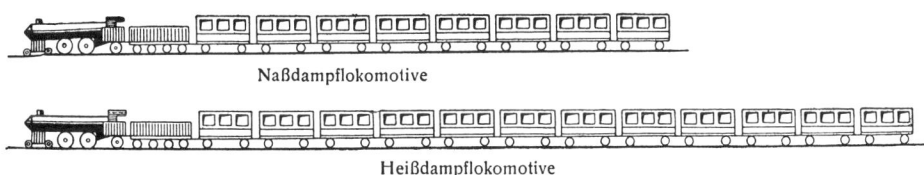

195. Erhöhung der Zugkraft durch Dampfüberhitzung
Vergleichende Darstellung der höchsten Zugleistungen einer Naßdampf- und einer Heißdampf-
Lokomotive bei gleichem Kohlenverbrauch und gleichem Lokomotiv-Gewicht

Die Ersparnisse, die sich aus der Benutzung des überhitzten Dampfs ergeben, sind nicht gering. Man rechnet, daß man hierdurch an Wasser bei Verbund-Maschinen bei zu 26 vom Hundert, bei Zwillings-Maschinen bis zu 33 vom Hundert erspart, an Kohle bei Verbund-Lokomotiven 12 bis 18 vom Hundert, bei Zwillings-Lokomotiven 20 bis 25 vom Hundert.

Angesichts des außerordentlich großen Kohlebedarfs der Eisenbahnen, der durch ihre weitere Ausbreitung immer höher steigt, muß jede Möglichkeit, die eine Ersparnis erhoffen läßt, ausgenutzt werden. So hat man sich denn in der letzten Zeit entschlossen, die Lokomotive noch mit einem weiteren Bauteil zu belasten, der eine solche Wirkung herbeiführt.

Man sorgt jetzt dafür, daß das Wasser, welches aus dem Vorratsraum des Tenders in den Kessel gepumpt wird, nicht mehr kalt in diesen eintritt, sondern schon vorher stark angewärmt wird. Wir werden gleich noch hören, daß die Lokomotive mit zwei Speisevorrichtungen ausgerüstet ist: mit dem Strahlapparat und der Kolbenpumpe. Beim Strahlapparat tritt eine gewisse Vorwärmung von selbst ein, da das Wasser beim Hineinwerfen in den Kessel mit Dampf vermischt wird. Die Benutzung der Kolbenpumpe trat bis vor kurzem mehr in den Hintergrund, weil diese nur ganz kaltes Wasser abzugeben vermochte. Jetzt wird sie häufiger benutzt als der immer recht empfindliche Strahlapparat, weil zwischen sie und den Kessel der Speisewasser-Vorwärmer geschaltet werden kann.

Dieser besteht aus einem runden oder flachen eisernen Gefäß, in dem ein Rohrbündel untergebracht ist. Ungefähr den siebenten Teil des Abdampfs, der aus den Zylindern kommt, leitet man statt zum Blasrohr in den Vorwärmer, wo er den Raum innerhalb der Wandungen erfüllt. Das von der Pumpe in den Kessel zu drückende Wasser durchläuft das Rohrbündel, und zwar mittels U-förmiger Verbindungen eines dieser Rohre nach dem andern, so daß eine sehr ausgedehnte Berührung mit dem heißen Dampfraum stattfindet. Der Vor-

196. Speisewasser-Vorwärmer
Bauart Knorr

teil, den diese Neu-Einrichtung gebracht hat, ist so bedeutend, daß man nachträglich auch ältere Maschinen mit Vorwärmern ausgestattet hat. Die Lokomotiven der Berliner Stadtbahn z. B. tragen die ziemlich unförmigen Vorwärmerkasten jetzt fast sämtlich auf ihren runden Rücken.

Zu den besonders beachtenswerten Neuerungen, welche die letzten Jahrzehnte dem Lokomotivbau gebracht haben, gehören auch die Vorrichtungen zur Rauchverbrennung oder besser Rauchminderung.

Es ist ja kein Zweifel, daß die Freude am Eisenbahnfahren durch den aus dem Schornstein der Lokomotive dringenden Rauch und den Ruß, der aus den schwarzen Wolken herabrieselt, stark herabgesetzt wird. Doch nicht nur der Reisende empfindet die Rauchplage als Übelstand, sie ist auch ein Feind des Betriebs. Denn die dem Schornstein entquellenden Verbrennungsrückstände enthalten schwefligsaure Gase, welche die Eigenschaft haben, alle lackierten und blanken Flächen anzugreifen. Sie sind es, welche die Außenwände der Eisenbahnfahrzeuge so rasch unansehnlich machen, die Hallendächer anfressen und dazu zwingen, eiserne Brücken häufiger anzustreichen, als es sonst für deren Erhaltung notwendig wäre.

Am unangenehmsten ist die Wirkung des Rauchs in den Tunneln, wo allzu starke Abströmung von Gasen aus den Lokomotiven sogar eine Erstickungsgefahr für Reisende und insbesondere für die im Freien stehende Lokomotivmannschaft bringen kann, wenn die Gewölbe schlecht gelüftet sind. Im Jahre 1898 ist es tatsächlich vorgekommen, daß in dem 3000 Meter langen, wegen seiner schlechten Lüftungsverhältnisse berüchtigten Giovi-Tunnel, auf der Strecke Turin – Genua Heizer und Führer eines Personenzugs im Qualm erstickt sind. Der Zug rollte, da er sich auf einer starken Steigung befand, rückwärts und stieß auf einen folgenden Güterzug auf. Viele Menschen kamen hierbei um. Auch aus diesem Unfall, der aller-

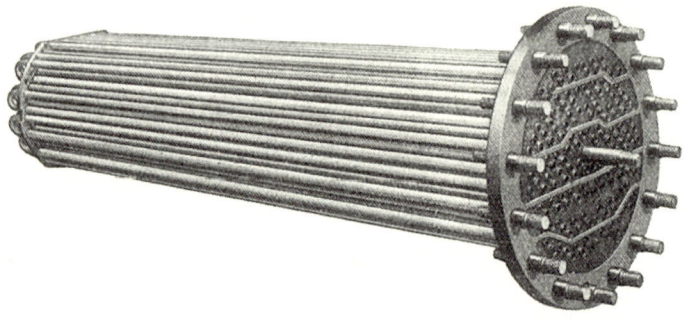

197. Rohrbündel im Speisewasser-Vorwärmer, durch das Wasser hindurchgepreßt wird.

dings sehr seltener Art ist, sieht man, daß die Rauchverbrennung ein Ziel ist, aufs innigste zu wünschen.

Die Rauchbildung erfolgt dadurch, daß beim Verbrennen des Heizstoffs auf dem Rost Kohlenwasserstoffe aus diesem ausgetrieben werden. Für gewöhnlich reicht die Hitze der Feuerung nur aus, um hiervon den leicht entzündlichen Wasserstoff zu verbrennen. Alsdann scheidet sich reiner Kohlenstoff in kleinen Stückchen ab, die wir Ruß nennen. Infolge des Blasrohrzugs gelangen die Rußteilchen trotz der angebrachten Funkenfänger durch den Schornstein ins Freie, da ja, wie wir wissen, die Maschen der Funkenfangvorrichtungen nicht allzu eng sein dürfen.

Es gelingt nun, den Kohlenstoff der Feuerungsgase zu einem großen Teil gleichfalls zu verbrennen, wenn man außer der Luft, die vom Aschkasten her durch den Rost in die Feuerkiste gelangt, noch über der Feuerung neue Frischluft zuführt und dafür sorgt, daß diese sich gründlich mit dem ausströmenden Gasen mengt. Die Vorrichtung, welche die beste Wirkung in dieser Hinsicht erzielt, wird von *Marcotty* in Berlin gebaut. Sie ist heute fast an allen größeren preußischen Lokomotiven angebracht. Marcotty erreicht eine sehr starke Rauchminderung auf folgende Weise:

Durch die dem Führerstand zugekehrte Wand der Feuerkiste sind in zwei hohle Stehbolzen zwei Düsen gesteckt, aus denen ein Dampfschleier in Richtung zum Feuerschirm geblasen wird. Dieser Schleier überdeckt die ganze Feuerung in einiger Höhe über der obersten Kohleschicht. Durch besondere Öffnungen neben der eigenartig durchgebildeten Feuertür wird zugleich Oberluft zugeführt, und diese nun durch die Dampfwirbel in dem Schleier mit den Gasen gemengt. (Bilder 199–201).

Damit für die oft wechselnden Beanspruchungen der Lokomotive stets die wirksamste Einstellung der Rauchverbrennungs-Vorrichtungen bewirkt werden kann, ist eine Reihe von Hebeln am Führerstand vorgesehen, die eine Regelung des Dampfschleiers sowie eine Erhöhung und Verminderung des Durchzugs der Oberluft gestatten. Bei sorgfältiger Bedienung tut die Marcotty-Einrichtung sehr gute Wirkung. Sie soll auch die Ausnutzung des Heizstoffs verbessern. Das Qualmen der Lokomotiven vermag sie jedenfalls vollständig zu verhindern.

Durch alle die hier geschilderten neuen Errungenschaften des Lokomotivbaus wird heute im Eisenbahnbetrieb in der Tat eine sehr bedeutende Kohlenersparnis erzielt. Nach einer Zusammenstellung von *Hammer* mußten in Preußen im Jahre 1894 zur Erzeugung jeder Pferdekraftstunde, d. h. für jede Pferdestärke, die eine Stunde lang geleistet wird, 2,7 kg Kohle verbrannt werden. Im Jahre 1909 waren nur noch 2,2 kg für dieselbe Leistung notwendig. Das bedeutete, wenn man die Verlade- und Frachtkosten mitberechnet, die sonst für den Mehraufwand an Kohle notwendig gewesen wären, eine Ersparnis von 25 Millionen Mark jährlich. Heute ist der Kohlenverbrauch bis auf 1,2 kg für die Pferdekraftstunde hinabgedrückt. Die Gesamtausgabe für Kohle im Bereich der preußisch-hessischen Eisenbahnen betrug im Jahre 1913 144 Millionen 751 000 Mark. Ohne den Einbau der sparenden Neuanlagen wären wohl 200 Millionen für den gleichen Zweck erforderlich gewesen.

Trotz all der Zutaten und Verfeinerungen, mit denen die Lokomotiven heute ausgerüstet sind, ist ihr Anschaffungspreis, bezogen auf die Leistungseinheit, doch ganz bedeutend geringer geworden. Nach Matschoß kostete zu Stephensons Zeiten jede Pferdestärke, welche die Maschine leisten konnte, bei der Anschaffung 240 Mark; heute sind nur noch 52 Mark dafür zu entrichten.

Trotz alledem, was der Leser hier über die Lokomotive gehört hat, wird er gewiß zugeben, daß diese Maschine einer der kühnsten Wunderbauten ist, die bisher von der Technik ausgeführt worden sind. Aber es ist nicht die Aufgabe dieses Baus, in stolzer Ruhe zu prangen. Er muß vielmehr mit seinen zahlreichen Gemächern und krönenden Zierarten durch die Lande schweifen. Der Mensch will sich nicht an ihm erfreuen, sondern er soll ihm schwere Dienste leisten. Um dies tun zu können, verlangt der Bau wiederum sorgfältigste Wartung und treueste Pflege. So ungeheuer mannigfaltig wie seine Fügung, so zahlreich sind seine Bedürfnisse. Unablässig ist in seinem Innern zu räumen und zu schaffen, damit kein Versagen eintritt.

Einsam zieht die Lokomotive ihre Bahn. Nur vier Augen und vier Hände sind es, die man ihr zugesellt hat. Es gehört mehr als handwerkliche Fertigkeit dazu, die große Maschine während einer ununterbrochenen Schnellzugfahrt von mehr als vier Stunden so zu versehen, daß sie in jedem Augenblick ihr Bestes hergibt. Die Männer auf dem Führerstand müssen Künstler in ihrem Fach sein. Sie müssen das ihnen anvertraute mächtige Werkzeug aufs genaueste kennen, aber zugleich auch Mut und rasche Entschlußkraft besitzen, wenn sie den sehr hohen Anforderungen nachkommen wollen, welche

Aus Hanomag-Nachrichten
198. Ohne Rauch-Verbrennung!
Güterzug im amerikanischen Felsengebirge

die äußerst straff gespannten Fahrplanzeiten an die Schnellzuglokomotiven stellen. Auch das Gefühl der Pflicht, die sie gegenüber den Fahrgästen in den wohl abgeschlossenen Wagen hinter ihnen übernommen haben, muß die Männer auf der Lo-

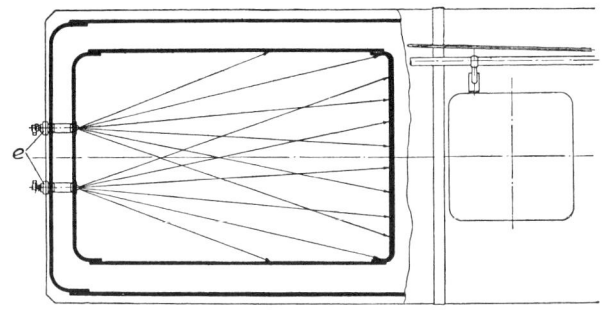

199. Marcottysche Rauchverbrennung
Wagerechter Schnitt durch Stehkessel und Feuerkiste. e: in zwei
hohle Stehbolzen eingesetzte Düsen, aus denen ein Dampfschleier über die Feuerung geblasen wird.

komotive stets beseelen. Die Beamten dürfen nicht gefährliche Handlungen vornehmen, um eine selbstverschuldete Unregelmäßigkeit zu verdecken, sie dürfen auch bei bedrohlichen Vorgängen ebensowenig zuerst an sich denken, wie das der Kapitän eines Schiffs tut. Man darf sagen, daß solche Tugenden von den Lokomotivmannschaften keines Lands mehr geübt werden als von denen Deutschlands. Mit Recht hat der deutsche Lokomotivführer ein ausgeprägtes Standesbewußtsein. Er kennt seine Bedeutung im Rahmen des Eisenbahnbetriebs, und es gibt keine Verwaltung, die ihn nicht in entsprechender Weise behandelte.

Wir haben die Lokomotivbesatzung schon bei einem kurzen Besuch am Werk gesehen. Nun aber, nachdem wir den Bau der Lokomotive selbst besser kennen gelernt haben, wollen wir ihr Wirken etwas näher betrachten; wir wollen uns, soweit sie nicht bereits behandelt wurden, die Ausrüstungsteile der Maschine, die ihrer Instandhaltung und Beflügelung dienen, nun genauer ansehen.

Die über den Wunderbau der Lokomotive gesetzten Wächter sind im Führerstand untergebracht. Es wird heute von den deutschen Verwaltungen großer Wert darauf gelegt, der Mannschaft den Aufenthalt auf der Maschine so angenehm und bequem wie nur möglich zu machen. Man will hierdurch eine rasche Ermüdung vermeiden und glaubt, daß persönliches Wohlbefinden das beste Mittel sei, um die Aufmerksamkeit der Männer stets wach zu erhalten.

Solche Meinung hat nicht zu allen Zeiten geherrscht. Die Lokomotiven der ersten Eisenbahnen hatten nur Plattformen für die Mannschaft, aber keinerlei darumgebaute Schutzwände. Die Besatzung war hier allen Unbilden der Witterung ausgesetzt. Solange die schwerfälligen Lokomotiven der Anfangszeit noch langsam dahinfuhren, waren die Beschwerden nicht allzu groß. Aber man blieb bei den offenen Führerständen auch, als die Geschwindigkeiten bereits stark zugenommen hatten. Man glaubte nämlich, daß die Lokomotivmannschaft nicht mehr sorgsam auf die Strecke achten würde, wenn man ihren Aufenthaltsort mit schützenden Wänden umgäbe. Die damals sehr rücksichtslosen Bahnverwaltungen trugen keinerlei Bedenken, derartig gegen die Gesundheit ihrer Angestellten zu freveln.

Max v. Weber, der, wie man von ihm gesagt hat, die »Poesie der Schiene« entdeckte, war auch der erste, der ein offenes Auge und ein Mitempfinden für die Leiden der Eisenbahnangestellten besaß. In seinem Aufsatz: »Eine Winternacht auf der Lokomotive« schildert er die qualvolle Arbeit, die zu seiner Zeit von der Lokomotivmannschaft im Winter bei Sturm und Schneegestöber verrichtet werden mußte. Man findet darin die folgende ergreifende Schilderung:

»Pfeifen! Und hinaus geht es unaufhaltsam in die eiskalte Schneesturmnacht, die mit 15 Grad kalter, schneidender Zugluft die schweißgetränkten Haare der Männer auf der Maschine in wenig Sekunden in starrende Eisnadeln verwandelt.«

»Vorwärts! Vorwärts!«

»Der Sturm hat aufgefrischt. Von unten nach oben stürzenden Katarakten ähnlich, treibt er von den großen Flächen der Dammböschungen den staubartigen, feinen, kalten Schnee empor, der auf der Fläche der Bahn wie in wilden Wogen dahinjagt, deren Brandungen an die eilende Maschine anschlagen und, hoch über ihren Schornstein hinwirbelnd, die stillen Männer mit immer neuen Fluten von stechenden Eisnadeln überströmen oder sich an windstillen Orten heimtückisch zu lockeren Windwehen zusammenlagern. Im voraneilenden Licht der Lokomotivlaternen prallen diese plötzlich, wie weiße, über der Bahn liegenden Mauern gespenstisch aus der Nacht empor und jagen dem beherztesten Führer jedesmal, wenn er mit seiner Lokomotive in die weiche unheimliche Masse hineinstürmt, einen Schauder durch die Seele. Hoch bäumen sie sich vor der wilddurchbrechenden Maschine auf, sie mit solchen Schneemassen überschüttend, daß die Männer auf dieser sich am Geländer festhalten müssen, um nicht durch den wuchtigen Schlag herabgeschleudert zu werden.«

»›Es schneit stark!‹ sagen die Passagiere, die im Wagen einen Augenblick erwachen und, sich streckend, ein Fenster, an das sie den Schnee knisternd anschlagen hören, mit der Wagenquaste zu säubern versuchen. ›Wir fahren schlecht‹, fügen sie, gähnend nach der Uhr sehend, hinzu, ›verflucht beschwerlich das Nachtreisen im Winter!‹ – – wickeln sich in die weichen Pelze und drücken die Köpfe in die weichen Wagenecken.« –

»Vorwärts Vorwärts!«

»Die Teile der Lokomotive tropfen, aus dem Schornstein, von den Sicherheitsventilen, der Pfeife, den Pumpen spritzt Wasser fein zerteilt ab, das hier an der Maschine herabrieselt und an ihren außenliegenden Organen gefriert oder vom Sturm weggeblasen wird, dort aber Pelz und Mütze und Gesicht der Männer übersprüht, die schweigend auf dem Trittbrett stehen.«

»Nach und nach behängt sich die Maschine mit schweren Eiszapfen, dicke Eisbuckel wachsen selbst an ihren schnellstgedrehten, am raschesten schwingenden Organen, alle Zwischenräume füllen sich mit hartgefrorenem Schnee, und der Blick in die Teile der Maschine wird schwieriger und unsicherer.«

»›Ich glaube, die Pumpen frieren zu bei dem Wetter‹, sagt Zimmermann (der Führer). ›Wir wollen sie ein wenig spielen lassen.‹«

»Er will die Hand nach den Griffen ausstrecken, den Kopf dahin wenden, fühlt aber die kräftige Faust am Körper festgehalten und empfindlichen Schmerz am Kinn. Die nasse Kleidung der Männer hat sich in einen starren Eispanzer verwandelt, Bart und Pelz sind in eine Eismasse zusammengeronnen, die dicke Pelzmütze ist zu einem drückenden Helm geworden, an den Augenwimpern hängende Eiskügelchen lassen die Lichter der auftauchenden zweiten Station in tausend Farben spielen. Sie reißen die am Rock festgefrorenen Ärmel los, strecken prasselnd und knisternd die Glieder, sie tauen die am Lippenbarte hängenden Eiszapfen im Munde auf, der, selbst halb erstarrt, nur schwierig Worte artikuliert.«

Weber, der so lebhaft mit den Männer auf der Lokomotive fühlte, ist es denn auch gewesen, der die Bahnverwaltungen schließlich zur Errichtung von Schutzhäusern veranlaßt hat. Die Einrichtung geschah hauptsächlich infolge seiner 1862 erschienenen Schrift: »Die Gefährdung des Personals beim Maschinen- und Fahrdienst.«

Heute ist durch möglichst vollständigen Abschluß des Führerstands durch Vorderwand und Seitenwände ein guter Schutz der Mannschaft erreicht. Bei Geschwindigkeiten von 100 Kilometern und darüber wäre auch sonst ein Bedienen der Lokomotive nicht möglich.

Immerhin ist auch jetzt noch der Dienst im Winter nicht ganz leicht, weil ein jeder Schritt vorwärts oder rückwärts die Lokomotivmannschaft in Bezirke mit sehr verschiedenen Wärmegraden bringt. Wenn der Heizer eben bei offener Feuertür den Rost gereinigt hat und dann zum Tender hinübertreten muß, so kommt er zur Winterszeit aus einer kochenden Hölle sofort in grimmige Kälte. Im Sommer wiederum ist das Arbeiten in den ganz geschlossenen Tenderlokomotiven infolge der Ausstrahlungen des Kessels sehr anstrengend. Die

200. Kipp-Feuertür

Anordnung nach Marcotty. Die Tür schlägt nach innen auf. Zu beiden Seiten Ansätze zur Einführung von Oberluft in die Feuerkiste. Die Zuströmungs-Querschnitte können durch Hebel verändert werden, die an Platten angreifen

Lokomotivbauer sind fortwährend darauf bedacht, durch gute Kühlung den Fahrbeamten auf solchen Maschinen Erleichterung zu verschaffen. Man baut Führerstände mit doppelten Dächern, in deren Zwischenräumen die Luft sich fängt und in das Führerhaus gepreßt wird. Verstellbare Einrichtungen sorgen dafür, daß sowohl bei Vorwärts- wie bei Rückwärtsfahrt möglichst viel frische Luft eingefangen werden kann. Das Dach des Führerhauses wird allmählich auch immer weiter nach hinten verlängert, damit auf Strecken, die von Süden nach Norden laufen, die Sonne den beiden Männer nicht ungehindert auf Rücken und Genick brennen kann. Sogar Sitzgelegenheiten sind heute im Führerstand vorgesehen. Man hat nicht gehört, daß durch alle diese Vorkehrungen die Zahl der Eisenbahnunfälle sich vermehrt hätte.

Wie alle anderen Vorrichtungen an der Lokomotive, bei deren Formgebung ja stets eine ganze Reihe von Gesichtspunkten berücksichtigt werden muß, weil bei dieser Maschine alles gar so eng beieinander wohnt, ist auch die Feuertür heute nicht mehr ein ganz einfaches Ding. Die Öffnung, durch welche die Kohle in die Feuerkiste geworfen wird, wird auf großen Maschinen nicht mehr durch eine bloße Klappe verschlossen, die sich in ihren Angeln dreht. Bei derartigen Türen besteht nämlich die Gefahr, daß sie beim Bersten eines Heizrohrs, wenn Dampf mit starkem Druck in die Feuerung strömt, aufspringt, so daß nun Massen glühender Kohle in den Führerstand geblasen werden können.

Marcotty hat darum zusammen mit seiner Rauch-

201. Kipptür in Mittelstellung,
die beim Durcharbeiten der Feuerung zum besseren Schutz
des Heizers gegen die Hitze benutzt wird

verbrennungseinrichtung eine nach innen aufschlagende Tür eingeführt, die in solchen Gefahrfällen durch den Druck gegen die Feuerkiste fest zugeworfen wird. Diese Türanordnung hat den zweiten Vorteil, daß sie in geöffneten Zustand keinen Platz in dem engen Führerstand wegnimmt. Sie braucht auch nicht immer ganz geöffnet zu werden, sondern man kann sie in eine Zwischenstellung bringen. Diese benutzt der Heizer häufig, wenn er mit dem langen Haken den Rost bearbeitet. Das dauert oft eine ziemlich lange Zeit, und bei ganz geöffneter Tür würde allzuviel kalte Luft in den Feuerraum gelangen. Ähnliche Vorteile bieten auch die Schiebetüren, die jetzt wieder häufiger angewendet werden; auch sie springen beim Öffnen nicht in den Führerstand vor und gestatten zahlreiche Abstufungen in der Öffnungsbreite. Beide Teile einer Schiebetür werden durch denselben Hebel bedient.

Wenn man den Heizer beim Feuern genauer beobachtet, sieht man sogleich, daß er nicht einfach eine Schaufel Kohle nach der andern durch das Feuerloch hindurchwirft. Er muß das Feuer vielmehr in sehr überlegter Weise unterhalten, wenn die Spannung im Kessel nicht sinken soll. Vor allem ist dafür zu sorgen, daß der Rost stets mit einer gleichmäßigen Kohleschicht bedeckt ist. Es dürfen sich nicht vorn Berge anhäufen, während am hinteren Ende des Rosts leere Flächen vorhanden sind. Die durch den Blasrohrzug eingesaugte Luft würde in solchen Fällen die Heizrohre stark abkühlen und ein wahres Gestöber von Funken in die Rauchkammer und zum Teil auch in den Schornstein jagen. Der Heizer bringt also bedächtig jede Schaufel Kohlen am rechten Ort unter, so daß überall in der Feuerkiste eine möglichst gleichmäßige Wärme herrscht.

Der große blanke Hebel, mit dessen Hilfe in den Bau der Lokomotive Bewegung gebracht, oder durch den er wiederum still gesetzt werden kann, liegt dem Führer bequem zur Hand. Durch Bewegung des Reglers öffnet er mittels einer bis in die Wölbung des Doms laufenden Stange dort einen Schieber oder ein Ventil, die nun den Dampf durch die Einströmungsrohre zu den Schieberkästen und damit zu den Zylindern gelangen lassen. Solange der Regler geschlossen ist, werden die Abschlußstücke im Dom durch den einseitigen Druck des Dampf sehr kräftig gegen ihre Lager gepreßt. Die Überwindung des vollen Drucks auf den langen Schieber oder das große Ventil würde jedesmal bei Öffnung des Reglers eine recht bedeutende Kraftanstrengung nötig machen. Dieser Hebel soll jedoch möglichst leicht zu bewegen sein, damit er seinen wichtigen Einfluß auf den gesamten Gang der Maschine rasch und ohne Hindernis zu üben vermag. Aus diesem Grund ist die Reglerstange an dem Hauptschieber oder an dem Hauptventil im Dom so angelenkt, daß, bevor diese selbst bewegt werden, eine kleine Öffnung im Dampfweg freigemacht wird. Der Dampf kann schon in geringer Menge auf die andere Seite des Abschlusses überströmen, und das genügt, um den bisher einseitigen Druck stark zu vermindern. Durch die beim Öffnen des Reglers so zuerst eintretende Eröffnung eines schmalen Durchgangswegs für den Dampf wird zugleich auch ein sanftes Ingangsetzen der Maschine herbeigeführt.

Die beiden von einander unabhängigen Vorrichtungen, die zur Füllung des Kessels mit Wasser immer bereit stehen, sind in ihrer Bauart sehr verschieden. Wo kein Vorwärmer vorhanden ist, wird für gewöhnlich der Dampfstrahlapparat benutzt. Er ist so geformt, daß ein sehr starker Dampfstrahl über das enge Ende eines Rohrs streicht, die in diesem enthaltene Luft mitreißt, so eine Luftverdünnung erzeugt und dadurch das Wasser im Tender zum Nachströmen zwingt. Der aus einer engen Düse strömende Dampf muß hierbei stark genug sein, die Kesselspannung zu überwinden, aus der er selbst stammt, und gegen ihren Druck Wasser in den Raum hineinzuwerfen.

Hanomag

202. Führerstand einer Güterzug-Lokomotive

1. Reglerhebel, 2. Wasserstandglas hinter Schutzschirm, 3. Kesselprobierhähne, 4. Feuer-Kipptür, 5. Hahn zum Spritzschlauch, 6. Hahn für Preßluftsandstreuer, 7. Schmierpumpe für Brems-Luftpumpe, 8. Handrand zur Steuerungsspindel, 9. Führer-Bremsventil, 10. Zylinder-Ventilzug, 11. Schmiergefäße für hintere Feuerkastenführung, 12. Dampfstrahlpumpe auf der Führerseite, 13. Pfeifenzug, 14. Ventil der Dampfmaschine zum Antrieb der Brems-Luftpumpe, 15. Dampfstrahlpumpe auf der Heizerseite, 16. Dampfstutzen, 17. Ventil zur Dampfheizung, 18. Zug für Hilfsbläser und Rauchverbrennung, 19. Zug für Rauchkammerspritzhahn, 20. Ventil der Dampfmaschine zum Antrieb der Speisewasser-Pumpe, 21. Überhitzerklappenzug, 2. Schmierpumpe für Speisewasserpumpe, 23. Schmierpumpe für Zylinder und Schieber, 24. Aschkastenklappenzüge, 25. Druckmesser für Hauptluftbehälter der Bremse, 26. Druckmesser für Bremshauptleitung, 27. Elektrischer Überhitzungsmesser, 28. Druckmesser für Schieberkasten, 29. Druckmesser für Dampfkessel, 30. Druckmesser für Dampfheizung, 31. Druckmesser für Speisewasserpumpe, 32. Druckmesser für Bremsluftpumpe. Ganz unten Öffnung für die Tenderkupplung

Dies wird durch plötzliche Verengung des Düsenrohrs erreicht, die dem Dampf eine unwiderstehliche Beschleunigung verleiht. Zugleich führt er durch seine Mischung mit dem Wasser eine gewisse Vorwärmung herbei. Die zweite Speiseeinrichtung ist eine Kolbenpumpe, die durch eine eigene kleine Dampfmaschine betrieben wird. Wenn der Dampfzufluß zu dieser durch einen Griff im Führerstand eröffnet ist, drückt die Pumpe Wasser aus dem Tender in den Kessel, bis sie wieder abgestellt wird.

Den richtigen Augenblick zum An- und Abstellen der Speisevorrichtungen erkennt der Heizer gewöhnlich am Wasserstandglas. Es ist dies ein Rohr, das zwischen zwei aus dem Kesselinnern herausragende hohle Stutzen gesetzt ist. In dem Rohr steht nach dem Gesetz der zusammenhängenden Röhren das Wasser stets genau so hoch wie im Kessel. Oben und unten sind am Wasserstandrohr Marken angebracht, die den höchsten und den niedrigsten zulässigen Wasserstand bezeichnen. Wird zuviel Wasser in den Kessel gedrückt, so ist für die Dampfentwicklung kein Raum mehr, das Feuer kann die große Wassermenge auch nicht mehr genügend durchwärmen. Die Dampfspannung müßte also stark sinken. Ferner kann das sprudelnde Wasser durch den Dom in die Zylinder dringen, wo es bei bewegten Kolben sehr schädlich zu wirken vermag, da Wasser bekanntlich nicht zusammendrückbar ist. Es wird schließlich durch das Blasrohr zum Schornstein hinausgeworfen; die Maschine spuckt, wie der Fachmann sagt. Bei zu niedrigem Wasserstand ist ein Teil der Heizrohre in Gefahr durchzubrennen, weil sie nicht mehr durch verdampfendes Wasser gekühlt werden. In einem solchen Fall würde eine äußerst gefährliche Dampfentladung eintreten. Der Wasserstand darf niemals tiefer sinken als 10 Zentimeter über die Feuerkistendecke.

Es bedeutet eine sehr beachtenswerte Leistung der Glastechnik, daß es gelungen ist, aus diesem Stoff Röhren herzustellen, die imstande sind, einen Druck von 14–16 Atmosphären und dazu starke Wärmeschwankungen auszuhalten. Wenngleich man den Wasserstandsgläsern heute derartige Pressungen ohne weiteres zutrauen darf, so kommt es doch immerhin nicht allzu selten vor, daß infolge der Sprödigkeit, die jedem Glas durch seine Natur nun einmal innewohnt, ein Springen des Schaurohrs erfolgt. Um zu vermeiden, daß in einem solchen Fall große Dampfmengen aus den nun freigegebenen recht geräumigen Querschnitten ausströmen, sind die Anschlußstutzen so eingerichtet, daß sie sich in einem solchen Augenblick sofort selbst abdichten. Der Druck in ihnen ist ja jetzt nur noch einseitig, und das wird benutzt, um eine Abschlußvorrichtung in Tätigkeit zu setzen. Damit die Mannschaft gegen die mit großer Gewalt abgeschleuderten Glassplitter geschützt ist, muß das Wasserstandsglas stets mit einem Schutzmantel umgeben sein, der entweder aus dicken Glasscheiben oder aus einem gut durchsichtigen Drahtnetz besteht.

Infolge des im Kessel stets vorhandenen Schlamms und Kesselsteins kann es vorkommen, daß die Stutzen des Wasserstandsrohrs verstopft werden. Die Erkennung der Höhe des Wasserspiegels im Kessel ist jedoch so wichtig, daß sie in jedem Augenblick unbedingt gesichert sein muß. Kann doch ein Irrtum hierüber ein Zerspringen des Kessels herbeiführen. Aus diesem Grund sind für die Erkennung der Wasserhöhe zwei voneinander unabhängige Vorrichtungen auf jeder Lokomotive vorhanden. Die zweite besteht aus drei Hähnen, die in schräger Linie untereinander am Kessel angebracht sind. Wenn der Verdacht besteht, daß das Wasserstandsglas nicht richtig zeigt, so kann die Mannschaft sich durch Öffnen eines oder des andern dieser drei Hähne davon überzeugen, bis zu welcher Höhe der Kessel noch mit Wasser gefüllt ist. Entquillt dem obersten Hahn beim Öffnen Wasser, so ist zuviel davon im Kessel, läßt der untere Hahn beim Aufdrehen Dampf ausströmen, so ist es höchste Zeit, wieder zu speisen. Unter dem Ende der drei Hähne ist eine Tropfröhre angebracht, aus der das beim Proben abfließende Wasser oder der niedergeschlagene Dampf durch eine kleine Rohrleitung ins Freie abgeführt werden.

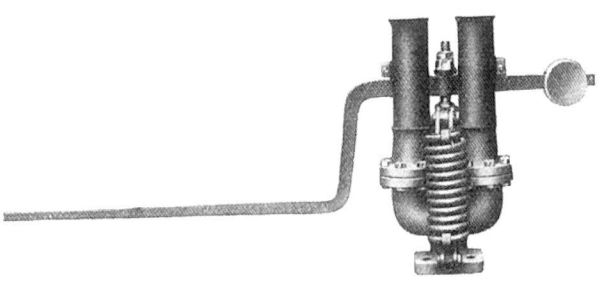

203. Sicherheits-Ventil
Mittels des langen Hebels kann das Ventil vom Führerstand aus angelüftet werden

Eine Gefahr für den Kessel entsteht auch, wenn der Dampfdruck darin zu hoch steigt. Da dies trotz aller Aufmerksamkeit immerhin einmal eintreten kann, so ist eine Einrichtung vorgesehen, die in solchen Fällen selbständig den Kesseldruck am weiteren Steigen verhindert. Zwischen Dom und Führerhaus ist, gleichfalls auf dem Rundkessel, das Sicherheitsventil aufgebaut. Es ist ein recht geräumiger Rohrstutzen, der für gewöhnlich durch einen unter dem Druck sehr starker Federn stehenden Ventilkolben abgeschlossen ist. Der allzu hoch steigende Dampfdruck aber überwindet schließlich die Federkraft und schlägt das Ventil auf. Der Dampf kann nunmehr in den freien Luftraum entweichen, wodurch eine Entspannung im Kessel eintritt. Beim Versagen der Selbsttätigkeit kann das Ventil durch Hochschieben eines in den Führerstand ragenden Hebels auch durch die Mannschaft angelüftet werden. Sollte der Kesseldruck einmal so hoch gestiegen sein, daß trotz kräftigen Abblasens des Sicherheitsventils keine genügende Erleichterung im Kessel eintritt, so muß der Heizer das Feuer sofort herausreißen. Ablöschen ist durchaus verboten, weil die dann in der fast ganz geschlossenen Feuerkiste sich bildenden Dampfmassen zersprengend wirken können.

Der Heizer soll das Feuer stets so regeln, daß ein Abblasen durch das Sicherheitsventil nicht eintritt. Zugleich aber ist es auch seine Pflicht, die Dampfspannung immer so hoch zu halten, daß die Maschine in jedem Augenblick das leisten kann, was von ihr verlangt wird. Die größte Anstrengung der Lokomotive bedeutet das Anfahren. Wenn also z. B. ein Schnellzug auf dem Bahnhof hält, so wird der Heizer dafür sorgen, daß zum Losbringen des Zugs möglichst viel Lokomotivkraft zur Verfügung ist. Er facht das Feuer darum so an, daß es im vorausbestimmten Augenblick der Abfahrt gerade den höchsten zulässigen Dampfdruck herbeiführt. Nun kommt es aber manchmal vor, daß der Zug nicht zur verabredeten Zeit abgelassen werden kann. Alsdann ist es unmöglich, das Feuer sogleich wieder zu dämpfen, und in solchen Fällen wird es sich am häufigsten ereignen, daß dichte Dampfwolken mit sehr starkem Zischen dem Sicherheitsventil entströmen. Jeder aufmerksame Fahrgast wird einen solchen Vorgang gewiß schon einmal beobachtet haben.

Aus dem Kessel müssen im Bereich des Führerstands sehr viele Dampf-Leistungen nach außen geführt werden. Um nun den unter so außerordentlich hohem Druck stehenden stählernen Leib nicht allzu oft durch Anbohrungen schwä-

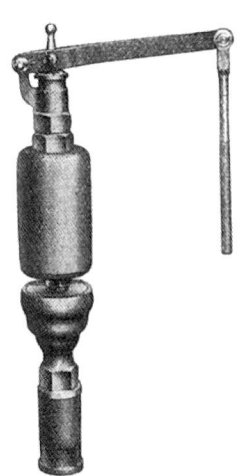

204. Dampfpfeife

247

chen zu müssen, setzt man hoch oben auf die Wölbung ein Anschlußstück, das an eine einzige Kesselöffnung geschraubt ist, selbst aber durch mehrfache Anbohrungen viele Wege für den Dampf freigibt. Eine große Anzahl von Arbeits- und Meßeinrichtungen sind an diesem Dampfstutzen angeschlossen.

Unter anderem nimmt auch hier die Leitung ihren Anfang, die jeden für Personenbeförderung bestimmten Zug während der kalten Jahreszeit mit Heizdampf versorgt. Die Dampfmenge, die in die Heizleitung gelassen wird, kann schon im Führerstand der Außenwärme einigermaßen angepaßt werden. Die genauere Einstellung findet in jedem einzelnen Wagen statt.

Das Ziehen an einem bestimmten Hebel im Führerstand bewirkt, daß ein Wasserstrahl in die unteren Teile der Rauchkammer hineinspritzt. Von Zeit zu Zeit muß dieser Hebelzug geöffnet werden, damit die glühenden Kohleteilchen, die von der Feuerung her in die Rauchkammer hineingerissen werden, die sogenannte Lösche, berieselt und die Rauchkammerwandungen vor allzu großer Erhitzung behütet werden.

Eine kurze Schlauchleitung, die leicht beweglich in der Nähe des Heizerstandorts am Kessel angebracht ist, ermöglicht, durch eine Öffnung im Boden des Aschkastens auszuspritzen und auch von Zeit zu Zeit die Kohlen auf dem Tender zu nässen, falls der Kohlestaub die Mannschaft zu stark belästigt.

Zwei Griffe dicht über dem Boden des Führerstands gestatten, die vordere und hintere Öffnung des Aschkastens nach Belieben zu verschließen. Wenn die Lokomotive ihre Fahrrichtung ändert, müssen die Klappen jedesmal verstellt werden, weil man immer diejenige Seite des Aschkastens offenhält, die beim Fahren vorn liegt, also möglichst viel Frischluft der Feuerung zuführen kann.

Für die Unterhaltung des regelmäßigen Gangs der Lokomotive spielt ferner eine Vorrichtung eine bedeutende Rolle, die bei oberflächlicher Betrachtung leicht nur als äußere Zutat erscheint. Hinter dem Dampfdom wölbt sich auf dem Rükken des Rundkessels stets noch eine zweite Erhöhung empor, die zu nichts anderem als zur Unterbringung von Streusand dient. Dieser Stoff scheint so gar nicht zur Lokomotive zu passen, und doch wird er ihr ein wackerer Helfer in Nöten.

Wenn die Maschine ihre stärkste Kraft hergeben muß, beim Anfahren, tritt am leichtesten eine gefürchtete Erscheinung ein: das Schleudern der Räder. Der träge Zug will aus der Ruhe durchaus nicht in Bewegung übergehen, und die in solchen Augenblicken über ihr Reibungsgewicht hinaus belastete Lokomotive muß sehen, daß ihre Räder sich zwar drehen, daß sie aber selbst nicht vom Fleck kommt. Dieses Drehen der Räder auf der Stelle oder Schleudern, wobei durch die starke Erhitzung der Schienenköpfe wahre Funkengarben hervorschießen, ist für Gleis wie Räder gleich schädlich, da es die Laufflächen beider aus der Form bringt. Man kann nun nicht, um dennoch loszukommen, das Reibungsgewicht der Maschine plötzlich erhöhen, wohl aber ist man imstande, den Grad der Reibung zwischen Schienen und Rädern zu verstärken. Wenn der Führer ein Schleudern der Räder beobachtet, so setzt er den Sandstreuer in Tätigkeit. Feine scharfe Körnchen fallen nun vor die Räder, und mit ihrer Hilfe faßt die Maschine sofort an.

Es ist klar, daß dies nur geschehen kann, wenn der Sand wirklich unmittelbar an die Radkränze herangeworfen wird. Daher genügt es nicht, daß von dem Sandkasten auf dem Kessel nur ein einfaches Abfallrohr bis zu den Schienen hinunterführt. Der Sand muß vielmehr kräftig hinausgeschleudert und gegen die Räder geblasen werden. Dies geschieht meistens durch Anwendung von Preßluft, die dem Hauptluftbehälter für die Bremse entnommen wird. Ein mit erheblicher Kraft ausgeschleuderter Sandstrahl läuft auch nicht Gefahr, durch jeden Windzug verweht zu werden, so daß er statt auf die Schienen neben diese fällt.

Das Schleudern der Räder tritt besonders häufig ein, wenn die Schienen feucht sind. Dann sinkt der Reibungswert zwischen ihnen und den Rädern unter das gewöhnliche Maß. Aber auch Laubfall kann die gleiche Wirkung üben oder eine klebrige Schicht, die von kriechenden Tieren über die Schienen gezogen ist. Heuschreckenschwärme, wenn sie in großen Massen die Geleise bedecken und von den Rädern der Maschine zermalmt werden, machen die Schienen gleichfalls schlüpfrig. In dem schon erwähnten Giovi-Tunnel sind es die in der feuchten Finsternis zu Tausenden lebenden Schnecken, welche beim Befahren der im Tunnel ansteigenden Strecke oft die Räder zum Schleudern bringen.

Maschine und Triebwerk sind bei stundenlangen Fahrten für jeden helfenden Zugriff unzugänglich. Kolben, Schieber, Achslager, Kurbelzapfen, die Gleitbahn für die Kreuzköpfe und viele andere reibende Teile müssen aber unausgesetzt mit Schmierstoff versorgt werden. Da es nicht möglich ist, an Ort und Stelle genügend Mengen hiervor aufzuhäufen, so geschieht auch diese Versorgung, wie ja so unendlich viel anderes, vom Führerstand aus. An einer geeigneten Stelle des Triebwerks ist ein Antriebshebel angelenkt, der eine kleine im Führerstand aufgestellte Pumpe in Tätigkeit setzt. Mit ihrer Hilfe werden durch dünne Kupferrohre, die am Rundkessel entlang bis nach vorn geleitet sind, ständig kleine Ölbäche zu den Maschinenteilen gedrückt, die der Gefahr einer Erhitzung ausgesetzt sind. Der Heizer kann am Beginn jeder Ölleitung beobachten, in welchem Grad diese von der Pumpe versorgt wird, und er kann regelnd in die verschiedenen Ölzuflüsse eingreifen.

Meist werden auch die Spurkränze der Lokomotivräder geschmiert, damit ihre Reibung bei seitlichem Anlaufen gegen die Schienenköpfe gemindert wird. Das Reibungsgewicht ruht ja auf den Laufkränzen. Die Seitenreibung kann die Zugkraft nur mindern, sie aber nicht erhöhen. Die Schmierung der Spurkränze geschieht dadurch, daß gefettete Polster an einer Stelle gegen die Hohlkehle des Kranzes gepreßt werden. Man läßt auch zum gleichen Zweck das mit Öl durchsetzte Wasser, welches sich in den Abdampfleitungen niederschlägt, auf den Spurkranz tropfen.

Um weithin hörbare Signale abgeben zu können, bedient sich der Führer der Dampfpfeife. Der Ton, den diese abgibt, richtet sich nach Größe und Form der Luftmasse, die nach Öffnen des Pfeifenzugs von dem nun ausströmenden Dampf in Schwingung versetzt werden kann. Die Stärke des Tons ist abhängig von dem Inhalt der Pfeifenglocke, welche die schwingende Luft birgt; die Höhe des Tons wird durch die Länge der Glocke beeinflußt. Ein schriller Ton entsteht bei Benutzung von Pfeifen mit kleinen niedrigen Glocken; solche mit großen und langen Glocken geben einen tiefen Ton.

Bei Zügen für Personenbeförderung wird bei uns die Pfeife heute nur noch selten benutzt. Früher war das Abgeben eines Pfeifensignals bei jedesmaligem Anfahren der Lokomotive vorgeschrieben. Man hat das inzwischen als unnötiges Lärmmachen erkannt. Nur bei der Einfahrt in Tunnel pflegt regelmäßig gepfiffen zu werden, um Beamte, die vielleicht gerade in der engen Tunnelröhre beschäftigt sind, möglichst frühzeitig vom Herannahen des Zugs in Kenntnis zu setzen. Im Ausland pflegen noch heute zwei begegnende Züge einander durch Pfeifensignale zu begrüßen, was betrieblich vollkommen überflüssig ist. In Amerika werden an Stelle der Pfeifen größtenteils kleine Läutewerke benutzt, oft nur ganz einfache Glocken, die durch Zug an einem Strick vom Führerstand her in Bewegung gesetzt werden können. Unentbehrlich aber sind die Pfeifensignale bei den Güterzügen,

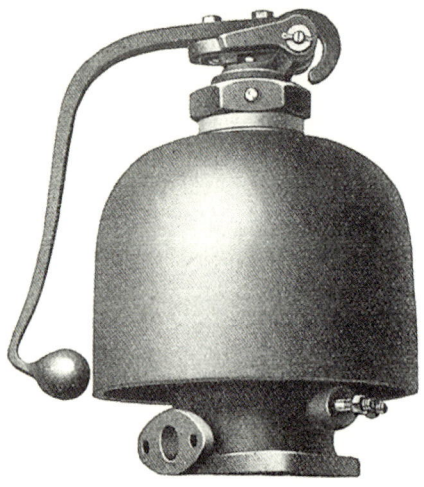

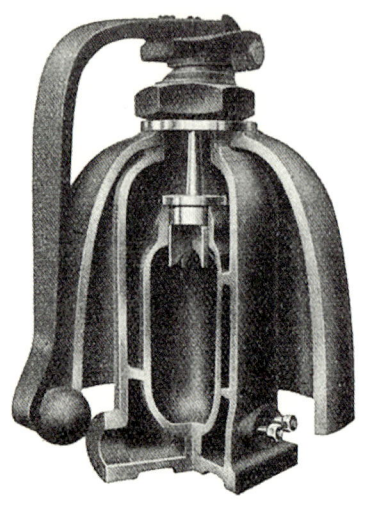

Bauart Latowski

205. Dampf-Läutewerk
für Nebenbahn-Lokomotiven

206. Schnitt durch das Dampf-Läutewerk

Bauart Latowski; der zum Anheben des Ventil-Kolbens in den kleinen Innenzylinder strömende
Dampf wird durch einen äußeren Dampfmantel warmgehalten

wo sie die Bremser zur Bedienung der Hemmvorrichtungen aufrufen. Durch verschiedene Folge kurzer und langer Pfeifentöne können verschiedene Maßnahmen an den Bremsen befohlen werden.

Lokomotiven für Nebenbahnen pflegen noch eine besondere Signal-Einrichtung mit sich zu führen. Bei solchen Strecken sind ja die Überwege zum größten Teil nicht bewacht, und es ist daher notwendig, das Herannahen eines Zugs möglichst deutlich kenntlich zu machen. Zu diesem Zweck ist auf dem Kessel eine große Glocke aufgestellt, gegen die mit Dampfes Hilfe ein starker Klöppel geschlagen wird. Die kleine Dampfmaschine, die hier zum Antrieb benutzt wird, ist sehr sinnreich und einfach hergestellt. Sobald der Führer das Ventil zum Läutewerk geöffnet hat, strömt der Dampf gegen einen Kolben in diesen. Er hebt ihn in die Höhe und damit zugleich den Klöppel. Jetzt aber, nachdem der Kolben emporgegangen, ist der kleine Zylinder innerhalb der Glockenschale nicht mehr geschlossen, der Dampf strömt frei ab, er kann keine Druckwirkung mehr üben, und Kolben und Klöppel fallen herunter, wobei der Schlag gegen die Glockenschale bewirkt wird. Nun drückt der Dampf wieder gegen den Kolben, und so wiederholt sich das Spiel stets von neuem wie bei dem klappernden Deckel eines Teelöffels.

Der Führer erhält den Befehl, das Läutewerk durch Öffnen eines Ventils anzustellen, durch große, mit einem L versehene Tafeln zur Seite der Strecke. Diese L-Tafeln sind ein Ausrüstungsgegenstand, der für »Bimmelbahnen« kennzeichnend ist.

Damit der Führer stets imstande ist, die Druckverhältnisse in allen Teilen des gewaltigen Lokomotivkörpers zu beobachten und seine Maßnahmen danach einzurichten, ist in seinem engen Haus eine Reihe von Zifferblättern angebracht, auf denen unter dem Einfluß zahlreicher Vorgänge in der Maschine Zeiger bewegt werden.

Die wichtigste Vorrichtung dieser Art ist der Druckmesser, welcher die Pressung im Lokomotivkessel anzeigt. Durch die Zahl, die den zulässigen Höchstdruck angibt, ist ein roter Strich gezogen. Sobald der Zeiger diesen Strich überschreitet, schlägt das Sicherheitsventil auf und verhütet weitere Drucksteigerung. Eine zweite Meßvorrichtung zeigt den Dampfdruck im Schieberkasten an, wodurch der Führer darüber aufgeklärt wird, ob nicht etwa bei dem Weg vom Kessel zum Zylinder der Dampf eine zulässige Drosselung an irgendeiner Stelle erfahren hat.

Weiter werden die Luftpressungen im Bremshauptbehälter und in der durch den Zug gehenden Bremsleitung selbst gemessen. Desgleichen kann jederzeit auf einem Zifferblatt der Dampfdruck in der ja so wichtigen Zuleitung zur Speisewasserpumpe festgestellt werden. In das Rohr, welches den Heizdampf zu den Wagen überführt, ist ein weiterer Druckmesser eingeschaltet. Die elektrische Anzeige-Vorrichtung für den Grad der Überhitzung wurde bereits erwähnt.

Die Gebilde, welche man heute mit dem Wort »Dampf-Lokomotive« bezeichnet, sind gewiß nicht alle gleicher Gattung. Diese große Familie besitzt vielmehr Mitglieder äußerst verschiedener Arten, deren Aussehen, Leistungsfähigkeit und Arbeitsgebiete sehr stark voneinander abweichen. Die Riesenmaschine vor dem Schnellzug ist eine Lokomotive, das kleine puffende eiserne Tier auf dem Bauplatz ist es gleichfalls. Damit man nun leichter die Fähigkeiten der einzelnen Lokomotive kurz und schlagend benennen kann, ist eine Gliederung notwendig gewesen. Man hat Bezeichnungen eingeführt, welche die Grenzen der Benutzungsmöglichkeit in einfacher Weise angeben. Von dem früher üblichen Brauch, jede Maschine mit einem Namen zu versehen und gleichartige dadurch zu kennzeichnen, daß man ihnen Namen von leicht erkennbarer Zusammengehörigkeit beilegt, wird neuerdings abgesehen; dafür ist die Familie längst zu vielköpfig geworden. Man bezeichnet die Lokomotiven heute in sehr geschickter Weise durch Buchstaben und Zahlen.

Die Maschinen gliedern sich zunächst in Lokomotiven mit Schlepptender und solche, die keinen besonderen Tender besitzen; diese heißen Tender-Lokomotiven, abgekürzt T. Die drei Hauptgruppen, Schnellzug-, Personenzug-, Güterzug-Lokomotiven, werden durch die Buchstaben S, P, G gekennzeichnet. V bedeutet, daß auf der Lokomotive Verbund-Wirkung angewendet wird, H, daß sie mit Heißdampf-Erzeugung versehen ist. Eine Zusammenstellung solche Buchstaben ergibt schon eine ganz brauchbare Kennzeichnung. So bedeutet G H T, daß es sich um in Güterzug-Tender-Lokomotive mit Dampfüberhitzung handelt.

Am allerwichtigsten ist es aber für die Betriebsleiter auf der Eisenbahn, die Achs-Anordnung jeder Lokomotive aus ihrer Bezeichnung entnehmen zu können. Hieraus ist ja am besten auf ihre Leistungsfähigkeit zu schließen, sowohl was die Zugkraft wie auch was die Beweglichkeit in Krümmungen betrifft. Bis vor wenigen Jahren war es üblich, die Achsanordnung durch einen Bruch anzugeben, in dessen Zähler man die Zahl der gekuppelten Achsen, in dessen Nenner man die Gesamtzahl der Achsen setze. 3/5 bedeutet also eine Maschine mit fünf Achsen, von denen drei gekuppelt sind. Hierauf konnte man jedoch noch nicht die Lage der Achsgruppen zueinander erkennen. Aus diesem Grund ist neuerdings eine Reihung von Zahlen und Buchstaben eingeführt, die Erschöpfendes über die Achsen aussagt.

Hierbei wird jede Laufachse mit einer Ziffer, jede Kuppelachse durch einen Buchstaben bezeichnet. Mit wachsender Achszahl schreiten die Ziffern und Buchstaben in ihrer üblichen Folge fort. Ziffern und Buchstaben liegen zueinander wie die Achsgruppen unter der Lokomotive, von vorn nach hinten gesehen. So bedeutet 1 A 1 eine Lokomotive, die hinter dem Schornstein zuerst eine Laufachse, dann die Treibachse, dann wieder eine Laufachse hat. 2 B 1 ist eine Maschine mit zwei Laufachsen, zwei darauf folgenden Kuppelachsen und wieder eine Laufachse. 2 C bedeutet zwei Laufachsen, drei Kuppelachsen. E ist eine Lokomotive, die ausschließlich fünf gekuppelte Achsen besitzt, also, wie wir uns leicht denken können, eine schwere Güterzug-Maschine ist. Die Lokomotive auf Bild 150 ist also ein 2 B 2-Maschine, Bild 151 stellt eine 1 D-Maschine dar, Bild 152 eine 1 C 1-Maschine und Bild 153 eine 1 F1-Tender-Lokomotive. Bei solchen Maschinen, die zwei getrennte Triebwerke besitzen, also z. B. bei der großen Mallet-Maschine auf dem Bild vor dem Titel dieses Buchs, werden die Achs-Bezeichnungen für jedes zu einem Triebwerk gehörige Laufwerk gesondert zusammengestellt, und beide Gruppen durch ein Pluszeichen verbunden. Die schwerste Lokomotive Europas auf jenem Bild ist also eine D + D-Maschine.

Die wichtigsten Ziffern, die sonst noch über Lokomotiven angegeben zu werden pflegen, sind ihr Leergewicht, was heißt also die Zahl der Kilogramm, die eine Wägung ohne Vorräte ergibt, ferner das Dienstgewicht, also das Ergebnis der Wägung bei gefüllten Vorratsbehältern, und das Reibungsgewicht, das heißt derjenige Teil des Gewichts, der auf die gekuppelten Achsen entfällt. Dies allein ist maßgeblich für die Zugkraft.

Der vielgegliederte Körper der Lokomotive muß ständig unter sorgfältigster Aufsicht gehalten werden. Nach Beendigung jeder Fahrt sind alle Teile sorgfältig zu überprüfen und jeder entstandene Schaden sofort auszubessern, damit die Maschine wieder vollbewappnet den neuen Dienst antreten kann. Wenn größere Eingriffe am Kessel notwendig sind, muß freilich erst das Abkühlen abgewartet werden, wodurch es erforderlich wird, die Maschine für längere Zeit aus dem Betrieb zu ziehen. Das Ablassen des Dampfs, das nur langsam geschehen darf und meist durch Öffnen des Heizleistungs-Anschlusses geschieht, dauert mehrere Stunden.

Die kleinen Gebrechen pflegen sich jedoch weit häufiger als an dem auf dem Rahmen ruhenden Kesselbau an den bewegten Maschinenteilen einzustellen, wo sie schneller ausgebessert werden können.

In bestimmten Abständen findet ein Auswachen des Kessels statt, um ihn von dem Schlamm zu befreien, der sich stets aus dem Speisewasser niederschlägt, wenn dieses auch noch so gut vorgereinigt ist. Es muß hierbei außerdem der Kesselstein entfernt werden, das ist ein stark kalkhaltige Schicht, die sich insbesondere um die Heizrohre bildet und die Dampf-Erzeugung mindert. Sie schlägt sich aus dem Wasser dadurch nieder, daß dessen chemische Beimengungen bei der Dampfbildung ausgeschieden werden. Beim Auswaschen werden zahlreiche, hierfür vorgesehene Öffnungen am Kessel freigemacht, warmes Wasser wird unter starkem Druck eingespritzt und ferner mit besonderen Kratzvorrichtungen möglichst in allen Ecken und über sämtliche Rohre gefahren.

Spätestens acht Jahre nach Inbetriebsetzung jeder Lokomotive findet eine Hauptuntersuchung statt. Hierbei wird die Maschine vollständig auseinandergenommen, und auch der Kessel wird im Innern untersucht. Damit man diese Prüfung vornehmen kann, müssen sämtliche Heizrohre entfernt werden. Eine Wiederholung der Hauptuntersuchung hat alsdann alle sechs Jahre stattzufinden.

In engem Zusammenhang mit der sorgfältigen Unterhaltung der Lokomotive steht eine betriebliche Streitfrage, die bis heute noch nicht entschieden ist. In den Fachzeitschriften finden noch immer Erörterungen darüber statt, ob es besser ist, jede Lokomotive nur mit einer Mannschaft zu besetzen oder der einzelnen mehrere Mannschaften zuzuordnen. Ist die Lokomotive nur einmal besetzt, so werden die Ruhepausen, die sie einhalten muß, durch die Grenzen der menschlichen Leistungsfähigkeit bestimmt. Die Beamten müssen ja nach einer längeren Zahl von Dienststunden stets Gelegenheit haben, sich eine Zeitlang auszuruhen. Sie ermüden weit schneller als die Lokomotive.

Wenn eine Schnellzug-Maschine nach langer Fahrt von der Schlacke befreit worden ist, die sich auf dem Rost gebildet hat, wenn sie nachgesehen, frisch geschmiert und mit neuen Vorräten versehen worden ist, so kann sie alsbald wieder auf die Reise gehen. Die Mannschaft aber ist hierzu nicht immer fähig. Während deren Ruhezeit steht die Lokomotive also für gewöhnlich unnötigerweise still, die für sie aufgewendete Anschaffungssumme trägt während dieser Zeit keinen Nutzen. Andererseits aber bildet sich durch die Besetzung jeder Lokomotive mit nur einer Mannschaft ein gewisses Freundschaftsverhältnis zwischen Menschen und Maschine heraus. Führer und Heizer haben sich nur mit »ihrer« Lokomotive zu beschäftigen. Sie kennen deren Eigenheiten sehr genau, wissen, in welcher Beziehung sie besonders schonungsbedürftig ist, und durch welche Maßnahmen man das Letzte der Kraft aus ihr herausholen kann. Wenn die Mannschaften wechseln, wird leicht einmal eine Ausbesserungsarbeit nicht vorgenommen, weil einer diese gern dem andern überläßt, zumal die Verantwortlichkeit nachher nicht mehr mit Sicherheit festzustellen ist.

Die Dinge liegen heute so, daß bei jeder deutschen Bahnverwaltung stets eine große Anzahl von Lokomotiven doppelt oder dreifach besetzt ist. Bei den meisten Verwaltungen ist die mehrfache Besetzung noch in der Minderzahl. So waren in Preußen im Jahre 1913 41 vom Hundert aller Lokomotiven mehrfach besetzt, auf den gesamten deutschen Bahnen 45 vom Hundert, in Baden allerdings bereits 78 vom Hundert. In Amerika steht die mehrfache Besetzung weit voran.

Der Dauerbetrieb übt natürlich einen nachteiligen Einfluß auf das Alter der Lokomotiven aus. Ihre Lebensdauer wird dadurch hinuntergesetzt. Aber das ist kein durchschlagender Gesichtspunkt für die Beibehaltung einfacher Besetzung. Denn infolge der heute sehr rasch aufeinanderfolgenden Neuerungen veralten Lokomotiven meist weit früher als sie infolge Verfalls ihrer Hauptteile reif zum Abwracken werden. Es ist deshalb anzunehmen, daß die mehrfache Besetzung noch immer weiter zunehmen wird.

Schon heute ist das Durchschnittsalter der Lokomotiven sehr gering. In Preußen beträgt es jetzt nicht mehr als zehn Jahre. Das ist ein deutliches Zeichen dafür, wie rasch diese Verwaltung alle neuen Errungenschaften ihrem Maschinenpark dienstbar macht. Das Durchschnittsalter aller deutschen Lokomotiven ist zwölf Jahre. Es gibt aber auch unter ihnen sehr ehrwürdige Erscheinungen, deren Fortleben bis in unsere Tage für die sehr bedeutende Haltbarkeit und Widerstandsfähigkeit auch der älteren Lokomotivbauten spricht.

Die älteste Lokomotive, die bei Kriegsbeginn vorhanden war, stammte erstaunlicherweise aus dem Jahre 1862. Sie gehörte der sächsischen Staatsbahn. Die badischen Staatsbahnen besitzen eine Maschine, die 1863 das Licht der Schienenwelt erblickte, ferner zwei aus dem Jahre 1864. Das gleiche Geburtsjahr haben drei heute noch in Betrieb befindliche württembergische Lokomotiven. Die ältesten bayerischen Maschinen, fünf an der Zahl, wurden 1866 gebaut, die älteste preußische stammt aus dem Jahre 1873.

Aus den Angaben, die in diesem Abschnitt gemacht worden sind, geht wohl deutlich hervor, welch ein großartiger Bau eine neuzeitliche Lokomotive ist. Was hier an tatsächlichen Leistungen und an wirtschaftlicher Ausnutzung des Brennstoffs geleistet wird, muß um so mehr in Erstaunen setzen, als gerade die Lokomotiv-Maschine gezwungen ist, unter den ungünstigsten Umständen zu arbeiten. Die ortsfesten Dampfmaschinen sind größtenteils in schmucken Häusern untergebracht, sie ruhen auf riesigen, unerschütterlichen Grundvesten und befinden sich unter ständiger fachmännischer Aufsicht. Jeder ihrer Pulsschläge wird in jedem Augenblick behorcht, stets ist ein Wärter bereit, bei eintretender Unregelmäßigkeit des Laufs sofort einzugreifen. Die Lokomotiv-Maschine muß dagegen stundenlang fahren, ohne daß sie für eine menschliche Hand zugänglich ist. Sie ist allen Unbilden des Wetters ausgesetzt, sie muß durch Staub und Schmutz hindurch, grausame Stöße erschüttern fortwährend ihren Leib. Dabei ist es notwendig, alle die zahlreichen Bauteile auf geringstem Raum unterzubringen und sie so weit zu verfeinern, daß ein engbegrenztes Gesamtgewicht nicht überschritten wird.

Man muß das wirtschaftlich verhältnismäßig günstige Arbeiten der Lokomotiven aber noch mehr bestaunen, wenn man weiß, daß ihnen eine Einrichtung vollständig fehlt, die jede ortsfeste Dampfmaschine zur Erleichterung ihrer Arbeit besitzt.

Schon James Watt hatte erkannt, daß die Wirkung des Dampfdrucks auf die eine Kolbenseite dadurch vermindert wird, daß, wenn besondere Vorrichtungen fehlen, die andere Kolbenseite dem Gegendruck der Außenluft in Höhe von 1 Atmosphäre ausgesetzt ist. Läßt man den Dampf, nachdem er im Zylinder tätig gewesen, ohne weiteres in die Luft entweichen, arbeitet die Maschine also mit Auspuff, so ist dieser Gegendruck der Atmosphäre stets vorhanden. Man kann ihn aber fortschaffen, wenn man den benutzten Dampf zu besonderen Gefäßen leitet, in denen er mit kalten Wänden in Berührung kommt und sogleich niedergeschlagen wird. Der Raum, den er einnimmt, wird dadurch stark verkleinert. Wenn in den Kondensator, wie man die Einrichtung zum Niederschlagen des Dampfs technisch benennt, keine Luft nachströmen kann, so muß sich in diesem ein Unterdruck ausbilden. Dieser Unterdruck hilft nun dem auf der anderen Kolbenseite arbeitenden Dampf, indem er eine saugende Wirkung auf den Kolben ausübt.

Die Einrichtung an den ortsfesten Maschinen ist so getroffen, daß jede Zylinderseite durch den Schieber wechselnd bald mit dem Kessel, bald mit dem Niederschlagsraum in Verbindung gebracht wird. Zur Kühlung verwendet man Wasser, das entweder in das Abdampfgefäß eingespritzt wird oder es durchzieht, indem es durch zahlreiche Röhren läuft. Hierbei erwärmt sich das Wasser und muß, da man es aus wirtschaftlichen Gründen gern stets von neuem verwendet, gekühlt werden. Man leitet das Wasser zu diesem Zweck in Türme, auf deren Höhe es hinaufgepumpt wird, um dann in Tropfenform über zahlreiche quergestellte Bretter wieder hinabzufließen, wobei es reichlich Gelegenheit hat, seine Wärme an die Außenluft abzugeben. Für jede große, ortsfeste Dampfmaschinen-Anlage sind heute die oft ganz gewaltigen, hölzernen Kühltürme ein besonderes Kennzeichen.

Es braucht nicht gesagt zu werden, daß an der Lokomotive Kühltürme nicht angebracht werden können, ja es fehlt selbst jede Möglichkeit, an ihr einen Niederschlagsraum vorzusehen, weil dieser nur einen Zweck hat, wenn er räumlich sehr ausgedehnt ist. Die Lokomotive ist also eine Dampfmaschine, die ohne Kondensation, das heißt gegen den Atmosphärendruck arbeiten muß, was ihre Tätigkeit lebhaft erschwert.

Um so mehr ist das, was mit dieser in ihren Einzelheiten eng zusammengeballten und sozusagen verkrüppelten Dampfmaschine erreicht wird, als eine Meistertat der Technik zu bezeichnen.

Der immer weiter herabgeminderte Kohleverbrauch für die Pferdekraftstunde wurde schon erwähnt. Die höchste Schnelligkeitsleistung in Europa vollbrachte am 2. Juli 1907 die auf Bild 150 dargestellte 2 B 2-Lokomotive von J. A. Maffei in München auf der Strecke München – Augsburg. Sie entfaltete hierbei während einiger Minuten eine Stunden-Geschwindigkeit von fast 155 Kilometern. Man hatte geglaubt, daß die Dampflokomotive mit ihren hin und her gehenden Teilen eine so bedeutende Schnelligkeit nicht würde entfalten können. Durch diesen Versuch wurde aber bewiesen, daß die Maschine noch lange imstande sein wird, allen Geschwindigkeits-Anforderungen, die man an sie stellt, zu entsprechen.

Stundengeschwindigkeiten von 120 bis 125 Kilometern während längerer Zeit kommen heute schon häufig vor. Garbe sagt, es müsse als bald erreichbares Ziel betrachtet werden, daß mittelschwere Züge im Flachland mit einer Durchschnitts-Geschwindigkeit von 100 Kilometern sicher gefahren werden können. Hierzu sind vorübergehende Stundengeschwindigkeiten von 110 bis 120 Kilometern erforderlich. Auch von Stockert ist der Meinung, daß die Dampflokomotive hierfür durchaus geeignet sei.

Die Dampflokomotiv-Fabriken sind, getrieben insbesondere durch den immer stärkeren Wettbewerb der elektrischen Lokomotiven, heute aufs lebhafteste bemüht, das Letzte aus den von ihnen erbauten Maschinen herauszuholen. Jeder Monat bringt neue Verbesserungsvorschläge. Die Durchführung einer sehr gründlichen Maßnahme, durch die man mit verhältnismäßig einfachen Maschinen-Anordnungen große Leistungssteigerungen erreichen kann, hängt jedoch nicht von den Fabriken ab. Es ist die Erhöhung des zulässigen Achsdrucks. In Amerika ist man hierbei heute bereits bis auf 30 000 Kilogramm hinaufgegangen, gegen 18 000 Kilogramm bei uns, die erst in neuester Zeit zugelassen sind.

Hochgetürmte Lokomotiven werden durch Vergrößerung des Achsdrucks ausführbar. Aber auch die Länge, und damit die Achszahl, wächst in Amerika unausgesetzt. Notwendig muß eine Vergrößerung der Feuerungsfläche hiermit Hand in Hand gehen; wegen der engen Spurweite kann diese nicht nach den Seiten, sondern nur in Richtung der Längsachse stattfinden. Schon ist man drüben zu so langen Rosten gelangt, daß deren Versorgung mit Kohle von Hand nicht mehr möglich ist. Der Heizer kann durch seinen Schaufelwurf die hinteren Rostteile nicht sehr sorgfältig versehen. Die Amerikaner sind mit ihrer raschen Entschlossenheit nicht davor zurückgeschreckt, nur sogleich mechanische Beschickungsvorrichtungen einzuführen. Man hat sich in Europa zu dieser Beschwerung der Lokomotive mit einem Bauteil noch nicht entschlossen und dürfte das auch in absehbarer Zeit nicht tun.

Vielfältig sind auch die Maßnahmen, die dem Führer der Lokomotive seine Arbeit dadurch erleichtern wollen, daß sie ihm einen günstigeren Aufstellungsort geben, als er ihn bis heute für gewöhnlich hat. Der Blick auf Strecke und Signale aus dem kleinen Führerhausfenster ist bereits jetzt sehr beengt. Die Bildbegrenzung wird immer störender, je höher die Kessel sich emporwölben. Die kurzen Schornsteine lassen Rauch und Dampf allzusehr in das Gesichtsfeld des Führers dringen. Man strebt darum eine grundsätzliche Neuanordnung des Führerstands an, indem man ihn nach vorn hin verlegt.

Es gibt bereits hier und da Lokomotiven, auf denen sich der Platz des Führers vor dem Schornstein über der vordersten Pufferbohle befindet. Der Blick des Beamten kann von dorther, unbehindert durch den sonst so störenden Vorbau des Kessels, die Strecke nah und fern vollkommen umfassen. Notwendig muß man dem Führer auf seinen neuen Posten die Haupthebel für die Regelung der Geschwindigkeit mitgeben, also wenigstens den Regler, die Schiebersteuerung und das Führer-Brems-Ventil, wodurch in Rücksicht auf die unbedingte Sicherheit bei der Bedienung technisch nicht ganz einfach zu bewältigende Neuanordnungen notwendig werden. Unerläßlich ist ferner die Möglichkeit einer Verständigung mit dem Hei-

207. Dampflokomotive mit vorn liegendem Führerstand
Die ganze Maschine ist von Schutzwänden umschlossen. Der Führerstand kann vom Zug aus
durch einen Seitengang erreicht werden.

zer, der ja den Platz vor der Feuertür nicht verlassen darf. Es zeigt sich hierbei rasch, daß die Dampflokomotive in der freien Beweglichkeit der Mannschafts-Aufstellung gegenüber der elektrischen Lokomotive ganz bedeutend im Nachteil ist.

Die Aufstellung des Führers im Vorderteil der Lokomotive bringt es auch mit sich, daß der Beamte sich dort allein befindet, was als unzulässig bezeichnet werden muß. Man kann die Führung des Zugs nicht einem Menschen ausschließlich anvertrauen, da dieser körperlichen Zufälligkeiten ausgesetzt ist, die seine Entschluß- und Handlungskraft zu mindern imstande sind. Es ist darum eine Dampflokomotive durchgebildet worden, die einen Verbindungsgang zum vorderen Führerstand besitzt, dem Zugführer also die Möglichkeit gibt, den Lokomotivleiter während der Fahrt häufig aufzusuchen. Diese Lokomotive ähnelt in ihren äußeren Formen schon sehr der elektrischen, sie gewährt dem Führer einen angenehmen Aufenthalt in vollständig geschlossenem Haus.

Auf italienischen Bahnen sind Lokomotiven im Gebrauch, die ständig rückwärts fahren und gleichfalls einen völlig geschlossenen Führerstand mit verglaster Vorderwand besitzen. Die Kohlen sind, wie bei den Tender-Lokomotiven, in Taschen rings um den Stand untergebracht, der an der Schornsteinseite angehängte Tender ist nur noch Wasserwagen und demgemäß als runder Behälter ausgebildet.

Es sind nun noch einige Lokomotiv-Abarten zu erwähnen, die besonderen Zwecken dienen.

Häufiger müssen Geleise in Bezirken befahren werden, für deren Bereich die Anwendung offenen Feuers unzulässig ist. In Betracht kommen hierfür große Lagerschuppen, in die beladene Eisenbahnwagen mit Lokomotivkraft gebracht werden, Schiffsanlegeplätze mit hölzernen Bollwerken, Fabrikgrundstücke und ähnliches. Lokomotiven gewöhnlicher Art können hier nicht verwendet werden, da sie ja die geborenen Brandstifter sind. Wenn man trotzdem in solchen Bereichen auf ihre straffe Kraftwirkung nicht verzichten will, dann bedient man sich einer Sonderart: der feuerlosen Lokomotive.

Dies sind Dampfmaschinen ohne eigene Feuerung. Ihr Dampfkessel weicht in seinem Bau von der gewöhnlichen Art ab, was auch schon äußerlich dadurch er-

208. Feuerlose Lokomotive
Erneuerung des Dampfs am Füllstand

kennbar wird, daß der Schornstein fehlt. Der zum Antrieb der Kolben erforderliche Dampf wird aus einem ortsfesten Erzeuger fertig eingefüllt. Wir haben also hier eine Dampfmaschine zweiter Art vor uns, eine Speicher-Einrichtung, vergleichbar den elektrischen, durch Stromerzeuger gespeisten Batterien. Die Abhängigkeit von einem fremden Dampferzeuger bringt es mit sich, daß der Fahrbereich der feuerlosen Lokomotiven beschränkt ist. Sie können nicht über ungezählte Kilometer hinwegrollen, sondern müssen immer rechtzeitig zur Versorgungssstelle zurückkehren können.

Alle vom Dampf berührten Flächen sind bei dieser Lokomotivart besonders gründlich geschützt, weil hier die einmal verlorene Wärme bei derselben Füllung nicht mehr erneuert werden kann. Die Zylinder sind darum häufig im Innern des Rahmens zwischen den Rädern angebracht, wo sie von der kalten Außenluft schwerer erreicht werden können. Der Kessel, der nichts anderes ist als ein einziges weites Rohr, wird, wie bei den eigentlichen Lokomotiven, mit einem Blechmantel zur Erzeugung einer schützenden, ruhenden Luftschicht umgeben, darauf wird aber noch eine Filzlage gepackt und ein neues Umhüllungsblech über das Ganze gelegt. Auf diese Weise hat der Kessel der feuerlosen Maschine ein warmes Kleid an, und dieses umhüllt ihn so gut, daß abends eingefüllter Dampf am nächsten Morgen häufig noch eine Spannung von mehreren Atmosphären hat.

Wo kein Dampf für die Füllung zur Verfügung steht, oder wo leicht entflammbare Gase bei Anwendung von Maschinen mit heißen Flächen verbieten, wie z.B. in Bergwerken mit Schlagwettergefahr, verwendet man kalte Lokomotiven. Der Antrieb der Kolben erfolgt hier durch Luft, die in große Stahlflächen gepreßt ist. Auch hier ist eine Erneuerung des Antriebsmittels nach einer gewissen Zeit notwendig, wenngleich die großen Behälter in dem ohnehin beschränkten Gebiet einer Grube eine recht lange Nutzung gestatten.

Es gibt aber auch feuerlose Lokomotiven, die über unbegrenzte Strecken zu fahren vermögen. Ihr Antrieb schöpft aus der gleichen Quelle wie die Maschine des Kraftwagens. Es sind Lokomotiven mit Verbrennungsmotoren. Die Motor-Loko-

Erbaut von A. Borstig in Berlin-Tegel

209. Druckluft-Lokomotive
für niedrige Bergwerkstollen

motive hat sich zwar nicht die Vollbahn erobert, obgleich Versuche mit großen, durch Diesel-Motore angetriebenen Maschinen – ganz abgesehen von den noch zu behandelnden Triebwagen – bereits gemacht worden sind. Aber in Bergwerken, auf Waldbahnen, im Verschiebedienst und auch auf Kleinbahnen mit Personenbeförderung bieten sie viele Vorteile. Die Motor-Lokomotiven sind von einer bestimmten Füllstelle unabhängig, da der im Behälter mitgeführte Betriebsstoff sehr lange ausreicht und an vielen Orten erneuert werden kann, sie stehen jederzeit betriebsfertig da, bedürfen, weil ihre Wartung sehr einfach ist, nur eines Manns zur Bedienung und brauchen nicht die Last großer Vorräte mitzuschleppen.

Das neueste Triebmittel im Bereich der Welt auf Schienen und zugleich dasjenige, dem sich die größte Zukunft eröffnet, ist die elektrische Lokomotive. An sie knüpfen sich alle Hoffnungen für eine grundsätzliche Weiterbildung des Eisenbahnwesens. Wir werden die großartigen Eigenschaften dieser neuen Maschine später in einem besonderen Abschnitt unseres Buchs ausführlich zu behandeln haben.

Erbaut von der Gasmotoren-Fabrik Deutz in Köln-Deutz

210. Benzinmotor-Lokomotive
mit doppelseitiger Anordnung. Die kleinen Schornsteine dienen zur Abführung der geringen
Dampfmengen, die sich durch *die Motorhitze aus dem Kühlwasser bilden.*

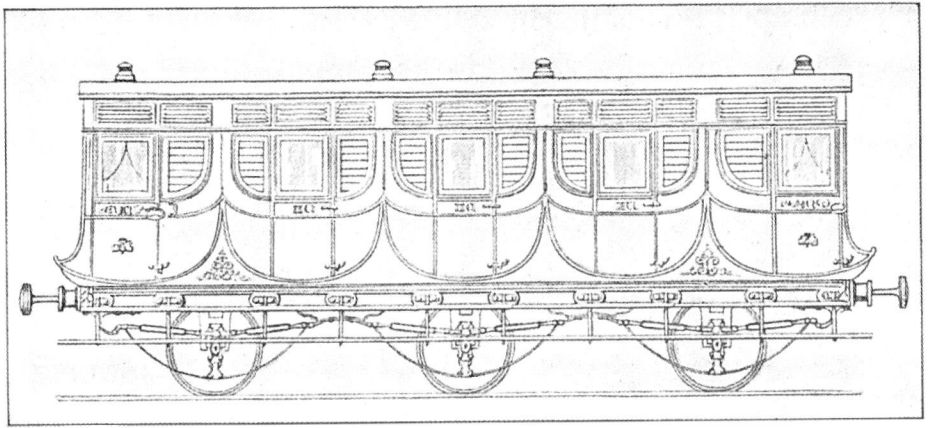

Erbaut von Gebr. Gastell in Mainz-Mombach
211. Personenwagen aus dem Jahre 1847

15. Die rollenden Häuser

Die Lokomotive des gen Halle brausenden Schnellzugs zieht hinter sich die lange Kette der Wagen einher. Es ist ein prächtiges Schauspiel, zu sehen, wie der Zug durch alle Krümmungen des Gleises geschmeidig hindurchgleitet, wie er wirklich gleich einer Kette mit Leichtigkeit sich hin- und herbiegen kann. Und dies geschieht, obwohl jedes der Kettenglieder ungefähr 20 Meter lang ist und etwa 35 000 Kilogramm wiegt.

Während wir beim Blick in den Führerstand der Lokomotive ernste Arbeit und angestrengte Tätigkeit beobachtet haben, sehen wir in den *Personenwagen* sorgloses, fröhliches Treiben. Nicht allein die Hoffnung, ein ersehntes Ziel zu erreichen, macht die Menschen dort drinnen heiter, es ist auch, den meisten freilich unbewußt, die Lust an der raschen Fortbewegung, die Freude an dem leichtbeflügelten Sausen durch den Raum, das die Gesichter leuchten läßt. Dabei fühlt man sich wohlgeborgen in einem Haus, in einem verzauberten freilich, denn es steht nicht auf ruhenden Pfosten, sondern fliegt mit seinen kräftigen vier Wänden und seinem stark gefügten Dach eilig dahin.

Fassen wir einen Reisenden genauer ins Auge, der in der Fensterecke eines Abteils zweiter Klasse sitzt. Sein Körper ist in einen bequemen Sessel gebettet, wie er in einem wohleingerichteten wirklichen Haus nicht besser geboten werden kann. Ein mächtiges Fenster läßt die Helligkeit des sonnigen Julitags voll und klar in das hochgewölbte, freundliche und geräumige Abteil einfallen. Die Augen des Reisenden, die durch das Fenster schweifen, nehmen nichts wahr als lachende Fluren, freundliche Häuschen, Menschen, die von der Feldarbeit sehnsüchtig dem vorübereilenden Zug nachblicken, hier und da ihm sogar freundliche Winke zusenden. Nichts wird dem beschaulich am Fenster sitzenden Fahrgast von den außerordentlichen Veranstaltungen bewußt, die getroffen werden mußten, damit er in so angenehmer Weise mit einer Geschwindigkeit von hundert Kilometern in der Stunde seinem Reiseziel zustreben kann. Die Erdveste und der stählerne Pfad, wel-

259

Vergleich eines älteren und neueren Personenwagens.

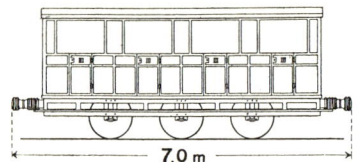

Personenwagen III. Klasse der bayer. Sts. Eisenb. aus d. J. **1843**.

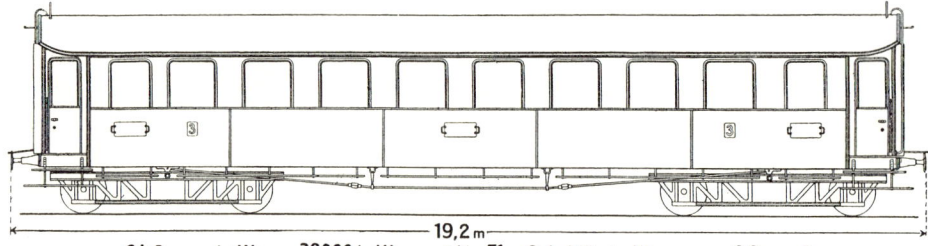

7,0 m

40 Personen im Wagen, 4000 kg Wagengewicht, 14 qm Bodenfläche im Wagen - d. s. 0,35 qm pro Person.

Personenwagen III. Klasse der bayer. Sts. Eisenb. aus d. J. **1910**.

19,2 m

64 Personen im Wagen, 38000 kg Wagengewicht, 51 qm Bodenfläche im Wagen - d. s. ca 0,8 qm pro Person.

Nach einer Tafel im Deutschen Museum zu München

212

che die Räder tragen, sind verdeckt, die fauchende und zischende Lokomotive ist nicht zu sehen, und man hört auch nichts von ihrer Arbeit. Nur der regelmäßige Takt, den das Schlagen der Räder an den Schienenstößen erzeugt, erinnert daran, daß man nicht, von geheimnisvollen Kräften gezogen, durch die Luft fliegt.

Wie ganz anders ist eine Eisenbahnfahrt heutigentags, so denkt der Reisende, wenn er einiges aus der Geschichte des Eisenbahnwesens kennt, als in den ersten Jahrzehnten nach Stephenson. Da saß man, wenn man eine Fahrkarte dritter Klasse gelöst hatte, in offenen, kaum gefederten Wagen. Selbst die zweite Klasse bot nur ein Dach gegen den Regen, in der ersten Klasse allein war man auch durch Seitenwände und Fensterscheiben geschützt. Die schlossen aber so schlecht und klapperten so fürchterlich, daß von einem Reisevergnügen keine Rede sein konnte.

Was waren das für Zeiten, als auf Bahnhöfen noch Brillen und Gesichtsmasken zum Verkauf feilgehalten wurden! Sie sollten den Reisenden einigen Schutz vor der durchrußten Luft gewähren, die während der Fahrt ungehindert gegen sie anströmte. Da dachte noch niemand daran, die Gleisunebenheiten den Insassen der Wagen möglichst unmerkbar zu machen, die Sitze so auszugestalten, daß man nicht schon nach einer Fahrtstunde Schmerzen im Rückgrat empfand, den Fahrgästen Bewegungsfreiheit innerhalb des ganzen Zugs zu gewähren. Die immer größer werdende Schnelligkeit der Züge erst zwang dazu, die gewaltigen, festverschlossenen Kapseln zu schaffen, in denen die Menschen heute auf den Bahnstrecken befördert werden; die Eisenbahnwissenschaft erst, genaueste Beobachtung der am meisten störenden Erscheinungen und ihre Beseitigung durch sorgfältig abgewogene Einrichtungen, ließ die prachtvollen neuzeitlichen Fahrzeuge entstehen, die in den zusammenhängenden Saalwagen der Züge auf den großen Weltstrecken mit vieltägiger Fahrtdauer ihren vorläufigen Gipfelpunkt gefunden haben.

Der Mann in der Fensterecke schmunzelt, wenn er sich des freundlich wiegenden Laufs bewußt wird, mit dem sein rollendes Haus ihn über das Gleis trägt, anstatt ihn bei jedem Stoß rauh in die Höhe zu werfen, bei jeder Krümmung gegen die Seitenwand zu puffen. Gern möchte er wissen, wodurch dieser ruhige Gang der D-Wagen erzielt worden ist, so daß diese so angenehm gegen die alten Knochenschüttler abstechen. Wir wollen ihn aufklären: den größten Einfluß in dieser Richtung hat die Vergrößerung der Wagenlängen geübt, womit eine Erhöhung des Gewichts und der Zwang zu besonderer Ausgestaltung des Laufwerks notwendig verbunden waren.

In den frühen Zeiten des Eisenbahn-Verkehrs, als die Anzahl der zu befördernden Reisenden noch gering war, bediente man sich kleiner, leichter Wagen, die auf zwei eng gestellten Achsen ruhten. Als es aber galt, immer mehr Menschen in einem Zug zu befördern, wurde es wirtschaftlich notwendig, den Fassungsraum jedes einzelnen Wagens zu vergrößern. Das konnte nur durch Verlängerung geschehen, denn in den Breitenmaßen war man ja durch die Umgrenzungslinien des lichten Raums beschränkt. Zur Unterstützung der schweren Wagen mußte die Zahl der Achsen gesteigert, vor allem aber der Achsstand vergrößert werden, weil es sich gezeigt hatte, daß lange, schwere Wagenkasten, deren Enden nur wenig überhängen, das heißt über die Befestigungsstellen der äußeren Achsen hinausragen, den angenehmsten Gang aufweisen. Entsprechend dieser Erkenntnis ist man denn auch in geradezu kühner Weise vorgegangen, hat die mächtigen Personenwagen von heute geschaffen, die sich das Schlingern, Dröhnen und Klirren gänzlich abgewöhnt haben. Auf ihren festgespannten Federn schwanken sie nur leise auf und nieder.

Doch das Verhindern des Schlingerns, der unangenehmsten Bewegung an laufenden Fahrzeugen, konnte nicht durch die Gewichtssteigerung und bessere Abfederung allein erreicht werden, sondern wurde erst durch eine besondere Einrichtung am Laufwerk erzielt, die sich mit zunehmenden Wagenlängen als unbedingt erforderlich erwies.

Je größer nämlich der Abstand der äußersten Achsen eines Wagens voneinander wurde, je mehr der Achsstand wuchs, desto größer wurden die Schwierigkeiten beim Durchfahren enger Gleisbogen. Wir sind dieser Erscheinung bereits bei der Betrachtung des Lokomotiv-Laufwerks begegnet. Schon bei Wagen mit nur drei Achsen wurde es notwendig, das Laufwerk im Gleis schmiegsam zu machen.

Es war ein harter Kampf notwendig, bis die einstellbaren Achsen unter den Wagen sich durchsetzten. Galt es doch als gefesteter Grundsatz, daß Wagen, die wirklich sicher laufen sollten, stets genau gleichgerichtete Achsen haben müßten. In Preußen aber, das ja immer in Eisenbahndingen mutig vorangegangen ist, machte man schon Anfang der achtziger Jahre Versuche mit Wagenachsen, die sich in Gleiskrümmungen so einstellen konnten, wie es für einen ruhigen, von Schlingerbewegungen freien Lauf am besten ist, nämlich in der Richtung nach dem Mittelpunkt des Gleisbogens. Doch erst im Jahre 1896 führte der Verein Deutscher Eisenbahnverwaltungen in seiner damals tagenden Techniker-Versammlung die einstellbaren Achsen bei allen in ihm zusammengeschlossenen Bahnen ein. Sie wurden Vereins-Lenkachsen genannt und brachten für den Lauf der Wagen gerade so durchgehende Verbesserungen wie ihre Genossen unter den Lokomotiven.

Die für die einstellbaren Achsen maßgeblichen Grundsätze kennen wir bereits aus dem vorhergehenden Abschnitt. Da die Achsen unter den Wagen jedoch bei weitem nicht so stark belastet sind wie die Lokomotiv-Achsen, so kann man hier die Einstellbarkeit durch weit einfachere Vorkehrungen erzielen. Man gibt ihnen Bewegungsmöglichkeit durch eine besondere Aufhängung der Blattfedern, mit denen die Wagenkasten auf die Achsbüchsen gestellt sind. Wenn die Achsbüchsen sich in den

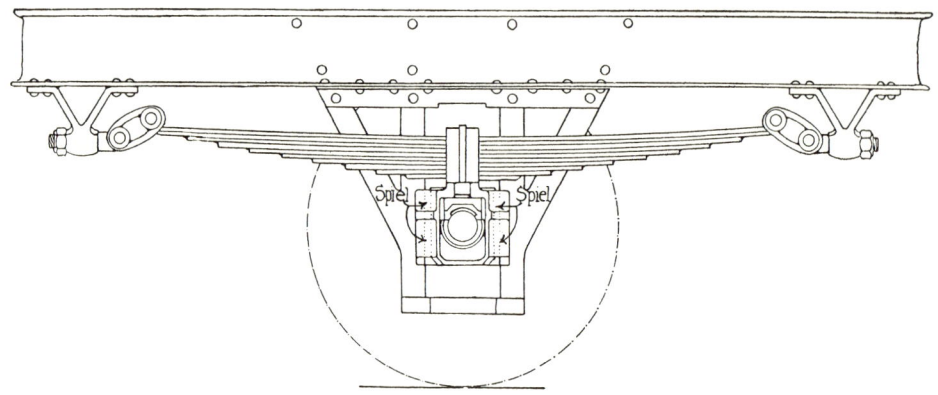

213. *Vereins-Lenkachse an Personen- und Güterwagen*
Zur Herbeiführung einer Beweglichkeit der Achsen in Gleiskrümmungen sind die Feder-Enden an drehbaren Laschen aufgehängt. Die Achsen können sich im Achshalter bewegen und darum in Richtung auf den Mittelpunkt des Gleis-Bogens einstellen.

zu diesem Zweck mit einem Spielraum versehenen Achshaltern seitlich verschieben, so stellen sie die Tragfedern hierdurch etwas schief ein. Ihre Enden sind nun ungleich belastet, die Winkel, welche die Aufhängungslaschen zum Gleis bilden, verschieden groß, und dadurch werden die Achsen sofort wieder zur ursprünglichen Stellung zurückgezwungen, wenn ein gerades Gleisstück erreicht ist (Bild 213).

Die in solcher Weise mit freien Lenkachsen ausgerüsteten dreiachsigen Wagen haben sich bis zu Stundengeschwindigkeiten von 90 Kilometern sehr gut bewährt. In den Schnellzügen trifft man sie heute jedoch fast gar nicht mehr an. Da das Gewicht, das für den einzelnen Platz aufgewendet werden muß, in den neuzeitlichen Schnellzug-Wagen sehr groß ist, kommt man hier auch mit drei Achsen mit mehr aus, sondern muß vier und mehr Achsen verwenden. Bei diesen Vielachsern aber läßt sich die Schmiegsamkeit im Gleis weit besser als mittels einstellbarer Achsen durch Drehgestelle erreichen. Man faßt je zwei oder drei Achsen in einem besonderen Rahmen zusammen, schafft so besondere Radwägelchen, die nur durch einen runden Zapfen mit dem Wagenkasten verbunden sind. Das Wesen dieser in Amerika erfundenen Drehgestelle haben wir gleichfalls bereits im vorigen Abschnitt besprochen.

Das unermüdliche Streben der Eisenbahn-Techniker, das Fahren auf den Geleisen möglichst angenehm zu machen, hat bei der Ausbildung der Drehgestelle für Personenwagen zur Anbringung einer geradezu verschwenderischen Fülle von Abfederungen geführt. Der Drehgestellrahmen ist natürlich federnd auf seine Radachsen gesetzt. Aber das reicht noch nicht aus, um dem Bogen einen genügend ruhigen Lauf zu sichern. Aus diesem Grund legt man noch eine zweite sehr kräftige Abfederung zwischen den Teller, der das Zapfenlager, also die Aufsatzstelle des Wagenkastens, trägt, und das Drehgestell. Drei bis vier außerordentlich große und kräftige Blattfedern tragen auf ihrem Rücken einen frei beweglichen, waagerechten Balken, in den der Drehteller eingelassen ist. Da der Balken mit dem eigentlichen Drehgestell nicht ganz fest verbunden ist, so macht er auch nicht alle seitlichen Schwankungen mit, zu denen dieses durch das Gleis gezwungen wird. Mit Recht hat man diese Anordnung »die Wiege« genannt; sie hält alle harten Bewegungen vom eigentlichen Wagen fern, teilt ihm nur sanfte Schwankungen mit.

Trotzdem begnügt man sich oft mit der zweifachen Abfederung an den Achs-

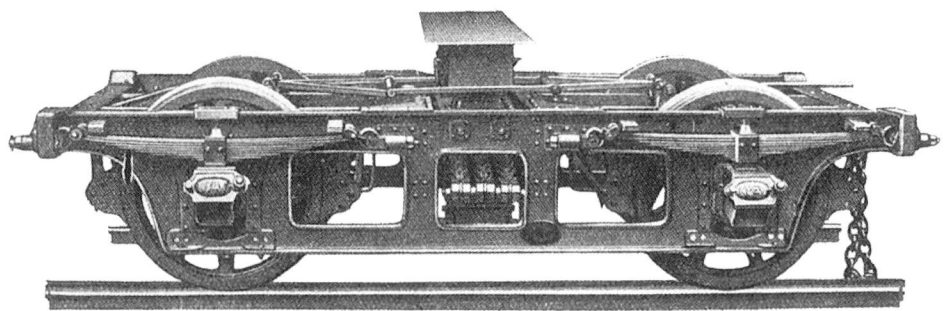

Erbaut von Gebr. Gastell in Mainz-Mombach
214. Zweiachsiges Drehgestell
In der Mitte auf drei Blattfedern ruhende Wiege

büchsen und in der Wiege nicht, sondern fügt noch eine dritte hinzu, indem man die Enden der eigentlichen Achsfedern nicht unmittelbar am Drehgestellrahmen angreifen läßt, sondern hier noch einmal einen Gummipuffer oder eine Schraubenfeder zwischenschaltet.

Amerika hat neuerdings eine besondere Form der Drehgestelle geschaffen, die auch bei uns immer häufiger angewendet wird. Hierbei ruht der Drehgestellrahmen nicht mehr durch bloße Zwischenschaltung der Blattfedern auf den Achslagern, sondern er ist auf einen Träger gestellt, der die Achslager verbindet (Bild 215). Der eigentliche Tragbalken liegt ziemlich tief, damit die sehr starken Wickelfedern, die auf ihm ruhen, untergebracht werden können. Die Trägerenden sind dann in eigentümlich geschwungener Form über die Achsbüchsen hinaufgebogen, was der ganzen Trageinrichtung den sehr treffenden Namen »Schwanenhals« verschafft hat. Diesen amerikanischen Drehgestellen wird ein besonders ruhiger Lauf nachgerühmt.

Da selbst die schwersten Wagen bei weitem nicht so hohe Gewichte haben wie die Lokomotiven, werden ihre Räder nicht immer aus dem besten, teuersten Baustoff, nämlich aus Stahl, hergestellt, obgleich das Stahlrad auch im Wagenbau vorherrscht.

Nicht allzu häufig und meist nur unter Güterwagen, trifft man gußeiserne Räder an, die keine Speichen haben, sondern in der Seitenansicht eine volle Scheibe

Erbaut von Gebr. Gastell in Mainz-Mombach
215. Amerikanisches Drehgestell
mit »Schwanenhals«-Träger

darstellen. Für ihre Verbreitung wird das Eisen nicht in gewöhnlicher Weise gegossen, sondern so behandelt, daß es sehr rasch erstarrt, wodurch der Rand, an dem die Scheibe läuft, äußerst hart wird. Diese Hartgußräder sind die einzigen Vollräder, die in der Eisenbahn-Technik zur Anwendung kommen, das heißt solche, bei denen der Laufkranz nicht durch einen besonderen Reifen, sondern durch den Radkörper selbst gebildet wird.

Das Gefüge des Hartgusses kann jedoch seiner ganzen Natur nach nicht so gleichmäßig sein wie der durchgeschmiedete und duchgewalzte Gußstahl, aus dem die aufgesetzten Radreifen gefertigt werden, und daher zeigen die Hartgußräder eine Neigung, beim Laufen rasch unrund zu werden, indem die weniger festen Teile sich schneller abnutzen. In Deutschland dürfen sie nur bei Wagen benutzt werden, die in Zügen mit höchstens 50 Kilometern Stundengeschwindigkeit laufen; auch dürfen sie nicht gebremst werden, da es sich gezeigt hat, daß sie durch die bei wiederholtem Bremsen auftretende Erhitzung leicht Sprünge bekommen. In Amerika, wo man ja leichtsinniger vorzugehen pflegt, sind hierdurch einige Male Unfälle hervorgerufen worden.

Die englischen Eisenbahnwagenbauer haben eine lebhafte Vorliebe für hölzerne Räder. Man rühmt diesen nach, daß sie durch ihre Nachgiebigkeit das rollende Geräusch verringern und das Springen der Reifen verhindern. Sie bestehen aus keilförmigen Holzstücken, die so aneinandergefügt sind wie Tortenstücke, und werden durch den umlaufenden Stahlreifen zusammengehalten. Auf den Vereinsbahnen sind sie nicht zugelassen. Ihre Dauerhaftigkeit ist nicht sehr groß, da das Holz sich zusammenzieht, und alle Schrauben und Verbindungen hierdurch rasch lose werden.

Daß es auch Eisenbahnräder aus Papier gibt, kann nur dem seltsam erscheinen, der nicht weiß, daß stark zusammengepreßtes Papier eine außerordentliche Härte und Widerstandsfähigkeit erlangt. Man liebt Räder aus solchem Baustoff namentlich in Amerika. Sie werden hergestellt, indem man etwa 50 dünne Pappscheiben zusammenleimt, sehr gründlich trocknet und alsdann mit gewaltigem Druck preßt. Die Scheibe ist nun so fest, daß sie gleich dem Eisen auf der Drehbank bearbeitet werden kann. Mittels vorn und hinten aufgelegter Bleche werden die Papierscheiben zwischen den stählernen Naben und Reifen befestigt. Die Bolzenlöcher muß man unter dem Dampfhammer hindurchtreiben.

Durch die Bauart ihrer Kasten werden die Personenfahrzeuge in zwei große Gruppen geschieden: in Abteil-Wagen und Durchgangs-Wagen.

Die Abteil-Wagen sind gleich zu Beginn des Eisenbahnwesens in England entstanden. Sie haben ihren Ursprung in dem Absonderungs-Bedürfnis der einzelnen Bevölkerungsklassen, das jenseits des Kanals und ja auch bei uns recht stark ausgeprägt ist. Dadurch, daß man die Wagenkasten mittels Querwänden in viele einzelne Rechtecke teilt, wird eine strenge Sonderung der verschiedenen Gruppen von Reisenden erzielt. Die Insassen des einzelnen Abteils bilden eine kleine Gemeinschaft für sich und haben nicht nötig, an dem Leben in den übrigen Räumen des Zugs teilzunehmen. Die Abteil-Wagen ermöglichen aber auch infolge der vielen Türen, die sie besitzen, ein sehr rasches Ein- und Aussteigen, weshalb sie auf Stadt- und Vorortbahnen mit kurzen Haltezeiten sehr beliebt sind.

Heute strebt man bei uns danach, die vollständig gegen ihre Nachbarräume abgeschlossenen Abteile allmählich ganz zu beseitigen, weil hier und da vorgekommene Überfälle auf Reisende gezeigt haben, daß sie eine Minderung der Reisesicherheit bedeuten. Bei sehr stark besetzten Zügen verhindern die vollständig von einer Seitenwand zur andern durchlaufenden Querwände auch einen Ausgleich der Besetzung innerhalb eines Wagens. Jeder ist gezwungen, in dem Abteil zu bleiben, in das er zufällig eingestiegen ist, und muß hier stehen, während vielleicht im Nebenabteil noch Plätze frei sind. Die Berliner Stadtbahn besitzt heute Abteile, bei denen die Querwände gekürzt sind, so daß an einer Seite von einem Abteil ins andere hinübergegangen werden kann. Die Abteile in Fernzug-Wagen sind, um den Abort von mehreren Räumen aus zugänglich zu machen, oft durch Türen miteinander verbunden.

Die ersten Eisenbahnfahrzeuge, in denen an Stelle dieser stets sehr schmalen Verbindungen ein bequemer und freier Durchgang von einer Stirnwand zur anderen möglich war, erschienen in Deutschland in den sechziger Jahren. Der Gang lag in der Mitte des Wagens, wie das noch heute bei sehr vielen Fahrzeugen in Süddeutschland und den fremden Nachbarländern üblich ist. Es wird hierdurch bewirkt, daß das Zugpersonal seine überwachende Tätigkeit leichter ausüben kann und auch den Reisenden für Fragen und Beschwerden während der Fahrt zur Verfügung ist. Bis dahin, insbesondere vor Einführung der Bahnsteigsperre, mußten die Schaffner, um die Karten der Reisenden nachzusehen, während der Fahrt auf den äußeren Trittbrettern an den Wagen entlangklettern. Viele Unfälle wurden dadurch hervorgerufen, bis endlich Preußen mit der Prüfung der Fahrkarten an den Bahnhofseingängen vorging und das Begehen der Trittbretter während der Fahrt verbot. Die Einrichtung des für die Fahrgäste freigegebenen Durchgangs bewirkt auch eine bequemere Unterbringung der Aborte. In Norddeutschland sind jedoch die Wagen mit Mittelgang niemals beliebt gewesen. Man kann auch in der Tat nicht leugnen, daß bei dieser Anordnung jeder Reisende, der durch den Wagen geht, die anderen stört, was namentlich nachts sehr unangenehm empfunden wird. Es wurde darum lebhaft begrüßt, als die preußische Eisenbahnverwaltung daranging, in freiem Anschluß an amerikanische Bauarten die Durchgangs-Wagen so auszubilden, daß sie die Vorteile von Abteil-Wagen in sich schließen.

Man fühlt sich heute auf seinem Platz im Schnellzug doppelt wohl, weil man weiß, daß man nicht für die ganze, viele Stunden dauernde Fahrt an seinen Platz gebannt ist. Man kann, wenn man will, aufstehen und den ganzen Zug durchschreiten. Trotzdem wird man in seiner Beschaulichkeit nicht fortwährend durch vorüberlaufende Kinder gestört, denn man befindet sich in einem geschlossenen Abteil. Diese Wirkung wird dadurch hervorgebracht, daß in den Fahrzeugen, die wir heute als D-Wagen bezeichnen, der Durchgang an der Seite liegt. Die Vorteile, welche Einzelabteile bieten, bleiben hierdurch erhalten, und diese Fahrzeuge sind daher als ein besonders treffliches Mittel zur angenehmen Gestaltung weiter Reisen zu begrüßen. In den ersten D-Wagen waren die Abteile nach dem Seitengang hin offen, jetzt können sie durch Türen von diesem abgeschlossen werden, das die Heimeligkeit des einzelnen Abteils bedeutend erhöht. Die Übergänge von Wagen zu Wagen werden durch eiserne Brücken ermöglicht, die allseitig von Faltenbälgen umschlossen sind.

In Amerika und vielen europäischen Ländern legt man auf Abteil-Sonderung gar keinen Wert. Dort haben die Wagen meistens nur einen einzelnen zusammenhängenden Raum, in dem Bänke aufgestellt sind. Wer von uns in solchen Wagen gereist ist, wird jedoch wahrgenommen haben, daß sie einen sonderlich angenehmen Eindruck nicht gewähren. Es ist kein erfrischender Anblick, zu gleicher Zeit viele Menschen in bequemen Stellungen zu schauen oder sie mitgebrachte Eßwaren aus Papieren verzehren zu sehen. Namentlich an heißen Sommertagen, wenn man sichs ein wenig bequem gemacht hat, und ganz besonders während der Nacht, erblickt man Gruppen, die weit weniger unangenehm auffallen, wenn sie zwischen enge Abteilwände gebannt sind. Es wirkt recht wenig schön, wenn man gleichzeitig ein halbes

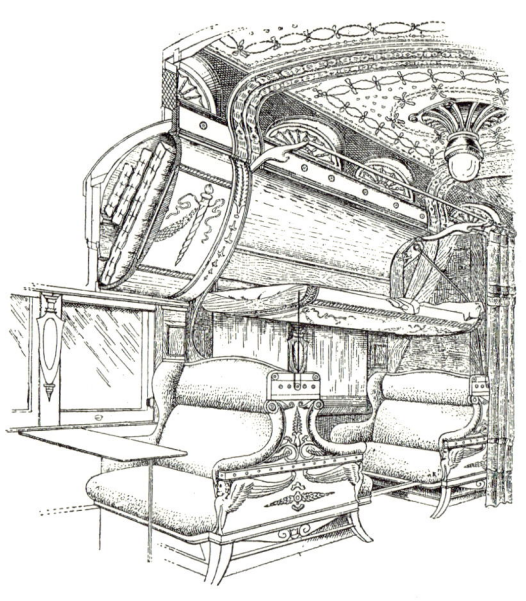

Aus »Eisenbahntechnik der Gegenwart«
216. Pullmann-Wagen
Inneres eines amerikanischen Schnellzug-Wagens für
Tag- und Nachtaufenthalt. Die Lager sind während des
Tags an die Decke geklappt; nachts werden sie in der im
Bild angedeuteten Weise waagerecht auf die Sitzlehnen
gestellt.

Dutzend Damen erblickt, die ihre Köpfe schlummernd an die Brust ihres Ehegemahls gebettet haben.

In Europa hat jeder einzelne Personenwagen stets nur eine verhältnismäßig kurze Strecke zu durchfahren. Es genügt uns hier vorläufig, wenn dafür ein gepolsterter Sitz zur Verfügung steht. Anders liegen die Dinge in Amerika, wo die riesigen Entfernungen ununterbrochene Fahrten durch mehrere Tage notwendig machen. Man begann darum drüben schon frühzeitig, bequem und prächtig ausgestattete Wagen zu schaffen, um die langen Eisenbahnfahrten erträglicher zu gestalten und möglichst zu einem Vergnügen zu machen. Die Entwicklung ist dort auch bis zum heutigen Tag emsig in dieser Richtung fortgeschritten, da der Wettbewerb zwischen den einzelnen Privatbahnen, die Reisende zwischen den gleichen Städten befördern, antreibend wirkt.

Die Einrichtung von Eisenbahnwagen, die eine Ausstattung über die notwendigsten Bedürfnisse hinaus besitzen, knüpft an den Namen *Pullmann* an. Er war es, der im Jahre 1858 die ersten Prachtwagen auf der Strecke Chicago – Buffalo einführte. Deutschland kann sich eines Anteils auch an dieser Errungenschaft rühmen, da Pullmann von hier aus nach Amerika eingewandert war.

Die auch bei uns sehr berühmt, ja sprichwörtlich gewordenen Pullmann-Wagen sind Fahrzeuge, die sowohl für Tag- wie für Nachtaufenthalt eingerichtet sind. Ein geräumiger, prächtig ausgestatteter Saal ist mit Sitzbänken versehen. Die Schlaflager sind während des Tags gegen die Decke geklappt, und auf ihnen liegen auch in dieser Zeit die Matratzen, Decken und Kissen (Bild 216). Wenn der Abend hereinbricht, werden die Klappen mittels Stützen, die auf die Seitenlehne der Bänke aufsetzen, waagerecht gestellt, die Betten hergerichtet, und jede der Lagerstätten durch Vorhänge gegen den Gang und gegen die Nachbarn abgeschlossen. Das Entkleiden ist nur möglich, während man auf dem Bett liegt, denn zwischen den Vorhängen und diesem steht kein Raum zur Verfügung. Es ist auch selbstverständlich, daß die Vorhänge niemals ganz dicht schließen, so daß in einem solchen amerikanischen Schlafwagen keine vollständige Sonderung der Schlafenden voneinander und von denen, welche den Gang durchschreiten, erzielt wird. Während des Tags bieten zudem die hochgeklappten, schrägen Lager keinen sonderlich hübschen Anblick, und sie verengen dazu den Luftraum im Wagen.

Es ist begreiflich, daß die Einführung solcher Pullmann-Wagen bei uns von den wirklichen Kennern der Verhältnisse niemals für erstrebenswert gehalten wurde. Auch in Amerika pflegen besonders zahlungskräftige Fahrgäste vollkommen ge-

Erbaut von van der Zypen & Charlier in Köln-Deutz
217. Dreiachsiger Saalwagen

schlossene Abteile zu mieten, die sich an den Wagenenden befinden. Die Entwicklung konnte in Deutschland von vornherein einen anderen Lauf nehmen, da hier eine Doppelform der Wagen für Tag- und Nachtfahrten nicht nötig ist. Mit Ausnahme der wenigen zwischenstaatlichen Züge kommt es bei uns recht selten vor, daß man länger als zwölf Stunden in demselben Wagen sitzt. Es erwies sich daher als günstiger, eine Wagenform auszubilden, die ausschließlich Schlaflager enthält.

Die preußischen Schlafwagen sind D-Wagen mit streng geschlossenen Abteilen.

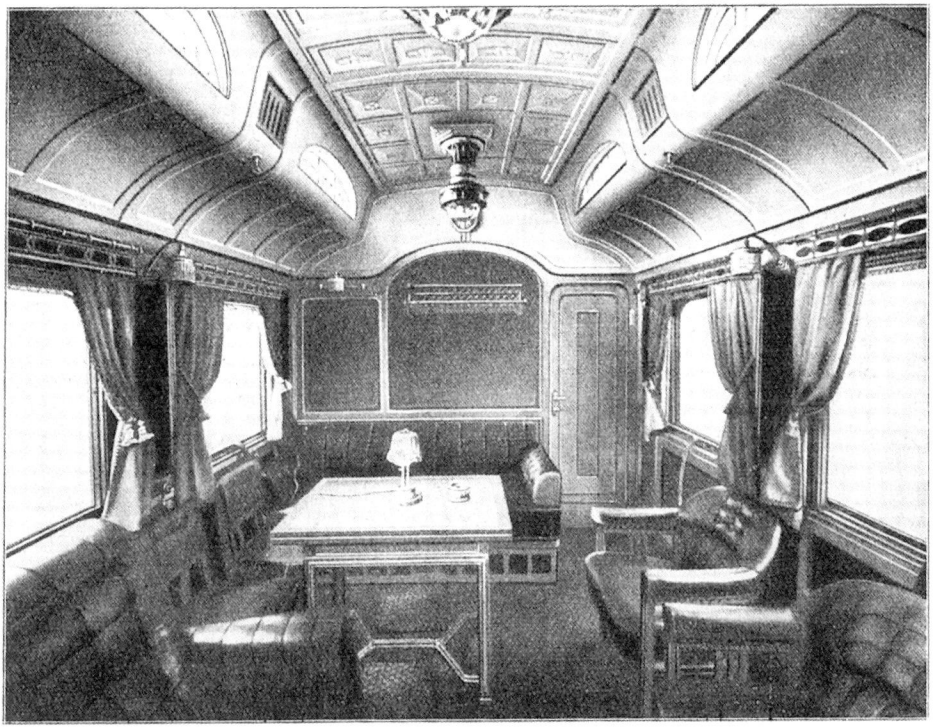

218. Ein fahrender Saal
Großer Aufenthaltsraum in dem auf dem vorhergehenden Bild dargestellten Wagen

Jedes von diesen enthält zwei Schlaflager. Für die wenigen Stunden, die man am Abend oder am Morgen vor oder nach Benutzung des Schlaflagers in dem Abteil sich aufzuhalten hat, ist in diesem durch Herunterklappen des oberen Lagers eine sehr bequeme, gepolsterte Sitzbank zur Verfügung.

Die beiden Lager werden durch Ausziehen des Sitzes und Hochklappen der Sitzbanklehne bis in waagerechte Stellung hergerichtet. Eine Leiter zum Besteigen des oberen Lagers befindet sich im Abteil. Desgleichen birgt es einen Spiegelschrank, in dem sich Wasserkaraffe und Gläser befinden, sowie einen aufklappbaren Waschtisch mit Becken aus Nickelblech, dem man nach Belieben frisches Wasser zufliessen lassen kann. In neuerer Zeit werden die Abteile größer gemacht. Insbesondere ist der bisher recht schmale Raum zwischen Waschtisch und Bett dadurch vergrößert worden, daß die Wand, welche zwei benachbarte Abteile voneinander trennt, nicht mehr senkrecht zur Wagenachse steht, sondern schräg gestellt ist. Für Reisende erster Klasse, die ein ganzes Abteil für sich allein beanspruchen können, wird die Annehmlichkeit auch dadurch erhöht, daß in den Wagen dieser neueren Bauart die Rückenlehne nicht mehr emporgeklappt zu werden braucht. Das ist in den älteren Wagen trotz der Nichtbenutzung des oberen Lagers notwendig, weil das untere bei senkrechter Stellung der Lehne zu schmal werden würde.

Man ist in solchen neu angeordneten Abteilen vorzüglich gebettet, hat, wenn man den Fahrpreis für die erste Klasse entrichtet, den ganzen Raum bis zur Decke des Wagens frei für sich und kann sich sogar in ein richtiges Schlafzimmer versetzt glauben, wenn man mit einem Angehörigen zusammen zwei nebeneinanderliegende Abteile mietet und die sehr breiten Zwischentüren aufklappt. Diese neuen preußischen Schlafwagen sind um einen Meter länger als die älteren. Sie entsprechen hierdurch nicht mehr den zwischenstaatlichen technischen Vereinbarungen und dürfen daher auf ausländische Strecken nicht übergehen. Das ist wiederum ein deutliches Zeichen für die besondere Raschheit des Fortschritts im Bereich der preußischen Eisenbahnverwaltung.

In Schweden ist man uns allerdings mit der Einrichtung von Schlafwagen dritter Klasse voraus. Ihre Einführung dürfte aber auch bei uns jetzt nicht mehr lange auf sich warten lassen. Da der Preis für ein Schlaflager dieser Art nicht so hoch bemessen werden darf, wird es notwendig sein, drei Lager übereinander in einem Abteil einzurichten.

Zur Erzielung eines ganz besonders ruhigen Laufs haben sämtliche neueren Schlafwagen sechs Achsen. Desgleichen ruhen die einzelnen Saalwagen, die bei uns im allgemeinen Verkehr zur Verwendung kommen, nämlich die Speisewagen, meist auf je zwei dreiachsigen Drehgestellen. Auch diese letztgenannte Wagengattung ist eine Erfindung von Pullmann, der sie in den siebziger Jahren zuerst einführte. Heute ist der Speisewagen vom Tages-D-Zug untrennbar. Ohne seine Einführung wäre es kaum möglich gewesen, so weite Strecken, wie es heute üblich ist, mit nur ganz kurzen Aufenthalten zu durchfahren. Die Reisenden, welche nicht genügend Mundvorrat von Hause mitgebracht haben, müßten sonst Hunger leiden, denn auf den Bahnhöfen ist zu zweckmäßiger Versorgung meist keine Zeit.

Für recht beträchtliche Gebühr und unter besonderen Bedingungen kann man auf den deutschen Bahnen auch saalartig ausgestattete Sonderwagen mieten. Der Hauptvorzug dieser Fahrzeuge ist die verhältnismäßige Weiträumigkeit, die sie bei vollständigem Abschluß gegen die übrigen Teile des Zugs gewähren. Sie pflegen gewöhnlich einen großen Raum zu enthalten, der mit Sofa, Sesseln und Tisch ausgestattet ist; daran stößt mindestens ein recht geräumiges Schlafgemach, und alsdann

Erbaut von Gebr. Gastell in Mainz-Mombach
219. Wohnraum im Saalwagen des Großherzogs von Hessen

folgen gewöhnliche Abteile für Begleitung und Dienerschaft. Ein Doppelboden macht die Schläge der Räder fast ganz unhörbar. Die innere Ausstattung der älteren Saalwagen kann unseren heutigen Geschmack nicht mehr befriedigen. Sie ähnelt zu sehr der »vornehmen Zimmer-Einrichtung« aus den achtziger Jahren und will in die strengen, zweckmäßigen Linien der anderen Eisenbahnfahrzeuge nicht mehr recht hineinpassen. In den neueren Saalwagen ist man von solchen Verirrungen wieder abgekommen.

Eine größere Anzahl von Sonderwagen steht ständig zur Verfügung der höchsten Beamten, der Fürstlichkeiten und der Herrscher. Viele von diesen besitzen ganze Sonderzüge.

So besteht der Hofzug des deutschen Kaisers aus neun Wagen: zwei Gepäckwagen, in denen zugleich die Zugbeamten und eine kleine Werkstatt untergebracht sind, einem Küchenwagen, einem Speisewagen, zwei Wagen für das Herrengefolge mit einem besonders geräumig ausgebildeten Raum für den Oberhofmarschall, je einem Saalwagen für den Kaiser und die Kaiserin sowie einem Wagen für das Damengefolge. Der Wagen des Kaisers enthält einen großen Aufenthaltsraum für den Tag, ein Schlafzimmer mit anschließendem Waschraum sowie zwei große Abteile für den Flügel-Adjutanten und den Leibdiener.

Um allen Ansprüchen nach Möglichkeit dienen zu können, halten die deutschen Eisenbahnen ferner Saalwagen für besondere Zwecke bereit. So gibt es Krankensaal-Wagen mit einer ihrem Benutzungszweck besonders angepaßten Einrichtung. Sie sind einfach ausgestattet und leicht zu reinigen. Über dem gewöhnlichen Wagendach ist ein zweites errichtet, das die Sonnenhitze nach Möglichkeit fernhalten soll. Der Krankenraum hat eine Tür mit Doppelflügeln, damit die Bahre bequem hineingebracht werden kann. Außer dem Bett finden zwei Sofas, ein Sessel

Erbaut von Gebr. Castell in Mainz-Mombach

220. Wohnraum in einem Saalwagen
der preußisch-hessischen Gemeinschafts-Direktion Mainz

und mehrere Stühle darin Platz. Es schließt sich der Waschraum an, der mit der Küche vereinigt ist. Abteile für Begleiter, Diener und sonstige Fahrt-Teilnehmer füllen den noch übrigen Teil des Wagens. Der Abort an einem Fahrzeugende ist durch einen Seitengang zu erreichen.

Damit auch minderbemittelte Kranke die Wohltat einer Beförderung in abgesondertem Raum genießen können, hat die preußische Eisenbahnverwaltung Abteilwagen dritter Klasse so eingerichtet, daß durch Herausnehmen einer Wand, die zwei Abteile voneinander trennt, ein genügend großer Krankenraum hergestellt werden kann. Nach dem Lösen einiger Schrauben am Boden und an den Seiten können drei Bänke leicht entfernt werden, worauf ein in sich gefedertes Bahrgestell durch die gleichfalls doppelflügelige Tür in den Raum geschafft werden kann. Der eine Türflügel ist bei gewöhnlicher Benutzung des Wagens fest verriegelt. Es werden in dem Krankenraum ferner ein Lehnstuhl, ein Klapptisch und ein Waschschrank aufgestellt, die auf dem Heimatbahnhof des Wagens stets vorrätig sind. Im Abort wird ein Gaskocher angebracht und mit der Gasleitung verbunden.

Von sonstigen Personenwagen, die besonderen Zwecken dienen, seien noch erwähnt die Fahrzeuge für Leichenbeförderung, in die ein Kapellenraum eingebaut ist, und Wagen zur Überführung von Gefangenen mit gewöhnlich zwölf recht engen Zellen. In Rußland sind Kirchenwagen sehr beliebt; sie werden an Sonntagen bald hier, bald dort auf Nebengeleisen aufgestellt und geben Gelegenheit zur Abhaltung von Andachten durch den mitfahrenden Geistlichen.

Unter den Saalwagen verdient noch besonders einer hervorgehoben zu werden,

270

der auf der sibirischen Bahn verkehrt. Da die Reisenden, die von Moskau etwa nach Irkutsk wollen, sich nicht weniger als acht Tage ununterbrochen im Zug aufhalten müssen, so ist es wirklich kaum noch als Überfluß zu bezeichnen, wenn man ihnen darin Gelegenheit zu einiger Abwechslung und körperlicher Bewegung bietet. Der in die lange laufenden sibirischen Züge eingestellte Saalwagen besitzt ein Aussichts-Abteil mit sehr großen Fenstern, einen Gesellschaftsraum im Stil Ludwigs XVI. mit Bücherei und Klavier, dann folgen ein Turnraum mit verschiedenen Geräten und einem Zimmer-Fahrrad, eine Barbierstube und ein ausgedehnter Baderaum.

Es sei hier darauf hingewiesen, daß auch für unsere, über kürzere Strecken fahrenden Züge der Einbau neuer Einrichtungen angestrebt wird, die eine Erhöhung der Bequemlichkeit bieten sollen. So haben bereits verschiedene Handelskammern den Wunsch ausgedrückt, in den großen Tages-Schnellzügen Wagen mit Geschäfts-Abteilen laufen zu lassen. Es sollen in diesen ein Schreibtisch mit Ausrüstung, ein bequemer Stuhl und sonst noch einiges Schreibstubengerät aufgestellt werden, so daß etwa der Rechtsanwalt oder der Kaufmann imstande sind, hier Akten zu lesen und zu ordnen, Schriftstücke zu prüfen oder auszufertigen, kurz Arbeiten zu verrichten, die man im gewöhnlichen Abteil aus Mangel an Schreibgelegenheit und

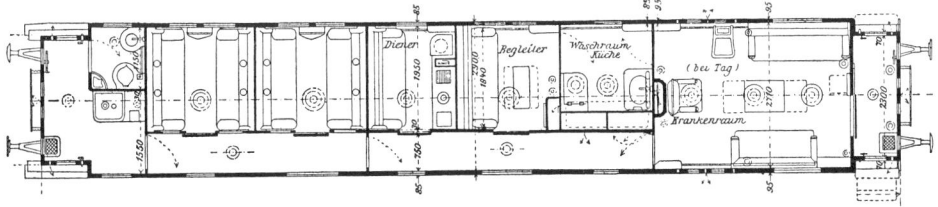

Aus »Eisenbahn der Gegenwart«

221. Vierachsiger Kranken-Saalwagen
Grundriß eines vermietbaren Wagens der preußisch-hessischen Staatsbahnen

vor allem wegen der lästigen Beobachtung durch die Mitreisenden nicht gut erledigen kann.

Die bei weitem am meisten verbreitete Art von Sonderfahrzeugen wird durch die Postwagen gebildet. Sie enthalten alle Einrichtungen, die zur glatten Aufarbeitung der eingeladenen Postsachen notwendig sind. Große Schränke mit Fächern, Tische zum Ordnen, Behälter für Zeitungen, Vorrichtungen zum Spannen der Briefbeutel sind darin aufgestellt. Die Postwagen erhalten weit höhere Oberlicht-Aufbauten als die anderen Personenwagen, weil die Fenster häufig durch Schränke verstellt werden. Alle Fensteröffnungen pflegen mit Schutzgittern versehen zu sein, die verhindern sollen, daß Papiere durch plötzlichen Luftzug hinausgeweht werden. Die in Amerika hier und da an den Postwagen angebrachten Einrichtungen zum Aufnehmen von Briefbeuteln während der Fahrt haben sich nicht bewährt. Wie wir noch im Abschnitt über das Signalwesen hören werden, ist es stets etwas technisch Unrichtiges, wenn man ruhende Gegenstände innerhalb des Bruchteils einer Sekunde in schnelle Bewegung überführen will. Ebensowenig hat sich das Ausladen von Postsachen aus fahrenden Zügen bewährt, da die Beutel hierbei meist zerrissen wurden oder unter die Räder gerieten.

Es ist üblich, bei Zügen, in denen der Packwagen aus irgendeinem Grund nicht an der Spitze des Zugs läuft, den Postwagen unmittelbar hinter der Lokomotive einzustellen und ihn so als Schutzwagen zu benutzen. Das bedeutet eine höhere Gefährdung der in dem Fahrzeug beschäftigten Beamten. Die sorgsam arbeitenden deutschen Verwaltungen sind daher in den letzten Jahren dazu übergegangen, die Postwagen mit besonderen Schutzabteilen auszurüsten. An beiden Enden sind schmale, aber sehr fest gebaute Räume abgetrennt, die zu ständigem Aufenthalt nicht benutzt werden dürfen. Sie sind entweder ganz leer, oder man bringt allenfalls die Waschgelegenheit darin unter. Es ist schon hier und da bei Zusammenstößen vorgekommen, daß diese Schutzabteile die beabsichtigte günstige Wirkung geübt haben.

Die einzelnen Wagenklassen unterscheiden sich in fast allen Ländern hauptsächlich durch die verschiedenartige Ausgestaltung der Sitzplätze voneinander. Die erste und zweite Klasse besitzen bei uns Polsterbänke in verschiedenen Farben, die dritte Klasse Bänke aus hölzernen Latten, während in der vierten Klasse nur ganz einfache Bretterbänke aufgestellt sind. Diese gewähren aber nicht so vielen Personen Platz, wie vorschriftsmäßig in den Wagen befördert werden dürfen, weshalb noch Raum für Stehplätze und auch für das Abstellen von Traglasten vorgesehen ist.

Es hat eine Zeit gegeben, in der die Ausrüstung der beiden unteren Klassen nach dem »Abschreckungs-Verfahren« hergerichtet war. Die vierte Klasse hatte gar keine Bänke, die dritte Klasse solche von recht unbequemer Bauart. Man wollte hierdurch möglichst viele Reisende dazu veranlassen, eine höhere Klasse zu benutzen, als ihrer Vermögenslage eigentlich entsprach. Ihr gesunder Sinn und das Empfinden für die Bedürfnisse des Volks hat die Eisenbahnverwaltungen indessen längst dazu veranlaßt, von diesem Weg abzugehen. Man ist sich klar darüber geworden, daß die Fahrgäste aus den verschiedenen nun einmal bestehenden Besitzklassen, soweit es möglich ist, in gleich entgegenkommender Weise behandelt werden müssen. Aus diesem Grund ist namentlich die vierte Klasse durch Einführung von Nichtraucher- und Frauen-Abteilen bedeutend verbessert worden; die Form der Bänke in der dritten Klasse wurde in sorgfältiger Weise den Körperformen angepaßt, so daß man auf diesen heute weit bequemer sitzt als früher.

Es bleibt trotzdem selbstverständlich, daß den Reisenden der ersten und zweiten Klasse, da sie ja ein höheres Fahrgeld entrichten, immer noch bedeutend größere Bequemlichkeiten geboten werden. Die Abteile dieser Klassen sind breiter als die anderen, in der zweiten Klasse wird in den D-Zügen jede Bank nur mit drei, in der ersten Klasse gar nur mit zwei Reisenden besetzt, während in der dritten Klasse auf derselben Banklänge vier Personen sich einrichten müssen. Die erste Klasse besitzt gegenüber der zweiten eine sorgfältiger ausgeführte Polsterung, Rückenlehnen, die in halber Höhe stark eingezogen sind, so daß man auch mit Kopfbedeckungen bequem sitzen kann. Bewegliche Kissen ermöglichen das Anbringen eines Zusatzpolsters an jedem gewünschten Ort. Bis vor einigen Jahren konnten in den Abteilen erster Klasse durch Zusammenschieben der einander gegenüberliegenden Sitze und Verstellen der Rückenlehnen einigermaßen bequeme Schlafplätze hergestellt werden. Heute werden solche Einrichtungen nicht mehr gebaut, da die inzwischen eingeführten Schlafwagen ihre Benutzung äußerst selten gemacht haben.

Es wird jetzt vielfach angestrebt, an Stelle der vier Klassen – in Bayern und Baden ist allerdings die vierte Klasse bis zum heutigen Tag nicht eingeführt – nur zwei Abteilgruppen in sämtlichen Zügen laufen zu lassen. Es soll nur eine gewöhnliche und eine Polsterklasse geben. Man rechnet damit, daß die Zuglängen hierdurch bedeutend verringert werden könnten, da die vorhandenen Plätze besser ausgenutzt würden. Das gesamte wirtschaftliche Ergebnis des Eisenbahnbetriebs müßte sich dadurch bessern. Es ist jedoch fraglich, ob die alt eingewurzelten Gewohnheiten die Abschaffung der ersten und vierten Klasse in absehbarer Zeit zulassen werden.

In Amerika findet man die Wagen häufig mit Wendelehnen ausgerüstet, das heißt mit Einrichtungen, welche die Möglichkeit geben, daß alle Fahrgäste stets in der Fahrtrichtung sitzen. Ohne Zweifel bedeutet diese Anordnung an sich eine Annehmlichkeit. Aber wenn mehr als zwei Personen miteinander fahren, können sie sich nicht in so bequemer Weise zusammensetzen wie bei uns. Die Unterhaltung wird erschwert, und da diese nun einmal der angenehmste Zeitvertreib auf Reisen ist, so hat man sich in Deutschland zur Einrichtung von Wagen mit Wendelehnen noch nicht entschließen können. Sehr vielen Reisenden aber dürfte dies wünschenswert erscheinen, da das Anstarren vom gegenüberliegenden Platz fortfällt, und man von allzu gesprächigen mitreisenden Fremden weit weniger belästigt werden kann.

In seinem technischen Aufbau stellt jeder Personenwagen ein eigenartiges, und unter Berücksichtigung der verschiedensten Gesichtspunkte sorgfältig zusammengefügtes Gebilde dar. Die Fahrzeuge bestehen, vom Laufwerk abgesehen, aus dem Untergestell und dem eigentlichen Wagenkasten. Bei zwei- und dreiachsigen Wagen wird das Untergestell als besonderes Baustück ausgeführt, bei den Vielachsern ist es ein untrennbarer Teil des Kastens. Der Unterbau ist stets der am kräftigsten ausgeführte Teil des Fahrzeugs, da er ja die Last des Kastens sowie der Besetzung aufzunehmen und auf die Achsen zu übertragen hat. Ferner muß er den Kräften Widerstand bieten, die von den Stoßvorrichtungen zwischen den einzelnen Wagen auf ihn ausgeübt werden. Das Untergestell ist daher stets ein aus schweren eisernen Trägern zusammengesetzter Rahmen, der mit kräftigen Versteifungen versehen ist.

Die Böden der eigentlichen Wagenkasten bestehen aus einer Reihe starker hölzerner Schwellen, die mit dem Unterbau verbunden sind. Darauf sind meist zwei sorgfältig gefügte Bretterböden gelegt, zwischen die zur Minderung des Geräuschs Seegras, Kokosfaser oder Korkmasse gestopft wird. Die Wände sind im allgemeinen in Holz-Fachwerk ausgeführt, das durch kräftige Verbindungen und Benutzung harter Hölzer möglichst widerstandsfähig gemacht ist. Bei uns werden die Wände außen stets mit Blech verkleidet, ausländische Bahnverwaltungen bevorzugen häufig hölzerne Verschalung.

Die Dächer haben entweder eine durchgehende Wölbung oder sie tragen in der Mitte einen Aufbau mit seitlichen Fenstern. Preußen bevorzugt diese letzte Bauart, weil die Lüftungs-Einrichtungen hier sehr bequem unterzubringen sind. Der Aufsatz macht die Wagen jedoch etwas schwerer, und das Dach wird weniger widerstandsfähig, da die Dachspiegel nicht ohne Unterbrechung durchlaufen können. Manche süddeutsche Verwaltungen erzielen auch mit gewölbten Dächern Räume, die genügend hoch erscheinen, aber die Wagen sehen nicht so hübsch aus wie die mit Aufbau. Am wenigsten ist dies bei D-Wagen der Fall, wenn der Scheitel der Wölbung in der Mitte des Wagens liegt. Das Dach steht dann schief über jedem Abteil, da ja der eine Abstieg zum Teil über dem Seitengang liegt. Hier und da ist denn auch bereits eine zweite, innere Wölbung eingebaut worden, die ihren Scheitel in der Längsmitte der Abteile hat.

Die Längswände sind bei den Abteilwagen nicht senkrecht bis zum Untergestell hinabgeführt, sondern werden unten stark eingezogen. Hierdurch entsteht die den Abteilwagen eigentümliche, nach unten verjüngte Querschnittform. Der Einzug ist notwendig, damit man bequeme Eintrittstufen anbringen kann und trotzdem mit der äußersten Kante des untersten Trittbretts noch in den Umgrenzungslinien des lichten Raums bleibt. D-Wagen haben wegen der besonderen Anordnung der Eingänge rechteckige Querschnitte.

Die Breite der Wagen ist so zu bemessen, daß alle ihre Teile, in welcher Lage sie sich auch befinden mögen, innerhalb der Umgrenzungslinien bleiben. Das muß auch bei den Türen der Fall sein, wenn sie sich in ungünstigster Stellung, das heißt im rechten Winkel zur Längswand, befinden. Durchgangswagen können daher breiter sein, denn ihre Eingänge sind zur Anbringung bequemer Trittstufen tief eingezogen.

Doch auch die Länge der Wagen ist begrenzt und zwar deshalb, weil die steifen Kasten sich in den Krümmungen schief zum Gleis einstellen. Bei allzu großer Länge könnte die Schiefstellung so bedeutend werden, daß der Wagen mit seinen Endkanten über die Umgrenzungslinien hinausgerät. Diese Gefahr ist besonders groß, wenn die Wagenenden weit über die äußersten Achsen oder Drehzapfen hinausragen. Alsdann kann die Entfernung aus der Gleismitte auch so bedeutend werden, daß die Puffer nicht mehr aufeinanderstoßen. Eine solche Verschiebung würde natürlich, wenn sie am fahrenden Zug stattfindet, eine schwere Gefahr für diesen bedeuten.

Es wurde bereits gesagt, daß die Einführung der D-Wagen durch die preußische Staatsbahn-Verwaltung das Reisen sehr viel angenehmer und bequemer gemacht hat. Wie alle wirklich guten technischen Dinge schließt diese Bauform aber auch noch einen weiteren, sehr bedeutenden Vorzug in sich. Der Reisende fährt in den D-Wagen nicht nur bequemer, sondern auch sehr viel sicherer. Es ist dies eine Tatsache, die kaum einem der Reisenden jemals zum Bewußtsein kommt.

Bei den D-Wagen sind ja die Längswände nicht durch Türen unterbrochen. Aus diesem Grund ist es möglich, die Wandgerippe aus durchlaufenden Balken herzustellen. Ja man ist so weit gekommen, unter den Fenstern richtige schwere Brückenträger auszubilden. Eine derartige Bauform ist selbstverständlich geeignet, bei Unfällen einer Zusammendrückung des Wagens sehr viel stärkeren Widerstand entgegenzusetzen. Häufig genug war bei Unfällen schon zu beobachten, daß ein D-Wagen seine Form noch einigermaßen bewahrte, wo ein Abteilwagen vollkommen zermalmt worden wäre. Die Bauart der Durchgangswagen ist daher auch aus diesem Gesichtspunkt als ein großer Gewinn des Eisenbahnwesens zu betrachten, und man nimmt gern den in Fernzügen nicht allzuwichtigen Nachteil in Kauf, daß die Entleerung der Fahrzeuge weniger schnell stattfinden kann, da sie ja nur an den Enden Türen besitzen. Es ist als gedanklich falsch zu bezeichnen, wenn Eisenbahnverwaltungen in anderen Ländern, wie Frankreich und Holland, in den Seitengängen Türen anbringen, um das Aus- und Einsteigen zu beschleunigen. Dann geht eben der Vorzug der durchlaufenden Längswand-Bauten verloren.

In der ersten Zeit nach ihrer Einführung wurde den D-Wagen gegenüber der Vorwurf erhoben, daß man bei Unfällen aus ihnen schwerer entkommen könne als aus vieltürigen Fahrzeugen. Ein solches schnelles Entweichen ist, abgesehen von dem aus seelischen Beweggründen entstehenden Bestreben jedes Reisenden, einen umgestürzten Wagen möglichst rasch zu verlassen, auch deshalb stets wünschenswert, weil ja durch die meist noch unter den Wagen aufgehängten Gasbehälter nach Unfällen häufig Brände entstehen. In der Tat war die Behauptung, daß man in D-Wagen der ersten Bauart ziemlich hilflos eingekerkert blieb, sobald die Wagenenden nicht mehr erreicht werden konnten, oder die dort befindlichen Türen nicht mehr zu öffnen waren, nicht unberechtigt. Die deutschen Regierungen beschlossen darum alsbald besondere Maßnahmen zur Erhöhung der Sicherheit in Durchgangswagen, deren Einführung im Jahre 1901 allen Eisenbahnverwaltungen aufge-

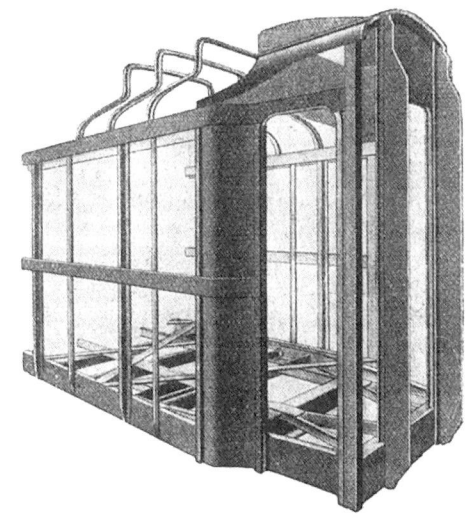

Van der Zypen & Charlier in Köln-Deutz
222. Eiserner D-Wagen im Bau
Zur Erzielung größerer Rammsicherheit ist der Wagen vollständig aus Eisen hergestellt.

geben wurde. Der Einbau von Nottüren in den Gängen und Abteilen wurde aus dem bereits erwähnten Grund verworfen, zumal alsdann auch die Wagenbreite hätte eingeschränkt werden müssen. Hingegen wurden die Fenster so ausgebildet, daß sie sich fortab zum Entkommen besonders eignen.

Es wird seitdem dafür gesorgt, daß die hinablaßbaren Fensterscheiben so weit hinuntergehen können, daß sie gänzlich in der Brüstung verschwinden. Die freien Fensteröffnungen werden außerordentlich groß bemessen, so daß man sehr bequem hindurchschlüpfen kann. Die häufig an den Fenstern angebrachten Schutzstiegen sind so angelegt, daß sie jederzeit leicht und ohne Anwendung von Gewalt entfernt werden können. Die unter den Fenstern dahinlaufende Heizvorrichtung wird als Trittstufe ausgebildet; die Vorhangstangen über den Fenstern sind aus kräftigem

223. Kastengerippe des eisernen D-Wagens

275

Eisen gefertigt, so daß man sich zum Hinausschwingen an ihnen emporziehen kann. An den Außenwänden der Wagen laufen unter den Fenstern Griffstangen. Am Kastenboden ist eine, wenn auch wegen der Nähe der Umgrenzungslinie sehr schmale, Trittstufe angebracht. Unter jedem Wagen hängen Leitern, die im Notfall gegen die Fensterbrüstungen gelehnt werden können. In jedem Seitengang ist ein kleiner Glaskasten angebracht, der ein Beil und eine Säge enthält, mit deren Hilfe man Bauteile, die sich in den Weg stellen, möglichst rasch entfernen kann.

Das Bestreben zur Herbeiführung größter Sicherheit für die Reisenden, von dem alle Eisenbahn-Verwaltungen beseelt sind, wenn auch meist in Formen, die den nichtfachmännischen Fahrgästen verborgen bleiben, hat sich mit diesen Einrichtungen nicht begnügt. Um die D-Wagen in noch weit höherer Weise rammsicher zu gestalten, geht man unter dem Vorantritt Amerikas jetzt dazu über, Fahrzeuge zu bauen, die ganz aus Stahl bestehen. Es wird durch solche Bauart nicht nur die Stauchfestigkeit der Fahrzeuge erhöht, sie erlangen auch eine vollständige Feuersicherheit. Ferner fällt das Splittern des Holzes fort, das schon häufig schwere Verletzungen herbeigeführt hat. Das Verbiegen der Eisenteile bei einem Unfall ist weit weniger gefährlich.

Die Aufgabe, stählerne Personenwagen zu bauen, war nicht leicht lösbar, da die Fahrzeuge ein gewisses Gewicht keinesfalls überschreiten und beim Lauf kein dröhnendes Geräusch hervorrufen dürfen. Jetzt aber sind geeignete Bauarten bereits vorhanden, und es kann keinem Zweifel unterliegen, daß ihnen die Zukunft gehört. Auch in Deutschland laufen heute bereits zahlreiche D-Züge, die mit Ausnahme der Innen-Einrichtung keinen hölzernen Bauteil mehr besitzen. Ihre Formen gleichen den bekannten so sehr, daß die Neuerung den Reisenden verborgen bleibt.

Der Präsident der Pennsylvania-Bahn, Cassatt, hat, nach der »Eisenbahntechnik der Gegenwart« die folgenden allgemein gültigen Gesichtspunkte für den Bau von stählernen Personenwagen aufgestellt.

1. Der Wagen soll unbedingt feuersicher sein.
2. Er muß Stöße auf die Stoß-Vorrichtung bis zu 180 000 Kilogramm aufnehmen können, ohne irgendwie nachzugeben oder Formveränderungen zu erleiden.
3. Das Kastengerippe soll so widerstandsfähig sein, daß der Wagen ohne Schaden über einen Damm hinuntergerollt werden kann.
4. Die Verbindung des Wagenkastens mit dem Untergestell soll an den Stirnseiten so kräftig sein, daß das Abstreifen des Kastens vom Untergestell durch einen aufsteigenden anderen Wagen ausgeschlossen ist.
5. Der fertige Wagen soll so leicht sein, wie es sich mit den vorstehenden Bedingungen vereinbaren läßt.

Von Stockert fordert, daß man dazu übergehen solle, sehr schnell fahrende Züge aus wenigen, äußerst widerstandsfähigen Wagen zusammenzusetzen.

Es hat sich auch bereits die Anschauung Bahn gebrochen, daß die vielachsigen, schweren Wagen die größte Sicherheit gewähren. In Deutschland findet man in Schnellzügen daher kaum noch Wagen, die weniger als vier Achsen haben. Zwei- und dreiachsige Fahrzeuge dürfen heute mit Vielachsern nicht mehr zusammenlaufen, da es vorgekommen ist, daß sie dem ganzen Zug Gefahr gebracht haben. Beim Durchfahren von Krümmungen mit zu hoher Geschwindigkeit pflegen die leichten Fahrzeuge zuerst aus dem Gleis zu springen und dadurch die anderen mit sich zu reißen, die sonst vielleicht glatt durch den Bogen hindurchgekommen wären.

Von Stockert macht ferner auf eine Unfallursache aufmerksam, die noch viel zu

Van der Zypen & Charlier in Köln-Deutz
224. Blick in die Zusammenbauhalle einer Eisenbahnwagen-Fabrik
Am Laufkran hängt ein eiserner D-Wagen

wenig beachtet wird. Es hat sich nämlich in Gegenden, die besonders heftigen Stürmen ausgesetzt sind, zugetragen, daß Züge oder Zugteile während der Fahrt durch den Winddruck aus der Bahn gehoben wurden und umstürzten. Solche Wirkung übt z. B. hier und da der Nordwestwind Mistral an der Mittelmeerküste Frankreichs. Am 27. Februar 1903 wurde, nach von Stockert, auf der Brücke, über den Levenfluß bei Ulverstone ein Personenzug durch den Sturm umgeworfen. Auf der russischen Südwestbahn zwischen Birzula und Elisabethgrad stürzten am 11. Juni 1886 in einem langsam fahrenden Güterzug von 45 Wagen 18 Wagen infolge starken Sturms ab. In Dalmatien wurde im Jahre 1904 ein Zug durch die Bora über einen acht Meter hohen Damm hinuntergeworfen. Es ist selbstverständlich, daß Leichgewichtswagen derartigen Gefahren am meisten ausgesetzt sind.

Der Eindruck, den ein Personenwagen auf das Empfinden der Reisenden ausübt, wird hauptsächlich durch die Zahl und Größe seiner Fenster bestimmt. Diese gleichen den Augen im Gesicht des Menschen. Es gibt Wagen, die wenige, kleine, bösartig zusammengekniffene Augenöffnungen haben, wodurch sie uns grimmig und zurückweisend anzublicken scheinen. Die neuzeitlichen D-Wagen sehen stets helläugig und freundlich aus.

Noch zu Anfang des letzten Viertels des vorigen Jahrhunderts pflegte man Fenster nur in den Türen der Wagen vorzusehen. Ihre Breite war dadurch begrenzt. Als sehr bedeutende Verbesserung wurde es begrüßt, als auch die Wandteile neben den Sitzbänken mit Fensteröffnungen versehen wurden. Die Scheiben waren früher sämtlich schmal und noch dadurch verengt, daß sie in breite Holzrahmen gefaßt wurden. Die weit über jedes einst denkbare Maß hinausgehenden mächtigen Scheiben in den D-Wagen haben als Rahmen nur schmale Leisten aus Metall, wodurch sie noch größer geworden sind.

Es muß dafür gesorgt werden, daß die beweglichen Scheiben in geschlossenem Zustand so in die Türen oder Wände eingesetzt werden können, daß sie weder Staub noch Regen hindurchlassen. Aus diesem Grund laufen sie alle heute in tiefen Falzen, die eine seitliche Abdichtung hervorbringen. Das hochgezogene Fenster wird auf die Brüstung aufgesetzt, damit auch unten ein dichter Abschluß entsteht. Die immer mehr steigenden Ansprüche an die Fernhaltung äußerer Witterungseinflüsse haben zu Einrichtungen geführt, welche die Fenster mit Druck gegen die Hinterwand des Falzes pressen, in welcher Stellung sie sich auch befinden mögen. Wo solche beweglichen Druckrahmen angebracht sind, werden in der Tat, solange die Fenster geschlossen sind, Staub und Ruß gänzlich vom Wageninnern ferngehalten.

Man kommt bei der Bauart der Fenster den Reisenden sogar so weit entgegen, daß man ihnen die Mühe des Bewegens der oft allerdings sehr schweren Scheiben möglichst erleichtert. Wenn man eins der großen Fenstergläser im D-Wagen hinabläßt, so spannt man hierbei entweder starke Federn an oder zieht Gegengewichte empor. Beide Einrichtungen helfen alsdann beim Wiederanheben der Scheibe mit, so daß hierfür keine allzu große Kraftaufwendung nötig ist. Häufig sind die Hilfsvorrichtungen so ausgebildet, daß sie das Gewicht der Scheibe gerade ausgleichen. Diese bleibt alsdann in jeder Stellung stehen, ohne daß es nötig wäre, einen Riemen mit seinem Knopfloch über den dafür vorgesehenen Halter zu ziehen. Hierdurch sind die sehr beliebten riemenlosen Fenster entstanden, die noch eine Hebelvorrichtung zum Abheben des Druckrahmens in den Augenblicken der Fensterbewegung besitzen.

Damit die Öffnungen, in welche die Scheiben hinuntergleiten, von hineinfallenden Gegenständen und vom Staub leicht gereinigt werden können, sind dicht über dem Fußboden durch Klappen verschlossene Zugänge angebracht. In der gleichen Tiefe pflegen auf einer kräftigen Leiste Gummipuffer zu stehen, die den Aufprall der Scheibe bei raschem Hinunterlassen hemmen, so daß diese nicht zerspringt.

Die Fensteröffnungen dienen nicht nur dazu, Tageslicht in die Wagen einzulassen, sie haben auch in der Hauptsache die Luftzuführung zu besorgen. Zum großen Schmerz der Eisenbahntechniker sind die Fenster auch heute noch die wichtigste Lüftungseinrichtung. Denn es ist leider noch nicht gelungen, Vorrichtungen zu schaffen, die, wie es wünschenswert wäre, im Sommer kühle und vor allem von Staub- und Rußteilen befreite, im Winter vorgewärmte Luft in die Wagen schaffen. Der Betrieb künstlicher Lüftungseinrichtungen in Eisenbahnwagen, wie man sie heute wohl bauen könnte, würde allzu teuer sein, und man begnügt sich deshalb damit, die verbrauchte Luft absaugen zu lassen, worauf infolge des hierdurch entstehenden Unterdrucks Frischluft von draußen durch die Ritzen an Fenstern und Türen eindringt.

Die Saugvorrichtungen befinden sich auf den Wagendächern. Sie sind meist schornsteinähnlich und bezwecken nichts weiter, als den durch das Fahren erzeugten Wind zwischen zwei Flächen hindurchstreichen zu lassen, wobei er die Luft mitreißt, die sich in dem mit dem Wageninnern verbundenen Rohr befindet. Bei Fahrzeugen mit Mittelaufbauten sind die Schornsteinenden mit Öffnungen in den Seitenwänden der Aufsätze verbunden; diese können, nach dem Belieben der Reisenden, durch Klappen verengt oder ganz geschlossen werden. Bei Wagen mit gewölbtem Dach müssen besondere Lüftungsöffnungen in die Wölbung eingebaut werden. Auch über den Laternen pflegt man meist noch Lüftungsöffnungen anzubringen, die besonders lebhaft wirken, wenn die Lampe brennt und der aufsteigende warme Luftstrom die Bewegung in den Schornstein hinein verstärkt.

Es sind bereits Versuche gemacht worden, besondere Frischluftkanäle anzubringen, in denen die zuströmende Luft durch Filter hindurchgehen muß. Aber wegen der vielen Unreinlichkeiten, die sich gerade in der Nähe von fahrenden Zügen in der Luft zu befinden pflegen, verstopfen sich die feinen Filteröffnungen allzu schnell, so daß sie bald keine Luft mehr hindurchlassen.

Sehr viel großartiger sind die Einrichtungen, welche die Warmhaltung der Wagen in der kalten Jahreszeit besorgen. Eine wirksame Heizung für Eisenbahnfahrzeuge muß sehr kräftig sein, weil die Wagen außerordentlich große Abkühlungsflächen besitzen, die noch dazu ständig einem scharfen Luftzug ausgesetzt sind. Außerdem werden die geheizten Räume durch das Öffnen der Türen nur allzu häufig mit der kalten Außenluft in unmittelbare Verbindung gebracht.

In den ersten Jahrzehnten des Eisenbahnwesens behalf man sich damit, den Reisenden durch das Aufstellen von Wärmkasten auf den Boden der Abteile wenigstens die Füße zu wärmen. Die Behälter waren entweder mit heißem Wasser oder mit erhitztem Sand gefüllt. Noch heute begnügt man sich in Ländern mit milder Witterung, wie in Südfrankreich oder in Italien, mit diesen Vorrichtungen, die aber auch noch in vielen belgischen Zügen den Fahrgästen genügen müssen.

Der nächste Schritt geschah durch das Einschieben von Blechkasten mit glühenden Kohlen unter die Bänke. Es ist selbstverständlich, daß auch hierdurch keine dauernde Erwärmung herbeigeführt werden konnte, wenn der Brennstoff nicht in kurzen Abständen erneuert wurde. Außerdem war die Kohleheizung nicht regelbar, im höchsten Maße feuergefährlich und sehr umständlich in der Bedienung. Besser ist bereits die Ofenheizung, die auch heute noch auf Nebenstrecken in großräumigen Fahrzeugen, wie Wagen der vierten Klasse oder dem Packwagen, üblich ist. Die Feuergefährlichkeit ist aber auch hier sehr groß.

Von den Einzelheizungen – im Gegensatz zu den durchlaufenden Zugheizungen – vermag den heutigen Ansprüchen nur noch die Warmwasserheizung zu genügen, wie sie für Schlaf- und Saalwagen angewendet wird. Sie stellt die bei weitem beste aller Erwärmungsvorkehrungen für Eisenbahnfahrzeuge dar. Ein Ofen ist auch hier notwendig. Aber da jeder dieser Öfen einen eigenen Wärter besitzt, so ist die Feuersgefahr gering, und sie wird noch dazu durch besonders ausgebildete Füllvorrichtungen gemindert.

In dem über der Feuerung des Ofens angebrachten Rohr steigt das erwärmte Wasser, das ja infolge der Ausdehnung leichter wird, zu einem Gefäß empor, das sich unter dem Wagendach befindet. Von hier läuft das heiße Wasser durch ein Röhrennetz den Heizkörpern in den einzelnen Abteilen und in den Gängen zu. Das abgekühlte Wasser gelangt wieder in den Ofen und steigt zu neuem Kreislauf empor. Die Einrichtung gleicht grundsätzlich den Warmwasser-Heizungen in den Häusern. Sie ist den herrschenden Witterungsverhältnissen ausgezeichnet anzupassen, da die Ofenfeuerung und damit die Wasserwärme, stets entsprechend geregelt werden kann. Außerdem bewirkt das Verstellen der Hebel an den Heizkörpern in den Abteilen eine besonders wirksame Abstufung der Erwärmung.

Im Allgemeinen Zugverkehr herrscht heute die für alle Wagen gemeinschaftliche, durchlaufende Dampfheizung vor. Der Betriebsstoff wird aus dem Lokomotivkessel entnommen, der eine reiche Quelle hierfür ist. Bei sehr langen Zügen und an besonders kalten Tagen werden häufig noch Heizkessel-Wagen an den Enden der Züge eingestellt, damit die Lokomotive nicht allzuviel Dampf abzugeben braucht. Bei sehr scharfem Frost kommt es sonst auch vor, daß die lange Leitung einfriert. Die Heizwagen enthalten nichts weiter als einen Kessel mit Feuerung und den notwendigsten Regel-Einrichtungen. Eine besondere Bedienung ist freilich notwendig, was diese Zusatzheizung, abgesehen von der Vermehrung der Zugachsen, recht teuer macht.

Die Dampfheizung erfordert eine Rohrleitung, die von der Lokomotive aus un-

225. Anzeige-Vorrichtung für Einstellung der Heizung in D-Wagen
Das verstellbare Täfelchen befindet sich im Seitengang und steht mit dem Regelhahn der Heizung in Verbindung

ter allen Wagen hindurchgeht. Die Rohrstücke werden an den Wagenenden durch Schläuche miteinander verbunden. Für die Zugbildung ist dies recht lästig, da ja in der kalten Jahreszeit stets eine besondere Heizverbindung zwischen den einzelnen Wagen hergestellt werden muß. Die Schlauchkupplungen, die zugleich die tiefsten Stellen der Heizleitung darstellen, enthalten kleine Öffnungen, aus denen das Niederschlagwasser abtropfen kann.

Man unterscheidet drei Arten der Dampfheizung: Hochdruck, Niederdruck- sowie vereinigte Hoch- und Niederdruck-Heizung.

Am einfachsten ist die Hochdruck-Heizung. Hier tritt der Dampf in walzenförmige Körper mit dem vollen Druck von drei bis vier Atmosphären ein, der in der Hauptleitung herrscht. Die der Leitung abgewendeten Enden der Körper liegen etwas höher, so daß das Niederschlagwasser in die Leitung ablaufen kann. Die Regelung des Wärmegrads im Abteil erfolgt durch die Reisenden, indem sie mittels eines Hebels Teile der Heizkörper von der Dampfzufuhr absperren. Die Wirkung der Hochdruck-Heizung ist nicht sehr angenehm, da die einzelnen Körper sehr heiß werden und die Insassen die Abteile durch strahlende Wärme belästigen. Außerdem verbrennt der auf ihnen lagernde Staub und erzeugt die im Halse kratzend wirkende Atmungsluft, die für gewöhnlich als »zu trocken« bezeichnet wird. Das Anheizen geht ferner bei dieser Anordnung recht langsam vor sich, da die in den Körpern vorhandene Luft nur ganz allmählich durch den eindringenden Dampf hinausgedrückt wird.

Diese Nachteile fallen bei der Niederdruck-Heizung zum größten Teil fort. Mit Hilfe eines Druckminderungs-Ventils tritt der Dampf in die hierfür angeordneten, mehrfach gewundenen Heizschlangen nur mit einem kaum meßbaren Druck ein. Die Erhitzung der einzelnen Flächenteile wird dadurch geringer, so daß die lästige strahlende Wärme fortfällt. Die Enden der Niederdruck-Heizschlangen sind offen; sie laufen in zwei Rohre aus, von denen das eine unter den Boden hinab, das andere zum Dach des Wagens emporgeführt ist. Unten tropft das Niederschlagwasser ab, oben pflegt ein leichter Dampfhauch zu entweichen. In jedem Abteil sind zwei Heizschlangen von verschiedener Größe vorgesehen, so daß mit Hilfe des Regelhebels drei verschiedene Wärmegrade eingestellt werden können, indem entweder nur die große, nur die kleine oder beide Schlangen geöffnet werden.

226. Inneres der Anzeige- Vorrichtung für D-Wagen-Heizung

Für die hochgestellten Ansprüche in den D-Wagen genügt aber auch diese Regelung nach Dritteln der Heizfläche noch nicht. Man baut darum hier eine in feineren Stufen regelbare Heizung ein, die eine Vereinigung der beiden eben beschriebenen Arten darstellt.

In den Abteilen der D-Wagen befinden sich drei Heizkörper: eine große Niederdruck-Schlange, die 4/7, eine kleine, die 2/7 und ein Hochdruck-Heizkörper, der 1/7 der Heizfläche ausmacht. Die Wärme in dem Hochdruckkörper kann von den Reisenden durch Drehen des bekannten Hebels geregelt werden, wodurch Wärmeänderungen bis zu 5 Grad hervorgerufen werden können. Die Niederdruckheizung bildet einen durch den ganzen Wagen hindurchlaufenden Rohrstrang, dessen Wärmegrad vom Wagenwärter eingestellt wird. Dieser ist imstande, durch die Regelung des Druckminderungs-Ventils, indem er es ganz schließt, oder für drei verschiedene Drücke einstellt, vier Wärmeabstufungen herbeizuführen. Die Regelvorrichtung befindet sich im Gang und ist mit einem verschiebbaren Täfelchen versehen, an dem die Reisenden ohne weiteres ablesen können, für welche Außenwärme die Wagenheizung eingestellt ist. In dem Seitengang ist eine besondere Niederdruckheizung angebracht.

Gleich jedem ordentlichen festen Haus müssen auch die rollenden Häuser Vorrichtungen zu ihrer Beleuchtung besitzen.

Die Anschauung, daß in den Personenwagen während der Dunkelheit Lampen brennen müssen, hat nicht immer geherrscht. In dem ersten Jahrzehnt ihres Bestehens sträubten sich die deutschen Eisenbahngesellschaften überhaupt dagegen, Nachtzüge fahren zu lassen, da ihnen dies infolge der mangelhaften Sicherheits-Einrichtungen zu gewagt schien. Als der immer mehr sich steigernde Verkehr sie jedoch schließlich hierzu zwang, wollten sie die Mehrausgaben für Beleuchtung gern vermeiden. In Preußen mußte diese notwendige und wohltätige Einrichtung erst durch Eingreifen des Königs Friedrich Wilhelm IV. erzwungen werden.

Der Kabinetts-Minister von Bodelschwingh sah sich auf Geheiß des Königs veranlaßt, am 11. November 1844 das folgende Schreiben an die Minister des Innern und der Finanzen zu richten: »Des Königs Majestät halten es der Sicherheit und des Anstands wegen für wünschenswert, daß die Eisenbahnwagen während der nächtlichen Züge erleuchtet werden, und haben mir aufgetragen, Eure Exzellenzen auf diesen Gegenstand unter dem Ersuchen aufmerksam zu machen, entweder Anordnungen in diesem Sinn zu treffen oder sich gegen Seine Majestät über die etwaigen Hindernisse äußern zu wollen.« Solche Hindernisse traten in der Tat noch auf, und einige Verwaltungen konnten erst durch Ordnungsstrafen zur Einführung der Beleuchtung gezwungen werden.

In dem Buchteil über die Geschichte der Eisenbahn haben wir bereits gehört, daß die erste Eisenbahn-Beleuchtung aus einer Kerze bestand, die ein mildherziger Beamter der Stockton-Darlington-Bahn in einem von Pferden gezogenen Wagen auf den darin aufgestellten Tisch klebte. Auch in Deutschland wurden im Anfang Kerzen benutzt, die nicht lange nachher durch Rüböl-Lampen ersetzt wurden. Petroleum wurde als zu gefährlich angesehen und fand keine größere Verwendung.

Die neuzeitliche Eisenbahnwagen-Beleuchtung beginnt erst mit den Arbeiten des deutschen Ingenieur Julius *Pintsch*, der sich ein außerordentliches Verdienst um diesen Gegenstand erworben hat. Die Erzeugnisse der großen, von ihm begründeten Berliner Fabrik werden heute in aller Herren Länder in größter Zahl verwendet. Pintsch führte die Gasbeleuchtung in den Eisenbahnbetrieb ein.

Die Aufgabe war deshalb schwer zu lösen, weil erst ein Gas geschaffen werden

Erbaut von Julius Pintsch A.-G. in Berlin-Fürstenwalde
227. Gasbehälter-Wagen
Dient zur Überführung des Beleuchtungs-Gases von der Erzeugungsstelle zu den Zügen

mußte, das sich kräftig zusammenpressen ließ, ohne dadurch an Leuchtkraft zu verlieren. Denn die Gasbehälter, die unter den Wagen angebracht werden können, müssen klein sein, weshalb sie einen genügenden Vorrat von Gas nur mitzunehmen vermögen, wenn dieses in zusammengepreßtem Zustand eingefüllt wird.

Pintsch erfand im Jahre 1867 das Fettgas, welches alle für die Wagenbeleuchtung erwünschten Eigenschaften besitzt. Es wird aus flüssigen Fettstoffen, aus Petroleumrückständen oder Paraffinöl, in Deutschland zumeist aus den bei Vergasung der Braunkohle zurückbleibenden Teerölen gewonnen. Seit dem Jahre 1870 begann der Siegeslauf der Fettgasbeleuchtung. Man führt den Brennstoff den Behältern unter den Wagenkasten entweder von festen Füllstellen her zu oder bringt ihn in besonderen fahrbaren Gasbehältern auf solche Bahnhöfe, die keine eigenen Erzeugungsanstalten besitzen. Diese Gaswagen mit ihren meist drei sehr großen, walzenförmigen Behältern sind überall auf den Bahnhöfen zu sehen.

Der kleine Gasbehälter, der unter jedem Wagen mit Gasbeleuchtung zwischen den Achsen angebracht ist, nimmt Brennstoff für 30 bis 40 Leuchtstunden auf. In den Lampen selbst kann das Gas mit dem Behälterdruck von 6 Atmosphären nicht verwendet werden. Es ist notwendig, die Pressung zu vermindern, und das gibt gleichzeitig Gelegenheit, ein gleichmäßiges Brennen der Flammen trotz der allmählich eintretenden Entspannung im Behälter herbeizuführen. Es ist das große Verdienst von Pintsch, einen Druckregler für diesen Zweck geschaffen zu haben, der den Gasstrom zu den Flammen auf immer gleichen Druck bringt

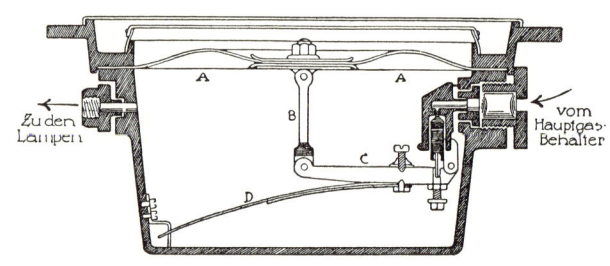

228. Gasdruck-Regler
Sorgt für immer gleichen Gasdruck in den Brennern

und trotz seiner aufs feinste wirkenden Teile gegen die starken bei Eisenbahnwagen auftretenden Erschütterungen ganz unempfindlich ist.

Dieser Druckregler, den unser Bild 228 darstellt, ist folgendermaßen gebaut. Er besteht aus einem gußeisernen Topf, von dem die Gasleitung zu den Lampen abgeht, und der oben mit einer Lederhaut abgeschlossen ist. Diese wird gegen äußere Angriffe durch einen übergelegten eisernen Deckel geschützt. An der Lederhaut A ist die Stange B angebracht, die einen unter Druck der Feder D stehenden Hebel C bewegen kann. Dieser Hebel C wirkt durch seine Bewegung auf ein Ventil ein, das den Zufluß des Gases aus dem Hauptbehälter in den Reglertopf beeinflußt. Wenn in dem Topf der Gasdruck herrscht, der für die Lampen der geeignetste ist, so wird die Lederhaut A etwas nach oben gedrückt, die Stange B zieht an, und der Hebel C verschließt das Zuflußventil. Sinkt der Druck im Reglertopf, so läßt C mittels seines Ventils ein wenig Gas aus dem Behälter nachströmen. Auf diese Weise herrscht in der Leitung zu den Lampen stets der gleiche Druck, wenn sich die Pressung im Behälter auch stark mindert.

Als das Azetylen erfunden war, mischte man dieses dem Fettgas bei. Vom Jahre 1900 ab wurde dieses Mischgas überall verwendet und mit ihm eine 15mal größere Leuchtkraft in den gleichen Brennern erzielt, wie sie für das Fettgas verwendet wurden. Der Preis für die Kerzenstunde sank auf die Hälfte.

Eine weitere, sehr bedeutende Verbesserung der Gasbeleuchtung in Eisenbahnwagen brachte die Einführung des Glühlichts, nachdem es gelungen war, die von Auer von Welsbach erfundenen Glühstrümpfe so haltbar zu machen, daß sie starke Erschütterungen auszuhalten vermögen. Zunächst verwendete man stehende Glühlichtbrenner; sie gewährten jedoch wegen des starken Schattens, den die Brennerarme nach unten warfen, keine volle Befriedigung. Die heutige vorzügliche Gasbeleuchtung in Eisenbahnwagen ist erst vorhanden, seit geeignete Bauarten hängender Glühlichtkörper erfunden sind. Bei Verwendung von Glühkörpern ist zur Erzielung einer bedeutenden Lichtstärke die Beimischung des teuren Azetylens zum Fettgas nicht mehr notwendig. Seit 1909 sind denn auch im Bereich der preußischen Eisenbahnverwaltung die Betriebe der Mischgas-Anstalten eingestellt worden; man ist seitdem wieder zum reinen Fettgas zurückgekehrt. Trotzdem ist seither die Lichtstärke in allen Wagenklassen, ohne Erhöhung der Betriebskosten, wiederum etwa auf das Doppelte gestiegen.

Diese kurze Betrachtung über die geschichtliche Entwicklung der Gasbeleuchtung zeigt deutlich, wie rasch die Technik unserer Tage arbeitet. Die eine Verbesserung wird schon nach kurzer Zeit von der folgenden überholt. Wie wenige andere technische Verwaltungen sind die Eisenbahnbetriebe gezwungen, allen auftretenden Neuerungen Beachtung zuzuwenden. Sie müssen sie aufs genaueste prüfen und dürfen selbst vor sehr hohen Umänderungskosten nicht zurückscheuen, sobald die Neuerung erfolgversprechend erscheint. Die Ausgaben, welche durch Einbau der immer neu gestalteten Gasbeleuchtungsarten entstanden, haben sich durch Betriebsersparnisse mehrfach bezahlt gemacht.

Seit mehr als einem Jahrzehnt ist nun der Gasbeleuchtung in allen ihren Formen ein neuer Mitbewerber in Gestalt der elektrischen Beleuchtung erstanden. Das Gas herrscht heute in den Eisenbahnwagen noch vor, und es ist keineswegs schon jetzt abzusehen, wann sein Gegner die Oberhand gewinnen wird. Die elektrische Beleuchtung für Eisenbahnwagen ist heute noch bedeutend weniger einfach als die Anordnungen für die ältere Lichtart. Die Kosten für die Kerzenstunde sind noch nicht geringer, die Ausgaben für die notwendigen Einrichtungen an jedem einzelnen Wagen bedeutend höher. Doch auch auf diesem Gebiet werden wir sicher rasch vorwärtskommen, und einstens wird der Tag oder, richtiger, der Abend da sein, an dem die elektrische Beleuchtung als Siegerin dastehen wird.

So ausgezeichnete Dienste das Gaslicht bei der Eisenbahn geleistet hat und noch heute in weitestem Maß leistet, ist dennoch seine Ersetzung durch elektrisches Licht aus verschiedenen Gründen wünschenswert.

Insbesondere würde die Feuersicherheit in den Wagen bedeutend erhöht werden. Die Brände, welche häufig nach Unfällen ausbrechen und die zwischen den Wagentrümmern eingeklemmten, manchmal gänzlich unbeschädigten Reisenden aufs schwerste gefährden, haben ihre Ursache häufig in der Entzündung des mitgeführten Leuchtgases, in das beim Ausströmen aus den beschädigten Behältern ein Funke fällt. Der elektrische Strom kann in dieser unheilvollen Weise nicht wirken. Zwar bergen elektrische Anlagen stets die bekannte Kurzschlußgefahr in sich. Aber gerade bei der Eisenbahnwagenbeleuchtung ist dies am allerwenigsten zu fürchten, da infolge der sehr kurzen Entfernung von der Erzeugungsstelle mit einer sehr niedrigen Spannung – gewöhnlich 32 Volt – gearbeitet werden kann.

Bei Anwendung der elektrischen Beleuchtung braucht die Lichtquelle jedes Abteils nicht mehr aus einem einzigen Körper zu bestehen, sondern die Lampen können verstreut angebracht werden, was das Lesen sehr viel bequemer macht. Als die Mischgasbeleuchtung noch herrschte, hatte man aus dieser Erkenntnis heraus bei einer großen Reihe von D-Wagen in den Abteilen erster und zweiter Klasse bereits elektrische Leselampen hinter den Sitzen angebracht. Seit Einführung des sehr viel kräftiger wirkenden Gasglühlichts sind diese Zusatzlampen, da sie nicht mehr notwendig erschienen, wieder beseitigt worden.

Die Einschaltung der elektrischen Beleuchtung kann für jeden Wagen von einer einzigen Stelle aus bewirkt werden, ohne daß es notwendig wäre, wie beim Gas, Zündflammen zu unterhalten, die immerhin durch ihre sehr bedeutende Gesamtzahl einen nicht geringen Gasverbrauch haben. Die Erfindung der Metallfadenlampe mit ihrem geringen Stromverbrauch hat die Verbreitung der elektrischen Beleuchtung im Eisenbahnbetrieb bereits bedeutend gefördert.

Es ist selbstverständlich nicht daran zu denken, den mit Dampf betriebenen Zügen Elektrizität für die Beleuchtung dadurch zuzuführen, daß neben den Geleisen feste Leitungen verlegt werden, von denen der Strom mittels Gleitschuhen abgenommen wird. Ein Leitungsnetz von so ungeheurer Ausdehnung allein für diesen nebensächlichen Zweck zu schaffen wäre viel zu kostspielig.

Selbst die durchgehende Beleuchtung geschlossener Züge von einer gemeinsamen, mitgeführten Stromquelle aus hat vorläufige keine Hoffnung auf weitere Verbreitung. Man hat Versuche auf diesem Gebiet gemacht, indem man auf der Lokomotive einen kleinen, durch besondere Dampfturbine angetriebenen Erzeuger aufstellte. Es hat sich jedoch herausgestellt, daß eine weitere Belastung der ohnedies stark angestrengten Lokomotivmannschaft durch diese neue Anordnung nicht zulässig war. Insbesondere aber ist, sowohl bei Aufstellung des Erzeugers auf der Lokomotive wie im Packwagen, was auch bereits oft versucht worden ist, die Führung zweier Leitungen über den ganzen Zug notwendig. Das Kuppeln, bei dem heute schon außer der Zusammenfügung der eigentlichen Zugverbindungsglieder die Herstellung der durchlaufenden Brems- und Heizleitungen notwendig ist, wird dadurch weiter erschwert, was sich wegen der notwendigen Schnelligkeit bei der Zugabfertigung als äußerst störend erwiesen hat. Es wäre ferner notwendig, jeden Wagen, der für geschlossene Zugbeleuchtung eingerichtet ist, auch mit allen Vorkeh-

Gesellschaft für elektrische Zugbeleuchtung in Berlin
229. Stromquelle für die elektrische Beleuchtung eines Schlafwagens
Speicher-Batterie, zum Aufladen vorgezogen

rungen für Gaslicht zu versehen, da die Wagen ja nicht stets im gleichen Zug bleiben, sondern die Fähigkeit haben müssen, in verschiedene Züge eingestellt zu werden, wo sie durchaus nicht immer Vorkehrungen für elektrische Beleuchtung vor-
finden. Will man die doppelte Beleuchtungs-Einrichtung vermeiden, so hört die
Freizügigkeit der Wagen auf, was keineswegs zufällig ist.

So wird denn heute bei der elektrischen Beleuchtung der Hauptwert auf Einrichtungen für Einzelwagen-Beleuchtung gelegt. Am einfachsten sind die hierfür
notwendigen Vorrichtungen, wenn man den Strom Speicherbatterien entnimmt,
die unter dem Wagenkasten bequem aufgestellt werden können. Die Einzelzellen
solcher Batterien werden meist in Kasten aus Hartgummi untergebracht. Man kann die Batterien, wenn sie entladen sind, entweder rasch gegen voll aufgeladene auswechseln oder ihre
Kraft an vorgesehenen Ladestellen erneuern. Der erste Vorgang ist sehr beschwerlich, da die
Zellen großes Gewicht haben, bei der zweiten Art muß der betreffende Wagen eine Zeitlang
aus dem Betrieb gezogen werden. Trotzdem hat sich die Einzelwagen-Beleuchtung durch Speicherbatterien bereits bei manchen Sonderfahr-zeugen bewährt, die ohnedies nicht ständig zu
laufen pflegen, wie bei Bahn-Postwagen und bei Schlafwagen.

Bei Schlafwagen sind die Vorzüge der elek-trischen Beleuchtung besonders groß. Es wird
dadurch die Gefahr beseitigt, welche durch Ausströmen selbst sehr geringer Gasmengen in

Gesellschaft für elektrische Zugbeleuchtung
in Berlin
*230. Elektrischer Kaffeekocher im
Dienstabteil eines Schlafwagens*

285

den engen Abteilen entstehen kann. Ferner verschwindet jeglicher Geruch, und es wird das Anbringen beweglicher Lampen möglich, das gerade hier sehr erwünscht ist. Gewöhnlich schließt man noch einen elektrischen Kocher im Dienstabteil an, auf dem der Wärter Morgenkaffee für die Reisenden bereiten kann.

Bei reiner Speicherbeleuchtung würde aber der freie Umlauf gewöhnlicher Abteilwagen allzu sehr eingeschränkt werden, da sie ja von Zeit zu Zeit außer Betrieb gestellt werden müßten, und vor allem, weil sie von Ladestellen abhängig würden. Aus diesem Grund versieht man jeden solcher Wagen, der mit elektrischer Beleuchtung ausgerüstet ist, mit einem eigenen Stromerzeuger; dessen Antrieb erfolgt durch eine Wagenachse. Da diese aber weder gleichmäßig noch ständig in Bewegung ist, so leuchtet ohne weiteres ein, daß besondere Vorkehrungen zur Herbeiführung eines gleichmäßig brennenden Lichts getroffen werden müssen.

Die elektrische Einzelwagen-Beleuchtung mit Stromerzeuger hat denn auch zum Bau höchst sinnreicher und mannigfaltiger Vorrichtungen geführt, die insbesondere deshalb höchst bewundernswert erscheinen, weil sie gestatten, die Schaltungen und Regelungen verschiedenster Art, die hier notwendig sind, mittels verhältnismäßig sehr einfacher, selbsttätiger Vorrichtungen zu bewirken.

Der Strom wird von den Erzeugern nicht immer unmittelbar den Lampen zugeführt, sondern es werden durch die Maschine stets ein oder zwei Speicherbatterien aufgeladen, welche die Speisung der Lampen während des größten Teils der Fahrt übernehmen. In Deutschland sind insbesondere zwei Bauarten für diese Beleuchtungsart in reger Anwendung: die der Gesellschaft für elektrische Zugbeleuchtung und die Bauart Pintsch-Grob.

Die Gesellschaft für elektrische Zugbeleuchtung verwendet nur eine Speicherbatterie. Zum Aufladen dient eine Rosenberg-Maschine, die an der Stirnseite eines Drehgestells aufgehängt und durch Riemen mit einer Wagenachse verbunden ist. Sie liefert trotz der wechselnden Geschwindigkeiten der Wagenachsen, und obgleich diese ja in kehrenden Richtungen laufen, stets Strom gleicher Spannung und gleicher Richtung, wie es für Gesundhaltung der Batteriezellen notwendig ist. Wenn die Batterie genügend stark aufgeladen ist, schaltet sie sich selbsttätig ab. Solch ein Abschalten ist aber auch dann notwendig, wenn bei noch nicht vollständig aufgeladener Batterie der Zug stehen bleibt. Denn in solchem Fall würde ja Strom aus der Batterie in die Maschine fließen, was unbedingt vermieden werden muß. Ein besonderer Apparat verhindert, gleichfalls selbsttätig, diesen Vorgang.

Würde man die Lampen in den Abteilen ohne weiteres von der Batterie aus speisen lassen, während die Maschine diese fortwährend nachlädt, so würden die Reisenden ein starkes Schwanken der Lichtstärke wahrnehmen. Eine Regelung ist also auch hier notwendig. Sie geschieht durch Vorschalten von Eisendrahtwiderständen bei jeder Lampe. Eisen hat die Eigenschaft, seinen Widerstand sehr stark zu erhöhen, wenn es in der Nähe der Rotglut weiter erhitzt wird. Man sorgt daher dafür, daß die Eisendrahtwiderstände bei der gewünschten Lichtstärke jeder Lampe so heiß werden, daß sie fast zu glühen beginnen. Steigt jetzt die Spannung in der Zuleitung an, so verzehren die Eisendrahtwiderstände den Überschuß, und das Licht bleibt unverändert. Die Widerstände werden in lampenähnlichen Glasgefäßen untergebracht, die mit Wasserstoff gefüllt sind.

Bei der Bauart Pintsch-Grob kommen zwei Speicherbatterien zur Anwendung. Hier wird der Lampenstrom den Batterien nur so lange entnommen, wie die Zugeschwindigkeit unter einem bestimmten Maß bleibt. Alsdann legt die Fliehkraft zweier sich drehender Gewichte die Leitung so um, daß die Maschine unmittelbar an die Lampen geschaltet und gleichzeitig eine der beiden Batterien wieder aufgeladen wird. Bei jedem Stillstand des Zugs wird an die Stelle der bis dahin aufgeladenen Batterie selbsttätig die andere gesetzt, so daß beide ständig genügende Ladung besitzen.

Die Fortschritte, welche im Lauf der Jahrzehnte im Bau der Personenwagen gemacht worden sind, werden am besten durch Zunahme der sogenannten toten Last gekennzeichnet. Man bezeichnet damit die Zahl der Kilogramme, die sich ergibt, wenn man das Gesamtgewicht eines Wagens durch die Anzahl der vorhandenen Plätze teilt. In den älteren zweiachsigen Wagen der preußisch-hessischen Staatseisenbahnen beträgt das tote Gewicht für jeden Platz etwa 500 Kilogramm, in den

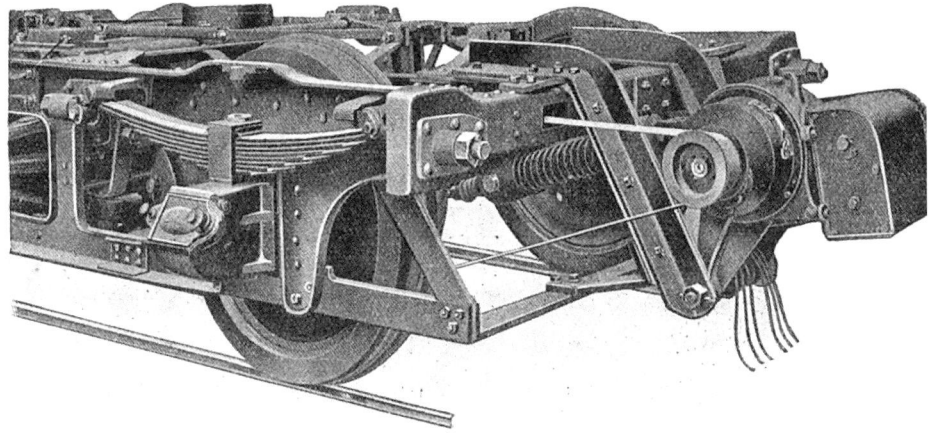

Bauart Pintsch-Grob
231. Stromerzeuger für elektrische Einzelwagen-Beleuchtung
Die Maschine ist an der Stirnseite eines Drehgestells aufgehängt und wird mittels Riemens von der nächsten Achse angetrieben

dreiachsigen Wagen schon 800 Kilogramm, in den vierachsigen D-Wagen sind mehr als 1100 Kilo für jeden Platz mitzuschleppen, bei den sechsachsigen Schlafwagen steigt die tote Last gar auf über 1400 Kilogramm. Wenn man bedenkt, daß ein erwachsener Mensch im Durchschnitt 70 Kilogramm wiegt, so geht hieraus deutlich hervor, welche Verschwendung getrieben wird, um ein möglichst angenehmes Fahren zu erzielen.

Die Ausstattung der rollenden Häuser ist eben allmählich sehr stark verbessert worden, und jede Verbesserung bringt eine Erhöhung des Gewichts mit sich. In dieser Entwicklung sind wir bei uns durchaus noch nicht an der Grenze angelangt. Überschreitet doch die tote Last in den besonders großartigen Saalwagen der amerikanischen Pennsylvania-Bahn, die dem gewöhnlichen Tagesverkehr dienen, 1700 Kilogramm für den Platz.

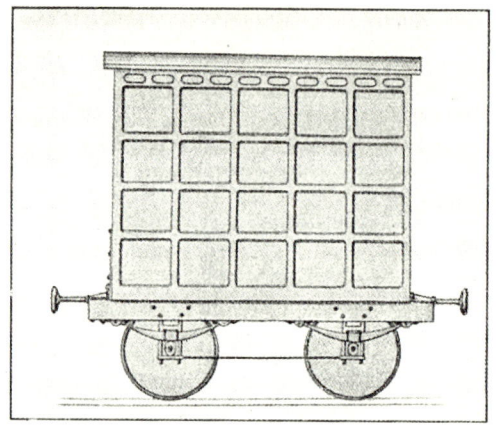

Erbaut von Gebr. Gastell in Mainz-Mombach
232. Güterwagen aus dem Jahre 1847

16. Die Lastträger

Nicht immer rollen Züge über die Strecke, aus deren hellen Fenstern Menschenaugen gierig in die Landschaft hinausblicken. Nicht jedesmal, wenn die Schienen unter der Last eines darüberbrausenden Zuges erdröhnen, zieht eine feurige, kühn dahinbrausende Lokomotive eine gleichmäßig gebaute Reihe wohlgeformter rollender Häuser hinter sich.

Die Geleise haben nicht nur die Aufgabe, Menschen rasch von einem Erdenwinkel zum anderen zu befördern, sie werden in weit stärkerem Maß noch zum Austausch der Güter benutzt, die zur Aufrechterhaltung des menschlichen Lebens und der menschlichen Tätigkeit dienen.

Im ersten Abschnitt dieses Buches ist bereits darauf hingewiesen worden, daß mehr als 64 vom Hundert der Einnahmen bei den deutschen Eisenbahnen aus dem Güterverkehr stammen. Dieser überragt also den Personenverkehr ganz bedeutend.

Erbaut von der Maschinenfabrik Eßlingen
223. Geflügelwagen
einer italienischen Bahn. Die Einstiege ermöglichen ein Füttern und Tränken der Tiere während
der Reise

Auf den großen Durchgangsstrecken insbesondere sieht man viel häufiger, als das blendende Schauspiel des mit fast unglaubwürdiger Geschwindigkeit vorüberstürmenden Schnellzugs sich zeigt, eine unabsehbar lange Wagenkette langsam und keuchend herankommen. Die Fahrzeuge sind nicht gleichmäßig geformt. Die Dachkanten solcher Züge erinnern nicht mehr, wie bei den für Menschenbeförderung bestimmten, an die glatte Linie, in der etwa die Kimm, die Trefflinie von Himmel und Wasser, das Gesichtsfeld auf dem Meer abschneidet, sie ähneln jetzt dem arg zerrissenen Rücken eines Gebirges, das in der Ferne zu den Wolken ragt. Zäh steigt die Dachlinie aufwärts und abwärts. Hochgetürmte Wagen wechseln mit niedrigen Fahrzeugen ab, Eckiges folgt auf Wohlgerundetes; hier ist festgestopftes Heu mit einer mächtigen Leinwanddecke umhüllt, dort hebt eine landwirtschaftliche Maschine ihren eigentümlich geformten, nackten Arm in die Höhe. Der finsteren Schwärze des Kohlenwagens folgt das brennende Rot geschichteter Ziegelsteine, hinter der wuchtigen Schwere eines roh gegossenen Maschinenrahmens, der allein einen ganzen Wagen einnimmt, rollt ein heiteres Völkchen eng geschichteter Rüben.

Im Gegensatz zu der flinken Munterkeit der Personenzüge fährt der Güterzug ernst und streng über den trostlos grauen Bahndamm. Kein freundliches Lämpchen wirft des Nachts seinen Schein hinaus, schweigend und schwerfällig zieht er mit klirrenden Kupplungen seinen Weg. Sobald er einen Schnellzug in seinem Rücken weiß, geht er ihm scheu und ängstlich aus dem Weg. Die hellen, wohlgepflegten Bahnsteige sind für den Lastenschlepper nicht vorhanden; als wäre er ihm feindlich gesinnt, lenkt der Stellwerkswärter den Zug vor jedem Bahnhof durch Abzweigstellung der Weichen hinüber in das krause Gestrüpp der Verschiebegeleise. Was den Güterwagen entsteigt, wird nicht mit Blumensträußen und freundlichen Grüßen empfangen, sondern von harten Händen rauh herausgerissen und mühsam in Schuppen oder auf Fuhrwerke gewälzt.

Während die Schnellzüge hundert Kilometer in der Stunde durchfahren, die Personenzüge 60 bis 70, müssen sich die Güter mit einer stündlichen Fahrgeschwindigkeit von nur 30 bis 40 Kilometern begnügen.

Dafür aber ist der Wagenpark, der ihnen für ihre Reisen zur Verfügung steht, von überraschender Mannigfaltigkeit. Man unterscheidet drei Hauptarten von *Güterwagen*: bedeckte, offene und für besondere Zwecke bestimmte. Aber innerhalb jeder dieser Gattungen gibt es die zahlreichsten Einzelformen. Rollen doch im Güterverkehr nicht nur Wagen, die den Eisenbahngesellschaften gehören, sondern auch solche, die von anderen Besitzern erbaut und in Betrieb gegeben werden. Sie zeigen, ihren sehr verschiedenartigen Bestimmungen und Fähigkeiten entsprechend, alle erdenklichen Bildungen. Freilich werden von den Bahngesellschaften Privatwagen nur unter besonderen Bedingungen zugelassen; sie müssen ganz genauen Vorschriften unterliegen, denn wir wissen ja heute sehr genau, daß der »freie Wettbewerb auf der Schiene« ein Unding ist.

Der allgemeinen Benutzung sind ferner die Bahndienstwagen entzogen, die von den Bahngesellschaften selbst für den inneren Betrieb erbaut und verwendet werden.

Während sämtliche Personenwagen mit Bremsen versehen sein müssen, gibt es unter den Güterwagen einen sehr großen Teil, der gar keine Hemmvorrichtungen besitzt. Die Bremswagen wieder zerfallen in solche mit durchgehender Bremse und andere, die nur mit einzeln zu betätigender Hemmeinrichtung versehen sind. Die bremslosen Wagen besitzen häufig Leitungen, die ihre Einstellung in Züge mit durchgehender Bremse gestatten, ohne daß durch sie die von der Lokomotive bis zum Zugschluß laufende Druckluftleistung unterbrochen wird.

Erbaut von der Maschinenfabrik Augsburg-Nürnberg
234. *Kesselwagen*
zum Befördern von Trinkwasser auf der deutsch-ostafrikanischen Mittellandbahn
Daressalam –Morogoro–Tabora

Das wichtigste Merkmal eines jeden Güterwagens ist das für ihn zugelassene Ladegewicht. Es besteht auf allen deutschen Bahnen daher die Vorschrift, daß es durch
deutliche Aufschriften auf beiden Langseiten angegeben sein muß. Güterwagen
mit zulässigem Ladegewicht unter 15 000 Kilogramm werden heute in Deutschland kaum noch gebaut. Bei den offenen Wagen werden solche mit 20 000 Kilogramm Ladefähigkeit, insbesondere für Kohlenbeförderung, immer beliebter.
Plattformwagen für Lasten von 30 000 und 35 000 Kilogramm sind keine Selten-
heit mehr. Bei der Bestimmung der Achszahl für Güterwagen mit so hohen Lade-
gewichten muß natürlich darauf Rücksicht genommen werden, daß der höchste
zulässige Achsdruck niemals überschritten wird. Zwar herrscht heute im Güterwagenpark der Zweiachser noch vor; sehr häufig ist aber bereits in Rücksicht auf
die Einstellbarkeit in die rascher fahrenden Personenzüge der Dreiachser, und auch
Wagen mit zwei zweiachsigen Drehgestellen sind keineswegs mehr auffallende Er-

Erbaut von Gebr. Gastell in Mainz-Mombach
235. *Topfwagen für Säurebeförderung*

scheinungen. Für die Beweglichkeit der Achsen im Gleis gilt dasselbe, was bereits in dem Abschnitt über die Personenwagen gesagt wurde.

Die Bauart der Güterwagen ist sehr viel einfacher als die von Fahrzeugen für Personenbeförderung. Die Wände werden bei den bedeckten Wagen zum größten Teil aus Winkel- oder ähnlichen Formeisen zusammengenietet und mit schmalen, wagerecht liegenden Brettern verschalt, die hinter dem Eisengerüst angebracht sind. Damit Luft auch bei geschlossenen Türen in den Wagen gelangen kann, werden zwei bis vier schmale Öffnungen dicht unter dem Dach angebracht, die durch Klappen verschlossen werden können.

Es ist bekannt, daß die bedeckten Güterwagen im Krieg eine wichtige Rolle bei der Beförderung von Mannschaften und Pferden spielen. Ihre Beladungsfähigkeit für diese Fälle ist schon im Frieden durch Aufschriften gekennzeichnet, z. B. 48 Mann oder 6 Pferde. Vorrichtungen zum Aufstellen einfacher Holzbänke und zum Anhängen von Gepäck sind stets vorhanden, desgleichen auch, wie in sämtlichen Abteilen der Personenwagen, ein eiserner Stutzen zum Anbringen einer Laterne.

Im Frieden dienen die bedeckten Wagen zur Beförderung von Tieren und von solchen Gütern, die vor Witterungseinflüssen geschützt werden müssen. Sie sind verschließbar, so daß Entwendungen während der Beförderung ohne gewaltsamen Eingriff nicht stattfinden können. Die Fahrzeuge geben auch Gelegenheit, Waren unter festem Zollverschluß über die Landesgrenzen hinauszuführen.

Unter den bedeckten Wagen gibt es ein Geschlecht der Riesen. Es sind die allgemein mit den Namen Hohlglaswagen bezeichneten Fahrzeuge, die zur Beförderung besonders sperriger Güter dienen. Beim Verladen von Glasgefäßen gleicher Form, die nicht ineinander gestellt werden können, ist es bei gewöhnlichen Ausmaßen der Wagen nicht möglich, ihre Tragfähigkeit auszunutzen. Das gleiche gilt für die Beförderung von Papierhülsen, Spielwaren, Strohhüllen und ähnlichem. Aus diesem Grund werden Wagen, die solchen Zwecken dienen, möglichst breit und möglichst hoch gemacht. Im Krieg haben sich die Hohlglaswagen in der Front und in der Etappe besonderer Vorliebe zu erfreuen gehabt. Überall, wo Truppenteile längere Zeit in Eisenbahnwagen wohnen mußten, was sehr häufig vorkam, suchte jede Abteilung sich nach Möglichkeit großräumige Wagen zu sichern, weil der Aufenthalt in diesen selbstverständlich sehr viel bequemer ist.

Vorzüglich ausgestattet sind bedeckte Wagen, die zur Beförderung von Renn- und edlen Reitpferden dienen. Sie haben stark gepolsterte Wände. Durch Aufstellen von gleichfalls gepolsterten Scheidewänden können zwei bis drei Einzelställe hergerichtet werden, die mit Futtertrögen ausgerüstet sind. Derartige Wagen enthalten gewöhnlich auch ein gut eingerichtetes Abteil für die Begleiter. Die Fahrzeuge sind mit allen nötigen Vorrichtungen wie Druckluftbremse und Heizleitung versehen, damit sie auch in Schnellzüge eingestellt werden können. Güter, die durch Wärmeeinwirkung leicht verderben können, werden in Wärmeschutzwagen befördert. Es kommen hierfür insbesondere Versendungen von Bier, Milch, feinem Obst und anderen Eßwaren in Betracht. Zwei- und dreifach verschalte Dächer halten die Sonnenstrahlung ab. Wände und Böden sind gleichfalls doppelt ausgeführt, und die Zwischenräume der Verschalungen mit Stoffen wie Kieselgur oder Torfstreu ausgefüllt, welche die Wärme schlecht leiten. Besondere Behälter gestatten das Einlegen von Eis. Bayern besitzt allein 2000 Bierwagen solcher Art. Damit auch der Frost keine schädliche Wirkung ausüben kann, sind die Wagen zum großen Teil mit Heizvorrichtungen für Kohlefeuerung versehen.

Erbaut von der Maschinenfabrik Augsburg-Nürnberg
236. Gerätewagen eines Hilfszugs

Fischwagen enthalten große Wasserbehälter aus Metall, die durch Scheidewände in mehrere Abteilungen zerlegt sind, damit nicht die ganze Wassermasse auf einmal ins Schwanken geraten und schädliche Schläge ausführen kann. Die Fischbehälter haben oft einen Inhalt von 20 Kubikmetern. Eine meist durch Benzinmotor angetriebene Pumpe sorgt dafür, daß das Wasser sich in ständigem Umlauf befindet und mit frischer Luft durchsetzt wird.

Zur Versendung von Kleinvieh ist eine große Zahl bedeckter Wagen mit einem zweiten Boden in halber Höhe versehen. Zwei weitere Böden können rasch durch bereit gehaltene Bretter hergestellt werden, so daß Gänse oder anderes Geflügel in großer Zahl darin untergebracht werden können. Wenn die Tiere über längere Strecken befördert werden müssen, werden Wagen verwendet, die ein Betreten des Innern zur Vornahme der Fütterung und Tränkung gestatten.

Eine besondere Art vollkommen geschlossener Eisenbahnfahrzeuge stellen die Kesselwagen dar. In ihnen werden Flüssigkeiten befördert. Die Kesselwagen haben große Bedeutung für das chemische Gewerbe. Petroleum, Benzin, Treiböl, Teer, Teeröl, Terpentin können in ihnen bequem versandt werden. In Wüstengegenden werden sie auch vielfach zur Beförderung von Wasser verwendet. Auch die bei der Beleuchtung der Personenwagen erwähnten Gaswagen sind betrieblich dieser Gattung zuzurechnen. Das Füllen erfolgt durch einen oben aufgesetzten Dom, die Entleerung durch ein Bodenventil. Damit dicke Flüssigkeiten, wie z. B. Teer, rascher auslaufen, sind Heizvorrichtungen angebracht. Säuren werden sehr geschwind durch Einlassen von Druckluft hinausgeschafft, Spiritus durch Pumpen ausgesaugt. Damit die Dämpfe, die sich aus den Flüssigkeiten häufig bilden, die Kesselwagen nicht sprengen können, sind Sicherheitsventile vorgesehen. Zur Verhinderung von Schlägen durch ungehemmte Bewegungen des Inhalts werden Querwände eingebaut.

Säuren, die imstande sind, Metallwände anzufressen, werden in großen Steintöpfen befördert. Diese stellt man mit Hilfe hölzerner Gerüste sehr fest und unverrückbar auf. Kalk und Salz reisen in Fahrzeugen, die im allgemeinen wie offene gebaut, oder durch Klappdeckel zu verschließen sind.

Auf jedem größeren Bahnhof werden ständig Hilfszüge in Bereitschaft gehalten, die bei einem Unfall stets sofort abfahren können und die zu raschen Hilfeleistungen notwendigen Vorkehrungen enthalten. Die wichtigsten Teile dieser Hilfszüge sind der Arzt- und der Gerätewagen. Der erste enthält einen kleinen Operationsraum sowie eine Apotheke und Lagerstätten, in dem anderen sind Ketten, Winden, Beile, Schraubenschlüssel und viel anderes Werkzeug sowie eine kleine Feldschmiede untergebracht. Zur Herrichtung der Hilfszüge werden ausschließlich bedeckte Güterwagen verwendet.

Teils zum Güter-, teils zum Personenwagenpark gehören die Packwagen. Sie dienen vor allem zur Unterbringung des Gepäcks der Reisenden, enthalten aber außerdem noch den Dienstraum für den Zugführer. Der Fußboden ist hier so hoch gelegt, daß der Zugführer von seinem Arbeitsplatz, der aus Polstersessel und Tisch besteht, den ganzen Zug und die Strecke durch die Seitenfenster eines besonderen Aufbaus überschauen kann.

Der weitaus größte Teil des Güterwagenparks der deutschen Bahnen besteht aus offenen Wagen. In ihnen werden alle Güter versendet, die gegen Witterungseinflüsse, gegen Regen und Staub nicht sehr empfindlich sind. Ein gewisser Schutz kann den so beförderten Waren auch dadurch gewährt werden, daß man sie mit Plandecken einhüllt. Die Eisenbahnverwaltungen halten diese Decken in großer Zahl vorrätig.

Betrieblich sind offene Wagen sehr viel bequemer als bedeckte, denn man kann sie von oben her beladen, indem man schwere Laststücke durch Kräne einbringt, Erz, Kohle, Sand oder Getreide durch Schüttrinnen. Bedeckte Wagen lassen nur Beladung von der Seite her zu, weshalb bei ihnen am häufigsten das Einkarren des Guts stattfindet, das eigentlich keine neuzeitliche Förderungsart mehr ist.

Erbaut von Gebr. Gastell in Mainz-Mombach
237. Eiserner Kohlenwagen
für ein Ladegewicht von 20 000 Kilogramm

Erbaut von van der Zypen & Charlier in Köln-Deutz
238. Kübelwagen
zur Beförderung von schüttbarem Gut, das beim Auf- und Abladen geschont werden muß

Man unterscheidet bei den offenen Wagen hochbordige, niederbordige und bordlose; die letzten besitzen an Stelle der Seitenwände zum Befestigen der Plantücher oder zum Anbinden häufig einzelne Stangen oder Rungen, die herausnehmbar sind.

Die Bordwagen sind zur bequemen Entladung gewöhnlich mit doppelten Flügeltüren an jeder Längswand versehen. Sie werden in außerordentlich großer Zahl zur Beförderung von Kohle, aber auch von Zuckerrüben zu deren Erntezeit verwendet.

Massengüter, die beim Auf- und Abladen geschont werden sollen, weil Zerkleinerung ihren Wert beeinträchtigt, werden häufig auf besonderen Kübelwagen versendet. Die Kübel werden vom Kran bewegt und können sehr vorsichtig hinauf- und hinabgehoben werden. Das Abstürzen des Guts fällt hierdurch fort.

Damit man sehr schwere Güter, wie Schienen oder Träger, die ohne Seitenbefestigung gelagert werden können, leicht auf- und abzuladen vermag, sind die bordlosen oder Plattform-Wagen vorgesehen. Auf ihnen werden auch Möbelwagen, Automobile und ähnliche Güter befördert.

Eine besondere Art der Plattformwagen bilden die Geschützrohrfahrzeuge der Kruppschen Fabrik in Essen. Hier handelt es sich um die Beförderung einer ganz ungewöhnlich schweren Last, die nicht geteilt werden kann. Es muß also, damit der Druck auf die einzelne Achse nicht zu hoch wird, ein Fahrzeug mit sehr vielen Achsen geschaffen werden. Der mächtigste Wagen dieser Art hat nicht weniger als 32 Räder. Er besteht aus vier vierachsigen Drehgestellen, von denen je zwei kurz gekuppelt und mit Zapfen in ein gemeinsames Traggestell eingesetzt sind. Auf die beiden Traggestelle wiederum ist der eigentliche gewaltige Rohrträger gelegt. Die Verbindung geschieht auch hier durch Drehzapfen, so daß sich das lange Gefährt bequem durch alle Gleiskrümmungen hindurchwinden kann.

239. *Wagen zur Beförderung schwerer Geschützrohre*
Tragfähigkeit 100 000 Kilogramm

240. *Der kräftigste Lastträger*
Dient zur Beförderung schwerster Geschützrohre der Kruppschen Fabrik. Tragfähigkeit 140 000
Kilogram. Der Wagen fährt auf vier Drehgestellen mit insgesamt 32 Rädern.

Erbaut von der Maschinenfabrik Augsburg-Nürnberg
241. *Langholz-Wagen mit Drehschemel*
Zur Beförderung langer Hölzer werden zwei solcher Wagen zusammengekuppelt

Auch die Versendung von Baumstämmen und anderem Langholz macht besondere Schwierigkeiten, da das Gut selbst sich ja den Bahnkrümmungen nicht anzupassen vermag. Um nun für solche leichten Güter nicht besondere Drehgestellwagen bereithalten zu brauchen, hilft man sich, indem man die Langhölzer auf zwei miteinander sonst nicht verbundene Plattformwagen ladet, von denen jeder einzelne einen eisernen Schemel trägt; dieser kann sich um einen Zapfen im Wagenboden drehen. Das genügt vollständig für die Einstellung in den Gleisbogen.

In den Fabriken werden häufig Gegenstände geschaffen, die so groß sind, daß sie beim Verladen auf gewöhnlichen offenen Wagen die Umgrenzungslinie des lichten Raums nach oben überschreiten würden. Das ist keinesfalls zulässig. Um aber auch solche Güter mit der Eisenbahn befördern zu können, wendet man eine besondere Bauart für die hierzu bestimmten Wagen an. Man nennt derartig hergerichtete Fahrzeuge Tiefladewagen, weil ihre Plattform, soweit sie zwischen den Achsen liegt, weit nach unten gezogen ist, so daß eine tiefliegende Tragfläche entsteht. Auf diese Weise kann man hochragende Gegenstände, wie z. B. Transformatoren, ohne Überschreitung der Umgrenzungslinien befördern. Auch Lokomotiven für Rußland und Spanien, die ja auf unserer Spur nicht laufen können, werden auf solchen Fahrzeugen fertig bis zu den Grenzbahnhöfen geschafft. Zur Beförderung von grossen Spiegelscheiben stellt man in den Tiefladewagen besondere Bockgerüste auf. Schwungräder und eiserne Ringe für Schachtauskleidungen, die oft sehr große Durchmesser haben, werden in gleicher Weise verladen.

Unter den Bahndienstwagen, die hauptsächlich zur Beförderung von Schienen, Kies, Erde, Steinschlag, Schlacke dienen, muß eine Gattung besonders erwähnt werden. Sie wird zur Prüfung der Wägevorrichtungen für Eisenbahnfahrzeuge benutzt. Jedes beladene Fahrzeug muß ja, bevor es zur Beförderung zugelassen wird, über eine Gleiswaage laufen, damit die zu erhebende Gebühr festgestellt und auch nachgeprüft werden kann, ob das zulässige Ladegewicht nicht überschritten ist. Wägevorrichtungen müssen sehr genau zeigen, und ihr Gang wird daher öfter durch Belastung mit einem Fahrzeug beobachtet, dessen Gewicht vorher auf einer als verläßlich gehend bekannten Waage festgestellt worden ist. Man schafft diese Prüfgewichte, indem man einen Plattformwagen mit Altschienen oder anderem Eisen beladet. Häufig werden hierzu auch alte Tender benutzt.

242. Tiefladewagen
zur Beförderung besonders höher Gegenstände. Auf dem Bild ist ein Riesen-Transformator der
Allgemeinen Elektricitäts-Gesellschaft in Berlin aufgeladen

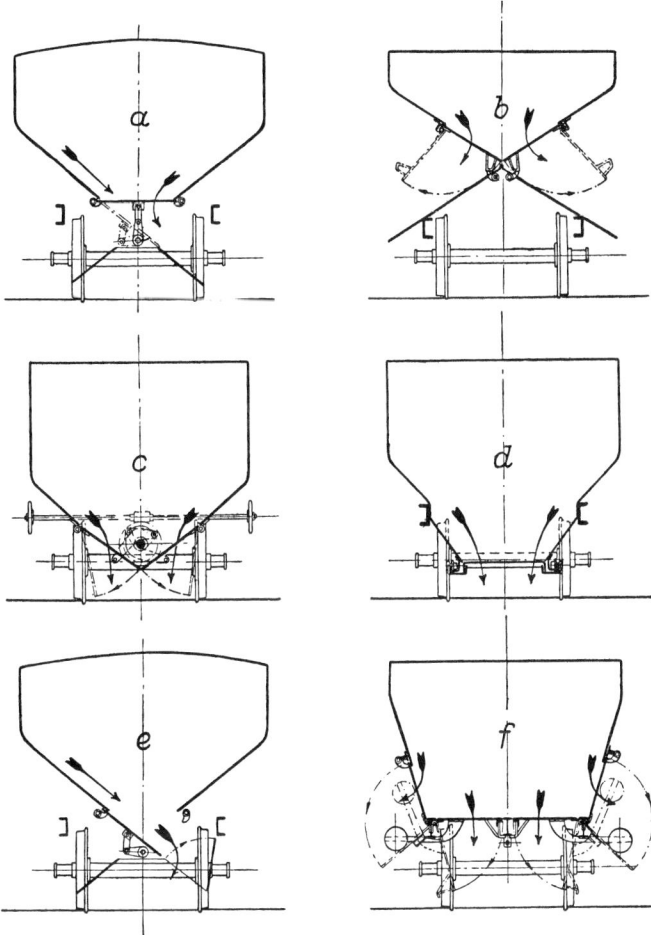

243. Selbstentlade-Wagen
Übersichts-Querschnitte von Bauarten der Orenstein & Koppel-Arthur
Koppel-A.G. in Berlin
a) Seiten-Entleerer mit waagerechter Bodenklappe, b) Trichterförmiger
Seiten-Entleerer, c) Boden-Entleerer mit Klappen, d) Boden-Entleerer
mit Schiebern, die in Richtung der Wagenlängsachse aufgezogen werden
können, e) Vereinigter Boden- und Seiten-Entleerer in Trichterform,
f) Vereinigter Boden- und Seiten-Entleerer mit flachem Boden.

Obgleich die deutschen Bahnen alljährlich eine sehr große Anzahl Güterwagen neu herstellen lassen, herrscht doch infolge der lebhaften Tätigkeit im deutschen Gewerbe ein häufiger Wagenmangel. Es ist darum notwendig, alles zu tun, um die Ruhezeiten der Wagen nach Möglichkeit abzukürzen, das heißt das Be- und Entladen so weit zu beschleunigen, wie es irgend möglich ist. In dieser Beziehung ist bei uns noch mancherlei zu tun.

Für das Beladen werden mechanische Vorrichtungen durchaus noch nicht so häufig herangezogen, wie es möglich wäre. Das Schleppen und Karren herrscht noch vor, auch wo es sich um offene Wagen handelt; der Kran ist auf Bahnhöfen eine noch viel zu seltene Erscheinung. Für schüttbare Massengüter wie Kohle, Koks, Erze, Steine, Sand, Schlacke, Schotter, Rüben und Kartoffeln gibt es eine Entladungsart, die außerordentlich beschleunigend zu wirken vermag. Hierfür müssen die Wagen mit Selbstentladungseinrichtungen versehen sein.

Durch besonders eingerichtete Bauart der Wagen kann man bewirken, daß beim Öffnen von Klappen im Unterteil das ganze Gut sofort selbsttätig herausfällt. Zu unterscheiden sind hierbei Seitenentleerer und Bodenentleerer sowie Fahrzeuge, die zugleich nach unten und nach den Seiten entleeren können. Die Zusammenstellung auf Bild 243 zeigt einige Bauarten, die hierfür verwendet werden.

Seitenentleerung, die meist nach beliebiger Seite geschehen kann, hat den Vorzug, daß die Schienen nicht beschüttet werden. Nach Möglichkeit sucht man die

Erbaut von van der Zypen & Charlier in Köln-Deutz
244. Seiten-Entleerer
Der Wagen kann den ganzen Inhalt beliebig nach der einen oder anderen Seite des Gleises ausschütten. An der Stirnwand Handräder für die Klappenbedienung mit Feststell-Vorrichtungen.

Erbaut von der Orenstein & Koppel-Arthur Koppel-A.G. in Berlin
245. Selbst-Entlader bei der Entleerung

Erbaut von der Orenstein & Koppel-Arthur Koppel-A.G. in Berlin
246. Vierachsiger Selbst-Entlader zur Beförderung von Braunkohle

Selbstentlader so auszubilden, daß sie flache Böden besitzen, so daß sie auch für gewöhnliche Stückgüter verwendet werden können.

Freilich ist es, damit die Selbstentlader wirklich großen Nutzen bringen können, notwendig, hochliegende Geleise für sie zu schaffen. Es hat ja wenig Zweck, das Gut zunächst auf die flache Erde laufen zu lassen und es dann mühsam auf die Strassenfahrzeuge hinaufzuschaufeln. Die Eisenbahnwagen werden sehr schnell wieder fahrbereit, aber der ganze Umladevorgang wird teurer. Wie man allmählich auf allen Bahnhöfen Laderampen zum bequemen Einkarren geschaffen hat, wird man nach und nach auch dazu kommen, hochliegende Absturzgeleise für Selbstentlader einzuführen, damit ohne weiteres in die Straßenfuhrwerke eingeschüttet werden kann. Noch besser ist es, unter den Hochgeleisen Bunker anzubringen, in die

Wagen erbaut von der Orenstein & Koppel-Arthur-Koppel-A.G. in Berlin
247. Selbstentlader-Zug
der nach Öffnen der Bodenklappen seine Sandladung ausschüttet.

Erbaut von der Deutschen Maschinenfabrik-Aktien-Gesellschaft in Duisburg
248. Kohlenwagen auf fahrbarem Kipper
Der Wagen wird zur Entleerung mittels einer Drahtseilwinde emporgezogen

Deutsche Maschinenfabrik-Aktien-Gesellschaft in Duisburg
249. Fahrbarer Kipper in Entlade-Stellung
Nach Umschwenken des Kipperkopfs kann der Wagen seine Ladung seitlich ausschütten

300

das ankommende Gut zunächst eingefüllt wird, und aus denen es alsdann nach Bedarf entnommen werden kann. Daraus, daß derartige Anlagen heute noch nicht vorhanden sind, erklärt es sich wohl, daß die Selbstentladung bei uns noch verhältnismäßig wenig angewendet wird.

Oberbaurat *Scheibner* hat berechnet, daß man bei allgemeiner Verwendung von Selbstentladern für Massengüter auf den deutschen Bahnen 44 000 Arbeiter und 38 Millionen Mark jährlich ersparen könnte. Die Ausnutzung dieser Möglichkeit ist gewiß ein lockendes Ziel.

An der Zahl der Bedienungsmannschaften für Selbstentlader, die schon ohnedies sehr gering ist, kann man noch weiter sparen, wenn man geschlossene Selbstentladerzüge mit einer durchlaufenden Druckluftanlage versieht, durch deren Betätigung alle Klappen zu gleicher Zeit geöffnet werden.

In Amerika ladet man, nach »Eisenbahntechnik der Gegenwart«, schüttbare Güter von ganzen Zügen, die auf gewöhnlichen Plattformwagen mit herausnehmbaren Wänden bestehen, sehr rasch dadurch ab, daß auf dem letzten Wagen ein schneepflugähnlicher Räumer aufgestellt ist, der nach Ankunft an der Bestimmungsstelle des Zugs durch Drahtseile mit der Lokomotive verbunden wird. Diese wird losgekuppelt und zieht den Räumer zwischen Führungen über die Plattformen sämtlicher Wagen, so daß diese alsbald freigemacht sind.

In Fabriken und Umschlaghäfen, die täglich zahlreiche Kohlenwagen zu entladen haben, hilft man sich über den Mangel von Selbstentladevorrichtungen an den Wagen dadurch hinweg, daß man diese auf große Kippvorrichtungen stellt. Das ist eine Plattform, die einseitig mehrere Meter schräg emporgehoben werden kann. Vor dem Hinunterrollen wird der Wagen dadurch geschützt, daß eine Achse durch kräftige Haken festgehalten wird. Sobald der Wagen schräg genug gestellt ist, wird die für diese Zwecke aufklappbar gemachte untere Kopfwand geöffnet, und die Kohle stürzt in wenigen Augenblicken hinaus.

Um solche Kippvorrichtungen auch an Stellen zur Verfügung haben zu können, wo sie nur vorübergehend gebraucht werden, sind fahrbare Kipper gebaut worden. Sie tragen ein Gleis, das schräg von den Fahrschienen emporsteigt, und besitzen eine Windevorrichtung zum Emporziehen der Wagen mittels Drahtseils. Das hochgezogene Fahrzeug kann dann noch nach Belieben rechts oder links hin geschwenkt werden, damit es seinen Inhalt zur Seite entleert. Der Kipper selbst ist zusammenlegbar, so daß er in Güterzügen befördert werden kann.

In Europa pflegen täglich sehr viel Güterwagen die Landesgrenzen zu überfahren. Durch Vorkehrungen für zollsicheren Verschluß, über den besondere zwischenstaatliche Vereinbarungen bestehen, ist dieser Verkehr ohne weiteres möglich. Er bringt den außerordentlichen Vorteil, daß die schweren Lasten an den Grenzen nicht umgeladen zu werden brauchen. Ein solcher Wagenübergang ist jedoch an Deutschlands Ostgrenze nicht ohne weiteres möglich. Denn hier beginnt die russische Spurweite, die um 89 Millimeter breiter ist als die unsrige. Der Wunsch, deutsche Güterwagen auch nach Rußland und russische nach Deutschland laufen lassen zu können, hat zur Erbauung besonderer Einrichtungen geführt, die auch hier einen Übergang ohne Umladung ermöglichen.

Wagen, die über die russisch-deutsche Grenze hinübergehen können, nennt man Umsetz- oder – nach ihrem Erfinder – *Breidsprechersche* Wagen. Über beide Spurweiten zu laufen, werden sie dadurch befähigt, daß man ihre Radsätze auswechselbar macht.

Wenn ein Wagen, der nach Rußland übergehen soll, etwa in Eydtkuhnen an-

Deutsche Maschinenfabrik-Aktien-Gesellschaft in Duisburg
250. Fahrbarer Kipper, zusammengelegt, im Güterzug

kommt, so wird sein Untergestell vorn und hinten so auf je einen Karren gesetzt, daß die Wagenräder selbst nicht mehr tragen. Die Achshalter werden nun geöffnet, und der Wagen langsam vorwärts geschoben. Das Regelspurgleis senkt sich allmählich unter die Höhe der Karrenfahrbahn, so daß die Achsen von selbst aus den Achshaltern gleiten und im Regelspurgleis zurückbleiben. Bei Weiterfahrt des auf den Karren ruhenden Wagens steigt aus der Vertiefung ein Breitspurgleis allmählich auf. Besondere Fangeisen an den Achshaltern umfassen die auf dem Breitspurgleis bereit gehaltenen Achsen, und langsam setzt sich der Wagen auf diese Achsen mit dem breiteren Radstand auf, worauf sie an dem Untergestell befestigt werden. Alsdann ist nur noch das Bremsgestänge so zu verstellen, daß die Bremsklötze auf die weiter auseinanderstehenden Räder auftreffen. Beim Übergang von Rußland nach Deutschland vollzieht sich derselbe Vorgang in umgekehrter Reihenfolge.

Personenwagen mit Umsetzvorrichtungen gibt es im gewöhnlichen Verkehr nicht, da die menschliche Last sich ja weit leichter selbst in andere Wagen verfrachten kann. Das einstige russische Kaiserhaus besaß jedoch eine ganze Reihe umsetzbarer Saalwagen für Fahrten durch das übrige Europa.

Besondere Vorkehrungen für Wagenübergang sind auch da notwendig, wo Güter, die in Vollspurwagen geladen sind, nach Orten geschaffen werden sollen, zu denen nur eine Schmalspurbahn führt. Man hilft sich hier dadurch, daß man die Vollspurwagen rittlings auf andere Fahrzeuge aufsetzt, die für das Schmalspurgleis gebaut sind. Man nennt sie Rollböcke. Es sind zweiachsige Wägelchen mit sehr kurzem Achsstand, auf denen sich je ein Drehschemel befindet. Zwei an dessen Enden angebrachte Halter nehmen je eine Achse des Vollspurfahrzeugs auf.

Das Überladen auf die Rollböcke erfolgt in besonderen Gruben. Das Vollspurgleis läuft an deren Rand glatt durch. Die Rollböcke stehen unten auf einem ansteigenden Gleis. Es wird nun ganz ähnlich verfahren wie bei den Breidsprecherschen Wagen. Die Fangeisen der Rollböcke werden zunächst lose an den Achsen des Vollbahnwagens befestigt. Alsdann wird dieser so lange auf seinem Gleis verschoben, bis die Achsen fest in den Gabeln der aufsteigenden Rollböcke liegen. Nach dem Verschließen der Gabeln werden die Rollböcke ganz aus der Grube gezogen, so daß der Wagen nunmehr mit freien Rädern auf ihnen schwebt. Es werden auch Rollböcke gebaut, auf denen nicht die Achsen, sondern die Räder des Vollbahnwagens aufruhen. Die Rollbockgruppen unter den einzelnen Wagen werden bei Herstellung der Züge durch steife Kupplungen miteinander verbunden.

Da die Tragschemel der Rollböcke drehbar sind, so gestatten diese infolge ihres sehr kurzen Achsstands das Durchfahren der sehr engen Krümmungen von Schmal-

251. Rollbock ohne Bremse
Dient zum Befördern von Vollspur-Wagen auf Schmalspur-Strecken

spurgeleisen mit jedem Vollbahnwagen. Deren Achsstand spielt gar keine Rolle mehr. Es findet auch eine vorzügliche Verteilung des Achsdrucks auf das schwächere Schmalspurgleis dadurch statt, daß die doppelachsigen Rollböcke an die Stelle jeder einzelnen Vollspurachse zwei schmalspurige setzen. Diese unscheinbaren Vorrichtungen stellen darum eine sehr wichtige, neuere Errungenschaft des Eisenbahnverkehrs dar.

Der Übergang der Güterwagen von Strecke zu Strecke wird naturgemäß ganz besonders schwierig an solchen Stellen, wo große Seen oder gar Meere trennend dazwischentreten. Die außerordentliche Kraft, die dem Eisenbahnbetrieb innewohnt, die unerschrockene Tatenlust der Ingenieure haben jedoch auch solche Gewässer zu überwinden gewußt, denen selbst mit gewaltigsten Brückenbauten nicht beizukommen ist. Der Eisenbahnverkehr macht in unseren Tagen weder an den Ufern großer Binnenseen noch an den Küsten der Meere halt. Er ist heute gewohnt, sich solcher Fahrzeuge zu bedienen, die noch vor hundert Jahren als märchenhaft galten. Es ist seine Art, mit Tausend-Zentner-Gewichten Fangeball zu spielen, lächelnd selbst die größten Schwierigkeiten beiseite zu stoßen, die für jeden anderen Betrieb unüberwindlich wären.

Das Wasser, welches die Eisenbahn nicht auf einer Brücke über- oder in einem Tunnel unterschreiten kann, vermag nur mit Schiffen überwunden zu werden. Ein Eisenbahnzug auf dem Schiff, das ist wirklich ein abenteuerlicher Gedanke! Es ist kaum etwas anderes, als wenn man etwa ein Pferd auf dem Rücken eines Elefanten oder den elektrischen Funken mittels der Rohrpost befördern wollte. Eigentümlich genug nimmt sich denn auch der flinke Renner Eisenbahn auf einem schweren breitbauchigen Fährschiff aus; die selbständige Beweglichkeit seiner schnellen Füße ist hier unmöglich, vom Beförderer wird er zum Beförderten. Der stählerne Pfad, das ewig Ruhende im sonst rastlosen Bezirk der Eisenbahn, wird hier plötzlich mit bewegt, der Unterbau ist keine Erdfeste mehr, sondern ein schwankendes Schiffsdeck.

Aber wenn auch die Beförderung durch das widerstehende Wasser mit ungewohnter Bedächtigkeit vor sich geht, so sind doch die

252. Rollbock mit Bremse

303

Fähren sehr nützliche Mitglieder des Eisenbahnbetriebs geworden. Ohne sie würde die Eisenbahn nicht nur die Beförderung der Güter über das Wasser selbst verlieren, auch die Zufahrtsgleise zu den Ufer- und Küstenorten würden weit weniger benutzt werden, da sonst wegen des zweimaligen Umladens auf die zwischengeschalteten gewöhnlichen Schiffe und von diesen wieder auf die Bahnwagen die Verfrachtung gewisser Güter auf Eisenbahnlinien überhaupt vermieden werden würde. Der Handel würde das Schiff schon möglichst am Beginn der Fahrstrecke bevorzugen.

Der Reisende staunt am Ausgangspunkt einer Fährstrecke oft darüber, daß eine so gewaltige Einrichtung geschaffen ist, nur um ihm die recht geringe Unbequemlichkeit des Umsteigens von der Bahn zum Schiff und umgekehrt aus dem Weg zu räumen. In Wirklichkeit aber wird der Personenverkehr auf den Fähren nur gerade geduldet. Niemals hätte man für ihn allein so umfangreiche Veranstaltungen getroffen. Die Fähren sind infolge der schwereren Beweglichkeit der Lasten entstanden; sie haben nebenbei die Liebenswürdigkeit, auch lebende Fracht zusammen mit ihren Aufenthaltshäusern, den Personenwagen, mitzunehmen. Die Annehmlichkeit, die den Reisenden hieraus erwächst, ist immerhin nicht zu unterschätzen; und es kommt noch hinzu, daß auf bewegtem Wasser das Gespenst der Seekrankheit fast völlig verbannt ist, wenn man sich auf einem stark belasteten, schwer beweglichen Fährschiff befindet, statt ein sehr viel kleineres Dampfboot zu benutzen.

Die erste Eisenbahnfähre wurde im Jahre 1851 zwischen den Orten Cranton und Burntisland am Firth of Forth in Schottland benutzt, in der Nähe jener Stelle, wo heute die gewaltige Forth-Brücke über den Fluß führt. In Deutschland waren es die württembergischen Bahnen, die sich zuerst des Fährbetriebs bedienten; im Jahre 1868 fuhr die erste Eisenbahnfähre über den Bodensee, der ja als eines der größten europäischen Binnengewässer heute von zahlreichen Linien solcher Art durchzogen wird. Ganz besonders viel angewendet wird der Fährbetrieb in Dänemark, das durch seine Lage auf einer großen Zahl von Inseln hierzu beste Gelegenheit bietet. Über die großen amerikanischen Seen werden öfter ganze Schnellzüge geschlossen hinübergefahren.

Deutschland besitzt eine kleine und zwei große Fährstrecken über das Meer. Von Stralsund aus gelangen Personen und Güter nach Altefähre auf Rügen, indem der drei Kilometer breite, dazwischenliegende Meeresarm mittels einer Fähre übersetzt wird. Von Warnemünde aus fahren solche Schiffe 45 Kilometer weit über die Ostsee nach Gjedser in Dänemark und von Saßnitz aus über eine 107 Kilometer lange Meeresstrecke nach Trelleborg in Schweden. Diese Schweden-Fähren sind ganz besonders geräumig. Jede von ihnen kann 18 beladene Güterwagen auf einmal mitnehmen.

Für den Übergang der Wagen von der festen Eisenbahnstrecke zu den Gleisstücken auf dem Fährschiff sind besondere Vorkehrungen notwendig. Zunächst müssen die Schiffe beim Landen stets sehr genau an die gleiche Stelle geleitet werden, damit Land- und Schiffsgleis eine durchlaufende knicklose Linie bilden. Man läßt die Fähren beim Anlegen keine Seitendrehung machen, sie fahren vielmehr mit der Spitze gegen das Land. Zur Herbeiführung der genauen Lage werden sie unmittelbar vor Ende ihres Laufs durch Leitwerke oder Fährbetten aufgenommen. Diese haben die Form des vorderen Schiffskörpers. Um den Stoß beim Auffangen des Schiffs im Leitwerk möglichst zu mildern, sind dessen Bohlen federnd an Rammpfählen oder Betonpfeilern befestigt. Die Fähren werden mit schweren Trossen am Land

Van der Zypen & Charlier in Köln-Deutz
253. Vollspurzug auf Schmalspur-Gleis
Rollböcke mit Räderfesthaltung.

festgehalten. Bei unruhigem Wasser läßt man wohl auch die Schiffsschraube ständig langsam vorwärts arbeiten, damit die Spitze des Fahrzeugs stets fest anliegt.

Die Verbindung zwischen Landgleis und Fährgleis wird durch eine bewegliche Brücke hergestellt, die am Land ein festes Drehgelenk besitzt und mit ihrem anderen Ende auf dem Fährdeck aufliegt. Die Brücke muß eine Beweglichkeit in der senkrechten Ebene besitzen, um den verschiedenen Höhenlagen folgen zu können, die das Schiff bei wechselndem Wasserstand und je nach der Stärke seiner Beladung einnimmt. Es ist aber auch notwendig, der Brücke eine gewisse seitliche Beweglichkeit zu geben. Denn auf den großen Fähren liegen stets mehrere Geleise nebeneinander, die nicht zu gleicher Zeit beladen werden können; infolge der ungleichmäßigen Belastung beider Längshälften tritt häufig eine schiefe Seitenlage der Fähre, die sogenannte Krängung, ein. Wenn diese Krängung auch bei Abfahrt des Schiffs noch vorhanden ist, wird sie durch Einlassen von Wasser in hierzu vorgesehene Ballasträume ausgeglichen.

Um möglichst wenig Zeit für das Anlegen der Fährschiffe opfern zu müssen, macht man sie meist doppelendig, das heißt, man gibt ihnen eine solche Form, daß sie sowohl von der Spitze wie vom Heck her beladen werden können. Bei den Saßnitz-Fähren ist das aber nicht der Fall. Diese besitzen einen gewöhnlichen, hohen Vordersteven und müssen daher vor dem Einlaufen in das Leitwerk stets gewendet wer-

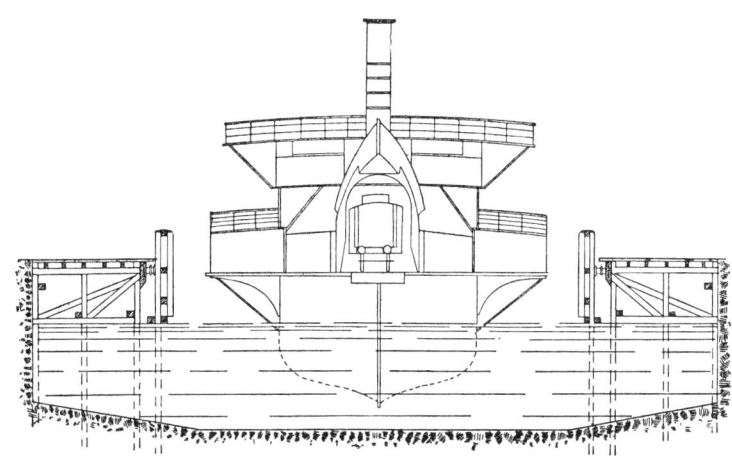

Aus »Eisenbahntechnik der Gegenwart«
254. Eisenbahn-Fähre in der Landungs-Vorrichtung
Querschnitt durch das Fährbett

305

den. Man ist bei dieser Linie so vorgegangen, weil man den Schiffen eine möglichst seetüchtige Form für die lange Fahrt über das offene Meer geben wollte. Ein hoher Steven ist schon deshalb notwendig, weil das Wasser von der Spitze her besonders leicht überkommt. Um ein Überspülen des Decks nach Möglichkeit zu vermeiden, sind darum auch die von beiden Enden her beladbaren Warnemünder Fähren mit einem hohen Stevenaufsatz versehen. Wenn Wagen über die Spitze auf das Deck gefahren werden sollen, muß der oberste Teil des Stevens, der das Deck überragt, aus dem Weg gebracht werden. Er ist darum beweglich eingerichtet und kann mittels einer Winde so hochgeklappt werden, daß er senkrecht steht und wie ein Tor die Einfahrt überwölbt.

Das Deck der Fähren, das ja eine sehr hohe Belastung aufzunehmen hat, ruht auf eisernen Säulen, die durch den ganzen Schiffsraum hindurchgehen und sich unten auf die Kielbalken stützen.

Die Eisenbahnfahrzeuge müssen auf den Fährengeleisen festgemacht werden, damit sie beim unvermeidlichen Schwanken des Schiffs nicht in Bewegung geraten. Man befestigt zu diesem Zweck an den Puffern Hängeeisen, die zangenartig um die Schienenköpfe geklemmt werden. Bei besonders unruhigem Wasser werden noch schräge Ketten angewendet. Durch leichte Schraubenwinden, die man zwischen Untergestell der Wagen und Deckboden klemmt, hebt man das Federspiel der Fahrzeuge auf, damit kein senkrechtes Schwanken der schwer beladenen Wagenkasten eintreten kann. An den Gleisenden pflegen sich kräftige Prellböcke zu befinden, die während des Beladens zur Seite fortgeklappt werden können.

Der Reisende hat in begreiflicher Überschätzung seines Ichs meist die Ansicht, die Eisenbahn sei hauptsächlich eine Einrichtung zur Personenbeförderung. Der Güterverkehr scheint ihm etwas Nebensächliches, ein ziemlich bedeutungsloser und stiefmütterlich behandelter Teil des Eisenbahnbetriebs. Wir wissen aber bereits, daß die Tatsachen in Wirklichkeit umgekehrt liegen. Betrieblich und geldlich fällt dem Güterverkehr die bei weitem überragende Rolle zu. Die baulichen Einrichtungen für den Personenverkehr sind zwar liebenswürdiger gestaltet, aber räumlich sehr viel beschränkter. Was bedeutet der Potsdamer Hauptbahnhof in Berlin gegenüber der riesenhaften Güteranlage, die sich in seinem Rücken dehnt! Wie bescheiden ist die Gesamtzahl der Personenwagen gegenüber der ungeheuren Ausdehnung des Güterwagenparks!

Wenn auch die Personenbahnhöfe prächtige Eingangshallen und wohlüberdachte Bahnsteige besitzen, seine stärkste Kraft schöpft der Eisenbahnverkehr doch aus den karg gestalteten, abseits liegenden Güterbahnhöfen. Nicht die gepolsterten Bänke der Personenwagen, sondern die harten Böden der Güterfahrzeuge befördern die Fracht, welche die größten Einnahmen liefert.

17. Auf Zug und Stoß

Das Vorstellungsvermögen hat vor dem Leser dieses Buchs bereits öfter das Bild der über die Strecke dahinrollenden Züge entstehen lassen. Technisch aber sind die Fahrzeuge bisher nur als Einzelwesen behandelt worden. Wir haben die Glieder der Kette betrachtet, aber unsere Aufmerksamkeit noch nicht den Vorkehrungen zugewendet, welche diese einzelnen Glieder zu einem Ganzen zusammenfügen und dem Zug, obgleich er aus starren Stücken besteht, die Geschmeidigkeit einer Schlange verleihen.

Die in einem Zug vereinigten Fahrzeuge üben zwei verschiedenartige Kraftwirkungen aufeinander aus: den Zug und den Stoß. Wenn die Wagenreihe anfährt, reißt der eine Wagen den nächsten hinter sich fort, beim Bremsen und Anhalten stoßen die Fahrzeuge mehr oder weniger heftig aufeinander. Die Verbindungen zwischen ihnen müssen daher so gestaltet sein, daß sie beide Angriffe auszuhalten und so aufzunehmen vermögen, daß die Wagen selbst möglichst wenig erschüttert werden.

Zur Aufnahme der Stöße dienen die *Puffer*, zur schonenden Übertragung der Zugkräfte die *Kupplungen*.

Puffer sind als weitest vorspringende Teile zwischen die einzelnen Fahrzeuge geschaltet. Die Schäfte ihrer Teller setzen sich gegen sehr kräftige Wickelfedern, die bei jedem Stoß zusammengedrückt werden und so den Anprall von dem Wagen selbst fernhalten oder ihn doch nur in verminderter Stärke übertragen. Damit die Puffer in Krümmungen, wenn die Wagen sich schief gegeneinander einstellen, nicht abbrechen, ist durch eine besondere Vorschrift bewirkt, daß einem flachen Teller stets ein gewölbter Pufferkopf gegenübersteht. Dies wird durch die einfache Anordnung herbeigeführt, daß der beim Anschauen der Stirnseite jedes Fahrzeugs rechts stehende Puffer stets eben, der linke jedoch gewölbt sein muß.

Für die schweren D-Wagen genügt die einfache Pufferfederung nicht mehr. Hier ist hinter der Pufferbohle, die das Untergestell nach vorn abschließt, noch eine zweite, schwächere Federung eingefügt. Da infolge der sehr langen Kasten der Drehgestellfahrzeuge die Schiefstellung in den Krümmungen sehr groß ist, der innen liegende Puffer also sehr kräftig eingedrückt wird, während der andere fast gänzlich entlastet ist, sind Ausgleichshebel eingeschaltet; sie übertragen die auf den einen Puffer ausgeübte Kraft auf den anderen und zwingen ihn zur Mitwirkung.

Auf den deutschen Vollbahnen werden ausschließlich Seitenpuffer verwendet. Auf Schmalspurstrecken mit ihren leichteren Fahrzeugen trifft man häufig Mittelpufferung mit nur einem Pufferkörper an. Diese Anordnung ist heute in Amerika auch auf den großen Strecken die Regel.

Sehr viel wichtiger noch ist betrieblich die Tätigkeit, welche die Kupplungen zu leisten haben. Diese sind es ja eigentlich, welche die Einzelfahrzeuge zu dem Ganzen des Zugs vereinigen.

Die heutige Form der Kupplungen ist mit großer Ausdauer allmählich so gestaltet worden, daß die Verbindungsglieder durchaus haltbar und zuverlässig sind. Mit diesen Eigenschaften muß die Kupplung aber auch rasche Lösbarkeit vereinigen, damit das Anhängen und Absetzen von Wagen möglichst geschwind vor sich gehen kann. Die Kupplungen dürfen nicht starr mit den Fahrzeugen verbunden sein,

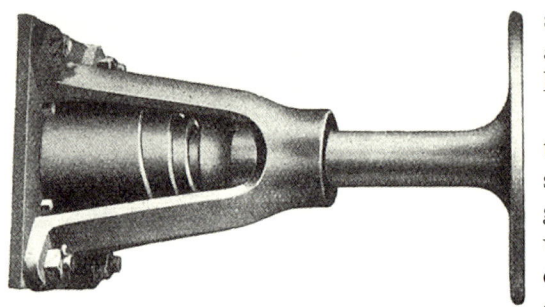
255. Puffer

sondern müssen federnd an diesen angebracht werden, um ein Anziehen ohne Ruck zu ermöglichen.

Federnde Kupplungen erleichtern der Lokomotive das Anfahrgeschäft dadurch, daß nicht sofort der ganze Zug in Bewegung gesetzt zu werden braucht, sondern infolge des Federspiels ein Wagen nach dem anderen sich stets an den Zughaken der Maschine hängt. Namentlich bei den schweren Güterzügen ist dies wichtig. Um hier ein ganz allmähliches Anziehen zu ermöglichen, werden die Kupplungen an Güterzügen nicht fest angespannt, man läßt vielmehr einen kleinen Spielraum zwischen den Puffern bestehen, so daß der Zug beim Anfahren sich streckt, der letzte Wagen erst angezogen wird, wenn die vordersten sich bereits in Fahrt befinden. Bei Zügen für Personenbeförderung ist ein gleiches Verfahren nicht möglich, weil die Wagen bei loser Kupplung leicht in ein Schwanken geraten, das empfindlichen Reisenden ein der Seekrankheit ähnliches Gefühl verursachen würde. Allzu kräftiges Anziehen der Kupplung ist jedoch auch hier zu vermeiden, damit der Zug keinen starren Block bildet.

Wegen der Schiefstellung der Wagenenden in den Krümmungen werden die Kupplungsköpfe bei langen Wagen meist so angeordnet, daß sie sich in der waagerechten Ebene um ein Gelenk drehen können. Die Öffnung in der Pufferbohle, durch welche der Kupplungsschaft hindurchgreift, ist dann schlitzartig ausgebildet.

In Europa wird heute allgemein die Schraubenkupplung verwendet, und zwar in der Form, wie sie Bild 256 darstellt. Die Vorrichtung ist spannbar, gestattet also, die Vereinigung der aufeinanderfolgenden Fahrzeuge verschiedenartig, frei oder lose, zu gestalten. Die an jedem Hakenschaft aufgehängte Schraubspindel wird mittels eines Bügels mit dem Haken des nächstfolgenden Fahrzeugs verbunden. Alsdann wird mit Hilfe eines Schwengels die Schraubspindel gedreht. Sie hat Rechts- und Linksgewinde, so daß die von beiden Seiten her auf das Gewinde der Spindel gesteckten Muttern sich gleichzeitig nach der Mitte der Spindel bewegen. Bei Zügen für Personenbeförderung wird die Kupplung so angespannt, daß die Puffer eine mäßige Spannung gegeneinander haben.

Da jedoch trotz des vorzüglichen

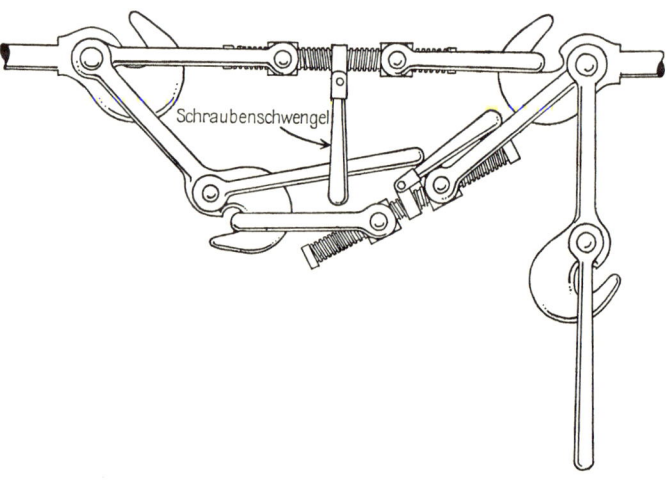
256. Schraubenkupplung
mit zusammengefügter Notkupplung

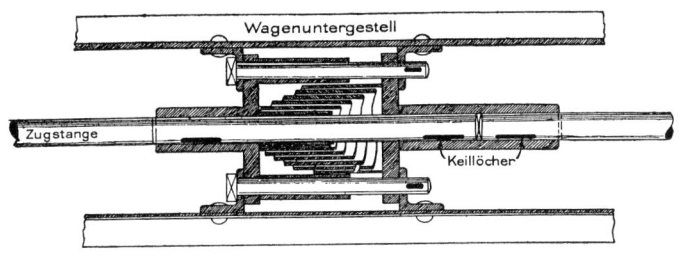

257. Zugstangen-Federung
Verbindung der durchgehenden Zugstange mit dem Wagen-Untergestell

Stoffs, aus dem die Kupplungen gebaut sind, ein Zerreißen vielmals außerhalb des Bereichs der Möglichkeit liegt, ist noch eine Hilfskupplung vorgeschrieben. Zu diesem Zweck ist an jeden festen Haken noch ein lose herabhängender Haken angelenkt. Da beim Kuppeln zweier Wagen stets ein Schraubengehänge frei ist, so ergibt dessen Vereinigung mit dem hängenden Haken ohne weiteres die Doppelkupplung. Sie ist für gewöhnlich ganz lose, strafft sich jedoch sofort von selbst an, wenn die eigentliche Kupplung reißt.

Durch Bügel, die weiter an die Hilfskuppelungshaken angehängt sind, kann auch nach Bruch beider Schraubspindeln noch eine Verbindung hergestellt werden.

In früheren Jahrzehnten wurde die Hilfskupplung durch zwei Kettenpaare bewirkt, die unter den Puffern angebracht waren. Es hat sich jedoch gezeigt, daß die Ketten, sobald sie nach Bruch der Kupplung straff gezogen wurden, meistens durchrissen. Man ist daher zu der heute üblichen, weit festeren Hilfskupplung übergegangen.

Wenn die Enden der Kupplungen an den Pufferbohlen befestigt sind, so müssen notwendigerweise die Untergestelle der Wagen alle antretenden Zugkräfte aufnehmen. Das Untergestell des ersten unmittelbar hinter Lokomotive laufenden Wagens hat also das gesamte sehr bedeutende Zuggewicht fortzuziehen. Das ergibt eine Beanspruchung der Wagenuntergestelle, die diesen nicht günstig ist. Der Verein Deutscher Eisenbahnverwaltungen hat darum bereits im Jahre 1866 die Anordnung eines Zwischenglieds eingeführt, das die Untergestelle vollkommen entlastet. Es ist dies die durchgehende Zugstange.

Die Kupplungen werden seitdem nicht mehr am vorderen und hinteren Querträger der Untergestelle angebracht, sondern sie sind durch eine Stange miteinander verbunden, die unter dem ganzen Wagen durchläuft. Hierdurch wird über die Einzelkupplungen hinweg eine gesonderte Zugverbindung vom Tenderhaken bis zum letzten Wagen geschaffen. Die Einrichtung hat sich als außerordentlich günstig erwiesen. Selbstverständlich muß jede Zugstange an einer Stelle mit dem Untergestell ihres Wagens in Verbindung stehen, damit dieser mitgenommen wird, und diese Verbindung, die sich in der Mitte der Wagenlängsachse befindet, muß federnd sein. In welcher

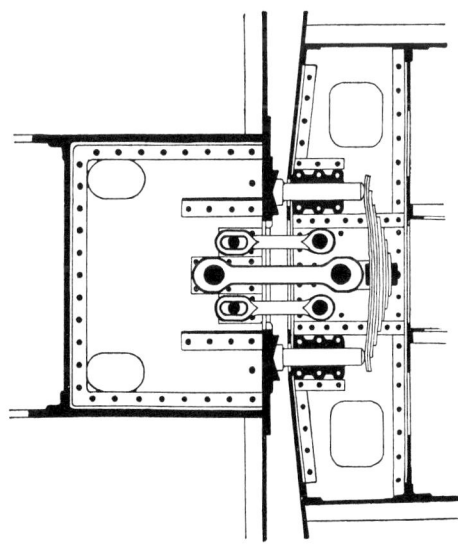

258. Kupplung zwischen Tender und Lokomotive
Kurzkupplung mit Seitenpuffern und drei Zugeisen

309

Form sie ausgeführt wird, zeigt Bild 257. Die Zugstangen und auch die Kupplungen selbst sind so zu berechnen, daß jede von ihnen das höchste Zuggewicht zu ziehen vermag, da ja jeder Wagen imstande sein muß, als erster im Zug zu laufen.

Der Kupplungshaken greift mit einem Vierkant durch die Pufferbohle hindurch, während die Zugstangen rund sind. Durch den Vierkant wird ein senkrechter Keil gesteckt, der sich beim Bruch der Zustange gegen die Pfufferbohle legt und den beschädigten Wagen mit seinem Vorgänger in Verbindung hält, solange der Kupplungshaken selbst nicht bricht und der Keil die Belastung aushält. Manche Zugzerreißung, die ja stets von schweren Folgen begleitet sein kann, ist durch diese kleine Noteinrichtung bereits verhindert worden.

Das Vorderende der Lokomotive und das Hinterende des Tenders müssen gleichfalls Kupplungen gewöhnlicher Bauart besitzen. Ganz besonders geartet aber ist die Verbindung zwischen Lokomotive und Tender. Sie muß sehr kräftig ausgestaltet sein, damit ein Bruch vollständig ausgeschlossen ist. Dieser würde ja nicht nur ein Zerreißen des Zugs an ungünstigster Stelle bewirken, sondern wahrscheinlich auch den Absturz der Lokomotivmannschaft herbeiführen. Die Kupplung zwischen Maschine und Tender hat ferner die Aufgabe, die schlingernden Bewegungen, die jede Lokomotive gern macht, dadurch einzuschränken, daß die Tenderlast fest an das Ende der Lokomotive gehängt wird.

Aus diesem Grund werden, wie Bild 258 zeigt, Tender und Lokomotive unter Zwischenschaltung eines federnden Glieds dreifach gegeneinander verspannt. Die im Querschnitt dreieckigen Kopfplatten der kleinen Puffer am Tender, die sich gegen entsprechend geformte, aus hartem Stahl gefertigte Gehäuse an der Lokomotive legen, stehen unter einem Druck von mindestens 5000 Kilogramm, der von einer gemeinschaftlichen Blattfeder auf sie ausgeübt wird. In der Längsachse beider Fahrzeuge ist das Hauptzugeisen befestigt, durch das auf beiden Seiten sehr kräftige Bolzen gesteckt sind. Rechts und links davon liegt je ein weiteres Zugeisen als Notkupplung; diese Verbindungsstücke besitzen auf der Lokomotivseite längliche Augen, damit die durchgesteckten Bolzen in den Krümmungen genügendes Spiel haben.

Die Verbindung zwischen Tender und Lokomotive ist eine Kurzkupplung. Derartige Einrichtungen findet man auf der Berliner Stadtbahn und zahlreichen Vorortsstrecken auch an anderen Stellen der Züge. Hier werden nämlich je zwei Wagen kurz miteinander gekuppelt, damit die Länge der Züge geringer ausfällt. Die so verbundenen Wagen bilden betrieblich eine Einheit, da sie nur in der Werkstatt voneinander getrennt werden können.

Die Ausgaben für die Unterhaltung der Kupplungen sind bei allen Eisenbahnverwaltungen sehr groß. Wie Steinbiß im »Deutschen Eisenbahnwesen der Gegenwart« mitteilt, haben die preußisch-hessischen Staatseisenbahnen in dem Betriebsjahr 1908–1909 rund 300 000 Ersatzkupplungen verbraucht. Für deren Beschaffung und Anbringung wurden rund drei Millionen Mark ausgegeben. Unter Hinzurechnung der Kosten für die in den Werkstätten ausgebesserten Kupplungen schätzt Steinbiß den jährlichen Gesamtaufwand für Kupplungsunterhaltung im Bereich der preußisch-hessischen Staatsbahnen auf mindestens fünf Millionen Mark.

Keine Arbeit ist im Bezirk der Schienenwelt so häufig vorzunehmen wie das Kuppeln. Milliardenfach wiederholt sich jährlich das Verbinden und Lösen der Wagen. Leider stellt diese Einrichtung zugleich eine der gefährlichsten Handhabungen dar. Die größte Zahl der im Betrieb Verunglückten kommt auf die Wagenkuppler. Sind sie doch gezwungen, zwischen Fahrzeuge zu treten, die sich in Bewegung be-

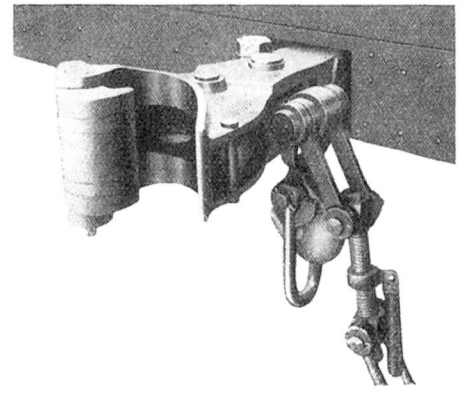

259. Selbsttätige Krupp-Kupplung
in Verbindung mit Schraubenkupplung für die
Übergangszeit.   Klaue geschlossen

260. Selbsttätige Krupp-Kupplung
in Kuppelstellung

finden, wobei ihnen besonders die weit vorspringenden Seitenpuffer Gefahr bringen. Man ist daher bereits seit Jahrzehnten bestrebt, die heute bei uns noch ausschließlich vorhandene Zug- und Stoßverbindung mit Seitenpuffern und gesonderter Mittelkupplung durch Vereinigung beider Glieder einfacher und durch Selbständigkeit der Kupplungen vollkommen gefahrlos zu gestalten.

In den Vereinigten Staaten von Nordamerika ist bereits vor mehr als 20 Jahren eine selbsttätige Kupplung mit Mittelpuffer zwangsweise auf allen Bahnen eingeführt worden. Die öffentliche Meinung war damals über die vielen Unfälle, von denen die Wagenkuppler getroffen wurden, so erregt, daß die Gesetzgebung sich der Angelegenheit bemächtigte. Nun ist es leicht, die Einführung einer technischen Anordnung durch Gesetz zu befehlen, schwerer aber, eine wirklich brauchbare Ausführungsform zu finden. Trotz der großen Sorgfalt, welche die deutschen Eisenbahnen dem Wohlergehen ihrer Beamten zuwenden, haben sie sich dennoch bis zum heutigen Tag zur Einführung der amerikanischen selbsttätigen Kupplung nicht entschließen können, da diese gar zu viele technische Mängel zeigt. Das Bestreben aber, hier etwas wirklich Brauchbares zu finden, ist nach wie vor sehr lebhaft und wird sicherlich in absehbarer Zeit zum Erfolg führen.

Eine selbsttätige Kupplung muß nicht nur die in ihrem Namen liegende Eigenschaft besitzen, das heißt, ein Verbindung der Wagen ohne menschliche Mitwirkung herstellen, sie muß auch von der Seite her lösbar sein, so daß das Treten zwischen die Wagen ganz fortfällt. Ferner aber hat sie die Aufgabe, ein wirklich verläßliches Bindeglied darzustellen. Sie muß außerdem so gestaltet sein, daß sich jede Kupplung nach der Lostrennung in einer solchen Stellung befindet, daß eine neue Zusammenkupplung ohne weiteres vollzogen werden kann.

261. Lösekurbel für die Kruppkupplung

Bereits im Jahre 1873 erließ der Verein Deutscher

311

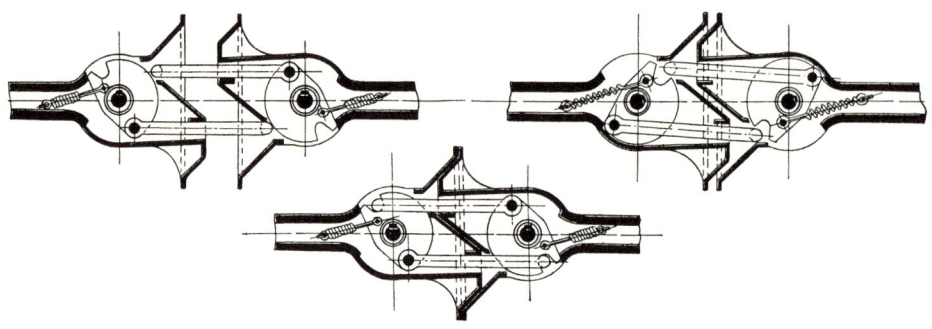

Erbaut von der Maschinenfabrik L. Steinfurth in Königsberg
262. Selbsttätige Scharfenberg-Kupplung
Vor dem Kuppeln; während des Kuppelns; gekuppelt

Eisenbahnverwaltungen ein Preisausschreiben für eine selbsttätige Mittelpuffer-kupplung. Seitdem sind auf diesem Gebiet zahllose Erfindungen gemacht worden. Ein Wettbewerb, der im Jahre 1909 ausgeschrieben wurde, brachte allein den Ein-lauf von mehr als 2000 Entwürfen. Als wirklich brauchbar hat sich keiner von die-sen erwiesen. Es kommt hinzu, daß die europäischen Eisenbahnverwaltungen hier nur gemeinsam vorgehen können. Die zwischenstaatlichen Vereinbarungen schreiben die Kupplungsform für alle Staaten vor, über deren Grenzen Wagen hin-weggehen sollen. Die Ausgaben bei Einführung einer neuen Kupplung sind außer-ordentlich hoch. In der Übergangszeit werden sich nun unbedeutende Schwierig-keiten ergeben, da ja nicht alle Wagen gleichzeitig mit der neuen Vorrichtung ver-sehen werden können; diese muß vielmehr imstande sein, auch mit der alten Schraubenkupplung zusammenzuarbeiten. Aus all diesem ergibt sich, daß ernst-lich an die Einführung einer selbsttätigen Kupplung erst herangegangen werden kann, wenn eine große Eisenbahnverwaltung nach langer Erprobung eine Form ge-funden hat, die auch nach Meinung der anderen beteiligten Verwaltungen – und das sind die Eisenbahngesellschaften in fast allen Ländern Europas – unbedingt ein-wandfrei, zuverlässig und allen billigen Anforderungen gewachsen ist.

Augenblicklich werden in Preußen hauptsächlich zwei selbsttätige Kupplun-gen erprobt, deren Einrichtungen hier kurz geschildert sein mögen. Es sind die Kruppsche Kupplung und die Scharfenberg-Kupplung, die von der Eisenbahnwagen-fabrik Steinfurt in Kö-nigsberg gebaut wird.

Die Krupp-Kupp-lung schließt sich eng an die amerikanische Bauart nach Janney an. Ihre Form zeigt Bild 259. Die Klauen sind beweglich. So-bald die an ihren ange-brachten seitlichen Vorsprünge nach in-

263. Selbsttätige Scharfenberg-Kupplung am Wagen

nen gestoßen werden, was beim Aufeinanderprallen der Wagen geschieht, schliessen sich die Klauen, und die Vorsprünge werden durch Bolzen, hinter die sie geglitten sind, festgehalten. Nunmehr liegt eine Klaue fest in der anderen, die Kupplung ist vollzogen. Die Lösung kann von der Seite her leicht durch Anheben des Festhaltebolzens mittels einer durch Kurbel drehbaren Stange geschehen. Der Kupplungskopf stellt gleichzeitig den Mittelpuffer dar. Die Seitenpuffer sind dann also nicht mehr notwendig.

Die Bilder 259 und 260 zeigen den Einbau während der Übergangszeit, wobei der Kupplungskopf schwenkbar angeordnet ist, so daß nach seiner Umlegung zur Seite die nun vorn liegende Schraubenkupplung benutzt werden kann.

Sehr viel beachtet wird die Scharfenberg-Kupplung. Sie besteht aus einem eigentümlichen, trichterförmigen Gehäuse, in dem ein drehbares, rundes Herzstück befestigt ist. Dieses hat an der einen Seite einen Haken, an der anderen einen hinausragenden Bügel. Stoßen zwei Scharfenberg-Kupplungen aufeinander, so dreht jeder der beiden Bügel sein Herzstück herum, weil er von dem gegenüberliegenden in den Trichter gepreßt wird, und hierbei spannt sich sogleich eine kräftige Zugfeder an (Bild 262). Nach genügender Drehung der Herzstücke fallen die Bügel in die Haken, die Herzstücke schnellen zurück, und nun sind die Wagen gekuppelt. Die Verbindung wirkt sehr zuverlässig, weil jedes Herzstück jetzt von beiden Seiten mit gleicher Kraft gezogen wird, also keine Drehung mehr vollführen kann. Das Lösen der Kupplung geschieht dadurch, daß von der Seite her ein Herzstück so lange nach außen gedreht wird, bis beide Bügel gleichzeitig aus den Haken springen. Alsdann zieht die Zugfeder die Herzstücke wieder in die Kuppelstellung zurück. Auch die Scharfenberg-Kupplung besitzt einen Schwenkkopf für die Übergangszeit.

Man muß hoffen, daß auf die eine oder die andere Weise recht bald eine Lösung der Kupplungsfrage in zufriedenstellender Weise gelingt. Das Leben vieler arbeitsamer Männer würde hierdurch geschont werden. Die Zahl der Betriebsunfälle auf den Bahnen würde sich bedeutend vermindern, ein dunkler Fleck auf dem blanken Schild des Eisenbahnwesens damit verschwinden.

18. Der Zügel

Der Zweck einer jeden Zugfahrt ist Beförderung. Der Zug hat die Aufgabe, Menschen oder Güter möglichst rasch von Ort zu Ort zu bringen. Zu diesem Ende muß er geschwinde Fahrt machen können, aber er muß ebenso in der Lage sein, genau am vorausbestimmten Ort anzuhalten. Wenn die Züge nur Vorkehrungen besäßen, die gestatten, sie in Bewegung zu setzen und diese Bewegung nach Willkür zu beschleunigen, nicht aber Einrichtungen hätten, um die erreichte Geschwindigkeit nach Belieben abzudrosseln und genau am gewollten Ort ganz aufzuheben, dann wäre die Eisenbahn nicht in der Lage, ihre Aufgabe zu erfüllen. Das vermag sie nur, wenn ebenso wie der Beginn jeder Fahrt auch deren Ende an bestimmter Stelle des Zielbahnhofs gesichert ist. Ebenso muß unterwegs nach freiem Entschluß des Führers jederzeit angehalten werden können.

Nicht weniger wichtig als die Lokomotive, die den Zug vorwärts bringt, sind also die Vorrichtungen, die seinen Lauf hemmen. Wo ein Sporn ist, da muß auch ein Zügel sein.

Ein D-Zug mit 40 Achsen stürmt über die Schienen. Da plötzlich nimmt der Lokomotivführer ganz hinten am Ende seines Gesichtsfelds ein Signal wahr, das auf Halt liegt. Er ist noch eine beträchtliche Strecke, etwa 800 Meter, von dem warnenden Arm entfernt, hinter dessen Aufstellungsort dem Zug Gefahr droht. Wenn der Führer nun nichts weiter tun könnte, als den Dampf abstellen, so würde die Wagenreihe, deren physikalisch kleinste Teilchen ganz mit der ungeheuren Geschwindigkeit von 100 Kilometern in der Stunde durchtränkt sind, trotzdem weiter und weiter rollen, lange über das Signal hinaus, wahrscheinlich bis zum Aufstoßen auf das Hindernis, vor dem gewarnt wurde. Ein ungehemmter Schnellzug unserer Tage läuft nach Aufhebung der Zugkraft auf ebener Strecke noch zwei bis drei Kilometer weit. Höchst selten nur kann der Lokomotivführer die Strecke so weit übersehen. Ein rechtzeitiges Abstoppen bei Gefahr wäre also unter solchen Umständen unmöglich.

Man bedenke ferner, in welcher Art ein Zug ohne Anwendung von Hemmungsvorrichtungen zum Stehen kommen würde.

Nach Abstellen des Dampfs sinkt die Geschwindigkeit ganz allmählich. Beim Beginn des letzten halben Kilometers ist sie bereits außerordentlich gering geworden. Der Zug schleppt sich ganz langsam über die Strecke, aber er steht noch nicht still. Der verbraucht eine sehr lange Zeit für das Geschäft des Anhaltens. Die Folge ist eine durchaus unstatthafte Verzögerung des gesamten Verkehrs. Die Strecke bleibt durch jeden Zug während einer unverhältnismäßig langen Zeit besetzt, der nächstfolgende muß eine kleine Ewigkeit warten, bis er nachfolgen kann. Der neuzeitliche Eisenbahnbetrieb würde auch hierdurch unmöglich gemacht.

Aus all diesen Gründen eben versieht man jeden Zug mit einem kräftig wirkenden Zügel. Der Zeitpunkt und die Stärke seiner Anwendung werden allein von dem Mann bestimmt, der am ehesten den Zustand der Strecke zu überschauen vermag, der pflichtgemäß über die Sicherheit des Zugs zu wachen hat: vom Lokomotivführer. Erst dadurch, daß er nicht nur die Peitsche, in Form des Reglerhebels, sondern auch den Zügel, nämlich die *Bremse*, zur Hand hat, wird er zum wirklichen Beherrscher des Zugs.

Freilich kann der Führer keine unumschränkte Herrschaft ausüben. Seine Regierungsmaßnahmen sind vielmehr abhängig von der Verfassung, welche die Natur dem Schienenreich gegeben hat. Der Zügel mag noch so kräftig, seine Wirkung so rasch wie nur irgend möglich sein, er darf nicht in einer Weise angezogen werden, die ein augenblickliches Anhalten des mit voller Geschwindigkeit laufenden Zugs bewirkt. Denn in diesem wohnt die lebendige Kraft. Sie kann, je nach ihrer Stärke, nur nach Ablauf einer längeren oder kürzeren Zeit zum Verschwinden gebracht werden, wenn der Zug nicht schwer gefährdet werden soll.

Die lebendige Kraft, die einem Schnellzug unserer Tage eigen ist, gleicht der eines Geschosses, das aus weitem Rohr abgefeuert ist. Trifft ein solches mitten auf seinem Weg ein festes Ziel, etwa einen Schiffspanzer, der seine Bewegung plötzlich aufhebt, so wird sein Mantel innerhalb des Bruchteils einer Sekunde rotglühend. Die lebendige Kraft kann eben nach dem Gesetz über ihre Erhaltung, das wir durch Julius Robert Myer und Helmholtz kennen, auf seine Weise restlos vernichtet werden. Mit Vorliebe wandelt sie sich in Wärme um. Alle Teile eines in rascher Bewegung befindlichen, jählings gehemmten Körpers aber, die nicht verrückbar festgehalten werden, setzen mit außerordentlicher Kraft die Bewegung fort. Gelänge es also auch, die Wagen eines Schnellzugs so machtvoll zu zügeln, daß sie auf der Stelle stehen blieben, so würde doch alles was sich in den Abteilen befindet, mit ungeheurem Stoß gegen die Vorderwand geschleudert werden. Die Gepäckstücke würden wie Kanonenkugeln durch die Luft sausen, die Menschen mit fürchterlicher Gewalt von den Sitzen geschleudert werden. Alle Erscheinungen eines Eisenbahnzusammenstoßes würden auftreten, denn dessen zerstörende Wirkung entsteht ja durch nichts anderes als eben durch die plötzliche Abdrosselung der lebendigen Kraft des Zugs.

Aus diesem Grund sind die Bemühungen all der zahllosen Erfinder unsinnig, die sich immer von neuem damit abquälen, Vorrichtungen zum augenblicklichen Anhalten von Schnellzügen zu erdenken. Was sie durch ihre Erfindung verhindern wollen, die Folgen eines urplötzlichen Stoßes, würde gerade durch diese Art der Zügelung herbeigeführt werden.

Es kann sich also nicht darum handeln, zur Hemmung der Züge etwa Pfähle von der Lokomotive oder den Wagen aus senkrecht in die Bettung zu stoßen, sondern man muß für die Beendigung der Zugbewegung ein Mittel anwenden, daß zwar rasch wirkt, aber die lebendige Kraft doch nur allmählich vernichtet. Man muß ihr unbedingt eine gewisse Zeit lassen, eines natürlichen Todes zu sterben. So will es die Allmeisterin Natur, gegen deren Verfügungen es keine Berufung gibt.

Als bestes Mittel zum Anhalten der Züge in dieser Art hat sich das Andrücken von Bremsklötzen gegen die Luftkränze der Räder erwiesen. Hierbei tritt eine Umwandlung der lebendigen Kraft des Zugs in Wärme ein. Klötze und Radreifen erhitzen sich.

Früher einmal hat man versucht, die Schlittenbremse zu verwenden, bei der Platten gegen die Schienenköpfe gepreßt werden. Aber diese Platten richteten beim Schleifen über Weichenzungen und Herzstücke böse Zerstörungen im Gleis an, sie entlasteten ferner die Achsen der Fahrzeuge, so daß Entgleisungsgefahr entstand. Heute ist darum ausschließlich die Räderbremse in Anwendung.

Mit ihrer Hilfe ist man imstande, selbst die schwersten Schnellzüge aus der Höchstgeschwindigkeit von 100 Kilometern in der Stunde mit einem Bremsweg von 500 bis 600 Metern zum Halten zu bringen. Als Bremsweg bezeichnet man die Strecke, die der Zug vom ersten Anstellen der Bremse bis zum völligen Stillstand durchläuft. Sie darf keinesfalls um ein beträchtliches größer sein, als eben angegeben, da sonst die Stellung der Signale in einer Weise geändert werden müßte, die nicht angängig ist. Darüber werden wir in Abschnitt 21 noch Näheres hören.

Die bei den heutigen Bremsen unmittelbar wirkenden Teile, die Bremsklötze, werden aus Gußeisen hergestellt, das mit Stahlabfällen zusammengeschmolzen ist. Werden ihre Oberflächen gegen die stählernen Radreifen gepreßt, so ergibt das eine genügend starke Reibung, um die Geschwindigkeit der Fahrzeuge hinunterzusetzen.

Die Stärke der Bremsung ist abhängig von dem Grad der Reibung zwischen Klötzen und Rädern. Dessen Größe aber bleibt bei gleichem Bremsdruck nicht unverändert. Der Wert der Reibung zwischen Klotz und Radreifen wächst nämlich mit sinkender Geschwindigkeit. Drückt man im Anfang die Bremsen auch nur sanft an, so entsteht hierdurch, wenn der Zug sich dem Stillstand nähert, ganz von selbst eine sehr starke Bremskraft. Die Bremsung darf also nicht zu kräftig einsetzen, was an sich wünschenswert wäre, da sonst ein ruckendes Anhalten des Zugs stattfinden würde. Und dies ist um so mehr zu befürchten, als die heute bei uns üblichen Bremsbauarten ein Verringern des Bremsdrucks innerhalb eines und desselben Bremsvorgangs nicht gestatten. Schon hieraus geht hervor, daß das Bedienen der Bremsen keine rein handwerksmäßige Arbeit ist, sondern eine recht bedeutende Kunstfertigkeit erfordert.

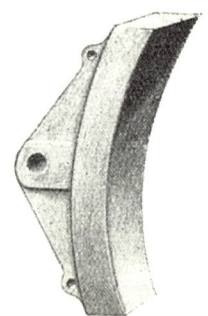

264. Bremsklotz

In ganz besonders sorgfältiger Weise muß darauf geachtet werden, daß die Räder durch die Klötze nicht vollkommen festgestellt werden. Sie müssen sich, solange der Zug in Bewegung ist, immer noch etwas drehen können. Die Erfahrung hat nämlich die eigenartige Tatsache gelehrt, daß die Reibung eines auf der Schiene wenn auch noch so langsam rollenden Rads weit größer ist als die des nur gleitenden Rads. Die kräftigste Reibung, also die Vollbremsung, tritt ein, wenn die Räder sich nur noch ganz sacht drehen. Da gerade am Ende der Bewegung die höchste Bremskraft ausgeübt werden muß, damit genau an der bestimmten Stelle gehalten werden kann, müssen die Klötze so eingestellt werden, daß die Rollgrenze der Räder nicht überschritten wird. Wenn dies der Fall ist, sinkt die Bremwirkung plötzlich sehr bedeutend. Außerdem würde das Gleiten ein Unrundwerden der Räder verursachen, das beim Fahren sehr unangenehme Bewegungen der Fahrzeuge hervorruft, und auch die Schienen würden in ungünstiger Weise abgenutzt. Hierauf also hat der Lokomotivführer sehr genau zu achten.

Er muß auch unmittelbar vor dem Stillstand des Zugs die Bremsen wieder lösen. Tut er dies nicht, so schwingen die Wagenkasten, wenn das Laufwerk bereits stillsteht, auf ihren nachgiebigen Federn noch ein Stück weiter nach vorn. Alsbald aber reißen die Federn die Kasten wieder zurück, wodurch der bekanntlich sehr unangenehme Rückstoß beim Anhalten entsteht. Ein Lokomotivführer, der das Bremshandwerk gut versteht, kann diesen Stoß vermeiden, indem er durch rechtzeitiges Lösen der Bremsen einen etwas längeren Auslauf herbeiführt.

Die Klötze werden nicht aus vollem Eisen hergestellt, sondern haben in ihrem Rücken einen tiefen Einschnitt. Dieser wird angebracht, damit die Klötze eine möglichst große Oberfläche erhalten. Je ausgedehnter diese ist, desto rascher können die Eisenstücke die Wärme ausstrahlen, die ihnen durch die Reibung bei der Bremsung zugeführt wird.

Im gelösten Zustand sollen alle Teile der kreisförmig gebogenen Klotzoberflächen sich in einem Abstand von etwa einem Zentimeter vom Radreifen befinden. Da die Klötze sehr stark abgenutzt werden, so müssen im Bremsgestänge, das die Kraft des Bremsmittels zu den Klötzen überträgt, Vorrichtungen zum Nachstellen vorhanden sein. Viele Gestänge sind so eingerichtet, daß diese Nachstellung selbsttätig erfolgt. Wenn der Verschleiß weit vorgeschritten ist, müssen die Klötze natürlich ausgewechselt werden. Durch die in den Vorschriften für die Wagen festgelegten Untersuchungen ist eine genügende Beaufsichtigung unbedingt gewährleistet. Das Gestänge sorgt dafür, daß sämtliche Bremsklötze eines Wagens mit gleicher Kraft angedrückt werden. Es steigert den Bremsdruck um ein Mehrfaches, indem es ihn durch ungleicharmige Hebel auf die Klötze überträgt.

Man bringt heute an jedem Rad stets zwei Klötze an, die einander in der Durchmesserlinie gegenüberstehen. Hierdurch wird verhindert, daß ein einseitiger Druck gegen die Achsen entsteht, wodurch diese verbogen werden könnten. Auch ein Heißlaufen der Lager durch einseitige Beanspruchung wäre sonst zu befürchten.

Die Bremswirkung, die auf einen Zug ausgeübt werden kann, hängt ab von der Zahl der bremsbaren Achsen. Am raschesten wird man ohne Stoß anhalten können, wenn alle Achsen bremsbar sind. Dies ist daher in Deutschland für alle rascher fahrenden Züge vorgeschrieben.

Bei gewöhnlichen Güterzügen mit ihrer geringen Fahrgeschwindigkeit wird die Bremsbarkeit aller Achsen nicht als notwendig erachtet. Damit aber auch jeder von diesen Zügen mit einem Bremsweg von 600 bis höchstens 700 Metern stets mit Sicherheit zum Stillstand gebracht werden kann, muß jeder eine bestimmte Zahl bremsbarer Achsen haben. In Bremstafeln, die auf Grund langer Erfahrungen und wissenschaftlicher Erkenntnis berechnet sind, ist vorgeschrieben, wieviel Bremsachsen für jede der wechselnden Gesamtachsenzahlen der Güterzüge notwendig sind. Ferner ist bei dieser Bestimmung auch die stärkste Neigung in Betracht zu ziehen, die sich auf der vom Güterzug zu durchfahrenden Strecke befindet. Je stärker die Strecke abfällt, desto mehr Bremsachsen müssen sich im Zug befinden. Bei Gebirgsbahnen ist daher auch in Güterzügen stets eine sehr erhebliche Zahl der Achsen gebremst. Der Güterwagenpark ist in bremsbare und in nicht bremsbare Wagen geteilt. In Preußen sowohl wie in ganz Deutschland ist nicht mehr als ein Drittel aller Güterwagen mit Bremsvorrichtungen versehen.

Neben der Kraft der Bremsung, die auf das Einzelfahrzeug ausgeübt wird, kommt ferner die Art ihres Auftretens im Verlauf des ganzen Zugs in Betracht. Am besten wird eine solche Bremse wirken, die ihre Kraft ganz gleichmäßig und gleichzeitig an allen Zugteilen äußert, alle bremsbaren Fahrzeuge gleichmäßig verlangsamt.

Während der Fahrt hat der Zug eine gestreckte Form. Bei Personenzügen sind die Pufferfedern fast ganz, bei den lose gekuppelten Güterzügen vollständig entlastet. Die Kupplungen sind gestrafft. Wenn jetzt eine Ungleichmäßigkeit beim Bremsen am Zugende gerade erst einsetzt, dann entsteht ein Zusammendrücken des Zugs, indem die letzten Wagen auf die vorderen auflaufen. Die gepreßten Pufferfedern üben alsbald einen Rückstoß aus, und es entsteht so eine hin und her gehende Bewegung, ein Zucken im Zug, das leicht ein Zerreißen von Kupplungen herbeiführen kann. Wenn die für den Zug verwendete Bremsart ungleichmäßiges Abstoppen befürchten läßt, muß langsam gebremst werden. Der Bremsweg wird hierdurch länger.

Man unterscheidet heute in der Hauptsache drei Arten vom Bremsen: die Einzelbremsen, bei denen die auf jeden Wagen ausübbare Bremskraft unabhängig von der bei jedem anderen ist, die durchgehenden Bremsen, die eine zusammenhängende Einwirkung auf den ganzen Zug ermöglichen und die zwischen diesen beiden Arten liegenden Gruppenbremsen, welche gestatten, mehrere aufeinanderfolgende Wagen eines Zugs von einer Stelle aus gleichzeitig zu bremsen; die einzelnen Gruppen sind dann durch nicht bremsbare Wagen getrennt. Die Gruppenbremse kommt hauptsächlich für gemischte Züge in Betracht, also für solche, die in Personen- und Güterwagen durcheinander eingestellt werden.

Es ist selbstverständlich, daß die durchgehende Bremse die gleichmäßigste Wirkung hat. Werden doch hier von einer Stelle aus alle Wagen des Zugs zur selben Zeit gebremst. Die Stelle, von der aus die Bremsung eingeleitet wird, ist naturgemäß die Lokomotive. Damit aber auch eine wirklich gleichmäßige Bremsung eintritt, muß das Bremsmittel so beschaffen sein, daß seine Wirkung überall möglichst zu gleicher Zeit eintritt. Die auf der Lokomotive eingeleitete Bremsung muß raschest auch am letzten Wagen zu wirken beginnen. Das ist nur möglich, wenn die Durchschlagsgeschwindigkeit des Bremsmittels sehr groß ist.

Als Kräfte zur Ausübung der Bremsung werden heute angewendet: die Kraft des menschlichen Arms, die lebendige Kraft des Zugs, Gewichtsdruck, Dampf, Druck der atmosphärischen Luft gegen Kolben in Räumen mit verdünnter Luft (Luftsaugebremse) und gepreßte Luft (Druckluftbremse)

Obgleich die Technik heute bestrebt ist, den Menschen von schwerer körperlicher Arbeit, soweit es irgend möglich ist, zu entlasten, und obwohl die Anwendung von Maschinenkräften für die Zugbremsung aufs beste bewährt ist, herrscht seltsamerweise in Deutschland die von Menschenhand betätigte Eisenbahnbremse heute noch vor. Wegen der geringen Kraft, die der Mensch auszuüben vermag, ist die Handbremse nur als Einzelbremse verwendbar.

Die Betätigung der Handbremse geschieht meistens dadurch, daß der Bremser eine waagerecht stehende Kurbel im Sinn des Uhrzeigers bewegt. Hierdurch dreht er eine senkrecht stehende Spindel, die an ihrem Ende ein kräftiges Gewinde hat. Auf diesem Gewinde wird eine Mutter emporgeschraubt. An dieser sind Hängeeisen befestigt, welche die Bewegung der Mutter auf das Bremsgestänge übertragen und so das Andrücken der Klötze bewirken. Die Anordnung ist auf Bild 266 (am Schluß des Buchs) zu erkennen.

Auch die Wagen der Personenzüge sind fast sämtlich mit Handbremsen ausgerüstet, die dann benutzt werden sollen, wenn die durchgehende Bremse versagt. In den D-Wagen befinden sich keine waagerechten Kurbeln, sondern es ist zur Ersparung von Platz an der einen Stirnwand jedes Wagens im durchlaufenden Gang ein senkrecht liegendes Handrad mit umlegbarem Griff angebracht. Die Drehung wird durch Kegelräder auf die senkrechten Spindeln übertragen.

Seltener werden Handbremsen durch Gewichtshebel betätigt. Hierbei wirkt ein auf dem langen Arm eines ungleicharmigen Hebels aufgeschraubtes Gewicht nach Umlegen des Hebels so, daß es die mit Bremsgeschirr verbundene Stange anhebt. Für Tender in Preußen sind derartige Gewichts- oder Wurfhebelbremsen vorgeschrieben.

In Deutschland werden heute noch sämtliche Güterzüge, ausgenommen die Eilgüterzüge, mit Handbremsen gefahren. Eine durchgehende Bremse ließ sich hier bisher nicht anwenden, weil noch bis vor kurzem keine solche vorhanden war, deren Durchschlagsgeschwindigkeit für die bei Güterzügen üblichen, sehr bedeutenden Längen genügte. Eine großartige Änderung steht aber in diesem Bezirk bevor; wir werden hiervon am Ende dieses Abschnitts hören.

Die Handbremse hat sehr viele Nachteile. Zunächst verursacht ihre Bedienung große Kosten, da zu diesem Zweck eine zahlreiche Mannschaft über den ganzen Zug verteilt sein muß. Auf jedem mit Bremse versehenen Wagen muß sich ein Mann befinden. Obgleich also bei dieser Anordnung menschliche Denkkraft über jede einzelnen Bremse waltet, tritt durch die Bremswirkung nirgends so unregelmäßig ein wie gerade hier.

Der Befehl zum Anziehen der Bremsen wird durch den Lokomotivführer gegeben. Nach der Signalordnung für die Eisenbahnen Deutschlands hat er zunächst mit der Dampfpfeife einen langen Ton abzugegen, der »Achtung!« bedeutet. Ein darauffolgender kurzer Pfiff befiehlt mäßiges Anziehen der Bremsen, zwei kurze Töne schnell hintereinander fordern zu kräftiger Bremsung auf. Das Lösen wird durch zwei lange Töne anbefohlen.

Es ist leicht einzusehen, daß ein gleichmäßiges Bremsen auf diese Weise nicht erwirkt werden kann. Das Pfeifensignal wird nicht überall zu gleicher Zeit gehört, da mancher Bremser draußen auf der Plattform steht, während andere in ihren fest verschlossenen Häuschen sitzen. Sehr häufig verschlingt das Rasseln des Zugs, insbesondere auf eisernen Brücken und in Tunneln, den Ton der Pfeife vollständig. Nebelige Luft wird von den Schallwellen nur schwer durchdrungen. So kommt es, daß schon der Befehl die einzelnen Bremser zu ungleicher Zeit erreicht. Dann aber ist auch die Geschwindigkeit verschieden, mit welcher der einzelne Mann sich zur Kurbel begibt. Während der eine rasch heranspringt, wird der andere sich, insbesondere im Winter, wenn schwere Bekleidung die Bewegungen hemmt, nur langsam von seinem Sitz erheben und die Kurbel erst anfassen, wenn andere die Bremse schon fest angezogen haben. Auch die Geschwindigkeit der Kurbeldrehung ist ungleich. Stöße beim Bremsen sind daher in Güterzügen ganz unvermeidlich. Darum kann ihre Geschwindigkeit über 30 bis 40 Kilometer in der Stunde nicht gesteigert werden. Die Besprechung der neuen Güterzugbremse wird uns noch Gelegenheit geben, zu erörtern, welchen unliebsamen Einfluß diese langsamen Güterzugfahrten auf den gesamten Eisenbahnverkehr ausüben. Die Lokomotiven könnten ohne Schwierigkeiten schwer und stark genug gemacht werden, um auch mit den längsten Zügen sehr viel schneller zu fahren.

Eine Zeitlang haben die Eisenbahntechniker ihre Aufmerksamkeit der Ausnutzung der lebendigen Kraft der Züge für die Herbeiführung der Bremsung zugewendet. Diese lebendige Kraft ist es ja gerade, die beim Bremsen vernichtet werden soll, sie bietet sich also zur Verwendung für die Hemmung von selbst an. Stephenson bereits hat das Zusammendrücken des Zugs bei Verlangsamung der Lokomotivfahrt zum Aufhalten der Wagen benutzt. Beim Eindrücken der Stoßvorrichtungen wurden die Bremsgestänge bewegt, und die Klötze dadurch angezogen. Aber da die Wirkung einer solchen Bremse erst eintrat, wenn das Auflaufen der Wagen bereits stattgefunden hat, so ergaben sich sehr starke Stöße, die schon bei geringen Zuggeschwindigkeiten Zerreißungen der Kupplungen herbeiführten. Diese Bremsart ist deshalb alsbald verlassen worden.

Günstigere Ergebnisse brachte bereits die Anordnung von *Heberlein* (Bild 265). Hier ist auf eine Achse jedes Bremswagens eine besondere runde Scheibe geschraubt. Wenn gebremst werden soll, senkt sich eine Vorrichtung so lange, bis sich eine daran befestigte Rolle gegen die Scheibe auf der Achse legt. Sobald diese Rolle sich mitdreht, wickelt sie eine Kette auf, die über eine Übertragung hinweg eine zweite am Bremsgestänge angreifende Kette abzieht. Auch bei uns ist die Heberlein-Bremse einstmals ziemlich viel verwendet worden; sie ist noch heute auf Nebenstrecken bei

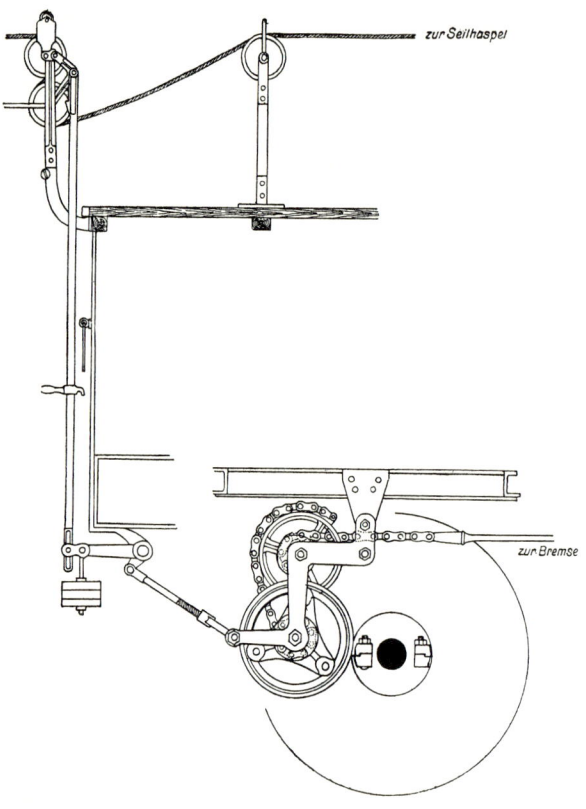

zur Seilhaspel

zur Bremse

Aus »Eisenbahntechnik der Gegenwart«
265. Heberlein-Bremse
Durch Seilzug betätigte, durchgehende Bremse für langsam
fahrende Züge
(Bilder 266 und 267 auf der folgenden Doppelseite)

ganz langsam fahrenden Zügen in Gebrauch. Zahlreiche Schwächen, die sie besitzt, verhindern jedoch ihre Verwendung auf Hauptbahnen.

Zunächst ist bei dieser Anordnung die Bremswirkung abhängig von dem Zustand der Scheiben und Rollen, die sich gegeneinander pressen. Feuchtigkeit, Eis und Schnee setzen den Reibungswert stark hinunter. Das Absenken der Bremsvorrichtungen erfolgt durch Nachlassen eines Seils, das über die Dächer der Wagen hinläuft. Eis macht das Seil steif und zerstört es schnell. Für das Auf- und Abrollen ist eine Haspel auf der Lokomotive aufgestellt. Da jedesmal große Seillängen auf- oder abgewunden werden müssen, so ermüdet häufiges Bremsen die Lokomotivmannschaft ganz bedeutend. Bei Zügen mit vielen Wagen werden die Seillängen allzu groß. Die

Durchschlagsgeschwindigkeit ist naturgemäß so gering, daß ein gleichmäßiges Abbremsen solcher Züge unmöglich wird.

In ähnlicher Weise wirkt die Gewichtsbremse, die in der durch von *Borries* geschaffenen Form auf Nebenbahnen heute noch hier und da verwendet wird. Hier ist gleichfalls ein Seil über die Wagendächer gespannt. Bei seinem Nachlassen drückt ein hintergehendes Gewicht die Bremsklötze durch unmittelbare Beeinflussung des Gestänges an. Eine Abhängigkeit der Bremskraft von der Witterung ist hier nicht mehr vorhanden. Die Haspel wird meist im Gepäckwagen aufgestellt, wo der Zugführer sie, entsprechend den durch die Pfeife gegebenen Befehlen des Lokomotivführers, zu bedienen hat. Der Anwendungsbereich der Gewichtsbremsen wird ebenfalls durch geringe Durchschlagsgeschwindigkeit und schwere Bedienbarkeit eingeschränkt.

Zur Betätigung einer kräftig wirkenden, durchgehenden Bremse scheint auf den ersten Blick der Dampf besonders geeignet. Ist er doch im Kessel stets in großen Mengen vorhanden, seine Leistungsfähigkeit außer Zweifel. Dennoch wird er für Zugbremsung nirgend angewendet. Der Dampf hat ja die störende Eigenschaft, durch Erkalten seine Wirksamkeit rasch zu verlieren und sich zu Wasser niederzuschlagen. Da die Bremsleitungen nur absatzweise, nach oft sehr langen Pausen, benutzt werden, so würde bei Anwendung von Dampf sich in ihnen rasch sehr viel schädliches Wasser bilden, das nicht schnell genug entfernt werden könnte. Für die Lokomotive selbst werden Dampfbremsen jedoch häufig verwendet, da die vom Kessel kommenden Leitungen hier nur kurz sind und stets warm gehalten werden können. In Notfällen kann der Dampf als überaus kräftige, freilich mit starken Stössen wirkende Bremse dadurch verwendet werden, daß der Führer die Steuerung der Maschine rasch für die entgegengesetzte Fahrtrichtung umlegt, also Gegendampf gibt. Alsdann wirkt der in die Zylinder tretende Dampf der Kolbenbewegung stets entgegen und verlangsamt sie sehr geschwind.

Durch eine nunmehr in vier Jahrzehnten des Eisenbahnwesens gewonnene Erfahrung hat sich herausgestellt, daß einzig Luft, gepreßt oder verdünnt, das geeignete Mittel tür die Schaffung einer durchgehenden Bremse ist. In Deutschland wird fast ausschließlich Preßluft oder Druckluft angewendet, weshalb wir hier nur die Druckluftanordnungen ausführlicher besprechen wollen. Es besteht bei uns die Vorschrift, daß die Hauptbahnen alle Züge, die mit 60 und mehr, auf Nebenbahnen alle Züge, die mit mindestens 30 Kilometern Stundengeschwindigkeit fahren, durchgehende Bremsen haben müssen; diese Anordnung ist tatsächlich gleichbedeutend mit der Bestimmung, daß alle Züge dieser Art mit Druckluftbremsen ausgerüstet sein müssen. Wagen, die in solchen Zügen laufen sollen, müssen entweder Bremsvorrichtungen besitzen oder mit Rohren und Kupplungsschläuchen zur Fortleitung des Bremsmittels versehen sein. Sie heißen dann Leitungswagen.

Eine durchgehende Bremse, die allen Anforderungen des neuzeitlichen Zugbetriebs entsprechen soll, muß viele Bedingungen erfüllen. Eine Anordnung, die tatsächlich sämtliche erwünschten Fähigkeiten besitzt, ist im Augenblick noch nicht in Anwendung. Aber auch die bei den deutschen Bahnen schon heute allgemein verbreiteten Bremsarten sind ganz vorzüglich. Sie genügen vollständig zur Aufrechterhaltung eines auf Einhaltung größter Pünktlichkeit gestellten Betriebs und zur Abwendung vieler Gefahren, soweit dies überhaupt durch eine Bremse möglich ist.

Eine vollkommene durchgehende Bremse müßte den folgenden Ansprüchen genügen:

1. Die Handhabung muß einfach sein;
2. die Bremswirkung muß an allen Wagen möglichst gleichzeitig auftreten;
3. die Bremse muß die Möglichkeit geben, den Zug für gewöhnlich durch stufenweise Erhöhung der Bremskraft langsam und stoßfrei anzuhalten (Betriebs-Bremsung);
4. im Gefahrfall muß der höchstmögliche Bremsdruck sofort hervorgerufen werden können (Schnellbremsung);
5. die angezogenen Bremsen sollen stufenweise lösbar sein;
6. die Bremsen sollen unerschöpfbar, das heißt das Bremsmittel auch nach noch so vielen Anwendungen stets in genügender Menge vorhanden und für eine neue Bremsung bereit sein;
7. die Bremse muß selbsttätig sein, also bei Beschädigung der Leitung oder Zerreißung des Zugs auch ohne Mitwirkung des Führers in Tätigkeit treten.

Die erste Anforderung versteht sich von selbst. Die zweite ist wegen des sonst entstehenden Auflaufens der Wagen notwendig, was bereits erörtert wurde.

Die Abstufbarkeit der Bremsung (Forderung 3) macht den Führer erst wirklich zum Herrn des Zugs. Er kann hierdurch die Schnelligkeit der Fahrt nach seinem Belieben abdrosseln, dem Zug eine mäßige Geschwindigkeit geben, ohne ihn an-

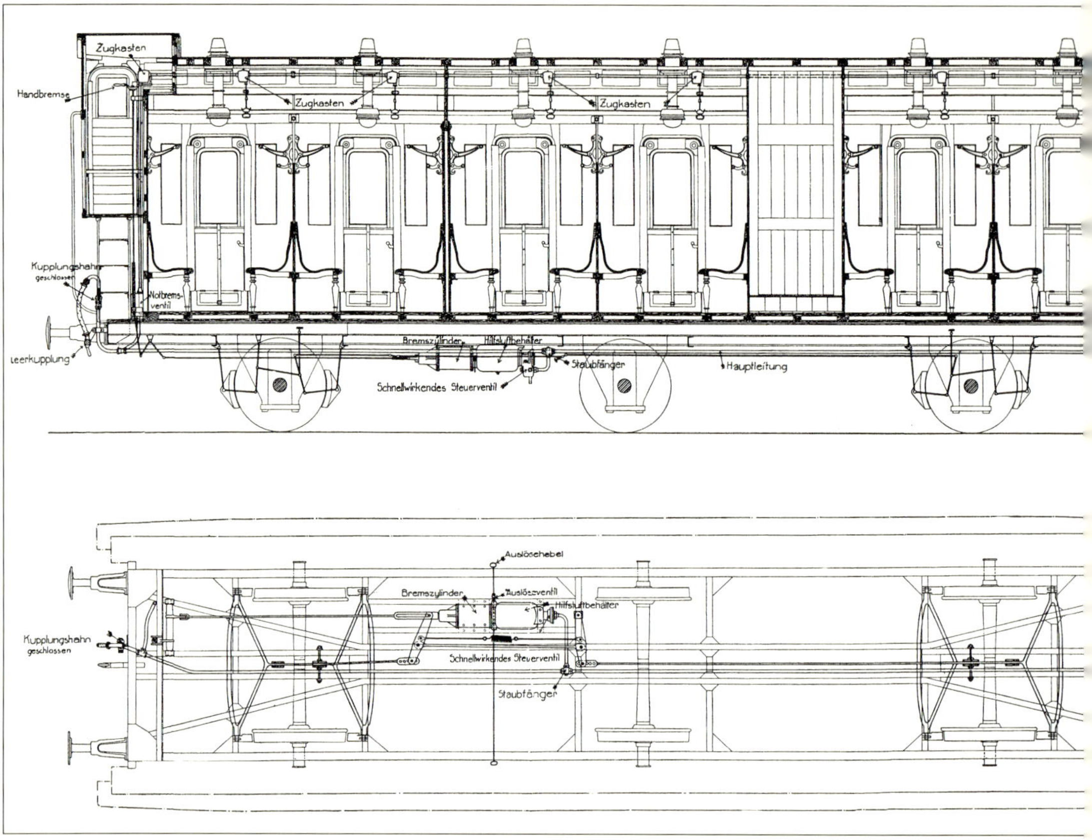

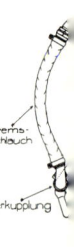

266. (oben) Anordnung der durchgehenden Druckluftschnellbremse,
Bauart Knorr, an einer Tender-Lokomotive und einem Personenwagen
Seitenansicht und Ansicht von unten.

267. (rechts) Die einzelnen Bauteile der Knorr-Schnellbremse an
Lokomotive (im Bild rechts) und Wagen (im Bild links)

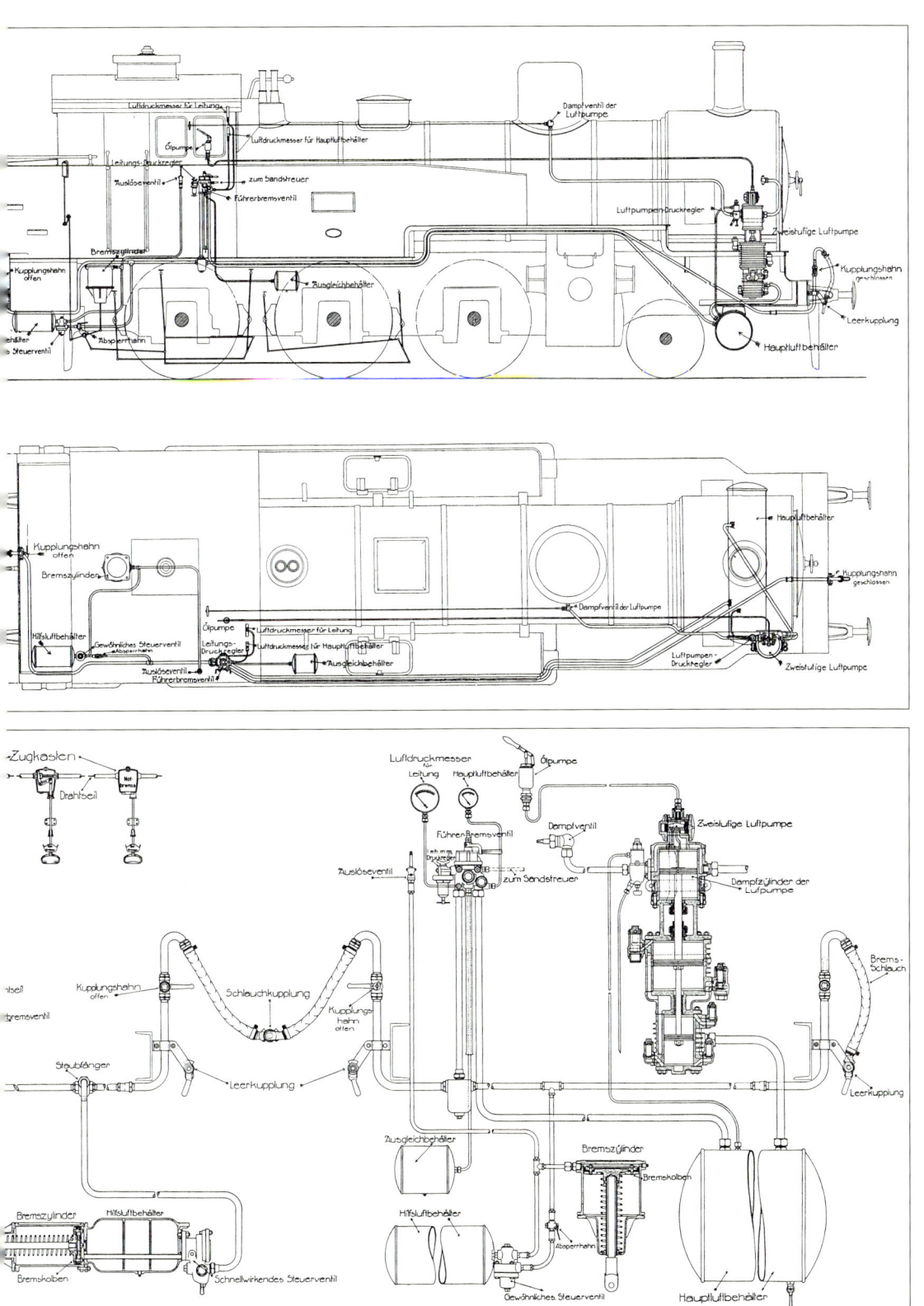

zuhalten, und auch in langen Gefällen vermag er ihn vollkommen unter seine Botmäßigkeit zu zwingen.

Die Schnellbremsung (Forderung 4) ist das beste Mittel zur Abwendung plötzlich auftretender Gefahren, und sie allein gewährt die Möglichkeit, noch rechtzeitig anzuhalten, wenn ein Signal, das Fahrt Frei zeigt, kurz bevor die Maschine an ihm vorbeigeht, plötzlich auf Halt gestellt wird.

Die stufenweise Lösbarkeit (Forderung 5) ist in langen Gefällstrecken besonders wichtig. Wo sie nicht vorhanden sind, muß der Führer, wenn er zu stark gebremst hat, so daß der Zug unbeabsichtigt stehen bleibt, die Bremsen vollständig lösen, ehe er eine neue, schwächere Bremsung einleiten kann. Während des Lösens kann der nun ungehemmte Zug aber leicht eine zu große Geschwindigkeit erlangen, so daß Entgleisungsgefahr entsteht. Auch für die Einfahrt in Bahnhöfe ist die Lösbarkeit sehr erwünscht, weil sonst bei zu stark verzögerter Einfahrgeschwindigkeit oder gar bei verfrühtem Anhalten stets die Einleitung einer neuen Bremsung notwendig ist, die leicht zum Überfahren der vorgeschriebenen Haltestelle führen kann, da bis zum Eintritt ihrer Wirkung ja stets eine gewisse Zeit vergehen muß. Auch der starke Luftverbrauch durch das gänzliche Ablassen der einmal benutzten Bremsluft und die notwendige Verwendung stets neuer Druckluft kommen in Betracht, da für deren Bereitung viel Kraft und eine entsprechende Menge Kohle verbraucht wird.

Eine vollkommene Bremse muß stets in voller Bereitschaft sein (Forderung 6). Auch nach Vornahme mehrerer Betriebsbremsungen, ja selbst nach einer Schnellbremsung, muß immer wieder sofort ein neuer Bremsvorgang möglich sein, denn jede Sekunde kann neue Gefahren bringen. Die Eigenschaft steter, unbedingter Bereitschaft kann aber nur eine solche durchgehende Bremse besitzen, deren Kraftquelle unerschöpfbar ist.

Als ganz besonders wichtig ist Forderung 8, die Selbsttätigkeit der durchgehenden Bremse, überall anerkannt. Ohne diese Eigenschaft ist jede Anordnung solcher Art unbrauchbar. Der Führer muß sich ja auf die Bereitschaft seiner Bremse stets verlassen können. Es wäre schlimm, wenn diese schon bei jeder in einem Schlauch auftretenden Undichtigkeit versagte. Die Selbsttätigkeit bringt nun mit sich, daß bei starken Undichtigkeiten und noch vielmehr beim Zerreißen des Zugs die Bremsen überall von selbst anschlagen. Abgetrennte Zugteile bleiben von selbst stehen, da sie festgebremst werden. Sie können also auf Steigungen nicht rückwärts rollen, was schwerste Gefahren hervorrufen würde. Die Selbständigkeit gibt ferner die Möglichkeit, den Zug von jedem Abteil aus durch Ziehen an einem Handgriff abzubremsen.

Man sieht aus diesen sieben Forderungen, daß es keineswegs leicht ist, eine wirklich brauchbare durchgehende Bremse zu bauen. Die Bremsarten, die heute überhaupt noch in Betracht kommen können, dürfen allenfalls die Forderungen 5 und 6 (stufenweise Lösbarkeit und Unerschöpfbarkeit) unerfüllt lassen. Allen übrigen aber muß restlos entsprochen werden.

Wenn man Druckluft als Bremsmittel verwendet, so wäre die folgende Bauart am einfachsten:

Auf der Lokomotive befindet sich eine dampfangetriebenen Pumpe, die gepreßte Luft in einem Behälter speichert. Unter Einschaltung eines durch den Führer steuerbaren Ventils geht von diesem Behälter eine Rohrleitung ab, die den Zug bis zu seinem Ende durchläuft. Unter jedem Fahrzeug befindet sich eine Abzweigung zu dem an das Untergestell gehängten Bremszylinder. In diesem ist ein luftdicht eingesetzter Kolben beweglich angeordnet. Sobald der Führer durch Öffnen des

Ventils Druckluft in die Leitung läßt, wird der Kolben im Zylinder vorgetrieben, er bewegt das Bremsgestänge und drückt die Klötze an. Durch das gleiche Führerventil in anderer Stellung kann die Leitung unter Abschluß vom Behälter mit der Außenluft in Verbindung gebracht werden. Je nach der Menge der Druckluft, die man hierbei austreten läßt, findet ein stufenweises Lösen der Bremsen statt. Auch für das Anziehen ist eine Abstufung ohne weiteres erreichbar, und desgleichen kann eine Schnellbremsung durch Eröffnung einer weiten Verbindung mit dem Druckluftbehälter leicht herbeigeführt werden.

Dadurch wird den Forderungen 1, 3, 4, 5 und, bei sehr großen Speicherbehälter, auch der Forderung 6 entsprochen. Aber das Anziehen der Bremsen erfolgt nicht gleichzeitig unter allen Fahrzeugen, und die Vorrichtung ist nicht selbsttätig. Die Forderungen 2 und 7 bleiben also unerfüllt. Ihre Wichtigkeit ist aber so bedeutend, daß Bremsen der eben geschilderten Art heute für Vollbahnen nicht mehr in Betracht kommen können.

Bei der eben beschriebenen Anordnung muß die Luft, um die Bremsung auch des letzten Wagens herbeizuführen, jedesmal die ganze Leitung von der Lokomotive an durcheilen und sämtliche Bremsbehälter anfüllen. Hierzu braucht sie Zeit. Und sind es auch nur wenige Sekunden, so genügen diese doch schon, um ein schädliches Auflaufen herbeizuführen. Tritt eine Beschädigung der Leitung ein, so spricht die Bremse nicht mehr an. Eine Notbremsung von den einzelnen Abteilen aus ist nicht möglich. Auch das Lösen der Bremsen geht sehr langsam vor sich, da die Luft ja nur eine einzige Austrittsöffnung im Führerventil hat. Der Verbrauch an Luft ist außerordentlich groß, was viel Geld kostet.

Aus all diesen Gründen ist man von der an sich einfachen Bauart mit unmittelbarer Wirkung der Druckluft ganz abgekommen. Alle heute gebräuchlichen Luftbremsen haben mittelbare Wirkung. Ferner ist kennzeichnend für sie die Aufspeicherung der Bremskraft unter jedem Wagen.

Die in Deutschland zuerst angewendete durchgehende Bremse mit mittelbarer Wirkung und Selbsttätigkeit war die in früheren Jahrzehnten bei uns weit verbreitete Bauart nach *Carpenter*. Es war eine Zweikammerbremse.

Bei der Fahrt- und Lösestellung der Bremse befand sich der Kolben im Zylinder in einer Mittelstellung, so daß er den Zylinder in zwei Räume oder Kammern teilte. Wenn die Leitung unter Druck gesetzt wurde, so strömte Druckluft unter den Kolben und durch eine schmale Nut in der Zylinderwandung auch über den Kolben, so daß auf dessen beiden Seiten gleicher Druck herrschte. In diesem Zustand, wenn also Hauptleitung und beide Zylinderkammern unter Druck standen, war die Bremse geladen, das heißt zur Arbeit bereit.

Sobald der Führer bremsen wollte, stellte er ein Bremsventil so, daß die Hauptleitung mit der Außenluft in Verbindung kam. Alsbald verminderte sich der Druck in der Hauptleitung und auch in der Kammer auf der Unterseite des Kolbens, die mit der Leitung in unmittelbarer Verbindung stand. Hierdurch wurde der Kolben einseitig entlastet. Die in die obere Kammer gesperrte Druckluft bewegte den Kolben nach unten, und sogleich entfernte sich dieser aus dem Bereich der kurzen Verbindungsnut zwischen den beiden Kammern. Fortab war also die Oberkammer luftdicht abgeschlossen. Je nach dem Grad der Druckminderung in Hauptleitung und Unterkammer wurde der Kolben mehr oder weniger weit vorgeschoben, und die Bremse dementsprechend angezogen. Eine stufenweise Lösbarkeit war ohne weiteres durch Wiederaufpumpen von Leitung und Unterkammern möglich.

Obgleich die Carpenter-Bremse also ganz vorzügliche Eigenschaften hatte, ist sie heute doch von den Vollbahnen gänzlich verschwunden. Um ein kräftiges Anziehen der Bremsen herbeizuführen, mußte nämlich bei ihr eine sehr große Luftmenge durch das Führerbremsventil entweichen, da ja der gesamte Inhalt der Hauptleitung und der Unterkammern durch die einzige Öffnung im Führerbremsventil hinausgelassen werden mußte. Naturgemäß entleerten sich die Unterkammern der vorderen Wagen geschwinder als die der hinteren, wodurch ungleichmässige Bremsung eintrat. Diesen Fehler hat man zwar durch Anbringung einer Hilfseinrichtung, nämlich von Auslaßventilen an den einzelnen Wagen, schließlich zu beseitigen vermocht, aber der Bremsvorgang in seiner Gesamtheit ging, insbesondere bei Gefahrfällen, doch nicht schnell genug vor sich. Bei den heutigen langen und schnellfahrenden Zügen ist aber eine solche Verzögerung ganz unzulässig, weil sie schwere Gefahren bringen kann. Auch der Druckluftverbrauch der Zweikammerbremse war sehr groß, was den Bremsbetrieb verteuerte und erschwerte.

Man ist darum zur Einkammer-Bauart übergegangen, die heute bei uns alleinherrschend ist.

Auch hierbei befindet sich die durchgehende Hauptleitung stets unter Druck. Außer dem Bremszylinder, welcher hier an der einen Kolbenseite, nämlich dort, wo die Stange hinausgeht, offen ist, befindet sich unter jedem Wagen noch ein Hilfsluftbehälter, in dem die Bremsluft gespeichert wird. Dieser Behälter kann durch das Steuerventil sowohl mit der geschlossenen Kammer des Bremszylinders wie mit der Hauptleitung verbunden werden.

In dem Steuerventil finden wird die Seele der gesamten Anordnung eingeschlossen. Obgleich es mit seinem Gehäuse kaum größer als zwei Fäuste ist, vermag es doch Außerordentliches zu leisten. Nur der aufs höchste verfeinerten mechanischen Kunst unserer Tage ist es zu verdanken, daß einem schmächtigen Apparat so viele wechselnde Verrichtungen überlassen werden können. Die kleinen Kolben der Steuerventile allein sorgen für die Sicherheit des Zugs. Von ihrer Verläßlichkeit, die trotz der schweren Erschütterungen aller Fahrzeuge bewahrt bleiben muß, hängt es ab, ob der Zug dem auferlegten Zügel gehorcht oder nicht.

In der Fahrt- und Lösestellung sind bei der Einkammerbremse die Hauptleitung, der Hilfsluftbehälter und das Gehäuse des Steuerventils mit Druckluft geladen. Die Kammer des Bremszylinders (das heißt immer die geschlossene Kammer) steht mit der Außenluft in Verbindung. Eine gegen die andere Seite des Kolbens drückende Feder hält diesen eingezogen und damit die Bremsklötze in Abstand von den Radkränzen.

Wenn gebremst wird, verbindet der Lokomotivführer durch geeignete Stellung des Bremsventils wiederum die Hauptleitung mit der freien Luft. Sobald hierdurch der Druck in der Hauptleitung nachläßt, vermindert er sich auch im Gehäuse des Steuerventils; dessen Kolben, der nun einseitig entlastet ist, macht eine kleine Bewegung, wodurch er den Hilfsluftbehälter von der Hauptleitung abschaltet, die Verbindung der Kammer des Bremszylinders mit der Außenluft unterbricht und gleichzeitig eine Verbindung zwischen Hilfsbehälter und Bremskammer herstellt. Die in ihrem Druck nicht verminderte Luft aus dem Hilfsbehälter tritt darauf in die Bremskammer über, drückt den Kolben je nach der Höhe der Druckverminderung, die in der Hauptleitung eingetreten ist, mehr oder weniger stark vor sich her, wodurch ein entsprechendes Anziehen der Bremsen stattfindet. Das Lösen erfolgt durch erneute Erhöhung des Drucks in der Hauptleitung. Hierdurch legt sich das Steuerventil wieder um, stellt die Verbindung zwischen Bremskammer und Außenluft von neuem her, so daß die dort hineingelangte Druckluft hinaus kann.

Zugleich wird der Hilfsluftbehälter wieder mit der Hauptleitung verbunden, so daß auch er von neuem aufgefüllt werden kann.

Die Selbsttätigkeit dieser Bremsbauart ist gewährleistet. Die Gleichmäßigkeit des Bremsenanzugs ist sehr groß, da durch die Öffnung im Führerbremsventil ja nur ein Teil der in dem dünnen Hauptleitungsrohr enthaltenen Luft zu entweichen braucht, dagegen keine Entleerung großer Kammern mehr stattfinden muß wie bei der Carpenter-Bauart. Rückwärtige Lösbarkeit aber ist nicht möglich; da die Luft aus den Bremszylindern nur ganz, aber nicht teilweise hinausgeschafft werden kann.

Nachdem wir uns so über die Wirkungsart der Einkammerbremse im allgemeinen unterrichtet haben, wollen wir die wichtigsten Einzelheiten ihres Baus an dem Beispiel der bei uns weitverbreiteten *Knorr*-Bremse besprechen. (Siehe die Abb. auf der Doppelseite nach Seite 321).

Wie bei allen Druckluftbremsen wird die Preßluft auch bei der Knorr-Bremse durch eine auf der Lokomotive aufgestellte Pumpe bereitet. Nach dem Öffnen eines Ventils im Führerstand tritt eine kleine, senkrecht stehende Dampfmaschine in Tätigkeit, deren Kolbenstange nach unten über den Dampfzylinder hinaus verlängert ist und einen zweiten Kolben trägt, der sich gleichfalls in einem Zylinder bewegen kann. Durch das Hin- und Hergehen der Kolben wird Luft in dem zweiten Zylinder zusammengepreßt und in dem Hauptluftbehälter gespeichert, der unter dem Kessel der Maschine aufgehängt ist. In diesem Behälter herrscht gewöhnlich ein Druck von 8 Atmosphären.

Durch das Zusammenpressen auf so hohen Druck wird die Luft im Pumpenzylinder sehr stark erhitzt, was das Arbeiten der Vorrichtung ungünstig beeinflußt. Man ist daher neuerdings dazu übergegangen, die Pressung bis zur Höhe von 8 Atmosphären nicht in einem Arbeitsvorgang stattfinden zu lassen, sondern die Druckerhöhung in zwei Stufen zu zerlegen. Die Luftpumpe hat dann zwei Luftzylinder, die untereinander liegen. Die Außenwandungen der Zylinder sind mit Rippen versehen, damit sie bei der Fahrt möglichst stark abgekühlt werden. Der zweite, kleinere Zylinder ist bei manchen Luftpumpen von außen her nicht ohne weiteres zu sehen, da er oft schon in und unter dem Rahmen der Lokomotive liegt.

Das Anstellen der Pumpe bei zu tiefem Sinken des Drucks im Hauptluftbehälter findet entweder von Hand statt oder vollzieht sich mittels eines Regelventil selbsttätig; in gleicher Weise kann die Abschaltung bei genügend hohem Druck herbeigeführt werden. Der Abdampf der Luftpumpe wird durch ein Rohr in den Schornstein geleitet, wo er mit einem stöhnenden Geräusch zu entweichen pflegt. Man hört dieses taktmäßige Stöhnen regelmäßig an Maschinen, die abfahrbereit vor einem Zug liegen.

Vom Hauptluftbehälter geht die Hauptleitung ab, die unter allen Fahrzeugen des Zugs durchläuft. Sie wird zunächst zum Führerbremsventil geführt.

Dieses ist wiederum eine höchst verwickelt gebaute Vorrichtung, ein feinmechanisches Kunstwerk wie das Steuerventil. Der Führer ist imstande, den Bremshebel sechs verschiedene Stellungen einnehmen zu lassen:

1. Füllen und Lösen;
2. Fahrtstellung;
3. Mittelstellung;
4. Abschlußstellung;
5. Betriebsbremsung;
6. Schnellbremsung.

Wend der Bremshebel sich in Stellung 1 befindet, ist der Hauptluftbehälter mit der Hauptleitung verbunden. Durch den hierbei infolge des hohen Hauptbehälterdrucks von 8 Atmosphären in der Bremsleitung erzeugten Druckstoßes wird ein rasches Auffüllen der Leitung, der Hilfsluftbehälter und der Steuerventilkästen bewirkt.

Der Führer darf den Hebel aber nicht lange in Stellung 1 lassen, da der Betriebsdruck in der Leitung und in den Hilfsluftbehältern nicht mehr als 5 Atmosphären betragen darf. Er muß deshalb den Hebel rechtzeitig in Stellung 2 bewegen, bei der die unmittelbare Verbindung zwischen Hauptluftbehälter und Leitung aufgehoben ist.

Auch während der Fahrt nimmt der Hebel diese Stellung ein. In ihr ist die Hauptleitung mit dem Hauptluftbehälter nur noch über ein selbsttätiges Druckminderungsventil verbunden, das in der Hauptleitung den vorgeschriebenen Betriebsdruck von 5 Atmosphären aufrecht erhält. Beim Sinken des Drucks in der Hauptleitung unter den Betriebsdruck, das durch kleine Undichtigkeiten hervorgerufen werden kann, läßt dies Ventil genügend Druckluft aus dem Hauptluftbehälter selbsttätig nachströmen.

Die dritte Stellung, Mittelstellung, wird nur verwendet, wenn die Maschine bei Vorspann als zweite Lokomotive fährt, von der aus der Zug nicht gebremst wird. Alsdann ist das Führerbremsventil nur ein Teil der bis zur ersten Lokomotive durchlaufenden Hauptleitung.

Nach jeder Betriebsbremsung wird der Hebel des Führerventils in die vierte, die Abschlußstellung gebracht. Alsdann bleibt in der Leitung die durch die Betriebsbremsung herbeigeführte Druckverminderung bestehen, die gewollte Bremsstufe erhalten.

Bei Betriebsbremsung wird in Stellung 5 gegangen. Je nach der Länge der Zeit, während welcher der Führer den Hebel hier dauern läßt, entweicht mehr oder weniger Luft aus der Leitung, und es tritt eine entsprechende Bremsstufe ein. Die Hauptleitung wird bei diesem Vorgang jedoch nicht unmittelbar mit der Außenluft in Verbindung gebracht, das Führerbremsventil läßt vielmehr nur Luft aus einem Ausgleichsbehälter abströmen. Erst ein zwischen diesen Behälter und die Hauptleitung geschaltetes Ausgleich-Ventil verbindet dann die Hauptleitung so lange mit der Außenluft, bis Druckausgleich zwischen Hauptleitung und Ausgleichbehälter stattgefunden hat.

Dieser zunächst merkwürdig erscheinende Umweg ist eine ganz besondere Feinheit der Bremsanordnung. Würde das Führerbremsventil der Luft in der Hauptleitung ohne weiteres den Ausweg eröffnen, so müßte der Führer, um bei verschiedenen Zügen die gleiche Bremsstufe herbeizuführen, den wechselnden Zuglängen entsprechend jedesmal anders bremsen. Damit in einem Zwölfwagenzug die gleiche Druckverminderung in der Leitung entsteht wie bei einem Sechswagenzug, muß natürlich mehr Luft abgelassen werden, was länger dauert. Eine solche wechselnde Anpassung der Betriebsbremsung an die verschiedenen Zuglängen wäre aber zu schwierig. Das Bremsen, das schon ohnedies eine Kunst ist, würde alsdann niemals mehr mit der notwendigen Genauigkeit ausgeführt werden können. Der Ausgleichbehälter aber, aus dem der Führer durch sein Ventil die Druckluft unmittelbar abströmen läßt, verändert seine Größe niemals. Der Führer hat gelernt, das Bremsen ein für allemal der Größe des Behälters entsprechend auszuführen. Der in diesem hervorgerufene Unterdruck besorgt das verschieden lange Offenhalten des Auslaßventils für die Leitung alsdann von selbst, sowie es den wechselnden Zuglängen entspricht.

Die 6. und letzte Stellung des Hebels am Führerbremsventil führt eine Schnellbremsung herbei. Dies geschieht dadurch, daß ein sehr weiter Auslaß der Hauptleitung ohne weiteres geöffnet wird, so daß eine sehr rasche, sturzartige Entleerung der Leitung stattfindet. Selbst in langen Personenzügen schlagen die Bremsen bei diesem Vorgang so gut wie gleichzeitig überall sehr kräftig an, es wird der kürzeste Bremsweg ohne Zerrungen im Zug erzielt, zumal das Steuerventil in solchem Fall, wie wir noch hören werden, einen besonders kräftigen Bremsdruck entstehen läßt.

Die Bremsen an Lokomotive und Tender sind für unmittelbare Wirkung der Druckluft eingerichtet. Sie brauchen ja nicht selbsttätig zu sein, da ein Abreißen des Tenders von der Lokomotive unmöglich zu geschehen vermag, ohne daß der Führer es bemerkt, und weil das Führerbremsventil hier auch als Notbremse verwendet werden kann. Bei den Lokomotiven sind meist senkrecht stehende Bremszylinder üblich, während diese an den Wagen waagerecht zu liegen pflegen. Ein besonderer Lösehebel gestattet alleiniges Lösen der Bremse an Lokomotive und Tender, während die Wagen gebremst bleiben.

Die unter den Wagen durchlaufende Hauptleitung besteht aus einem fest angebrachten, eisernen Rohr. Die Verbindung von Wagen zu Wagen wird durch Gummischläuche hergestellt. Diese werden durch Bremskupplungen miteinander verbunden. Beim Zusammenfügen der Kupplungen werden durch einfache Drehung der Kupplungsköpfe Gummiringe so fest aufeinander gepreßt, daß eine luftdichte Verbindung entsteht. Vor jedem Schlauchansatz befindet sich ein Hahn, mit dem die feste Wagenleitungen abgeschlossen werden kann. An einem Zug, der sich in Bremsbereitschaft befindet, sind sämtliche Hähne geöffnet, bis auf den letzten, der sich in Abschlußstellung befindet.

Wir wissen bereits, daß sich unter jedem Wagen ein Bremszylinder, ein Hilfsluftbehälter und ein Steuerventil in seinem Gehäuse befinden. Die beiden erstgenannten sind meist in einem einzigen Baustück vereinigt. Der Hilfsluftbehälter ist nichts weiter als ein leerer Kasten zur Luftspeicherung. Das Steuerventil, das die Verbindung zwischen Hilfsluftbehälter und Bremskammer zu beeinflussen hat, ist baulich nicht zwischen beide gesetzt, sondern an der Rückwand des Hilfsluftbehälters angebracht. Da der Übertritt der Luft vom Hilfsbehälter zur Bremskammer durch die Steuervorrichtung hindurch erfolgen muß, so ist ein Verbindungsrohr zwischen Steuerventil und Bremskammer quer durch den Hilfsbehälter hindurchgeführt, dessen Innenraum also erst auf diesem Umweg mit der baulich unmittelbar anstoßenden Bremskammer verbunden ist.

Während der Fahrt sind Leitung, Hilfsluftbehälter und Steuerventilkasten mit Preßluft von 5 Atmosphären Druck gefüllt. Die sonst geschlossene Kammer des Bremszylinders steht durch eine Öffnung im Steuerventil in Verbindung mit der Außenluft. Der Bremskolben ist durch die Druckfeder zurückgepreßt.

Bei einer Betriebsbremsung geht folgendes vor sich.

Der Druck in der Hauptleitung und im Steuerventilkasten sinkt. Der Steuerventilkolben verschiebt sich, verschließt die Verbindung des Bremszylinders mit der freien Luft und des Hilfsluftbehälters mit der Leitung. Zugleich wird der Hilfsluftbehälter durch das querende Rohr mit der Bremskammer verbunden, und in diese tritt Druckluft ein. Das Steuerventil wirkt hierbei als Druckminderungsventil, das je nach der Menge der Luft, die der Führer aus der Leitung hat entweichen lassen mehr oder weniger Druck aus dem Hilfsluftbehälter in die Bremskammer läßt. Hierdurch kann der Führer ein stufenweises Bremsen herbeiführen.

Wird aber der Hebel des Führerbremsventils in die Schnellbremsstellung gelegt, dann vermindert sich der Druck in der Hauptleitung sehr rasch. Die Steuerventile schlagen sämtlich sogleich in ihre Endstellung zurück, wodurch nicht nur das Übertreten von Druckluft aus den Hilfsbehältern, sondern auch unmittelbar aus der Hauptleitung in die Bremszylinder bewirkt wird. Das hat einen doppelten Vorteil. Die Hauptleitung wird rasch leer, weil nicht mehr ihr gesamter Inhalt allein durch das Führerbremsventil hinaus muß, so daß eine große Gleichmäßigkeit im Anziehen der Bremsen eintritt, und die Klötze werden weit kräftiger angedrückt als sonst, da ja der volle Leistungsdruck sich dem Druck aus den Hilfsluftbehältern noch zugesellt.

Sollen die Bremsen wieder gelöst werden, so legt der Führer seinen Hebel in die Füll- und Lösestellung. Sofort strömt aus dem Hauptluftbehälter Druckluft in die Leitung, worauf die Steuerventile so umschalten, daß die Hilfsbehälter neu aufgeladen werden und die Bremskammern wieder mit der Außenluft verbunden sind. Sie entleeren sich sogleich, worauf die Druckfeder die Bremsen löst. Damit das pfeifende Geräusch der aus den Bremskammern strömenden Luft nicht mehr so laut hörbar wird, wie es früher der Fall war, ist jetzt von der Ausströmungsöffnung, die nicht am Bremszylinder selbst liegt, sondern in der Wand des Steuerventilkastens, ein Rohr zu dem vorderen, offenen Raum des Bremszylinders geführt, der nun als Schalldämpfer wirkt.

Es geht aus dieser Schilderung hervor, daß ein stufenweises Löschen bei der Knorr-Bremse so wenig wie bei irgendeiner anderen der bisher gebräuchlichen Einkammerbremsen möglich ist. Wenn die einmal hervorgerufene Bremskraft vermindert werden soll, muß stets die gesamte Druckluft aus der Bremskammer hinausgelassen und der Zug dann von neuem angebremst werden. Dabei kann leicht eine Erschöpfung der Bremse eintreten. Muß der Führer nämlich sofort wieder bremsen, so genügte die Lösezeit nicht, um den Hilfsluftbehälter wieder richtig aufzufüllen. Nach mehrmaligem derartigen Bremsen nimmt deshalb der Druck im Hilfsluftbehälter so stark ab, daß keine ausreichende Bremswirkung mehr möglich ist. Dies kann besonders in Gefällen schädlich wirken.

Um sich bei der Fahrt über lange Gefällstrecken von einem Durchgehen des Zugs möglichst schützen zu können, steht dem Lokomotivführer noch die Zusatzbremse zur Verfügung. Es ist dies eine Schaltvorrichtung, die gestattet, ohne Hervorrufen einer Bremsung am Zug nur die Bremsen an Lokomotive und Tender selbst anzuziehen. Es wird hier in einfachster Art unmittelbare Wirkung der Druckluft verwendet, so daß stets wieder ganz schnell gebremst werden kann. Hat der Führer im Gefälle zu stark gebremst, so daß der Zug stehen zu bleiben droht, muß er wieder lösen, um von neuem schwächer zu bremsen. Hierbei kann der, wenn auch nur für kurze Zeit von jeder Hemmung befreite Zug leicht in zu rasche Bewegung geraten. Da hilft die Zusatzbremse, die in der gefährlichen Zeit wenigstens die Räder der Lokomotive und des Tenders gefesselt hält.

Im Zugführerabteil befinden sich ein besonderer Bremshahn und ein Druckmesser, der ständig den in der Leitung herrschenden Druck kundgibt. Der Zugführer soll darauf achten, ob dieser auch stets hoch genug ist. Der Lokomotivführer kann in seinem Stand an zwei Druckmessern die Pressung im Hauptluftbehälter und in der Hauptleitung erkennen. Oft ist auch noch ein Druckmesser für den Bremszylinder der Lokomotive vorgesehen.

Dieselbe Wirkung wie das Führerbremsventil in seiner 6. Stellung bringt die von einem Fahrgast gezogene Notbremse hervor. Das eiserne Kästchen über dem Notbremsgriff in jedem Abteil birgt weit weniger geheimnisvolle Vorkehrungen, als die Fahrgäste oft zu vermuten pflegen. Es ist nämlich nichts weiter daran, als ein kleiner Kniehebel, in den mittels einer Klemme ein durch den ganzen Wagen laufendes Drahtseil angeschlossen ist. Wird durch kräftiges Herunterziehen des Griffs dieses Drahtseil bewegt, so öffnet es ein Ventil, das sich außen an der einen Stirnseite des Wagens befindet. Eine große Öffnung der Hauptleitung wird hierdurch bloßgelegt, und rasches Ausströmen der Leitungsluft tritt ein.

Die älteren Notbremsventile brachten keine ganz so geschwinde Wirkung hervor. Hierdurch ereignete es sich manchmal, daß der Lokomotivführer die Notbremsung mit einer plötzlich eingetretenen Undichtigkeit in der Leitung verwechselte, und ihr durch rasches Aufpumpen der Leitung entgegenwirkte. Das ist heute ausgeschlossen, da man die Notbremsventile so ausgestaltet hat, daß sie sich trotz des starken Gegendrucks in der Leitung, der sie geschlossen hält, schon bei einigermaßen kräftigem Zug an dem Drahtseil ganz öffnen.

Die älteren Leser werden sich noch des früher auf den deutschen Bahnen allgemein üblichen Notsignals erinnern. Damals war am ganzen Zug entlang auf der – in der Fahrtrichtung gesehen – rechtsliegenden Außenseite eine Leine zwischen Dachkante und oberem Fensterrand gezogen. Mit ihrer Hilfe konnte man, wenn man sie zu erreichen vermochte, die Lokomotivpfeife zum Ertönen bringen und damit dem Führer das Zeichen zum Anhalten geben. Mit Recht ist diese Notleine viel bespöttelt worden. Denn es war in der Tat kaum anzunehmen, daß ein Reisender, den ein anderer totschlagen wollte, in der kurzen Zeit, die Mörder ihren Opfern zur Überlegung zu lassen pflegen, imstande sein würde, das Fenster zu öffnen, hoch nach oben zu greifen und die Leine ein paar Meter lang herabzuziehen. Die Vorkehrung war mehr ein Beruhigungsmittel für ängstliche Gemüter als eine wirkliche Sicherheitsvorkehrung. Oft verwickelte sich die Leine auch in einer der zahlreichen Öfen, durch die sie hindurchgeführt war, und im Winter konnte sie niemals ordentlich bewegt werden, weil sie so steif gefroren zu sein pflegte, daß sie einer Eisenstange glich.

In anderen europäischen Ländern, wie z. B. Österreich und Frankreich, wo die selbsttätigen Bremsen noch nicht überall durchgeführt sind, benutzt man heute als Notsignal vielfach elektrische Stromschließer. Bei Zug an einem Hebel im Abteil ertönt eine Glocke auf der Lokomotive. Auch diese Vorkehrung kann man so einrichten, daß sie selbsttätig wirkt, also bei Zugzerreißung von selbst die Notglocke ertönen läßt. Dies ist bei der Bauart von *Prudhomme* der Fall. Es sind hier zwei gleich starke Stromquellen, die sich im ersten und im letzten Zugwagen befinden, so gegeneinander geschaltet, daß für gewöhnlich kein Strom durch die Leitung fließt. Sobald jedoch der Zug zerreißt, entstehen zwei getrennte Stromkreise und, wenn entsprechend vorgesorgt ist, ertönt nun im vorderen wie im hinteren Zugteil je eine Glocke. Mit der gründlichen Wirkung der echten Notbremse aber ist die eines solchen Notsignals nicht zu vergleichen.

Die eben beschriebene Knorr-Bremse ist eine Fortbildung der von dem Amerikaner George *Westinghouse* geschaffenen Vorrichtung, die zum ersten Mal die Selbsttätigkeit bei der Druckluftbremse brachte. Noch heute hat die Westinghouse-Bremse die größte Verbreitung bei uns. Sie wird aber allmählich immer mehr von der Knorr-Bremse abgelöst, weil diese eine einfachere Gestaltung des Steuerventils besitzt und auch sparsamer im Luftverbrauch ist. Im Bereich verschiedener deutscher Eisenbahnverwaltungen ist die *Schleifer*-Bremse, gleichfalls eine Einkammerbauart, in Anwendung.

Andere europäische Länder haben die Luftsaugebremse, insbesondere in der von

Hardy geschaffenen Form, den Vorzug gegeben. Sie gebietet bei voller Selbsttätigkeit den Vorteil, daß sie nach rückwärts lösbar ist. Für Gebirgsbahnen ist sie darum ganz besonders geeignet.

Bei der Hardy-Bremse herrscht in der Leitung nicht ein erhöhter, sondern ein verminderter Luftdruck. Die Bremskolben werden nicht durch Preßluft gegen den Atmosphärendruck bewegt, sondern die Außenluft selbst hebt die Kolben an, indem sie diese in einen Raum mit verdünnter Luft hineinschiebt. Die Hardy-Bremse besitzt zwei wirksame Kammern.

Auf der Lokomotive befindet sich ein mit Dampf betriebener Luftsauger. Er stellt durch Absaugen eine Luftverdünnung in der Hauptleitung und in den beiden über und unter dem Bremskolben liegenden Kammern her. Wenn gebremst werden soll, läßt der Führer nach und nach Außenluft in die Leitung und in die untere Bremskammer eintreten. Hierdurch wird der Kolben angehoben und die Bremswirkung hervorgerufen. Durch erneutes Absaugen kann der Luftdruck beliebig wieder vermindert werden, so daß ein stufenweises Löschen stattfindet. Beim Zerreißen des Zugs tritt selbsttätige Bremswirkung ein, Notbremsung ist äußerlich in derselben Weise möglich wie bei den Druckluftbremsen.

Da der wirksame Druck bei der Hardy-Bremse nur gering ist, nämlich kaum mehr als eine halbe Atmosphäre, im Gegensatz zu den meist 5 Atmosphären der Druckluftbremse, so müssen zur Erzielung eines starken Bremsdrucks die Kolben hier sehr viel größer gemacht werden. Das Gewicht des Bremsgeschirrs wird also bedeutend höher. Freilich ist das Abdichten der einzelnen Teile bei dem geringen herrschenden Druck leichter.

Obgleich die Luftsaugebremse in Deutschland nur auf Klein- und Nebenbahnen Eingang gefunden hat, findet man doch auf den Hauptbahnen eine große Reihe von Wagen damit ausgerüstet. Es sind dies für den durchgehenden Verkehr bestimmte Wagen, welche nach Österreich, Schweden und Dänemark laufen sollen. Damit sie hier ohne weiteres in Züge eingestellt werden können, sind sie außer mit Druck- auch mit Saugluftbremsen ausgerüstet. Aus dem gleichen Grund findet man an ihnen hier und da Notsignaleinrichtungen für nicht selbsttätige Bremsen, insbesondere die Bauart Prudhomme.

Eine Luftsaugebremse deutsche Bauart ist die *Körting*-Bremse.

Bei der außerordentlichen Wichtigkeit, welche die Bremse für die Sicherheit des Zugs besitzt, bestehen bei uns sehr genaue Vorschriften für ihre Prüfung vor der Abfahrt eines jeden Zuges.

Bevor der Fahrdienstleiter auf dem Ursprungsbahnhof das Zeichen zur Abfahrt gibt, muß an dem fertig gereihten Zug festgestellt sein, ob sich die Bremsen überall in ordnungsgemäßem und gebrauchsfähigem Zustand befinden. Zu diesem Zweck werden die wichtigsten Einzelteile nachgesehen, und als schärfste Untersuchung findet die Bremsprobe statt.

Nach Aufforderung durch den hierfür bestimmten Beamten hat der Lokomotivführer eine Betriebsbremsung vorzunehmen. Jeder kennt dieses plötzliche Anschlagen der Bremsen kurz vor der Abfahrt, das, wie wir gesehen haben, auch die Fahrgäste unseres im Anhalter Bahnhof stehenden Schnellzugs ein wenig erschreckte. Der Beamte, dem die Beaufsichtigung der Bremsprobe übertragen ist, sieht nun an sämtlichen Wagen genau nach, ob auch alle Bremsklötze richtig an den Radreifen liegen. Wenn dies der Fall ist, so wurde damit zugleich die Feststellung gemacht, daß alle Abschlußhähne in der Hauptleitung, bis auf den letzten, geöffnet sind. Darauf gibt der Beamte dem Lokomotivführer das Zeichen zum Lösen der Bremsen. Oft werden, um die für längere Wege notwendige Zeit zu ersparen, die Befehle »Bremsen anziehen« und »Bremsen lösen« durch eine elektrische Signalleitung gegeben. Die kleinen Einschalttasten, die meist mit einem besonderen Schlüssel betätigt werden müssen, sind gewöhnlich in der Mitte des Bahnsteigs angebracht.

Nach Beendigung der Bremsprobe hat der Führer bei Fahrtstellung seines Ventils den Druckmesser für die Hauptleitung zu beobachten. Der Zeiger soll jetzt fast genau auf 5 Atmosphären einspielen. Sinkt er allmählich, so ist das ein Zeichen, daß sich Undichtigkeiten in der Leitung befinden. Diese müssen unbedingt vor der Abfahrt behoben sein. Ist der Schaden nicht schnell genug auszubessern, so muß der betreffende Wagen aus dem Zug genommen werden.

Die Bremsprobe ist auf allen Zwischenbahnhöfen zu wiederholen, in denen Wagen in den Zug eingestellt oder von diesem abgehängt werden. Die Untersuchung über das richtige Anliegen der Bremsklötze kann hier jedoch auf den letzten Wagen beschränkt werden.

Auch die Wagenkuppler haben der Herstellung einer sicheren Bremsverbindung besondere Aufmerksamkeit zuzuwenden. Vor dem Auseinandernehmen der Kupplungsschläuche zwischen zwei Wagen sind die Leitungshähne auf beiden Seiten zu schließen. Geschieht dies nicht, so wird beim Entkuppeln der ganze Zug durch Entleerung der Leitung abgebremst. Es besteht auch Gefahr, daß die Luftpressung im Innern der Schläuche die Enden beim Entkuppeln scharf auseinander schleudert, so daß der Bedienungsmann schwer getroffen werden kann. Nicht gekuppelte Schläuche sind durch Leerkupplungen, die an jeder Pufferbohle hängen, zu verschließen, damit nicht Fremdkörper in die Leitung gelangen können. Wenn an festgebremsten Wagen, die nicht mehr mit einer Lokomotive in Verbindung stehen, die Bremsen gelöst werden sollen, so kann an jeder Längsseite des Wagens an einem Griff gezogen werden, der eine Entleerung des Hilfsluftbehälters und damit Umschalten des Steuerventils auf Lösestellung herbeiführt.

Es wurde bereits angedeutet, daß die heute benutzten Bremsen für die erhöhten Zuggeschwindigkeiten nicht mehr genügen werden, die man für die nahe Zukunft anstrebt. Es darf als erwiesen gelten, daß die Dampflokomotive auch Stundengeschwindigkeiten von 150 Kilometern einwandfrei zu leisten vermag. Die Krümmungen unserer Hauptbahnstrecken sind flach genug, der Oberbau ist genügend kräftig, um derartige Schnelligkeiten ohne wesentliche Änderungen und Verstärkungen zuzulassen. Da auch die genügende Maschinenkraft unschwer erzeugt werden kann, so besteht kein technischer Grund, weshalb man nicht einzelne Schnellzüge mit 150 Kilometern Stundengeschwindigkeit fahren sollte. Die Bremsen müssen sich dieser Schnelligkeitssteigerung anpassen.

Die Aufgabe ist deshalb besonders schwer zu lösen, weil die lebendige Kraft eines fahrenden Zugs nicht entsprechend der Schnelligkeitssteigerung, sondern unverhältnismäßig viel rascher wächst. Die lebendige Kraft setzt sich zusammen aus der bewegten Masse und der Geschwindigkeit. Sie steigt mit dem Quadrat der Geschwindigkeit an. Ein Zug, der mit 135 Stundenkilometern dahinfährt, braucht nicht um die Hälfte mehr Bremskraft als ein gleich schwerer Zug, der 90 Kilometer in der Stunde zurücklegt, sondern es muß für ihn die doppelte Bremskraft angewendet werden. Bei einer Steigerung von 60 auf 180 Kilometer – um noch ein reines Zahlenbeispiel zu nennen – ist nicht die dreifache, sondern die neunfache Bremskraft notwendig. Da die Bremswege bei den schnellfahrenden Zügen der Zukunft aus den schon erwähnten Gründen der Signalstellung keinesfalls länger ausfallen dürfen, so muß also eine Bremse vorhanden sein, die sie sehr viel machtvoller hemmt.

Ein gutes Mittel zur Abkürzung der Bremswege ist die regelmäßige Anwendung des Sandstreuers. Auf gesandetem Gleis kommt ein Zug sehr viel eher zum Halten als auf glatten Schienen. Aus Sicherheitsgründen aber ist die Sandstreuvorrichtung immer nur als Zusatzbremse zu verwerten. Man kann sich allein auf sie nicht verlassen.

Es wäre nun am einfachsten, eine gut wirkende Schnellbahnbremse dadurch herzustellen, daß man durch Vergrößerung der Gestänge-Übersetzung zu den Bremsklötzen den auf die Räder ausübbaren Bremsdruck verstärkt. Das geht aber nicht ohne weiteres.

Wir wissen bereits, daß mit wachsender Geschwindigkeit der Reibungswert zwischen Bremsklötzen abnimmt. Eine wirksame Schnellbahnbremse muß deshalb um so mehr mit sehr starkem Druck einsetzen. Sobald aber die Geschwindigkeit sich ermäßigt, wächst der Reibungswert rasch an, und bei hohem Anfangsdruck besteht die Gefahr, daß die Räder vor Anhalten des Zugs festgestellt werden, also auf den Schienen gleiten, wodurch eine plötzliche, sehr starke Verminderung der Bremskraft eintreten würde. Mit Hilfe des Führerbremsventils läßt sich innerhalb desselben Bremsvorgangs eine Minderung des Drucks der angezogenen Bremsen wegen der mangelnden Lösbarkeit der bei uns verwendeten Bauarten nicht erreichen. Es muß also versucht werden, diese Verminderung bei der Schnellbahnstrecke auf anderem Weg herbeizuführen.

Geheimer Oberbaurat *Kunze* hat eine sehr beachtenswerte und auch bereits mit guter Wirkung ausgeprobte Bauart für Schnellbahnbremsen angegeben, die eine solche Wirkung hat. Die Bremsklötze sind hierbei nicht mehr an einer nur in der waagerechten Ebene verschiebbaren Stange angebracht; der sie tragende Gestängeteil ist vielmehr auch in der Senkrechten verschiebbar. Sobald bei Verminderung der Zuggeschwindigkeit die Reibung zwischen Klötzen und Radreifen eine gewisse Stärke überschreitet, werden die Bremsklötze von den Radreifen bei ihrer Drehung etwas mitgenommen. Entgegenwirkende Federkräfte werden überwunden, der eine Bremsklotz rückt etwas nach unten, der andere nach oben. Hierdurch werden Luftauslaßventile geöffnet, so daß der Bremsdruck in den Zylinder sinkt.

Durch diese Zwischeneinrichtungen wird es möglich, das Bremsen mit sehr hohen Anfangsdrücken zu beginnen, ohne daß später ein Feststellen der Räder eintritt. Die Kunzesche Schnellbahnbremse wird zur Erzielung hoher Anfangsdrücke mit zwei Bremszylindern ausgerüstet. Es ist bereits möglich gewesen, mit ihrer Hilfe einen Zug, der mit 120 Stundenkilometern fuhr, nach einem Bremsweg von nur 540 Metern stoßlos anzuhalten, während bei Anwendung der Westinghouse-Bremse der Bremsweg 760 Meter betrug. Die Schnellbahnbremse kann durch jede Lokomotive bedient werden, die Einrichtung für gewöhnliche Druckluftbremsung hat. Mit dieser Bauart also ist wiederum ein Tor geöffnet, das in die Zukunft führt.

Weit großartigere Hoffnungen noch eröffnet eine allerneueste Bremsbauart, die äußerlich in bescheidenem Gewand auftritt, aber geeignet ist, geradezu eine Umwälzung im Eisenbahnverkehr herbeizuführen.

Trotz der vorzüglich wirkenden Bauarten durchgehender Druckluftbremsen, die wir besitzen, herrscht die höchst urzeitgemäße Handbremsung auf den deutschen Bahnen immer noch vor. Der Grund für diesen wenig wünschenswerten Zustand ist einzig und allein die Tatsache, daß die Durchschlagsgeschwindigkeiten der Druckluftbremsen bisher für lange Güterzüge nicht groß genug waren. Die Einwirkungen der ungleichmäßigen und darum höchst mangelhaften Bremsung der Güterzüge auf den gesamten Eisenbahnverkehr sind zahlreich und äußerst hinderlich.

Die gewöhnlichen langen Güterzüge können nicht mit größeren Geschwindigkeiten als 30 bis höchstens 45 Kilometer in der Stunde gefahren werden. Sie halten also die Strecken übermäßig lange besetzt. Fortwährend müssen Überholungen durch schneller fahrende Personenzüge stattfinden, was weiter zeitraubend wirkt. Ein Heer von Bremsern muß sich ständig auf den Güterzügen befinden, wodurch unter hohen Gehaltsaufwendungen ein nicht mehr zeitgemäßer Dienstzweig erhalten bleibt, der schwerste Anforderungen an die Beamten stellt und wenig begehrenswert ist.

Von jeher ist der Bremser eine von niemandem beneidete Erscheinung im Eisenbahnbetrieb gewesen. Mit lebhaftestem Bedauern sah man vor Jahrzehnten, wenn man sich vielleicht gerade im Dämmer eines kalten, schneedurchwehten Winterabends auf einem Bahnhof befand, auf den offenen Dachsitzen der Wagen eines ausfahrenden Güterzugs zusammengekauerte Männer sitzen, die unförmige, turbanartige Mützen tief über den Kopf gezogen, dicke, haarige Mäntel um sich geschlagen, die Hände in die Ärmel gesteckt hatten und dennoch erbärmlich in dem schneidenden Wind froren, der durch die Vorwärtsbewegung in der eisigen Winterluft entstand. Wenn ein Maler menschliche Trostlosigkeit veranschaulichen wollte, könnte er keinen besseren Gegenstand wählen als die Darstellung eines Bremsers auf einem solchen Dienstplatz, wo er allen Unbilden eines unbarmherzigen Wetters preisgegeben ist.

Heute sind die offenen Bremsersitze längst verschwunden. Die Verwaltung der preußisch-hessischen Staatsbahnen hat in ihrem Machtbereich auf allen Wagen, die Handbremsen besitzen, kleine Häuschen einbauen lassen, die den Bremsern Unterkunft während der Fahrt gewähren. Aber wenn die Männer auf den Güterwagen nun auch gegen die ärgsten Sturmgewalten geschützt sind, so ist ihre Arbeit während des langen Winters doch kaum angenehmer geworden. Stundenlang haben sie in engem, immer noch eiskalten Raum zu sitzen, oft müssen sie bei völliger Finsternis hinaustreten auf die schmale, beeiste Plattform, immer muß ihre Aufmerksamkeit gespannt sein, damit sie nicht das Pfeifensignal der Lokomotive überhören, das ein Anziehen der Bremse befiehlt. Während all ihrer vielen Dienststunden sind sie von jeglichem Verkehr mit ihren Mitmenschen abgeschnitten, an einen rauhen, höchst unwirtlichen Ort gebannt.

Die Einführung der durchgehenden Güterzugbremse würde also nicht nur betrieblich durch die dann mögliche Beschleunigung der Güterzüge einen außerordentlichen Fortschritt herbeiführen, sie würde auch einem ganzen Heer von Menschen Befreiung von einem Dienst bringen, der von einer Art ist, wie man sie heute den Menschen möglichst nicht mehr zumutet. Ein Heer von Beamten würde für andere Dienste frei, und das ist gerade im jetzigen Augenblick von höchstem Wert, wo durch den Krieg so viele dienstkräftige Menschenleben ausgelöscht sind, so daß auch auf den Eisenbahnen überall ein Beamtenmangel sich fühlbar macht.

Um so mehr ist es zu begrüßen, daß die große, höchst bedeutsame Frage der Herstellung einer durchgehenden Güterzugbremse während des Kriegs gelöst worden ist. Seit dem Ende des Jahres 1916 ist diese Bremse vorhanden.

Ihre Schaffung hat einen ganz ungewöhnlichen Aufwand von Kosten sowie technischer und wissenschaftlicher Arbeit erfordert. Ist es doch, wie immer von neuem betont werden muß, im Eisenbahnbetrieb noch weniger als in allen anderen technischen Bezirken damit abgetan, daß in jemandes Gehirn der Grundgedanke für eine Erfindung aufblitzt. Der Herausbildung des wirklich brauchbaren Gegenstands türmen sich stets ungeheure Hindernisse entgegen, der praktische Betrieb stellt Forderungen an ihn, die unbedingt erfüllt werden müssen, obgleich sie außerhalb des engeren Bereichs der Erfindung liegen. Nur nach Bewährung im eigentlichen Eisenbahnbetrieb kann eine Erfindung als wirklich anwendbar bezeichnet werden. Darum ist es so sehr bedauerlich, daß immer wieder sogenannte Erfinder, die dem Eisenbahnbetrieb vollkommen fernstehen, ihre Zeit und ihr Geld an die Schaffung von Neuerungen wenden, die nachher meist aus irgendeinem dem Nichtfachmann verborgenen, aber dennoch durchgreifenden Grund nicht verwendbar sind.

Die Versuche, die endlich zur Herstellung der durchgehenden Güterzugbremse führten, haben nicht weniger als zwölf Jahre gewährt. Der Verein Deutscher Eisenbahnverwaltungen, der sich ja so zahlreiche und große Verdienste um die Fortentwicklung des gesamten Eisenbahnwesens auf der Erde erworben hat, gab auch hierzu die Anregung, mehrere der in ihm vereinigten deutschen Staatsbahnverwaltung sowie auch die österreichischen und Ungarischen Staatsbahnen haben sich um die Entwicklung der neuen Güterzugbremse lebhaft bemüht. Das größte Verdienst aber kommt wiederum der preußisch-hessischen Staatsbahnverwaltung zu, die denn auch schließlich die endgültige Bauart geschaffen hat. Diese ist heute bereits von sämtlichen deutschen Staatsbahnverwaltungen für den Einbau in Güterzüge angenommen worden, desgleichen haben Österreich und Ungarn die Einführung beschlossen. Inmitten des Kriegs ist so im Schoß der schwer bedrängten Mittelmächte ein in seiner Bedeutung gar nicht hoch genug einzuschätzender Kulturfortschritt emporgewachsen. Trotz der ungeheuren, eine hohe Zahl von Millionen fordernden Ausgaben, welche die Einführung der neuen Bremse verursachen wird, ist mit ihrem Einbau bereits begonnen worden, und nach wenigen Jahren wird der Handbremser im Bereich der Mittelmächte gänzlich verschwunden sein. Es kann keinem Zweifel unterliegen, daß die angrenzenden Staaten in nicht allzu ferner Zeit die Bremse gleichfalls annehmen werden.

Sie hat neben ihrer Wirkung auf den Güterzugverkehr noch den Vorteil, daß sie auch an Personenwagen in gleicher Bauart verwendet werden kann. In Zukunft werden wir also eine Einheitsbremse besitzen, so daß man alsdann Personen- und Güterwagen in beliebiger Weise und ohne Schnelligkeitsminderung der Züge durcheinander in diese wird einstellen können.

Es wird nach Einführung der neuen Bremse die seit langem in dem Fachkreisen bitter genug empfundene Tatsache verschwinden, daß die langsam fahrenden Güterzüge auf vielen wichtigen Strecken der deutschen Bahnen die dringend erforderliche Verdichtung des Verkehrs sowohl für Personen wie für Güter hemmen. Tag und Nacht folgen auf den großen Linien die Züge einander in engstem Zwischenraum. Überholungsgeleise, die in immer steigender Zahl angelegt werden, können doch nur mit Mühe ein Durchbringen der Schnellzüge ermöglichen. Die Schienenpfade sind an vielen und gerade den wichtigsten Stellen am Ende ihrer betrieblichen Leistungsfähigkeit angelangt. Darum haben allmählich die Stimmen derer immer mehr Bedeutung gewonnen, die eine grundsätzliche Trennung des langsamen Güter- vom schnellen Personenverkehr verlangten. Sicherlich wäre auf sehr vielen Strecken die Verlegung dritter und vierter Geleise binnen kurzem unabwendbar geworden, wenn nun nicht die sichere Aussicht bestünde, durch eine grundsätzliche Beschleunigung des Güterverkehrs eine durchgreifende Entlastung der Strecken herbeizuführen. Die vielen Millionen, welche für die neue

Bremse ausgegeben werden müssen, lassen sich also durch Ersparnis der außerordentlich hohen Ausgaben für den Ankauf neuer Geländestreifen und Anlegung von Erweiterungsgeleisen wieder einbringen. Um so mehr muß man den Entschluß der preußischen Eisenbahnverwaltung zu raschem Einbau der neuen Bremse billigen.

Diese führt den Namen Kunze-Knorr-Bremse, da sich der bereits als Schöpfer der Schnellbahnbremse genannte Geheime Oberbaurat Kunze um ihre Erschaffung die größten Verdienste erworben hat; auch die Knorrbremse-Aktien-Gesellschaft ist in hervorragendem Maße hierbei beteiligt.

Die Kunze-Knorr-Bremse ist eine Einkammerbremse mit einem durch einen beweglichen Kolben in zwei Kammern geteilten Hilfsluftbehälter. Dieser geteilte Hilfsluftbehälter gibt dadurch, daß man auf seiner Steuerkammerseite einen kleinen Überdruck zu erzeugen vermag, die Möglichkeit, die Bremse auch rückwärts stufenweise zu lösen. Die Vorrichtung wird dadurch auch unerschöpfbar, so daß sie die erste Bremse darstellt, die alle sieben Forderungen vollkommen erfüllt.

Die Bauart des Hilfsluftbehälters gestattet außerdem, ihn nach Erfüllung seines eigentlichen Zwecks mit zum Bremsen heranzuziehen, d. h. mit seiner Hilfe die Bremskraft über das bisher übliche Maß zu erhöhen.

Zu diesem Zweck wird nach Erreichung des Druckausgleichs zwischen dem Hilfsluftbehälter und dem Einkammerzylinder selbsttätig ein Ventil geöffnet, welches den Rest der im Hilfsluftbehälter eingeschlossenen Druckluft ins Freie entweichen läßt. Der Kolben im Hilfsluftbehälter kommt dann unter dem Druck der Steuerkammerseite zum Anliegen an das Bremsgestänge, so daß auf dieses jetzt zwei Kolben wirken und die Bremskraft entsprechend verstärkt wird. Diese zusätzliche Kraft wird an den Güterwagen benutzt, um auch das Ladegewicht abzubremsen.

Wenn nämlich ein Güterwagen voll beladen ist, so muß, um ihn von voller Fahrt zum Stillstand zu bringen, natürlich eine weit größere lebendige Kraft vernichtet werden, als wenn er leer läuft. Eigentlich müßte also jeder leere Wagen anders abgebremst werden als ein beladener. Das war nun von den Handbremsern niemals mit genügender Genauigkeit zu erreichen. Auch keine Luftsauge- oder Druckluftbremsart besaß bisher diese Veränderlichkeit. Erst die Kunze-Knorr-Bremse gestattet eine Doppeleinstellung an jedem einzelnen Wagen.

Es wird sich nach ihrem Einbau an den beiden Längsseiten jedes Güterwagens je ein besonderer Handgriff befinden. Ist der Wagen unbeladen, so wird der Hebel nach links, auf Bremsung für den leeren Wagen, ist das Gefährt belastet, so wird der Griff nach rechts, auf Bremsung für den beladenen Wagen, eingestellt. Im ersten Fall wirkt nur der Kolben des Einkammer-Zylinders, im zweiten auch noch derjenige des Zweikammer-Hilfsluftbehälters auf das Bremsgestänge ein. Der beladene Wagen wird also weit kräftiger abgebremst als der leere. Freilich wird durch diese Einrichtung die Abfertigung der Güterzüge mit einer neuen Verrichtung, nämlich der Einstellung des Bremsgriffs, belastet. Aber das will herzlich wenig bedeuten gegenüber den außerordentlich großen Vorteilen, die hierdurch beim Bremsen der Züge entstehen.

Durch ein besonderes Entgegenkommen der preußischen Eisenbahnverwaltung hatte der Verfasser Gelegenheit, eine der letzten Fahrten zur Ausprobung der Kunze-Knorr-Bremse mitzumachen. Als Erprobungsstrecke war eine Linie mit besonders steilen Gefällen, nämlich die Strecke zwischen Arnstadt und Suhl, gewählt. Über seine Eindrücke bei dieser Fahrt berichtete der Verfasser in der »Frankfurter Zeitung«:

Am Morgen eines Herbsttags fuhren wir vom Hauptbahnhof des thüringischen Örtchens Arnstadt aus. Es war für die Versuchsfahrten ein Güterzug von 120 Achsen zusammengestellt, der eine Länge von fast 700 Metern hatte. Vorn zog eine starke Lokomotive und hinten waren zwei Schiebemaschinen angesetzt, denn bald hinter Arnstadt, von Gräfenroda ab, steigt die Strecke im Verhältnis von 1:50 an.

Der höchste Punkt der thüringischen Strecke liegt ungefähr in der Mitte des grossen mehr als drei Kilometer langen Brandleite-Tunnels, unmittelbar vor dem Bahnhof Oberhof. Von dort ab geht es über Zella-St. Blasii bis Suhl ebenso steil hinab, und in dem Gefälle zwischen Oberhof und Suhl, also auf einer für den Bremsbetrieb besonders beschwerlichen Strecke, sollten die Versuche stattfinden. Es ist selbstverständlich, daß eine Bremse, die einen schweren Zug in so starkem Gefälle zu meistern vermag, auch auf den Flachlandstrecken allen Anforderungen genügen wird.

Als Beobachtungsstelle für die Versuchsfahrten war hinten an den Güterzug ein Saalwagen gehängt, in dem ein großer Tisch mit Meßvorrichtungen aufgestellt war. In dem Wagen befanden sich die mit der Leitung der Versuche beauftragten Beamten des preußischen Eisenbahnzentralamts sowie Vertreter anderer deutscher Eisenbahnverwaltungen. Die Schiebemaschinen blieben vor dem Tunnel zurück, so daß für die eigentlichen Meßfahrten von Oberhof hinab nach Suhl nur die eine Lokomotive an der Spitze, die ziehende Lokomotive, verwendet wurde.

Der letzte Wagen des Zugs war für die Beobachtung und die Messungen am geeignetsten, weil ja hier allein, im weitesten Abstand vom Führerbremsventil auf der Lokomotive, die Bremswirkung durch den ganzen Zug genau freigestellt werden konnte. Jede Bewegung des Führerbremsventils auf der Maschine, das durch ein Kabel mit dem Meßtisch verbunden war, verursachte in dem Meßwagen besondere Kontaktschlüsse, so daß die erreichten Bremswege, die Durchschlagszeiten der Bremswirkung und die Vorgänge in den Bremszylindern und Luftbehältern selbsttätig aufgezeichnet wurden. Für die Beobachtungen im Zug waren noch drei andere Meßwagen auf die ganze Länge des Zugs gleichmäßig verteilt, die mit Beamten besetzt und an das zwischen dem letzten Meßwagen und der Lokomotive über die Dächer hinlaufende Telephonkabel angeschaltet waren; hierdurch konnten bestimmte Versuche durch Fernspruch nach Belieben angeordnet werden.

Die Strecke hatte viele enge Krümmungen, und an einer dieser Biegungen genoß ich beim Hinaussehen aus einem geöffneten Fenster des Beobachtungswagens einen Anblick, der höchst neuartig war. Der ganze, endlos lange Zug war bis zur Maschine vollständig zu überschauen. Wir fuhren mit einer Geschwindigkeit von etwa 60 Kilometern in der Stunde bergab, und doch befand sich kein einziger Bremser im ganzen Zug. Mit einem kleinen Ventilhebel, der so bescheiden aussieht wie ein Türgriff, beherrschte der Lokomotivführer das riesige Zuggewicht, er vermochte, den wechselnden, telephonischen Befehlen vom letzten Wagen her folgend, dem Zug trotz des starken Gefälles jede gewünschte Geschwindigkeit zu geben, ja ihn auf wenige hundert Meter zum Halten zu bringen. Den Fahrgästen in den auf dem anderen Gleis vorübereilenden Personenzügen wird unser Probezug nicht als etwas Besonderes aufgefallen sein. In Wirklichkeit stellte er durch die ausgezeichnete Wirkung der neuen Bremse über eine Zuglänge von fast 700 Metern ein höchst erstaunliches technisches Kunstwerk dar.

Wir hatten zu beobachten, ob der Zug mit Hilfe seiner Bremse imstande sein würde, im Gefälle jede gewünschte Geschwindigkeit innezuhalten und von jeder Geschwindigkeit aus rasch genug zum Stehen gebracht werden könnte. Es gelang alles überraschend gut, so daß diese Versuchsfahrt als eine der letzten angesehen, und die Bauart der neuen Bremse als gelungen betrachtet werden konnte.

Auf Befehl brachte der Lokomotivführer die Fahrt des Zugs von 60 auf 30 und später auf 10 Kilometer hinunter und fuhr so, während der Zeiger des Geschwindigkeitsmessers beständig auf 10 einspielte, über mehrere Kilometer den steilen Berg hinab. Das ist angesichts des Zuggewichts und des Neigungswinkels der Strecke eine richtige technische Kunstleistung. Bei dieser Regelung und auch bei der Schnellbremsung aus 60 Kilometern Stundengeschwindigkeit auf Stillstand empfand man im Zug keine Schwankung, keinen Ruck oder Stoß, was ganz besonders beachtenswert ist. Niemals noch ist ein Güterzug so weich abgebremst worden.

Später weilte ich bei den gleichen Versuchen, die auf der langen Gefällstrecke von Oberhof nach Gräfenroda stattfanden, auf der Lokomotive, um die Tätigkeit des Führers bei den Bremsungen beobachten zu können. Es war eine ganz gewöhnliche Güterzuglokomotive, an deren Handgriffen nichts geändert worden war. Den telephonischen Anordnungen folgend, meisterte der Führer den Zug mit größter Sicherheit und Leichtigkeit. Er war gar nicht anders in Anspruch genommen als sonst, hatte reichlich Zeit, die Dampfregelungsventile zu betätigen und in Ruhe die Signale zu beachten. Er äußerte auf meine Frage seine Freude darüber, daß es dem Lokomotivlenker fortab auch bei Güterzügen möglich sein würde, den ganzen Zug selbst zu beeinflussen, und daß er nicht mehr von dem guten Willen der weit entfernten einzelnen Bremser abhängig zu sein brauchte. Er betrachtete das, gerade wie die Aufsichtsbeamten, als eine Erleichterung des Dienstes und zugleich als eine starke Erhöhung der Sicherheit auf der Strecke.

Die Vorteile, die nach Einführung der neuen Kunze-Knorr-Bremse eintreten werden, sind, um sie noch einmal zusammenzufassen, folgende:

Die Handbremsen der Güterzüge mußten bis jetzt mit Bremsern besetzt werden, weil die bisherigen Bauarten durchgehender Bremsen für lange Züge ungeeignet waren. Die neue Bremse bewirkt dadurch, daß diese Bremser fortab fehlen können, eine sehr bedeutende Verbilligung des Güterzugbetriebs. Jede Bremsung kann nach rückwärts abgestuft werden. Vor allem aber steigt trotz Erhöhung der Geschwindigkeit die Betriebssicherheit der Güterzugfahrten infolge zuverlässiger und gleichmäßiger Abbremsung von einer einzigen Stelle aus. Der Lokomotivführer beherrscht den ganzen Zug mit eigener Hand und trägt die gesamte Verantwortung für ihn. Die Geschwindigkeit der Güterzüge kann erheblich gesteigert werden. Daraus folgt eine durchgreifende Entlastung der Strecken, so daß der Neubau dritter und vierter Geleise an sehr vielen Stellen überflüssig wird und viele hundert Millionen gespart werden können. Die freilich auch nicht geringe Ausgabe für den Einbau der neuen Bremse selbst tritt hiergegen zurück. Güterwagen und Personenwagen können fortab in gemischten Zügen weiter leichter durcheinander eingestellt werden. Infolge der durchlaufenden Bremsleitung kann kein Zerreißen eines Zugs mehr stattfinden, ohne daß der Lokomotivführer dies durch das selbsttätige Anschlagen der Bremsen sofort merkt. Es findet gleichmäßig wirkende Bremsung leerer und beladener Güterwagen durch die Einstellbarkeit der neuen Bremse statt.

Hiernach wird man es verstehen, daß auch die »Zeitung des Vereins Deutscher Eisenbahnverwaltungen« die Schaffung der neuen Bremse als den »für die nächsten Jahrzehnte vielleicht bedeutungsvollsten Fortschritt zur Erhöhung der Leistungsfähigkeit und Betriebssicherheit der Eisenbahnen«, als einen Markstein in der Geschichte des Eisenbahnwesens« bezeichnet.

19. Der Ursprung

Wir haben nunmehr sämtliche Teile betrachtet, aus denen unser Schnellzug Berlin-München zusammengesetzt ist und auch die anderen auf demselben Gleis rollenden Züge gebildet zu sein pflegen. Auch die Teile der Teile haben wir uns angesehen, soweit sie einen wesentlichen Einfluß auf die Zugfahrt zu üben vermögen.

Nunmehr ist es Zeit, den eiligen Läufer als Ganzes ins Auge zu fassen. Da drängen sich uns zunächst die Fragen auf: Woher kam der Zug, den wir fertig gebildet aus dem Gleisgewirr des Außenbezirks in die Halle des Anhalter Bahnhofs einfahren sahen? Wie sieht die Stelle aus, an der er seinen Ursprung hatte? Welche Handlungen sind notwendig, damit im Lauf von 24 Stunden alle die unzähligen Züge fertig gebildet in den Bahnhöfen zur Verfügung stehen?

Zur Beantwortung dieser Fragen müssen wir ein Gebiet betreten, das abseits der von den Reisenden durchzogenen großen Eisenbahnstraßen liegt. Es ist dazu verurteilt, den Fahrgästen unbekannt zu bleiben.

Der Ursprung eines jeden Personenzuges ist die *Zugbildungsstelle.* Wichtigste Vorgänge vollziehen sich hier, von denen keine Kunde nach außen dringt. Es gibt noch manche andere solcher geheimnisvollen Stätten im Eisenbahnbetrieb, und daher erscheint dieser dem Außenstehenden sehr viel einfacher, als er in Wirklichkeit ist. Der Fahrgast sieht nur den scharf geregelten, glatten Ablauf des Verkehrs und ist bei oberflächlicher Betrachtung leicht der Meinung, daß dieser sich ohne sonderliche Bemühungen abzuspielen vermag. Aber gerade damit eine störungsfreie Abwicklung der Zugfahrten möglich wird, sind außerordentliche Veranstaltungen abseits von jenen Stätten notwendig, die von den Reisenden und auch von den Auslieferern der Güter betreten werden.

Es geht in der Welt auf Schienen ähnlich zu wie in der Welt des Theaters. Wenn der Vorhang sich hebt, steht der Schauplatz fertig da, die Schauspieler treten, wie selbstverständlich, zur rechten Zeit auf, die Musik setzt im gegebenen Augenblick ein, es wird zur richtigen Zeit hell oder dunkel auf der Bühne, und auch das Gewitter läßt keinesfalls auf sich warten, wenn es nach des Dichters Vorschrift sich abspielen muß. Aber hier weiß selbst der unbefangenste Zuschauer, daß sich vorher hinter den Kulissen eine rege Arbeitstätigkeit abgespielt hat, daß Anordnungen und Verabredungen vielfältiger Art haben vorangehen müssen, damit die Aufzüge glatt herunterspielt werden können.

Solche Tätigkeiten »hinter den Kulissen« gibt es auch bei der Eisenbahn in sehr großer Zahl. Die Voraussicht der Spielleiter muß aber hier sehr viel weitergehend sein als auf der Bühne, denn in diesem Bereich handelt es sich nicht um Scheinvorführungen, sondern um hartes Leben, nicht darum, den Schauplatz für ein Dichtwerk zu bereiten, sondern die stürmischen Erscheinungen der Züge glatt und stoßlos über weite Strecken zu führen.

Man kann den Eisenbahnverkehr auch mit einem Riesenuhrwerk vergleichen, bei dem die Zähne aller Räder genau ineinander greifen. Es genügt aber nicht, daß die oberste Leitung diese gewaltige Uhr einfach aufzieht, die Arbeit der einzelnen Teile muß in jedem Augenblick sorgfältig überwacht und immer wieder aufs genaueste in zwangsläufige Übereinstimmung gebracht werden.

Auch bei der Bildung der Personen- und Güterzüge ist stets nach fest umrissenen Vorschriften zu handeln. Diese sind das Ergebnis sehr eingehender, oft langwieriger Erwägungen und Verhandlungen im Schoß der leitenden Behörde. Die Fahrpläne bilden die Grundlage der Vorschriften für die Zusammenfügung der einzelnen Wagen zu Zügen, deren regelmäßiger Lauf ja der Zweck all der ungeheuren Einrichtungen ist.

Über die Fahrplanrücksichten hinaus unterliegt die Länge der Züge einer Begrenzung aus einem uns bereits bekannten, rein technischen Grund. Die Bremsen besitzen nur eine bestimmte höchste Durchschlagsgeschwindigkeit, weshalb die Wagen nicht in willkürlicher Zahl aneinandergereiht werden dürfen. Die »Fahrdienstvorschriften« setzen die Stärke der Züge nach verschiedenen Gattungen und Geschwindigkeiten fest. Da die Länge der Wagenkasten sehr stark wechselt, so werden nicht Meterzahlen, sondern Achszahlen angegeben, die einen gleichmäßigeren Maßstab darstellen.

In dem Abschnitt »Bildung der Züge« sagen die Fahrdienstvorschriften, daß Personenzüge auf Hauptbahnen bei Geschwindigkeiten

> bis zu 50 Kilometern nicht über 80 Wagenachsen
> bis zu 60 Kilometern nicht über 60 Wagenachsen
> bis zu 80 Kilometern nicht über 52 Wagenachsen
> darüber hinaus nicht mehr als 44 Wagenachsen

stark sein dürfen. In Schnellzügen, die sechsachsige Wagen führen, dürfen diese Achszahlen für jeden solcher Wagen um zwei Achsen überschritten werden, jedoch nur bis zur Höchstzahl von 60 und 52 Achsen in den beiden letztgenannten Fällen.

Güterzüge dürfen auf Hauptbahnen bei Geschwindigkeiten

> bis zu 45 Kilometern nicht über 120 Wagenachsen
> bis zu 50 Kilometern nicht über 100 Wagenachsen
> bis zu 55 Kilometern nicht über 80 Wagenachsen
> bis zu 60 Kilometern nicht über 60 Wagenachsen

stark sein. Auf Strecken, die besonders günstige Neigungs- und Krümmungsverhältnisse sowie genügend ausgedehnte Bahnhofsanlagen besitzen, kann die Eisenbahndirektion mit Genehmigung der Landesaufsichtsbehörde für Güterzüge mit Geschwindigkeiten bis zu 45 Kilometern 150 Wagenachsen als Höchstzahl zulassen.

Wagen mit Gegenständen, die leicht Feuer fangen, dürfen nicht in unmittelbare Nähe der Lokomotive oder von Wagen mit Ofenheizung gestellt werden. Ganz besondere Vorsichtsmaßregeln sind bei solchen Wagen anzuwenden, die Sprengstoffladung enthalten.

Da die Erfahrung gezeigt hat, daß bei Unfällen der erste hinter der Lokomotive laufende Wagen gewöhnlich die schwersten Beschädigungen erleidet, so ist vorgeschrieben, daß in allen zur Personenbeförderung bestimmten Zügen, die eine größere Stundengeschwindigkeit als 50 Kilometer haben, der erste Wagen mit Reisenden nicht besetzt werden darf, sondern als Schutzwagen laufen muß. Wo ein Packwagen im Zug ist, wird dieser als Schutzwagen eingestellt. Die Postwagen sollen diesem Zweck nur dienen, wenn es unvermeidbar ist. Diese Notwendigkeit tritt z. B. ein, wenn ein Zug unterwegs in einem Kopfbahnhof gewendet wird. Es ist in solchem Fall meistens weder Zeit noch Gelegenheit, den Packwagen an das andere Ende des Zuges zu bringen. Der Postwagen läuft alsdann bis zur Wendestelle als letzter Wagen, von hier an als erster. Um die Beamten der Fahrpost nach Möglichkeit zu sichern, werden, wie bereits erwähnt wurde, in den neueren Postwagen an beiden Stirnseiten besonders widerstandsfähig ausgebildete Abteile eingerichtet, die unbesetzt bleiben müssen.

Es ist uns gleichfalls bereits bekannt, daß in Schnellzüge zweiachsiger Wagen nicht oder doch nur auf ganz besondere Anordnung eingestellt werden dürfen. Ferner dürfen zwischen Wagen mit Drehgestellen Wagen anderer Bauart nur mit ausdrücklicher Genehmigung der Eisenbahndirektion laufen. Die Verwendung dreiachsiger Wagen in Schnell- und Eilzügen ist gleichfalls beschränkt; sie dürfen hierzu nur benutzt werden, wenn sie einen Achsstand von mindestens sechs Metern und 16 000 Kilogramm Eigengewicht haben.

Für die Anordnung der Abteile gilt folgendes.

In den Personenzügen ist die Hälfte der Abteile erster, zweiter und dritter Klasse, ohne Einrechnung der Frauenabteile, für Nichtraucher zu bestimmen. Nichtraucherabteile dürfen innerhalb der vorgeschriebenen Zahl nicht zu Raucherabteilen umgewandelt werden, auch wenn die Raucherabteile nicht ausreichen. Bei Schnell- und Eilzügen soll von jedem Abteil aus ein Abort zugänglich sein. Ein Abteil erster oder zweiter Klasse darf, auch wenn der Zug nur diese Klassen führt, nicht als Dienstabteil für die Zugbegleitbeamten eingerichtet werden.

Die in den Personenzügen laufenden Wagen werden unterschieden in Stammwagen, das heißt solche Wagen, die ständig auf der ganzen, vom Zug durchfahrenen Strecke laufen oder von einer solchen herankommen; Verstärkungswagen, die außer dem Stamm des Zugs nur an bestimmten Tagen oder nur mit einer Teilstrecke laufen; Bereitschaftswagen, die zur außergewöhnlichen Verstärkung der Züge oder als Ersatz für schadhafte und untersuchungspflichtige Wagen bereitgehalten werden.

Um den Reisenden das Aussuchen der Plätze zu erleichtern, pflegt man die Wagen mit Abteilen gleicher Klasse möglichst zusammenzustellen. Das ist aber vollkommen nur innerhalb des Stamms der Züge durchzuführen. Kurswagen müssen so eingestellt werde, daß sie auf einfachste Weise vom Zug losgelöst werden können; sie werden also meist am Ende laufen, so daß oft Abteile erster und zweiter Klasse hinter einer ganzen Reihe von Wagen mit dritter Klasse neu auftauchen.

Den Zugbildungsstellen stehen ständig so viele Wagen zur Verfügung, wie sie für das Zusammenfügen der abgehenden Züge brauchen. Ferner sind ihren Verstärkungs- und Bereitsschaftswagen in genügender Zahl zugeteilt.

Damit die Zugbildungsstellen die notwendigen Wagen stets zur Hand haben, müssen sie ständig und ununterbrochen damit versorgt werden. Es findet ein fortwährendes Abfließen nach der Strecke hin statt, dem ein Nachschub in umgekehrter Richtung entgegenwirken muß. Denn die Quelle der Wagen ist ja nicht die Werkstatt, aus der immer neue Fahrzeuge ausgespien werden, sondern die Wagen kehren aus dem vollen Leben der Strecke stets von neuem in die verhältnismäßige Einsamkeit der Zugbildungsstelle zurück. Diese oder ihre nächste Nachbarschaft dient zugleich als Abstellbahnhof für die Züge, deren Lauf beendet ist, und hier werden die Wagen auch gereinigt und nachgesehen.

Niemand wird zweifeln, daß besonders klug erdachte, sorgfältig erwogene und haarscharf mit den tatsächlichen Verhältnissen übereinstimmende Vorschriften erlassen sein müssen, damit auf allen Zugbildungsstellen in jedem Augenblick die erforderlichen Wagen vorhanden sind. Da die Fahrdienstvorschriften so weit gehen, daß sie für jeden Zug nicht nur die Zahl seiner Wagen, sondern auch die Art der Abteile angeben, die er enthalten muß, so würde es nicht genügen, wenn die Zugbildungsstellen fortwährend einen neuen Wust von Wagen erhielten, aus denen sie sich nun die am besten brauchbaren heraussuchen müßten. Es ist vielmehr dafür zu sorgen, daß zu bestimmten Stunden immer wieder ganz bestimmte Wagen eintreffen.

Wenn man nun bedenkt, wie groß die Zahl der Züge ist, die ständig in Deutschland durcheinander fahren, wenn man im Auge behält, daß manche Züge nur über ganz kurze Strecken rollen, andere zwölf und mehr Stunden bis zur Ankunft am Bestimmungsort brauchen, wenn man in Betracht zieht, daß muß es fast unmöglich dünken, daß der einzelne Wagen ständig in seinem Lauf verfolgt werden, daß in jedem Augenblick sein Aufenthaltsort festgestellt werden kann. Die Aufgabe scheint einer solchen zu gleichen, die verlangt, daß aus einem durcheinanderquirlenden Ameisenhaufen eine ganz bestimmte Ameise herausgesucht werden soll.

Dennoch steht jeder Wagen genau zur vorgeschriebenen Zeit stets von neuem zur Verfügung. Dies wird hauptsächlich durch eine grundlegende Festsetzung bewirkt: ein jeder Personenwagen hat einen ganz bestimmten Heimatbahnhof, zu dem er immer wieder zurückkehrt.

Wie die Natur dem Menschen die Sehnsucht nach der Heimat ins Gemüt gepflanzt hat, so bewirken die Fahrdienstvorschriften, daß auch jeder Personenwagen immer wieder dem heimatlichen Bahnhof zustrebt, ihn nach Beendigung seines Reiseauftrags stets aufs schnellste zu erreichen sucht. Hier ist der Ort, wo er gewissermaßen liebevoll empfangen wird, wo man sich seiner annimmt, ihn pflegt, indem man genau nachforscht, ob er sich unterwegs vielleicht irgendein Leiden zugezogen hat, das geheilt werden muß, wo man seine Achslager besonders sorgfältig mit neuem Schmierstoff versieht, ihn vom Reisestaub befreit und sauber putzt.

Zur Erzielung eines glatten Rücklaufs in die Heimat wird möglichst je ein Wagensatz, der den Stamm darstellt, für einen hin- und rücklaufenden Zug benutzt. Diese beiden Züge nennt man dann ein Zugpaar. Die Wagen laufen von der Zugbildungsstelle bis zur Wendestelle und gehen alsdann möglichst bald wieder auf den umgekehrten Weg. Bei Aufstellung der Fahrpläne ist auf diesen Stammwagen-Umlauf sorgfältig Rücksicht zu nehmen. Der Gegenzug zu demjenigen Zug, der die Stammwagengruppe zur Wendestelle bringt, darf erst zu einer Zeit abgehen, die von der Ankunftszeit an der Wendestelle so weit abliegt, daß auch im Fall einer Verspätung des ankommenden Zugs die Wagen für den abgehenden Zug mit Bestimmtheit zur Stelle sind, und daß Zeit zum Reinigen der Wagen sowie zur Instandsetzung und der meist nötigen Umstellung der Gruppe bleibt.

Wenn die Zugfahrt bis zur Wendestelle nicht länger als zehn Stunden währt, kommt man mit einem Wagensatz aus. Sonst müssen für denselben Zug deren mehrere vorhanden sein. Bei kürzeren Fahrzeiten kann ein Wagensatz mehrere Hin- und Herfahrten innerhalb eines Tages ausführen, oder man benutzt ihn für zwei bis drei aneinanderschließende Zugläufe. Immer aber muß er zuletzt wieder im Heimatbahnhof eintreffen.

Für die Kurswagen müssen ähnliche Umlaufspläne aufgestellt werden. Hier handelt es sich oft um außerordentlich lange Läufe, welche die Wagen viele Tage lang von der Heimat fernhalten. Man denke nur an die durchlaufenden Wagen Berlin-Rom oder Berlin-Marseille. Damit auch hier eine Übersicht in bequemer Weise gewonnen wird, behandelt man jeden Kurswagen so, als wäre er ein ganzer Wagensatz. Entsprechendes gilt für die Sonderwagen, welche die Züge entweder nur am Tag oder nur in der Nacht begleiten: die Speise- und Schlafwagen.

Die Zusammensetzung jedes einzelnen Personenzugs wird den Zugbildungsstellen beim Wirkungsbeginn jedes neuen Fahrplans vorgeschrieben. Es geschieht dies durch die Zugbildungspläne.

Jeder von diesen enthält zwei Abschnitte. Der erste, Ordnungsplan genannt, führt jeden Zug mit seiner Nummer auf und nennt dann die Wagenklassen, Bremsgattung und Heizungsart, die der Zug führen soll; hierauf werden die Wagen genau in der Reihenfolge angegeben, wie sie, von der Lokomotive angefangen, in den Zug einzustellen sind. Mit diesem Ordnungsplan, den jeder Direktionsbezirk für sich aufstellt, werden alle Züge während ihres Umlaufs innerhalb des Bezirks verfolgt. Abteilung 2, Wagenumlaufsplan, enthält, nach Zugbildungsstellen geordnet, Abgangs- und Ankunftszeiten jedes Wagensatzes sowie die gleichen Angaben für dessen Wendestelle. Wie beide Teile des Zugbildungsplans zusammenarbeiten, wird aus den folgenden Darlegungen hervorgehen.

Für die Aufstellungen im Zugbildungsplan werden Abkürzungen verwendet, die vom telegraphischen Verkehr herstammen. Es ist selbstverständlich, daß trotz aller sorgfältig abgewogenen Zuweisungen unausgesetzt telegraphische Anweisungen über Wagenläufe an die Zugbildungsstellen zu geben sind, und daß auch diese oft Anforderungen zu machen haben. Schwankungen im Verkehr, größere Wagenausfälle oder Stauungen aus unvorhergesehenen Ursachen treten ja öfter ein und müssen ausgeglichen werden. Es wäre nun höchst umständlich, jede Wagenart im Telegramm stets ausführlich zu benennen. Vereinbarte Kürzungen ersparen viel Zeit und Telegraphierarbeit. Wenn ein Bahnhof z. B. einen D-Wagen haben will, der Abteile zweiter und dritter Klasse enthalten soll, ferner einen Abteilwagen mit erster und zweiter Klasse und einen Wagen vierter Klasse, so braucht er dies nach den Vereinbarungen nicht ausführlich an die Zuteilungsstelle zu telegraphieren. Er drahtet vielmehr nur: aus den und den Gründen erwünscht BCCü, AB, D.

Die Lösung dieses Buchstabenrätsels ergibt sich aus folgendem. Bei Personenwagen werden die vier Klassen mit den Buchstaben A, B, C, D verzeichnet. Hat der Wagen mehr als drei Achsen, also vier oder sechs, ist er folglich ein Drehgestellwagen, so wird der letzte Buchstabe verdoppelt. Packwagen heißen P, vierachsige Packwagen PP. Bahnpostwagen werden mit Post bezeichnet; wenn sie die besondere Länge von 17 Metern haben, tritt noch eine 17 hinzu. EK sind Eilgut-Kurswagen.

Weiter sind als Zusätze üblich: ü für Wagen mit Durchgang und Übergangsbrücken, die durch Faltenbälge geschützt sind (D-Wagen); i für Wagen mit Durchgang (meist Mitteldurchgang) und offenen Übergangsbrücken; Post für Wagen mit Postraum.

Danach bedeutet z. B.:

> AB einen zwei- oder dreiachsigen Wagen mit Abteilen erster und zweiter Klasse
>
> ABB einen vier- oder sechsachsigen Wagen mit erster und zweiter Klasse
>
> C einen zwei- oder dreiachsigen Wagen mit Abteilen dritter Klasse
>
> CC einen vier- oder sechsachsigen Wagen dritter Klasse
>
> D einen Wagen vierter Klasse
>
> ABCC einen vier- oder sechsachsigen Wagen mit Abteilen erster bis dritter Klasse
>
> ABCCü einen ebensolchen D-Wagen
>
> CC+ einen D-Wagen dritter Klasse
>
> Post einen Packwagen mit Postraum.

Angaben des Ordnungsplans der Eisenbahndirektion Halle sehen z. B. folgendermaßen aus:

1	2	3	4	5	6	7	8	9
Zug Nr.	Wagenklasse	Bremse	Heizung	Anzahl, Gattung und Reihenfolge der Wagen	Kommt aus Zug	Wagenlauf	Geht über in Zug	Nr. des Abschnittes II
D 38	1/3	Wfbr	D	1 PPü	37	Berlin-Stuttgart	37	49
				1 ABCCü,	37	Berlin-Saarbrücken	37	50
				1 ABBü, 1 BCCü $\}$	37	Berlin-Stuttgart	37	49
				2 CCü, 2 Schlaf $\}$				
				1 Post 17	37	desgl.	37	—
				36 Achsen				
D 37	1/3	Wfbr	D	1 Post 17	38	Stuttgart-Berlin	38	—
				1 ABCCü	38	Saarbrücken-Berlin	38	50
				2 CCü, 1 BCCü $\}$				
				1 ABBü, 2 Schlaf $\}$	38	Stuttgart-Berlin	38	49
				1 PPü $\}$				
				36 Achsen				

Es handelt sich hier um ein Zugpaar mit erster bis dritter Klasse. Die Wagen haben Westinghouse-Bremse und Dampfheizung. Die Fahrzeuge sind sämtlich D-Wagen, die in der angegebenen Reihenfolge, von der Lokomotive an gerechnet, aufgestellt sind. Der Stamm des Zugs läuft von Berlin nach Stuttgart und zurück. Ein Wagen mit erster, zweiter und dritter Klasse jedoch läuft zwischen Berlin und Saarbrücken. Die Wagen, aus denen die Zugbildungsstelle in Berlin den D 38 bildet, entnimmt sie dem ankommenden D 37. Nach Beendigung der Fahrt von D 38 gehen die Wagen an den Endstellen wieder in D 37 über, um von neuem nach Berlin zu laufen. Man sieht schon aus diesem Beispiel, daß auf den Zugbildungsstellen viele Verschiebebewegungen auszuführen sind, weniger freilich als im Güterzugverkehr.

Spalte 9 des Ordnungsplans weist auf den Abschnitt 2 des Zugbildungsplans, den Wagenumlaufsplan, hin. Hier heißt es unter den Nummern 49 und 50, die für die Zugbildungsstelle Berlin-Anhalter Bahnhof aufgestellt sind:

1	2	3	4	5	6	7	8	9
Nr.	Umlauftage	Zuggattung und Nr.	Wagenlauf	Ankunft	Hauptreinigung R Zwischenreinigung r Gasfüllung G	Abfahrt	Anzahl und Gattung der Wagen	Die Wagen stellt
49	1 2	D 38 D 37	Berlin Stuttgart Berlin	9^{58} 9^{48}	R R G	7^{54} 8^{23}	1 PPü, 1 ABBü $\}$ 1 BCCü, 1CCü $\}$ (2 Schlaf)	Berl. Anh. B. Mitropa
							1 PPü, 1 ABBü $\}$ 1 BCCü, 2 CCü $\}$ (2 Schlaf)	Berl. Anh. B. Mitropa
50	1 2 3	D 38 D 36 D 37	Berlin Ludwigshafen Saarbrücken Berlin	10^{34} 10^{05} 9^{48}	R G R G	7^{54} 8^{28} 5^{05}	(1 ABCCü) (1 ABCCü)	D. Ludwigshafen D. Ludwigshafen

Hier kann man unter Nr. 49 zunächst den Lauf des Zugstamms verfolgen. Er fährt um 7 Uhr 54 Min. abends aus Berlin mit D 38 ab und trifft um 9 Uhr 58 Min. morgens in Stuttgart ein. Dort wird er – nach dem Wagenumlaufsplan für die Zugbildungsstelle Stuttgart – umgereiht, fährt um 8 Uhr 23 Min. abends wieder aus Stuttgart fort, und zwar mit D 37, kommt 9 Uhr 48 Min. morgens in Berlin an. In Stuttgart und in Berlin findet je eine Hauptreinigung statt, Gasfüllung jedoch nur auf dem Heimatbahnhof in Berlin. Da die Wagengruppe zwei Umlaufstage hat, so muß sie auf der Zugbildungsstelle zweimal vorhanden sein, was durch Doppelaufzählung der Wagen ausgedrückt wird. Die Kürzung Mitropa sagt, daß die Schlafwagen von der Mitteleuropäischen Schlafwagen- und Speisewagen-Aktien-Gesellschaft gestellt werden.

Der Lauf des Kurswagens Berlin-Saarbrücken, den die pfälzische Eisenbahndirektion Ludwigshafen stellt, ist aus Nr. 50 des Wagenumlaufsplans zu ersehen. Die darin enthaltenen Angaben erklären sich aus dem vorher Gesagten.

Es sei noch der Ordnungsplan eines Personenzugs angeführt, aus dem man ersehen kann, wie vielfältig der Lauf der einzelnen Wagen sein kann, aus denen ein geschlossener Zug gebildet ist:

1	2	3	4	5	6	7	8	9
Zug Nr.	Wagenklaffe	Bremse	Heizung	Anzahl, Gattung und Reihenfolge der Wagen	Kommt aus Zug	Wagenlauf	Geht über in Zug	Nr. des Abschnittes II
841	2/4 bis Witt. 1/4 ab Witt.	Wsbr	D	1 Postbeiw.	889	Frankfurt (M.)-Leipzig Hbf.	859	—
				1 Post	889	Frankfurt (M.)-Berlin	808	—
				1 PP	842	Caffel-Berlin	842	78
				1 D, 1 C	806	Wittenberg-Berlin	806	100
				1 AB	802	desgl.	802	88
				2 D, 1 B, 2 C	810	Caffel-Berlin	842	78
				1 D, 1 C	842	Eisenach-Berlin	842	79
				1 Postbeiw.	—	Halle-Berlin	—	—
				1 D	806	Jüterbog-Berlin	806	100
				1 CC, 1 BCC	186	Naumburg-Halle	186	264
				4 C, 5 D	Vrz. 202	Corbetha-Halle	Vrz. 802	266
				1 Postbeiw.	6095	Corbetha-Halle	6091	—

Besonders übersichtlich sind die bildlichen Pläne, welche die bayerischen Staatseisenbahnen für das pfälzische Netz verwenden. Hiervon gleichfalls ein Beispiel:

PP Straßburg-Frankf. a. M. Mz	CC Straßburg-Frankf. a. M. Mz	CC Straßburg-Frankf. a. M. Mz	ABB Straßburg-Frankf. a. M. Mz	CC Straßburg-Frankf. a. M. Mz	CC Straßburg-Frankf. a. M. Mz	CC Neustadt-L'hafen Mz	C Neustadt-L'hafen Nd	
		aus D 105				aus E 90 für E 172	für 208	

Ferner gibt es in jedem Direktionsbezirk eine »Nachweisung der Personen- und Gepäckwagen«. Sie enthält den Steckbrief jedes einzelnen Wagens unter der an ihm mit großen Ziffern angebrachten Nummer. Bei Anforderungen kann die Zuteilungsstelle aus der Nachweisung sogleich ersehen, welche Wagen für den betreffenden Zweck brauchbar sind. Aus den Zuteilungen und aus dem Zugbildungsplan ist zu entnehmen, wo jeder Wagen im Augenblick weilt und zu erreichen ist. Hier einige Beispiele aus der Wagennachweisung:

1	2	3	4	5	6	7				8				9	10	11	12	13	14
Nr. des Wagens	Gattungszeichen	Heimatstation	Achsenzahl	Radstand m	Eigengewicht t	Anzahl der Abteile				der Plätze				Abteile mit Abort	Bremse	Heizung	Beleuchtung	Lieferungsjahr	Werkstatt
						1.	2.	3.	4. Klasse	1.	2.	3.	4. Klasse						
03140	ABBü	Berlin Ahb.	4	15,65	42,0	2	5	—	—	8	30	—	—	<u>7</u>	Ksbr, Br	Nu.H Dhz	Gg	11	Tf
02151	CCü	Leipzig Hbf.	4	15,50	41,6	—	—	8	—	-	-	64	—	8	Wsbr, Br	Nu.H Dhz	Gg	07	De
497	ABi	Leipzig Hbf.	3	<u>8,50</u>	20,9	1½	3	—	—	6	18	—	—	<u>4½</u>	Wsbr, Br	Nu.H Dhz	Gg	97	De
975	BC	Cottbus	3	<u>7,50</u>	19,8	—	2	4	—	-	12	32	—	<u>6</u>	Ksbr, Br	Nu.H Dhz	Gg	07	Cs
2216	D	Cottbus	3	<u>7,50</u>	17,4	—	-	—	3 (2)	-	—	-	60	3	Ksbr, Br	N Dhz	Gg	12	Cs

Hierzu ist zu bemerken:

Der erste Wagen ist ein D-Wagen mit vier Achsen, deren äußerster Abstand, hier Radstand genannt, 15,65 Meter beträgt. Das Eigengewicht ist 42 Tonnen, gleich 42 000 Kilogramm. Die Unterstreichung der Zahl in Spalte 9 bedeutet, daß die Aborte mit Wascheinrichtung versehen sind. Der Wagen hat, nach den Angaben in den Spalten 10 bis 12, Knorr-Schnellbremse und Handbremse, Niederdruck- und Hochdruck-Dampfheizung, Gasglühlichtbeleuchtung. Hergestellt ist er in der Werkstatt Tempelhof. Wsbr. Bedeutet Westinghouse-Schnellbremse, die Unterstreichung des Radstands (Achsstands) in Spalte 5 sagt, daß der Wagen mit Vereins-Lenkachsen ausgerüstet ist. De ist die Werkstätte Delitzsch, Es bedeutet Werkstätte Cottbus.

Ähnliche Nachweisungen, wie sie für die Wagen vorhanden sind, gibt es auch für die Laufschilder, welche an diesen befestigt werden. Cs ist möglich, den Verbleib jedes einzelnen Schilds im Bereich aller deutschen Bahnen genau zu verfolgen.

Das vorhin angeführte Bildungsbeispiel für die Züge D 37 und D 38 hat bereits erkennen lassen, daß in einem und demselben Zug Wagen durcheinanderlaufen können, die verschiedenen Verwaltungen gehören. Das setzt natürlich eine Verständigung zwischen den einzelnen Wageneigentümern voraus. Alljährlich zweimal, im Frühjahr für den Sommerdienst, im Spätsommer für den Winterdienst, finden Wagenbeistellungs-Beratungen statt. In ihnen setzen die hierzu abgeordneten Vertreter der deutschen Verwaltungen fest, wo durchlaufende Züge oder, bei geringerem Verkehr, durchlaufende Wagen geführt werden sollen. In Friedenszeiten beteiligen sich auch außerdeutsche Bahnverwaltungen an diesen Beratungen, und ihr Ergebnis ist dann jedesmal der europäische Wagenbeistellungs-Plan, auf Grund dessen die großen zwischenstaatlichen Zugläufe bestimmt werden, der aber auch die durchgehenden Zugläufe im Reich in sich schließt.

Jedes Kilometer, das ein Wagen im Bereich einer fremden Verwaltung durchfährt, wird dieser auf Rechnung gestellt. Jeder Wageneigentümer rechnet nach bestimmten Zeiten aus, wieviel Kilometer seine Fahrzeuge nach dem Wagenbeistellungs-Plan für die übrigen Verwaltungen geleistet haben. Alle diese Aufstellungen werden dann einer Vermittlungsstelle, nämlich dem Eisenbahnzentralamt in Berlin, übersandt, und dieses sucht nun nach Möglichkeit einen Naturausgleich zu schaffen. Dies will sagen, daß die Schuld, die eine Verwaltung der anderen gegenüber angesammelt hat, nicht in bar, sondern wieder in Wagenachs-Kilometern ausgeglichen wird und das unter Anwendung einer Gesamtaufrechnung. Ist z. B. die Verwaltung A der Verwaltung B Wagenachs-Kilometer schuldig, während sie gegenüber der Verwaltung C einen Überschuß hat, so wird das durch Verrechnung zwischen B und C ausgeglichen. Selbstverständlich kommt es kaum jemals vor, daß die Zahlen sich zu Null ergänzen; die Ausgleichstelle sorgt jedoch dafür, daß keine Rechnung allzuhoch anschwillt.

Wenn ein Personenzug auf dem für seinen Lauf festgesetzten Endbahnhof angekommen, der letzte Fahrgast ausgestiegen ist und die Wagen in die abgelegenen Gefilde des Abstellbahnhofs geschafft sind, dann nimmt der Zug alsbald ein ganz anderes Gesicht an. Er ist nicht mehr ein vornehmer Herr, der mit steifer Gelassenheit Gäste empfängt, sondern gleicht mehr einem Burschen, der nach langer Reise heimkehrt und nichts anderes im Sinn hat, als sich zunächst einmal ordentlich zu säubern.

Zunächst drückt der Zug seine Absicht, längere Zeit an seinem Abstellort zu verweilen, dadurch aus, daß er sogleich die Lokomotive fortschickt, die ihn vielleicht hundert Kilometer weit bis hierher gezogen hat. An ihre Stelle tritt eine gemütliche Verschiebe-Lokomotive, die ihn in den Reinigungsschuppen bringt. Dort drinnen wird er bereits von einer dienstbereiten Schar erwartet. Sie stürzt sich auf ihn, und nun werden die Wagendächer abgefegt, die Wasserablaufrinnen gesäubert, mit nassen Tüchern und Besen werden die Außenwände von Ruß und Schmutz befreit, die Lager, Untergestelle und Einsteigtritte vom Staub und Sand gesäubert, im Winter werden die Eiskrusten weggeschlagen. Darauf sind aus jedem Abteil die darin liegengebliebenen Gegenstände aufzulesen, das Papier in bereitgestellte Körbe zu werfen. Alsdann wird nach Entfernung der Fußdecken ausgefegt, die Polster werden geklopft oder durch Staubsauger gereinigt. Die Heizkörper sind abzustauben, die Aschenbecher zu reinigen, die Spucknäpfe sauber auszuwaschen. Die Fenstervorhänge und die Stoffblenden an den Lampen sind auszubürsten, die Lüftungsschieber von Flugasche zu befreien.

Nachdem die ganz groben Arbeiten erledigt sind, geht es an das Putzen der Fenster, der Spiegel und der blanken Teile. Sobald das letzte Stäubchen entfernt ist, kommt wieder eine Verschiebe-Lokomotive heran, zieht den Zug in ein Ausziehgleis und ordnet durch zahlreiche Bewegungen die Wagen so, daß sie für die nächste Fahrt die richtige Reihenfolge nach der Vorschrift des Zugbildungsplans haben. Darauf wird der Zug in ein Gleis für fertige Züge geschoben, wo die Achsbehälter mit neuem Schmierstoff versehen, der Gasvorrat ergänzt wird. Im Winter findet auch ein Vorheizen aus ortsfesten Dampfanlagen statt. Die Wasserbehälter in den Aborten mit Wascheinrichtungen werden gefüllt, die hierzu vorgesehen Behälter mit Handtüchern und Seife neu ausgestattet. Aufsichtsbeamte sehen die Laufwerke noch einmal gründlich daraufhin nach, ob an ihnen irgendein betriebsgefährlicher Schaden wahrzunehmen ist.

Manchmal treffen auf einem Abstellbahnhof auch Wagen ein, deren Säuberung so rasch nicht vorgenommen werden kann. In gewöhnlichen Zeiten rollen die deutschen Personenwagen ja vielfach über die Landesgrenzen, und dort kommen sie öfter in die Gefahr, mit Ungeziefer behaftet zu werden. Wird ein Wagen entdeckt, dem ein solches Mißgeschick widerfahren ist, so darf er nicht wieder in Betrieb genommen werden, bevor die unliebsamen Gäste mit Sicherheit getötet und entfernt sind.

Eine solche Wagenreinigung war nun früher nicht anders möglich, als daß zunächst einmal sämtliche Polsterteile und auch die Wandbekleidungen abgenom-

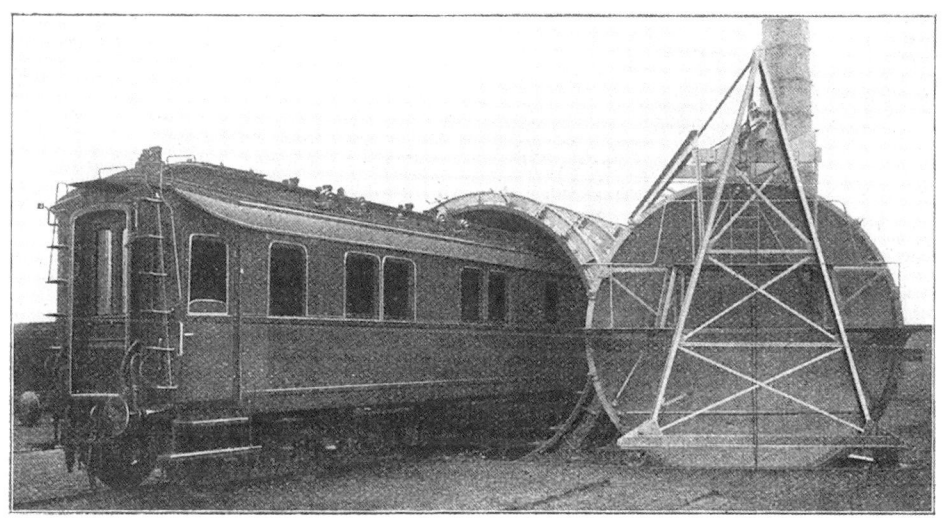

Erbaut von der Julius Pintsch-AG. in Berlin
268. Entseuchungs-Vorrichtung für Eisenbahnwagen
Ein Schlafwagen fährt in das eiserne Rohr ein. Der Abschlußdeckel ist seitlich ausgefahren.

men wurden. Hierdurch entstanden viel Zeitverlust und Kosten, und es war stets die Gefahr vorhanden, daß die reinigende Werkstatt gleichfalls vom Ungeziefer befallen wurde. Die Firma Julius Pintsch hat eine in den letzten Jahren viel verwendete Vorrichtung geschaffen, die das Abtöten der Tiere bewirkt, ohne daß besondere Maßnahmen am Wagen selbst notwendig sind. Es wird zu diesem Zweck auf dem Abstellbahnhof eine gewaltige Röhre aufgebaut, die aus einzelnen gußeiser-

269. Blick in das Entseuchungsrohr

nen Ringen von etwa fünf Metern Durchmesser besteht. Die hintere Öffnung wird fest abgeschlossen, die vordere erhält eine aufschiebbare Tür, die an den Rohrkörper luftdicht angepreßt werden kann. Der zu reinigende Wagen wird hineingeschoben, die Tür geschlossen, und alsdann wird der ganze Raum durch ein innen angebrachtes, mit Dampf beschicktes Röhrennetz bis auf 50 Grad erwärmt. Eine Luftpumpe führt darauf eine sehr starke Luftverdünnung in dem Rohr herbei, und hierdurch wird das sichere Abtöten der Insekten bewirkt. Falls man annimmt, daß der Wagen auch noch Krankheitskeime enthält, so wird der Raum nunmehr mit Formalin-Dämpfen erfüllt, die ein Entseuchen mit Sicherheit bewirken, da bei der vorhandenen Luftverdünnung das Formalin in die kleinsten Öffnungen eindringt.

Die Lokomotive ist indessen geradenwegs zur Kohlenlagerstelle gefahren. Hier wird der Vorrat auf dem Tender mittels Handkörben oder unter Benutzung eines Krans ergänzt. Zu gleicher Zeit wird Wasser nachgefüllt. Nun begibt sich die Lokomotive zur Feuerreinigungsstelle. Zwischen den beiden Schienen ist hier eine tiefe, ummauerte Grube vorgesehen, in die Stufen hinabführen. Ein Schuppenfeuermann steigt, mit seltsamen Werkzeugen beladen, auf die Lokomotive. Seine Aufgabe ist es, die Schlackenschicht, welche sich während der langen Fahrt auf dem Rost gebildet hat, zu entfernen, die Feuerung wieder in guten Zustand zu bringen. Der Mann reißt die Feuertür auf und fährt zunächst mit einer Krücke hinein, die einen viele Meter langen Stiel hat. Er kann mit ihrer Hilfe auch die hintersten Teile des Rosts unter dem Feuerschirm erreichen. Hackend und kratzend lockert er die Schlacke auf, so daß sie nicht mehr an den Eisenteilen festbackt, sondern leicht entfernt werden kann. Zu diesem Zweck fährt er nach Entfernung der Krücke mit einer ebenso lang gestielten Schaufel hinein und bringt eine Last Höllenglut nach der anderen heraus, um sie nebenan auf den Sand zu werfen; bei ganz großen Maschinen, wo das Ausschlacken in dieser Art zu schwer sein würde, kann mit einer großen Zange in die Feuerung hineingegangen werden, um mehrere der nur lose eingelegten Roststäbe in der Mitte herauszuziehen. Da vorher schon der Aschkasten entfernt worden ist, fällt die Schlacke nunmehr durch den Rost hindurch in die Grube.

Nachdem er die Feuerung so in Ordnung gebracht hat, liegt es dem Feuermann noch ob, die Rauchkammer zu leeren und zu säubern. Er öffnet mit Hilfe des grossen, vor der Brust der Lokomotive angebrachten Handrads die vordere Drehtür und schaufelt die auf dem Boden der Rauchkammer angesammelte Lösche hinaus.

Heizer und Lokomotivführer, die ausdrücklich von diesem schweren Geschäft der Feuerungsreinigung befreit sind, sehen indessen die Lokomotive in allen ihren Teilen nach, ölen sie ab, ziehen lose gewordene Schrauben an, prüfen das ganze Gebäude von allen Seiten und auch von unten her, indem sie in die Grube hinuntersteigen. Darauf darf die Maschine in den Schuppen fahren, wo der Dienst, wenn sie nur einfache Besetzung hat, nun für einige Zeit zu Ende ist. Das Feuer erlischt dann allmählich.

Schon mehrere Stunden vor der neuen Abfahrtszeit wird die Maschine von Schuppenleuten frisch angeheizt. Mindestens zwei Stunden vor Zugabgang sind auch Führer und Heizer wieder zur Stelle, um das richtige Dampfmachen zu überwachen, die letzten Ausbesserungen vorzunehmen. Zu genau festgesetzter Minute verläßt die Lokomotive den Schuppen und legt sich vor den Zug, der bereits vorher von einer Verschiebelokomotive an den Bahnsteig gebracht worden ist. – –

In ganz anderer Weise, als wir es bei den Personenwagen gesehen haben, gehen Zugbildung und Zugläufe im Bereich des *Güterverkehrs* vor sich. Hier herrschen Verhältnisse, die mit jenen im Bezirk der Personenbeförderung nur noch wenig

Ähnlichkeit haben. Eine einfache Überlegung schon zeigt, daß im Güterverkehr mit festen Zugbildungsplänen und Heimatbahnhöfen nichts anzufangen ist.

Die Personenzüge laufen innerhalb eines Fahrplanabschnitts täglich in gleicher Form. Die Anforderungen, die an sie gestellt werden, sind immer dieselben, wenn man von einigen Unregelmäßigkeiten absieht, die leicht zu bewältigen sind. Monatelang können die Personenzüge daher in der ein für alle Male festgesetzten Form gefahren werden.

Im Güterverkehr aber herrscht ein täglicher Wechsel. Jeder Tag stellt infolge der ganz unregelmäßig auftretenden Wünsche der Versender andere Anforderungen an den Wagenpark. Es ändert sich unausgesetzt nicht nur die Zahl der zur Bewältigung des Verkehrs nötigen Wagen, sondern auch ihre Art. Jede der verschiedenen Gütersorten verlangt anders gebaute, nur für sie passende Fahrzeuge. Für Massengüter müssen offene, für Getreide oder Vieh gedeckte, für Papier-, Hohl-, Glas- oder Strohwaren großräumige, für chemische Erzeugnisse Kesselwagen usw. zur Verfügung gestellt werden. Gewisse sehr lebhafte Verkehrsarten treten nur zu bestimmten Jahreszeiten auf, so die Versendung von Kali und Zuckerrüben.

Dann gibt es Gegenden, die weit mehr versenden, als sie empfangen, wie insbesondere die Kohlenbezirke, und Stellen, bei denen der Empfang überwiegt, wie die Großstädte. Hierdurch allein schon ist ein nutzbringendes, einfaches Hin- und Rücklaufen der Wagen ausgeschlossen.

Die Schwierigkeiten der Regelung werden um so größer, als die einzelnen Verwaltungsbezirke nicht mehr wie bei den Personenwagen in der Hauptsache ihre eigenen Fahrzeuge benutzen, sondern in sehr viel größerem Umfang fremde Wagen zu verarbeiten haben. In bezug auf die Güterwagen besteht heute bereits eine annähernde Reichseinheit, indem sämtliche deutsche Staatsbahnen sich seit 1909 zum Deutschen Staatsbahnwagen-Verband zusammengeschlossen haben. Auch ein großer Teil der Privatbahnen ist durch Einstellen ihrer Wagen in den Park einer Staatsbahn dem Verband beigetreten. Seitdem wird fast der gesamte Güterwagenpark Deutschlands – mit Ausnahme der Spezialwagen – als einheitliches Ganzes behandelt.

Durch diese großzügige Vereinbarung ist es möglich geworden, bedeutende Ersparnisse zu erzielen, indem eine sehr große Anzahl von Wagenleerläufen fortgefallen ist. Früher mußte jeder beladen eintreffende Güterwagen einer anderen Verwaltung alsbald in deren Bezirk zurückgesendet werden, auch wenn keine Ladung für den Rücklauf in dieser Richtung vorhanden war. Hierdurch wurden nutzlose Beförderungskosten von bedeutender Höhe verursacht. Desgleichen war ein geradezu ungeheuerliches Schreibwerk für Abrechnung erforderlich. Heute dürfen – immer mit Ausnahme der Spezialwagen – sämtliche Güterwagen der dem Staatsbahnwagen-Verband angehörigen Verwaltungen von jeder anderen Verwaltung wie eigene behandelt und nach jeder Richtung hin versendet werden. Die Abrechnung erfolgt nach Pauschbeträgen im Verhältnis der Wagennachsbestände bei jeder einzelnen Verwaltung.

Infolge dieses äußerst nutzbringenden Zusammenschlusses erwächst jedoch nunmehr die fast abenteuerliche Aufgabe, täglich von neuem über den gesamten deutschen Güterwagenpark – das sind mehr als 600 000 Fahrzeuge – so zu verfügen, daß jedem einzelnen der vielen tausend Bahnhöfe, von denen aus ein Versand stattfindet, möglichst die von ihm als notwendig bezeichnete Wagenzahl und auch in der gewünschten Art zur Verfügung steht. Zu diesem Zweck ist eine Einrichtung geschaffen, die an Großartigkeit ihresgleichen kaum hat, eine Leitstelle, von der aus zuletzt eine einzige Hand die täglichen Güterwagenumläufe im ganzen Deutschen Reich lenkt.

Sämtliche deutschen Bahnhöfe stellen täglich einmal den Bestand fest, den sie an Güterwagen haben, und den Bedarf, der im Lauf der nächsten 24 Stunden voraussichtlich bei ihnen auftreten wird. Jeder Bahnhof gibt alsdann eine telegraphische Meldung hierüber auf, überall verstreute Sammelstellen sichten diese Depeschen, stellen aus ihnen Bestand und Bedarf ihres Bezirks zusammen und geben diese Meldungen alsdann an eine ganz geringe Zahl von Amtsstellen weiter. Jede von diesen entwirft nun ein Bild des Bestands und Bedarfs von noch größerem Umfang. Nachdem die ursprünglichen Bahnhofstelegramme so zweimal zusammengemahlen und gemengt worden sind, erhält die oberste Leitstelle telegraphisch die Gesamtübersicht zugestellt.

Sofort setzte sie mit ihrer allumfassenden Arbeit ein. Nach genauer Betrachtung des Bedarfs im ganzen Reich, der ihr allein bekannt ist, gibt die Leitstelle jedem Bezirk bindende Anweisung, wie er seinen Bestand auszuteilen hat, wieviele und wie geartete Wagen er selbst behalten darf, wieviele er anderen Bezirken zusenden muß und läßt ihm Mitteilung darüber zukommen, was ihm von dort wiederum zufließen wird. Bereits zu einer früheren Nachmittagsstunde jedes Werktags sind alle Bahnhöfe bis zur letzten Haltestelle mit Güterverkehr darüber unterrichtet, wie sie ihre Bestände an Güterwagen zu behandeln haben, und was ihnen innerhalb der nächsten 24 Stunden zur Befriedigung des eigenen Bedarfs zur Verfügung stehen wird.

Die mächtige Leitstelle, deren Anweisungen den gesamten deutschen Eisenbahnverkehr täglich bis in die tiefsten Tiefen beeinflussen, ist das Hauptwagenamt in Berlin, das dem Eisenbahnzentralamt angegliedert ist. Die Tätigkeit dieser Amtsstelle für den deutschen Eisenbahnkörper ist etwa mit der des Herzens zu vergleichen. Jeder Güterwagen ist ein Blutstropfen, der immer wieder zum Herzen fließt und von dort auf die verschiedenen Blutbahnen verteilt wird. Wenn ein Körperteil besonders schwer zu arbeiten hat, so wird ihm von dem hochempfindlichen Herzen mehr Blut zugepreßt; er läßt dann auch entsprechend mehr abfließen. In gleicher Weise verstärkt das Hauptwagenamt die Ströme nach scharf beanspruchten Bahnpunkten und läßt sie nach beendeter Arbeit wieder zurückebben.

Freilich weiß der nervöse Steuerungsapparat des Herzens nichts davon, ob z. B. eine Fingerspitze besonders starke Zufuhr nötig hat. Wäre der Hauptleitstelle im menschlichen Körper die Blutumlaufsregelung bis zu jeder feinsten Verästelung übertragen, so würde sie mit Melde- und Befehlsleitungen so überlastet sein, daß ein folgerichtiges Arbeiten gar nicht möglich wäre. Dementsprechend sind auch vor das Hauptwagenamt zahlreiche andere Ämter geschaltet, denen die Einzelmeldungen zugehen. Von hier aus werden die Stellen nächsthöherer Ordnung benachrichtigt, und diese erst lassen dem Hauptwagenamt ihre Meldungen zugehen.

Die Arbeit des täglichen Güterwagenausgleichs in Deutschland vollzieht sich tatsächlich in folgenden Formen.

Am Vormittag werden sämtliche Geleise jedes Bahnhofs von Beamten abgeschritten, die jeden vorhandenen Güterwagen aufschreiben. Ferner wird an Hand von eingegangenen Mitteilungen geschätzt, was im Laufe des Nachmittags und der Nacht noch an solchen Wagen eintreffen wird, die bis zum nächsten Mittag entladen, also zur Weiterbenutzung verfügbar sein werden. Weiter sind die Wagen aufzunehmen, die im Lauf des Tags aus den Werkstätten und Entseuchungsanlagen kommen werden. Die Gesamtsumme der Zuflüsse aus allen diesen Quellen bildet den Bestand. Andererseits ist festzustellen, wieviel Wagen von Gewerbetreibenden bestellt sind, wieviel für die Abfuhr von Stückgütern, für den inneren Dienst, als Schutzwagen, Postbeiwagen usw. gebraucht werden. Hieraus ergibt sich der Bedarf. Bestand und Bedarf sind dann bis zur Mittagsstunde, nach Wagengattungen geordnet, dem zuständigen Wagenbüro mitzuteilen.

Dies ist die Hauptmeldung.

Eine solche telegraphische Hauptmeldung sieht etwa so aus:

Bd   G   10   00   3   SS1   1   Veg   2
Bst   N   2   G 1   R 3   HHsz   1   O m   25.

Hierin bedeutet:

Bd   Bedarf,

G   zwei- oder dreiachsige bedeckte Güterwagen (von denen 10 vorhanden sind),

00   vierachsige offene Güterwagen mit Wänden von mehr als 0,40 Meter Höhe,

SS1   Schienenwagen mit mehr als 12 Meter Länge der Ladefläche,

Veg   bedeckte Viehwagen mit Zwischenboden für Gänsebeförderung,

Bst   Bestand,

N   bedeckte Güterwagen mit Luftbremse oder Luftleitung, zur Benutzung in schnellfahrenden Zügen geeignet,

R   offene Wagen von mindestens 9,9 Meter Länge der Ladefläche mit langen, hölzernen Seitenpfosten (Rungen),

HHsz   Holzwagenpaar, ausgerüstet mit Kuppelstangen und mit Zinken auf den Wendeschemeln,

Om   offene Güterwagen von mindestens 15 000, aber weniger als 20 000 Kilogramm Ladegewicht.

Jedes Wagenbüro empfängt ein starkes Bündel solcher Hauptmeldungen, dazu noch eine ganze Reihe von Nebenmeldungen und stellt daraus die Bedarfs- und Bestandszahlen der einzelnen Wagengattungen schleunigst zusammen. Es meldet sie für seinen ganzen Bezirk umgehend der Gruppen-Ausgleichsstelle. Dort müssen die Telegramme bis 11/4 Uhr eingetroffen sein.

Solcher Gruppen-Ausgleichstellen gibt es im ganzen Deutschen Reich nur zehn:

Bezeichnung	Ausgleichsgebiet (Verwaltungsbezirke)	Ausgleichstelle
Gruppe I	Breslau, Posen, Kattowitz	Wagenbüro Breslau
Gruppe II	Bromberg, Danzig, Königsberg i. Br.	Wagenbüro Bromberg
Gruppe III	Berlin, Stettin, Magdeburg, Halle a. S., Erfurt, Mecklenburg	Hauptwagenamt
Gruppe IV	Hannover, Altona, Münster i. W., Oldenburg	Wagenbüro Hannover
Gruppe V	Frankfurt a. M., Kassel	Wagenbüro Frankfurt a. M.
Gruppe VI	Köln, Essen a. d. Ruhr, Elberfeld	Wagenbüro Köln
Gruppe VII	Reichseisenbahnen in Elsaß-Lothringen, Ludwigshafen, Saarbrücken	Wagenbüro Straßburg i. E.
Gruppe VIII	Baden, Mainz, Württemberg	Wagenbüro Karlsruhe
Gruppe IX	Augsburg, München, Nürnberg, Regensburg, Würzburg	Wagenbüro München-Laim
Gruppe X	Sachsen	Wagenbüro Dresden

Aus dieser Zusammenstellung ersieht man, in welcher Weise große Gebiete immer in einer Ausgleichstelle zusammengefaßt sind. Das Hauptwagenamt in Berlin ist gleichzeitig Ausgleichstelle für Gruppe III, die den besonders wichtigen Bezirk Berlin umfaßt. Hierdurch wird seine Übersicht über das Ganze wesentlich erleichtert.

Nachdem die Gruppen-Ausgleichstellen die von den Wagenbüros zusammengestellten Meldungen erhalten haben, fertigen sie nunmehr eine Übersicht über ihren ganzen Ausgleichsbezirk an und übermitteln diesen telegraphisch dem Hauptwagenamt. Dort treffen die Meldungen bis 2 Uhr ein.

Das Hauptwagenamt behandelt die ihm zugeflossenen zehn Meldungen zusammen mit den Nachrichten, die bei ihm sonst über den Verkehrszustand und die Verkehrsanforderungen eingetroffen sind, so daß es einen möglichst klaren Überblick erhält, welche Gegenden besonders gründlich zu versorgen sind, woher viel entnommen werden kann usw. usw. Den einzelnen Gruppenausgleichstellen werden dann die Wagen so zugeteilt, daß ein möglichst glatter Umlauf entsteht. Oft ist es in Rücksichtnahme auf das höhere Ganze notwendig, einer Ausgleichstelle »trotz eigenen Bedarfs« Wagen für eine andere fortzunehmen. Das Hauptwagenamt hat eben in jedem Augenblick die wichtigsten Verkehrsarten besonders zu bedenken, und nur diese Stelle allein kann das tun, da ausschließlich sie es ist, die das Ganze überschaut.

Nachdem der Hauptausgleich vorgenommen ist, drahtet das Hauptwagenamt die Wagenabnahmen und -zuweisungen an die Gruppen-Ausgleichsstellen. Jede von diesen nimmt demzufolge den endgültigen Ausgleich für den Bereich jedes ihr unterstellten Wagenbüros vor und teilt diesen Stellen das Ergebnis bis 3 3/4 Uhr mit. Am frühen Nachmittag sind bereits alle Bahnhöfe unterrichtet, und sofort kann damit begonnen werden, die leeren Wagen in der angeordneten Weise in Bewegung zu setzen.

Die hier geschilderte Art der Verteilung bezieht sich jedoch in der Hauptsache nur auf bedeckte Wagen. Die offenen Güterwagen für Kohle- und Koksbeförderung nehmen eine Ausnahmestellung ein. Sie werden in außerordentlich großer Zahl ständig in den Hauptkohlebezirken, also in Oberschlesien, Niederschlesien, im Ruhr- und Saargebiet gebraucht. Da also nach dorthin ständig Rückläufe leerer Wagen stattfinden müssen, so besteht für bestimmte Bezirke, nach denen die Kohle regelmäßig in großen Mengen versendet wird, allgemein die Anordnung, die entladenen Kohlenwagen an bestimmte Orte an den genannten Bezirken zurücklaufen zu lassen. Diese selbsttätig arbeitenden »Zuführungsgebiete« sind scharf umrissen, so daß man in Schlesien, an der Ruhr und an der Saar täglich auf eine sehr große Zahl eingehender Leerwagen rechnen kann.

Es gibt eine ganze Reihe von Güterwagen, die besondere Formen und Vorrichtungen besitzen. Diese sind gewöhnlich den Bedürfnissen eines bestimmten Bezirks angepaßt, und hier besteht immer ein besonderer Wunsch, sie ladebereit zur Hand zu haben. So hat z. B. eine Gegend, in der viele Fabriken für Hohlglaswaren sich befinden, einen starken Bedarf an großräumigen Wagen, Bezirke mit einem ausgedehnten chemischen Gewerbe brauchen viele Kesselwagen, andere in reichem Maß Fahrzeuge für Kalkbeförderung usw. Viele der in besonderer Weise ausgebildeten Wagen tragen darum die Bezeichnung »Spezialwagen«.

Derartige Fahrzeuge dürfen an ihrer Ankunftsstelle nur dann neu beladen werden, wenn die Waren nach dem Heimatbezirk eines solchen Wagens oder nach einem Ort bestimmt sind, der in der Richtung zu diesem Heimatbezirk liegt. Ist keine geeignete neue Ladung vorhanden, so müssen Spezialwagen leer zurückgesendet werden. Das gleiche gilt sinngemäß für die »Stationswagen«, die auf einem bestimmten Bahnhof mit Sonderbedürfnis beheimatet sind.

Durch diese Anordnung wird die Zahl der Leerläufe erhöht, und es besteht das Bestreben, die Zahl der Spezialwagen immer mehr zu vermindern. Je ausgedehnter der Wagenpark der deutschen Bahnen wird, je mehr Wagen jeder Gattung also vorhanden sind, um so geringer darf die Zahl der nicht ganz freizügigen Spezialwagen werden.

Die Schwankungen im Güterverkehr der deutschen Eisenbahnen sind außerordentlich groß. Im Frühjahr und Herbst werden oft stoßweise außerordentliche Mengen von Wagen aller Art angefordert, im Sommer dagegen stehen zuzeiten 60 000 bis 80 000 Wagen unbenutzt da, so daß sich trotz der ausgedehnten Vorkehrungen ein Mangel an Aufstellgleisen bemerkbar macht. Will man unter diesen Umständen ein wirtschaftliches Ergebnis aus dem Güterwagenumlauf erzielen, was ja auch bei den Staatsbahnen als den Hauptstützen der Staatshaushalte notwendig ist, so kann der Wagenpark nicht gut so weit vermehrt werden, daß er den höchsten Tagesbedarf, der vielleicht nur sieben- oder achtmal im Jahr eintritt, zu genügen vermag. Wenn so viele Wagen tatsächlich vorhanden wären, wie an solchen Tagen gebraucht werden, so würde während eines großen Teils des Jahres eine gewaltige Geldsumme ungenutzt bleiben.

Es ist daher nicht gut möglich, das Gespenst des Wagenmangels vollständig zu bannen. Immerhin betrachten es die deutschen Bahnen als ihre Aufgabe, den Wagenpark ständig so weit zu vermehren, daß Schädigungen einzelner Gewerbe durch länger andauernden Wagenmangel vermieden werden. Meistens handelt es sich bei Wagenausfällen nur um kürzere, zeitliche Verschiebungen. Die Fahrzeuge, die heute nicht zur Verfügung stehen, sind in zwei oder drei Tagen meistens schon zur Stelle. Die großen Gewerbe, in deren Natur ein stoßweis anschwellendes Versandbedürfnis liegt, könnten freilich den Bahnverwaltungen auch dadurch mehr entgegenkommen, daß sie eine bessere zeitliche Verteilung ihres Warenversands vornähmen, als dieses bis heute geschieht. Lagerstellen an zerstreut im Reich liegenden Orten, die vorzeitig versorgt werden könnten, sind noch in viel zu geringer Zahl vorhanden. Ihre weitere Ausbildung würde den Wagenumlauf und damit die Verzinsung der in den Eisenbahnmitteln untergebrachten öffentlichen Gelder sehr günstig beeinflussen.

Nach Maßgabe der geschilderten großzügigen Verteilung rollen täglich die zahllosen Güterzüge über die deutschen Bahnen. Die Zusammensetzung jedes einzelnen ist stets eine andere, eine immer wiederkehrende Erscheinung ist meist nur der Packwagen, der auch in allen Güterzügen läuft. Er dient hier jedoch nicht mehr zur Aufnahme von Ladung, sondern zum Unterbringen der begleitenden Mannschaft, des Zugführers und der Packmeister. Gewöhnlich steht der Wagen ganz vorn am Zug, damit der Zugführer und die Lokomotivmannschaft sich beim Anhalten des Zugs rasch miteinander verständigen können.

Um den Verkehr der beladenen und leeren Güterwagen möglichst bequem und leichtflüssig zu machen, werden drei Arten von Güterzügen unterschieden: Fern-Güterzüge, Durchgangs-Güterzüge und Nah-Güterzüge.

Die Fern-Güterzüge dienen insbesondere der Beförderung von Massengütern wie Kohle, Erz, chemische Erzeugnisse und dem Rücklauf leerer Wagen. Sie durchfahren sehr weite Strecken, ohne ihren Bestand zu ändern. Aus diesem Grund können die Wagen ohne besondere Ordnung in sie eingestellt werden; sie laufen »bunt«, wie der Fachmann sagt. Am Zielbahnhof werden die Fern-Güterzüge aufgelöst, und die von ihnen mitgebrachten Wagen dienen, soweit sie nicht für den Zielbahnhof selbst bestimmt sind, nun zur Bildung von Durchgangs- und Nah-Güterzügen.

Die Durchgangs-Güterzüge haben die Aufgabe, den Verkehr zwischen den großen Bahnhöfen eines Bezirks, insbesondere den Hauptknotenpunkten, zu vermitteln. Sie pflegen deshalb auch nur dort anzuhalten und dann ihren Bestand gruppenweis zu ändern. Die kleinen Bahnhöfe schließlich werden von Nah-Güterzügen versorgt, die überall anhalten, an allen Orten einzelne Wagen ein- und aussetzen.

Damit dieses Geschäft rasch und unter möglichst geringer Vergeudung von Lokomotivkraft erledigt werden kann, werden die Wagen in den Nah-Güterzügen gleich am Abgangsbahnhof in bestimmter Ordnung eingestellt. Hinter die Lokomotive kommt zuerst der Packwagen, dann folgen die Wagen für den nächsten Bahnhof, darauf die für den zweitnächsten und so fort bis zum Schluß, wo die für den Zielbahnhof bestimmten Wagen stehen. Die Züge sind »bahnhofsweis geordnet«. Kommt der Zug auf einem Zwischenbahnhof an, so bringt die Lokomotive die vordersten Wagen auf ein Nebengleis, setzt neu einzustellende Wagen, die meist bis zum nächsten Knotenpunkt und darüber hinaus zu laufen haben, an das Ende des Zugs, worauf dieser dann weiterfahren kann.

Fast gar kein Wagenwechsel findet bei Stückgüterzügen statt, die keine geschlossenen Wagenladungen zu befördern haben. Sie führen Einzelsendungen, die in den Wagen gestapelt sind. Die einzelnen Ballen, Kisten usw. werden auf den angegebenen Bestimmungsorten in Schuppen oder in bereitstehende Bahnhofswagen ausgeladen.

Güter, für die eine besonders rasche Beförderung vorgeschrieben oder notwendig ist, so unter anderem auch Wagen mit lebendem Vieh, werden in Eilgüterzügen befördert. Diese haben eine sehr viel geringere Wagenzahl, sind mit durchgehenden Bremsen ausgerüstet und können mit annähernder Personenzug-Geschwindigkeit gefahren werden. Dienen Züge außer zur Güter- auch zur Personenbeförderung, indem geeignete Wagen in sie eingestellt werden, so nennt man sie gemischte Züge.

Zur Bildung der Güterzüge sind an den großen Knotenpunkten umfangreiche Anlagen notwendig. Äußerst zahlreiche Verschiebe-Bewegungen müssen ausgeführt werden, bis die Wagen in jedem einzelnen Zug richtig eingereiht sind. Damit dieses vielgestaltige Geschäft möglichst ungestört durch andere Dienste vor sich gehen kann, sind besondere Verschiebebahnhöfe angelegt, in denen nichts anderes vorgenommen wird als nur das Reihen der Güterzüge. Das Bewegen der Wagen wird an solchen Orten heute fast ausnahmslos unter Zuhilfenahme der Schwerkraft ausgeführt.

Früher geschah das Verschieben der Wagen ausschließlich durch Hin- und Herfahren der Lokomotiven und Abstoßen. Wenn die Wagen eines ankommenden Zugs auf verschiedene Geleise verteilt werden mußten, so wurden sie nacheinander von der hinter den Zug gesetzten Verschiebelokomotive dort hineingestoßen. Das fortgesetzte Hin- und Herfahren und immer wiederkehrende plötzliche Bremsen nutzte die Wagen stark ab, die Kupplungen wurden oft zerrissen, Puffer verbogen und das Bremsgestänge übermäßig in Anspruch genommen. Auch die Ladungen litten unter den stoßweisen Bewegungen. Ferner gingen durch das häufige Hin- und Zurückfahren auch viel Zeit und Kraft unnötig verloren.

An vereinzelten Stellen ist man dann dazu übergegangen, ganze Verschiebebahnhöfe in Gefälle zu legen, so daß die Wagen von den hochliegenden Einfahrgeleisen aus selbsttätig in die Einzelgeleise ablaufen. Diese Anordnung wird jetzt seltener ausgeführt, da jeder im Bahnhof stehende Wagen festgehalten werden muß und Verschiebe-Bewegungen in der Gegenrichtung äußerst unbequem sind. Als vorzügliches Mittel hat sich jedoch der Ablaufberg oder Eselsrücken bewährt.

Um die neuzeitliche Verschiebearbeit mit Benutzung des Ablaufbergs kennenzulernen, begeben wir uns auf einen großen Bahnhof, der damit ausgerüstet ist. Er möge eine Anordnung haben, wie sie auf Bild 270 dargestellt ist. Wir nehmen an, daß auf den Strecken a, b, c und d Fern-Güterzüge ankommen; sie bringen von weither Wagen für die verschiedenen Bahnhöfe, die im Nahbereich der hier dargestellten Verschieberanlage liegen. Die Fernzüge sind also aufzulösen, und es müssen aus ihnen Nah-Güterzüge mit Bahnhofsordnung gebildet werden. Bei unserer Ankunft laufen nacheinander in den Einfahrgeleisen vier Fern-Güterzüge ein. Sogleich wird von jedem Zug die Lokomotive abgekuppelt, und jede Maschine fährt über das Lokomotivgleis zu ihrem Schuppen. Alsbald kommt eine Verschiebelokomotive herbei und setzt sich hinter einen der angekommenen Züge.

In der Zwischenzeit ist bereits ein Beamter an diesem Zug entlang gegangen, hat von dem jedem Wagen aufgeklebten Zettel seinen Bestimmungsort abgelesen und eine entsprechende Nummer mit Kreide an eine Seitenwand geschrieben. Es ist dies die Nummer des Richtungsgeleises, in das der Wagen eingelassen werden soll. Zugleich werden sämtliche Kupplungen zwischen den Wagen lose geschraubt, aber nicht von den Haken gelöst.

Die Spitze des Zugs, also dasjenige Ende, an dem sich jetzt keine Lokomotive befindet, steht dicht vor dem Ablaufberg. Es ist dies ein Sandhügel, zu dem das Gleis

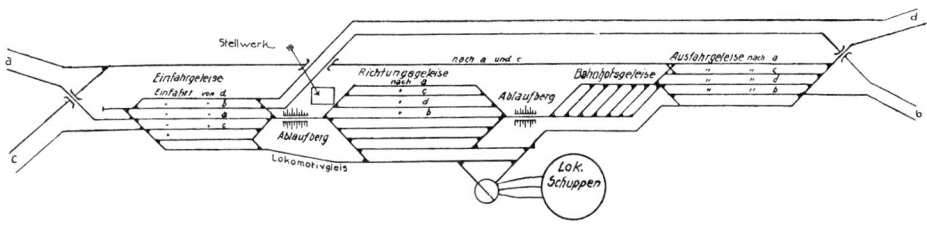

270. Verschiebe-Bahnhof
Neuzeitliche Anordnung mit Ablaufbergen und Harfengeleisen

an der einen Seite sanft hinaufführt, während es drüben steil hinunterfällt. In einiger Entfernung von dem Berg spaltet sich das Ablaufgleis alsdann in eine größere Zahl von Richtungsgeleisen, die wie die Saiten einer Harfe nebeneinanderliegen. Am Verzweigungspunkt liegt ein Stellwerk, durch dessen Hebel die Weichen zum wechselnden Einlaß in die verschiedenen Richtungsgeleise gestellt werden können.

Am Fuß des Ablaufbergs ist ein Wärter aufgestellt, der neben sich einen Befehlsapparat hat, ähnlich dem des Schiffskapitäns auf der Kommandobrücke. Durch Drehen einer Kurbel kann er den Zeiger eines Zifferblatts auf verschiedene Zahlen einstellen, die den Nummern der Richtungsgeleise entsprechen. Im Stellwerk ist ein ebensolches Zifferblatt angebracht, auf dem der Zeiger in gleicher Weise einspielt. Auf diese Art vermag der Wärter am Ablaufberg dem Stellwerkswärter die Einstellung bestimmter Fahrstraßen zu befehlen.

Der Mann am Ablaufberg stellt das dicht vor diesen gesetzte, eigentümlich geformte Signal (Bild 272) auf rasche Fahrt, das heißt senkrecht nach unten, worauf die Verschiebelokomotive geschwind den Zug so weit vorrückt, daß der erste Wagen schon den Fuß des Ablaufbergs berührt. Sobald die Hebung beginnt, drücken sich die Puffer der beiden ersten Wagen etwas zusammen, die Kupplung wird ganz

schlaff und kann nun durch einen hölzernen Hebel von der Seite her leicht vom Haken abgeworfen werden. Darauf geht das Ablauf-Signal in schräge Stellung, was langsame Fahrt bedeutet, und vorsichtig steigt der erste Wagen bis zur Spitze des Hügels empor. Währenddessen liest der Wärter die mit Kreide seitlich angeschriebene Nummer des Richtungsgeleises, in das der Wagen laufen soll, und teilt diese Nummer mit Hilfe des elektrischen Meldeapparats dem Stellwerk mit. Dieses richtet die Weichen demgemäß. Vom Hügel fährt nun der erste Wagen mit ziemlicher Geschwindigkeit hinunter und in sein Richtungsgleis ein.

Die Schiebelokomotive drückt in ganz langsamer, aber ununterbrochener Fahrt – und das ist ein großer Vorzug des Ablaufbergbetriebs – einen Wagen nach dem anderen auf die Kuppe des Hügels; jedesmal wird vorher die Kupplung abgeworfen, die Gleisnummer gemeldet, die Weichenlage richtig besorgt. Es ist ein prachtvoller Anblick, die mächtigen Fahrzeuge nach allen Seiten in die große Harfe einlaufen zu sehen. Bald rennt ein Wagen nach rechts hinüber, bald nach links, bald in ein Zwischengleis, überall sieht man ein lebhaftes Treiben rollender Fahrzeuge; die Weichen werden unausgesetzt umgestellt, und schon nach wenigen Minuten ist ein langer Güterzug zerlegt. Sogleich kommt ein zweiter daran, und so läuft der Betrieb auf einem großen Verschiebebahnhof ununterbrochen den ganzen Tag. Es vergehen, solange es hell ist, oft aber auch in der *Nacht*, kaum ein paar Minuten, ohne daß sich ein Wagen auf dem Berg von seinem Genossen ablöst und eine Sonderfahrt in sein Richtungsgleis antritt.

So vorzüglich die Einrichtung des Ablaufbergs wirkt, ist sie dennoch nicht ohne besondere Schutzvorkehrungen zu benutzen. Die Wucht, mit der die Wagen ablaufen, ist durchaus nicht immer die gleiche. Sie ist vielmehr in starkem Maß abhängig von der Witterung, ferner von der Bauart der Wagen und von dem Gewicht ihrer Ladung. Im Sommer, wenn die Geleise blank und sauber sind, wird ein Wagen mit größerer Geschwindigkeit hinunterlaufen als im Winter, wenn Eis und Schnee auf den Schienen liegen und die Schmiermittel durch die Kälte weniger wirksam sind. Weht der Wind der Ablaufrichtung entgegen, so hält er die Wagen in

Bauart Siemens & Halske in Berlin-Siemensstadt
271. Elektrische Gleismelde-Anlage am Ablaufberg
Oben: Geber am Fuß des Bergs. Unten: Empfänger im Weichenstellwerk

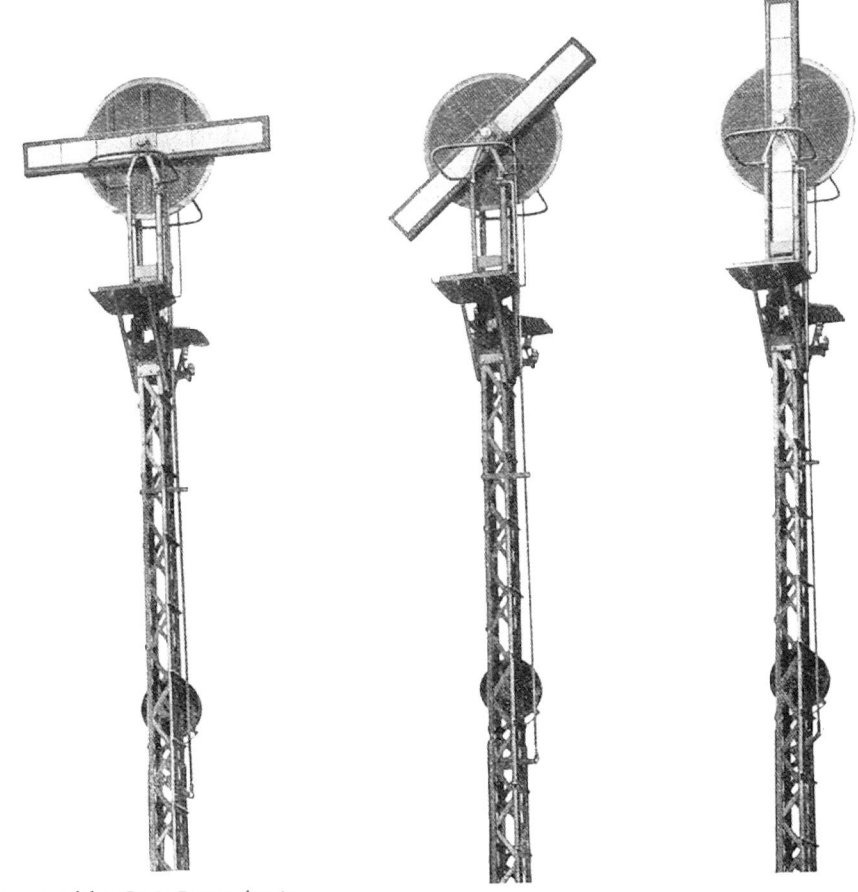

Bauart Jüdel & Co. in Braunschweig

272. Ablaufsignal
a) Halt! b) Langsam abdrücken! c) Mäßig schnell abdrücken!

ihrem Lauf auf; im entgegengesetzten Fall beflügelt er sie. Ein bedeckter Wagen wird vom Wind weit mehr beeinflußt als ein offener; ein schwer beladener Wagen läuft mit größerer Geschwindigkeit ab als ein leerer.

Die Vorschrift sagt, daß die Wagen in den Richtungsgleisen nur so weit laufen sollen, daß sie etwa ein Meter vor dem ersten darin bereits stehenden Wagen zum Halten kommen. Das Anstoßen, das die Wagenbauten und auch die Ladungen so stark erschüttert, soll vermieden werden. Aus diesem Grund steht neben jedem Richtungsgleis ein Wärter, der in genügender Entfernung von dem ersten feststehenden Wagen einen Hemmschuh auf das Gleis legt. Der anrollende Wagen läuft auf diesen auf und kommt nach kurzem Schleifen des Hemmschuhs über die Schiene zum Stehen. Je mehr Wagen abgelaufen sind, desto kürzer wird die freie Fahrstrecke in jedem Richtungsgleis, und desto mehr müssen die Hemmschuhe vorgerückt werden. Die Geschwindigkeit, mit der die Wagen in die Richtungsgleise laufen, muß jedoch einigermaßen gleichmäßig sein, damit die Hemmschuhe richtig wirken. All das zusammen macht es notwendig, eine Vorrichtung anzubringen, welche gestattet, die Ablaufgeschwindigkeit vom Berg her für jeden einzelnen Wagen zu regeln.

Auf die grundverschiedenen Verhältnisse, die im Sommer und im Winter herrschen, wird an vielen Stellen dadurch Rücksicht genommen, daß man nebeneinander einen Sommerberg und einen Winterberg aufbaut. Der letzte ist etwas höher, so daß bei seiner Benutzung die Grundgeschwindkeiten größer werden; hierdurch wird den durch Schnee und Verdickung der Schmiermittel eintretenden Hemmungen entgegengewirkt.

Eine Einzelregelung aber kann naturgemäß hierdurch nicht herbeigeführt werden. Diese tritt erst durch das Anbringen der Gleisbremse auf dem Gleisstück ein, das zwischen dem Ablaufberg und der Spitze der ersten Verteilungsweiche liegt.

Diese Bremsung wird gleichfalls durch einen Schuh hervorgerufen, den man auf eine Schiene legt. Da es sich hier jedoch nicht, wie am Ende des freien Raums in den Richtungsgeleisen, um das Festhalten von Wagen, sondern nur um eine Geschwindigkeitsregelung handelt, so muß dafür gesorgt werden, daß der Schuh nur für kurze Zeit den Umlauf der vorderen Achse hemmt, alsdann jedoch diese selbsttätig wieder freigibt. Die Schiene, auf welcher der Schuh schleift, ist deshalb an einer Stelle nach außen abgebogen. Unter Einhaltung eines schmalen Zwischenraums setzt an der Ausbiegungsstelle ein der Weichenzunge ähnliches, aber festliegendes Stück an, das in das gerade Gleis weiterführt. An der gegenüberliegenden Schiene ist an dieser Stelle ein Radlenker angebracht. Die ganze Vorrichtung wirkt nun so, daß beim Vorbeigehen an der Zungenspitze der Wagen im geraden Gleis bleibt, der Schuh aber selbsttätig aus der Ausbiegung weggeschleudert wird. Fortab läuft der Wagen ohne Hemmschuh weiter, bis er im Richtungsgleis angehalten wird.

Der Mann, der die Gleisbremse auslegt, kann nun jeden Wagen mehr oder weniger stark hemmen, je nachdem er den Schuh weit vor die Auswerfstelle oder dicht vor diese legt. Der Hemmungsgrad wird ihm von dem Wärter am Ablaufberg anbefohlen, der die langsam hinaufsteigenden Wagen nach ihrer Art und Ladung zu beurteilen vermag. Demgemäß gibt er mit Hilfe eines Druckknopfs dem Gleisbremswärter ein, zwei oder drei Klingelzeichen, die kurze, längere oder besonders lange Hemmung anordnen.

Der Mann, der die Bremse bedient, muß rasch entschlossen und unerschrocken sein. Wenn er das Klingelzeichen vernimmt, hat der zu hemmende Wagen gewöhnlich schon die Hügelkuppe überschritten. Er rollt donnernd und mit furchtbarer Gewalt heran. Unmittelbar vor seine erste Achse legt der Wächter den Schuh, und kaum hat er seine Hand zurückgezogen, dann tönt auch schon das gellende Kreischen des auf der Schiene schleifenden Eisens. Das gehemmte Rad dreht sich noch ein wenig auf dem Schuh, denn so stark ist die Wucht des von der Erhöhung herabkommenden Wagens, daß die Achse nicht sofort zum Stillstand kommt. Sobald das ausbiegende Gleisstück erreicht ist, fliegt der Schuh mit geschoßähnlicher Geschwindigkeit von der Schiene und schlägt dröhnend in einen Blechkasten. Der Wagen aber rollt verlangsamt weiter.

In neuerer Zeit hat die Firma Siemens & Halske eine Ablaufanlage hergestellt, in der die Verteilung der Wagen ohne Mitwirkung eines von Hand betätigten Stellwerks fast ganz oder auch vollständig selbsttätig erfolgt. Jeder Wagen stellt bei seinem Lauf die Weichen so um, wie es für ihn erforderlich ist. Wer die Anordnung nicht genauer kennt, vermöchte zu glauben, daß der Wagen jedesmal, wenn er sich einer Weichenzunge nähert, überlegt, ob er sie umstellen oder liegen lassen muß, um sein vorgeschriebenes Gleis zu erreichen, und dann entsprechend dieser Überlegung handelt. Auf den ersten Blick sieht es so aus, als befände man sich in einem stählernen Zaubergarten.

In Wirklichkeit denkt natürlich nicht der Wagen, sondern der beaufsichtigende Mensch. Das Stellwerk am Ablaufberg ist verschwunden. An seiner Stelle befindet sich nur ein einfacher Aufenthaltsraum für den Wärter. Dieser hat an Stelle des Gleismelders eine Druckknopfreihe zur Verfügung, die so viel Knöpfe enthält, wie Richtungsgeleise vorhanden sind. Beim Auftauchen jedes neuen Wagens auf der Hügelkuppe drückt der Wächter den Knopf nieder, welcher der an dem Fahrzeug angeschriebenen Gleisnummer entspricht. Beim weiteren Lauf des Wagens stellen sich nun die mit elektrischen Antrieb ausgerüsteten Weichen selbsttätig stets so um, daß das vorgeschriebene Gleis erreicht wird.

Eine solche Wirkung zu erzielen wäre noch verhältnismäßig leicht, wenn beim Druck auf den Knopf alle Weichen ihre richtige Lage zu gleicher Zeit einnehmen würden. Dies darf jedoch nicht sein. Bei gleichzeitiger Umstellung aller zehn oder zwölf Weichen, die manchmal zwischen Ablaufberg und dem zu erreichenden Gleis liegen, müßte jeder folgende Wagen warten, bis der vorhergehende die ganze Weichenstraße durchlaufen hat. Die Pausen zwischen den einzelnen Wagenläufen würden sehr groß werden, die Lokomotive könnte nicht mehr ununterbrochen den Zug über den Berg drücken, die ganze Verschiebearbeit müßte sich arg verzögern. Da dies bei den scharfen Ansprüchen an die Ausnutzung der Ablaufanlage auf großen Bahnhöfen nicht angängig ist, muß die Einrichtung so getroffen sein, daß der Druck auf den Knopf nur die Einleitung zur Herbeiführung der richtigen Weichenlagen bildet, das Umlegen oder Liegenlassen der Zungen an jeder Weiche aber erst dann bewirkt wird, wenn der Wagen sich kurz davor befindet. Eine sehr fein ausgearbeitete Schaltanlage ist notwendig, um dieses Ergebnis herbeizuführen.

Schließlich ist es auch möglich, selbst den Wärter am Ablaufberg zu entbehren. Der Zugführer hat in seinem Buch sämtliche Wagen seines Zugs und ihre Reiseziele verzeichnet. Mit Hilfe dieser Aufschreibung stellt er eine Karte her, auf der in senkrechten Linien die Wagen und in waagerechten Linien die Ablaufgeleise verzeichnet sind. Mit einem Stanzapparat locht er jede senkrechte Wagenlinie dort, wo sie die Linie des Geleises schneidet, in das der Wagen auf dem Verschiebebahnhof hineinlaufen soll. Vor Beginn des Abdrückens wird die Karte in einen Schaltapparat gesteckt, wo sie jedesmal nach Ablaufen eines Wagens um eine Reihe vorrückt. Das Ablaufgeschäft kann nun ohne alle menschliche Mitwirkung erledigt werden, nur die Gleisbremse muß selbstverständlich weiter in Tätigkeit treten.

Nachdem durch Verarbeitung der angekommenen Fernzüge die Richtungsgeleise gefüllt sind, befinden sich in jedem von ihnen die Wagen für einen Nah-Güterzug. Aber sie stehen noch bunt durcheinander. Um sie bahnhofsweis zu reihen, wie es ja notwendig ist, muß jede Wagengruppe noch einmal geordnet werden. Dies geschieht mit Hilfe eines zweiten Ablaufbergs, der am anderen Ende der Richtungsgeleise liegt, und hinter dem sich die Harfe der Bahnhofsgeleise ausbreitet (Bild 270).

Wiederum drückt eine Schiebemaschine die Wagen über den Berg; jeder von ihnen läuft in ein Bahnhofsgleis. Ist dieses geschehen, dann setzt sich die Lokomotive vor die Wagen, die für den nächsten Bahnhof bestimmt sind, zieht sie heraus, holt alsdann die Wagen für den nächsten Bahnhof usw., bis der Nah-Güterzug fertig ist. Dieser wird alsdann in eins der Ausfahrgeleise gesetzt, der Packwagen wird davorgestellt, und alsbald kommt aus dem Schuppen die Lokomotive herbei, die den Zug über die Strecke zu führen hat. Nachdem das Ausfahrsignal gezogen ist, kann sich der Nah-Güterzug in Bewegung setzen, um in den einzelnen Bahnhöfen der Linie Wagen abzusetzen.

Auf den Güterbahnhöfen, die von den Verschiebebahnhöfen wohl zu unterscheiden sind, an den meisten Stellen jedoch zu einer zusammenhängenden Grup-

Erbaut von August Klönne in Dortmund
273. Wasserturm auf Bahnhof Diez a. d. Lahn

pe mit diesen vereinigt zu sein pflegen, müssen Gleisanlagen zur Aufstellung der Wagen vorhanden sein, die zu beladen und zu entladen sind. Die ankommenden und abgehenden Güter bestehen aus zwei Hauptarten: den Stückgütern und den Wagenladungsgütern.

Stückgüter werden von der Eisenbahnverwaltung ab- und aufgeladen und in verschließbaren Schuppen aufbewahrt, bis sie von den Empfängern abgerufen werden, oder bis nach erfolgter Einlieferung die Wagen für das Einladen zur Verfügung stehen. Die Wagenladungsgüter werden von den Empfängern unmittelbar vom Wagen auf Straßenfuhrwerke genommen und in umgekehrter Weise von den Versendern aufgegeben. Zur Erledigung derartiger Geschäfte müssen Freiladegeleise vorhanden sein, die an Freiladestraßen liegen. Mancherlei Vorrichtungen sind hier anzubringen. Rampen führen in sanftem Anstieg von der Straßenfläche bis zur Höhe der Wagenböden hinauf, damit die Güter von hier aus ohne Anheben in den Wagen geschafft werden können. Man unterscheidet Seitenrampen und Kopframpen. Die letzten werden besonders nutzbringend für das Einladen von Kraftwagen, Möbelwagen und ähnlichen Gegenständen benutzt, bei denen eine Seitenbewegung schwierig ist. Um Tiere in die Wagen zu schaffen, werden häufig fahrbare Rampen vorrätig gehalten, die an einzelne Wagen angelegt werden können. Rutschen für körnige oder stückige Massengüter und Krane dienen weiter zur Erleichterung des Ladegeschäfts.

Bei der Behandlung der Außenbahnhöfe ist noch kurz auf den Verwendungszweck der hohen Bauten hinzuweisen, die man häufig auf ihrem Gelände emporragen sieht. Es sind dies die Wassertürme. Zu dem in ihrem höchsten Stockwerk untergebrachten Behälter wird das Wasser hinaufgepumpt, das die Bahnen fast stets in eigenen Anlagen gewinnen, da der Bedarf hierfür auf jedem großen Bahnhof recht bedeutend ist. Die anspruchsvollsten Verbraucher sind die Lokomotivkessel, die des Wassers zu ihrer Speisung bedürfen; dann aber wird es auch zum Auswaschen der Lokomotiven, zum Reinigen von Wagen, insbesondere von gebrauchten Viehwagen, zu Feuerlöschzwecken, zum Nachhalten von Kohlenlagerplätzen, bei denen immer eine gewisse Selbstentzündungsgefahr besteht, ferner in den Werkstätten und für Trinkzwecke gebraucht.

Der Abstand, in dem Wasserentnahmestellen auf einer Strecke anzulegen sind, hat

274. Ablaufberg mit Verteilungsweichen

sich nach dem Bedarf der Lokomotiven zu richten. Güterzug-Tender-Lokomotiven, die nur kleine Behälter seitlich des Kessels besitzen und oft sehr angestrengt arbeiten, müssen ihren Wasservorrat alle 20 bis 30 Kilometer ergänzen. Das ist für die Abstände ausschlaggebend, und es nützt nichts, daß Güterzug-Lokomotiven mit Schlepptender nur etwa alle 60, Schnellzug-Lokomotiven alle 180 Kilometer Wasser zu nehmen brauchen. In der letzten Zeit vor dem Krieg hat es in Deutschland sogar eine ununterbrochene Schnellzugfahrt von 314 Kilometern Länge, nämlich von Halle nach Nürnberg, gegeben. Die Tender der für diese Fahrt verwendeten Lokomotiven mußten groß genug ausgebildet sein, um genügend Wasser fassen zu können.

Da die auf den Wassertürmen untergebrachten Behälter höher liegen als alle anderen Anlagen des zugehörigen Bahnhofs, so fließt das Wasser aus ihnen bequem allen Gebrauchsstellen zu. Die Verteilungsleitungen bringen es unter anderem auch zu den bekannten Schwenkkränen, die zur Füllung der Tenderbehälter dienen. Wenn sie nicht benutzt werden, stehen ihre Ausleger gleich gerichtet mit dem Gleis; zum Füllen werden sie herumgeschwenkt. Nach Öffnen eines Abschlußschiebers stürzt das Wasser hinaus. Je größer die lichte Weite der Zuführungsrohre gehalten ist, desto mehr Wasser kann in einer Minute in den Tender gefüllt werden. Heute pflegen in dem genannten Zeitraum etwa fünf Kubikmeter aus den Schwenkkränen zu fließen. Eine Schnellzug-Lokomotive kann deshalb ihren Wasservorrat schon in zwei bis drei Minuten ergänzen.

Das für die Speisung der Lokomotivekessel verwendete Wasser muß von Verunreinigungen frei sein und möglichst wenig Kalk und andere Salze in Auflösung enthalten, weil diese sich beim Verdampfen auf den Röhren niederschlagen und Bildung von Kesselstein herbeiführen. Es ist darum meist notwendig, das Wasser vor dem Einpumpen in den Hochbehälter mechanisch und oft auch chemisch zu reinigen.

Bei der baulichen Ausgestaltung der Wassertürme ist früher sehr viel gesündigt worden. Es gibt heute noch Bauten dieser Art, die wahre Ungetüme darstellen. Manchmal sehen sie wie große Luftballons von Blech aus, die durch eiserne Stangen am Boden festgehalten werden. Oft sind es Wellblechgehäuse mit Formen, die in keinen Stil hineinpassen. Das ist um so schlimmer, als solch ein Wasserturm meist schon aus weiter Entfernung zu sehen ist und die Landschaft beherrscht. Heute nimmt man durch Ausbildung wohlgefälliger Steinbauten hierauf Rücksicht. An manchen Orten bilden die Eisenbahnwassertürme deshalb Wahrzeichen, welche die Gegend nicht mehr verschandeln, sondern zu ihrem Schmuck beitragen, indem sie sich den ortseingesessenen Bauformen anpassen.

Erbaut von August Klönne in Dortmund
275. Wasserturm des Betriebsbahnhofs Grunewald bei Berlin

20. Die gastlichen Hallen

Einige der in Abschnitt 1 genannten Zahlen haben uns bereits darüber belehrt, daß der Güterumlauf auf den Eisenbahnen eine sehr viel wichtigere Rolle spielt als der Personenverkehr. Die Gewinne, welche die Staaten oder die Eisenbahngesellschaften aus der Güterbeförderung ziehen, sind weit größer als die Überschüsse, die sich aus den Personengeld-Einnahmen ergeben. Auch die Zahl der Güterzugläufe und der vorhandenen Güterwagen überragt die entsprechenden Aufwendungen für den Personenverkehr ganz bedeutend, und dementsprechend sind auch die Bahnhofsanlagen, die dem Güterverkehr dienen, sehr viel weiter gedehnt.

Trotzdem wird der äußere Eindruck, den jede Bahnlinie macht, unbedingt von dem Aussehen der *Bahnhöfe für Personenverkehr* beherrscht. Diese sind zugleich die einzigen Stätten, an denen der nicht im Bahnbetrieb Beschäftigte aufs innigste mit diesem in Berührung kommt. Hier sieht er Züge in nächster Nähe aus- und einfahren, er darf sich an den Rändern der Geleise tummeln, was ihm sonst streng verboten ist, hier allein kann sich der Fremde inmitten des Bahnbetriebs bewegen, ohne in die vier Wände eines Wagenkastens fest eingeschlossen zu sein.

Die auffallende Gestaltung der Personenbahnhöfe, ihre Ausstattung mit mächtigen Häusern, die besondere Sorgfalt, welche man ihrer Durchbildung im Gegensatz zu den sehr viel einfacher gestalteten Güteranlagen zuteil werden läßt: nämlich Menschen. Diese lassen sich nicht so bequem und willenlos in die Wagen schaffen wie die toten Gegenstände in den Güterschuppen und auf den Ladestraßen. Sie verlangen, eigene Wege machen zu dürfen, wollen aber doch durch die ganze Anlage so geführt werden, daß sie keinen Schaden an Leib und Leben erleiden. Ferner aber wünschen die hier zu befördernden Edelgüter, im Bereich der Eisenbahn möglichst freundliche Aufenthaltsorte zu finden; sie wollen auf dem Weg vom und zum Zug oder beim Umsteigen vom schlechten Wetter nicht belästigt werden – kurz, sie sind sich durchaus nicht bewußt, daß sie wegen der geringeren Einnahmen, die sie den Eisenbahnen gewähren, eigentlich weit bescheidener auftreten müßten als die gewöhnlichen Güter. Sie sind unendlich viel anspruchsvoller als diese.

Den Eisenbahnen ist nichts anderes übriggeblieben, als diesen Wünschen der menschlichen Fracht zu entsprechen. Namentlich in den letzten Jahrzehnten sind in Deutschland viele gewaltige Bauten für Personenbahnhöfe entstanden, deren künstlerische Schönheit leider manchmal zweifelhaft ist, die aber an stolzer Pracht und vornehmer Weiträumigkeit kaum etwas zu wünschen übriglassen. In den großen Städten empfangen unsere Eisenbahnen heute ihre Gäste in wahren Schlössern und mit einer Freudigkeit, an die man früher nicht zu denken wagte.

Noch stehen deutlich in unserer Erinnerung die alten Bahnhofsbauten in Hamburg und in Leipzig. Sie waren infolge des langsamen Entstehens der sehr ausgedehnten Neubauten gewissermaßen als Denkmäler einer längst vergangenen Zeit bis in unsere Tage stehen geblieben. Wenn man einen dieser Bahnhöfe berühren mußte, hatte man das Gefühl, daß in keiner anderen deutschen Stadt so wenig gereist werden müßte wie in Hamburg und in Leipzig. Solche Bahnhofshäuser wären, so meinte man, wohl geeignet, selbst den Reiselustigsten von dem Antritt einer Fahrt zurückzuhalten. Diese grauschwarzen Mauern mit den spärlich eingesetzten, kläglich bunten Fensterchen, diese niedrigen, düsteren Hallen, die Engbrüstigkeit der Bahnsteige, die jämmerlich kleinen und kaum auffindbaren Anlagen für Fahrtkartenentnahme und Gepäckbeförderung wirkten zusammen, um einen geradezu niederschlagenden Eindruck hervorzubringen. Man hätte meinen können, daß sich niemand in dieses traurige Gemäuer hineinbegäbe, der hierzu nicht unbedingt gezwungen wäre.

Wie anders sieht es heute auf den neuen Bahnhöfen dieser Städte aus! Da sind heiter geschmückte Stirnwände, prunkende Vorräume von großartiger Weiträumigkeit; mächtig sich emporwölbende Hallen überspannen die Geleise, das Licht flutet voll herab auf die breiten, wohlgeordneten Bahnsteige, alles lockt und ladet dazu ein, das großartige Verkehrswerkzeug zu benutzen, das hier seine Empfangshalle hat. Es gibt keine Zahlenaufstellung, die den Einfluß von Bahnhofsbauten auf die Reisefreudigkeit erkennen läßt. Doch ist es nicht zweifelhaft, daß die prachtvollen Bauten neuerer Zeit anfeuernd hierauf einwirken.

Der beherrschende Eindruck, den die Personenbahnhöfe auf das Angesicht der ganzen Strecke ausüben, wird dadurch verstärkt, daß sie den Städten immer sehr nahe liegen, möglichst sogar tief in diese hineingerückt sind, während man die übrigen Anlagen, namentlich, wenn sie sehr ausgedehnt sind, gern weiter draußen ansiedelt. Reine Betriebseinrichtungen, wie Abstell- und Verschiebebahnhöfe, befinden sich oft weit entfernt in sonst unbewohnten Gegenden, die Güterbahnhöfe pflegt man meist nicht so weit abzurücken, um die Wege für die Frachtfuhrwerke nicht allzu lang zu machen.

In den Personenbahnhöfen lösen sich die ganz wenigen von der Strecke hineinlaufenden Schienenpfade in eine große Zahl von Geleisen auf. Mit mehr oder weniger scharfen Krümmungen erstrecken sie sich gleich Mündungsarmen eines grossen Flusses nach rechts und nach links. Es ist jedoch streng darauf zu achten, daß die Hauptgeleise glatt und möglichst gerade durch die ganze Anlage durchgeführt werden. Sie heißen durchgehende Geleise und heischen das Vermeiden scharfer Krümmungen und allzuvieler Überkreuzungen, damit der durchgehende Verkehr sich möglichst hemmungslos abspielen kann, nichthaltende Schnellzüge mit kaum verminderter Geschwindigkeit durchzufahren vermögen.

Das Zusammenführen vieler Strecken in den Bahnhöfen großer Knotenpunkte macht außerordentliche bautechnische Schwierigkeiten. Von den verschiedensten Seiten ziehen die Schienenpfade herbei; sie müssen in die Hallen in ganz anderer Ordnung eingeführt werden, als sie draußen zueinander liegen. Das ist besonders deshalb eine schwer zu lösende Aufgabe, weil höhengleiche Kreuzungen auf offener Strecke unerwünscht sind, und auch das Zusammenführen von Linien vor dem Bahnhof vermieden werden muß. Jede Strecke wird heute einzeln bis in den Bahnhof hineingeleitet, damit seitliches Anfahren ausgeschlossen ist. Die Kreuzungsstellen draußen erfordern oft umfangreiche Bauten zur Herbeiführung einer höhenungleichen Überführung der einen Strecke über die andere. Diese Kreuzungen in verschiedenen Höhenlagen sind nicht nur aus Sicherheitsgründen unbedingt erforderlich, sie fördern auch die Schnelligkeit des Zugumlaufs sehr bedeutend. Ist es doch auf diese Weise nicht nötig, daß der Zug der einen Strecke warten muß, bis der andere eingelaufen ist; die Fahrpläne der verschiedenen Linien können ohne Rücksicht aufeinander aufgestellt werden.

Wo zwei Bahnlinien einander kreuzen, da wird man natürlich nach Möglichkeit auch eine Zusammenführung der Geleise anordnen, um Zugübergänge zu ermöglichen. Dazu ist aber, nach dem vorher Gesagten, die Anlage eines Bahnhofs mit seiner Steigerung der Sicherheitsanlagen und der mit ihm verbundenen erhöhten Aufsicht notwendig. Öfter sind solche Kreuzungsstellen die Urzellen zur Entstehung ganz neuer Orte geworden. Als die Ostbahn von Berlin nach Schneidemühl gebaut wurde, da kreuzte sie die Strecke Stargard-Posen an einer menschenleeren Stelle. Es entstand die Bahnhofsanlage »Ostbahn-Kreuz«, an deren Stelle heute der Ort Kreuz liegt.

Die Bahnhöfe werden betriebstechnisch in Haltepunkte, kleine, mittlere und große Bahnhöfe eingeteilt. Haltepunkte sind Anlagen ohne Weichen. Wo nur eine einzige Weiche vorhanden ist, spricht man betriebstechnisch bereits von einem Bahnhof. Die Unterscheidung der einzelnen Bahnhofsklassen ist nicht scharf umrissen. Im allgemeinen kann man sagen, daß an kleinen Bahnhöfen weder Schnell- noch Eilzüge anhalten, an den mittleren Bahnhöfen einige der wichtigeren Durchgangszüge, während in den großen Bahnhöfen in der Regel alle Züge Aufenthalt nehmen.

Eine Einteilung der Personenbahnhöfe ergibt sich aus der Lage der Geleise in ihnen und der Art des Betriebs, der sich darauf abspielt. Man unterscheidet:

Endbahnhöfe,
Zwischenbahnhöfe,
Anschlußbahnhöfe,
Kreuzungsbahnhöfe.

Endbahnhöfe entstehen dort, wo eine Eisenbahnlinie endigt, entweder weil Bodengestaltung oder mangelndes Verkehrsbedürfnis eine Weiterführung unvorteilhaft erscheinen lassen, weil die Meeresküste oder das Ufer eines großen Binnenwassers erreicht ist, oder weil eine große Stadt sich vor die Linie legt. In besonders reicher Zahl findet man Endbahnhöfe in Berlin, wo sämtliche Fernbahnhöfe, die nicht durch die Stadtbahn miteinander verbunden sind, dieser Gattung angehören, nämlich der Anhalter, der Görlitzer, Stettiner, Lehrter und Potsdamer Bahnhof. Hier endigen sämtliche einlaufenden Züge ohne Ausnahme.

Am häufigsten von allen Arten findet man die Zwischenbahnhöfe. Sie sind nichts weiter als Fahrtunterbrechungsstellen, die Gelegenheit zum Aus- und Einsteigen von Reisenden geben. Anschlußbahnhöfe nennt man Anlagen, bei denen von einer durchlaufenden Linie eine oder mehrere Strecken seitlich abschwenken. Kreuzungsbahnhöfe sind Stellen, an denen zwei oder mehrere Linien einander treffen und überkreuzen, das heißt ebenso gesondert weiterlaufen, wie sie einzeln herangekommen sind.

Die Endbahnhöfe haben naturgemäß stets Kopfform, das heißt alle Geleise enden in ihnen stumpf. Bei den Zwischenbahnhöfen herrscht weitaus die Durchgangsform vor, bei der die an der einen Seite hineinlaufenden Geleise drüben wieder hinausgeführt sind.

Bei Anschluß- und Kreuzungsbahnhöfen findet man beide Formen. Wenn auch bei den allermeisten von ihnen die Geleise in geradliniger Erstreckung durchgehen, so sind doch auch viele mit endigen Geleisen durchgebildet. Das ist namentlich dort der Fall, wo sich früher reine Endbahnhöfe befanden, bei denen sich erst später ein Übergangsverkehr von einer der einmündenden Linien zur anderen ausgebildet hat. An solchen Stellen müssen alle durchgehenden Züge gewendet werden, sie müssen »Kopf machen«. Das ist z. B. der Fall in Leipzig, Frankfurt a. M., Braunschweig, Wiesbaden, Altona.

Derartige Durchgangsbahnhöfe in Kopfform sind für den Betrieb recht unbequem. Die Überführung der Züge von dem Ankunftsgleis auf das Abfahrgleis, das ja notwendigerweise stets ein anderes sein muß, macht viele höhengleiche Kreuzungen notwendig. Will man nicht an den Bahnsteigenden, also meist in unmittelbarer Nähe des Empfangsgebäudes, viele Weichen oder Drehscheiben anordnen, so ist stets Maschinenwechsel erforderlich. Das Übersetzen der Kurswagen ist gleichfalls beschwerlich. So ist die Entstehung der meisten Kopfbahnhöfe nur aus der schon erwähnten geschichtlichen Entwicklung zu verstehen. Hier und da aber kommt auch einmal eine Neuanlage dieser Art vor, wovon der Leipziger Hauptbahnhof ja das sprechendste Beispiel ist. Er mußte in Kopfform durchgebildet werden, weil man ihn tief in die Stadt hineingezogen hat.

Eine in Deutschland nicht sehr häufig vorkommende Mischung von Kopf- und Durchgangsbahnhof stellt der Dresdner Hauptbahnhof dar. Die endigenden Züge laufen hier in Straßenhöhe auf Stumpfgeleisen ein, während die anderen auf erhöhter Fahrbahn durchgeführt werden.

Dort, wo zwei Strecken einander in einem Bahnhof kreuzen, wird meistens dafür Sorge getragen, die Linien vor dem Bahnhof gleich zu richten und sie alsdann in einer Ebene einzuführen. Hierdurch entstehen große Betriebsbequemlichkeiten, indem die Übergänge ganzer Züge oder einzelner Wagen von einer Strecke auf die andere aufs einfachste über Weichen hinweg stattfinden können. An nicht wenigen Stellen aber finden wir in Deutschland auch heute noch Kreuzungsbahnhöfe, in denen die Strecken in sehr steilem Winkel zusammentreffen und in verschiedenen Höhen eingeführt sind.

Solche Turmbahnhöfe sind in der Zeit der Privatbahnen vielfach entstanden, weil man damals noch nicht an eine Betriebsmittelgemeinschaft dachte. Jede Strecke wurde als selbständiges Ganzes betrachtet. Der Turmbahnhof ist für die heutige Zeit, die allerorten Übergangsmöglichkeiten herbeizuführen sucht, eine sehr unbequeme Bauart. Wird doch hier der Einbau vieler, für den eigentlichen Zugbetrieb unnötiger Anlagen erforderlich, weil Wagenübergänge von der einen Gleislage zur anderen nur durch Einschaltung besonderer Verbindungsgeleise stattfinden können, die lang genug sind, um ohne allzu schroffe Steigungen die Überwindung des Höhenunterschieds zu gestatten. Viele verlorene Fahrten müssen infolge des erschwerten Übergangs stattfinden. Solche Turmbahnhöfe, wie sie heute nicht mehr angelegt werden, findet man als Reste ehemaliger Eisenbahnkleinstaaterei z. B. noch in Küstrin, Osnabrück, Doberlug-Kirchhain, Delitzsch.

Für die Ausbildung der Bahnhöfe ist ferner die Lage der Empfangsgebäude von ausschlaggebender Wichtigkeit. Bei Kopfbahnhöfen wird man das Gebäude meistens quer vor die stumpfen Gleisenden setzen. Doch ist dies durchaus nicht immer der Fall. Beim Lehrter Bahnhof in Berlin liegt das Empfangsgebäude zur Seite. Auf der Abfahrtseite allein ist es geräumiger durchgebildet, während die Ankunftseite nur mit den notwendigsten Anlagen versehen ist. In Wiesbaden hat man neuerdings die gleiche Form gewählt. Die baukünstlerisch großartig ausgestattete Stirnseite ist hier eigentlich nur noch Baumaske.

Die abschließende Querlage des Empfangsgebäudes wird besonders häufig bei solchen Kopfbahnhöfen verlassen, die Endbahnhöfe sind. Dies geschieht in vorsorglicher Weise überall dort, wo man glaubt, daß die Bahn noch einmal weitergeführt werden könne. Als Beispiel sei Tegernsee erwähnt, das heute noch einen Endbahnhof hat, bald aber Durchgangsbahnhof sein wird.

Andererseits kommt auch Kopflage des Empfangshauses bei Durchgangsbahnhöfen vor, wie z. B. in Hamburg, wo die Geleise des Hauptbahnhofs tief unter Strassenhöhe in einem Einschnitt liegen, so daß das Haus quer darüberstellt werden konnte. Lübeck weist die gleiche Bauart auf.

Die Seitenlage des Empfangsgebäudes ist jedoch durchaus am weitesten verbreitet. Man legt das Haus dann, wenn irgend möglich, auf diejenige Seite, von der dem Bahnhof der stärkte Verkehr zufließt. Die Zugänglichkeit der Bahnsteige ist bei dieser so häufig gewählten Anlageform eigentlich am unbequemsten. Nur ein Gleis kann unmittelbar von der Eingangshalle aus erreicht werden. Alle anderen sind nur dann ohne weiteres zugänglich, wenn das Überschreiten von Schienen gestattet ist. Bei kleinen Bahnhöfen mit nur zwei durchgehenden Geleisen wird dies noch häufig zugelassen. Aber auch hier erwachsen schon besondere Unbequemlichkeiten, indem dafür gesorgt werden muß, daß nicht ein Zug auf Gleis 1 einfährt, während auf Gleis 2 bereits ein anderer Zug steht, zu dem und von dem Verkehr von Reisenden stattfindet. Die Zugläufe auf den beiden Richtungsgeleisen der Strecke werden dadurch von einander abhängig, was betrieblich unerwünscht ist.

Nachdem vor etwa drei Jahrzehnten auf dem Bahnhof Steglitz bei Berlin ein neu einlaufender Zug in die Schar der Reisenden hineingefahren war, die sich über das Gleis hinweg gerade zu einem dahinter haltenden Zug begeben wollten, wodurch ein wahres Blutbad angerichtet wurde, hat man der Beseitigung solcher Gefahren besondere Aufmerksamkeit zugewendet. Für jeden Bahnhof, bei dem noch höhengleiche Gleisüberschreitungen zugelassen sind, bestehen genaue Vorschriften, wo derjenige Zug zu halten hat, der als zweiter einläuft. Die Aufstellung erfolgt stets so, daß der Weg der zu- und abgehenden Reisenden von dem neu einlaufenden Zug nicht geschnitten wird.

Bei allen größeren deutschen Bahnhöfen aber ist heute bereits das Überschreiten der Geleise durchaus verboten. Die Reisenden werden von dem Hauptbahnsteig, der unmittelbar am Empfangsgebäude liegt, zu den Zwischenbahnsteigen durch Brücken und Tunnel geleitet.

Es ist dies eine ausgezeichnete und durchgreifende Sicherheitsmaßregel. Trotzdem läßt sich nicht verkennen, daß sie eine große Unbequemlichkeit bedeutet. Muß doch der umsteigende und auch der einsteigende Reisende, wenn der Zug nicht gerade am Hauptbahnsteig hält, auf jedem Weg zwei Treppenläufe überwinden. Er muß einmal hinab und wieder hinauf, was für gebrechliche Personen und alle, die viele Gepäckstücke in den Händen tragen, reichlich unangenehm ist. Da jedoch die Sicherheit von Leib und Leben der Reisenden jeder anderen Rücksicht voranzugehen hat, so bleibt trotzdem der weitere Ausbau dieser Anlagen, die außerordentliche geldliche Aufwendungen nötig machen, wünschenswert.

Brücken zum höhenungleichen Überschreiten der Geleise pflegen sich billiger zu stellen als Tunnel. Dennoch werden sie selten gebaut, weil die Umgrenzung des lichten Raums bei Hochlage des Verbindungswegs und nicht erhöhten Bahnsteigen längere Treppenläufe notwendig macht. Ferner stören die Brücken leicht die Übersichtlichkeit der Bahnanlage, indem sie Signale und sonstige Merkzeichen verdecken. Am bequemsten wird die Zugänglichkeit , wenn das Empfangsgebäude höher oder tiefer liegt als die Geleise. Alsdann kommt man, mit Ausnahme des Umsteigeverkehrs, bei jedem Weg mit einer Treppe aus.

Ist die Gleisanlage durch die Errichtung vieler Zwischenbahnsteige sehr breit, dann wachsen bei Seitenlage des Empfangshauses die Entfernungen zu den letzten Steigen oft allzu stark an. Die Wege vom und zum Zug werden sehr weit. Die Reisenden müssen aus den Wartesälen schon sehr frühzeitig aufbrechen, um den Zug zu erreichen. Bei kurzen Aufenthalten wird ihnen das Aufsuchen der Warteräume unmöglich gemacht, da sie für den Hin- und Rückweg allzu viel Zeit gebrauchen. Das ist nicht unwichtig, wenn man an die sehr große Schar der Reisenden denkt,

Maschinenfabrik Augsburg-Nürnberg
276. Probeaufbau einer Bahnhofshalle im Werkhof
Teil der Bahnhofshalle, die jetzt in der siamesischen Hauptstadt Bangkok aufgestellt ist

die mit Personenzügen fahren; in diesen laufen ja keine Speisewagen. Um hier eine Besserung zu schaffen, wird das Haus zwischen die Geleise gesetzt. Es erhält Insellage. Hierdurch entsteht aber wieder der Nachteil, daß die Halle, in der sich Fahrkartenschalter, Gepäckabfertigung und Warteräume befinden, von der Straße aus nur unter Überwindung von Treppen erreicht werden kann. Das ist z. B. in Konitz, Schneidemühl, Gießen der Fall. Kann der Hauptflur des Gebäudes über oder unter die Geleise gesetzt werden, dann entsteht auch bei Insellage eine besonders günstige Anordnung.

Wenn zwei Bahnlinien in spitzem Winkel zueinander in den Bahnhof eingeführt werden müssen, dann setzt man das Gebäude gern in den Zwickel. Es entsteht alsdann ein Bahnhof in Keilform, die eine Sonderausführungsart der Insellage ist. Man gelangt zur Keilform meist nur dann, wenn in den Bahnhof zwei Linien von ziemlich gleicher Verkehrsbedeutung hineinlaufen.

An solcher Stelle wird auf dem Bahnhof stets ein Linienbetrieb stattfinden. Auf den beiden zu jeder Seite des Hauses liegenden Geleisen verkehren die Züge einer

277. Der neue Bahnhof zu Basel im Bau

367

Linie; es finden auf ihnen also Fahrten in den beiden entgegengesetzten Richtungen statt.

Bei reiner Insellage ist häufig Richtungsbetrieb eingerichtet, wobei die Geleise gleicher Fahrtrichtung nebeneinander gelegt, die Einzelgeleise jeder Linie also getrennt eingeführt sind.

Die Empfangsgebäude müssen so angelegt sein, daß sie den besonderen Verhältnissen entsprechen, die auf einem Bahnhof vorliegen. Die Fahrgäste befinden sich hier ja meist in Hast und Unruhe, und es muß auch immer im Auge behalten werden, daß dem größten Teil von ihnen die Örtlichkeit unbekannt ist. Die wichtigsten Anlange sind daher zusammenzufassen und so unterzubringen, daß sie leicht aufgefunden werden könne. Das ist vor allem für Fahrkartenschalter, Gepäckabfertigung, Wartesäle und Abortanlagen notwendig. Wo es möglich ist, sollen die Ströme der ankommenden und der abfahrenden Reisenden getrennt geführt werden, damit kein lästiges Gegeneinanderlaufen stattfindet.

Man hört heute oft die verwunderte Frage, warum denn das Einsteigen in die Züge nicht allgemein dadurch erleichtert wird, daß sämtliche Bahnsteige grundsätzlich in die Höhe der Wagenfußböden gelegt werden. Es ist kein Zweifel, daß das Besteigen und Verlassen der Wagen hierdurch außerordentlich erleichtert wird, wie jeder bestätigen kann, der einmal die Berliner-Hoch- und Untergrundbahn benutzt hat. Leider ist jedoch eine solche Anlage, die auch die Zugabfertigung in sehr wünschenswerter Weise beschleunigen würde, auf den meisten Fernbahnhöfen nicht möglich, da auf ihnen ein dienstlicher Querverkehr von Post- und Gepäckkarren stattfinden muß, der nicht fortwährend große Höhenunterschiede überwinden kann.

Wollte man das Anheben der Bahnsteige bis zu der recht bedeutenden Höhe der Wagenfußböden grundsätzlich überall durchführen, so würden dadurch ganz unverhältnismäßig hohe Kosten entstehen. Ist aber nur ein einziger Bahnhof vorhanden, auf dem die Steige tief liegen, so ist der Nutzen aller übrigen erhöhten Anlagen recht zweifelhaft. Denn es müssen ja in diesem Fall sämtliche Wagen mit den bekannten zwei Trittstufen versehen sein, die weit vorspringen. Hochliegende Steige sind jedoch nur dann gefahrlos, wenn sie ganz dicht an die Ränder der Wagenkasten gesetzt werden können. Das wird aber durch die Trittstufen unmöglich gemacht. Auf der Berliner Stadtbahn, wo erhöhte Steige vorhanden sind, tritt dies sehr deutlich in Erscheinung, da bei den hier verkehrenden Zügen, die auch weit draußen liegende Vororte anlaufen, die Trittstufen bisher noch nicht beseitigt werden konnten. Trotzdem findet man heute auch schon auf zahlreichen Fernbahnhöfen erhöhte Steige, wie z. B. in Hamburg und in Breslau.

Sollte im Lauf der Jahre die Zahl dieser Anlagen sich vermehren, so ist jedenfalls aufs strengste darauf zu achten, daß ein Gleis nicht auf beiden Seiten von hohen Bahnsteigen eingesäumt wird. Alsdann wäre nämlich das Untersuchen von Radreifen, von Achslagern sowie von Brems- und Heizleitungen an den auf solchem Gleis haltenden Zügen nicht mehr möglich.

Recht lästig wird das Hin- und Herfahren von Post- und Gepäckkarren auf den dem Personenverkehr dienenden Bahnsteigen empfunden. Bei neueren größeren Bahnhofsanlagen geht man daher immer mehr dazu über, besondere Gepäckbahnsteige einzurichten, auf denen sich der Karrenverkehr ausschließlich abspielt. Es wechseln dann immer ein Personen- und ein Gepäckbahnsteig miteinander ab, wie das in Wiesbaden, Leipzig, Frankfurt a. M. grundsätzlich durchgeführt ist. Die Karren werden in solchem Fall meist durch Fahrstühle zu den Steigen befördert.

Der Querverkehr findet darunter oder darüber in besonderen Quertunneln oder auf Querbrücken statt.

Zum Schutz der Reisenden gegen Witterungsunbill werden die Bahnsteige überdacht. Man errichtet entweder eine einzige Halle über sämtliche Geleise, oder man wendet Einzel-, häufig auch Gruppenüberdachungen an. Große, einschiffige Hallen sind selbstverständlich baulich am eindruckvollsten. Sie stellen sich jedoch sehr teuer und sind schwer zu unterhalten. Die Ausbesserungsarbeiten, die in großen Höhen vorgenommen werden müssen, sind recht unbequem und kostspielig, was insbesondere darum ins Gewicht fällt, weil sie sehr häufig notwendig werden. Die aus den Lokomotivenschornsteinen strömenden Rauchgase greifen infolge ihres Säuregehalts die Eisenteile sehr stark an, so daß fortwährende Untersuchungen und Instandhaltungen erforderlich sind. Man wird daher große Hallen nur dort errichten, wo ein ausdrucksvoller baulicher Eindruck des Bahnhofs erwünscht ist.

Wie der Brücken- und Tunnelbau, so ist auch der Hallenbau durch die Eisenbahn sehr bedeutend gefördert worden. Wurden doch den Baukünstlern hier so bedeutende Aufgaben gestellt wie kaum an anderer Stelle. Die Technik des Hallenbaus ist hieran zu ihrer heutigen, viel bewunderten Höhe erstarkt.

Die größte Scheitelhöhe und zugleich die größte Stützweite aller Bahnhofshallen in Deutschland besitzt der Hamburger Hauptbahnhof. Die Halle ist 36 Meter hoch und 72 Meter breit. Es folgt der Anhalter Bahnhof in Berlin mit seiner 34,2 Meter hohen, 60,7 Meter breiten Halle. Bei diesem Bahnhof sind die drei Bogen, welche das Haus nach der Ausfahrseite zu abschließen, baulich sehr beachtenswert. Sie haben eine wundervolle Linie und gewähren dem ruhig beschauenden Auge besonders dann ein starkes Ergötzen, wenn durch ihre Öffnungen hindurch heller Sommersonnenschein in die dunklere Halle fällt. Die größte überwölbte Fläche aber besitzt der Bahnhof Leipzig, unter dessen Halle 66 000 Quadratmeter Bodenfläche liegen. Es folgt dann Frankfurt mit 31 000 Quadratmetern (ohne die Erweiterung) und Dresden mit fast 29 000 Quadratmetern.

Bei dem Bau der über jedem Bahnsteig getrennt errichteten Bedachungen geht man, besonders im Bereich der preußisch-hessischen Staatsbahnen, immer mehr von der zweistieligen Stützanordnung zur einstieligen über. Wo die Dächer von Stützen in Jochform getragen werden, müssen die Pfosten notwendigerweise dicht an den Bahnsteigkanten stehen, also gerade dort, wo der Platz am meisten gebraucht wird. Sie stören auch die Übersicht über die haltenden Züge recht empfindlich. Die Einzelstützen stehen in der Mitte, wo sie am wenigsten hinderlich sind. Man ist bei der Ausbildung dieser Dacharten zu Formen gekommen, die in ihrer Einfachheit sehr schöne Wirkungen ergeben.

Unter den etwa 13 000 Haltepunkten und Bahnhöfen, die es heute in Deutschland gibt, verdient eine Anlage besondere Beachtung, die diesseits des Weltmeers ihresgleichen nicht hat. In Leipzig, wo die älteste größere Bahnlinie in Deutschland ihren Ursprung hatte, ist an demselben Ort, wo die erste bescheidene Haltestelle stand, heute der größte Bahnhof Europas errichtet. Die günstige Lage der Stadt, die schon Friedrich List dazu veranlaßte, hier seine Eisenbahnpläne zur Ausführung zu bringen, hat dazu geführt, daß heute nicht weniger als elf Linien in der zweiten Hauptstadt Sachsens zusammenlaufen. Sie gehören teils der preußischen, teils der sächsischen Staatsbahnverwaltung.

Die Privatbahnwirtschaft der früheren Jahrzehnte hatte dazu geführt, daß jede Linie in Leipzig einen eigenen Bahnhof besaß. Nachdem sich ein sehr reger Übergangsverkehr ausgebildet hatte, führte dies allmählich zu unhaltbaren Zuständen.

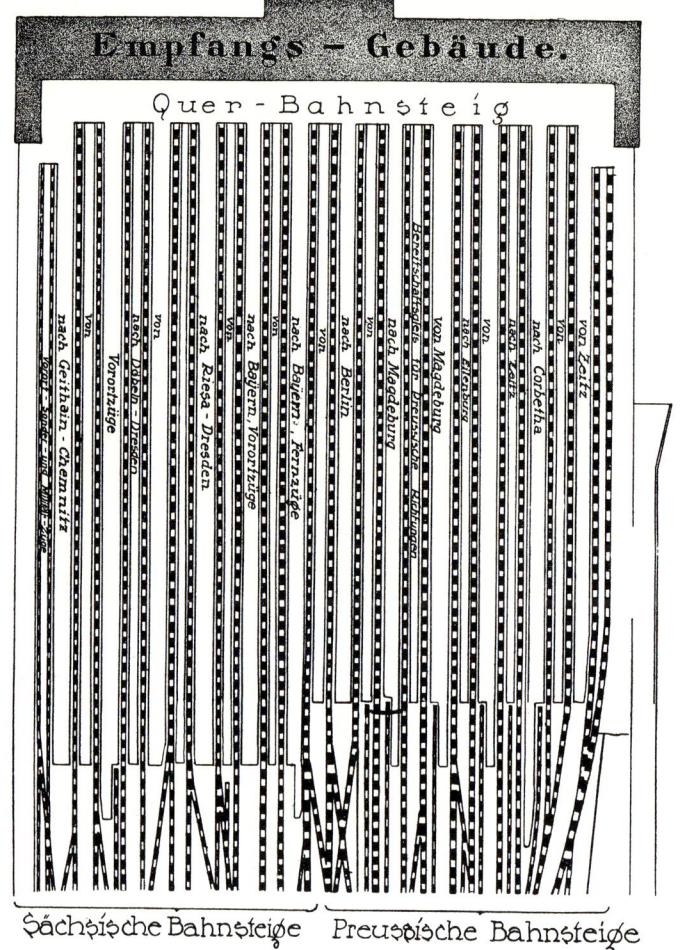

278. Der größte Bahnhof in Europa
Grundriß des Leipziger Hauptbahnhofs mit 26 Geleisen und 27 Bahnsteigen. (Vorderansicht auf Bild 74).

Schon gegen Ende der achtziger Jahre tauchte der Gedanke auf, alle diese Anlagen zu einem einzigen großen Bahnhof zusammenzufassen. Aber mehr als ein Vierteljahrhundert mußte vergehen, bis die beispiellos großartige Verbesserung ausgeführt war. Vierzehn Jahre lang ist in und bei Leipzig gebaut worden, wahre Sandgebirge mußten durcheinander gewühlt werden, um die Einführung der vielen Geleise zu zweckmäßigen Lagen zu ermöglichen. Man kann sagen, daß das ganze weite Gebiet, in dem heute die zum Hauptbahnhof führenden Schienenpfade liegen, durch die Bauarbeiten geographisch vollständig verändert worden ist. Hügel sind an die Stellen von Tälern getreten, Ebenen dort entstanden, wo kleine Bergkuppen sich emporwölbten. Endlich, im Dezember 1915, während des Kriegs, konnte das gewaltige Werk durch eine feierliche Einweihung seinen Abschluß erhalten.

Im Gebiet des Leipziger Hauptpersonen- und des anschließenden Güterbahnhofs, die sich über eine Strecke von zwei Kilometern ausdehnen, liegen heute 150 Kilometer Gleis, was der Entfernung Leipzig-Berlin entspricht. 920 Weichen sind eingebaut, 26 Geleise liegen unter den sechs Hallen des Empfangsgebäudes, daneben und dazwischen 27 Bahnsteige, die abwechselnd dem Personen- und dem Gepäck- sowie Postverkehr dienen. Nach dem gewöhnlichen Fahrplan verkehren in dem Bahnhof täglich etwa 500 Züge, so daß also dort alle drei Minuten ein Zug abgefertigt wird. Die mittlere Längsachse des Bahnhofs trennt den preußischen vom sächsischen Teil.

Entsprechend der großen Zahl der zu umfassenden Geleise hat das Empfangsgebäude die außerordentliche Breite von 300 Metern. Die Fahrgäste gelangen nach Durchschreiten der Eingangstore zunächst in zwei mächtige, gewölbte Hallen, von

279. Eingangshalle des Leipziger Hauptbahnhofs
Preußische Seite

denen eine die preußischen, die andere die sächsischen Fahrkartenschalter, Gepäckabfertigungen usw. birgt. Alles ist so weitläufig gehalten, daß niemals ein Gedränge entstehen kann. Über ein paar Stufen je einer sehr breiten Treppe hinweg geht es dann auf den Querbahnsteig, wo die einzelstaatliche Teilung nicht mehr

Aufnahme von Dr. Trenkler & Co. in Leipzig
280. Querbahnsteig im Leipziger Hauptbahnhof
Rechts die großen Eisenbetonbogen, hinter denen die Überdachung der Zungenbahnsteige beginnt

besteht. Von einer glatten, 25 Meter breiten Straße gehen sämtliche Zungenbahnsteige aus.

Das bauliche Bild ist hier besonders eindrucksvoll. Bei sämtlichen älteren Bahnhofsanlagen sind die eisernen Gleishallen unmittelbar an das Empfangsgebäude herangeführt. Die Stützen sind überall an die steinerne Abschlußwand gesetzt. Das ergibt immer einen wenig reizvollen Gegensatz zwischen der ungegliederten Schwere der steinernen Wände und dem daran geklebten, auseinanderstrebenden Geflecht der Eisenstützen. In Leipzig wurde dieser schroffe Gegensatz in großartiger Weise vermieden. Der Querbahnsteig ist mit einer eigenen Halle überwölbt; erst hinter dieser beginnen die Eisenbauten. Sechs ungeheure Tore schließen den Querbahnsteig nach der Schienenseite hin ab. Zur Zeit ihrer Errichtung stellten sie die mächtigsten in Eisenbeton ausgeführten Bauwerke dar. Die Wölbung und der Torabschluß des Querbahnsteigs ergeben zusammen mit der Hinterwand des Empfangsgebäudes eine geschlossene Baugruppe einheitlicher, sehr starker Wirkung.

Die hinter den Toren beginnenden eisernen Hallen sind ein so zierlich und leicht gefügtes Gewebe, daß die Dunkelheit aller älteren Bahnhofswölbungen hier von einer fast blendenden Lichtfülle abgelöst ist. Die Stützpfeiler scheinen nur ganz leicht auf dem Boden aufzustehen, alles wuchtig Lastende ist für das Auge verschwunden, man sieht einen fast lustigen bewegten Bau, der dennoch als Ganzes in machtvoller Ruhe dasteht. Erbauer der Anlage sind die Architekten Lossow und Kühne in Dresden.

Zur Errichtung des Bahnhofs ist eine geradezu abenteuerliche Menge von Baustoffen verwendet worden. »Allein an Eisenteilen stecken«, nach einer Zusammenstellung der ›Wochenschrift für deutsche Bahnmeister‹, »im Hauptbahnhof über sieben Millionen Kilogramm oder 144252 Zentner. Rechnet man das Ladegewicht eines Eisenbahnwagens zu 200 Zentnern, so hätte man zur Beförderung der Eisenteile des Hauptbahnhofs einen Zug mit 721 Wagen nötig. Die Glasbedachung der sechs Längenbahnsteighallen – es handelt sich um die riesige Fläche von rund 29 000 Quadratmetern – hat ein Gewicht von mehr als 12 4000 Zentnern; wollte man das Glas in einem Zug befördern, so wären demnach 63 Bahnwagen dazu nötig.«

»Sind das schon Mengen und Gewichtszahlen, die man sich schwerlich vorzustellen vermag, so erscheinen sie noch als unbedeutend, wenn man die Menge des zum Hauptbahnhof benötigten Betons betrachtet. Von einer Anzahl Firmen sind z. B. allein über 15 000 Kubikmeter Zement geliefert worden. Rechnet man das Kubikmeter Zement zu 45 Zentnern, so ergibt sich das stattliche Gewicht von 685 710 Zentnern. In Bahnwagen verladen, erfordert diese Menge eine Zahl von etwa 3400 Wagen. Hierzu kommen aber nun noch über 22 000 Kubikmeter Sand, Kies und Kleinschlag. Das dürfte einem Gewicht von rund einer Million Zentnern entsprechen, und man hätte zu deren Fortbewegung etwa 5 000 Eisenbahnwagen nötig.«

»An Mauersteinen und Tonklinkersteinen hat eine Firma über 11 Millionen verwendet, dazu noch gegen 250 000 poröse Mauersteine. Zur Beförderung der Steine hatte man mehr als 3500 Loren nötig. Der Zementverbrauch eines Baugeschäfts betrug weit über 40 000 Sack, der in mehr als 200 Wagen ankam. An Kalk verarbeitete man hier 750 Loren oder rund 2800 Kubikmeter. Wenn man allein die Baustoffe von sechs stark beteiligten Geschäften in einem Bahnzug befördern wollte, so hätte man dazu nicht weniger als etwa 13 600 Eisenbahnwagen nötig.«

281. Eisenhallen des Leipziger Hauptbahnhofs

Besondere Sorgfalt hat man in dem neuen Leipziger Hauptbahnhof auch der Sicherung der Gleisenden zugewendet. Hier liegt ja bei allen Kopfbahnhöfen ein besonders wichtiger und gefährlicher Punkt, weil an dem Quersteig die Welt der Eisenbahn plötzlich mit einem jähen Schluß zu Ende geht. Eben noch hat die mächtige , hochrädrige Maschine des einfahrenden Zugs ein unabsehbar scheinendes Stück der glatten, für sie geschaffenen Schienenbahn vor sich, da, nach der Einfahrt in die Halle, hört das Gleis plötzlich auf. Der viele hundert Zentner schwere Zug darf kaum einen Meter weiterfahren, als ihm vorgeschrieben ist, wenn nicht schweres Unheil entstehen soll.

Aus diesem Grund ist es notwendig, den Kopf eines jeden dieser Bahnhöfe kräftig zu schützen, ihn mit einer möglichst festen, eisernen Stirn zu versehen, die nicht so leicht eingestoßen werden kann. Die Züge sollen mit möglichster Geschwindigkeit ihre Fahrt zu Ende führen; im Kopfbahnhof müssen sie beinahe auf ein Dezimeter genau abgebremst werden. Das schließt eine gewisse Gefahr in sich.

Lange vor der Einfahrt in einen Kopfbahnhof schon hat der schwere Schnellzug seine Geschwindigkeit zu ermäßigen. Die Vorschrift befiehlt, die lebendige Kraft des Zugs vor der Einfahrt so weit abzubremsen, daß die Wagen zuletzt nicht mehr von selbst laufen, sondern durch die Lokomotive geschleppt werden müssen. Die Erfüllung dieser Vorschrift, die selbstverständlich stets aufs sorgfältigste angestrebt wird, ist aber nur dann möglich, wenn die Bremse richtig arbeitet.

Geschieht dies aus irgendeinem Grund nicht, versagt die Hemmvorrichtung einmal kurz vor Einfahrt in einen Kopfbahnhof, dann ist ein Überfahren des Gleisendes unvermeidlich, wenn dieses nicht in besonderer Weise gesichert ist. Viele Bauarten sind schon früher an dieser Stelle versucht worden.

Zunächst hat man auf den älteren Kopfbahnhöfen erst einmal dafür gesorgt, daß die Lokomotive keinesfalls aus ihrem Reich hinaus auf den Querbahnsteig und von dort in das Bahnhofshaus oder gar auf die Straße fahren kann. Man läßt darum das letzte Stück des Geleises etwas ansteigen und schüttet eine dicke Lage Sand darüber.

282. Eisenbahnunglück auf Bahnhof Dülken
Entstanden durch Überfahren des Prellbocks am Gleisende,
6. November 1907

Endlich bringt man dann noch einen festen Gleisabschluß an, der auch von dem schwersten Zug vermutlich nicht umgeworfen werden kann. So sind z. B. auf dem Stettiner Bahnhof in Berlin an den Gleisenden Mauerblöcke errichtet, die eine Breite von mehreren Metern haben.

Durch Sandgleis und Puffermauern sind dann die Menschen gesichert, welche draußen auf den Zug warten. Nicht so die Fahrgäste des Zugs selbst.

Denn wenn der zu rasch einfahrende Zug in das Sandgleis oder auf die Mauer läuft, kommt er plötzlich mit einem starken Stoß zum Stehen, und das ist dann eben ein richtiges Eisenbahnunglück. Man muß immer im Auge behalten: die verheerende Wirkung eines solchen Ereignisses entsteht stets dadurch, daß der schwere Körper des fahrenden Zugs von rascher Fortbewegung plötzlich zu vollkommener Ruhe gezwungen wird.

Eine sanfte Bremsung der zu schnell einfahrenden Züge von außen her, wenn die eigentliche Zugbremse versagt, mußte also auch an den Gleisköpfen versucht werden. Aufgabe war, nicht eine unbewegliche Zyklopenmauer dem Zug in den Weg zu stellen, sondern eine Vorrichtung zu ersinnen, die ihn aufnimmt und langsam zum Stehen bringt. Man hat eine solche langsame Abbremsung der Züge durch die Aufstellung von Wasserprellböcken herbeizuführen gesucht. Diese haben mehrere Meter lange Puffer, deren Schäfte in Zylinder eintauchen. In diesen befindet sich Wasser, das zur Vermeidung des Einfrierens mit Glyzerin vermischt ist. Werden die Puffer eingedrückt, so kann das Wasser durch schmale Nuten aus dem Zylinder hinausgedrückt werden, wobei es einen Widerstand ausübt. Dieser wird immer stärker, je tiefer die Puffer hineingeschoben werden, da die Nuten sich nach hinten zu verengen, so daß der Austrittsquerschnitt für das Wasser sich verringert. Man will hierdurch einen langsam ansteigenden Gegendruck bewirken, der den Zug allmählich zum Stehen bringt. Aber die Pufferlängen sind viel zu kurz, um ein auch nur einigermaßen stoßloses Aufhalten des Zugs zu ermöglichen.

Sehr gute Wirkungen dieser Art aber haben die neuerdings viel verwendeten Bremsprellböcke mit Schlepprosten, wie sie in Leipzig an jedem Gleisende stehen. Durch Versuche ist festgestellt worden, daß sie selbst sehr schwere Züge ohne Schädigung aufzuhalten vermögen, auch wenn diese mit recht erheblicher Geschwindigkeit auffahren.

Die Prellböcke dieser Art werden einige Meter vor dem Gleisende aufgestellt. Sie sind auf dem Gleis selbst verschiebbar. Die Schienen des Gleises sind von dem letzten vor dem Prellbock liegenden Stoß ab nicht mehr auf fest eingebetteten Schwellen verlegt, sondern sie ruhen auf Schwellen, die nur einfach auf den Kiesboden gelegt sind. Die losen Schwellen sind miteinander und mit dem Prellbock-körper selbst durch bewegliche Gelenke nach Art der Nürnberger Schere verbunden. Sie bilden also einen auseinanderziehbaren Rost.

Aus: von Stockert: »Eisenbahnunfälle«
283. Absturz einer Lokomotive
Der Unfall fand am 23. Oktober 1895 auf dem Bahnhof Mont Parnasse in Paris durch Überfahren eines Prellbocks statt

Fährt ein Zug zu rasch in den Bahnhof ein, so stößt die Lokomotive gegen den Prellbock. Dieser wird nunmehr auf dem Gleis verschoben. Sogleich beginnt der Schwellenrost sich auszuziehen. Die Vorderachsen der Lokomotive belasten den Rost. Das Verschieben des Prellbocks kann also nur unter Überwindung dieser Last geschehen, welche die Reibung der auf dem Kiesboden rutschenden Schwellen sehr stark erhöht. Ist der Prellbock etwa ein viertel Meter verschoben, so zieht er schon

375

Erbaut von A. Rawin in Osnabrück

284. Bremsprellbock
Hält zu schnell einfahrende Züge durch Ausziehen eines beweglichen Schwellenrosts auf, da hierdurch eine starke und allmählich wachsende Reibung auf der Bettung entsteht

zwei Schwellen hinter sich her. Alsbald rücken dann eine dritte, eine vierte und usw. Inzwischen aber sind auch weitere Achsen der Lokomotive und, wenn der Anprall besonders stark war, auch des Tenders oder gar noch eines folgenden Wagens auf das Schienenstück gekommen, durch welches der Schlepprost belastet wird.

Der sich verschiebende Prellbock hat also eine immer schwerer werdende, langsam sich steigernde Reibungslast zu überwinden. Je mehr Räderpaare sich auf den Rost stellen, desto schwerer wird es, den Prellbock vorzurücken. Allmählich bewirkt der immer weiter steigende Druck auf den Rost, daß der Schlitten zum Stehen kommt, und so wird ein ziemlich sanftes Anhalten des Zugs herbeigeführt. Der vom Zuggewicht steigend belastete, gleitende Bremsprellbock wirkt auf den Zug selbst ungefähr so wie dessen eigene Druckluftbremse, wenn sie einmal vom Lokomotivführer bei einer Schnellbremsung sehr scharf angestellt wird. Der einlaufende Zug wird von diesem Prellbock also nicht jäh aufgehalten, sondern abgebremst, das Versagen der inneren Bremse wird durch eine von außen gerade im wichtigsten Augenblick eintretende Bremsung ausgeglichen. Das bedeutet einen großen Fortschritt. Kein Wunder, daß man diese Vorrichtung in dem großartigen Bau des Leipziger Hauptbahnhofs reichlich zur Anwendung gebracht hat.

21. Die schützenden Arme

Wir kehren zu unserem von Berlin nach Halle fahrenden Schnellzug zurück.

Mit sausender Geschwindigkeit sahen wir ihn über die Schienen dahinstürmen. Mächtig greift die Lokomotive aus, ein Kilometer nach dem anderen schlingt sie in wenigen Augenblicken in sich hinein. Ungeheuer ist die Wucht der in raschester Bewegung dahingerissenen Wagenburg; trotz des trefflich wirkenden Zügels, den der Führer mittels seines Bremsventils jeden Augenblick anzuziehen vermag, ist sie vor keinem Fahrthindernis zum Stillstand zu bringen, das in einem Abstand von weniger als einem halben Kilometer plötzlich auf dem Gleis auftauchen würde.

Ruhig und gelassen steht der Lokomotivführer auf seiner Maschine. Sein Herz wird nicht beklemmt durch den Gedanken, daß er die lebendige Kraft des Zugs hinter seinem Rücken auch bei abgestelltem Dampf und durch Anziehen der Bremse erst nach Zurücklegung von mehreren hundert Metern zum Stillstand bringen könnte. Was gibt ihm diese Sicherheit? Das Gleis gehört doch nicht seinem Zug allein! Woher weiß er, daß der Personenzug, der eine halbe Stunde vor ihm, der Güterzug, der eine Stunde vor Abfahrt des Schnellzugs aus Berlin abgegangen ist, nicht plötzlich vor den Puffern seiner Lokomotive auftauchen wird? Warum fürchtet er keinen Augenblick, daß irgendeine leer fahrende Schnellzuglokomotive seinen Zug von hinten her einholt und über den Haufen rennt? Was ermutigt ihn, durch Bahnhöfe wie Jüterbog und Bitterfeld mit ihren vielen Weichen hindurchzurasen, ohne die Furcht zu hegen, daß eine Verschiebelokomotive plötzlich den Pfad seines Zugs kreuzen könnte?

Er ist frei von solchen Bedenken. Scharfen Auges späht er unermüdlich auf die Strecke hinaus, von der aus er nach kurzen Abständen immer wieder beruhigende Mitteilungen über den Zustand seines stählernen Pfads erhält, wo er an seltsam geformten Zeichen erkennen kann, daß sein Zug nach vorn, nach hinten und gegen die Seitengeleise hin in jedem Augenblick gedeckt ist.

Könnte ein mit übermenschlicher Sehkraft begabtes Geschöpf sich an einem wolkenfreien Tag so hoch über die Erde erheben, daß es ganz Deutschland mit einem Blick zu überschauen vermöchte, es würde überall zwischen den Flecken, die menschliche Ansiedelungen darstellen, kleine dunkle Striche sich bewegen sehen. Tausende und Abertausende von Zügen sind in jedem Augenblick unterwegs von einem Ort zum anderen. Wie die Perlen auf einer Schnur sind sie auf den Schienenpfaden hintereinander aufgereiht. Aber sie befinden sich nicht in Ruhe, sondern rasen einer hinter dem anderen her. Keine »Sphärenharmonie« hält ihre Bahnen sorgfältig auseinander, wie es bei den Himmelskörpern geschieht; einer setzt vielmehr dem anderen in blinder Wut nach.

In unaufhörlicher Folge berühren viele Züge denselben Raumpunkt. Dabei sind ihre Geschwindigkeiten ganz ungleich. Dem schleichenden Güterzug folgt der flinke Personenzug, diesem heftet sich der stürmende Schnellzug an die Fersen. Es scheint ein gefährliches Spiel, wie die Züge so auf ihrer schmalen Bahn einander jagen. Und es wäre in der Tat unmöglich, Menschen mit so hohen Geschwindigkeiten, wie es heute geschieht, über die Erdoberfläche zu befördern, wenn nur die in den Lokomotiven verkörperten Zugkräfte geschaffen wären, nicht aber auch

Aus Klima: »Die Technik im Lichte der Karikatur«
285. »Patent« zur Verhütung von Eisenbahnzusammenstößen
Scherzzeichnung des »Dorfbarbier« aus dem Jahre 1891

Vorkehrungen, mit deren Hilfe Ordnung in das Gewimmel der Renner auf den Schienen gebracht wird.

Schmächtig und bescheiden stehen zur Seite der Geleise die *Signal*maste. Ihre ausgestreckten Arme berühren die Züge nicht. Sie winken nur, aber erzwingen die Befolgung ihrer Befehle nicht; sie sind nach ihrem bei Fernbahnen üblichen Aufbau nicht imstande, den Zug festzuhalten, wenn er ihren Aufforderungen keine Folge leistet. Dennoch stellen sie die gewaltigste Schutzmacht im Eisenbahnbetrieb dar. Mit nur wenig Übertreibung könnte man sagen, daß die Züge allenfalls ohne Schienen, niemals aber ohne Signale in der heutigen Art zu fahren vermöchten.

Eine so tiefgreifende Wirksamkeit eines an sich ohnmächtigen Gegenstands, wie es jedes Signal ist, kann nur in einem hoch kultivierten Kreis stattfinden. Nichts ist für den Lokomotivführer leichter, als an einem Signal vorüberzufahren, das seinem Zug Halt gebietet, denn es wehrt sich in keiner Weise dagegen. Was den Führer an die Befehle dieses schwächlichen Künders bindet, ist erst eine sittliche Verpflichtung, die er eingegangen. Das »moralische Gesetz in uns«, welches Kant ebenso bewunderungswürdig erschien wie der gestirnte Himmel über uns, läßt den lebendigen Menschen auf der Lokomotive sich blindlings den Anordnungen des toten, fühllosen, ohnmächtigen Masts neben der Strecke unterwerfen. Ein Geflecht von eisernen Stangen ist durch allgemeine Übereinkunft zum Gesetzgeber erhoben, und nun besitzt es unentrinnbare Macht über jeden, der in seinem Bezirk zu wirken hat.

Unser Berliner Schnellzug fährt durch die Helle eines sommerlichen Tags. Da heben sich vor den Augen des Lokomotivführers die immer wieder auftauchenden Signale gegen den blauen Himmel so scharf ab, wie ein Schattenriß auf weißem Papier. Kilometerweit wird ihre Form oft schon erkennbar, ihr Aufstellungsort ist mit großer Sorgfalt stets so gewählt, daß sie dunkel gegen einen hellen Hintergrund stehen. Der Lokomotivführer weiß nichts von dem Zustand der Welt um ihn her, seitdem er den Anhalter Bahnhof verlassen hat. Die Signale sind die einzige Verbindung, die er mit der Umgebung hat. An sie klammert er sich, nach ihnen späht er, an ihnen hängt sein ganzes geistiges Sein.

Doch nun wollen wir uns auf die Lokomotive eines Zugs schwingen, der im nächtlichen Dunkel dahinfährt.

Da sind die Signalmaste und ihre Arme verschwunden. Sie sind hinter dem schwarzen Vorhang untergetaucht, der überall dort in schweren Falten um die Maschine hängt, wo die Leuchtkraft der beiden Stirnlaternen nicht hinreicht. An ihre Stelle sind farbige Lichter getreten. Während alles ringsum dunkel ist, taucht gleich einem gespenstischen Auge hier und da ein rotes, grünes oder gelbes Leuchten empor. Die Lichter scheinen frei in der Luft zu hängen, gleich den Sternen ohne Stützen im Raum zu schweben. Nun ist die Sicherheit des Zugs allein von dem dünnen Leuchten ihrer Farben abhängig.

Die Kleinheit allen Menschenwerks wird uns plötzlich bewußt. Wir haben das Riesengetriebe des Eisenbahnverkehrs geschaffen, die unabsehbaren Kilometer der Schienen ausgelegt, die riesenhaften Gefüge der Lokomotive errichtet, und nun, während wir im Zug weilen, ist unser eigenes Leben abhängig von diesen bescheidenen Lichtchen.

Eine elende Glasscheibe ist es, o Mensch, an der gar oft dein Dasein hängt! Von der grünen oder roten Farbe eines Klümpchens Glasfluß wird es bestimmt, ob du morgen noch deine Frau und deine Kinder wiedersehen, deine vielleicht heiß gehegten Pläne zur Ausführung bringen können oder mit zerschmetterten Gliedern auf dem Feld neben dem Eisenbahndamm liegen wirst! Du hast Großes und Bewundernswertes auch mit der Einrichtung der Eisenbahnlinie geschaffen, aber sie sind doch nicht mehr als Menschenwerk, deine eigene Fehlbarkeit ist in deine Schöpfung mit hineingebaut, und sie vermag jeden Augenblick die Grenzen deines Könnens dir selbst in furchtbarer Weise zu offenbaren.

Wenn man das Bürgerliche Gesetzbuch aufschlägt, findet man es in Abschnitte eingeteilt. Jede einzelne dieser Abteilungen sagt etwas Wichtiges und Unentbehrliches aus. Aber ihr Wirkungsbereich ist bescheiden. Erst die Summe aller Abschnitte, ihre Verbindung untereinander, die Ergänzung und Erweiterung, die jeder seinem Nachbarn gibt, machen das Buch zu einem mächtig wirkenden Ganzen. So ist auch das einzelne Signal nur ein Machthaber in schmal begrenztem Bezirk. Dadurch erst, daß wir die Arme geistig miteinander verbunden, den einen in Abhängigkeit von einem oder mehreren anderen gebracht haben, werden sie zu weit wirkenden Herrschern.

Solange jedes einzelne Signal ohne Rücksicht auf alle anderen gestellt werden konnte, gab es keine wirkliche Sicherheit im Eisenbahnbetrieb. Niemals wäre es ohne Einführung der Signalabhängigkeiten möglich gewesen, den heutigen Zugverkehr durchzuführen. Das einzelne Signal mußte seine Unabhängigkeit aufgeben, damit ein lastender Zwang vom Eisenbahnverkehr abfallen konnte. So hat auch hier die Aufgabe der Freiheit im einzelnen dem Ganzen erst die Freiheit gebracht.

Das Ziel der gesamten ungeheuer umfangreichen und vielgestaltigen Signaleinrichtungen ist, jeden fahrenden oder stillstehenden Zug davor zu bewahren, daß ein anderer mit zerstörender Wucht gegen ihn stößt.

Als die Eisenbahnen noch jung waren, fuhren die Züge im Zeitabstand hintereinander her. Wenn ein Zug den Bahnhof verlassen hatte und man meinte, daß genügend lange Zeit verstrichen sei, der Zug also eine beträchtliche Anzahl von Kilometern zurückgelegt haben müsse, ließ man den nächsten Zug nachfolgen. Eine wirkliche Sicherheit konnte durch diese einfache Maßnahme natürlich nicht erreicht werden. Es mußte, damit der vorher abgegangene Zug nicht plötzlich vor dem nachfolgenden auftauchte, immer die Voraussetzung erfüllt sein, daß der Vorzug seine Strecke ständig mit der ihm vorgeschriebenen Geschwindigkeit durchfahren hatte. Es gibt ja aber genug Vorkommnisse, die einen Zug dazu zwingen können, auf offener Strecke liegen zu bleiben. In solchem Fall entstand stets die dringende Gefahr eines Zusammenstoßes. Denn Vorkehrungen, wie sie ein witziger Zeichner auf unserem Bild 285 dargestellt hat, solche nämlich, die es möglich machen, daß ein Zug gefahrlos über einen andren hinwegfahren kann, wären selbst bei den damaligen geringen Geschwindigkeiten nicht gut ausführbar gewesen.

Später ging man dazu über, vom nächsten Bahnhof her den angekommenen Zug dem Abfahrtbahnhof durch ein telegraphisches Zeichen zurückzumelden. Diese Benachrichtigung mußte abgewartet werden, bis wieder ein Zug abgelassen werden durfte. Wie leicht aber konnte ein Irrtum über das Eintreffen des Rückmeldezeichens entstehen! Bei der heutigen raschen Folge von Zügen, bei der großen Zahl von Strecken, die häufig von einem Bahnhof ausgehen, wäre es ganz unmöglich, von den Beamten zu verlangen, daß sie sich das Einlaufen der Rückmeldesignale stets genau merkten oder ständig im Eintragebuch nachsähen. Und ein Gedächtnisfehler könnte von furchtbaren Folgen sein.

Ein wirklicher Schutz entsteht erst dann, wenn durch unentrinnbare Zwangsmaßregeln bewirkt wird, daß jeder über die Strecke fahrende Zug ein auf Halt liegendes Signal hinter sich hat. Diesem erwächst nun dieselbe Aufgabe wie der Nachhut eines vor dem Feind abziehenden Heers. Es hat eine unbedingte Rückendeckung zu bewirken.

Man muß bedenken, daß es überhaupt kein anderes Mittel gibt, um einen fahrenden Zug zum Stehen zu bringen, als die Haltstellung eines Signals. Es ist daher unausweichliche Notwendigkeit, daß sich zwischen zwei hintereinander herfahrenden Zügen stets mindestens ein solcher Zeichengeber befindet. Muß der Vorzug plötzlich halten, so trifft der folgende Zug, bevor er ihn erreicht, auf der Strecke immer ein Signal an, durch das er rechtzeitig gestellt werden kann. Schafft man nun Vorkehrungen, die bewirken, daß ein hinter dem ausgefahrenen Zug auf Halt gelegtes Signal erst dann wieder auf Fahrt Frei gezogen werden kann, nachdem dieser Zug hinter dem nächsten auf Halt gelegten Signal in Deckung gegangen ist, so hat man eine genügende Sicherung erreicht.

Es erwächst hieraus der Hauptgrundsatz der Signalordnung: Ein Zug darf erst dann in einen von zwei Signalen begrenzten Streckenabschnitt einfahren, wenn der Vorzug diesen verlassen hat. Oder mit anderen Worten: Zwischen zwei Signalen darf sich stets nur ein Zug befinden. Nur auf diese Weise ist eine ordentliche Signaldeckung auf großen, vielbefahrenen Strecken zu erreichen.

Die Durchführung dieses Grundsatzes wird zwangsläufig durch die Blockeinrichtung erwirkt.

Das englische to block bedeutet sperren. Wir haben dieses Wort, wie so manches andere, aus dem Ursprungsland der Eisenbahn übernommen. Die auf den deutschen Bahnen heute ausschließlich verbreiteten Blockeinrichtungen, die als die besten auf der ganzen Erde gelten dürfen, sind jedoch auf Grund einer in Deutschland gemachten Erfindung erbaut. Noch heute ist der im Jahre 1870 entstandene Erfindungsgedanke frisch lebendig. Die Zugsicherung auf der allergrößten Zahl der deutschen Bahnen wird heute noch auf Grund der damals erdachten Vorrichtungen ausgeübt, wenn diese inzwischen auch sehr bedeutend verbessert und erweitert worden sind.

Wenn ein Zug aus dem Bahnhof ausfährt, auf welchem er seinen Ursprung hat, so legt er den Arm des Ausfahrsignals selbsttätig hinter sich auf Halt. Er hat nun also eine Deckung hinter sich. Damit der Wärter imstande ist, das Signal für einen folgenden Zug von neuem zu ziehen, muß er den zugehörigen Hebel, der noch in Fahrt-Frei-Stellung geblieben ist, gleichfalls in die Haltestellung zurücklegen. Sobald er das aber getan hat, springt in den Hebel eine Sperre ein, welche diesen festhält. Das Signal kann vorläufig nicht zum zweiten Mal gezogen werden. Um die künftige Entriegelung des Signalhebels vorzubereiten, ist der Wärter weiter gezwungen, die Handlung des Blockens vorzunehmen. Er drückt eine Taste nieder und dreht eine Kurbel, die einen elektrischen Strom durch seinen Apparat und in die längs der Strecke ausgelegte Leitung sendet. Hierdurch erwirkt er zweierlei. Einmal macht er die Sperrung seines Signalhebels abhängig von einer elektrischen Einwicklung, die von der Strecke her ankommen kann. Ferner meldet er dem Mann, der das nächstfolgende Blocksignal bedient, den abgelassen Zug vor. Dieser Wärter zieht nach Eingang der Vormeldung sein Signal, wenn sonst nichts dagegen spricht, auf Fahrt Frei. Der Zug fährt darauf an dem zweiten Signal vorüber.

Hierauf ist der zweite Wärter gezwungen, sein Signal auf Halt zu legen. Tut er das nicht, so kann niemals wieder ein Zug folgen, denn das Ausfahrsignal des rückliegenden Bahnhofs ist ja, wie wir wissen, gesperrt. Nach dem Einschlagen seines Signals muß auch der zweite Wärter die Blockhandlung vornehmen. Sobald er seine Taste gedrückt und die Kurbel gedreht hat, löst der Strom, welcher nun in die nach rückwärts laufende Leitung fließt, die Sperrung am Ausfahrsignal des Abgangsbahnhofs auf. Jetzt erst kann dieses Signal wieder gezogen werden.

Und das kann nun auch ohne Gefährdung des voraufgegangenen Zugs geschehen, denn dieser hat ja jetzt das zweite, auf Halt gelegte Signal wiederum als Deckung hinter sich. Da die Entblockung von der zweiten Stelle zur ersten nur stattfinden kann, nachdem das zweite Signal auf Halt gelegt ist, so hat man durch diese Abhängigkeit der Signale voneinander die erwünschte unbedingte Sicherheit.

Zugleich mit der Entblockung nach rückwärts hat der zweite Wärter einem dritten den Zug vorgemeldet; zwischen der dritten Stelle und der zweiten vollzieht sich bald danach derselbe Entblockungsvorgang, und so fährt der Zug von einem Signal zum anderen, während immer das zunächst hinter ihm stehende auf Halt festgelegt ist.

Auf diese Weise wird Ordnung in das bewegte Durcheinander der Züge gebracht. Wie das Bürgerliche Gesetzbuch in Abschnitte, ein Gedicht in Strophen eingeteilt, ein Musikwerk in Takte geordnet ist, so werden die Zugfahrten durch die Haltesignale voneinander gesondert. Der Strom der Züge, der sonst in gefährlichen Strudeln dahinschäumen würde, ist wie durch niedergelassene Wehrbalken zu geregeltem Lauf abgedämpft.

Doch außer der Gefahr, daß ein Zug von hinten durch einen anderen gerammt wird, besteht auch die Möglichkeit, daß er von der Seite her angefahren werden kann. Im Bahnhof Jüterbog z. B. laufen die beiden großen Schnellzugstrecken zusammen, die von Halle und von Dresden nach Berlin führen. Vier Geleise ziehen in den Bahnhof, aber nur zwei führen wieder hinaus. Die Schnellzüge pflegen Jüterbog ohne Aufenthalt zu durchfahren. Vor der Stelle, wo die beiden Strecken tatsächlich zusammengeführt werden, stehen zwei Signale: eines, durch dessen Stellung auf Fahrt Frei die Einfahrt von Dresden her in das gemeinschaftliche Gleis nach Berlin zugelassen wird, ein anderes, wodurch die Einfahrt von Halle aus gestattet werden kann.

Wir wollen nun annehmen, daß dem Wärter von der Halleschen Strecke aus ein nahender Schnellzug vorgemeldet worden ist, und er diesem das Signal für die Einfahrt in die gemeinschaftliche Strecke gezogen hat. Kurz darauf aber wird ihm von der Dresdner Strecke her ein Eilgüterzug vorgemeldet, der gleichfalls in Jüterbog nicht hält. Der Wärter hat in der Fülle seiner Geschäfte vergessen, daß er dem Schnellzug aus Halle bereits das Signal gezogen hat, und er gibt nun auch dem von Dresden her kommenden Eilgüterzug die Einfahrt in das gemeinschaftliche Gleis frei. Wenn das Geschick es nun wollte, daß beide Züge zu gleicher Zeit an der Zusammenführungsstelle einträfen, so müßte ein schweres Unglück durch seitliches Anfahren entstehen.

Nach dem, was wir bis jetzt bereits über die Signaleinrichtungen gehört haben, wird es uns selbstverständlich erscheinen, daß derartige Vorkommnisse zwangsläufig verhindert werden. Wir wollen davon absehen, daß man schon die Fahrpläne zweier zusammenlaufender Strecken so einrichtet, daß nicht zu gleicher Zeit zwei Züge aus den verschiedenen Richtungen an der Einmündungsstelle eintreffen können. Denn dann müßte ja doch jedesmal einer auf den anderen warten. Durch Verspätung kann aber immerhin einmal eine solche an sich gefährliche Zuglage eintreten.

Da greift nun aber die Sicherungseinrichtung ein. Hat der Wärter in Jüterbog das Signal für den Halleschen Zug auf Fahrt Frei gezogen, so kann er keinesfalls die Einfahrt von Dresden her gleichfalls freigeben. Ebenso wird das Umgekehrte verhindert. Die beiden Signale, welche die Einfahrt von zwei Strecken aus in ein gemeinschaftliches Gleis decken, sind in Abhängigkeit voneinander gebracht. Sie sind »feindliche Signale«, wie ein sehr treffender Betriebsausdruck lautet. Niemals können sie gleichzeitig auf Fahrt Frei stehen. Selbst die Blocksicherung erstreckt sich auf beide. Ist ein Zug von Halle her in das gemeinschaftliche Gleis eingefahren, so kann auch die Einfahrt von Dresden in dieses nicht früher freigegeben werden, als bis der Zug die nächste Signaldeckung erreicht hat.

Aber alle diese vortrefflichen Vorschriften reichen nicht aus, sobald es sich um die Ausfahrten großer Bahnhöfe handelt. Da hier Übergänge der Betriebsmittel von jeder Strecke auf jede andere möglich, Verbindungen aller Geleise miteinander hergestellt sein müssen, dementsprechend Fahrten herüber und hinüber stattfinden, so gibt es an solchen Orten gefährliche Zusammenführungen und höhengleiche Kreuzungen in großer Zahl. Da jedoch in diesen Bezirken die Fahrgeschwindigkeiten gering sind, so darf man den Signalen hier eine stärkere Wirksamkeit zuschreiben, und die Einbeziehung der Weichen in die Signalabhängigkeiten schafft weitere Sicherheit.

Die schützenden Arme stehen in große Zahl vor und hinter jedem Bahnhof; oft sieht man ein Dutzend von ihnen auf einer einzigen großen Brücke beieinander. Um Zugfahrten, die einander gefährden können, auch innerhalb eines Bahnhofs auszuschließen, müssen die Signale in vielverschlungene Abhängigkeiten zueinander gebracht werden. Häufig kommt es vor, daß die für eine bestimmte Zugfahrt erteilte Erlaubnis sechs andere Zugfahrten und mehr ausschließt. Das eine gezogene Signal muß alsdann entsprechend viele andere verriegeln.

Um die Verhältnisse klarzulegen, wird vor Inbetriebnahme eines Bahnhofs ein genauer Verschlußplan aufgestellt. Er dient alsdann zur Grundlage für die Anbringung der Abhängigkeiten an den Signalhebeln. Die Wirksamkeit dieser Verschlüsse ist so gründlich, daß man ohne Bedenken einem Kind das Spielen mit dem Signalhebeln erlauben könnte, ohne hierdurch eine Gefährdung des Verkehrs herbeizuführen. Jedes gegebene Fahrt-Frei-Signal schließt die Freigabe jeder anderen gefährlichen Zugfahrt aus. Das Kind könnte den Betrieb wohl aufhalten, indem es Signale unnötigerweise auf Halt stellte, aber es vermöchte keinen Zusammenstoß durch falsche Signalfreigabe herbeizuführen. Die eiserne Wehr der Signalriegel versperrt jeden gefährlichen Weg.

Aber mit dem Ziehen der richtigen Signale allein ist es, wie schon angedeutet, bei der Bahnhofssicherung noch nicht getan. Damit ein einlaufender oder auslaufender Zug auch wirklich die Gleisabschnitte befährt, die ihm durch das gezogene Signal als frei bezeichnet worden sind, ist es notwendig, eine solche Lage sämtlicher von dem Zug befahrenen Weichen zu erzwingen, daß sie diesen eben in die richtigen Gleisabschnitte hineinbringen. Zu jedem Signal gehört die hinter ihm liegende Fahrstraße. Meist muß eine große Zahl von Weichen eine ganz bestimmte Lage haben, damit die Fahrstraße richtig eingestellt ist. Erinnern wir uns der Angabe, daß in dem Bezirk des Leipziger Hauptbahnhofs nicht weniger als 920 Weichen eingebaut sind, so erscheint die Erfüllung der Forderung, daß in jedem Augenblick eine ganze Reihe von Fahrstraßen richtig liegen muß, damit die von den Signalen gegebenen Zeichen überhaupt einen Sinn haben, als eine Aufgabe, deren Lösung außerordentliche Schwierigkeiten bietet.

Wen hat nicht schon ein jähes Angstgefühl durchzuckt, wenn er, an einem Fenster in der Abschlußwand des letzten Wagens eines D-Zugs stehend, hinter dem Zug das Schienengewirr eines Bahnhofs hin- und herspringen sah, indes der Zug mit voller Geschwindigkeit hindurchraste! Wer hat sich da nicht schon ängstlich gefragt: werden die zahllosen Weichen auf den vielen Bahnhöfen, die wir noch zu durchfahren haben, auch sämtlich richtig liegen? Jeder Reisende ist sich wohl darüber klar, daß ein einziges solches Versehen ein furchtbares Schicksal über den Zug heraufbeschwören könnte.

Hinge das Legen der Weichen ausschließlich von der Umsicht und der Gedächtniskraft der bedienenden Wärter ab, dann wäre diese Furcht voll gerechtfertigt.

Unter der Brücke, welche die Einfahrsignale z. B. des Bahnhofs Neudietendorf trägt, läuft jetzt ein Güterzug ein, der zum Güterbahnhof überzuleiten ist. Bald darauf folgt ein Schnellzug, der, ohne anzuhalten, gen Eisenach-Frankfurt strebt; der nächste Ankömmling ist ein anderer Schnellzug, der auf die abzweigende Strecke nach Oberhof – Kissingen geführt werden muß. Jedesmal ist ein anderes Signal zu ziehen, um dem Lokomotivführer darzutun, daß die für ihn bestimmte Fahrstraße richtig gelegt ist. Eine große Zahl von Weichenumlegungen muß in jedem dieser Fälle während der kurzen Pausen zwischen den aufeinanderfolgenden Zügen vorgenommen werden. Es wäre wahrlich ein Wunder, wenn der Wärter nicht einmal eines schönen Tags hierbei einen Fehler machte und vor einem durchfahrenden Schnellzug die Weichen so stellte, daß der Zug auf ein scharf gekrümmtes Gütergleis gelenkt würde, wo er entgleisen müßte!

Damit ein solches Versehen mit seinen unabsehbaren Folgen niemals vorkommen kann, ist eine zweite überaus wichtige Vorkehrung in das Eisenbahnsicherungswesen eingeschlossen. Die Signale sind nicht nur untereinander abhängig, ihre Stellung wird auch von der Lage der zugehörigen Weichen beeinflußt.

Jedes Signal deckt eine bestimmte Fahrstraße, die dadurch entsteht, daß eine ganz bestimmte Anzahl von Weichen sich in einer bestimmten Lage befindet. Will der Wärter das Signal für eine Fahrstraße ziehen, so muß er vorher sämtliche Weichen, die bei der Fahrt durch diese hindurch vom Zug berührt werden, in die vorgeschriebene Lage bringen. Tut er das nicht, vergißt er auch nur eine einzige Weiche richtig zu legen, so bleibt der Signalhebel verschlossen. Das Signal kann nicht gezogen werden. Erst wenn sämtliche Weichen der Fahrstraße, die durch das Signal gedeckt wird, vorschriftsmäßig liegen, kann dieses auf Fahrt Frei gezogen werden.

Doch auch eine Beaufsichtigung dieser Art allein genügt noch nicht, um eine wirklich ausreichende Sicherheit zu gewinnen. Zwischen den Weichenhebeln und den Weichenzungen befinden sich Übertragungsglieder, nämlich die Bewegungsvorrichtungen. Auch diese sind Menschenwerk und deshalb Fehlbarkeiten unterworfen. Es kann selbst bei sorgsamster Unterhaltung etwas daran in Unordnung geraten, so daß trotz richtiger Lage des Weichenhebels doch die zugehörigen Weichenzungen in falscher Lage geblieben sind oder in richtiger Stellung sich nicht ganz dicht an die Mutterschiene angelegt haben.

Die vorhin besprochene Prüfung erstreckt sich aber nur auf die Weichen*hebel*. Es findet deshalb noch eine weitere Überprüfung der Stellungen statt, welche die Weichenzungen tatsächlich einnehmen. Die Bewegungsvorrichtung, welche vom Signalhebel zum zugehörigen Signal führt, ist dicht an jeder der zugehörigen Weichen vorübergeführt. Es befinden sich Glieder besonderer Bauart darin, die nur dann erlauben, das Signal auf Fahrt Frei zu ziehen, wenn zwei Prüfstangen, deren jede unmittelbar an einer der Weichenzungen befestigt ist, die richtige Lage haben. Liegt die Weiche falsch, liegt auch nur eine der beiden Zangen in unrichtiger Stellung oder hat sie sich nicht ganz fest an die Mutterschiene gepreßt, so ist der Signalzug gesperrt. Der Arm kann nicht in die Fahrt-Frei-Stellung gezogen werden. Es ist dies eine so unmittelbare Prüfung der richtigen Weichenlagen, daß in ihrem Bannkreis gefahrbringende Signalstellungen ganz unmöglich sind.

Es kommt noch ein Weiteres hinzu.

Man kann es nicht als ausreichend erachten, daß durch den Signalzug nur die Lage derjenigen Weichen geprüft wird, die der Zug tatsächlich befährt, wenn er durch die Fahrstraße geht. Auch danebenliegende Weichen können die Sicherheit der Zugfahrt beeinflussen. Ihre Stellung bedarf daher gleichfalls der Überprüfung.

Nehmen wir an, daß dicht neben dem durchgehenden Schnellzuggleis ein Verschiebegleis liegt, das in der Mitte des Bahnhofs eine Verbindung mit dem durchgehenden Gleis hat. Es gibt dann eine Weiche, die den auf dem Verschiebegleis rollenden Wagen die Möglichkeit eröffnet, entweder auf dem Verschiebegleis bis zu dessen Ende weiterzulaufen oder, wenn sie sich in umgekehrter Lage befindet, in das Schnellzuggleis hineinzugelangen. Wenn nun unmittelbar vor der Durchfahrt des Schnellzugs eine Verschiebebewegung auf dem Nebengleis stattfindet, wenn auf diesem etwa Wagen abgestoßen werden, so könnten diese Fahrzeuge, falls die Weiche auf Abzweigung liegt, gerade in dem Augenblick auf das Schnellzuggleis gelangen, wenn der Schnellzug den Bahnhof durchrast. Auch ein solcher Vorgang müßte schlimme Folgen haben.

Man zieht daher eine Weiche, die derartige Bewegungen zu gestatten vermag, in den Prüfungsbereich des zugehörigen Fahrstraßensignals ein. Dieses kann nur gezogen werden, wenn die betreffende Weiche in Schutzstellung liegt, das heißt nur Fahrten innerhalb des Verschiebegleises gestattet.

Man spricht in einem solchen Fall von einer Schutzweiche. Verschiebegeleise, die aus betrieblichen Gründen nicht weiter geführt zu werden brauchten als bis zu ihrem Einlauf in ein durchgehendes Gleis, werden ausschließlich aus Sicherheitsgründen verlängert, damit eine Schutzstellung der Weiche möglich wird. Wo dies nicht angängig ist, werden Gleissperren angebracht. Eine Schiene des Verschiebegleises wird ein Stück vor dem Einlauf in das durchgehende Gleis dadurch unfahrbar gemacht, daß vom Stellwerk aus mit Hilfe eines gewöhnlichen Weichenhebels ein eiserner Schuh darauf gekippt wird; dieser bringt in seiner Abwehrstellung jedes Fahrzeug, das auf dem Verschiebegleis weiterlaufen, also in das Hauptgleis hineingleiten will, zum Entgleisen. Auch die Lage der Gleissperre wird vom zugehörigen Signalzug geprüft; das Signal, welches die Durchfahrt auf dem Hauptgleis freigibt, ist nicht zu ziehen, solange die Gleissperre nicht auf der Schiene liegt.

Alle diese Abhängigkeiten der Signale untereinander sowie zwischen Signalen und Weichen, Schutzweichen und Gleissperren erzeugen eine Sicherheit der Zugfahrten, die kaum mehr übertroffen werden kann. Es wäre ganz unmöglich gewesen, jemals so große Bahnhofsanlagen zu errichten, wie etwa der Leipziger oder der Frankfurter Hauptbahnhof es sind, wenn die sichernden Abhängigkeiten nicht vorhanden wären. Kein Lokomotivführer würde es sonst wagen, in dieses Gleisgestrüpp hineinzufahren. Nun aber fühlt er sich, wenn sein Signal auf Fahrt Frei steht, so sicher hindurchgeleitet, als wäre sein Zug das einzige Bewegliche in dem ganzen Gebiet der Welt auf Schienen.

In den ersten Jahrzehnten des Eisenbahnbetriebs kam man mit sehr einfachen Bedienungseinrichtungen für die Signale aus. Damals wurden jedes Signal und jede Weiche einzeln gestellt. Die Vorrichtungen, mit deren Hilfe man ihre Lage verändern konnte, befanden sich am Fuß jedes Signalmasts, neben der Spitze jeder Weiche. Zur Herbeiführung der Abhängigkeiten aber mußte man Fernbedienung von Weichen und Signalen einführen. Es war notwendig, sämtliche Hebel, die zum Bewegen dieser Einrichtungen dienen, möglichst nahe zusammenzulegen. So entstanden die großen Stellwerke, die man heute überall vor und hinter den Bahnhöfen liegen sieht. In ihnen sind auch die Blockvorrichtungen untergebracht. Die Stellwerke gestatten zugleich, einen großen Bezirk zu beherrschen, ohne daß fortwährend lange Wege zurückgelegt werden müssen.

Wenn man aus einem fahrenden Zug ein wenig aufmerksam auf die Strecke blickt, kann man durch die großen Fenster der Stellwerkshäuser die grünen Blechwände und die blanken Hebel der darin aufgestellten Vorrichtungen gewahren. Aus jedem der Häuser blickt bei der Vorbeifahrt des Zugs ein Mann ernsthaften Antlitzes auf die Strecke. Er erfüllt damit eine Vorschrift, die ihm gebietet, jede Zugfahrt zu beobachten.

Der Verfasser hat in seinem Buch »Das Reich der Kraft« den Eindruck wiedergegeben, den er bei seinem ersten Besuch in einem Stellwerk empfing. Einiges aus dieser Schilderung sei hier mitgeteilt:

»Droben auf seinem Turm steht in reiner, einsamer Höhe der Stellwerkswärter. Durch die Fenster seines Arbeitsraums überblickt er weithin sein Herrschaftsgebiet.«

Aus blauer Ferne laufen die von nimmermüden Zugachsen schimmernd polierten Silberbänder von vier Schienenpaaren heran, um sich wieder in blaue Ferne zu verlieren. Bevor aber die acht reinen Linien, die von Süden herangekommen sind, im Norden wieder in gleicher Zahl und Klarheit davonziehen, haben sie sich, wie ein Fluß im Bruchgebiet, in ein Geflecht kleiner Arme aufgelöst, die herüber und hinüber fließen, durcheinander, sich kreuzen, überschneiden, das Schienengewirr eines großen Bahnhofs bilden.

Das ist das Herrschaftsgebiet des Manns dort oben auf dem Stellwerksturm. Seine Hand, dieses schwächliche Gebilde aus Fleisch und Bein, führt die ungeheuren Schnellzugmaschinen, die mit ihren zwölfhundert Pferdestärken und der Last eines ganzen D-Zugs am Fuß seines Turms ohne Halten vorbeistürmen, auf ihrer Bahn, sie zwingt den hundert Achsen langen Güterzug an einer bestimmten Stelle unter zornigem Dampfpusten und unwilligem Bremsenknirschen haltzumachen, sie erteilt durch eine gnädige Bewegung dem vollbesetzten Personenzug die Erlaubnis, die sehnsüchtigen Menschen aus der dunklen Bahnhofshalle hinauszutragen in den Sonnenschein und in die Welt dort weit, weit hinter dem Saum des Walds, der die silbernen Schienenbänder in sein Dunkel aufnimmt.

Es sind vier enge Wände, zwischen denen der Stellwerksmann haust, aber sie umschließen das Schicksal Unzähliger. In dem schmalen Raum wird über das Leben all derer gewacht, die vertrauensvoll und ohne Kenntnis der für sie getroffenen Sicherheitsmaßregeln am Turm vorbeifahren.

Mit einer Geschwindigkeit von neunzig Kilometern in der Stunde stürmt der D-Zug heran. Die Fenster des Turms erbeben unter dem Gewicht der bewegten Massen. Gen Norden drängt die ungeheure Lokomotive. Da – der Herzschlag stockt dem eines solchen Anblicks ungewohnten Besucher des Stellwerks – kommt von Norden her eine im Verschiebedienst tätige Lokomotive auf einem Gleis angekeucht, das in die Schnellzugsbahn einmündet. Und schon ist der Schnellzug heran und auch schon wieder weg. Es ist ihm nichts geschehen. Der Mann im Stellwerk hat die Verschiebe-Lokomotive durch ein auf Halt stehendes Signal rechtzeitig zurückgehalten, ja er hat auf das Verschiebegleis sogar einen schweren, feuerrot angestrichenen Eisenschuh geklappt, der die Verschiebe-Lokomotive zur Entgleisung gebracht hätte, wenn sie sich dem Schnellzuggleis trotz des warnenden Signals allzuweit genähert haben würde.

Aus dem Bahnhof am Fuß des Stellwerks ist eben ein Personenzug nach dem nächsten Bahnhof abgelassen worden. Der Signalflügel war vom Stellwerk aus auf Fahrt Frei gezogen worden , und über ein halbes Dutzend Weichen hinweg hatte der Zug glücklich seinen Weg in die Ferne gefunden. Jetzt steht an derselben Stelle im Bahnhof ein anderer Zug, dessen Fahrt hier zu Ende ist, der auf ein Abstellgleis übergeführt werden soll. Dorthin geht es nur durch ein stählernes Gestrüpp, durch eine Wirrnis von Schienen. Das ungeübte Auge vermag die Anzahl der Weichen gar nicht zu übersehen, die umgestellt werden müssen, damit die Fahrt ohne Unfall vonstatten gehen kann. Werden sie auch alle richtig liegen? fragt man sich nicht ohne Bangen.

Ein zweiflügeliges Signal steigt empor, und der Leerzug fährt ab. Mit größter Sicherheit rollen die Achsen quer über zehn Stränge hinüber, gleiten in Anschlüsse hinein, wieder aus ihnen heraus, bis der Zug glücklich das Abstellgleis erreicht hat. All die beweglichen Schienenstücke, alle Weichenzünglein haben richtig gelegen, der Mann im Stellwerk verdient ein Lob.

Der Mann im Stellwerk? Er ist es nicht so sehr, der das Lob beanspruchen darf, wie das Stellwerk selbst und die in Verbindung mit ihm aufgestellte Blockeinrichtung. Eine große Zahl elektrischer Stromschließknöpfe ist daran angebracht, und in langen Reihen liegen die Hebel griffbereit da.

Was wir hier vor uns sehen, ist das Gehirn des Bahnhofs.

Die Hand des Wärters kann viel bewirken: Signale stellen, Weichen verschieben, Scheiben und Laternen drehen auf einem Gebiet, so weit das Auge reicht – sie kann nur eins nicht, nämlich einen Fehler machen. Hinter den grünen Wänden der Block- und Stelleinrichtung wacht mit hellen Augen ein Geist, der sich durch kein Lokomotivengebraus, kein Knacken und Klingeln beirren läßt, wie es vielfach bei den Meldungen ertönt. Wenn der Wärter einen falschen Griff tun will, wird seine Hand sofort aufgehalten, damit sie nicht Unheil schafft. In das ungeheure Wirrsal des Bahnhofs wird von diesem Ort aus Ordnung gebracht, soweit menschliche Künste gehen, ist hier zuverlässigste Sicherheit geschaffen.

Zu den Obliegenheiten eines Stellwerks gehört aber nicht allein die Besorgung des eigenen Bahnhofs, es steht auch mit der davor- und dahinterliegenden Strecke in ständiger Verbindung. Der rückliegende Bahnhof meldet den eben abgelassenen Zug vor, damit der Blockwärter seine Fahrstraße für den zu erwartenden, ihm seiner Art nach durch den Fahrplan bekannten Zug richtig und rechtzeitig zusammenstellen kann, so daß kein unnötiger Aufenthalt entsteht. Der angekommene Zug ist zurückzumelden, denn der rückliegende Bahnhof kann sein Ausfahrsignal erst dann wieder ziehen, wenn diese Benachrichtigung eingetroffen, die Strecke also frei ist.

Nun muß man aber nicht etwa glauben, daß die Züge selbst bei allen diesen Vorgängen nur eine leidende Rolle spielen. O nein! Es ist ihnen reichlich Gelegenheit gegeben, ihre Gegenwart und ihr Davongehen dem Stellwerk ganz unmittelbar auf elektrischem Weg kundzutun. An bestimmten Stellen befinden sich unter den Schienen Stromschließer, die durch das Gewicht des hinüberfahrenden Zugs betätigt werden. Im Stellwerk werden dadurch hörbare und sichtbare Signale ausgelöst, es werden auch auf diesem Weg durch die Zugachsen Weichen und Signalverriegelungen aufgehoben oder hervorgerufen, ja die Züge legen oft von selbst ihre Signale hinter sich auf Halt und lösen ihre Fahrstraßen auf, was dann dem Stellwerk wieder durch ein Signal kund wird.

Danach stelle man sich vor, welch ein wilder Tanz farbiger Scheiben hinter den kleinen Fenstern des großen grünen Apparatekastens und welch ein höllisches Konzert von Klingel- und Knacksignalen sich in einem großen Stellwerk zu lebhaften Verkehrszeiten abspielen. Es ist ein ewiges Auf und Ab, ein Schrillen und Hämmern, ein Klirren und Knacken, in das noch das Rollen der Züge und das Zischen des Lokomotivdampfs hineinschallen. Der gellende Schrei des modernen Verkehrs tönt von den vier engen Wänden wieder.

Bei näherer Betrachtung der einzelnen Vorrichtungen, die der Eisenbahnsicherung dienen, drängt sich uns die Beobachtung auf, daß die wichtigsten, zu diesem Zweck an den Geleisen aufgestellten Vorrichtungen nämlich die Signale selbst, doch eigentlich recht dürftiger Natur sind.

Nichts anderes als ein kurzer beweglicher Arm kündet den grundlegend wichtigen Unterschied an, ob eine Strecke frei oder besetzt ist. So gewaltig sich alle Einrichtungen des Eisenbahnbetriebs im Lauf der Jahrzehnte gewandelt haben, die Signale haben sich seit siebzig Jahren kaum verändert. Sie regelten schon den Lauf der langsamen Züge in der Mitte des vorigen Jahrhunderts genau in derselben Art, wie sie heute zu den Schnellzügen mit mehr als hundert Kilometern Stundengeschwindigkeit sprechen. Nun ist es aber ein anderes, die Stellung eines Signalarms bei 30 Kilometern Stundengeschwindigkeit oder bei annähernd der vierfachen Schnelligkeit mit den Augen zu erfassen. Wie die Unfallzahlen zeigen, sind aber diese einfachen Signale heute doch noch ausreichend; ein guter Beweis dafür, daß das Einfache in der Technik stets besondere Vorzüge hat.

Feststehende Signale – im Gegensatz zu solchen, die von Bahnwärtern in der Hand getragen werden – sind schon im Jahre 1834 auf der Bahn Manchester-Liverpool verwendet worden. Es waren rechteckige, rot angestrichene Tafeln, die, sobald man sie dem Zug entgegenkehrte, Halt bedeuteten. Das Signal Fahrt Frei wurde nicht besonders ausgedrückt. War die Strecke unbesetzt, so drehte man die Tafel mit ihrer Schmalseite in die Zugrichtung, wodurch sie fast gänzlich unsichtbar wurde.

Dieser erste Zuglaufregler war in der Hauptsache ein Farbensignal. Es zeigte sich jedoch bald, daß für die Signalgebung am Tag Farben nicht recht brauchbar sind. Aus weiter Entfernung und namentlich bei grellem Sonnenlicht sehen alle Farben gleich aus. Man ging darum alsbald zu dem reinen Formsignal über, das wir noch heute für Tagesmeldung in kaum veränderter Art verwenden.

Der über die ganze Erde verbreitete Eisenbahnsignalarm, den wohl jeder Mensch, wenn er nicht gerade in Mittel-Afrika zu Hause ist, als ein Wahrzeichen des Verkehrs kennt, ist nicht die Erfindung eines Eisenbahningenieurs, sondern eines Mannes, der sich mit dem Ausbau der Telegraphie beschäftigte. Seine Tätigkeit fällt bereits in das Ende des achtzehnten Jahrhunderts, als die Elektrizität für das Geben von Nachrichten noch nicht in Betracht kam.

Claude *Chappe* schuf im Jahre 1794 die erste große Schau-Telegraphenlinie von Paris nach Lille. Es wurde zwischen den beiden Orten eine große Zahl von Übermittlungsstellen eingerichtet, deren jede mit einem Zeichengeber und einem Fernrohr ausgerüstet war. Der Sender bestand aus einem langen Balken, der drehbar an hoher Stange befestigt war und an seinen Enden zwei schwenkbare Arme trug. Durch die verschiedenartigen Stellungen des Balkens und der Arme konnten sämtliche Buchstaben des ABC dargestellt werden. Jede Telegraphenstelle beobachtete durch ihr Fernrohr die Zeichen, welche vom vorhergehenden Posten gegeben wurden, telegraphierte sie dann selbst mit Hilfe ihrer Balkenvorrichtung an die nächste, und so gelangten die Nachrichten mit einer Geschwindigkeit, die zwar unseren heutigen Begriffen sehr gering erscheint, damals aber gegenüber der langsamen Fahrpost eine große Beschleunigung bedeutete, von einer Endstelle zur anderen.

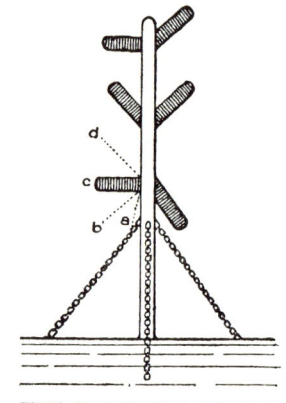

286. Das Vorbild der Eisenbahn-Signale Optischer Telegraph aus dem ersten Drittel des neunzehnten Jahrhunderts

Als Preußen im Jahre 1832 seine längste Schau-Telegraphenlinie schuf, die von Berlin nach Koblenz lief, da war der Zeichengeber dadurch vereinfacht, daß der drehbare Balken ganz verschwunden, und nur noch sechs bewegliche Arme vorhanden waren, von denen jeder in vier Stellungen gebracht werden konnte. Es ist gewiß überraschend, zu hören, daß man mit Hilfe dieser Vorkehrung imstande war, 4096 verschiedene Zeichen abzugeben. Eine Nachbildung des auf dem Nöllenkopf bei Ehrenbreitstein aufgestellten Sendemasts befindet sich im Deutschen Museum zu München. Bild 286 stellte ihn in einer Übersichtszeichnung dar.

Mit nur geringer Abänderung der hier gebrauchten Arme schuf *Gregory* ein Mastsignal für Eisenbahnen, das im Jahre 1842 bei der Croyden-Bahn in England zuerst aufgestellt wurde. Seine Anwendung verbreitete sich bald auf alle englischen Strecken und wurde auch von Deutschland sowie von fast allen anderen Ländern übernommen. England hat noch heute den glatten Flügel, während die Signalarme in Deutschland an ihrem Ende eine kreisförmige Verbreiterung tragen. Grundgesetz ist bei unseren rechts fahrenden Bahnen, daß der Signalflügel stets nach rechts weisen muß. Der Mast soll, soweit es irgend möglich ist, rechts vom zugehörigen Gleis aufgestellt werden.

Das Formsignal ist bei Dunkelheit natürlich nicht anwendbar. Hier muß mit Lichtsignalen gearbeitet werden. Schon Chappe hat Untersuchungen darüber angestellt, welche Farben am weitesten sichtbar sind. Wie vorauszusehen, vermag das weiße Licht die größten Entfernungen zu durchdringen. Es kann jedoch als Signalgeber im Eisenbahnwesen nicht angewendet werden, da allzu leicht eine Verwechslung mit anderen Lichtquellen möglich ist. Die Beleuchtung der Bahnhöfe, selbst die erhellten Fenster von Häusern, die neben der Strecke liegen, senden ja weißes Licht aus, so daß Irrtümer fortwährend eintreten könnten. Unfarbige

Nachtsignale sind daher heute bei uns nur noch an Weichenlaternen in Anwendung, wo sie sehr scharf ausgeprägte Formen erhalten können, die nirgendwo wiederkehren.

Es mußte also für die Signalgebung bei Dunkelheit zu farbigen Lichtern gegriffen werden. Chappe fand, daß, wenn man die Leuchtkraft des weißen Lichts gleich 1 setzt, Rot 1/8, Grün 1/5 und Blau 1/7 der Durchschlagskraft besitzen. Die übrigen Farben haben eine noch schwächere Wirkung. Rot und Grün werden daher allerorten vorzugsweise überall für Nachtsignale verwendet. In Deutschland bedeutet Rot überall Halt (am Tag waagerechter Flügel), Grün meldet Fahrt Frei (am Tag schräg nach aufwärts gerichteter Flügel).

Bayern allein verwendet auch blaues Licht für das Signal »Ruhe«. Dieses kündet an, daß in dem so gedeckten Gleis eine Zugfahrt nicht zu erwarten ist, Verschiebebewegungen darauf also gefahrlos ausgeführt werden können. Der

287. Einflügeliges Hauptsignal auf Halt

Arm ist in diesem Fall senkrecht nach unten gerichtet.

Abgesehen von dieser Sonderverwendung des Ruhesignals in Bayern und einer einzigen ferneren Abweichung in dem gleichen Staat herrscht in Deutschland heute vollkommene Signaleinheit. Das steht in grellem Gegensatz zu dem unendlichen Wirrwarr, das gerade auf diesem Gebiet noch in den sechziger Jahren bestand. Es waren damals in den deutschen Staaten kaum weniger als 1000 verschiedene Signal-Formen in Anwendung. Dasselbe Licht, das auf der einen Strecke Fahrt Frei bedeutete, gebot auf einer anderen Halt. Das gleiche galt für die Armstellungen.

Da jede der Bahnstrecken damals noch für sich und ohne Zusammenhang mit den anderen betrieben wurde, war dieser Zustand nicht unbedingt gefahrbringend. Als jedoch bei den großen Truppenverschiebungen in den Jahren 1866 und 1870 vielfach Lokomotiven von einer Bahn auf die andere übergingen, entstanden schwere Mißstände, und zahlreiche Unglücksfälle mußten darauf zurückgeführt werden, daß die Lokomotivführer in der Bedeutung der Signale nicht genügend schnell umlernen konnten. Die Folge war die erste Signalordnung für das Deutsche Reich, welche am 4. Januar 1875 erlassen wurde und die so sehr wünschenswerte Vereinheitlichung

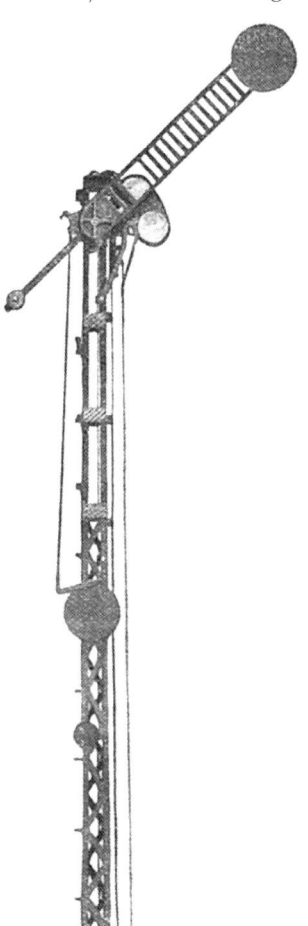

288. Einflügeliges Hauptsignal auf Fahrt Frei

Bauart Jüdel & Co. in Braunschweig
*289. Zweiflügeliges
Hauptsignal auf Halt*

brachte. Am 1. August 1907 wurde die letzte Neuordnung erlassen, die bis zum heutigen Tag gültig ist.

Danach werden die Signale eingeteilt in: Hauptsignale, Vorsignale, Wärtersignale, Weichen- und Gleissperr-Signale, Signale am Zug und an einzelnen Fahrzeugen. Es kommen das Signal am Wasserkran, die Läutesignale, Signale des Zugpersonals und Verschiebesignale als weniger bedeutend hinzu.

Die Hauptsignalarme sind stets an hohem Mast befestigt. Die Stellung jedes einzelnen wird auf das sorgfältigste ausgesucht, und der Mast, soweit es irgend möglich ist, so gestellt, daß der Arm sich deutlich von einem hellen Hintergrund abhebt. Bei klarem Wetter sind die Hauptsignale mehrere Kilometer weit sichtbar. Bei Eintritt der Dunkelheit werden Laternen an den Masten so angebracht, daß ihr Licht bei waagerechtem Arm rot, bei schräg gerichtetem Arm grün abgeblendet ist. Damit man auch von hinten her, also vom Stellwerk aus, bei Dunkelheit die Stellung des Arms beobachten kann, verschiebt sich mit dem Arm eine Blechscheibe vor der hinteren Laternenscheibe so, daß bei Haltstellung die ganze Laterne, bei Fahrt Frei-Stellung nur ein Lichtpunkt oder ein sternförmiger Ausschnitt sichtbar sind.

Ein und derselbe Signalmast kann zur Deckung mehrerer Fahrstraßen verwendet werden. Liegen die Weichen so, daß der Zug glatt durch den ersten Strang geführt wird, so erscheint ein schräg nach oben gerichteter Flügel. Ist eine bestimmte abzweigende Fahrstraße eingestellt, so werden zwei schräg gerichtete Flügel sichtbar, nach Legung einer anderen abzweigenden Fahrstraße erblickt der Lokomotivführer drei schräg nach oben gerichtete Flügel.

Die Verwendung von mehr als drei Flügeln an einem Signalmast ist in Deutschland nicht üblich. Zweigen von einem durchgehenden Gleis mehr als zwei Fahrstraßen ab, so ist jede der weiteren durch ein besonderes Wegsignal zu kennzeichnen. Es steht also vor dem Beginn jeder dieser Abzweigungen ein weiteres Signal.

Das Haltzeichen wird stets nur durch den obersten, waagerecht liegenden Flügel gegeben. Die anderen Arme werden bei Haltstellung durch Anlegen an den Mast unsichtbar gemacht. Desgleichen gibt es nur ein rotes Licht an jedem Mast, hingegen ein, zwei oder drei grüne Lichter bei Fahrt Frei-Stellung für jede der zu deckenden Fahrstraßen.

Die Fahrt Frei-Stellung eines Hauptsignals ist die wichtigste und folgenschwerste Meldung, die im Eisenbahnbetrieb überhaupt gegeben werden kann. Es

*290. Zweiflügeliges
Hauptsignal auf Fahrt
Frei*

muß deshalb dafür gesorgt werden, daß sie wirklich nur dann erscheint, wenn alle Voraussetzungen gegeben sind. Beim Reißen der Stelldrähte hört die Beeinflussung der Armstellung durch den Hebel im Stellwerk auf. Darum ist die Stellordnung so getroffen, daß beim Reißen eines Drahts das Signal sofort selbsttätig auf Halt geht. Es ist ja selbstverständlich, daß man die Aufhaltung des Betriebs durch ein unnötig auf Halt gefallenes Signal der unabsichtlichen Fahrt-Frei-Stellung mit ihren großen Gefahren vorzieht.

Ein Hauptsignal ist unbedingter Herrscher in seinem Gebiet. Sobald sein Arm auf Halt liegt, darf es unter keinen Umständen ohne besonderen, in genau festgelegter Form erteilten Befehl von einem Zug überfahren werden. Hier liegt der Kern der ganzen Eisenbahnsicherung.

291. Dreiflügeliges Hauptsignal auf Halt

Der waagerechte Arm des Hauptsignals bedeutet einen Abschluß. Sein Anblick muß auf den Lokomotivführer gerade so wirken, als sähe er wenige Meter vor sich das Gleis aufgerissen. Nicht um einen Zentimeter darf er über den Mast hinausfahren. Alle erdenklichen Anordnungen sind getroffen, um ihm die Wichtigkeit dieser Bestimmungen immer wieder vor Augen zu führen.

Doch kein Herrscher ist imstande, den ihm unterworfenen Bereich allein zu verwalten. Der mächtige Gebieter Hauptsignal macht hiervon keine Ausnahme. Zur Erzwingung des unbedingten Gehorsams hat er sich deshalb einen Helfer beigesellt, der seine Befehle wiederholt und darum noch wirksamer macht.

Bei rechnerischem und namentlich nebligem Wetter wird die Fernsichtbarkeit der Hauptsignale sehr stark hinabgesetzt. Von einer Wirkung über viele Kilometer hinweg ist dann keine Rede mehr, oft kann der Lokomotivführer die Stellung des Arms erst wenige hundert Meter vor dem Mast wahrnehmen. Nun wissen wir aber aus Abschnitt 18, daß die Bremswege der heutigen Schnellzüge 500 bis 600 Meter lang sind. Nimmt der Lokomotivführer eines mit voller Geschwindigkeit dahinstürmenden D-Zugs die Haltstellung eines Haupt-

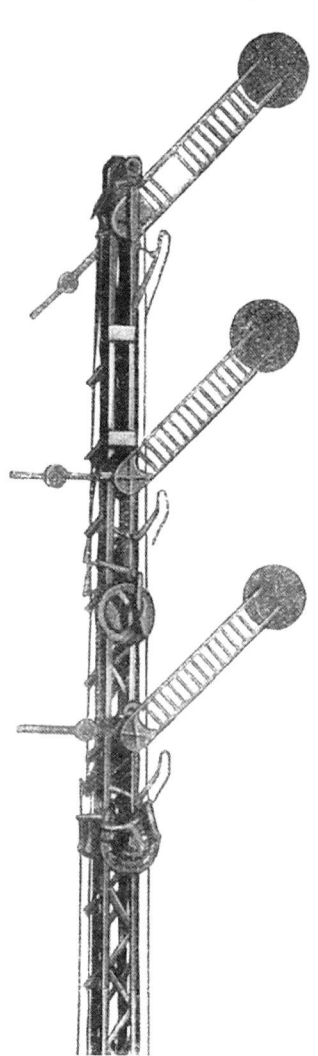

292. Dreiflügeliges Hauptsignal auf Fahrt Frei

391

Erbaut von Jüdel & Co. in Braunschweig

293. Signalbrücke

signals an einem Nebeltag wahr, so ist er nicht mehr imstande, den Zug vor dem Signalmast zum Halten zu bringen, wie das unbedingt der Fall sein muß.

Es ergab sich hieraus die Notwendigkeit, Vorsorge dafür zu treffen, daß die Stellung des Hauptsignals unter allen Umständen in einer Entfernung erkennbar ist, die mindestens die Länge des größten Bremswegs beträgt. Dies führte zur Einrichtung von Ankündigungs- oder Wiederholungssignalen, die wir Vorsignale nennen.

Auf jeder Strecke, die von Zügen mit höherer Geschwindigkeit durchfahren wird, steht heute in einer Entfernung von etwa 700 Metern vor jedem Hauptsignal ein niedriger Mast, der eine bewegliche, runde, leuchtend gelb angestrichene Scheibe trägt. Zeigt das Hauptsignal Halt, so ist die volle Scheibe der Strecke zugekehrt. Bei Fahrt-Frei-Stellung des Hauptsignals wird die Scheibe so umgeklappt, daß ihre Fläche waagerecht liegt. Sie ist dann so gut wie unsichtbar, da nur die Kante der schmalen Blechtafel der Strecke zugekehrt ist. Bayern macht hierbei seine zweite, bereits angedeutete Ausnahme von der deutschen Signalordnung, indem sich auf den dortigen Strecken bei Fahrt-Frei-Stellung am Hauptsignal die Hälften der geteilten Vorsignal-Scheibe so aneinanderlegen, daß ein kurzer, schräg aufwärts gerichteter Flügel sichtbar wird.

Da im übrigen Deutschland das Vorsignal in gezogenem Zustand sozusagen verschwindet, der Ort seiner Aufstellung aber doch stets genau gekennzeichnet bleiben soll, ist vor jedes dieser Signale eine besondere Merktafel gestellt, deren Fläche stets und unveränderlich zwei einander zugekehrte, schwarze Pfeilspitzen auf weißem Grund zeigt.

Bei Dunkelheit erscheinen bei Haltestellung des Hauptsignals am Vorsignal zwei, unter einem Winkel von 45 Grad übereinanderstehende gelb geblendete Laternen, bei Fahrt-Frei-Stellung sind diese beiden Laternen grün geblendet.

Das Vorsignal ist kein Gebieter mehr, sondern nur der Diener seines Herrn. Erblickt der Lokomotivführer die volle gelbe Scheibe oder die beiden gelben Lichter, so ist dies für ihn kein Haltbefehl, sondern bedeutet nur die Kundgebung: »Am Hauptsignal ist Halt zu erwarten«. Der Führer wird nun sofort die Bremse anstellen und hat unbedingt die Möglichkeit, seinen Zug vor dem Hauptsignal zum Halten zu bringen. Die fortgeklappte Scheibe oder die zwei grünen Lichter geben dem Lokomotivführer zu gar keiner Maßnahme Anlaß, denn ihm ist ja dadurch mitgeteilt: »Am Hauptsignal ist Fahrt Frei zu erwarten«.

Infolge seiner Eigenschaft als Vormelder braucht das Vorsignal keine weit wirkende Kündkraft zu haben. Notwendig ist allein, daß seine Stellung für den Lokomotivführer im Augenblick des Vorbeifahrens bei jedem Wetter sichtbar ist. Die Vorsignale sind deshalb nicht an hohen Masten angebracht, sondern stehen auf niedrigen Pfosten, so daß die Scheibe sich gerade auf derselben Höhe befindet wie die Augen des Lokomotivführers. Selbst bei dichtestem Nebel kann er infolge dieser Lage das Signal deutlich erkennen.

Das Stellen des Vorsignals erfolgt entweder gleichzeitig mit der Beeinflussung des Hauptsignals durch einen gemeinschaftlichen Drahtzug, oder man trifft die Einrichtung so, daß die Fahrt-Frei-Stellung am Vorsignal erst erscheint, nachdem der Flügel des Hauptsignals auf Fahrt Frei gegangen ist, und daß die gelbe Scheibe bereits auf Halt fällt, wenn der Hauptsignal-Flügel diese Bewegung erst beginnt.

Bauart Jüdel & Co. in Braunschweig
294. Vorsignal auf Halt
Die feste Werktafel (siehe Bild 327) ist entfernt

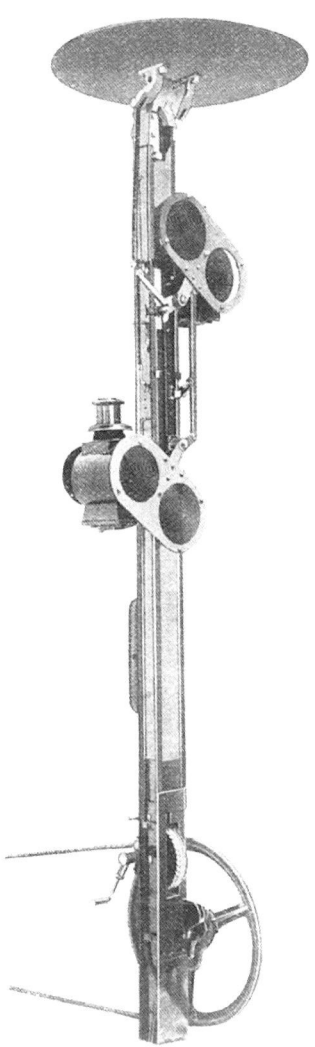

295. Vorsignal auf Fahrt Frei

Da die Vorsignale weit vor die Hauptsignale hinausgeschoben werden müssen, entstehen häufig sehr bedeutende Längen für die bedienenden Drahtzüge. Je länger ein solcher Drahtzug wird, desto schwerer ist aber naturgemäß seine Bewegung durch den Hebel im Stellwerk. Damit die Wärter dort drinnen keine allzu harte körperliche Arbeit zu leisten haben, ist die größte Länge eines Signaldrahtzugs bei uns auf 1200 Meter festgelegt. Wenn der Abstand des Vorsignals vom Stellwerk grös-

393

ser sein muß, so schaltet man eine andere Kraftquelle ein. Gut bewährt hat sich Kohlensäure-Antrieb für die Stellung der Vorsignale.

Der Drahtzug reicht alsdann nur bis zum Hauptsignal. Am Mast des Vorsignals ist eine eiserne Flasche mit zusammengepreßter Kohlesäure aufgestellt, wie sie im Handel überall erhältlich ist. Durch ein Druckverminderungsventil strömt das Gas zunächst in eine kleine Flasche über, von der aus es einen Kolben nach unten drücken kann, sobald eine Durchlaßöffnung freigegeben ist. Der niedergehende Kolben stellt die Vorsignalscheibe auf Fahrt Frei, bei entweichendem Druck fällt sie von selbst auf Halt zurück. Die Einlaßöffnung zu dem Zylinder, in dem der Kolben sich bewegt, wird durch ein elektromagnetisches Ventil beeinflußt. Das Ventil kann einmal Druck über den Kolben treten lassen, das andere Mal verbindet es den Zylinder mit der Außenluft. Die Steuerung des Ventils erfolgt auf elektrischem Weg durch den Flügel des Hauptsignals, der auf diese Weise die Stellung des Vorsignals entsprechend seiner eigenen Lage bestimmt. Die Füllung einer einzigen Kohlensäureflasche reicht für 6000 Signalstellungen aus, und die Ersetzung verbrauchter Flaschen durch andere ist sehr einfach.

Häufiger als heute wurden, wenn dichter Nebel über der Bahnstrecke lag, früher auch bei uns hörbare Warnsignale verwendet. Man befestigt in solchem Fall auf einer der Schienen kleine Blechkapseln, die mit Pulver gefüllt sind und laut knallend zerspringen, wenn das erste Lokomotivrad über sie fährt. Neuerdings hat man die

Erbaut von Siemens & Halske in Berlin-Siemensstadt
296. Vorsignal mit Kohlensäure-Antrieb
In den Stahlflaschen, vor denen der Wärter steht, befindet sich gepreßte Kohlensäure, die auf einen Hubkolben wirken kann. Das Einlaßventil wird elektromagnetisch gesteuert.

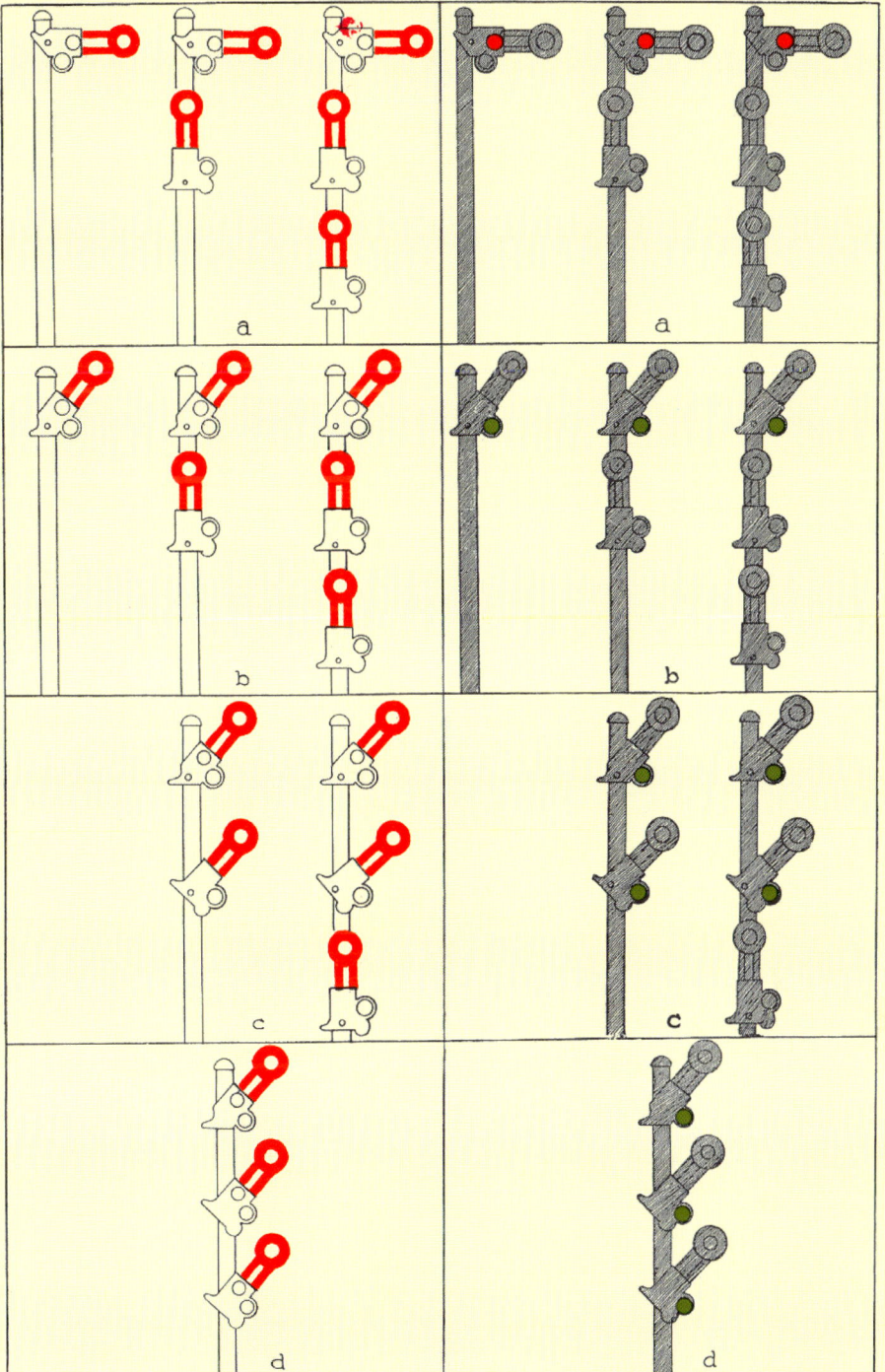

297. *Signalbilder an den Hauptsignalen der deutschen Eisenbahnen*
a) Halt

bei Tag   bei Dunkelheit
b) Fahrt Frei für das durchgehende Gleis
bei Tag   bei Dunkelheit
c) Fahrt Frei für ein abzweigendes Gleis
bei Tag   bei Dunkelheit
d) Fahrt Frei für ein anderes abzweigendes Gleis
bei Tag   bei Dunkelheit

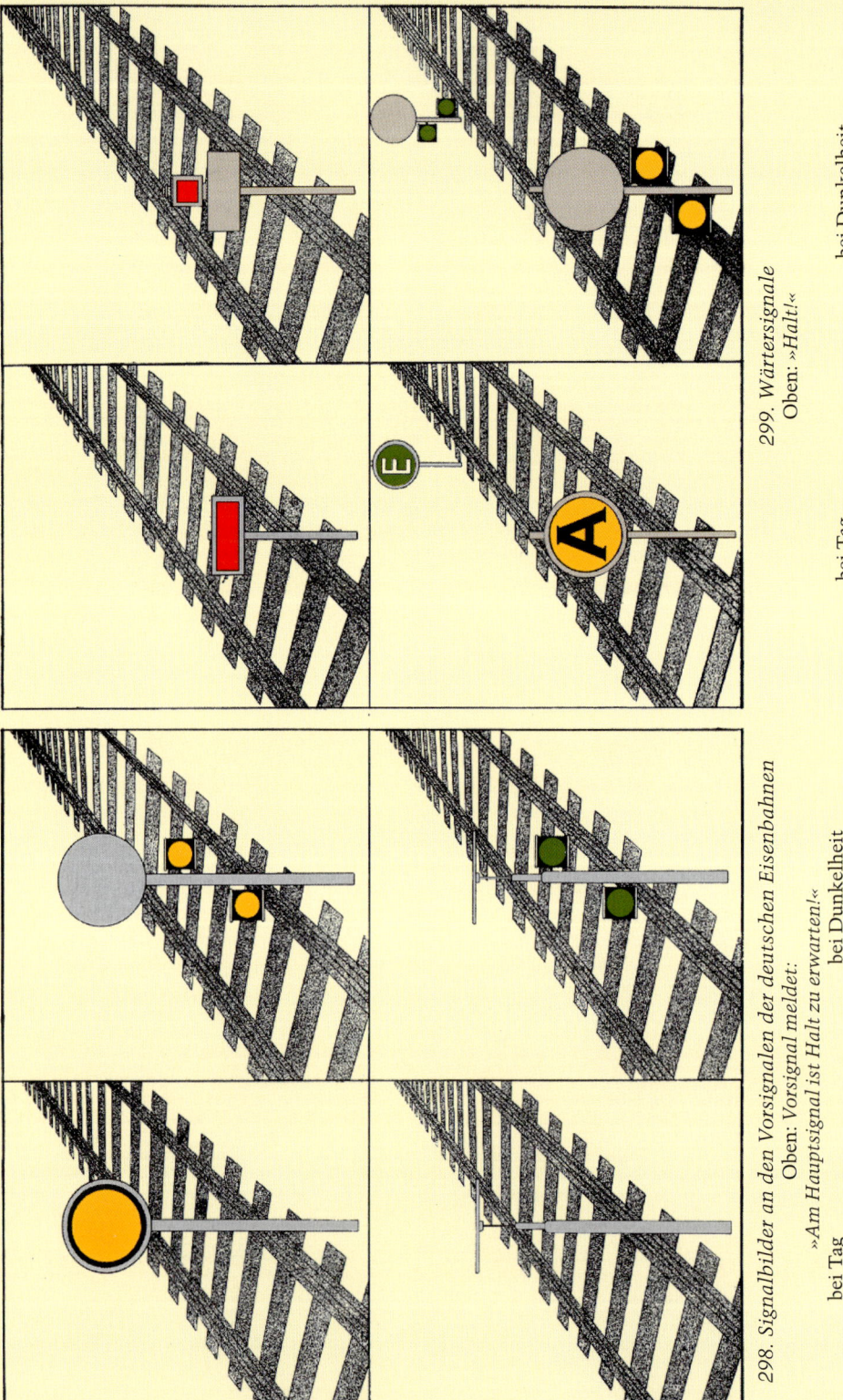

298. Signalbilder an den Vorsignalen der deutschen Eisenbahnen
Oben: *Vorsignal meldet:*
»*Am Hauptsignal ist Halt zu erwarten!*«
bei Tag   Unten: *Vorsignal meldet:*   bei Dunkelheit
»*Am Hauptsignal ist Fahrt Frei zu erwarten!*«
bei Tag   bei Dunkelheit

299. Wärtersignale
Oben: »*Halt!*«

bei Tag   bei Dunkelheit

Unten: »*Der Zug soll langsam fahren!*«

Ladung auch so gestaltet, daß zugleich eine sehr scharf leuchtende, farbige Lichterscheinung auftritt.

Die Knallsignale wirken alsdann auf zwei Sinnesorgane, auf das Ohr und auf das Auge, ein.

Sie können von Hand auf die Schienen gelegt werden, es ist aber auch möglich, die Kapseln ein für alle Male an schwenkbaren Armen anzubringen, welche die Kapseln stets auf die Schienenoberkante klappen, wenn das Hauptsignal auf Halt steht. In England werden die Knallsignale auch heute noch in sehr großem Umfang verwendet, wenn der auf der Insel ja nicht seltene, undurchdringliche Nebel über das Land fällt. Viele hundert Wärter müssen alsdann plötzlich aufgeboten werden, um die Auslegung zu besorgen. Mit den Erfolgen dieser Einrichtung ist man drüben sehr zufrieden, man schreibt ihnen die Verhütung vieler Zusammenstöße in dichtem Nebel zu.

Wir wissen bereits, daß die Signale auf viel befahrenen Hauptbahnen voll wirksame Sicherheitsvorkehrungen erst dadurch werden, daß sie durch die Blockeinrichtung in gegenseitige Abhängigkeit voneinander gebracht sind. Die allgemeine Bedeutung der Blockanlagen wurde schon erörtert. Wir wollen nunmehr das Arbeiten dieser großartigen Einrichtung nebst den anschließenden Vorgängen in der Stellerei im einzelnen betrachten. Die Hauptaufgabe der Blockeinrichtung ist, wie noch einmal wiederholt sein möge, zu erwirken, daß sich zwischen zwei Signalen immer nur ein Zug befinden kann, daß jeder Zug ein auf Halt liegendes Signal als Deckung hinter sich hat.

Wir fassen drei Blockstellen einer Strecke, A, B und C, ins Auge. A sei ein Verzweigungsbahnhof, auf dem der Zug, dessen Lauf wir verfolgen wollen, seine Fahrt beginnt. B und C heißen die folgenden Blockstellen auf der Strecke.

Da ein Signal immer erst auf Fahrt Frei gezogen werden kann, wenn das nächstfolgende hinter dem abgelassenen Zug auf Halt gelegt ist, so wird der Fahrplan abhängig von der Entfernung der Blocksignale voneinander. Der Folgezug muß warten, bis der nächst in Deckung gegangen ist. Bei der heutigen raschen Zugfolge kann man sich daher nicht mehr darauf beschränken, Blocksignale nur an den Bahnhöfen aufzustellen; man muß vielmehr die einzelnen Blockstellen kürzer machen, als der Abstand der Bahnhöfe voneinander ist. Aus diesem Grund werden ihrer viele auf freier Strecke errichtet. Meist sind hier gar keine Weichen vorhanden, so daß also die Freigabe der Signalhebel nur von dem Zustand des Blocks abhängt.

Unser Zug steht im Bahnhof A fahrbereit da. In fünf Minuten soll er fahrplanmäßig abgelassen werden.

Wenn der Stellwerkswächter jetzt den Hebel umzulegen versucht, mit dessen Hilfe das für unseren Zug geltende Ausfahrsignal auf Fahrt Frei gezogen werden kann, findet er ihn verriegelt. Er kann das Signal nicht ziehen. Und das darf auch nicht sein. Denn die zugehörige Fahrstraße liegt noch nicht richtig. Eben findet noch eine Verschiebebewegung quer über das Ausfahrgleis statt. Nachdem diese beendet ist, tritt der Stellwerkswärter an die Weichenhebel heran und bringt diese in eine solche Stellung, daß die vorschriftsmäßige Fahrstraße für den Zug gelegt ist, sowie die Schutzweichen auf Abweisung stehen.

Hierdurch ist die Verriegelung des Signalhebels aber durchaus noch nicht aufgehoben. Die Weichenhebel müssen erst in der richtigen Lage verschlossen werden. Es wäre ja am einfachsten, das Verschließen unmittelbar durch den Signalhebel bei seiner Umlegung bewirken zu lassen. Man sieht hiervon jedoch aus einem Grund ab, den wir gleich kennen lernen werden, und läßt die Weichen durch einen

Bauart Siemens & Halske in Berlin-Siemensstadt

300. Schienenstromschließer
Betätigung erfolgt durch das Gewicht der über die Schiene fahrenden Zugachsen

besonderen Fahrstrassenhebel verschliessen. Liegen alle Weichen richtig, so kann der Stellwerkswärter den Fahrstraßenhebel umlegen, wodurch er sämtliche zu dieser Fahrstraße gehörigen Weichen, einschließlich der Schutzweichen und Gleissperren mechanisch festlegt. Nachdem dies geschehen, ist eine Sperrung aus dem Signalhebel verschwunden, die ihn bisher festhielt. Aber er kann immer noch nicht bewegt werden.

Der Wärter muß vielmehr nun eine Taste hinunterdrücken die sich über dem Fahrstraßenhebel befindet. Außer der mechanischen Fahrstraßenverriegelung muß noch die elektrische Fahrstraßenfestlegung vorgenommen werden, was bei unmittelbarer Benutzung des Signalhebels zur Weichenverriegelung nicht möglich wäre. Durch die elektrische Fahrstraßenfestlegung, deren Zweck wir noch kennen lernen werden, wird der Fahrstraßenhebel in der Verriegelungsstellung festgehalten. Aus dem Signalhebel hingegen ist hierdurch wiederum eine Sperrung beseitigt. Die Fahrstraße liegt nunmehr endgültig fest. Es ist dem Wärter unmöglich, jetzt noch irgendeine Änderung in der Weichenlage vorzunehmen.

Wenn er trotzdem das Signal jetzt immer noch nicht ziehen kann, so hat das seinen Grund in der örtlichen Lage des Stellwerks. Dieses ist nämlich vor der Bahnhofshalle aufgebaut, und der Wärter kann nicht sehen, ob der Zugfahrt nicht etwa irgendein Hindernis innerhalb des engeren Bahnhofsbezirks entgegensteht. Das kann nur der Fahrdienstleiter feststellen, der dort beschäftigt ist und die Aufsicht zu führen hat. Jedes Ein- und Ausfahrsignal ist deshalb unter seine Botmäßigkeit gebracht. Wenn auch alle

301. Schnitt durch den Schienenstromschließer
Beim Niederdrücken der Schiene wird aus dem darunter liegenden Hohlraum Quecksilber in das Steigrohr rechts emporgepreßt, an dessen hochliegendem Ende es einen elektrischen Kontakt hervorruft

Weichen richtig liegen und verriegelt sind, so bleibt der Signalhebel doch so lange verschlossen, bis der Fahrdienstleiter die Erlaubnis gegeben hat, ihn zu ziehen. Die Signale sind unter den Verschluß der Bahnhofsblockung gelegt.

Der Fahrdienstleiter auf unserem Bahnhof hat sich inzwischen überzeugt, daß die Zugfahrt erfolgen kann, und er gibt nunmehr beim Stellwerkswärter draußen seine Zustimmung zum Ziehen des Signals. Diese Zustimmungserteilung geschieht wiederum durch Niederdrücken einer Taste an dem Blockapparat im Dienstraum des Fahrdienstleiters und durch gleichzeitiges mehrmaliges Drehen einer Kurbel, die seitlich angebracht ist.

Diese Kurbel wird uns bei der Besprechung der weiteren Vorgänge immer wieder begegnen. Sie ist nichts anderes als der Antrieb einer kleinen magnetelektrischen Maschine, bei deren Betätigung ein elektrischer Strom in die angeschlossenen Leitungen fließt. Was diese Maschine aussendet, ist Wechselstrom, also ein Strom, der seine Fließrichtung innerhalb einer Sekunde viele Male umkehrt. Die meisten Blockvorgänge werden durch Wechselströme hervorgebracht, damit nicht etwa irgendein von außen her eindringender Stromstoß eine unabsichtliche Auflösung herbeiführen kann. Hierzu müßte er genau dieselbe Wechselzahl haben wie der richtige Strom, was nicht anzunehmen ist. Beim Festlegen der Fahrstraße für die Ausfahrt wurde nur eine Taste gedrückt, die Kurbel aber nicht gedreht, weil hier ausnahmsweise Gleichstrom benutzt werden muß.

Nach der Zustimmungserteilung durch den Fahrdienstleiter ist der Signalhebel nunmehr endlich frei. Der Wärter zieht das Ausfahrsignal, und der Zug wird abgelassen.

Bald nachdem die Lokomotive an dem Signalmast vorbeigegangen ist, fällt der gezogene Arm selbsttätig auf Halt. Dies wird dadurch bewirkt, daß die Lokomotive durch ihr Gewicht einen Stromschließer betätigt, der in einiger Entfernung jenseits des Signals unter einer der Schienen angebracht ist.

Er besteht aus einem eisernen Gefäß, in dem sich Quecksilber befindet. Ein biegsames Blech überdeckt das Quecksilber, und das Blech wird hinuntergedrückt, sobald die über dem Stromschließer liegende Schiene belastet wird. Alsdann steigt das Quecksilber in einem seitlich angebrachten Rohr zu einem höher liegenden Gefäß auf, wo es zwei Metallteile leitend miteinander verbindet.

Durch diesen Stromschluß wird eine Magnetvorrichtung betätigt, die am Signalmast angebracht ist. Ein Anker fällt ab, wodurch die Zugstange des Signalarms von der Drahtleitung abgekuppelt wird. Infolgedessen muß der Signalarm durch seine eigene Schwere auf Halt zurückfallen.

Der abgelassen Zug hat nunmehr seine ordnungsgemäße Deckung. Sie wird an dieser Anfangsstelle selbsttätig durch Befahren des Schienenstromschließers herbeigeführt, während dies an den Folgestellen nicht nötig ist. Denn der Signalwärter an der Anfangsstelle könnte ja vergessen, das Signal hinter dem ausgefahrenen Zug auf Halt zu legen. Da in dem Bahnhof, ganz unabhängig von der zurückliegenden Strecke, immer neue Züge gebildet und zur Abfahrt bereit gestellt werden können, wäre es auf diese Weise möglich, daß ein zweiter Zug auf das noch von der Abfahrt des vorangegangenen Zugs stehen gebliebene Ausfahrsignal auf die Strecke ginge. Alsdann könnte es sich ereignen, daß sich zwei Züge in dem gleichen Blockabschnitt befinden, was ja unbedingt verhindert werden muß.

Nunmehr werden wir auch die Notwendigkeit der doppelten Weichenfestlegung verstehen können, nunmehr wird es uns klar werden, weshalb man zu der mechanischen Weichenverriegelung noch die elektrische Festlegung gesellt.

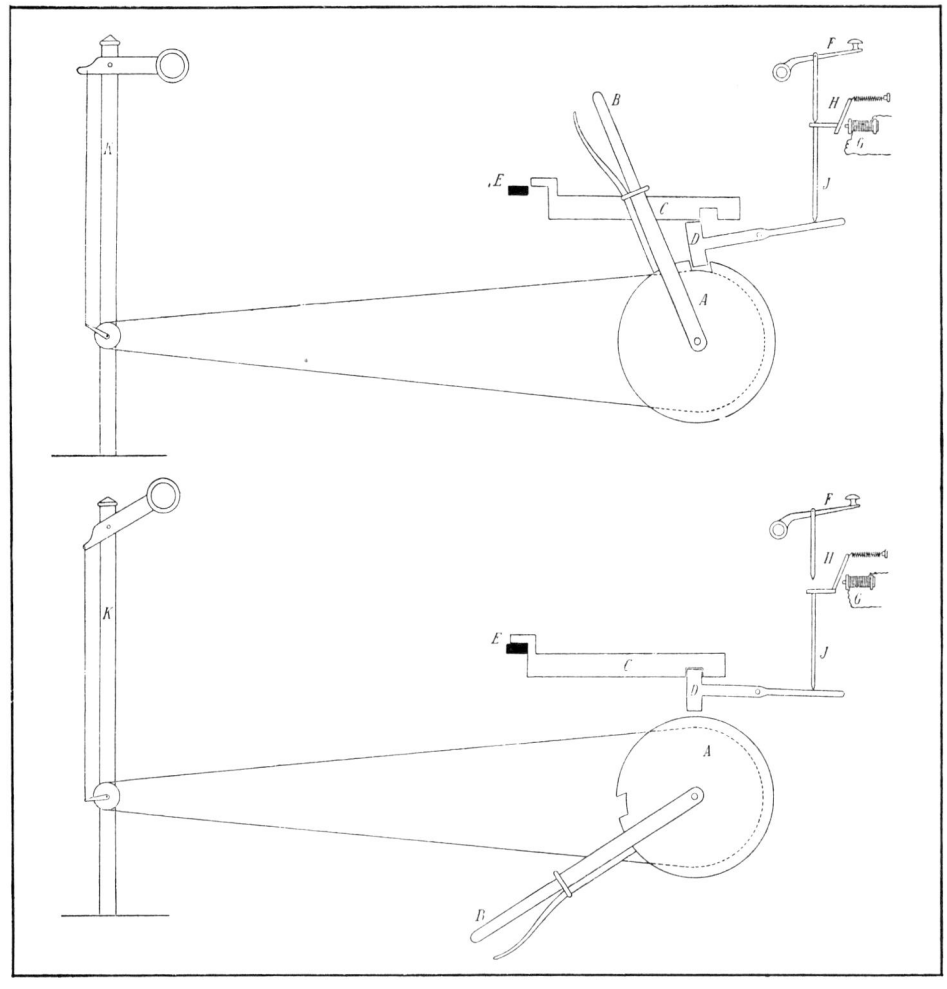

302. Elektrische Fahrstraßenfestlegung
Oben: Weichenhebel frei beweglich; Signal auf Halt. – Unten: Weichenhebel verriegelt und Fahrstraße festgelegt. Signal auf Fahrt Frei

Im oberen Bild ist der zur Fahrstraße gehörige Weichenhebel, schematisch dargestellt durch den
Querschnitt E seines Verschluß-Ansatzes, frei beweglich. Das Signal K, welches die Fahrstraße deckt,
muß daher auf Halt liegen. Dies wird erzwungen, weil das Sperrstück D in einen Ausschnitt der
mit dem Hebel B verbundenen Stellrolle A eingreift. Das Sperrstück D kann die Stellrolle und damit
den Signalzug erst freigeben, wenn der Fahrstraßenschieber C so umgelegt ist, daß sein Ausschnitt
senkrecht über D liegt. Alsdann aber ist Weichenhebel E, wie aus dem unteren Bild zu erkennen,
festgelegt. Die Verriegelung des Fahrstraßenschiebers muß durch Anheben von D vorgenommen
sein, bevor der Signalstellhebel B bewegt werden kann.
Das untere Bild zeigt die Fahrstraßen-Festlegungs-Einrichtung in dem Zustand, in welchem sie sich
bei Durchfahrt eines Zugs befindet. Beim Rücklegen des Signals auf Halt, das jederzeit möglich sein
muß, würde durch Ausspringen von D aus dem Fahrstraßenschieber C dessen Rückstellung und damit Freigabe der Weiche während der Fahrt des Zugs über die Fahrstraße möglich sein. Um zu verhindern, daß hierdurch eine Weiche unter dem fahrenden Zug umgestellt werden kann, wird D noch
einmal durch die senkrechte Stange J der elektrischen Festlegung in seiner oberen Lage gesichert.
Die elektrische Fahrstraßenfestlegung, vollzogen durch Niederdrücken der Taste F, gibt D erst frei,
wenn der Elektromagnet G durch Anziehen des Sperrstücks H der gesenkten Stange J die Möglichkeit gibt, wieder nach oben zu gehen. Die Erregung des Magneten G erfolgt aber erst, nachdem die
letzte Achse des durchfahrenden Zugs die Fahrstraße verlassen hat.

Der Signalflügel ist kurz nach Abfahrt des Zugs auf Halt gegangen. Der zugehörige Signalhebel kann jetzt und könnte auch vorher in jedem Augenblick auf Halt zurückgelegt werden. Denn der Wärter muß natürlich stets in der Lage sein, ein bereits gegebenes Fahrtsignal zu widerrufen, falls ein plötzliches Hindernis auftritt. Er ist also auch imstande, seinen Signalhebel auf Halt zurückzulegen, während der Zug gerade die Fahrstraße durchfährt, die Räder also über die Weichenzungen hinüberrollen. Der auf Fahrt Frei gezogene Signalhebel verriegelt natürlich auch den Fahrstraßenhebel. Sobald der Signalhebel aber zurückgelegt ist, wäre der Stellwerkswärter, wenn die elektrische Festlegung nicht vorhanden wäre, in der Lage, jetzt auch den Fahrstraßenhebel sogleich zurückzuziehen, die Verriegelung der Weichen damit aufzuheben und, wenn er grob unaufmerksam ist, nunmehr Weichen unter dem fahrenden Zug umzulegen. Daß die Folge hiervon eine Zugzerreissung und Entgleisung vieler Wagen sein müßte, ist selbstverständlich. Denn es würde ja beispielsweise der Vorderteil des Zugs in dem geraden Gleis bleiben, während die hinteren Wagen in das abzweigende Gleis hineingedrückt würden.

Unsere Fahrstraße aber bleibt trotz des bereits auf Halt gefallenen Signals und unabhängig von der Stellung des zugehörigen Hebels im Stellwerk festgelegt, da die elektrische Sperre noch nicht ausgelöst ist. Das geschieht erst, wenn die letzte Achse des Zugs den Bereich der Weichen verlassen und auf die freie Strecke hinausgelangt ist. Alsdann wird infolge der Aufhebung einer leitenden Verbindung zwischen einer isoliert liegenden Schiene und dem übrigen Gleis mittels eines Zwischenapparats ein Stromstoß in den Blockapparat gesendet, der die elektrische Fahrstrassenfestlegung aufhebt. Jetzt erst kann der Fahrstraßenhebel zurückgelegt werden, nun erst sind die Weichen wieder frei.

Besondere Einrichtungen bewirken, daß die Auflösung der elektrischen Fahrstraßensperrung nicht etwa schon durch die erste Achse des Zugs erfolgt, sondern erst wenn die letzte Achse die isolierte Schiene verlassen hat. Hierdurch ist die vollständige Räumung der Fahrstraße vor Aufhebung der Festlegung gesichert.

Nachdem wir den Zug glücklich aus dem Bahnhof hinausgeleitet haben, müssen wir nunmehr beobachten, ob das von ihm auf Halt gelegte Ausfahrsignal auch wirklich so lange festgelegt bleibt, bis er an dem nächsten Signal vorübergefahren und dieses hinter ihm auf Halt gelegt worden ist. Das stellt ja die eigentliche Blocksicherung im engeren Sinn dar.

Wir sahen, wie durch das Befahren des Schienenstromschließers der Flügel des Ausfahrsignals an der Blockstelle A auf Halt ging. Um das Signal für die nächste Ausfahrt wieder ziehen zu können, mußte der Wärter den zugehörigen Hebel im Stellwerk gleichfalls auf Halt zurücklegen. Sobald er dies aber getan hat, ist in den Hebel, der infolge seiner großen Bedeutung schon so viele Überwachungen erdulden mußte, eine ganz besondere, bisher von uns noch nicht beobachtete Sperre eingesprungen, die mechanische Festhaltung. Jetzt kann der Hebel, auch wenn alle vorher erwähnten Maßnahmen, nämlich richtige Legung der Weichen in der Fahrstraße, mechanische Fahrstraßen-Verriegelung, elektrische Fahrstraßen-Festlegung und Freigabe vom Bahnhofsblock her vorgenommen sind, dennoch nicht wieder auf Fahrt Frei gestellt werden. Die mechanische Festhaltung tritt dem hindernd entgegen.

Diese rein örtliche Sperrung aber kann der Stellwerkswärter leicht beseitigen. Doch nur, wenn er eine andere an ihre Stellung setzt, die er selbst niemals, wohl aber der Wärter in der Blockstelle B, auflösen kann. Nach Zurücklegung des Signalhebels vollzieht der Wärter in A die Handlung des Blockens. Er drückt eine bestimmte Taste nieder und dreht die Stromkurbel. Das runde Fensterchen im Block-

Bauart Siemens & Halske in Berlin-Siemensstadt

303. Blockvorrichtung in einer Blockstelle

Für elektrisch angetriebene Signale

apparat, das sich unter der Taste befindet und bisher weiß zeigte, wird nun rot. Die mechanische Festlegung des Signalhebels ist beseitigt, an ihre Stelle ist eine Riegelstange getreten, die den Signalhebel gleichfalls festhält. Sie springt erst aus, wenn die Stelle B einen Strom durch die Leitung schickt.

Durch das Blocken hat der Wärter in A nicht nur sein eigenes Blockfeld in Rot verwandelt, sondern auch das gleiche bei einem Blockfeld in B getan.

Die an solchen Blockstellen aufgestellten Apparate haben häufig die Form, welche auf Bild 303 wiedergegeben ist. Die Signalstellung erfolgt hier nicht durch Hebel mit Drahtzug, sondern durch Drehen der kleinen Kontaktknöpfe, die man aus dem Kasten unter dem Firmenschild hervorragen sieht. Wir werden über die elektrische Stellerei noch zu sprechen haben. Für unsere jetzige Betrachtung ist es gleichgültig, ob die Signale mechanisch oder elektrisch gezogen werden; das erste ist bei einfachen Blockstellen häufiger.

Die Blockstelle B besitzt für jede Fahrtrichtung zwei Blockfelder, nämlich für eine jede ein Anfangs- und ein Endfeld. Jedes Blockfeld ist mit einem runden Fensterchen versehen. Dadurch, daß der Wärter in A blockte, hat er hinter dem am weitesten rechts befindlichen Fensterchen des Apparats auf unserem Bild eine rote Scheibe erscheinen lassen. Damit ist der Zug nach B vorgemeldet, B ist in dem Endfeld der Strecke A B vorgeblockt.

Der Wärter in B zieht nunmehr, wenn sonst kein Grund dagegen spricht, sein Signal auf Fahrt Frei.

Das Signal in A liegt noch immer fest. Dessen Entblockung kann der Wärter in B nur vornehmen, wenn er die über dem erwähnten Blockfeld befindliche Taste niederdrückt und die Kurbel dreht. Würde er das jetzt schon versuchen – oder gar, bevor er noch das Signal gezogen hatte, versucht haben –, so würde er finden, daß die Taste festgehalten ist. Sie kann nicht hinuntergedrückt, ein Entblocken von A also nicht vorgenommen werden. Ein senkrecht nach oben gehender Teil der Tastenvorrichtung wird nämlich in dem Kästchen, das man über der Taste angebracht sieht, durch eine Sperre festgehalten. Erst wenn diese Sperre ausgelöst ist, kann der Wärter in B die Taste niederdrücken und A entblocken. Bis jetzt ist das noch nicht geschehen.

Unser Zug kommt nunmehr heran und fährt an dem Blocksignal von B vorüber. Dessen Arm legt er nicht mehr selbsttätig auf Halt. Das ist nicht notwendig, weil ja ohnedies von A vorläufig kein Zug nachzufolgen vermag. Der Wärter in B kann nicht vergessen, sein Signal auf Halt zurückzulegen, weil sonst niemals mehr ein Zug von A her nachkommen könnte.

Hinter dem Signal bei B befährt der Zug jedoch gleichfalls einen Schienenstromschließer. Dieser wirkt hier bei der einfachen Blockstelle auf die Tastensperre ein, die sich in dem Kästchen über der Taste befindet. Die Sperre wird durch den eintretenden Stromstoß ausgelöst. Die Taste aber kann trotzdem noch nicht niedergedrückt werden, weil nämlich eine ihrer nach unten reichenden Stangen von dem noch auf Fahrt Frei liegenden Signalhebel, gleichgültig ob er der mechanischen oder elektrischen Betätigung dient, aufgehalten wird. Erst wenn das Signal auf Halt zurückgelegt ist, kann die Taste niedergedrückt werden. Das Entblocken von A kann also keinesfalls früher erfolgen, als bis der Zug wieder ein auf Halt liegendes Signal hinter sich als Deckung hat.

Will der Wärter in B den Wärter in A instand setzen, wieder einen Zug abgehen zu lassen, so muß er sein eigenes Signal nunmehr festblocken. Er drückt die Taste nieder und dreht die Kurbel. Hierdurch bewirkt er dreierlei. Er legt seinen eigenen Signal-Hebel unter elektrischen Verschluß, er löst die Blocksperre in A auf, so daß dessen Signal nun wieder frei wird, und er blockt nach C vor. In C wird das Endfeld rot, in A wird das nun wieder freie Anfangsfeld weiß, das Endfeld in B, also das rechte Fensterchen, wird gleichfalls weiß, zum Zeichen, daß kein Zug von A unterwegs ist, aber das zweite Fensterchen, das Anfangsfeld für die Richtung nach C, wird rot, zum Zeichen, daß sich ein Zug zwischen B und C bewegt, dieser Blockabschnitt also gesperrt ist.

Nachdem der Wärter in C das angekommene Vorblockungszeichen wahrgenommen hat, zieht auch er sein Signal, und es spielen sich bei ihm die gleichen Vorgänge ab, die eben bei B geschildert wurden. Sobald der Zug an seinem Signal vorbeigefahren, die Tastensperre aufgelöst und das Signal auf Halt gelegt ist, nimmt der Wärter in C die Blockhandlung vor, wodurch er wieder sein eigenes Signal festlegt und B entblockt, so daß dessen Anfangsfeld für die Strecke nach C wieder weiß wird; er meldet ferner gleichzeitig den Zug nach D vor.

Auf diese Weise wird der Zug in seinem Lauf ständig von der Blockeinrichtung überwacht. Gleich Herolden laufen die Blockströme vor ihm her, und wie eine sorgsame Leibwache decken sie ihm den Rücken. Die Abhängigkeiten der Signale voneinander

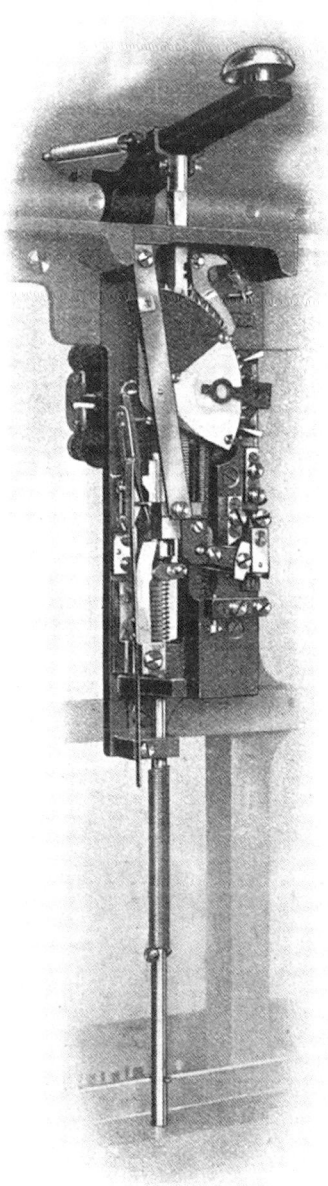

304. Blockfeld
Oben Drucktaste, unten Riegelstange

401

sind dabei bis in die letzte Möglichkeit hinein gesichert. Solange der Wärter nicht zehnmal geheiligte Verschlüsse an seinem Apparat zerstört, ist er nicht imstande, die fest gespannte Kette der Sicherungen zu durchbrechen.

Die unübertrefflich großartige Einrichtung der Blocksicherung ist im Jahre 1870 von dem deutschen Ingenieur Carl *Frischen* erfunden und von der Firma Siemens & Halske, in deren Diensten Frischen stand, seither in hervorragendster Weise aus- und durchgebildet worden. Die Blockeinrichtungen von Siemens & Halske sind auf fast sämtlichen deutschen Eisenbahnen zu finden und auch weit im Ausland verbreitet. Als die deutschen Truppen im Jahre 1914 in Belgien eingedrungen waren, fiel ihnen die Wiederherstellung der zerstörten Eisenbahnsicherungs-Anlagen besonders leicht, weil diese fast sämtliche Erzeugnisse der genannten Firma waren.

Besonders umfangreich sind die Blocksicherungen naturgemäß bei eingeleisigen Bahnen. Gilt es doch hier, nicht nur die Folge von hintereinanderfahrenden Zügen nach Blockabschnitten einzuteilen, es müssen ganz besonders auch Fahrten von Zügen gegeneinander ausgeschlossen werden. Dies gelingt gleichfalls vollständig; kein Blockwärter ist imstande, einen Zug in einen Blockabschnitt einzulassen, wenn sich in diesem ein anderer in der Gegenrichtung bewegt.

Es ist gewiß bereits eine stolze Fülle von Sicherheitsvorkehrungen, die wir bis jetzt im Bereich der Signale beobachten konnten. Dabei haben wir aber die Weichen noch nicht näher ins Auge gefaßt, deren Bewegungsvorrichtungen ja in engster Berührung mit den Signalzügen stehen. Sie beeinflussen aufs lebhafteste die Stellungen der schützenden Arme und werden umgekehrt wieder von diesen beherrscht.

Die Bauformen der Weichen sind bereits auf den vorderen Seiten des Buches beschrieben worden. Mit der gründlichen Durcharbeitung derjenigen Teile aber, die wirklich von den Fahrzeugrädern befahren werden, ist es bei weitem nicht getan, sobald die Fahrtsicherungen mit in Betracht gezogen werden.

Eine Weichenspitze ist ein gefährliches Ding. Während sonst das zu befahrende Gleis kraftvoll befestigt ist, muß hier ein leicht bewegliches Stück eingelegt werden. Sogleich tritt die Forderung auf, leichte Beweglichkeit mit unverrückbarer Festigkeit zu vereinigen.

Die Weichenzungen werden, gleichgültig ob sie durch einen Hebel in unmittelbarer Nähe oder von einem weiter entfernten Stellwerk aus bewegt werden, stets mit kräftigem Druck gegen die Mutterschiene gepreßt. Aber hiermit ist man durchaus noch nicht zufrieden. Man verlangt, daß die anliegende Zunge nicht etwa durch bloße Erschütterung von ihrer Anlagestelle abgedrängt werden kann. Es muß ausser dem Anpressen der Zungen noch ein richtiges Anschließen an die Backenschiene stattfinden.

Eine sehr weit verbreitete Vorkehrung zur Herbeiführung dieser Sicherung ist das Hakenschloß. Wir finden es in verschiedenen Lagen auf Bild 305 dargestellt. Auf dem Teilbild 1 liegt die rechte Zunge an der Backenschiene. Man sieht, daß von der Stellstange aus ein Haken abgeht, der sich außen fest um ein Verschlußstück legt. Die Weichenzunge ist hierdurch gegen Verrückung verschlossen. Das gleiche muß bei umgekehrter Lage der Weiche möglich sein.

Teilbild 2 zeigt, wie die Stellstange, wenn die Weiche umgelegt werden soll, zuerst den Haken vom Verschlußstück abzieht, dann erst (Teilbild 3) die Weichenzungen in Bewegung setzt und darauf, sobald die tatsächliche Umlegung stattgefunden hat, die andere Zunge durch Schieben des linken Hakens über das zugehörige Verschlußstück verschließt (Teilbild 4).

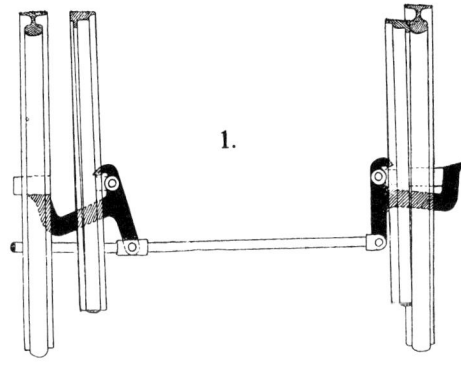

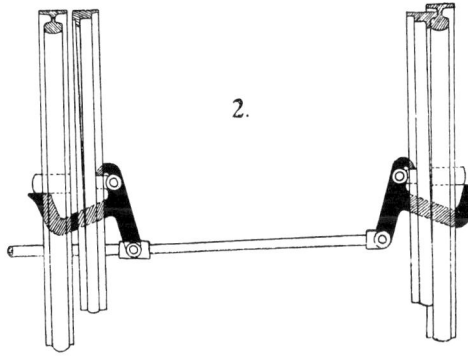

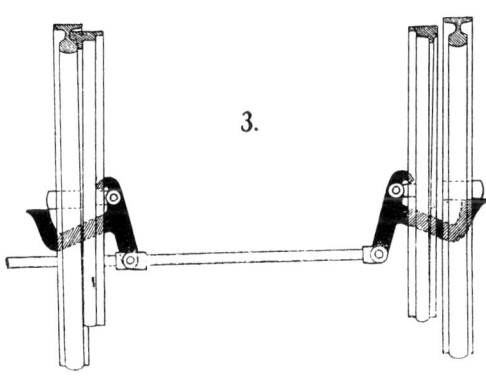

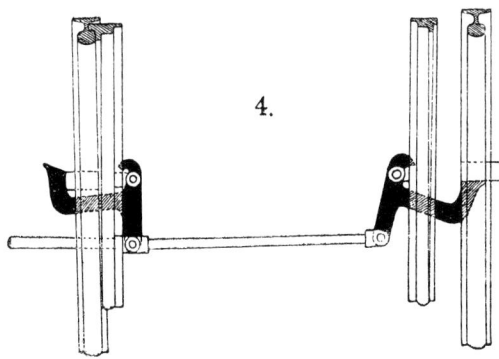

Durch eine solche oder ähnliche Vorrichtungen wird die Weiche für das Befahren gegen die Spitze festgelegt. Es muß aber auch noch für die Fahrten durch die Weichen vom Herzstück her besondere Vorsorge getroffen werden.

Bei Betrachtung der Bilder 137 und 138 ist deutlich zu erkennen, daß die Weiche auch für das Befahren von hinten her notwendigerweise nur für einen Strang richtig liegen kann, entweder für den geraden oder für den krummen Strang. Trotzdem darf eine Entgleisungsgefahr nicht entstehen, wenn einmal ein Fahrzeug aus demjenigen Strang in die Weiche einfahren will, für den sie nicht gestellt ist. Wir haben bereits gehört, daß aus diesem Grund die in ihrer Bauart so einfache Schleppweiche bei uns nicht verwendet werden darf, weil sie ein Befahren vom falschen Strang her unmöglich macht.

Durch solche Erwägungen kommt man bei unseren heutigen Weichen zu der Forderung ihrer leichten »Auffahrbarkeit«. Fährt bei der Weiche auf Bild 137 ein Fahrzeug von der Herzstückseite her auf dem abzweigenden Strang ein, so müßte es, wenn die anliegende Zungenspitze unverrückbar verriegelt bliebe, die Zungen zerstören, indem auf der einen Seite der Radkranz sich zwischen Backenschiene und Zunge klemmen, auf der anderen die spurverengende, abliegende Zunge wegdrücken würde. Da nun derartige falsche Einfahrten auf großen Verschiebebahnhöfen mit ihren zahlreichen Weichen nicht allzu selten vorkommen, würde man, falls

305. Spitzenverschluß für Weichen: Hakenweichenschloß
1. Weiche in Grundstellung verschlossen.
2. Verriegelung gelöst, Weiche wird verschoben. 3. Weiche umgelegt. 4. Weiche in umgelegter Stellung verschlossen.

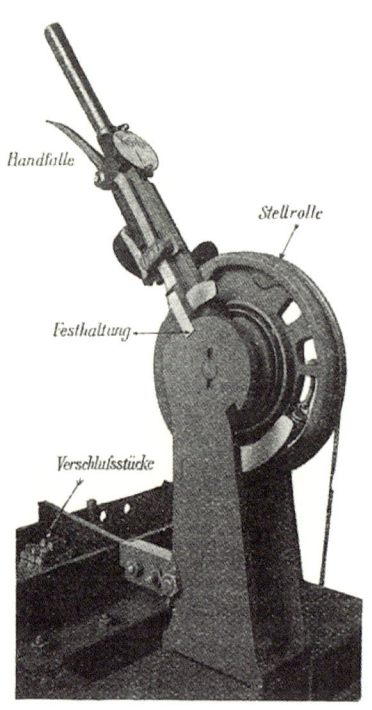

Bauart Jüdel & Co.
*306. Weichenhebel in Grund-
stellung*
Obere Verschlußstücke stoßen an

307. Weichenhebel umgelegt
Untere Verschlußstücke stoßen an

308. Weiche aufgefahren!
Sämtliche Verschlußstücke stoßen an.
Stellrolle am Weichenhebel verdreht;
Warnscheibe sichtbar

die Dinge so lägen, fortwährend neue Weichen
einzulegen haben, von der Gefährdung der Fahrzeuge ganz abgesehen.

In Wirklichkeit spielt sich der Vorgang des
falschen Durchfahrens von hinten her so ab, daß
die abliegende Zunge, die zuerst vom Radkranz
berührt wird, sich ohne größeren Widerstand
hinüberdrängen läßt. Der Haken des Haken-
schlosses geht vom Verschlußstück bei der anliegenden Zunge ab, genau als wenn die Weiche
umgelegt würde. Es findet eine richtige Umstellung der ganzen Weichenanlage statt, so
daß, nachdem die erste Achse des falsch einge-
laufenen Fahrzeugs die ganze Weiche durchfahren hat, diese auf die andere Seite hinüberge-
worfen und auch in dieser Lage verriegelt ist.
Was vorher abliegende Zunge war, ist jetzt anliegende Zunge geworden und umgekehrt.

Da de Stellstange der Weiche, die hierbei den
ganzen ihr zur Verfügung stehenden Weg zurückgelegt hat, ja mit dem Weichenantrieb untrennbar vereinigt und dieser wieder durch den
Drahtzug mit der Weichenstell-Vorrichtung im
Stellwerk fest verbunden ist, so muß, da der
Draht bei einer solchen Bewegung natürlich

309. Weichen- und Signal-Drahtzüge

nicht reißen darf, gleichzeitig auch eine Bewegung der Stellvorrichtung im Stellwerk stattfinden. Das ist in der Tat der Fall.

Die Verbindung zwischen den Stellhebeln und den Weichenantrieben sowie auch mit den Signalen geschieht stets durch Doppeldrahtzüge. Es wird eine geschlossene Drahtschleife gebildet, die von den Hebeln zu den zu stellenden Vorrichtungen und wieder zurück läuft. Man ist jetzt auch bei den Signalen von den älteren einfachen Drahtzügen abgekommen, weil diese allzu leicht Umstellungen durch Unbefugte zuließen. Es brauchte z. B. nur jemand mit dem Fuß kräftig auf einen solchen frei liegenden Stahldraht zu treten, um die Stellung eines Signals zu verändern. Das ist bei Doppeldrahtzügen nicht möglich, weil hier das Hervorrufen einer Bewegung nur stattfinden kann, wenn der eine Draht angezogen und der andere gleichzeitig nachgelassen wird. Die Drahtschleife geht bei den Stellhebeln jedesmal um eine Rolle, die durch Umlegen der Hebel gedreht wird. In ihren Endlagen oben und unten werden die Hebel dadurch, daß federnde Handfallen in Ausschnitte der festen Stellböcke eingreifen, unverrückbar festgehalten, solange die Handfallen nicht durch Andrücken an den Hebelschaft ausgeklinkt werden (Bild 306).

Während nun an den Signalhebeln die Stellrollen fest mit dem Hebel verbunden sind, ist das bei den Weichenhebeln nicht der Fall. Hier kann sich bei Ruhelage des Hebels die Stellrolle frei bewegen. Erst beim Anziehen der Handfalle wird sie mit dem Hebel verkuppelt.

Wird nun die Weiche aufgefahren, werden der Antrieb und der Doppeldrahtzug hierdurch in Bewegung gesetzt, so macht die Stellrolle am Hebel im Stellwerk die Bewegung mit. Sie dreht sich, indem sie den Widerstand kräftiger Federn überwindet, herum. Dem Stellwerkswärter wird dieser Vorgang, der ja in die ganze Sicherungsanlage tief eingreift, dadurch kund, daß eine Marke, die sonst unsichtbar ist, vorrückt, entweder ein roter Fleck oder ein besonderes Schildchen, die an geeignetem Ort der Stellrolle befestigt sind. Der Wärter weiß jetzt, daß die Weiche aufgefahren ist, und er kann sie mit Hilfe eines besonderen Schlüssels durch Zurückdrehen der Stellrolle wieder einscheren (Bild 308).

Die Drahtzüge, die von den Stellwerken ausgehen, werden mit äußerster Sorgfalt zu den Orten hingeführt, wo sie Arbeit zu leisten haben. Sie sind entweder oberirdisch oder unterirdisch in Kanälen verlegt. In kurzen Abständen werden die Drähte über Rollen geführt, die ihre Richtung immer wieder festlegen. An Orten, wo eine Umlenkung stattfindet, wo die Drähte also in einem Winkel weitergeführt werden, liegen Rollen von großem Durchmesser, damit keine Knickungsgefahr für den einzelnen Draht eintritt.

Auf den Zustand der Drähte übt naturgemäß die Luftwärme einen großen Einfluß aus. Ein langer Drahtzug, der im Winter mit strammer Spannung verlegt ist, wird im Sommer durch die Wärmedehnung schlaff. Toter Gang muß jedoch unbedingt vermieden werden. Man schaltet deshalb selbsttätig wirkende Spannvorrichtungen in die Drahtzüge ein. Es sind dies z. B. lange Hebel, an deren einem Ende Gewichte befestigt sind, während die

Bauart Siemens & Halske
310. Umlenkung von Drahtzügen
an einem großen Stellwerk

anderen Arme Rollen tragen, über welche die Drahtzüge in Schleifenform geführt sind. Die Hebelgewichte drücken ständig gegen den Drahtzug und halten ihn stramm, indem sie sich senken, wenn die Drahtspannung nachläßt. Die Einrichtung ist so getroffen, daß beim Stellvorgang nicht etwa das Spanngewicht angehoben wird; denn dann würde sich die ganze am Stellhebel geleistete Arbeit hierdurch erschöpfen, an der Weiche oder am Signal würde keine Lageveränderung stattfinden. Senkrecht unter dem großen Stellbock im Stellwerk sind die Spanngewichte reihenweise angebracht. Jeder abgehende Drahtzug wird hier

Bauart Jüdel & Co.
311. Spannvorrichtung
in einem Weichen-Drahtzug

312. Spannwerk unter einem Stellwerk

zunächst einmal belastet, dann ferner auf der Strecke durch Einschalten weiterer Spanngewichte nach Bedarf.

Neben der Wärmeausgleichung im Drahtzug üben die Spannwerke noch einen weiteren günstigen Einfluß auf die Weichen aus. Es kann ja vorkommen, daß der Drahtzug während des Umstellens reißt. Alsdann würde die Weiche in gefährlichster Lage, nämlich in Mittelstellung, stehen bleiben, wobei keine Zunge fest anliegt. Bei Drahtbruch senken sich aber die Spanngewichte scharf nach unten und ziehen das unverletzt gebliebene Drahtstück so weit mit sich, daß die Weiche sicher in eine Endlage kommt und dort verschlossen wird.

Reißt der Drahtzug bei Ruhelage des Stellhebels, dann entsteht ein Spannungsunterschied zwischen den beiden Drähten der Schleife, die bisher gleichen Zug ausübten. Wiederum liegt hier die Gefahr vor, daß die Weiche von selbst in eine Mittelstellung rückt. Dies wird dadurch verhindert, daß Federn am Weichenantrieb, deren Spannung durch den zweiseitigen Zug bisher niedergehalten wurde, ein Sperrstück vorschieben, das, wenn die Weichenzungen sich bewegen wollen, jetzt gegen einen Anschlag stößt, an dem er sonst frei vorübergeht (Bild 312).

An Stelle von Drahtzügen werden an manchen Orten auch Gestänge zum Stellen von Signalen und Weichen benutzt. Sie sind meist aus Gasröhren zusammengeschraubt und werden mittels Kniehebeln um die Winkel herumgeleitet, die sich bei der Fortführung ergeben. In England und auch in Süd-Deutschland werden diese Gestänge von vielen Verwaltungen bevorzugt.

Aus dem vorher Gesagten wissen wir, daß mit dem bisher Geschilderten die Sicherheitsvorkehrungen an den Weichen noch nicht erschöpft sind. Bei dem mächtigen Einfluß, den diese verschieblichen Gleisstücke auf die Zugfahrten üben, genügt es nicht, daß die richtige Lage der Stellhebel allein beobachtet wird, es muß auch ständig geprüft werden, ob die Zungen sich wirklich in der entsprechenden Lage befinden. Darum werden ja, wie wir wissen, die Signaldrahtzüge an allen Weichen der zugehörigen Fahrstraße vorbeigeführt, und die Signale sind nur dann auf Fahrt Frei zu stellen, wenn die Zungen sich wirklich in der richtigen Lage befinden.

Für die Zungenprüfung sind in unmittelbarer Nähe der zu der betreffenden Fahrstraße gehörigen Weichen in den Signaldrahtzug waagerecht liegende Rollen eingeschaltet, die sich mit diesen bewegen müssen. Von jeder der beide Weichenzungen kommt eine Stange her, die mit je zwei Ausschnitten versehen ist. Die Riegelrolle im Signaldrahtzug kann sich nur dann drehen, der Signaldrahtzug kann also nur dann bewegt werden, wenn die Ausschnitte in den beiden Zungenprüfstangen so liegen, daß bestimmte Ansätze an den Riegelrollen durch sie hindurchgehen können. Anderenfalls bleibt der Signalzug unbeweglich.

Die Riegelvorrichtung, die wir jetzt kurz besprechen wollen, gehört zu zwei Fahrstraßen. Vor der Weiche steht ein Signal mit zwei Flügeln. Liegt die Weiche auf dem geraden Strang, so erscheint beim Zeichen Fahrt Frei ein schräg nach aufwärts gerichteter Flügel, liegt die Weiche auf dem abzweigenden Strang, so werden zwei schräg nach aufwärts gerichtete Flügel sichtbar. Im Stellwerk sind für diesen Zweck zwei getrennte Hebel vorhanden. Die Umlegung des einen Hebel bringt das einflügelige, die Umlegung des anderen Hebels das zweiflügelige Signal hervor. Beide Male aber geschieht das Ziehen des Signals durch dieselbe Drahtzugschleife. Der eine Hebel dreht die Schleife in der einen Drehrichtung, der andere in der anderen,

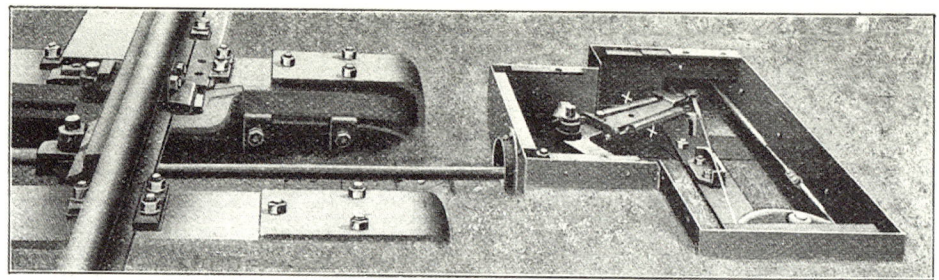

Bauart Jüdel & Co.

313. Weicheantrieb für Doppeldrahtzug
Spannfedern zum Verriegeln der Weiche bei Reißen des Drahtzugs

und das Hubwerk am Signalmast ist so eingerichtet, daß hierdurch einmal nur ein Flügel, das andere Mal zwei Flügel in die Stellung Fahrt Frei gebracht werden.

Die Riegelrolle an den Weichenzungen macht entsprechende Bewegungen. Sie dreht sich einmal rechts, das andere Mal links herum, je nachdem, ob ein einflügeliges oder ein zweiflügeliges Signal gezogen werden soll. Demzufolge ist es nötig, die Hemmvorrichtung an der Riegelrolle so auszubilden, daß sie bei der Drehrichtung für Stellen des Einflügelsignals nur dann durch die Ausschnitte der Weichenprüfstangen hindurch kann, wenn die Weiche auf dem geraden Strang liegt, bei der Drehrichtung für das Zweiflügelsignal nur dann, wenn die Weiche für den abzweigenden Strang gelegt ist.

Eine viel benutzte Bauart ist in den Übersichtszeichnungen auf Bild 314 dargestellt. Der eigentümlich geformte, gestrichelt gezeichnete Teil der Riegelrolle ist erhaben. Die Weichenprüfstange (es ist hier der besseren Übersicht halber nur eine Prüfstange gezeichnet) liegt darüber und hat Ausschnitte, durch die sich der Riegel bei richtiger Lage der Stange hindurchdrehen kann, während er sonst anstößt.

Auf Teilbild a ist die Weiche für den geraden Strang gestellt, aber unverriegelt. Auf Teilbild b hat sich die Riegelrolle mit dem Riegel in der Pfeilrichtung gedreht. Das war nur möglich, wenn die Weichenzungen richtig für den geraden Strang lagen. Teilbild a läßt deutlich erkennen, daß bei geringer Verschiebung der Prüfstange der rechts unten gezeichnete Ansatz des Riegels durch sie nicht hindurchgekonnt hätte. Bewegung des Riegels in anderer Drehrichtung wäre gleichfalls unmöglich gewesen, weil der andere Riegelansatz gegen ein festes Stangenstück gestoßen wäre.

Auf Teilbild c ist die Weiche für den abzweigenden Strang gelegt und noch un-

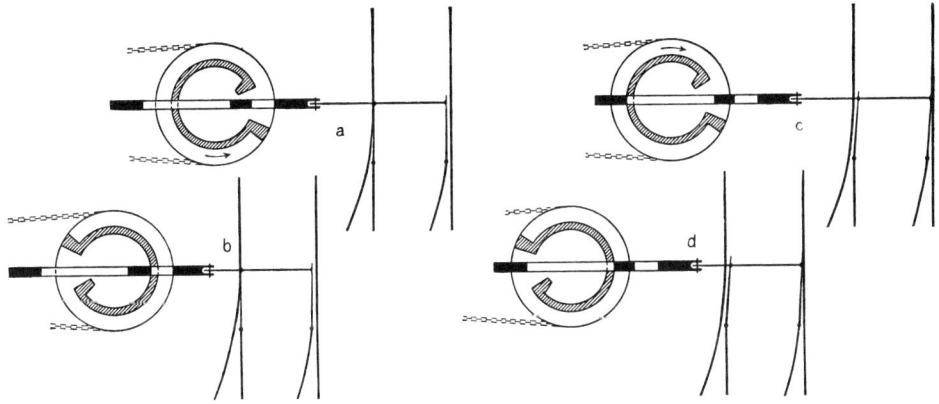

314. Weichenriegel
a) Weiche in Grundstellung unverschlossen. b) Weiche in Grundstellung verschlossen. c) Weiche umgelegt und unverschlossen. d) Weiche in umgelegter Stellung verschlossen

verriegelt. Würde der Wärter jetzt wiederum versuchen, das Einflügelsignal zu ziehen, die Riegelrolle also entgegengesetzt der Richtung des Pfeils in Teilbild c zu drehen, so würde er daran verhindert werden. Auf Teilbild d ist die Verriegelung für die Weiche zur Fahrt in die Abzweigung vollzogen. Bild 315 zeigt einen wirklichen Weichenriegel.

Bei allen Weichen, die in durchgehende Geleise führen und dementsprechend in die Prüfung durch die Signaldrahtzüge einbezogen sind, wird dem Lokomotivführer ihre Lage durch die Stellung des davorliegenden Signals kenntlich gemacht. Eine weitere Ankündigung der Weichenlage wäre in solchem Fall also entbehrlich. Da es aber in den Güter-, Verschiebe- und Abstellgeleisen eine weitere sehr große Anzahl von Weichen gibt, die keine Zungenprüfung haben und auch nicht zu haben brauchen, so kann die Anbringung besonderer Signaleinrichtungen an den Weichen nicht entbehrt werden. Der Einheitlichkeit halber sind sie an sämtlichen Weichen angebracht, in den letzten Jahren allerdings an durchgehenden Hauptgeleisen bereits häufig beseitigt.

Auch der Lokomotivführer, dessen Maschine im Verschiebedienst tätig ist, muß in genügendem Abstand von jeder Weiche über deren Stand unterrichtet werden. Nähert er sich der Weiche gegen ihre Spitze, so muß er wissen, ob er in den geraden oder in den abzweigenden Strang geleitet werden wird, kommt er von hinten heran, so

Bauart Siemens & Halske
315. Riegelrolle für Weichen
Über der Rolle der Zungenprüfstangen

316. Gleissperre
Das Gleis ist geschlossen

ist ihm erst recht kundzutun, wie die Weiche liegt, denn er muß wissen, ob nicht etwa ein Auffahren zu befürchten ist. In solchem Fall darf er nicht in die Weiche hinein, da das Auffahren als unvorschriftsmäßiger Handlung geahndet wird.

Die Zungenlage selbst ist nun erst in nächster Nähe zu erkennen; gewöhnlich ist es dann für das Bremsen bereits zu spät. Deshalb ist jede Weiche mit einem besonderen Zeichengeber ausgerüstet, einem ungefähr würfelförmigen Kasten, der bei Tag und bei Dunkelheit die gleichen weißen Formsignale erscheinen läßt. Am Tag erblickt man mit weißem Glas hinterlegte, hell schimmernde Ausschnitte in tiefschwarzem Blech, bei Dunkelheit werden die Ausschnitte durch eine in den Blechwürfel gestellte Laterne beleuchtet, so daß sie gleichfalls scharf hervortreten.

Man nennt die Vorrichtung gewöhnlich Weichenlaterne. Sie dreht sich beim Umlegen der Weiche um eine waagerechte Achse und zeigt hierdurch in beiden Fahrrichtungen wechselnde Signalbilder. Ist die Weiche für den geraden Strang gestellt, so erblickt der Lokomotivführer, sowohl wenn er gegen die Spitze, wie wenn er gegen die Wurzel der Weiche fährt, ein rechteckige Scheibe. Steht die Weiche auf Ablenkung, dann wird bei Anfahrt gegen die Spitze ein schräg aufwärts gerichteter Pfeil sichtbar. Seine Spitze deutet nach der Richtung der Ablenkung hin. Bei Einfahrt von der Wurzel her sieht der Führer bei Ablenkungslage der Weiche eine kreisrunde, weiße Fläche.

Auf großen Bahnhöfen ist stets ein ungeheures Gewimmel von Weichenlaternen zu erblicken. Es bedarf sehr großer Aufmerksamkeit der Lokomotivführer, um deren Lage stets richtig zu erkennen. Bei doppelten Kreuzungsweichen, wo vier getrennte Weichenanlagen auf kurzem Raum vereinigt sind, ist die Anbringung von vier Weichenlaternen erforderlich, um alle Stellungen nach beiden Richtungen anzukündigen. Man strebt jetzt danach, diese verwirrende Fülle von Signalen dadurch zu mindern, daß man an jeder doppelten Kreuzungsweiche nur eine einzige Laterne anordnet, die imstande ist, allein die Stellung sämtlicher vier Weichen kundzutun. In recht sinnfälliger Weise geschieht das durch die in Bild 319 wiedergebende Kreuzungsweichen-Laterne.

Stellung 1 zeigt durch das Bild der weißen Scheiben deutlich an, daß die Weichen für die Fahrt durch den geraden Strang in der Richtung A B gelegt sind, Stellung 2 zeigt

317. Gleissperre geöffnet
Signal veraltet

410

Durchfahrt von A' nach B an, Stellung 3 bedeutet Weichenlage zur Fahrt im geraden Strang von A' nach B', Stellung 4 zur Fahrt von A nach B'.

Eine besonderes Laternensignal ist dort angebracht, wo das Gleis durch Auflegen einer Sperre auf eine Schiene verschlossen werden kann. Der Verschluß wird durch einen waagerechten, schwarzen Balken auf weißem Grund angekündigt. Ist die Sperre fortgenommen, so ist durch Verdrehen der Laterne gar kein Signal sichtbar. Vor einiger Zeit noch erschien in diesem Fall ein schräg gerichteter Balken auf weißem Grund, um den Lokomotivführern immer wieder in Erinnerung zu rufen, daß an dieser Stelle die Möglichkeit einer Gleissperrung bestehe.

Trotz der zahlreichen Meldungen über Weichenlagen und Zugfahrten, die der Stellwerkswärter in seinem Arbeitsraum erhält, ist er dennoch keineswegs von der Pflicht entbunden, die Strecke jederzeit zu beobachten. Insbesondere darf die rückwärtige Strecke nicht entblockt werden, bevor der Wärter das Schlußzeichen am vorüberfahrenden Zug erblickt hat. Bei Güterzügen, die keine durchgehende Brem-

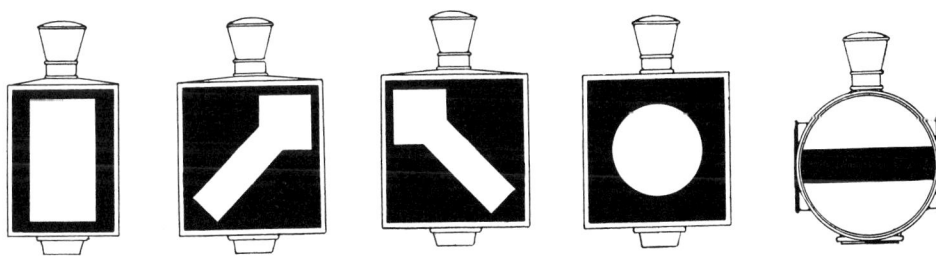

318. Weichensignale

1. Die Weiche steht auf dem geraden Strang! Gleiches Signal für Ansicht gegen die Weichenspitze und vom Herzstück aus. 2. und 3. Die Weiche steht auf dem krummen Strang! Gegen die Weichenspitze gesehen; der Pfeil zeigt die Richtung der Ablenkung an. 4. Die Weiche steht auf dem krummen Strang! Vom Herzstück aus gesehen. 5. Das Gleis ist gesperrt!

se haben, besteht ja immer die Möglichkeit einer Zerreißung des Zugs, die vom Lokomotivführer nicht bemerkt wird. Sobald auch nur ein Teil des Zugs über den Schienenstromschließer hinüberfährt, der im Blockapparat die Tastensperre beeinflußt, wird diese ausgelöst und damit die Möglichkeit des rückwärtigen Entblockens gegeben. Diese Freigabe wäre aber im Fall einer Zugzerreißung eine Falschmeldung, denn die Strecke ist ja tatsächlich nicht frei, sie ist noch durch den abgerissenen Zugteil besetzt. Die Wahrnehmung des Schlußzeichens, das sich, wie sein Name sagt, immer am letzten Wagen des Zugs befinden soll, durch den Stellwerkswärter, ist also wichtig. Nach Einführung der durchgehenden Bremse für alle Züge wird die Vorschrift der Zugschlußbeobachtung vielleicht verschwinden, weil alsdann wegen des Anschlagens aller Bremsen eine Zugzerreißung, die vom Lokomotivführer unbemerkt bleibt, nicht mehr möglich ist.

Damit die Stellwerkswärter ihr Herrschgebiet möglichst gut zu überschauen vermögen, wendet man alle Sorgfalt an, ihnen Arbeitsplätze mit guter Übersicht zu schaffen. Ältere, dicht über dem Erdboden errichtete Stellwerke werden heute an vielen Orten nachträglich hochgelegt, die niedrigen Häuser in sogenannte Türme verwandelt, wie man das in den letzten Jahren z. B. auf der Berliner Stadtbahn in ausgedehntem Maß beobachten konnte. Man bringt möglichst viele Fenster in den Wänden der Stellwerksräume an, rüstet auch jeden von ihnen nach Möglichkeit mit einem Erker aus, von dem freie Sicht nach drei Seiten möglich wird.

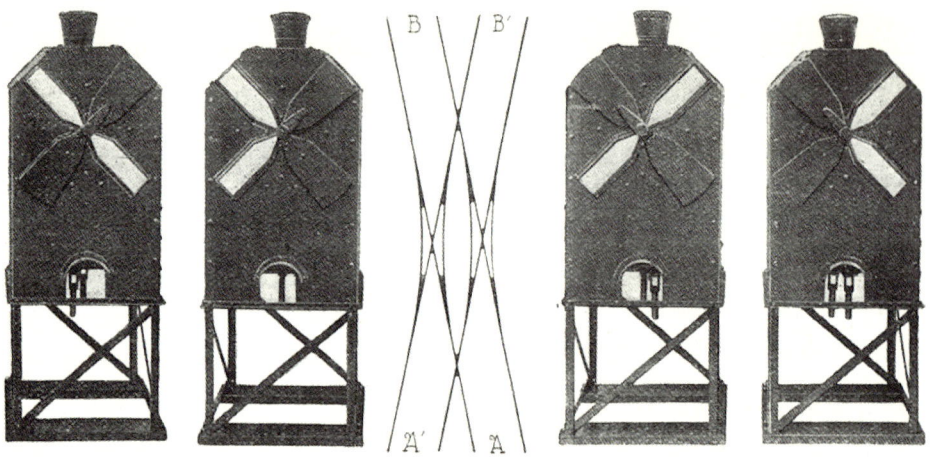

Bauart AEG

319. Signal an einer doppelten Kreuzungsweiche
Die Weiche ist gelegt für Fahrt: 1. von A nach B. 2. von A′ nach B. 3. von A′ nach B′. 4. von A nach B′.

Die größte Zahl der Stellwerkshäuser steht heute noch seitlich neben den Strekken. Neuerdings herrscht das Bestreben vor, den gleich zu besprechenden Kraftstellwerken, welche nicht mit den hieran hindernden Drahtzügen belastet sind, die weit günstigere Stellung senkrecht zur Richtung der Geleise zu geben. Befindet sich der Stellwerksraum so quer über der Strecke, dann vermag man von ihm aus an jeder Stelle frei nach vorwärts und nach rückwärts zu schauen. Bei dieser Aufstellungsart muß jedoch sehr an Raum gespart werden. Man kann meistens keinen einfachen, in seinem Querschnitt überall rechteckigen Bau ausführen, sondern muß für den geringen Raum zwischen den Geleisen schmale Stützen ausbilden. So gibt es große Stellwerkshäuser, die auf richtigen Brücken liegen. Man hat pilzförmige Gestaltung, also einen schmalen Fuß mit breiter oberer Ausladung angewendet, oder noch öfter jochartige Ausbildung gewählt.

Jedes Stellwerk und jede Blockstelle haben eine abgekürzte Bezeichnung für den telegraphischen Anruf. Diese Bezeichnung wird auf einer Tafel fast stets auch an einer Außenwand angebracht. Meist ist die Bezeichnung aus dem Anfangsbuchstaben des Bahnhofs und der Himmelsrichtung gebildet, in der das Stellwerk liegt. So bedeutet z. B. Fs Fulda-Süd, Bot, Breslau-Ostturm, No Naumburg-Ost, Hnt Hünefeld-Nordturm, Bwt Bülzig-Westturm.

Wir haben bisher ausschließlich von der Bedienung der Signale und Weichen durch die Kraft des menschlichen Arms gesprochen. Nur bei der Erörterung besonders weit vorgeschobener Vorsignale wurde eine andere Kraftquelle erwähnt.

Auf großen Bahnhöfen geht man jedoch mehr und mehr dazu über, den Stellwerksmannschaften die körperliche Arbeit beim Bewegen der Signale und Weichen ganz abzunehmen. Sie haben so viele Beobachtungen zu machen, trotz aller Sicherungen so viel an Aufmerksamkeit zu leisten, daß man ihren Geist nicht durch körperliche Arbeitsleistung ermüden will. In großen Stellwerken ist ja ein unaufhörliches Bewegen von Signalen und Weichen erforderlich, und die Bereiche, die im Wirkungsfeld solcher Anlagen liegen, wachsen immer mehr. Es wird auch schließlich das Gewimmel der beweglichen Drahtzüge so groß, daß es in den schmalen Räumen zwischen oder neben den Geleisen nicht mehr untergebracht

Bauart Siemens & Halske

320. Mechanisches Stellwerk
Die kurzen Griffe über den Stellhebeln sind die Fahrstraßenhebel. Darüber Blockkasten

werden kann. Alle diese Gründe haben dazu geführt, die Signal- und Weichenstellungen durch andere Kräfte besorgen zu lassen, die menschliche Hand nur noch zur Anregung der Bewegung zu benutzen.

Hier und da ist Preßwasser zu diesem Zweck in Benutzung, häufiger Druckluft. Die weiteste Verbreitung aber hat der elektrische Strom auch in diesem Bereich gefunden.

Wo Weichen und Signale elektrisch gestellt werden, muß an jedem Signal und an jeder Weiche ein Motor angebracht werden. Im Stellwerk gibt es dann keine großen Hebel mehr, sondern nur noch Schaltgriffe, deren Drehung jedesmal ein Einschalten des zum Motor laufenden Stroms bewirkt.

Der Motor kann in zwei Richtungen laufen: hin sowohl wie zurück. Hat der Anker die Umstellung beendet, so schaltet er sich von selbst ab und bewirkt durch Bewegung von Steuerschaltern mittels einer Steuerscheibe, daß der nächste Stromzufluß seine Drehung im anderen Sinn bewirkt. Bild 331 zeigt, wie diese Umschaltung bei einem Weichenmotor vor sich geht.

Die Übertragung der Motorbewegung auf den Antrieb geschieht durch eine Schnecke, die in ein Zahnrad eingreift. Bei den Signalantrieben, die in senkrecht stehenden eisernen Kräften untergebracht werden, ist die Zugstange, die zum Signalarm aufsteigt, mittels verschiedener Hebel an dieses Zahnrad angelenkt. Bei Weichenantrieben, die waagerecht liegen, ist auf der Achse des Zahnrads ein zweites, kleineres Zahnrad befestigt, das in eine Zahnstange eingreift. Diese wird durch Drehung der Zahnräder hin und her geschoben, wodurch Umlegung der Weichenzungen erfolgt.

Signal- wie Weichen-Antriebe haben recht verwinkelte Bauarten, da in unmittelbarer Nähe der Bewegungsvorrichtungen zahlreiche Überwachungsmittel eingebaut sind. Die wirklichen Stellungen der Signalarme werden mit Hilfe von

413

Bauart Jüdel & Co.

*321. Verschluß-Einrichtung
in einem Drahtzug-
stellwerk*
Hinter dem Stellwerk mit den
Hebeln sind die von vorn nach
hinten laufenden Verschluß-Li-
neale sichtbar, welche mittels
der Fahrstraßenhebel bewegt
werden

*322. Stellwerkhaus
in Pilzform*

323. Stellwerkshaus auf eiserner Brücke
vor der Einfahrt in den Brüsseler Hauptbahnhof

Überwachungsmagneten an die Stellwerke zurückgemeldet, und in ähnlicher Weise erfolgt die Prüfung der Weichenzungen. Die selbsttätigen Haltfallvorrichtungen an Signalen und die Auffahrbarkeit der Weichen erfordern weitere Vorkehrungen.

Die Überwachung und die Herbeiführung der Abhängigkeiten ergeben in den elektrischen Stellwerken sehr mannigfaltige Stromführungen und Schalterbauten. Das Ergebnis dieser Wirrnis ist jedoch eine außerordentlich scharfe Sicherung aller Fahrstraßen. Die überaus zahlreichen Meldungen, die ständig im elektrischen Stellwerk einlaufen, die Unzahl der Festhaltungen, die hier untergebracht sind, bewirken, daß die Sicherheit in elektrischen Stellbezirken die in mechanischen noch bei weitem übertrifft.

Die Signalordnung für das Deutsche Reich handelt nicht nur von den bereits besprochenen, feststehenden Signalen, sie sieht auch bewegliche Zeichengeber vor. Hiervon gibt es zwei Gruppen: die Wärtersignale und die Signale am Zug.

324. Stellwerkshaus in Jochform
Leipziger Hauptbahnhof

415

Will ein Wärter einen Zug aus irgendeinem Grund auf offener Strecke zum Halten bringen, so stellt er rechts vom Gleis eine rechteckige, rote, weißgeränderte Scheibe auf. Bei Dunkelheit wird über die Scheibe eine rot geblendete Laterne gehängt. Die zur Abgabe dieses Signals notwendigen Vorrichtungen hat jeder Wärter in seiner Bude, desgleichen die Scheiben für das Langsamfahrsignal (Bild 299).

Dies Signal dient dazu, eine Strecke zu kennzeichnen, die, weil darin Bauarbeiten stattfinden, oder weil etwa das Gleis sich gelockert hat, mit geringerer Geschwindigkeit durchfahren werden soll, als sonst hierfür vorgeschrieben ist. Der Anfang dieser Strecke wird durch eine gelbe Scheibe kenntlich gemacht, auf die ein A gezeichnet ist, am Ende wird eine grüne E-Scheibe aufgestellt. Bei Dunkelheit treten an die Stelle der gelben Scheibe zwei unter 45 Grad übereinander hängende gelb geblendete Laternen, die grü-

Bauart Siemens & Halske
325. Elektrischer Signalantrieb

ne Scheibe wird durch zwei ebenso aufgesteckte grüne Laternen ersetzt.

Auch der Zug selbst kann Signalmeldungen abgeben (Bild 337). Seine Spitze wird am Tag nicht besonders gekennzeichnet, da das Herannahen ja schon aus weiter Ferne sichtbar wird. Bei Dunkelheit trägt die Lokomotive zwei weißleuchtende Laternen. Befährt der Zug auf zweigeleisiger Bahn ausnahmsweise das falsche Gleis, so träg die Lokomotive bei Tag eine rote Scheibe, bei Dunkelheit wird eine der beiden Lokomotiv-Laternen rot geblendet.

Der Zugschluß, dessen Hervorhebung für die Blockwärter ja von besonderer Wichtigkeit ist, wird am Tag dadurch gekennzeichnet, daß an den, in der Fahrtrichtung gesehen, rechts liegenden Puffer des letzten Fahrzeugs eine rote Scheibe gehängt und auf Halter am Dach Oberwagenscheiben, zwei

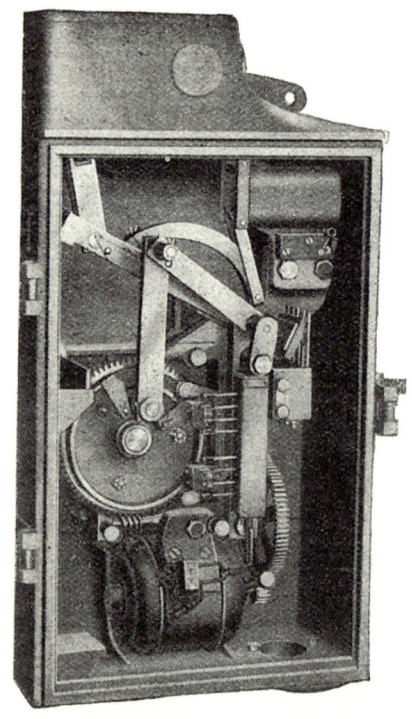

326. Einrichtung des elektrischen Signalantriebs
Unten der Motor, der durch eine Schnecke das Getriebe in Bewegung setzt

nach vorn und nach hinten sichtbare, viereckige, rot und weiß gestrichene Blechplatten gesteckt werden. Bei Dunkelheit wird die Schlußscheibe am Puffer durch eine rot geblendete Laterne ersetzt. An die Stelle der Oberwagenscheiben treten Oberwagenlaternen, die aber nunmehr nach jeder der beiden Richtungen ein anderes Licht aussenden. Sie sind nach hinten rot geblendet, nach vorn dagegen grün. Durch diese Einführung ist es möglich, die Bewegungsrichtung eines jeden Zugs, der sichtbar wird, schon von weither zu erkennen. Ein Zug, der sich vom Beschauer fortbewegt, zeigt stets rotes Licht. Wenn er auf den Beschauer zukommt, sieht man zwei grüne Lichter.

Einzeln fahrende Lokomotiven oder Triebwagen führen das Schlußzeichen nur am Puffer.

In sehr einfacher und wirksamer Weise werden die Signale am Zug dazu benutzt, ganz bestimmte Meldungen, die auf anderem Weg nicht mehr rasch genug erteilt werden können,

Bauart Siemens & Halske
327. Vorsignal mit elektrischem Antrieb
Davor die Merktafel

weithin sichtbar über die Strecke zu tragen. Ist eine der beiden rechteckigen, rot und weiß gestrichenen Oberwagenscheiben durch eine runde, weiße, schwarz geränderte Scheibe ersetzt, oder bei Dunkelheit an Stelle einer der nach rückwärts rot geblendeten Oberwagenlaternen eine solche getreten, die nach rückwärts weisses Licht aussendet, so bedeutet dies: »Ein Sonderzug folgt nach!« Eine weiße, schwarz gerädete Scheibe, die in einen Halter vor den Schornstein der Lokomotive gesteckt ist oder eine weiß leuchtende Laterne an dieser Stelle sagen: »Ein Sonderzug kommt in entgegengesetzter Richtung!« Eine runde, gelbe Scheibe am selben Ort ruft den Bahnbediensteten zu: »Die Telegraphen- und Fernsprechleitung ist zu untersuchen!« Bei Nacht wird dieses letzte Signal nicht gegeben, da die entsprechenden Arbeiten im Dunkeln nicht ausgeführt werden können.

Inmitten des weiten, farbenstrahlenden Meers der sichtbaren Signale befindet sich ein Inselchen, das der tönenden Signalgebung gewidmet ist.

Nach den eindrucksvollsten Erscheinungen im Eisenbahnbetrieb, den Lokomotiven und den Hauptsignalen, ist die im allgemeinen Kreis bekannteste Einrichtung wohl die große, würdevoll dastehende Wärterglocke. Jeder hat beim Spaziergang über stille Fluren sicherlich schon einmal von weither ihren hallenden Klang vernommen, welcher der einzige wohlklingende Ton im Eisenbahnbetrieb ist. Zu all dem schrillen Knirschen und Pfeifen, das sonst aus der Welt auf Schienen hervordringt, wirkt er doppelt angenehm.

328. Elektrischer Weichenantrieb

Die betriebstechnische Aufgabe dieser großen Läutewerke ist, die auf freier Strecke aufgestellten Wärter und Wächter über Ereignisse zu benachrichtigen, die sich demnächst auf den Geleisen in ihrer Nähe abspielen werden. Bestimmte Amtsstellen, Zugmeldestellen genannt, sind mit der Abgabe der Läutesignale

329. Elektrischer Weichenantrieb geöffnet
Rechts der Motor; links unten hinausragend: Stellstange für die Weichenzungen

beauftragt. Der Wirkungsbereich geht immer bis zur nächsten Zugmeldestelle. Dort beginnt der nächste Meldebezirk. Nach der Signalordnung für das Deutsche Reich können vier verschiedene Läutesignale gegeben wer-

330. Zahnstangenantrieb
bei elektrischer Weichenbewegung. Weichenantrieb von unten gesehen

418

den. Sie bestehen aus einer bestimmten Anzahl von Glockenschlägen, gewöhnlich fünf, die gruppenweise aneinander gereiht werden.

Signal 1: − − − − −

bedeutet: »Ein Zug fährt in der Richtung von A nach B!«

Signal 2: − − − − − − − − −

sagt: »Ein Zug fährt in der Richtung von B nach A!«

Signal 3: − − − − − − − − − −

heißt: »Der Zugverkehr ruht!« Dasselbe Signal wird gegeben, falls eins der beiden vorher erwähnten Abläutesignale zurückgenommen werden soll.

Signal 4:: − − − − − −   − − − − − − − − − − − − − − −

ist das Gefahrsignal. Es befiehlt, alle Züge aufzuhalten, weil sich etwas Außerordentliches ereignet hat. Sobald ein Streckenwärter dieses Signal hört, hat er sofort mit geschwungener roter Fahne, die ja immer in seinem Besitz ist, oder mit der rotgeblendeten Laterne jedem nahenden Zug entgegenzulaufen und ihn zu stellen. So wird es möglich, Züge auch an solchen Orten aufzuhalten, wo sich kein feststehendes Signal befindet.

Die Läutewerke werden elektrisch betätigt. Der Strom, der ihnen durch die Leitung zufließt, besorgt jedoch nicht selbst die Bewegung des schweren Glockenhammers, er gibt vielmehr nur die Anregung für die Schläge. Im Körper des Läutewerks ist ein kräftiges Uhrwerk untergebracht, das durch ein Gewicht

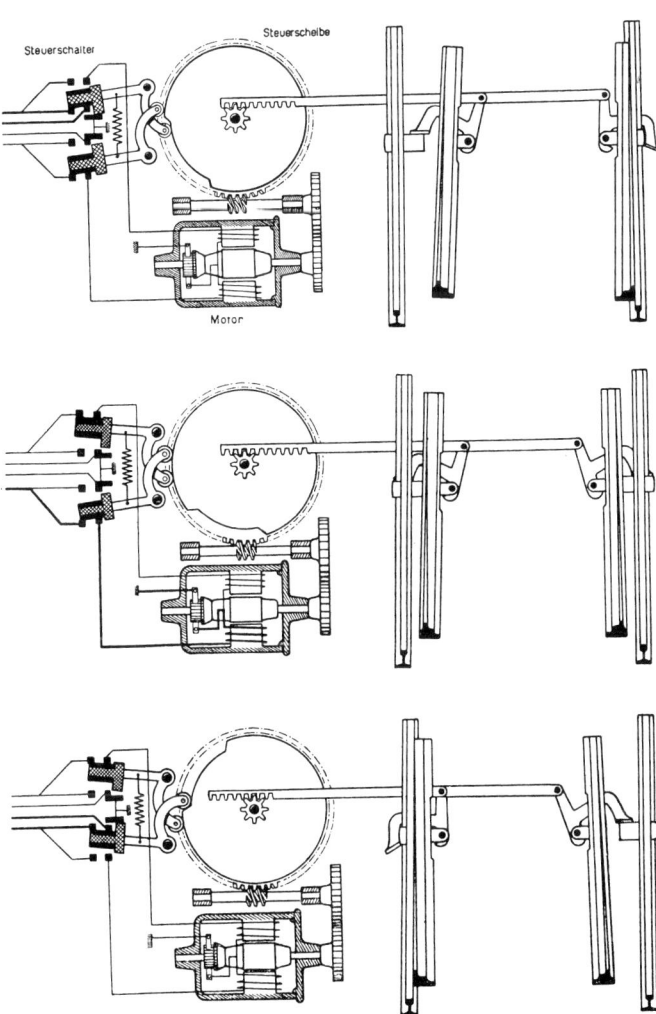

331. Die Steuerschalter am elektrischen Weichenantrieb
1. Weiche in Grundstellung. Ausleger des oberen Steuerschalters im Ausschnitt der Steuerscheibe: Motor für Umlegung der Weiche aus der Grundstellung geschaltet. 2. Beide Schalterregler auf dem Rücken der Steuerscheibe: Motor läuft. 3. Ausleger des unteren Steuerschalters im Ausschnitt der Steuerscheibe: Motor für Rücklegung der Weiche geschaltet

Erbaut von Siemens & Halske

332. Elektrisches Stellwerk
An die Stelle der großen mechanischen Hebel sind kleine runde Schaltergriffe getreten

Erbaut von der AEG

333. »Elektrische Abhängigkeiten«
in einem großen elektrischen Stellwerk

in Bewegung gesetzt wird, sobald eine Hemmung aus einem der Zahnräder entfernt ist. Das Räderwerk läuft alsdann um, ein im Gehäuse nach oben steigendes Drahtseil wird in bestimmten Abständen angerissen, wodurch der Hammer hochgeworfen wird, um alsbald in scharfem Schlag gegen die Glockenschale zurückzufallen. Von Zeit zu Zeit muß das Gewicht mit Hilfe einer Kurbel hochgewunden werden. Die Läutewerke sind so hoch gebaut, damit das Gewicht einen nicht allzu geringen Fallraum unter sich hat, so daß das Aufziehen nicht zu häufig vorgenommen zu werden braucht.

Der elektrische Strom besorgt hier also nichts weiter als das Auslösen der Hemmung, indem er einen Elektromagnet erregt, der darauf seinen Anker, das Sperrglied, anzieht. Würde der Strom selbst das Bewegen des Glockenhammers besorgen müssen, so wären sehr viel stärkere Stromquellen notwendig, als sie für diesen Zweck vorhanden sind.

Läutewerke mit dieser Anordnung sind bereits im Jahre 1846 von *Leonhardt* auf

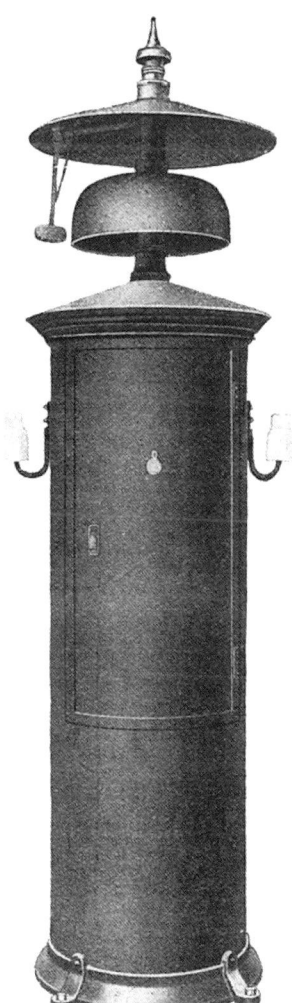

334. *Streckenläutewerk*

der thüringischen Eisenbahn zuerst eingeführt worden. Es ist dies derselbe Leonhardt, in dessen Werkstatt Werner *Siemens* zum ersten Mal veranlaßt wurde, seine Aufmerksamkeit den Telegraphenapparaten zuzuwenden. Leonhardts Beschäftigung mit dem Wheatstoneschen Nadeltelegraphen regte Werner Siemens zu dessen Verbesserung an, was den Anfang der überaus fruchtbaren Lebensarbeit dieses großen Manns auf dem Gebiet der elektrischen Zeichengebung bedeutete.

Die Eisenbahnläutewerke haben dann später, nämlich im Jahre 1856, Werner Siemens unmittelbar zu einer seiner bedeutendsten Erfindungen veranlaßt. Der Auslösestrom wurde bis dahin durch einfaches Einschalten galvanischer Elemente gegeben. Deren Unterhaltung war sehr unbequem und kostspielig. Siemens setzte an ihre Stelle die magnetelektrische Maschine, die durch eine Kurbel bewegt wird. Es ist dies eben die Stromkurbelvorrichtung, der wir bereits an den Blockwerken begegnet sind, und die auch an den heutigen Fernsprechern, wie an so vielen anderen Stellen, unverändert benutzt wird. Ihr Hauptteil ist der damals von Siemens geschaffene Doppel-T-Anker (I), eine besonders günstige Form für den beweglichen Teil solcher kleinen magnet-elektrischen Maschinen.

Wenn ein Bahnwärterposten an einer Stelle untergebracht ist, wo mehrere Strecken vorbeiführen, so wird dort eine der Streckenzahl entsprechende Anzahl von Läutewerken aufgestellt. Der Wärter muß nun ohne weiteres unterscheiden können, von welcher Strecke her ihm ein Läutesignal gegeben wird. Zu diesem Zweck gibt es außer den gewöhnlichen Läutewerken mit einer Glockenschale solche mit zwei und mit drei Glockenschalen. Aus dem Einklang, Zweiklang oder Dreiklang erkennt der Wärter die zeichengebende Richtung.

Da alle zwischen zwei Zugmeldestellen aufgestellten Läutewerke hintereinander in eine durchgehende Leitung geschaltet sind, so ertönen sie sämtlich, sobald in der zugehörigen Zugmeldestelle die Stromkurbel gedreht wird, zu gleicher Zeit. Der Zeitabstand zwischen dem Ertönen des Läutesignals und der Ankunft des vorgemeldeten Zugs ist also an jedem Posten ein anderer. Der Wärter kennt ihn aus Erfahrung.

Es ist eine allbekannte Tatsache, daß nichts belehrender wirkt als Fehler, die man begangen hat. Man muß sie freilich als solche erkennen und ihren Ursachen nachspüren, um diese auszurotten. Wer sich ohne Fehl dünkt, wird dies freilich nicht nötig zu haben glauben und deshalb nicht zum Besseren aufsteigen.

Es wäre begreiflich, wenn die Eisenbahnsicherungs-Ingenieure, die mit den eben beschriebenen, feinnervigen und bis ins letzte durchdachten Vorrichtungen arbeiten, zu der Meinung gekommen wären, daß hier nichts mehr zu bessern sei. Nach Menschenfähigkeit ist alles geschehen, um das Leben der Eisenbahnfahrgäste zu schützen, eine lückenlose Schutzwehr scheint aufgerichtet. Dennoch ist der Himmel, der sich über der Schienenwelt ausspannt, nicht immer heiter. Ohne daß Wolkenansammlungen vorhergegangen sind, zuckt urplötzlich der Blitz des Verhängnisses nieder.

Eisenbahnunglück! Ein furchtbares Wort! Es greift selbst in den Tagen, da man fortwährend von blutigen Schlachten liest, noch schwer an alle Herzen. Die auf den Kampffeldern dahinsinken, sind ausgezogen, um ihr Leben fürs Vaterland hinzugeben, die aber neben dem Eisenbahndamm blutend auf dem Feld liegen, sind mit dem Gedanken an das Leben in die Ferne hinausgefahren. Sie strebten freudig und hoffnungsvoll einem fernen Ziel entgegen, da griff ihnen der Tod jäh ans Herz. Aus dem heißbewegten Leben des Eisenbahnzugs führte der Weg in einem Augenblick zu der ewigen Unbeweglichkeit der Grabesruhe.

Eisenbahnunfälle kommen immer wieder vor. Das weiß ein jeder, und dennoch denkt niemand an die Gefahr, wenn er in den Zug steigt oder mit der unerhörten, stets zerstörungsbereiten Geschwindigkeit von hundert Kilometern in der Stunde dahinfährt.

Und ganz mit Recht hält der auf der deutschen Eisenbahn Reisende den Gedanken an ein solches Vorkommnis von sich fern.

Daß jemand auf der Eisenbahn durch ein Unglück umkommt, ist höchst unwahrscheinlich und wird immer unwahrscheinlicher. Nach der Statistik kamen im Jahre 1900 auf 10 Millionen beförderte Personen acht verunglückte, im Jahre 1906 waren es sechs, im Jahre 1909 nur noch fünf Verunglückte auf die gleiche Zahl der Beförderten. Obgleich im Jahre 1900 nur 844 175 747 Personen, 1909 dagegen 1 443 472 030 befördert wurden, ist in diesem Zeitraum die Zahl der Verunglückten noch gesunken. 1900 waren es 704 Getötete und Verletzte, 1909 nur noch 670. Es liegen ungünstigere Jahre dazwischen, die immer stärker werdende Verminderung der Unglücksstelle ist jedoch deutlich erkennbar.

In jedem Jahr ist eine gewisse Zahl solcher höchst bedauerlichen Ereignisse Schwächen in der Eisenbahnsicherung zuzuschreiben. Daraus geht hervor, daß auch in diesem so kräftig und sorgsam angebauten Bezirk immer noch Verbesserungen vorzunehmen sind. Wo hier angepackt werden muß, wird man am besten durch prüfende Betrachtung der Fehlerursachen erkennen. Der bekannte Eisenbahntechniker Ludwig Ritter *von Stockert* hat auf diesem Gebiet durch sein höchst lehrreiches Buch »Eisenbahnunfälle« trefflich vorgearbeitet. Er hat hierin eine sehr große Anzahl von Eisenbahnunfällen zusammengestellt und nach ihren Ursachen geordnet. Einige der Schilderungen Stockerts seien hier nacherzählt.

Zunächst mögen zwei Unglücksfälle dargestellt werden, aus denen die nachdrückliche Wirkung der Blockeinrichtung klar erhellt Die beiden furchtbaren Ereignisse hätten nicht eintreten können, wenn die Züge unter Blockschutz gefahren wären.

Aus von Stockert: »Eisenbahnunfälle«
335. Eisenbahnunfall durch Fehler in der Streckensicherung
Nach dem Zusammenstoß bei Ludhiana in Indien am 25. Dezember 1907

Aus von Stockert: »Eisenbahnunfälle«
336. Eisenbahnunfall im Nebel
Folgen eines Zugzusammenstoßes bei Mühlheim a. M. am 8. November 1900

Am 25. Dezember 1907 um vier Uhr früh sind auf der eingeleisigen indischen Nordwestbahn, zwischen den Bahnhöfen Ludhiana und Ladhowal zwei Personenzüge in voller Fahrt aufeinandergestoßen. Hierbei haben sich beide Lokomotiven fast senkrecht aufgerichtet und sind in dieser seltsamen Stellung, die Bild 335 zeigt, stehen geblieben. Die Maschinen sowohl wie die Wagen beider Züge wurden schwer beschädigt, einige Wagen gänzlich zertrümmert. 21 Personen, darunter 6 Zugbegleiter, blieben tot, 8 Personen, darunter 4 Bahnbedienstete, wurden schwer verletzt. Der Schaden an Betriebsmitteln belief sich auf rund 250 000 Mark.

Die Strecke besitzt keine Blockeinrichtung der hier geschilderten Art. Das Unglück entstand dadurch, daß der zuständige Verkehrsbeamte auf der Station Ladhowal einen Zug in der Richtung auf Ludhiana ausfahren ließ, während ein Gegenzug von dort her unterwegs war.

Etwas Ähnliches geschah am 7. August 1905 auf der eingleisigen Strecke Spremberg-Görlitz, die keine Streckenblockung besaß. Durch einen unbegreiflichen und in der Geschichte der deutschen Eisenbahnen überaus seltenen Fehler wurde der von Spremberg nach Görlitz fahrende Berliner Schnellzug in den Abschnitt zwischen Spremberg und Schleife eingelassen, obgleich auf demselben Gleis ein entgegenkommender Schnellzug zu erwarten war. Beide Züge befanden sich bei der Annäherung in voller Fahrt, so daß der Zusammenstoß von den ärgsten Folgen begleitet war. Beide Lokomotiven, vier Gepäckwagen und fünf Personenwagen sind entgleist und zum größten Teil zerstört worden. 17 Tote, darunter beide Lokomotivführer und Heizer, 14 Schwerverletzte und zahlreiche Leichtverwundete waren die Opfer. Der entstandene Sachschaden wurde auf eine Million Mark beziffert.

Während, wie gesagt, die hoch entwickelte Blockeinrichtung, welche stets ohne Gedankenfehler arbeitet, diese Vorkommnisse unmöglich gemacht hätte, wenn sie vorhanden gewesen wäre, ist aus anderen, freilich ungemein seltenen Beispielen doch zu erkennen, daß auch sie nicht immer vollkommen durchgreifende Hilfe zu gewähren vermag. Das freilich sei ein für alle Male festgestellt: wird auf einer Strecke der Block benutzt und sind die unter seinen Einfluß gestellten Signale nicht durch besondere Umstände in ihrer Wirkung beeinträchtigt, dann kann ein Unglück durch mangelnde Zugdeckung niemals eintreten. Aber Menschenwerk, wenn es auch noch so sorgsam errichtet ist, bleibt eben doch immer ein Ding, das mit Fehlern behaftet ist. Wie geschickt die kalte Hand des Verhängnisses selbst durch das dicht gesponnene Netz der besten Eisenbahnsicherung hindurchzugreifen vermag, zeigen, geradezu an einem Schulbeispiel, die Hergänge, die sich vor dem Eisenbahnzusammenstoß zwischen Mühlheim a. M. und Offenbach am 8. November 1900 abspielten.

Der D-Zug Berlin-Frankfurt a. M. war vom Bahnhof Mühlheim in der Richtung nach Offenbach verspätet abgefahren. Als er sich der zwischen den beiden Bahnhöfen liegenden Blockstelle 11 näherte, stand deren Signal auf Halt, weil sich zwischen der Blockstelle und dem Bahnhof Offenbach eine rückkehrende Lokomotive befand.

Es herrschte an diesem Tag dichter Nebel. Der Führer des D-Zugs erkannte das Haltsignal zu spät und fuhr um etwa 200 Metern darüber hinaus. Der Wärter in der Blockstelle sah den D-Zug im Nebel verschwinden. Da die Strecke im gleichen Augenblick vom Bahnhof Offenbach her freigeblockt wurde, focht ihn dies nicht weiter an; der Streckenabschnitt bis Offenbach mußte ja nun frei sein, und dem D-Zug, den er in voller Weiterfahrt nach Offenbach wähnte, konnte nichts Gefährliches zustoßen. Der Wärter löste, nach Entfernen eines Bleisiegels, die vom Zug wegen der Haltstellung des Signals ja nicht ordnungsgemäß beeinflußte Tastensperre mit der Hand auf, stellte, um seinen Block in Ordnung zu halten, das Signal rasch auf Fahrt Frei und auf Halt und entblockte nun die vom D-Zug ja geräumte rückliegende Strecke nach Mühlheim.

Der Lokomotivführer des D-Zugs aber hatte während des Vorbeifahrens gesehen, daß sein Signal auf Halt lag. Er brachte seinen Zug in der schon genannten Entfernung vom Signal zum Halten und drückte ihn nun langsam hinter das Signal zurück. Von der nur einen Augenblick währenden Fahrt-Frei-Stellung des Signals hatte er nichts wahrgenommen. Er blieb nun vor dem Signal stehen und wartete auf die Freigabe.

Erst einige Zeit später erblickte der Blockwärter, dessen Fernsicht durch den dichten Nebel stark beschränkt war, zu seinem Entsetzen den D-Zug vor dem Signal. Da er die Strecke nach Mühlheim hin bereits entblockt hatte und infolge der Verspätung des D-Zugs unmittelbar hinter diesem einen Personenzug erwartete, lief er eiligst zur Lokomotive und forderte den Führer zur Weiterfahrt auf.

Es war jedoch bereits zu spät. Der Führer des nachfolgenden Personenzugs erkannte ebenfalls erst in unmittelbarer Nähe das Haltsignal der Blockstelle und die Schlußlichter des zurückgeschobenen Zugs. Ein Auffahren war unvermeidlich, und es geschah mit großer Heftigkeit. Der letzte Wagen des D-Zugs wurde derart zusammengedrückt, daß die Türen nicht mehr geöffnet werden konnten. Der ausströmende Inhalt des beschädigten Gasbehälters entzündete sich an dem Feuer der aufgefahrenen Lokomotive. Ein Teil der Reisenden konnte sich noch retten, doch haben 12 Personen hierbei das Leben eingebüßt, 4 wurden verletzt.

Der Unfall hatte neben einer Reihe anderer Maßnahmen die Vorschrift zur Folge, daß ein Zug, der ein auf Halt stehendes Signal überfahren hat, nicht ohne Zustimmung der zugehörigen Blockstelle zurückgedrückt werden darf.

Ein Ereignis wie das eben geschilderte mit seiner seltsamen Verkettung von Umständen dürfte sich kaum jemals wiederholen. Aber immer wieder wird es naturgemäß eine neue Zusammenballung von Ereignissen geben, die Unheil herbeizuführen vermag. Die vielfach gepanzerte Verteidigungsstellung, welche durch die Blockeinrichtung gebildet wird, ist freilich nur unter ganz besonderen Umständen zu überrennen. Die düstere, gegen die Sicherheit auf der Eisenbahn anstürmende Macht sucht daher auch meist den Stirnangriff zu vermeiden, indem sie von der Seite her die Stellung umgeht. Auf diese Weise findet die unheilvoll Waltende hier und da weitere Gelegenheit zu heftigen Schlägen.

Die Blockeinrichtung ist vortrefflich. Aber ihre Macht reicht nicht weiter als bis zu den Flügeln der Signale. Sie sorgt dafür, daß diese sich stets, wenn es erforderlich ist, in deckender Stellung befinden. Damit jedoch endet der Einfluß des Blocks. Wenn die Signale nicht beachtet werden, so sind alle die feinen Sicherungen umsonst aufgewendet gewesen.

Wir verfügen in Deutschland über ein vorzüglich geschultes und äußerst pflichttreues Lokomotivpersonal. Dennoch wiederholt sich das Überfahren von Haltsignalen immer wieder. Ein paar Augenblicke der Unaufmerksamkeit genügen, um den Lokomotivführer an einem auf Halt liegenden Signal vorbeifahren zu lassen, das er bei vielen hundert früheren Fahrten stets in Erlaubnisstellung, also auf Fahrt Frei, vorgefunden hat. Insbesondere spielt das Wetter hier eine bedeutende Rolle.

Ist die Luft klar, so sind die Form des Hauptsignals am Tag, die Farbe seines Lichts in der Nacht schon so weit sichtbar, daß selbst bei Hundertkilometer-Geschwindigkeit eine sehr deutliche Warnung möglich wird. Sobald aber der jedem Eisenbahnbetriebsmann so sehr verhaßte Nebel fällt, wird die Fernsicht außerordentlich verringert, zuzeiten verschwindet sie ganz. Der Stand des Vorsignals muß dann oft in einem kurzen Augenblick aufgenommen werden. Wird dieser verfehlt, oder irrt sich der Führer gar bei der raschen Beobachtung, dann läuft der Zug mit Sicherheit an dem Halt gebietenden Hauptsignal vorbei, dessen Befehl ja auch erst im letzten Augenblick kund wird. Die nimmer ruhende Technik der Eisenbahnsicherung rechnet mit derartigen Vorfällen und sucht, sie unschädlich zu machen.

Als besonders eindringliches Mittel hat sich hier die vielfache Wiederholung des Vorsignals und des Hauptsignals bewährt. Es handelt sich um eine Lichtwiederholung, weil bei Nebel sofort alle Signale beleuchtet werden. Formen sind dann überhaupt nicht mehr wahrzunehmen.

Bei der verstärkten Sicherung tritt an die Stelle der einzeln stehenden Masten für Vorsignal und Hauptsignal eine Mastenreihe. Den beiden allgemein üblichen Meldevorrichtungen werden in kurzen Abständen weitere beigefügt, die sämtlich das Licht des Hauptsignals aufblinken lassen. So ist die sehr stark befahrene und häufigen Nebeln ausgesetzte Strecke der belgischen Staatsbahnen zwischen Brüssel und Antwerpen besonders wirksam mit derartigen Lichtwiederholungssignalen versehen. Vor den Vorsignalen stehen drei, vor den Hauptsignalen zwei Wiederholer in Abständen von je 150 Metern. Jeder von ihnen trägt in einer gemeinschaftlichen Schutzkappe zwei Laternen mit farbigen Glühlampen für Halt und Fahrt Frei. Durch den Flügel des Hauptsignals wird immer die seiner Stellung ent-

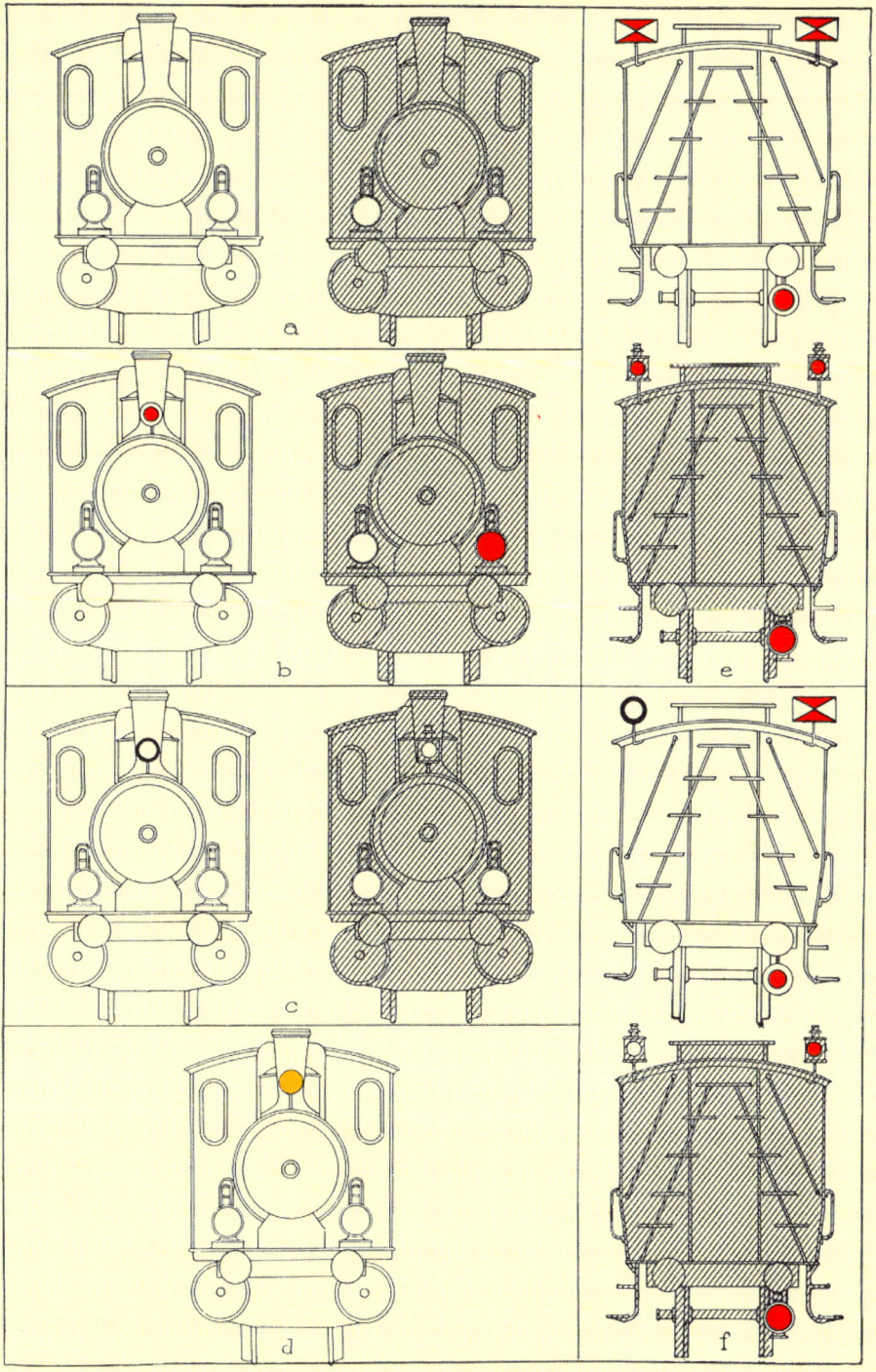

337. Signale am Zug

a) Kennzeichnung der Spitze
    bei Tag   bei Dunkelheit
   (kein besonderes Signal)
b) Der Zug befährt ausnahmsweise das falsche Gleis
    bei Tag   bei Dunkelheit
c) Ein Sonderzug kommt in entgegengesetzter Richtung
    bei Tag   bei Dunkelheit
d) Die Telegraphenleitung soll untersucht werden
    Dieses Signal wird nur bei Tag gegeben

e) Zugschluß-Signal

    bei Tag
    bei Dunkelheit

f) Ein Sonderzug folgt nach,

    bei Tag
    bei Dunkelheit

Erbaut von Siemens & Halske

338. Nebelsignal
Vorrichtung zum Wiederholen des Signallichts am Hauptsignal bei unsichtigem Wetter. In der
Mitte des Hintergrunds steht ein zweites Nebelsignal.

sprechende Laterne eingeschaltet. Wenn an einer Stelle der Strecke das Hauptsignal auf Halt liegt, so huschen an dem Lokomotivführer nun nicht mehr zwei einsame, durch Nebelwolken getrübte Warnungslichtchen vorbei, sondern er fährt gewissermaßen durch eine Straße von roten Lichtern hindurch. Ein Übersehen des Haltsignals ist hier nahezu unmöglich.

Zur Verstärkung der Lichtwirkung hat man ferner die Anwendung von Blicklichtsignalen versucht, wie sie auf Leuchttürmen und bei Hafeneinfahrten üblich sind. Das Haltsignal leuchtet hier nicht mehr ruhig hinaus, sondern wird fortwährend ruckweise unterbrochen, wodurch eine stärkere Einwirkung auf die Netzhaut des Beobachters zu erwarten ist.

Man neigt heute immer mehr der Meinung zu, daß die Signallichter stärkere Wirkung üben als die Signalflügel. Bestrebungen sind im Gange, Signaleinrichtungen zu schaffen, die bei Tag und bei Nacht in gleicher Weise durch Lichter ihre Zeichen abgeben. Es ist bereits gelungen, die Laternen, die in einen schwarz gestrichenen Blechkasten tief eingesetzt werden, so wirksam zu machen, daß sie selbst bei stärkster Sonnenstrahlung deutlich sichtbar bleiben. Man kann auf diese Weise eine nicht geringe Vereinfachung der Signaleinrichtungen erreichen, indem die Flügelbewegung ganz fortfällt. Hierfür ist immer ein besonderer Kraftantrieb notwendig, während die Lichter durch einfache Schaltungen bedient werden können.

Der neuste Vorschlag dieser Art geht dahin, durch zwei an einer dunklen Wand angebrachte Lichterreihen, die wechselnd geschaltet werden können, nämlich durch eine waagerechte und eine schräg nach oben gehende Reihe, die Flügelstellungen nachzuahmen. Hierbei wäre es ein leichtes, durch Anbringung einer dreifachen Lichterreihe, etwa unter Hinzufügung einer schräg nach unten laufenden, einen dritten Signalbefehl hinzuzufügen, nämlich Langsame Fahrt, der vielfach zur Beschleunigung des Zugumlaufs gewünscht wird. Man wäre dadurch imstande,

Züge, die heute am Haltsignal stehenbleiben müssen, in vorsichtiger Fahrt näher an den vorliegenden Zug heranzubringen.

Immerhin bleibt es wünschenswert, auch bei noch so deutlichen und oft wiederholten Signallichtern die Aufmerksamkeit der Lokomotivführer stets von neuem wachzurufen. Zeigt doch da und dort einmal ein Vorkommnis, daß die menschliche Natur auch hier, wo es sich um das eigene Sein und das Leben vieler anderer Menschen handelt, grobe Fehler nicht gänzlich ausschließt.

Am 30. Dezember 1906 ist zum Beispiel bei dichtem Nebel und Frost der mit Vorspann fahrende Schnellzug Hamburg-Köln in der Station Ottersberg mit voller Geschwindigkeit auf einen Güterzug aufgefahren. Es kamen hierbei fünf Personen ums Leben, zehn wurden verletzt. Die rückliegende Strecke war durch nicht weniger als drei voll beleuchtete Signale gedeckt. Sie sind von den Mannschaften beider Lokomotiven des Schnellzugs nicht beachtet worden.

Derartige Vorgänge haben von neuem Erwägungen darüber wachgerufen, wie mit der Wirksamkeit der Signale auf das Auge auch solche auf das stets aufnahmebereite Ohr verbunden werden könnten. Die Anbringung von laut heulenden Sirenen oder Hupen auf der Strecke dürfte kaum je in größerem Maßstab stattfinden, da ja jede neue Einrichtung, die besondere Bewegungsvorkehrungen oder Schaltungen erfordert, möglichst vermieden werden muß. Tritt doch dadurch immer eine neue Fehlerquelle hinzu. Beachtenswert ist vielleicht der Gedanke, vor den Signalen Schallwände neben der Strecke anzubringen, das heißt Zäune, die so gestellt sind, daß sie das Geräusch des vorüberfahrenden Zugs grell wiedertönen lassen, so daß die Lokomotivmannschaft an solchen Stellen in besonderer Weise zur Aufmerksamkeit aufgerütttelt wird.

Einen ganz neuen Gedanken in die Signalgebung bringen die Bestrebungen, die Befehlsgeber auf die Lokomotive selbst zu setzen. Hier laufen die Pläne zweier Gruppen der Eisenbahnsicherungs-Ingenieure nebeneinander. Die einen wollen auf der Lokomotive nur ein Aufmerkzeichen anbringen. Sie wünschen nur zu erwirken, daß die Aufmerksamkeit des Lokomotivführers vor jedem Signal von neuem wachgerufen wird, während er die wirkliche Stellung des Signals von dem an der Strecke stehenden Mast ablesen muß. Die anderen gehen weiter, indem sie auch die Signalstellung selbst auf der Lokomotive kundtun wollen.

Es sind dies Vorschläge, die nicht nur eine äußere Änderung der Signalzeichen in sich schließen, sondern gedanklich tief in das Eisenbahnsicherungswesen eingreifen.

Vielfach wird es für unumgänglich notwendig erachtet, die Aufmerksamkeit des Lokomotivführers immer wieder auf die Strecke hinzulenken. Auf dem Gleis kann ja in jedem Augenblick ein Fahrthindernis auftauchen. Das soll der Lokomotivführer möglichst früh wahrnehmen. Wenn er unausgesetzt nach Signalen zu spähen hat, die draußen stehen, so wird er die Strecke keinen Augenblick außer acht lassen dürfen. Von der unmittelbaren Zeichengebung auf der Lokomotive befürchtet man ein Nachlassen der Streckenbeobachtung durch den Lokomotivführer.

Das ist eine ähnliche Befürchtung, wie sie bereits vor Jahrzehnten, vor der Einführung der geschlossenen Führerhäuser, auftauchte. Damals wurde behauptet, wie bereits erwähnt, die Aufmerksamkeit der Lokomotivführer würde abnehmen, wenn man sie nicht mehr durch die freie Luft fahren ließe, sondern ihren Stand mit schützenden Blechwänden umbaute. Diese Befürchtung hat sich als grundlos erwiesen, und ein gleiches Ergebnis kann möglicherweise auch nach Einführung der unmittelbaren Signalmeldung auf der Lokomotive eintreten.

Heute sind auch in Deutschland vielfach Versuche mit Vorrichtungen im Gange, die entweder ein bloßes Aufmerkzeichen im Führerstand geben oder dort das Signalbild selbst darstellen. Infolge der großen Bedeutung dieser Angelegenheit hat das preußische Eisenbahnministerium schon vor vielen Jahren recht bedeutende Mittel für die Ausprobung gewährt, und eine ganze Reihe preußischer Lokomotiven ist heute bereits damit ausgerüstet.

Will man nur das Aufmerkzeichen geben, so genügt die Anbringung eines festen Anschlags neben der Strecke. Im andern Fall muß dieser Anschlag verstellbar eingerichtet werden.

Die Aktiengesellschaft C. Stahmer schlägt zur Herbeiführung eines Aufmerkzeichens vor, an einem galgenartigen Ausleger einen krättigen Dauermagneten über der Mittelachse des Gleises aufzuhängen. Ein auf dem Dach des Führerhauses der Lokomotive angebrachter Magnetschalter soll, sobald er darunter hinwegfährt, beeinflußt werden und so ein Signal im Führerstand auslösen. Siemens & Halske stellen neben dem Gleis eine eiserne Streichschiene auf, gegen die ein aus dem Körper der Lokomotive seitlich herausragender Besen aus Kupferdrähten gedrückt wird. Der hierdurch entstehende Stromschluß verursacht die Auslösung des Aufmerksignals.

Besonders hübsch sind Ausführungsformen, die neuerdings von Siemens & Halske und von der AEG geschaffen wurden. Beide vermeiden es, Arme, die an der Lokomotive angebracht sind, gegen feste Anschläge auf der Strecke stoßen zu lassen. Ist doch der Zusammenprall bei Schnellzuggeschwindigkeit so hart, daß allzu leicht Beschädigungen eintreten könne. Die erstgenannte Firma ersetzt an der Stelle des Gleises, wo das Lokomotivsignal gegeben werden soll, die gewöhnliche Schiene durch eine solche aus Nickelstahl. Von der Maschine hängt ein Elektromagnet so tief hinab, daß er in kurzem Abstand von der Schienenoberkante über diese hinweggleitet. Der elektrische Zustand der Spule, die um den Magnetkern gewickelt ist, ändert sich ziemlich stark, wenn den Polen plötzlich die Nickelstahlschiene gegenübersteht. Dies genügt zur Signalauslösung.

Die AEG läßt an der Spitze eines engen Rohrs ständig einen scharfen Strahl des Kesseldampfs vorbeifließen. Hierdurch wird, wie bei den Blumenspritzen mit Pustrohr, eine Luftverdünnung in dem Rohr sowie in einem anschließenden Behälter erzielt. Eine im Boden des Behälters angebrachte Klappe wird in diesem Zustand durch den atmosphärischen Gegendruck noch in waagrechter Lage gehalten. Sobald aber der Dampfstrahl auf ein Hindernis stößt, verliert er seine Saugkraft, die Luftverdünnung im Behälter hört auf, die Platte fällt hinunter und schaltet das Lokomotivsignal ein. Die Zerstörung des Dampfstrahls kurz vor einem Signal wird in einfachster Weise durch ein mehrere Meter langes waagerecht liegendes Blech hervorgerufen, über das die Dampfrohrmündung hinweggeht.

Das Signal im Führerstand hat meist eine doppelte Wirkung. Unmittelbar vor den Augen des Lokomotivführers befindet sich ein Kasten mit einem Fensterchen, hinter dem für gewöhnlich eine weiße Scheibe sichtbar ist. Sobald das Signal eingeschaltet wird, fällt eine rote Scheibe hinunter, und der Kesseldampf läßt gleichzeitig eine Pfeife ertönen. Das Pfeifen dauert so lange, bis der Führer durch Druck auf einen Knopf das ausgelöste Signal wieder abstellt. Diese Bewegung, die er machen muß, um das recht unangenehme Geräusch zu beenden, ist sicher geeignet, seine Aufmerksamkeit aufzurütteln.

Soll die Signalstellung auf der Maschine erkennbar sein, so muß das Schauzeichen in zwei verschiedenen Formen gegeben werden können, wozu ein Wechseln des Anschlags neben dem Gleis gehört. Leicht wäre es auch, mit der Haltmeldung des Schauzeichens ein selbsttätiges Auslösen der Zugbremse zu verbinden. Doch wird man mit der Anbringung einer solchen Einrichtung auf Dampflokomotiven äusserst zurückhaltend sein müssen, da sie geeignet ist, den Führer von seiner Verantwortlichkeit in weitem Maß zu entbinden, was nicht wünschenswert erscheint. Könnte er sich doch nach einem Unfall nur allzu leicht auf ein Versagen der selbsttätigen Bremsvorrichtung berufen.

Auf einzelnen grossen Bahnhöfen wird neuerdings auch das Stellen der Zugrichtungsschilder auf den Bahnsteigen den

Erbaut von Siemens & Halske
339. Elektrischer Zugabrufer
auf dem Bahnhof Zoologischer Garten in Berlin

Beamten übertragen, welche den Zugumlauf durch Stellung der Signale regeln. Die Bahnsteigbeamten, die im allgemeinen das Ziehen der Richtungsschilder zu bewirken haben, tun dies nach den Anweisungen des Fahrplans, der sich in ihren Händen befindet. Sobald aber einmal aus besonderen Gründen ein Zug ausfällt, oder wenn durch Verspätung eine Umstellung in der Reihenfolge der Züge stattfindet, können sie leicht falsche Hinweise geben. Sie erhalten ja von derartigen Änderungen keine unmittelbare Nachricht. In Stunden sehr lebhaften Verkehrs, wenn auf den Bahnsteigen starkes Gedränge herrscht, macht es Schwierigkeiten, den Schilderziehern immer wieder durch Boten die Umänderungen mitzuteilen. Andererseits ist das richtige und verläßliche Stellen der Richtungsschilder für die Zugabfertigung sehr wichtig, da die auf den Bahnsteigen Wartenden nur hierdurch erkennen können, ob es »ihr« Zug ist, der einfährt; die fortwährenden sehr störenden Erkundigungen bei den Beamten sollen möglichst fortfallen.

In der Befehlsstelle des Bahnhofs weiß man selbstverständlich stets aufs genaueste über die Zugfolge Bescheid, weshalb hier die beste Stelle zur Bedienung der

340. *Einstellen des elektrischen Zugabrufers*
Die Schaltvorrichtung im Stellwerk

Richtungsschilder ist. Der von dieser Stelle aus bedienbare Zugabrufer ist eine elektrisch gesteuerte Vorrichtung. In der Ausführungsform von Siemens & Halske liegen, in einem Blechkasten verborgen, hintereinander die Schilder für die Fahrtrichtungen aller Züge, die den Bahnhof durchlaufen. Ferner kann die Zugart angegeben werden, und es können auch weitere Mitteilungen wie die, ob es sich um den Hauptzug, einen Vorzug oder Nachzug handelt, sichtbar gemacht werden. Im Stellwerk ist eine runde Scheibe mit entsprechenden Aufschriften angebracht. Eine Kurbel mit Zeiger gleitet darüber hinweg. Nach Einstellung der Kurbel auf eine bestimmte Angabe und darauf folgendem Niederdrücken eines Schalters erscheint auf dem Bahnsteig das zugehörige Schild. Ein wiederholtes Niederdrücken des Schalters läßt das Schild wieder verschwinden. Ein Glockenzeichen kann mit der Auslösung verbunden werden.

Wenn der Leser den Ausführungen dieses umfangreichen Abschnitts mit Aufmerksamkeit gefolgt ist, wird er sicher den Eindruck haben, daß auf den Eisenbahnen Außerordentliches getan wird, um das Leben der Fahrgäste zu behüten. Es muß jedoch darauf hingewiesen werden, daß das hier Geschilderte nicht mehr ist als eine Darlegung der Sicherheitseinrichtungen in ganz großen Zügen. Von der Fülle der Vorkehrungen, die tatsächlich in diesem Bezirk getroffen sind, hat der Leser nicht mehr wahrgenommen, als etwa ein Besucher des Grünen Gewölbes in Dresden von den dort untergebrachten Kostbarkeiten sieht, wenn er die Sammlung in zehn Minuten durchläuft. Alle Schönheiten, die sich erst dem sorgfältiger spähenden Auge offenbaren, sind auch bei uns dem Geschwindschritt, den wir gemacht haben, verborgen geblieben. Aber bereits das Vorgetragene dürfte geeignet sein, den Leser bei der nächsten Eisenbahnfahrt etwas geduldiger und nachsichtiger zu stimmen, wenn irgendeine kleine Störung im Zugumlauf eintritt. Hat sie ihren Grund doch meist in der Haltstellung eines Signals , also in einer Sicherungsmaßnahme.

Wer auch nur ein wenig eingeweiht ist, wird die hierfür geschaffenen Vorrichtungen nicht anders als mit hoher Achtung betrachten können. Was Menschen für Menschen leisten konnten, ist für die Sicherung der Zugfahrten geschehen. Doch an den Grenzen des menschlichen Könnens endet auch die Wirksamkeit der Eisenbahnsicherungen.

22. Das dienstbare Heer

Sorgsam und feierlich wie kein König der Erden wird jeder Eisenbahnzug geleitet und empfangen. Eine ungeheure Mannschaft ist in jedem Augenblick an und auf den Strecken eifrigst tätig, um den fahrenden Zügen die Bahn frei zu machen und frei zu halten, um dafür zu sorgen, daß ihnen kein Hindernis entgegentritt, durch welches das glatte Erreichen des Ziels gefährdet werden könnte. Allein in Deutschland gibt es bei der Eisenbahn 800 000 Beamte und Arbeiter.

Sie alle dienen dem Betrieb, welchem sie sich gewidmet haben, mit dem Einsatz ihrer ganze Persönlichkeit. An die Arbeitskraft der *Eisenbahnbeamten* werden unausgesetzt hohe Anforderungen gestellt, ständig sind sie Gefahren ausgesetzt, die nur durch große Aufmerksamkeit unschädlich gemacht werden können. Rasche Überlegung, geschwinde Entschlußfähigkeit sind unentbehrliche Eigenschaften, die jeder von ihnen besitzen muß, wenn er sich als nützliches Glied in das Ganze fügen will. Kann doch der kleinste Fehler die bösesten Folgen zeitigen.

Die Verhältnisse, die hier obwalten, sind mit jenem beim Wasserbau zu vergleichen. Im Schutz eines gewaltigen Damms sind Hunderte von Arbeitern tätig, um ein bedeutendes Werk auszuführen. Kunstvoll werden tief unter dem Spiegel des auf der anderen Seite hoch anstehenden Wassers eiserne Träger zusammengefügt, Betonschüttungen vorgenommen. Da frißt das Wasser einen Verbindungsweg zur Baustelle hindurch, der nicht weiter ist als die Stärke eines Bleistifts beträgt. Ein dünner Strahl rieselt kaum sichtbar hindurch, aber nach einer Stunde bereits ist der Damm eingesunken, alles mühsam Geschaffene im Wasser ertränkt. So kann das Versagen der Überlegungskraft eines Eisenbahnfahrdienst-Beamten während des Bruchteils einer Minute einer großen Menschenzahl das Leben rauben, unabsehbaren Schaden verursachen und den Betrieb tagelang lahmlegen.

Damit die Beamten sich ihrer großen Verantwortung in jedem Augenblick bewußt sind, legen die deutschen Eisenbahnverwaltungen Wert darauf, jeden in seinem Rahmen selbständig arbeiten zu lassen. Obgleich durch sorgfältigst erwogene und selbst das Kleinste umfassende Vorschriften jede Dienstverrichtung geregelt ist, bleibt dennoch Platz für die geistige Arbeit des einzelnen. Dieses Vorgehen ähnelt der Ausbildung des deutschen Soldaten, der gleichfalls in jedem Augenblick den Befehlen der Vorgesetzten unterworfen ist, dennoch aber dazu erzogen wird, im Ernstfall selbständig innerhalb seines engen Bezirks tätig zu sein.

Der Eisenbahnbeamte soll nicht maschinenmäßig arbeiten. Auch die erste und verläßlichste Maschine, die zu seiner Verfügung ist, nimmt ihm die Verantwortung nicht ab. Der Blockwärter darf nicht an der Sperrung seiner Hebel erkennen wollen, ob er sie bewegen darf oder nicht, er muß, bevor er seinen Hebel berührt, sich geistig darüber klar geworden sein, ob ihm der betriebliche Zustand in diesem Augenblick das Bewegen des Hebels erlaubt.

Die gute Schulung und die Pflichttreue des Heers der deutschen Eisenbahnbeamten bewirken neben der vorzüglichen Ausbildung aller technischen Mittel die ständige Verringerung der Unfälle, die aus der Statistik deutlich ersichtlich ist.

Es seien hier einige allgemeine Angaben über die Gliederung des Beamtenkörpers in dem größten aller Eisenbahnbetriebe, der preußisch-hessischen Staatsbahn, gemacht.

An der Spitze steht das Ministerium der öffentlichen Arbeiten, dem auch die allgemeine Staats-Bauverwaltung unterstellt ist. Es wird seit mehr als einem Jahrzehnt von Exzellenz Dr. *von Breitenbach* geleitet, der sich in dieser Zeit sehr bedeutende Verdienste erworben hat. Sie erstrecken sich nicht nur auf seinen Verwaltungsbereich, sondern betreffen das Eisenbahnwesen im allgemeinen, da während der Amtszeit des Ministers durch Neueinführungen und Versuche in größtem Maßstab sowohl die Verwaltungs- wie die reine Technik der Eisenbahnen in umfassendster Weise weitergebildet worden sind.

Seit der Neuordnung vom 1. April 1895 besteht das preußische Ministerium der öffentlichen Arbeiten in seinem Eisenbahnbezirk aus fünf Abteilungen: Bauabteilung, Verkehrsabteilung, Verwaltungsabteilung, Finanzabteilung, maschinentechnische Abteilung, denen in neuester Zeit noch eine Betriebsabteilung angefügt ist. Dem Ministerium sind das Eisenbahnzentralamt und 21 Eisenbahndirektionen unterstellt.

Dem den Direktionen gleichgeordneten Zentralamt, an dessen Spitze wie bei den Direktionen ein Präsident steht, ist die Erledigung einer Reihe von Geschäften übertragen, die gleiche Bedeutung für den gesamten Staatsbahnbereich haben. Hierdurch wird die wünschenswerte Gleichmäßigkeit in solchen Anordnungen und Maßnahmen erreicht, die über die Grenzen der einzelnen Direktionen hinaus die Gesamtheit angehen.

So gehören zum Geschäftsgebiet des Eisenbahnzentralamts die Leitung der Geschäfte des deutschen Staatsbahnwagen-Verbands und der europäischen Personenwagen-Beistellung. Es hat die Gesamteinteilung des Fahrparks zu besorgen sowie dessen Ausnutzung zu beobachten und zu verbessern. Auch die Beaufsichtigung des Sicherungswesens ist ihm übertragen. Ein wichtiger Teil des Eisenbahnzentralamts, das Hauptwagenamt, dem die tägliche Güterwagenverteilung obliegt, wurde bereits erwähnt.

Es werden ferner von dieser Stelle aus Bau und Beschaffung von Lokomotiven und Wagen, die Anschaffungen für den Eisenbahnoberbau und dessen Herstellung geregelt. Das Eisenbahnzentralamt hat gemeinsame Dienstanweisungen auszuarbeiten, es verwaltet die Wohlfahrtseinrichtungen, und es liegt ihm die Durchführung von Versuchen aller Art ob, welche dazu bestimmt sind, die Leistungsfähigkeit und Betriebssicherheit auf den preußisch-hessischen Staatsbahnen zu erhöhen. Die letzte und vielleicht bedeutungsvollste Schöpfung des Eisenbahnzentralamts, die neue durchgehende Bremse für Güterzüge, haben wir bereits kennen gelernt.

Jeder der 21 Eisenbahndirektionen unterstehen: Betriebsämter, Verkehrsämter, Maschinenämter, Werkstättenämter und Bauabteilungen. Die Verkehrsämter haben die Güterabfertigung und Güterkassen, die Bahnhofskassen, Gepäckabfertigungen, Fahrkartenausgaben und einen Teil der Geschäfte auf den Bahnhöfen zu verwalten. Derjenige Teil der Bahnhofsgeschäfte, der sich auf den Betrieb bezieht, wird von den Betriebsämtern geleitet, denen auch die Bahnmeistereien nachgeordnet sind.

Aufgabe der Bahnmeister ist es, für die Bahnunterhaltung und Bahnbewachung zu sorgen. Ihnen unterstehen das Bahnunterhaltungspersonal, die Streckenläufer und Rottenarbeiter, die Bahn- und Schrankenwärter sowie alle anderen an der freien Strecke beschäftigten Beamten. Über deren Tätigkeit soll im nächsten Abschnitt gesprochen werden.

Auf den Bahnhöfen werden den Reisenden in der Hauptsache nur die Beamten sichtbar, denen die Regelung des eigentlichen Verkehrs obliegt. Der Verkehr wird aber erst möglich, nachdem Ordnung des gesamten Betriebs stattgefunden hat. Es muß daher auf den Bahnhöfen auch eine große Zahl von Beamten vorhanden sein, deren Aufgabe die Erledigung des nicht geringen Schreibwerks für den Betriebsdienst ist; es sind ferner neben vielem anderen die Regelung des Wagendiensts, des Telegraphendiensts, die Aufsicht über die Beamten, die Verteilung der Zugbegleitmannschaften, die Annahme von Arbeitern und ihre Entlohnung, Beaufsichtigung der Bahnhofsmannschaft, die Wahrnehmung des Bahnpolizeidiensts, die Aufsicht über die Bahnhofsmannschaft, die Wahrnehmung des Bahnpolizeidiensts, die Aufsicht über die Bahnhofswirtschaft zu besorgen. So kommt es, daß auf ganz großen Bahnhöfen wie etwa Leipzig, Frankfurt a. M. oder München je 2000 bis 3000 Beamte und Arbeiter beschäftigt sind.

Wir haben hier insbesondere die Tätigkeit der Beamten in demjenigen Bereich zu betrachten, der unmittelbare Wirkung auf den Lauf der Züge übt und *Fahrdienst* heißt.

Die Besetzung jedes Zugs mit Beamten besteht aus der Lokomotivmannschaft und der Zugbegleitmannschaft. Die Zugbegleiter unterstehen während der Fahrt dem Zugführer. Dieser muß sich vor Antritt jeder Fahrt davon überzeugen, ob die Mannschaft vollzählig zur Stelle und dienstfähig ist. Er hat den Zug, die gesamte Handhabung des Diensts an ihm, die Aufrechterhaltung der Ordnung im Zug und dessen Sicherheit ständig zu überwachen. Sooft es möglich ist, soll er sich von dem betrieblichen Zustand des Zugs überzeugen und auch, soweit ihm das seine sonstigen Dienstobliegenheiten gestatten, auf den Stand der Signale und die Lage der Wegschranken achten.

Damit der Zugführer die Strecke zu überblicken vermag, ist in jeden Packwagen, wo er allermeist seinen Dienstplan hat, ein erhöhter Sitz eingebaut. Durch die Stirnfenster der Dachüberhöhung vermag er über Wagen und Maschine hinwegzublicken. Um dem Zugführer die Möglichkeit zu geben, den Zug im Gefahrfall sofort anzuhalten, ist eine Bremsvorrichtung neben seinem Sitz angebracht. Desgleichen kann er in Zügen mit Druckluftbremse jederzeit an einem Druckmesser die Luftpressung in der Bremshauptleitung erkennen. Sieht der Zugführer, daß der Lokomotivführer ein auf Halt stehendes Signal überfahren will, so hat er den Zug abzubremsen. Derartige Vorkommnisse sind zu melden. Ebenso ist es seine Pflicht, Meldung zu erstatten, wenn beim Vorüberfahren des Zugs eine Wegschranke nicht geschlossen war. Der Lokomotivführer hat hierauf gleichfalls sein Augenmerk zu richten.

Sowohl der Lokomotivführer wie der Zugführer müssen streckenkundig sein. Ehe ein Lokomotivführer eine Zugfahrt selbständig leiten darf, muß er die Strecke lange Zeit als Heizer befahren haben, wobei ihm neben der Handhabung der Maschine selbst der Standort jedes Signals, alle Krümmungen, alle besonderen Merkmale genau bekannt werden. Er fährt stets nur in seinem engen Bezirk hin und her. Wird er auf eine andere Strecke versetzt, so muß er diese erst wieder durch eine Reihe von Dienstfahrten genau kennen lernen, bis man ihm auch hier einen Zug anvertraut. Wenn ein Lokomotivführer mit seiner Maschine plötzlich zur Aushilfe auf eine ihm nicht genau bekannte Strecke geschickt wird, so muß er, gerade wie der Kapitän bei der Einfahrt in den Hafen, einen Lotsen in seinem Stand mitnehmen.

Auch der Zugführer macht vor Übernahme des selbständigen Diensts unter Leitung eines streckenkundigen Dienstgenossen bei Tag und Nacht Belehrungsfahrten in beiden Richtungen der Strecke. Während des Diensts hat er einen Fahrbericht zu führen. Die Eintragungen sind in die Spalten eines Vordrucks zu setzen.

Der Zugführer hat ferner dafür zu sorgen, daß der Zug bei Eintritt der Dunkelheit rechtzeitig beleuchtet wird, und daß auch bei Tag die Lampen angezündet werden, wenn Fahrt durch einen Tunnel bevorsteht, in dem die vollständige Verfinsterung länger als eine Minute dauert. Nimmt der Zugführer eine Unregelmäßigkeit im Lauf der Fahrzeuge oder eine Beschädigung an diesen wahr, bemerkt er Mängel in der Gleislage, Fehler in der Stellung, Bedienung oder Beobachtung der Signale, oder erhält er hiervon Mitteilung, so hat er eine Meldekarte auszufüllen und sie dem Aufsichtsbeamten auf dem nächsten Bahnhof zu übergeben. Dieser leitet die Meldung dann schriftlich weiter oder benachrichtigt die zuständige Stelle telegraphisch, wenn es sich um einen betriebsgefährlichen Vorgang handelt. Beobachtet der Zugführer häufiger einen Überfluß oder Mangel an Plätzen, die eine Änderung der Zugzusammensetzung erforderlich erscheinen lassen, so hat er dies gleichfalls durch Meldekarte dem Betriebsbüro der zuständigen Eisenbahndirektion anzuzeigen. Der Lokomotivführer hat aus seinem Bereich gleichfalls derartige Meldungen zu erstatten.

Damit die Züge auf der Strecke ordnungsgemäß und sicher verkehren können, müssen alle Dienststellen, die für die Regelung der Zugfahrten in Betracht kommen, von dem Lauf der Züge unterrichtet sein. Im allgemeinen ist die Zugfolge durch die Fahrpläne bekannt gegeben. Aber das Einsetzen von Sonderzügen, die Regelung der Zugfahrten bei Verspätungen, die Maßnahmen bei Unglücksfällen oder bei sonstigen Störungen machen Vorkehrungen notwendig, durch die alle Posten stets sehr rasch von derartigen Vorgängen unterrichtet werden können. Zu diesem Zweck sind die Dienststellen durch Fernschreiber und Fernsprecher miteinander verbunden.

Diejenigen Dienststellen, welche bei der Regelung der Zugfahrten mitwirken, werden unterschieden in Zugfolgestellen und Zugmeldestellen. Zugfolgestellen heissen alle Betriebsstellen, die einen Streckenabschnitt begrenzen, in den kein Zug ein-

---

Eisenbahndirektionsbezirk Hannover — Fahrbericht Teilbericht — Schnell Zug Nr. D 16

Soll abfahren 10 Uhr 35 Min. / ankommen 6 Uhr 22 Min. — von Berlin bis Hamm — 19/20ten September 1917 — von Berlin nach Cöln

Wetter: gut

1 Stationen und Unterschrift des Aufsichtsbeamten	2 Ankunft (Stunde, Minute, später Min.)	3 Abfahrt (Stunde, Minute, später Min.)	4a Soll-achsstärke †	4b Zahl der beförderten Wagenachsen (beladen, unbeladen)	5 Gewicht in Tonnen	6 Anzahl der bedienten Bremsachsen (beladen, unbeladen)	7 Ursachen der Verspätungen. Außerfahrplanmäßiges Halten. Verspätung abgewartet r Anschlußzüge
Rummelsburg							
Abstellbahnhof		10 35	46	46	433	46	
Berlin Schles.	10 44	11 04					
Alexanderplatz	11 07	11 10					
Friedrichstraße	11 15	11 22 2					Einladen von Gepäck
Zoolog. Garten	11 31 2	11 34 2					
Stendal	1 10	1 14					
Hannover	3 34	3 39 5					Warten auf D 10
Minden	4 32	4 33 2					
Bielefeld	5 15	5 19					
Hamm	6 22						
Schulze							

Die Zeiten von 6.00 abends bis 5.59 morgens sind durch Unterstreichen der Minutenzahlen zu kennzeichnen.

* Abkürzungen f. FV. Anlage 2.

† Bei allen Sz und Ez anzugeben, bei Pz nur soweit es von der Eisenbahndirektion angeordnet ist.

Nr. 2491 Fahrbericht für Zugfahrten.

*341 a. Fahrbericht des Zugführers
Spalte 1 bis 7*

436

8	9	10	11		12		13	
Nummer und Gattungszeichen oder Name der Lokomotive / Heimatstation	Namen der Lokomotivführer	Heizer	Durchfahrene Strecke von	bis	Name der Zugführer=Z. / Packmeister=P. / Schaffner=S. / Wagenw.=W. / Bremser=B. / Dienstfrau=F.	Stationsort der	Durchfahrene Strecke von	bis
Zuglokomotive								
S¹¹ 1114 Hummelsburg	Lehmann	Koiger	Berlin	Hannover	Z. Lutz	Cöln	Berlin Hannover	"
S² 907 Hannover	Schulz	Hiller	Hannover	Hamm	P. Hern	"	"	"
					Sch. Wagner	"		
					" Esche	"		
					W. Kubsch	"		
					F. Schmidt	"		
(B.) Vorsp.-Lokomotive (Sch.) Schiebe- tive								
Gelegentlich mit-fahrende Lokomotive								
S² 903 Hannover	Schütz	Bratz	Berlin	Hannover				

Bemerkungen (vgl. FV. § 61 (17)).

Angeschlossen sind: ein Befehle A	Des Zugführers		
Vorsichtsbefehle ... Kreuzungsbefehle	Unterschrift	Stellung	Stationsort
Signalbefehle	Lutz	Zugführer	Cöln

Zu Spalte 12. Dem Namen ist die abgekürzte Bezeichnung der Stellung vorzusetzen unter Beifügung einer für jede Stellung fortlaufenden Nr., z. B.: Z¹, Z², S¹, S² usw.

341 b. Fahrbericht des Zugführers
Spalte 8 bis 13

fahren darf, bevor ihn der vorausgefahrene Zug verlassen hat. Zugfolgestellen, die nicht zu Bahnhöfen gehören, heißen Blockstellen. Zugmeldestellen sind solche Zugfolgestellen, an denen es möglich ist, Züge beginnen, endigen, wenden, kreuzen, überholen, von einem Hauptgleis auf das andere gelangen oder auf eine abzweigende Bahnstrecke übergehen zu lassen. Sie spielen bei der Regelung der Zugfahrten natürlich eine sehr wichtige Rolle.

Es besteht die Vorschrift, daß auf eingeleisigen Bahnen jeder Zugfahrt, die zwischen zwei Zugmeldestellen stattfindet, eine Verständigung zwischen diesen vorangehen muß.

Die Zugmeldestelle, welche bei der Zugfahrt zunächst berührt wird (Abfahrtstelle), hat der nächsten (Ankunftstelle), den Zug anzubieten; die Ankunftstelle hat den Zug, wenn nichts dagegenspricht, anzunehmen. Ist der Zug an der zweiten Meldestelle vorübergefahren und durch Haltesignal gedeckt, so ist er an die erste zurückzumelden. Auf zweigeleisigen Strecken fällt das Anbieten und Annehmen fort. Hier ist jeder Zug von der vorherliegenden Zugmeldestelle, sobald er an dieser vorübergefahren ist, an die nächste abzumelden und von dieser zurückzumelden.

Wo Blockeinrichtung besteht, werden diese Vorschriften bereits durch die Blockbedienung erfüllt, auf zweigeleisigen Strecken z. B. durch das Vorblocken (Abmelden) und Entblocken (Zurückmelden).

Wo aber keine Blockeinrichtung vorhanden ist, oder wo auf einer damit versehenen Strecke der Block infolge einer Störung nicht benutzt werden kann, tritt das telegraphische Zugmeldeverfahren mit seiner ganzen Umständlichkeit und seinen bis ins kleinste geregelten äußeren Formen in Tätigkeit. Hierdurch wird gleichfalls eine sehr weitgehende Sicherung erreicht.

Auf eingeleisigen Strecken spielt sich das Zugmeldeverfahren nach folgenden Vorschriften und in folgenden Formen ab:

Die Abfahrtstelle ruft die Ankunftstelle mit deren telegraphischem Rufzeichen an, das aus einer bestimmten Anordnung von Punkten und Strichen des Morse-ABC besteht. Sobald die Ankunftstelle den Anruf erhalten hat, meldet sie ihrerseits bei der Abfahrtstelle, indem sie gleichfalls Morsezeichen dorthin sendet. Auf dem Morsestreifen der Abfahrtstelle erscheint dann:

Hier (Rufzeichen der Ankunftstelle)!

Darauf antwortet die Abfahrtstelle:

Verstanden (Rufzeichen der Abfahrtstelle). Wird Zug 11 angenommen? (In telegraphischer Abkürzung: Z 11 ag?)

Ist die Ankunftstelle damit einverstanden, daß der Zug abgelassen wird, so antwortet sie:

Zug 11 ja!

Hierauf gibt die Abfahrtstelle ihr eigenes Rufzeichen und das ein für alle Male festgesetzte Bestätigungszeichen. Nun darf der Zug abfahren.

Wenn die Ankunftstelle den Zug nicht annehmen kann, so drahtet sie:

Nein warten!

Der Eingang dieser Meldung wird von der Abfahrstelle gleichfalls durch ihr Rufzeichen und das Bestätigungszeichen bescheinigt. Von dem Grund der Ablehnung hat die Ankunftstelle die Abfahrtstelle, soweit es erforderlich ist, in Kenntnis zu setzen.

Ist der Hinderungsgrund fortgefallen, dann meldet die Ankunftstelle:

Jetzt Zug 11 ja!

worauf die Abfahrtstelle wieder ihr Rufzeichen und das Bestätigungszeichen abgibt.

Sobald der Zug in der nächsten Zugfolgestelle mit seinem Schlußsignal vorbeigegangen und das Streckensignal hinter ihm auf Halt gelegt ist, meldet diese Zugfolgestelle den Zug zurück in der Form:

Zug 11 hier!

Dadurch wird bestätigt, daß die Zugfahrt ordnungsmäßig verlaufen und der vom Zug verlassene Gleisabschnitt wieder frei ist.

Damit eine vollkommene Sicherheit in der Verständigung erreicht wird, ist vorgeschrieben, daß die Ankunftstelle auch dann »Nein warten!« zurücktelegraphieren muß, wenn, obgleich der Zugfahrt nichts entgegensteht, das Anbieten nicht genau in der vorgeschriebenen Form erfolgt ist. Durchaus zweifelsfreie Verständigung in den festgesetzten Formen ist also die Voraussetzung jeder Zugfahrt beim telegraphischen Meldeverfahren.

Auf zweigeleisigen Bahnen hat zwar das Rückmelden in gleicher Form stattzufinden, aber an die Stelle des Anbietens und Annehmens tritt hier, wo Fahrten von Zügen gegeneinander ja nicht stattfinden können, das sehr viele einfachere Abmelden. Die Abfahrtstelle hat an die Ankunftstelle den abfahrenden oder – bei Zügen, die an der Abfahrtstelle nicht halten – den durchfahrenden Zug abzumelden. Wiederum wird die Zukunftstelle wie beim Anbieten angerufen, sie antwortet wie dort, und alsdann meldet die Abfahrtstelle:

Zug 81 ab 3,37!

Hierauf gibt die empfangende Stelle das eigene Ruf- und Bestätigungszeichen.

Auf Nebenbahnen mit nicht mehr als 40 Kilometern höchster Fahrgeschwindigkeit können die Zugmeldungen auch durch den Fernsprecher stattfinden. Das gleiche ist der Fall, wenn auf anderen Bahnen einmal die Block- und die telegraphische Verbindung gleichzeitig gestört sind, der Fernsprecher aber noch benutzbar ist. Da mündliche Meldungen als nicht so sicher anzusehen sind wie schriftliche, ist bestimmt, daß jede im

Zugmeldeverfahren durch den Fernsprecher abzugebende Meldung vorher in das Zugmeldebuch einzutragen und aus diesem der Empfangstelle vorzulesen ist. Jede eingegangene Meldung ist gleichfalls in das Zugmeldebuch einzutragen und aus diesem als Bestätigung des Eingangs der meldenden Stelle vorzulesen. Für die Benutzung auf zweigeleisigen Strecken haben die Blätter des Zugmeldebuchs folgende Form:

Mit Hilfe der beim telegraphischen Meldeverfahren bedruckten Morsestreifen

Eisenbahndirektionsbezirk *Berlin*

Station *Berlin-Moabit*
Blockstelle *Moa.....*

Zugmeldebuch
für die zweigleisige Strecke
von *Berlin* bis *Fürstenbrunn*

begonnen den *15. August 1917*
abgeschlossen den ....

Dieses Buch enthält *100* Blätter.

Richtung von *Lehrter Bahnhof* nach *Fürstenbrunn*

1	2	3	4	5	6	7	8	9	10	11
Tag ..... Zugnummer	Meldungen für die rückwärts gelegene Strecke			Ankunft	Meldungen für die vorwärts gelegene Strecke				Eingetragen durch	Bemerkungen und Telegramme
	Annahme (ausnahmsweise)	Gemeldete Abfahrt	Abgabe der Rückmeldung oder Entblockung		Annahme (ausnahmsweise)	Abgabe des Abmeldesignals	Abfahrt (Abmeldung)	Eintreffen der Rückmeldung		
	U. | M.	U. | M.	U. | M.	U. | M.	U. | M.	U. | M.	U. | M.	U. | M.	U. | M.	
4758		1 | 35	1 | 40	1 | 40		1 | 37	1 | 41	1 | 50	N	
4760		1 | 46	1 | 51	1 | 51		1 | 48	1 | 52	2 | 01	N	Dienst übergeben Neumann
202		2 | 02	2 | 07	2 | 07		2 | 04	2 | 08	2 | 14	F	Dienst übernommen Fischer
4764		2 | 25	2 | 30	2 | 30		2 | 27	2 | 31	2 | 40	F	Z. 4764 durch 10 Min später

342. Eintragungen in das Zugmeldebuch

oder durch Nachprüfung der Eintragungen in das Zugmeldebuch sind die vorgesetzten Dienststellen stets in der Lage, den gesamten Dienst in den Zugmeldestellen zu verfolgen, nach Unglücksfällen etwa vorgekommene Unregelmäßigkeiten zu ermitteln und Schuldige zur Verantwortung zu ziehen.

Zur Übermittlung der zahlreichen dienstlichen Meldungen, die dem Zug vorauslaufen oder die Kunde von seinem Verbleib rückwärts tragen, aber auch für die sonstigen, sehr zahlreichen dienstlichen Telegramme, die Blockströme und Läutesignale, laufen neben den Strecken die Drahtleitungen einher. Der Dieb, der im Zug dem Ort seiner Tat entflieht, sieht mit Schrecken diese Träger schnellster Nachrichten unerbittlich neben seinem Reiseweg entlanglaufen. Die Zugmannschaft aber erblickt sie mit stiller Freude. Schützen diese in luftiger Höhe angebrachten, dünnen, glatten Drähte die Freiheit der Zugbahn doch weit gründlicher, als der sorgfältigst geflochtene Verhau aus Stacheldraht es vermöchte.

Nicht alle Drähte an den Eisenbahnstrecken dienen den Zwecken der Bahnverwaltung. An dem Gestänge werden meist auch Postleitungen mitgeführt, um die Kosten für die Anlage besonderer Linien zwischen gleichen Orten zu vermeiden. In Preußen sind die bahneigenen Leitungen heute schon fast überall dadurch gekennzeichnet, daß die Porzellanisolatoren, an denen die Drähte befestigt sind, einen grünen Streifen tragen.

Ganz besonders mannigfaltig sind die Bestimmungen, welche die Wahrnehmung des Fahrdiensts in Bahnhöfen regeln. Hier ist ja nicht nur für eine ordnungsgemäße und gesicherte Durchbringung der Züge zu sorgen, es müssen auf größeren Bahnhöfen auch Züge gebildet, zerlegt und umgebildet werden, Güterwagen sind an die Schuppen zu schieben, neu eintretende Personenzüge eine gewisse Zeit vor der Abfahrt an den Bahnsteig zu stellen usw. Die Ausführung all dieser eben genannten Arbeiten untersteht besonderen Bahnhofsaufsichtsbeamten oder sie wird vom Fahrdienstleiter mit besorgt.

Diesem liegt es, wie wir schon wissen, ferner ob, den meist an den Bahnhofsenden stehenden Stellwerken die Erlaubnis zum Ziehen der Ein- und Ausfahrsignale zu geben, nachdem er sich überzeugt hat, daß innerhalb des Bahnhofs der Zugfahrt kein Hindernis entgegensteht, das betreffende Gleis geräumt ist, die Weichen der Fahrstraße richtig liegen. Bei den sehr langen Fahrstraßen, die heute auf großen Bahnhöfen vorkommen, ist es nicht möglich, daß der Fahrdienstleiter sich vor jeder Zugfahrt persönlich von der Lage jeder einzelnen Weiche überzeugt. Er wird von dieser Verpflichtung dort enthoben, wo die Weichen mit den Signalen derart in Abhängigkeit gebracht sind, daß ein Ziehen des für eine Fahrstraße geltenden Signals nur möglich ist, wenn alle zugehörigen Weichen, einschließlich der Schutzweichen, die richtige Lage haben.

Trotzdem sind in diesem Bezirk so viele Geschäfte wahrzunehmen, daß auf einem einzigen Bahnhof oft eine größere Zahl von Fahrdienstleitern beschäftigt ist, jedem von ihnen untersteht dann ein bestimmter Bezirk oder mehrere von diesen. Auf kleinen Bahnhöfen kann dem einzigen vorhandenen Fahrdienstleiter neben der Verkehrsaufsicht auch das Stellen der Signale mit eigener Hand übertragen werden. Häufig hat der Fahrdienstleiter seinen Dienstraum nicht im Bahnhofsgebäude, sondern im Stellwerk, von wo aus er die Zugläufe und die Fahrstraßen sehr viel besser überschauen kann. Die Gleisstücke freilich, die unter den Bahnhofshallen selbst liegen, kann er von dort aus nicht sehen. Alsdann wird ihm für die Beaufsichtigung dieser Gleisabschnitte noch eine Hilfskraft beigesellt, die Einfluß auf die Signalfreigabe hat.

In dem außerordentlich großen Stellwerk, das vor der Einfahrt in den Leipziger Hauptbahnhof steht, sind mehrere Fahrdienstleiter tätig. Bevor einer von ihnen ein Einfahr- oder Ausfahrsignal zieht, muß er die Zustimmung eines Beamten erwirken, der das Innere des Hallenbaus zu übersehen vermag. Der Mann hat einen luftigen Standplatz. Sein Posten befindet sich nämlich innerhalb der inneren Querträger, welche die hintere Abschlußwand der Bahnhofshalle tragen. Wenn der Fahrdienstleiter im Stellwerk etwa die Einfahrt für das Hallengleis 5 freigeben will, so drückt er auf einen Knopf. Am Standplatz des Hallenwärters fällt alsdann eine Klappe mit der Zahl 5. Der Wärter überzeugt sich nun, ob Gleis 5 frei ist und drückt dann seinerseits einen mit der Zahl 5 gezeichneten Knopf nieder. Im Stellwerk wird hierdurch gleichfalls ein Signal ausgelöst und eine der Festhaltungen an dem Stellhebel des Einfahrsignals für Gleis 5 gelöst.

Während die Erlaubnis zu Einfahrten nur durch Signale erteilt wird, gehört zur Genehmigung der Ausfahrt auch der Abfahrauftrag an die Lokomotiven. Dieser Befehl darf gleichfalls nur mit Zustimmung des Fahrdienstleiters erteilt werden, nachdem die Abfertigung des Zugs beendet ist. Ist mit der Erteilung des Abfahrauftrags ein besonderer Aufsichtsbeamter auf dem Bahnsteig betraut, was auf grossen Bahnhöfen stets der Fall ist, so gilt das Ziehen des Ausfahrsignals zugleich als diese Erlaubniserteilung durch den Fahrdienstleiter.

Die Benutzung der Geleise in jedem Bahnhof, die für die Ein-, Aus- und Durchfahrten von Zügen bestimmt sind, wird für jeden Fahrplanabschnitt durch eine besondere Vorschrift, die Bahnhofsfahrordnung, festgelegt. Diese bestimmt aufs genaueste, welches Gleis jeder Zug zu benutzen hat und gibt an, wie lange es von ihm benutzt wird. Jedes Übersetzen von Zügen von einem Hauptgleis aufs andere, die Fahrt jeder Lokomotive vom Schuppen bis zum Vorlegen vor einen fahrplanmäßigen Zug sind in der Bahnhofsfahrordnung angegeben. Jedes Gleisstück, das hierbei benutzt, jede Weiche, die durchfahren wird, sind genannt. Auf diese Weise werden Störungen durch willkürliche Gleisbenutzungen vermieden, alles vollzieht sich planmäßig wie der Ablauf eines Uhrwerks. Auf den Verschiebegeleisen hingegen findet ein freier Betrieb statt.

Von der Bahnhofsfahrordnung darf nur in besonderen Fällen und nur auf ausdrückliche Anordnung des Fahrdienstleiters abgewichen werden. Soll dies geschehen, so sind alle Dienststellen, die Maßnahmen für diese Änderung auszuführen haben, vorher davon zu benachrichtigen. Ein Stellwerkswärter, der den Auftrag erhält, eine bestimmte Fahrstraße im durchgehenden Gleis zu einer Zeit einzustellen, die mit den Angaben in der geltenden Bahnhofsfahrordnung nicht übereinstimmt, darf dies keinesfalls tun, wenn er nicht vorher von der Umänderung der Bestimmung in Kenntnis gesetzt ist. Er hat sich in solchem Fall vielmehr erst mit dem Fahrdienstleiter in Verbindung zu setzen und diesen zu fragen, ob er eine Änderung verfügt hat.

Damit die Lokomotiv- und Zugbegleitmannschaft weiß, welches Gleis in jedem zu durchfahrenden Bahnhof zu benutzen ist, werden für jede Strecke allgemeine Fahrordnungen aufgestellt. In diesen sind alle diejenigen Angaben der einzelnen Bahnhofsfahrordnungen zusammengestellt, welche für die Zugmannschaft wissenswert sind. Die allgemeine Fahrordnung enthält aber nicht nur die Angaben über die Gleisbenutzung, sondern sie teilt auch die Signalbilder mit, die vor und hinter jedem Bahnhof bei Erteilung einer bestimmten Ein- oder Ausfahr-Erlaubnis entstehen.

Auf allen größeren Bahnhöfen ist ja eine Anzahl von Signalmasten aufgestellt. Jeder Flügel an diesen Masten hat seine besondere Bedeutung. Es ergibt sich also bei jeder Erlaubniserteilung ein anderes Gesamtbild. Die allgemeine Fahrordnung stellt diese wechselnden Gesamtbilder zusammenhängend und mit Angabe ihrer Bedeutung dar, wie das Beispiel auf der folgenden Seite zeigt.

Der Fahrdienstleiter darf keinen für Personenbeförderung bestimmten Zug vor dessen fahrplanmäßiger Abfahrzeit ablassen. Bei Güterzügen aber ist es erlaubt, die Abfahrzeit bis zu zehn Minuten vorzurücken. Ein Bedürfnis hierfür kann durch die Verkehrsverhältnisse auf einem Nachbarbahnhof eintreten. Hat z. B. der Bahnhof B an einem Tag besonders viele Wagen zu verarbeiten, so kann er, falls er sich hiervon eine Erleichterung des Verschiebegeschäfts verspricht, einen fälligen Güterzug bis zu zehn Minuten früher, als der Fahrplan es anordnet, vom Bahnhof A erbitten. Allen zwischen den beiden Bahnhöfen liegenden Zugmelde- und Zugfolgestellen ist die Änderung anzuzeigen, die Streckenwärter werden durch die uns ja bereits bekannten Läutesignale drei Minuten vor der tatsächlichen Abfahrt des Zugs benachrichtigt.

Wenn ein Sonderzug abgelassen werden soll, so ist dies rechtzeitig vorher allen an der Regelung der Zugfahrt beteiligten Beamten kundzutun. Möglichst soll die Meldung an alle Blockposten, aber auch an die Schrankenwärter und sonstige auf der Strecke beschäftigten Beamten auf schriftlichem Weg unter genauer Angabe des Fahrplans für den Sonderzug erfolgen. Reicht die Zeit für die Abgabe einer

1	2	3	4	5	6
Bezeichnung der Züge	Einfahrt		Gleis	Ausfahrt	
	Richtung von	Signal= bild		Signal= bild	Richtung von
Bahnhof Nakel					
Sämtliche Personen= züge bei Über= holungen	Schnei= demühl		1		Brom= berg
Sämtliche Personen= u. Güter= züge	desgl.		2		desgl.
Güterzüge bei Über= holungen	Schnei= demühl		4		Brom= berg
Güterzug 6753 und nach Be= darf	desgl.		5		desgl.
Güterzüge nach Be= darf	desgl.		6		desgl.
Sämtliche Personen= u. Güter= züge	Brom= berg		3		Schnei= demühl
Güterzug 6754 und Personen= u. Güter= züge bei Über= holungen	desgl.		4		desgl.

343. Aus der Bahnhofs-Fahrordnung
Signalbilder einer Bahnhofs- Ein- und Ausfahrt

schriftlichen Meldung nicht aus, so wird der Fernsprecher benutzt oder ein Zug, der vorher über die Strecke geht, mit den auf Bild 337 unter c oder d wiedergegebenen

Signalen ausgerüstet. Die Mannschaft eines jeden Sonderzugs erhält den Abdruck des hierfür aufgestellten Fahrplans zugestellt.

Bei noch so sorgfältiger Durchführung aller Verkehrsvorschriften lassen sich Verspätungen nicht immer vermeiden. Die hierdurch eintretenden zeitlichen Umlagerungen von Zugfahrten üben natürlich einen tiefgreifenden Einfluß auf die Strecken- und Bahnhofsfahrordnungen aus. Sinngemäße Umänderungen sind alsdann notwendig, über die Verständigungen zwischen den einzelnen in Betracht kommenden Dienststellen stattfinden müssen.

Wenn die Verspätung den Lauf einer größeren Zahl von Zügen beeinflußt, so sind die wichtigeren Züge vor den minder wichtigen abzufertigen. Es gilt eine bestimmte Rangordnung. Allen anderen voran gehen Sonderzüge besonderer Art, dann folgen der Bedeutung nach Schnell- und Eilzüge, Personenzüge, Eilgüterzüge, Ferngüterzüge, Durchgangsgüterzüge, Nahgüterzüge. Hilfszüge, die infolge eines Unfalls angefordert sind, haben überall den Vorrang.

Zum Ausgleich der Verspätungen wird die schnellste auf jeder Strecke zulässige Geschwindigkeit angewendet. Die Sicherheit des Zugs aber darf keinesfalls leiden, so daß also nach wie vor in scharfen Krümmungen, auf Brücken und an sonstigen besonderen Stellen langsam gefahren werden muß. Um den Reisenden das Erreichen von Anschlüssen nach Möglichkeit zu wahren, haben Anschlußzüge auf den verspäteten Zug zu warten. Da die aus dem Warten entstehende Verspätung der Anschlußzüge aber wieder Unregelmäßigkeiten in den Bezirk hineinbringt, den diese zu durchfahren haben, so sind die Wartezeiten beschränkt. Sie werden in besonderen Vorschriften für jeden Bezirk festgesetzt, z. B.:

1	2	3	4	5	6	7	8
	Es wartet						
Bahnhof	der Zug			höch= stens Min.	auf den Zug		
	Nr.	nach	Abf.		Nr.	von	Ank.
Berlin Schles. Bhf.	13	Danzig	11 30	5	45	Frankfurt a. M.	11 02
	3	Gumbinnen	11 20	5	13	Cöln	11 09
Bromberg	570	Wongrowitz	8 37	20	25	Berlin	8 30
	417	Schönsee	8 40	45	25	"	8 30
	255	Thorn	8 47	30	25	"	8 30
	48	Dirschau	9 16	10	250	Thorn	9 04
Rogasen	642	Posen	8 44	10	543	Sagen=Goray	8 21
	544	Sagen=Goray	9 06	20	642	Schneidemühl	8 40
	543	Hohensalza	9 09	15	"		8 40
	649	Schneidemühl	12 18	10	546	Hohensalza	12 00
	644	Posen	12 33	15	"		
	545	Wongrowitz	12 40	40	644	Schneidemühl	12 28
	546	Sagen=Goray	12 46	20	"	"	"

Längere Verspätungen werden den Fahrkartenausgaben mitgeteilt und von diesen den Reisenden durch Ausfüllung der Verspätungstafeln auf den Bahnsteigen bekanntgegeben.

Ist es notwendig, daß auf zweigeleisiger Strecke ein Zug infolge Gleissperrung oder wegen einer anderen Störung ausnahmsweise das falsche Gleis befahren muß, so treten ganz besondere Vorsichtsmaßregeln ein. Alle beteiligten Zugmeldestellen sind zu verständigen. Am Blockapparat, am Fernschreiber und Fernsprecher ist eine Tafel mit der Aufschrift »Strecke gesperrt« anzubringen, damit der außerge-

Nr. *10*

Befehl A. D Zug Nr. *28*

a) soll auf falschem Gleise fahren

von *Annen* bis *Witten*

~~Blockfignale*)~~ .... ~~haben für die Fahrt keine Gültigkeit.~~

*) Hier kommen nur Signale auf Blockstellen o h n e Weiche in Betracht.

b) ~~fährt ab aus Gleis~~ ...., ~~für das Ausfahrsignal nicht vorhanden ist.~~

c) ~~hat zu halten~~ — ~~durchzufahren~~

~~auf Station~~ ....

d) ~~darf vorbeifahren am „Halt" zeigenden~~

~~Einfahrsignal~~ .... ~~Wegesignal~~

~~Deckungssignal~~ .... ~~Ausfahrsignal~~

~~Blocksignal~~

e)

Nr. *8*

Befehl A. D Zug Nr. *16*

a) ~~soll auf falschem Gleise fahren~~

~~von~~ .... ~~bis~~

~~Blocksignale*)~~ .... ~~haben für die Fahrt keine Gültigkeit.~~

*) Hier kommen nur Signale auf Blockstellen o h n e Weiche in Betracht.

b) ~~fährt ab aus Gleis~~ ...., ~~für das Ausfahrsignal nicht vorhanden ist.~~

c) ~~hat zu halten~~ — ~~durchzufahren~~

~~auf Station~~ ....

d) darf vorbeifahren am „Halt" zeigenden

~~Einfahrsignal~~ .... ~~Wegesignal~~

~~Deckungssignal~~ .... Ausfahrsignal *A*

~~Blocksignal~~

Dortmund, den *23* ten *10* 19*17* *8* Uhr *10* Min.

Der Fahrdienstleiter: *Behrend*

2 Abschrift ~~an~~ erhalten.

Der Zugführer: *Peter*

(Nichtzutreffendes durchstreichen.)

Gültiges unter Benutzung der Querlinien umrahmen.

Nr. 2497. Allgemeiner Befehl A.

Stendal, den *20* ten *9* 19*17* *1* Uhr *12* Min.

Der Fahrdienstleiter: *Schmidt*

2 Abschrift ~~an~~ erhalten.

Der Zugführer: *Lutz*

(Nichtzutreffendes durchstreichen.)

Gültiges unter Benutzung der Querlinien umrahmen.

Nr. 2497. Allgemeiner Befehl A.

344a. »Befehl A« zum Befahren des falschen Gleises

344b. »Befehl A« zum Vorüberfahren an einem auf Halt liegenden Signal

wöhnliche Zustand nicht in Vergessenheit gerät. Eine vorhandene Blockeinrichtung tritt außer Tätigkeit, da sie ja für den jetzigen Zustand nicht eingerichtet ist, und es wird das Zugmeldeverfahren unter Anwendung besonderer Verschärfungen zur Erreichung genauester Verständigung angewendet.

Die auf falschem Gleis fahrenden Züge dürfen einander nur in den Abständen der Zugmeldestellen folgen. Der Lokomotivführer darf den Zug erst auf das falsche Gleis hinüberführen, wenn ihm ein schriftlicher Befehl auf besonderem Formblatt, dem »Befehl A«, erteilt ist. Bevor der erste Zug das falsche Gleis befährt, sind alle Schrankenwärter und Streckenposten durch Fernsprecher hiervon zu benachrichtigen. Ist dies nicht mehr möglich, so hat der erste Zug so langsam zu fahren, daß sein Herannahen von den Schrankenwärtern und von Arbeitern, die auf der Strecke beschäftigt sind, rechtzeitig wahrgenommen werden kann.

Das Befahren des falschen Gleises tritt stets ein, wenn eine Schiebelokomotive einen Zug nur bis zu einem Punkt mitten auf der Strecke begleitet und alsdann zum Ausgangsbahnhof zurückfährt. Jedesmal, wenn ein Zug mit Schiebelokomotive, die von der freien Strecke aus zurückkehrt, an einer Zugmelde- oder Zugfolgestelle vorbeigefahren ist, hat diese am Blockwerk, Fernschreiber und Fernsprecher die Tafel »Strecke gesperrt« anzubringen, die erst beseitigt werden darf, wenn die Lokomotive wieder vorbeigefahren ist.

Soll ein Zug auf einem Bahnhof, den er fahrplanmäßig zu durchfahren hat, ausnahmsweise anhalten, so genügt es nicht, das Ausfahrsignal des Bahnhofs auf Halt zu legen. Denn abgesehen davon, daß immer die Möglichkeit des Übersehens eines solchen Haltsignals besteht, ist das Bahnhof-Ausfahrsignal für das unerwartete Aufhalten von Zügen besonders ungeeignet, da es meist erst aus kurzer Entfernung zu erblicken ist. Es muß daher bei außerfahrplanmäßigem Anhalten auch das Einfahrsignal des Bahnhofs auf Halt gelegt werden; der Zug darf erst, nachdem er dort gestellt ist, in den Bahnhof eingelassen werden. Nach Möglichkeit soll der Zug von dem außerplanmäßigen Aufenthalt schon auf dem letzten Bahnhof verständigt werden, in dem er fahrplanmäßig zu halten hat.

An einzelnen Stellen ist es erlaubt, Schnell- oder Eilzüge außerfahrplanmäßig stets dann anzuhalten, wenn sie Anschlüsse neu ermöglichen können, die durch Verspätungen verloren gegangen sind. Wo dies geschehen darf, ist in den Vorschriften besonders angegeben. Hiervon ein Beispiel:

1	2	3	4	5	6
			Der Schnell= oder Eilzug		
Nr.	hat bei vorfahrplanmäßiger Überholung des Personenzugs Nr.	hat bei Vorausfahrt des Personenzugs Nr.	auf der Strecke	zum Aufnehmen oder Absetzen von Reisenden zu halten in:	Bemerkungen
1 3	355 303	. .	Berlin—Cüstrin Kreuz-Schneidemühl	Cüstrin—Kietz Überholungsstation und nötigenfalls in Filehne Nord, Ascherbude, Stieglitz, Schönlanke und Stöwen	Hält nur, wenn Übergangsreisende für D 3, D 13 oder D 23 aufzunehmen sind
5 61	361 376	. .	Berlin—Cüstrin Gnesen—Posen	Cüstrin—Kietz Überholungsstation und den folgenden Haltestationen des Pz. 376, jedoch nur dann, wenn Reisende aufzunehmen sind, die in Posen auf die Züge D 16 und D 56 übergehen	

Eine gewisse Zurückhaltung wird man sich bei der Anordnung neuer Anhaltepunkte deswegen auferlegen, weil diese naturgemäß auf die Gesamt-Beförderungszeit verlängernd einwirken und ferner Geldausgaben verursachen. Wird doch bei jedem Anhalten durch das Bremsen lebendige Kraft vernichtet, die dann durch die Anfahr-Arbeit, also durch erhöhten Kohlenverbrauch, wieder neu erzeugt werden muß. Man rechnet, daß die Durchschnittskosten für das Halten bei einem Schnellzug 4,35 Mark, bei einem Personenzug 1,50 ausmachen.

Bei Eisenbahnunfällen, bei großen Bränden oder sonstiger gemeiner Gefahr dürfen alle Züge zum Aufnehmen oder Absetzen von Ärzten, Feuerwehr, Rettungsmannschaft oder bewaffneter Macht aufgehalten werden.

Auf offener Strecke kann ein Zug durch Winken mit einer roten Fahne, im Notfall auch schon durch Schwenken der Dienstmütze oder der bloßen Hand zum Stehen gebracht werden. Ist Zeit genug für seine Aufstellung vorhanden, so soll das auf Bild 299 dargestellte Haltsignal benutzt werden.

Es kann vorkommen, daß zwar der Vorbeifahrt des Zugs an einem Hauptsignal nichts entgegensteht, dessen Flügel aber nicht auf Fahrt Frei gezogen werden kann, weil an der Stellvorrichtung etwas in Unordnung ist. Keinesfalls darf nun zur Aufrechterhaltung des Betriebs den Lokomotivführern an geeigneter Stelle einfach mitgeteilt werden, das betreffende Signal sei in Unordnung, und sie dürfen an ihm vorbeifahren, auch wenn es auf Halt liegt. Die Ehrfurcht vor dem Halt gebietenden Hauptsignal muß unbedingt aufrechterhalten werden.

Soll ein Lokomotivführer ein auf Halt liegendes Hauptsignal überfahren, so muß er hierzu schriftlichen Befehl in Händen haben. Dieser wird auf Befehlsblatt A in Abschnitt d erteilt (Bild 344b).

Abweichungen von dieser Vorschrift kommen nur auf Stadt- und Vorortbahnen vor, die eine Zugfolge in bestimmten Abständen haben. Hier genügt, wenn ein Hauptsignal ungangbar ist, mündlicher Befehl an den Lokomotivführer, der aber bei jeder Vorbeifahrt stets von neuem wiederholt werden muß. Signale, die bei Haltstellung auf mündlichen Befehl überfahren werden dürfen, sind durch eine Tafel mit einem M besonders gekennzeichnet. Auf der Berliner Stadtbahn sind solche M-Tafeln in großer Zahl zu sehen.

Wenn ein Zug liegen bleiben muß, weil die Strecke unfahrbar oder die Maschine in Unordnung geraten ist, so muß er durch besondere Maßnahmen nach hinten gesichert werden, falls die Haltezeit länger als acht Minuten währt. Wenn möglich, ist

Vorderseite.

Meldezettel des Zugführers.

Sofort wörtlich weiter zu melden von der nächsten mit Fernsprecher ausgerüsteten Bude!

Pers.-Zug Nr. 202 am 19 September um 9 Uhr 33 Min. vorm./nachm. in km 17,39 der Bahnstrecke Spandau-Wittenberge entgleist zusammengestoßen mit Zug Nr. liegengeblieben wegen Gesperrt ist wird Gleis von Spandau nach Seegefeld

" " " Getötet: 2 Personen. Erheblich verletzt: 6 Personen. Beschädigt: 1 Lokomotive 3 Wagen. Bahnpost braucht Hilfe.

1ter Hilfszug
2ter Hilfszug } erforderlich.
Hilfsgerätewagen
Hilfslokomotive

Hiller
Zugführer.

Altona
dienstwohnhaft in

Anmerkung: 1. Vor Ausfertigung dieser Meldung ist die umstehende Anweisung durchzulesen.
2. Das Nichtzutreffende ist bei 3 zu durchstreichen.

Nr. 2777. Meldezettel des Zugführers über Unfälle und Betriebsstörungen

Rückseite.

Anweisung.

1. Kann die Anzahl der Getöteten oder Verletzten nicht sofort festgestellt werden, so genügt eine schätzungsweise Angabe.
2. Ein Hilfszug (Arztwagen und Gerätewagen) ist anzufordern, wenn bei Eisenbahnunfällen Personen getötet oder erheblich verletzt sind. Bei größeren Unfällen, wenn ein Hilfszug nicht ausreichend erscheint, ist auch der 2. Hilfszug anzufordern.
3. Ein Hilfsgerätewagen ist anzufordern, wenn nur Aufräumungsarbeiten vorzunehmen sind.
4. Eine Hilfslokomotive ist heranzuziehen, wenn die Zuglokomotive den Zug nicht allein weiterbefördern kann.
5. Die Worte: „Bahnpost braucht Hilfe" sind unter allen Umständen auszustreichen, falls ein Hilfszug eine entsprechende Meldung der Postbeamten zugegangen ist oder die Postbeamten verletzt sind und deshalb keine Meldung machen können.
6. Der Zugführer hat die ausgefüllte Meldung sofort durch einen Bediensteten an den nächsten mit Fernsprecher versehenen Wärterposten zu senden.
Buden mit Fernsprecher sind durch den Buchstaben F gekennzeichnet.
Pfeile an den Telegraphenstangen zeigen die Richtung zur nächsten Bude an.

345. Formblatt zur Meldung eines Eisenbahnunfalls
Der Inhalt wird im Auftrag des Zugführers vom nächsten Fernsprecher aus weitergegeben.

346. Gleisräumungskran
Sehr starker fahrbarer Schwenkkran einer amerikanischen Bahn zum raschen Wegräumen verun-
glückter Eisenbahnfahrzeuge von den Gleisen.

der nächste Bahnwärter damit zu beauftragen, in genügender Entfernung hinter
dem Zug die Haltescheibe aufzustellen, oder ein Schaffner ist abzuschicken, der
bei hellem Tag durch Schwenken einer roten Fahne, bei Dunkelheit oder Nebel
durch Emporhalten einer Signalfackel einen trotz der Signaldeckung dennoch her-
ankommenden Zug aufzuhalten hat. Fahnen und Fackeln, die selbst starken Nebel zu durchdringen vermögen, werden stets im Packwagen mitgeführt.

Hat sich ein Eisenbahnunglück zugetragen, so hat der Zugführer alle nötigen
Maßregeln anzuordnen. Ihm steht der Befehl zu. Der Zug ist nach hinten zu dek-
ken, vor allem aber ist, wenn durch den Unfall auch das Nachbargleis für die Gegenrichtung unfahrbar geworden ist, für das Aufhalten der entgegenkommenden Züge Sorge zu tragen. Das Unglück würde sich ja verdoppeln, wenn ein Gegenzug in
die auf seinem Gleis liegenden, umgestürzten Fahrzeuge hineinführe. Etwa verunglückten Reisenden ist in jeder Weise Hilfe zu leisten.

Kann die Lokomotive mit dem vorderen Zugteil sich noch bewegen, so ist sie
zur nächsten Zugmeldestelle zu senden, um dort Mitteilung von dem Vorgefalle-
nen zu machen. Andernfalls hat der Zugführer, sobald die Hilfeleistungen für verunglückte Reisende ihm dazu Zeit lassen, den auf der vorhergehenden Seite wiedergegebenen Meldezettel genau auszufüllen und einen Boten damit an den nächsten
Streckenfernsprecher zu senden, wo dieser den Inhalt wörtlich weiterzugeben hat.

In welcher Richtung der nächste Streckenfernsprecher zu erreichen ist, wird
durch Pfeile angezeigt, die an jeder Telegraphenstange angebracht sind. Jede Wär-
terbude, in der ein Streckenfernsprecher untergebracht ist, trägt an der Vorderwand
ein großes F. Bei allzu weiten Abständen der Wärterbuden voneinander sind an der
Strecke öfter auch Fernsprecher in kleinen Holzzellen allein aufgestellt.

Sobald die Nachricht von einem Unfall den nächsten Bahnhof erreicht hat, setzt
die Hilfeleistung sofort ein. Damit in der Erregung nicht etwa Wichtiges vergessen
wird, sind in den Diensträumen Tafeln aufgehängt, auf denen man alle für solche

Fälle erforderlichen Maßnahmen zusammengestellt findet. Auch die vorgeschriebenen Meldungen sind hier verzeichnet. Bei größeren Unfällen werden die höchsten Stellen der Bahnverwaltung, das Reichseisenbahnamt, die Staatsanwaltschaft und die Polizeibehörden benachrichtigt.

Sobald die Anforderung durch die Meldung des Zugführers eingetroffen ist, wird der auf jedem größeren Bahnhof stets bereitstehende Hilfszug abgelassen. Sein Stamm besteht aus dem Ärztewagen mit Operationsraum und dem Hilfsgerätewagen (siehe Bild 236). Zum Mitnehmen von weiteren Beamten, Krankenträgern, Arbeitern und anderen Personen werden gewöhnliche Wagen angehängt. Das Hilfswerk hat sich zunächst auf die Dienstleistung an verletzten Personen zu erstrekken, alsdann sind die gesperrten Geleise frei zu machen und der verletzte Oberbau wiederherzustellen.

23. Wache und Pflege

Alle die Vorrichtungen und Dienstmaßnahmen, welche wir in den beiden letzten Abschnitten kennen gelernt haben, dienten keinem anderen Zweck als der Sicherung unseres nach Halle fahrenden Schnellzugs gegen seine Genossen auf den Schienen. Doch damit ist noch nicht genug für den unbedingten Schutz getan, den er für seinen Weg verlangt.

Gefahr droht ihm nicht nur von anderen Zügen, es können auch plötzliche Hindernisse auf der Fahrbahn auftreten, die seinen Lauf bedrohen. Neben den Zugsicherungs-Einrichtungen muß die *Bewachung und Unterhaltung der Strecke* einhergehen. Ständige Aufsicht ist notwendig, damit die schmale Rinne, durch die sich der Strom des Eisenbahnverkehrs gurgelnd ergießt, ständig von allen Gegenständen freigehalten wird, die nicht der Welt auf Schienen zugehören. Da der stählerne Pfad immer von neuem ungeheure Gewichte zu tragen hat, so darf man keinen Augenblick darin nachlassen, seine Festigkeit und Tragfähigkeit zu prüfen.

Die Bewachung der Strecke und ihre Pflege sind in Preußen unmittelbare Aufgabe der Bahnmeistereien. Auch alle Bahnarbeiten, die auf der Strecke vorgenommen werden, unterstehen der Aufsicht des Bahnmeisters.

Er ist sozusagen der Hausvater der Strecke. Sie muß ihm bis ins letzte Winkelchen bekannt sein, an den kleinsten Zeichen muß er erkennen, wo ein Gebrechen sich auszubilden beginnt, wo schwache Stellen vorhanden sind. Sein Auge muß immer wieder sorgend und prüfend über die Strecke schweifen, sein Denken so innig mit ihrem Wesen verwachsen sein, daß sie ihm Fehler offenbart, die noch kein anderer wahrnimmt.

Um so enge Beziehungen zwischen dem Bahnmeister und der ihm anvertrauten Strecke zu erwirken, macht man auf Hauptbahnen seinen Bezirk nicht größer, als daß er ihn jeden Tag einmal in aller Ruhe begehen kann. Eine Bahnmeisterei, die nur eine glatte Strecke zu versorgen hat, kann immerhin mehrere Kilometer lang sein. Wenn jedoch eine Mehrzahl von Geleisen zu beaufsichtigen ist, oder wenn gar ein größerer Bahnhof im Bezirk liegt, so wird die zugeteilte Streckenlänge stark verkürzt.

Auf eingeleisigen Nebenbahnen wachsen die Längen der Bahnmeistereien naturgemäß am meisten an. Um dem leitenden Beamten allzu lange Märsche zu ersparen, stellt man ihm für die Bereisung seines Bezirks meist ein Fahrrad zur Verfügung, das auf den Schienen laufen und leicht über deren glatte Oberfläche bewegt werden kann. Es ist ein Dreirad; seine Form läßt sich jedoch am treffendsten als die eines Zweirads bezeichnen, das auf einer Schiene läuft und durch einen langen Ausleger gestützt wird, der zur anderen Schiene hinübergeht und dort in einem kleinen Rad endet.

Für die Bewachung der Strecken werden in Deutschland sehr bedeutende Summen ausgegeben. Eine Hauptbahn gilt nach der Betriebsordnung als bewacht, wenn sich in allen Blockposten dienstuende Beamte befinden, die Wegübergänge besetzt oder von einem in nicht allzu großer Entfernung aufgestellten Posten durch Schranken verschlossen werden können, und wenn ferner dreimal täglich eine Untersuchung der Strecke stattfindet. Bei Nebenbahnen brauchen nur besondere verkehrsreiche oder unübersichtliche Wegübergänge besetzt zu sein, und dies auch nur während der Vorüberfahrt eines Zugs. Hier genügt auch eine einmal täglich vorgenommene Untersuchung der Strecke.

Alle Beamten, die mit der Bewachung der Strecke und der Wegübergänge betraut sind, ferner auch Bahnsteigschaffner und Bahnhofspförtner besitzen die Eigenschaft von Eisenbahnpolizeibeamten. Sie sind als solche vereidigt oder durch Handschlag an Eides Statt verpflichtet. Ihr Amtsbereich umfaßt das gesamte Bahngebiet der Verwaltung, bei der sie beschäftigt sind. Sie müssen bei Ausübung des Dienstes Uniform oder ein Dienstabzeichen tragen oder mit einem sonstigen Ausweis über ihre amtliche Eigenschaft, etwa einer Blechmarke, versehen sein. Die Bahnpolizeibeamten sind befugt, jeden vorläufig festzunehmen, den sie beim Begehen einer strafbaren Handlung antreffen, oder der nach Vollführung einer solchen fluchtverdächtig erscheint. Wenn der Festgenommene nicht alsbald wieder in Freiheit gesetzt werden kann, ist er unverzüglich dem Amtsrichter oder der Polizeibehörde des Bezirks vorzuführen, in dem die Festnahme erfolgte.

Unter den Beamten, die bei der Streckenbewachung wirken, nimmt der Bahnwärter am Wegübergang eine besondere Stelle ein. Durch die örtliche Lage seines Postens bildet er ein Verbindungsglied zwischen der übrigen Welt dort draußen und der Schienenwelt, die sich sonst aufs strengste abgeschlossen verhält. Geheimnisvoll und unverständlich erscheint der Dienst der meisten anderen Eisenbahnbeamten dem Außenstehenden, aber den Bahnwärter und sein Tun kennt jeder; alle haben ihn schon öfter bei seiner Tätigkeit beobachtet. Es gibt in der ganzen Weltliteratur sicherlich kein Buch, in dem ein mit der Blockbedienung betrauter Beamter vorkommt, obgleich sein tägliches Tun genug Gelegenheit zur Anknüpfung einer dramatischen Verwicklung gäbe. Den Lokomotivführer trifft man in der Lyrik, der epischen und dramatischen Dichtung nur selten an. Der Bahnwärter aber ist eine Gestalt, die häufig von der Sonne der Dichtkunst überstrahlt wird.

Die besondere Aufmerksamkeit, der sich dieser Mann zu erfreuen hat, mag daher rühren, daß die Ausübung seines Diensts so innig mit seinem häuslichen Leben verknüpft ist. Er und seine Familie wohnen dicht am Bahnübergang in ihrem kleinen, stets bescheidenen, aber oft recht malerischen Häuschen. Die Frau hilft dem Mann beim Dienst. Oft dienen auch die Kinder schon der Eisenbahn. Es ist das einer der seltenen Fälle, in denen diese Familienbeziehungen anknüpft.

Der Wärter hat meistens neben seinem Häuschen ein Stückchen Land, das er als Landwirt bebaut, in dem er gräbt, düngt und jätet, um nur dann aus einem Landwirt sich in einen Beamten umzuwandeln, wenn gerade draußen auf der Strecke, die unfruchtbar neben seinem freundlich blühenden Feld liegt, ein Zug vorüberrast. In solchen Augenblicken steht er stramm vor seiner herabgelassenen Schranke; aber kaum ist der Zug vorbei, so ist die Rückwandlung zum Ackerbauer schon wieder geschehen. Der Bahnwärter am Überweg hat nur eine recht lose Verbindung mit dem Eisenbahnbetrieb. Das gewaltige Getriebe redet zu ihm ausschließlich durch die Schläge der Meldeglocke, die neben seinem Häuschen steht.

Noch heute spricht man auch dienstlich von Wärterbuden. Aber die Wohnungen, welche diesen Beamten jetzt zugewiesen werden, unterscheiden sich doch recht bedeutend von den hölzernen Buden, die einstmals wirklich an den Wegübergängen standen. Dort pflegten die Wärterfamilien im Winter ein jämmerliches Dasein hinter nur lose zusammengefügten Brettern zu fristen. Heute wohnen sie in steinernen Häuschen, von denen jedes zwei oder drei bewohnbare Räume und gewöhnlich noch einen Stall enthält. Die neuzeitlichen baukünstlerischen Bestrebungen sind auch an diesen kleinsten Häuschen nicht vorübergegangen. Hübsche Formen wurden geschaffen, die der umgebenden Landschaft zur Zierde gereichen.

Für Dienstzwecke hat jeder Bahnwärter in seinem Häuschen die Wärtersignale, welche auf Bild 299 dargestellt sind, ferner eine rote Notfahne, die gewöhnlich zusammengerollt in einer Lederhülse steckt, ein Signalhorn, um Streckenarbeitern damit Warnungszeichen zu geben, Laternen, die mit farbigen Blenden versehen werden können, Bahnunterhaltungsgerät wie Schraubenschlüssel, Nagelhammer und Stopfhacke, damit er kleine Schäden, die ihm an der Strecke auffallen, sofort auszubessern vermag. Ferner ist ihm ein Tagebuch zum Eintragen aller wichtigen Betriebsereignisse übergeben, und er hat im Besitz einer verläßlich gehenden Uhr zu sein. Zum Aufziehen des Läutewerks besitzt er eine Kurbel. Über den Fahrplan seiner Strecke muß der Wärter genau unterrichtet sein, damit er auch bei Ausbleiben des Läutesignals die Schranke rechtzeitig schließt.

Er hat das Gleis im Bezirk des Wegübergangs sauber zu halten, Fremdkörper aus der Spurrinne zu entfernen, bei Glatteis die Schienen mit Sand zu bestreuen, damit weder Tiere noch Menschen, die hinübergehen, zu Fall kommen können. Von der Begehung der Strecke ist er heute meistens befreit, deren Beaufsichtigung liegt vielmehr den Streckenläufern ob.

Kurz nach Ertönen des Läutesignals hat der Wärter die Überwegschranke zu schließen. Er darf dies nicht zu spät tun, aber auch nicht zu früh, damit der querende Verkehr möglichst kurze Zeit gehindert wird. Die unmittelbar besetzten Schranken werden durch einen Hebel oder durch ein Griffrad niedergelegt. Dies geschieht entweder auf beiden Seiten zugleich durch eine Kupplung zwischen den Schrankenbäumen, oder es wird jede Seite einzeln geschlossen. Außer den hauptsächlich verwendeten Schranken, die beim Öffnen hochgewunden werden, gibt es auch solche, die seitlich hinausgezogen oder zur Seite fortgedreht werden können.

Viele Schranken werden durch Wärter bedient, die in einiger Entfernung von ihnen an einem anderen Überweg aufgestellt sind. Auf diese Weise spart man besondere Posten. Die Fernbedienung geschieht alsdann durch eine Kurbel, die einen Drahtzug bewegt. Damit kein Vorübergehender von den plötzlich niedergehenden Schranken getroffen werden kann, ist ein Warnsignal eingeschaltet. Wenn die Kurbel in Bewegung gesetzt wird, wirkt der sich bewegende Drahtzug zunächst nicht auf die Schrankenbäume selbst ein, sondern er betätigt zuvor eine Glocke, die etwa zehn Schläge ertönen läßt. Erst nach Beendigung dieses Vorläutens gehen die Schrankenbäume nieder.

Diese bestehen manchmal aus Holz, meistens aber aus Stahlblechrohren, die aneinander genietet sind und gegen die Spitze des Schrankenbaums zu sich verjüngen. Bei Längen über acht Meter sind die Schrankenbäume durch ein eisernes Sprengwerk gegen Durchbiegung gesichert. Ein bis zum Boden hinabhängendes Gitter soll Kindern das Hindurchkriechen verwehren. Die Last der Schrankenbäume ist durch kräftige Gegengewichte ausgeglichen; die Bäume müssen in jeder Stellung angehalten werden können.

Die Anschauungen über die Sicherung der Wegübergänge sind in den einzelnen Ländern sehr verschieden. In England findet man Übergänge in Schienenhöhe selten. Man führt dort die Strecke allermeist auf einer Brücke darüber oder in einer Unterführung drunter durch. Die Baukosten für die Strecken erhöhen sich dadurch ganz erheblich. Bei uns wirkt man den Gefahren der höhengleichen Wegübergänge durch sorgfältige Bewachung entgegen. An allen verkehrsreichen Stellen, namentlich in größeren Orten oder in deren Nähe, werden auch bei uns immer mehr höhenungleiche Überführungen unter Aufwendung sehr großer Summen gebaut.

Den Gegenpol bildet Amerika, wo man die Gefahren der höhengleichen Wegübergänge mit einem für uns unbegreiflichen Leichtsinn behandelt.

Während der Eisenbahnverkehr in Europa seine Opfer zu allermeist bei Zugzusammenstößen oder infolge von Verschiebebewegungen fordert, kommen in Amerika jährlich viele Tausend beim Überschreiten der Wegübergänge ums Leben, oder weil sie die Geleise als Verkehrsweg benutzen. Bei uns ist jedes Betreten der Bahnanlagen außerhalb der Übergänge strengstens verboten. In Amerika aber, namentlich im Westen, wo es noch immer nur wenige Landstraßen gibt, gilt der Schienenstrang zugleich als öffentlicher Fußweg. Ist er als solcher auch nicht behördlich anerkannt, so wird seine Benutzung in dieser Weise doch stillschweigend geduldet.

Es ist nach der »Zeitung des Vereins deutscher Eisenbahnverwaltungen« berechnet worden, daß in den Jahren 1892 bis 1912 in den Vereinigten Staaten täglich 14 Leute getötet und ebensoviel verletzt worden sind, weil sie sich beim Vorüberfahren von Zügen auf dem Gleis befanden, wo sie nichts zu suchen hatten. Im Betriebsjahr 1911/12 wurden annähernd 5300 Personen beim Überschreiten von Eisenbahngeleisen getötet. Es kann dies nicht wundernehmen, da es in Amerika an den Wegübergängen keinerlei Schutzvorrichtungen gibt. Die Eisenbahngesellschaften sträuben sich noch immer gegen die Einführung von Schranken, indem sie diese als »unwirtschaftlichen Luxus« bezeichnen. Dabei soll es allein im Staat New-York noch 8000 Punkte geben, an denen Eisenbahnen von Straßen in Schienenhöhe gekreuzt werden.

Obgleich gegenüber derartigen Nachlässigkeiten unsere Wegübergangssicherungen vortrefflich erscheinen, läßt sich doch nicht übersehen, daß auch bei uns hier noch mancherlei zu tun ist. Es kann natürlich nicht ausbleiben, daß hier und da ein Bahnwärter die Schranken nicht rechtzeitig schließt. Die Zeit ist vielleicht nicht mehr fern, in der man auch diese Sicherungsreinrichtung zwangsläufig in den Eisenbahnbetrieb selbst hineinzieht. Wie die Züge durch Betätigung von Schienenstromschließern Sperrungen in den Blockkästen auslösen, wie sie Signale hinter sich auf Halt legen, so könnten sie durch Befahren von Schienenstromschliessern auch rechtzeitig und nach Abgabe eines warnenden Vorläutesignals die Schranken vor ihrem Weg niederlegen. Das Befahren eines anderen Schienenstromschließers könnte nach Überquerung des Wegs das Wiederaufrichten der Stangen herbeiführen. Freilich ist die Frage offen, ob das immer mögliche Versagen der ziemlich verwickelten elektromechanischen Vorrichtungen, die für diesen Zweck angebracht werden müßten, nicht eine reichlicher fließende Fehlerquelle sein würde als die Vergeßlichkeit der Bahnwärter.

Hoffnungsvoller erscheinen Einrichtungen, die auf Nebenbahnen mit unbewachten Übergängen das Läuten der Warnglocke auf der Lokomotive durch Streckenläutewerke am Überweg selbst ersetzen wollen. Die Glocke wird durch den fahrenden Zu eingeschaltet, wenn dieser sich noch in einiger Entfernung befindet, und sie läutet, bis die Lokomotive am Überweg vorübergefahren ist. Damit wäre die Unsicherheit aus der Welt geschafft, die öfter durch Undeutlichkeit des Lokomotivläutens entsteht, wenn die Windrichtung ungünstig ist oder in eine Bahnkrümmung hineingeschobene Hügel oder Waldstücke die Schallwellen zurückhalten.

Die vorgeschriebenen Begehungen der Strecken von Hauptbahnen werden größtenteils von besonderen Streckenläufern vorgenommen. Man sieht sie vom Wagenfenster aus häufig in den Geleisen schreiten, die Notfahne umgehängt, den Schraubenschlüssel in der Hand. Sie gehen auf zweigeleisigen Strecken stets der Zugrichtung entgegen.

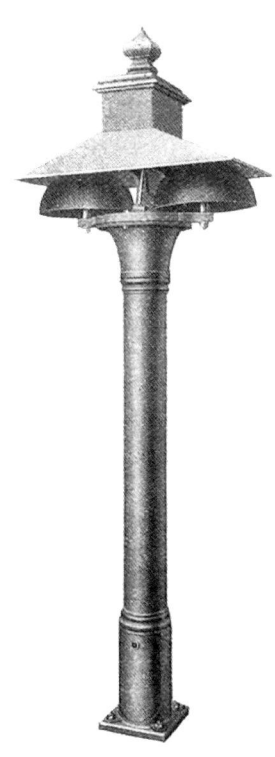

Bauart Siemens & Halske
347. Ersatz für Überweg-
schranken
Warnglocke zum Verkünden der Zugannäherung an der Wegkreuzung einer Nebenbahn

Aufgabe der Streckenläufer ist es, dreimal täglich jedes Hauptbahngleis abzugehen und alle eingetretenen Fehler abzustellen. Sie haben ihr Augenmerk auf Veränderungen im Gleis, schlechte Lage von Schwellen, Schienenbrüche, Beschädigung der Bettung durch Frost oder Niederschlagswasser, auf lockere Schrauben, herausgezogene Schienennägel, auf den Zustand der Böschungen, Brükken und Durchgänge sowie der Drahtleitungen auf der freien Strecke zu richten. Funde von Wert sind abzugeben, über besondere Vorkommnisse ist ein Bericht zu erstatten. Der Streckenwärter sammelt zugleich fortgeworfenes Papier und ähnliche Reste von der Strecke, jätet das Unkraut ab, so daß der Bahnkörper immer sauber aussieht.

Ferner haben die Streckenläufer die Zügel bei ihrer Vorüberfahrt daraufhin zu beobachten, ob die Fahrzeuge ruhig laufen, oder ob auffallende Bewegungen eine Unordnung im Gleis ankündigen. Sie haben aufzupassen, ob eine Tür im Zug offen steht, was im nächsten Bahnhof zur Einleitung von Nachforschungen über die Ursache zu melden ist, sie sollen darauf achten, ob die Ladung auf einem Güterwagen sich etwa verschoben hat, so daß hierdurch eine Gefahr für begegnende Züge entstehen könnte. Ferner ist Achtung darauf zu geben, ob der vorüberfahrende Zug das Schlußsignal hat, oder ob eine Scheibe an der Lokomotive einen Sonderzug ankündigt. In Notfällen müssen die Streckenläufer den Zug durch Winken mit der roten Fahne aufhalten.

Ist die Bahnbewachung während der Sommermonate verhältnismäßig leicht auszuüben, so erfordert sie im Winter, wenn Schnee und Eis die Schwellen und Schienenbefestigungen überdecken, ganz besondere Aufmerksamkeit. Die Bahnwärter müssen die Spurrinnen ständig von neuem auskehren, der Streckenläufer hat jede Schienenauflagestelle freizukehren, damit er ihren Zustand beobachten kann. Aber trotz aller Sorgfalt bei der Instandhaltung drohen dem Verkehr doch stets von neuem Störungen durch starke Schneefälle.

Wir haben in Abschnitt 1 die Vorkehrungen erörtert, die getroffen sind, um die Geleise vor Schneeverwehungen nach Möglichkeit zu bewahren. Ihre Wirkung ist ausgezeichnet, aber sie stellen doch kein Allheilmittel dar. Wie immer, wenn der Mensch mit der Natur kämpft, bleibt diese in besonderen Fällen Sieger. Aufzuhalten ist ja überhaupt nur der vom Wind seitlich herangetriebene Schnee. Wenn tagelang ununterbrochen die Flocken vom Himmel herniederfallen, so müssen natürlich auch die Geleise allmählich durch meterhohe Schneelasten verschüttet werden. Es gibt ferner schneereiche Jahre, in denen die weißen Massen auf den Feldern sich so hoch anhäufen, daß die Wehen über die Zäune und Schutzhecken hinübergehen.

Einen Winter mit besonders starken Schneefällen brachte das Jahr 1886. Nach »Eisenbahntechnik der Gegenwart« sind im Dezember dieses Jahrs auf deutschen Bahnen, ausschließlich Bayerns, infolge von Schneeverwehungen 2716 Züge ganz, 711 Züge streckenweise ausgefallen. 2315 Züge haben den Anschluß versäumt. Die

Lokomotive der Hanomag
348. Schneepflug an einer schwedischen Schnellzuglokomotive

Stadt Erfurt war fünf Tage lang von jedem Verkehr abgeschnitten. In dieser Zeit wurden bei den dortigen Postämtern 14 000 Depeschen mehr aufgegeben als unter gewöhnlichen Verkehrsverhältnissen.

So gewaltige Schneeverwehungen treten glücklicherweise nicht häufig auf, aber in jedem Jahr ist doch ausgedehnte Arbeit für die Aufräumung eingeschneiter Strecken aufzuwenden. Im Jahre 1913 betrugen die Ausgaben der deutschen Bahnen hierfür fünfeinhalb Millionen Mark, das sind nicht weniger als 87 Mark für jeden Kilometer der vorhandenen Fahrgeleise. Man ist bestrebt, mit allen Mitteln Verkehrsstörungen durch Schnee hinanzuhalten, und mannigfache Vorrichtungen stehen für diesen Zweck zur Verfügung.

Unter den Puffern jeder Lokomotive, vor dem ersten Räderpaar, befinden sich starke Eisen, die genau über den Schienen laufen und bis in eine Entfernung von wenigen Zentimetern über der Schienenoberfläche hinabreichen. Diese Bahnräumer vermögen, insbesondere wenn Streichbleche oder Besen an ihnen befestigt werden, noch 15 Zentimeter hohen Schnee mit Leichtigkeit von der Lauffläche zu entfernen. Wächst die Schneedecke höher an, dann genügt es nicht mehr, die Schienen selbst freizuhalten, es muß auch der Raum dazwischen und daneben gesäubert werden, da sonst niedrig hängende Teile der Fahrzeuge, wie insbesondere die Aschkasten der Lokomotiven, abgerissen werden könnten. Die Umgrenzungslinien des lichten Raums müssen stets schneefrei gehalten werden.

Es werden zu diesem Zweck große Pflugscharen bereit gehalten, die vorn an den Lokomotiven befestigt werden können. Sie heben den Schnee an und werfen ihn infolge ihrer gewundenen Seitenflächen weit fort. Züge, die eine höhere Geschwindigkeit als 30 Kilometer in der Stunde haben, dürfen jedoch nicht mit vorgesetzten Pflügen fahren. Man pflegt dann, um ihnen das Durchkommen zu erleichtern, einzeln fahrende Lokomotiven mit vorgesetzten Pflügen vorauszuschicken. Auch in den Zugpausen finden solche Fahrten statt, damit der Schnee sich nicht allzu hoch anhäuft. Wenn Züge im Nebengleis entgegenkommen, sollen schneepflügende Lokomotiven stehen bleiben.

In Gegenden, die besonders stark von Schneeverwehungen heimgesucht werden, hält man sehr große Pflüge bereit, die auf eigenen Rädern fahren und oft von mehreren Lokomotiven vorwärts gedrückt werden. In Amerika, wo sehr heftige Schneestürme häufig vorkommen, sind Vorrichtungen besonderer Art für die Streckenreinigung erfunden worden, die auch bei uns jetzt mehr und mehr in Aufnahme kommen. Es sind dies die Schneeschleudermaschinen.

Ein Güterwagen, in dem eine besondere große Dampfmaschine aufgestellt ist, trägt vorn ein umfangreiches Schaufelrad, das in rasche Umdrehung versetzt werden kann. Die scharfen Kanten der Schaufeln schneiden den Schnee ab, worauf die Masse in hohem Bogen fortgeschleudert wird. Je nach der Windrichtung läßt man das Schaufelrad bald rechts, bald links herum laufen, damit der Schnee mit dem Wind fortgeschleudert werden kann, so daß dieser ihn nicht von neuem auf die Strecke zu blasen vermag. Die Antriebsmaschine hat entweder einen eigenen Dampfkessel, oder es wird ihr der Dampf durch ein bewegliches Kupferrohr von einer Lokomotive zugeführt. Das Vorschieben muß alsdann von einer zweiten Lokomotive besorgt werden; oft ist es auch notwendig, noch mehr Maschinen anzusetzen.

Die Schleudern leisten vortreffliche Arbeit. Sie vermögen wahre Schneegebirge zu durchdringen und in kurzer Zeit abzutragen. Bei einem Versuch mit der von der Aktiengesellschaft für Fabrikation von Eisenbahnmaterial zu Görlitz erbauten Schneeschleudermaschine (siehe die nächste Seite) wurden 425 Meter eines Gleises, das mit 3 bis 3,5 Meter hohem Schnee bedeckt war, in acht Minuten geräumt. –

Der Zweck der ständigen Streckenbeaufsichtigung ist das möglichst rasche Entdecken von Fehlern. Im Anschluß daran werden die ständigen Unterhaltungsarbeiten vorgenommen. Die Bahnpflege setzt ein.

Die Festigkeit des Oberbaus wird ständig durch die schädigenden Wirkungen des Wassers und des Rosts beeinträchtigt. Stehendes Wasser erweicht den Unterbau, Frost lockert ihn auf. Das Kleineisenzeug und auch die Schienen werden vom Rost zerfressen. Es kommt der Einfluß der Wärmeschwankungen auf die Geleise hinzu. Durch das unvermeidliche Wandern der Schienen können die Stoßlücken so sehr verengt werden, daß bei starker Hitze keine genügende Wärmeausdehnung mehr stattzufinden vermag. Die gleiche Gefahr droht, wenn die Laschenschrauben an den Stößen allzu fest angezogen sind, so daß die Schiene sich zwischen den Laschen nicht zu bewegen vermag. Die Schraubenschlüssel sollen daher niemals länger als 60 Zentimeter sein. Sind sehr hohen Spannungen im Gleis vorhanden, so kann eine Verwerfung der Schienen auf langer Strecke plötzlich eintreten, wenn zur Vornahme von Unterhaltungsarbeiten Schrauben gelöst oder Bettungsteile zwischen den Schwellen entfernt werden.

Die Fahrzeuge wirken fortwährend zerstörend auf den Oberbau ein. Das immer wiederkehrende und rasch verschwindende Gewicht der Räder bringt Bewegungen in der Senkrechten hervor. An den Stößen werden die Schienenköpfe zerhämmert. In den Krümmungen wird ungleichmäßiges Wandern des innen und außen liegenden Strangs bewirkt, so daß die Stöße bald nicht mehr einander gegenüberliegen. Die Spurweite wird an den gleichen Stellen durch die Fliehkraft verändert, die Schwellenbefestigungsmittel werden durch die fortwährenden Erschütterungen und Beanspruchungen allmählich lose.

Ein ständiges Überprüfen der Spurweiten und der Höhenlagen muß stattfinden. Es gibt Vorrichtungen, die ein genaues Beobachten nach diesen beiden Hinsichten zu gleicher Zeit gestatten. Man ist sogar durch Befahren der Geleise mit besonderen Apparaten imstande, alle Lagenänderungen auf einem Papier genau aufzeichnen zu lassen.

Um jede Gefährdung der Züge durch Verschwächungen oder Veränderungen im Oberbau zu vermeiden, finden ständig Teilunterhaltungsarbeiten statt, nach ge-

349. Dampfkreisel-Schneeschaufel in Tätigkeit

wissen Zeiten müssen vollständige Erneuerungen vorgenommen werden. Abgenutzte Oberbauteile, die aus Schnellzugstrecken entfernt werden mußten, sind oft in Nebenbahngeleisen noch gut verwendbar. Das übrige wird verkauft.

Besondere Sorgfalt ist der Unterhaltung der Weichen zuzuwenden. Gefährlich ist hier besonders das Verbiegen der Weichenzungen in der Waagerechten, so daß sie »schnäbeln«, das heißt an den Spitzen nicht mehr eng der Mutterschiene anliegen. Verbiegungen der Zungen in der Senkrechten verursachen schlechtes Aufliegen auf den Gleitstühlen, wodurch leicht Brüche entstehen können. Durch verschiedene Abnutzung der aneinandergefügten Einzelteile der Weichen kann Stufenbildung an den Fahrkanten eintreten. Diese Stufen müssen durch Nacharbeiten oder Auswechseln einzelner Teile beseitigt werden. Am besten werden die Weichen vor Beschädigungen dadurch bewahrt, daß man die Schwellen, auf denen sie liegen, häufig nachstopft, so daß überall eine fest Auflage vorhanden ist.

Im Jahre 1913 sind auf den deutschen vollspurigen Eisenbahnen für Unterhaltung, Erneuerung und Ergänzung des Oberbaus mehr als 239 Millionen Mark ausgegeben worden. Auf einen Kilometer Gleislänge entfielen durchschnittlich 3900 Mark. Diese sehr erhebliche Ziffer läßt es wünschenswert erscheinen, die Bahnpflegearbeiten nach Möglichkeit zu verringern. Das beste Mittel zur Herabsetzung der Unterhaltungskosten ist gute und sorgfältige Grundanlage aller Bauten. Je fester die Geleise von Beginn an gefügt sind, desto länger werden sie den zerstörenden Einflüssen widerstehen können.

350. Leistung der Dampfkreisel-Schneeschaufel
Von der Strecke geschaffte Schneelasten

Ganz besonders sorgfältig müssen die Brückenbauwerke gepflegt werden. Ist doch ein Brückeneinsturz wohl das furchtbarste Unglück, das im Eisenbahnbetrieb vorkommen kann. Mindestens einmal im Jahr wird jede von Eisenbahnzügen befahrene Brücke untersucht. In längeren Abständen finden außerdem noch besonders eingehende Haupt-

351. Schneeräumungs-Lokomotive der Berninabahn in der Schweiz

prüfungen statt. Hierbei wird jede Niet- und Schraubenverbindung auf ihre Festigkeit betrachtet. Gleich beim Bau muß Rücksicht darauf genommen werden, daß jede Verbindungsstelle besichtigt werden kann. Die Erfahrung hat gelehrt, jede gelockerte Schraube, jedes lose gewordene Niet zu erkennen. Ergänzungsarbeiten finden sofort statt. Durch Belastung mit den höchsten zulässigen Gewichten wird festgestellt, ob unzulässige Formänderungen in dem Bauwerk stattfinden. Sehr kleine Maße dürfen hierbei nicht überschritten werden. Um die Zugänglichkeit aller Brückenteile zu sichern, werden Stellen, die man nicht ohne weiteres erreichen kann, z. B. die Unterseiten von Bogen hochliegender Brücken, sofort beim Bau mit Einrichtungen zum Befahren versehen. Es sind oft richtige Wagen unter die Brücken gehängt, die in der Längsrichtung von Pfeiler zu Pfeiler verschoben werden können und so breit sind wie die Brücke selbst.

Die immer höher anwachsenden Gewichte der Züge machen fortwährende Verstärkungen an alten Brücken notwendig. In Preußen sind namentlich während der letzten Jahre vor dem Krieg viele durchgreifende Arbeiten auf diesem Gebiet ausgeführt worden. So wurde eine Verstärkung bei allen Bauwerken der Berliner Stadtbahn vorgenommen, bei deren Errichtung Lasten, wie die heutigen D-Züge sie darstellen, noch unbekannt waren. Großartige Eisenbahnbrückenbauten aus der Mitte des vorigen Jahrhunderts

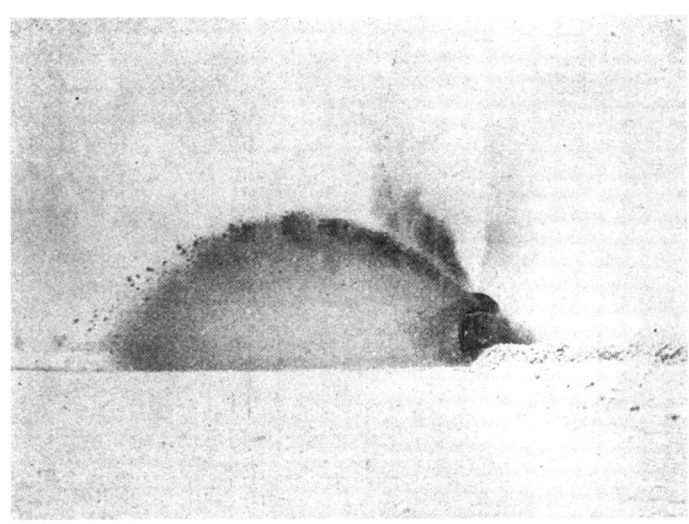

352. Schneeräumer auf der Berninabahn bei der Arbeit

457

sind schon abgebrochen oder außer Betrieb gesetzt, weil sie für die heutigen Verhältnisse nicht mehr ausreichten. So die Rheinbrücke bei Köln und die eisernen Überschreitungen der Weichsel und Nogat bei Dirschau und Marienburg.

Eine wichtige Rolle für die Erhaltung der eisernen Bauwerke spielt der Anstrich. Der Rost frißt ja ununterbrochen an jedem Eisen, das der freien Luft ausgesetzt ist. Schon nach wenigen Monaten kann man starke Abblätterungen wahrnehmen. Derartige Verschwächungen dürfen bei Brücken natürlich nicht zugelassen werden. Aus diesem Grund werden sie häufig mit rostverhütender Farbe gestrichen. Daß die Eisenbahnbrücken auf diese Weise stets sauber und frisch getönt aussehen, soweit der Rauch sie nicht schwärzt, ist eine angenehme Nebenwirkung. Ursache des oft erneuten Anstrichs aber ist nicht die Absicht, auf das Auge des Beschauers angenehm zu wirken.

In den Tunneln muß die Erneuerung des Oberbaus größtenteils weit häufiger stattfinden als auf den freiliegenden Strecken. In dem längsten Tunnel Deutschlands, bei Cochem an der Mosel, sind die Schienen meist schon nach sechs Jahren so stark angefressen, daß sie ausgewechselt werden müssen. Ursache ist die schweflige Säure, die in den Lokomotivabgasen enthalten ist und in den Gewölben natürlich ungestörter ihre schädigende Wirkung zu üben vermag als unter freiem Himmel. Eisenschwellen können in Tunneln kaum verwendet werden, da sie hier weit geringere Haltbarkeit haben als Holzschwellen.

Die Tunnelgewölbe müssen, ähnlich den Brücken, häufig nachgesehen werden. Obgleich sie einer Krafteinwirkung durch die fahrenden Züge nicht unterliegen, sind doch Veränderungen an ihnen, selbst lange Zeit nach Fertigstellung des Tunnels, nicht unmöglich. In dem übergelagerten Gebirge sind ja Wasserbecken und Wasserläufe eingeschlossen, die Verlagerungen hervorrufen können. So ist am 23. Juli 1905 nach mehrtägigen Regengüssen das Gewölbe eines Tunnels in der Nähe des Bahnhofs Altenbeken bei der Durchfahrt eines Personenzugs eingestürzt. Die aufgelagerten Gebirgsmassen hatten das Mauergewölbe durchschlagen und beide Geleise auf 20 Meter Länge verschüttet. Dreizehn Reisende wurden bei diesem Vorgang verletzt. Also auch an solchen Stellen, von denen man glauben sollte, daß sie in ihrer vollkommenen Ruhe Veränderungen nicht ausgesetzt seien, sind ständige Wartung und Pflege notwendig.

Um Risse oder andere Veränderungen in Tunnelgewölben genau erkennen zu können, werden auf den preußischen Bahnen Wagen besonderer Bauart benutzt; Bild 353 stellt einen solchen Tunneluntersuchungswagen dar. Durch außen angeordnete Lampenkränze wird beim Befahren ein Gewölbestreifen nach dem anderen taghell beleuchtet. Zugleich können vom Dach des Wagens her Messungen vorgenommen werden.

Die Kosten für Unterhaltung und Ergänzung der Fahrzeuge auf den deutschen vollspurigen Eisenbahnen betrugen im Jahre 1913 255 Millionen Mark. Die Pflege jeder Lokomotive hat durchschnittlich 4250 Mark erfordert, auf jede Personenwagenachse kamen 245 Mark, auf jede Güter- und Packwagenachse 61 Mark. In den Werkstätten waren täglich durchschnittlich 107 000 Arbeiter mit Unterhaltungsarbeiten beschäftigt.

Diese haben die sofortige Abstellung aller an den Fahrzeugen auftretenden Mängel zum Ziel. Zu deren Auffindung sind Untersuchungen in regelmäßigen Zwischenräumen vorgeschrieben, und ihre sorgsame Ausführung wird aufs strengste überwacht. Über die Lokomotivuntersuchungen haben wir bereits in Abschnitt 14 gesprochen.

Die Personen-, Post- und Packwagen werden vor Antritt jeder längeren Fahrt, zumeist auf den Abstellbahnhöfen, überprüft. Insbesondere werden das Laufwerk, die Puffer, Kupplungen, das Bremsgeschirr, die Beleuchtung und Heizung nachgesehen, die Übergangsvorrichtungen werden auf Sicherheit geprüft, die Türverschlüsse und Fenster auf ihre Gangbarkeit untersucht. Bei längeren Aufenthalten werden diese Prüfungen stets wiederholt, immer von neuem findet das Abklopfen der Radreifen und das Befühlen der Achsen daraufhin statt, ob sie sich nicht warm gelaufen haben.

Eine Hauptuntersuchung hat, nach der Betriebsordnung, bei Wagen, die in Schnellzügen laufen dürfen, alle sechs Monate, bei den übrigen Personen-, Pack- und Postwagen alljährlich stattzufinden. Gewöhnliche Güterwagen werden nur alle drei Jahre untersucht. Wo Luftbremseinrichtungen vorhanden sind, findet deren Prüfung wegen der besonderen Wichtigkeit dieser Sicherheitsvorrichtung und unabhängig von der Wagengesamtuntersuchung, halbjährlich statt. Hierbei werden alle vielteiligen Stücke, wie Führerbremsventil, Steuerventil, Bremszylinder, ganz auseinandergenommen, gereinigt und neu eingefettet.

Bei Vornahme der Hauptuntersuchung wird jeder Wagen durch einen Kran oder durch Winden angehoben. Die Achsen, die Lager und die Tragfedern werden entfernt, das Bremsgeschirr, die Puffer und Kupplungen abgenommen. Jedes Stück wird nun einzeln aufs genaueste überprüft, Teile, die mit dick gewordenem Öl überdeckt sind, werden ausgekocht, bis vollständige Säuberung möglich ist. Es gibt Auskochvorrichtungen selbst für ganze Drehgestelle. Nach dem Ergebnis der Untersuchung werden die Ergänzungs- und Instandsetzungsarbeiten vorgenommen. Auch die Türen und Fenster nimmt man auseinander und prüft jeden einzelnen Teil. Die Dächer werden daraufhin untersucht, ob sie noch wasserdicht sind, die Blechverkleidung der Seitenwände wird vom Rost befreit. Alle vier bis sechs

Akkumulatoren-A.-G. Berlin und Hagen
353. Tunnel-Untersuchungswagen der preußischen Staatsbahnen
Die Lampenkränze dienen zur Beleuchtung der Tunnelwände und Decke

Jahre findet ein vollständiger Neuanstrich nach Abbeizung der alten Farbe statt. Die Personenwagen werden dazwischen wohl ein- bis zweimal neu auflackiert. Vor dem Verlassen der Werkstatt wird jeder Wagen noch einmal von dem obersten Werkstattbeamten genau nachgesehen, insbesondere auch sein Verhalten bei einer Probefahrt betrachtet.

Sorgfältige Pflege aller Bahnbauten und Fahrzeuge ist ein kräftiges Mittel zur Verhinderung von Unfällen. Nachlässigkeit rächt sich hier in schwerster Weise. Die Bau- und Betriebsordnung für die deutschen Eisenbahnen hat deshalb besonders scharfe Bestimmungen in dieser Beziehung getroffen.

24. Auf die Minute!

»Abfahrt 8 Uhr 23«.

So war unter der Tafel zu lesen, welche die Aufstellung unseres Schnellzugs nach Halle, Nürnberg und München im Anhalter Bahnhof anzeigte. Schon eine halbe Stunde vor dieser in den *Fahrplänen* festgesetzten Abfahrtzeit waren die Wagen in die Halle geschoben worden, die Lokomotive lag um 8 Uhr 10 vor dem Zug, 8 Uhr 13 hatte sie die Bremsprobe beendet. Drei Minuten vor der vorgeschriebenen Abfahrtzeit ertönte der Ruf der Schaffner »Bitte Platz nehmen!« Um 8 Uhr 21 waren alle Türen geschlossen, der Zug abfahrbereit. Der Aufsichtsbeamte auf dem Bahnsteig heftete seine Augen auf das Zifferblatt der großen Uhr. In dem Augenblick, als der Zeiger von der Minutenzahl 22 zu 23 hinübersprang, hob er den Befehlsstab, und der Zug setzte sich in Bewegung.

10 Uhr 18 war als Ankunftszeit auf dem nächsten Anhaltepunkt, im Bahnhof Halle, festgesetzt. Wir sahen den Zug auch dort auf die Minute genau einlaufen. Er war die ganze Strecke hindurch mit Geschwindigkeiten gefahren, die ausschließlich durch den Zustand der Strecke bestimmt wurden. In der Geraden stürmte er mit einer Stundenschnelligkeit von hundert Kilometern vorwärts, bei der Durchfahrt durch Gleiskrümmungen und größere Bahnhöfe ging es etwas langsamer. Aber der Lokomotivführer hatte in der Nähe von Halle weder notwendig, nun das letzte aus der Maschine herauszuholen, um rechtzeitig anzukommen, noch durch gemächliches Schleichen eine Überhastung wieder auszugleichen.

Bei Fahrten, die ohne Unterbrechung stundenlang währen, würde Derartiges unvermeidlich sein, wenn die festgesetzten Fahrpläne nur Abfahrt- und Ankunftszeit bestimmen würden. In Wirklichkeit ist die gesamte Zugmannschaft und also auch der Lokomotivführer im Besitz einer Zeitaufstellung, die ihm aufs genaueste vorschreibt, zu welcher Minute er zwischenliegende Bahnhöfe und andere Teilpunkte der Strecke zu durchfahren hat. Dieser Dienstfahrplan, von dem wir noch zu sprechen haben werden, führt ihn von Streckenabschnitt zu Streckenabschnitt; er gibt den Takt für die Musik der Lokomotivräder an, wie das Metronom den Spielenden in jedem Augenblick treibt und zügelt.

Die Regelmäßigkeit des Zugumlaufs, welche durch die genauen Angaben der Fahrpläne erzwungen wird, bedeutet trotz aller Signal- und Blockeinrichtungen, trotz Weichenprüfung und Zugmeldeverfahren doch die stärkste Sicherung des Eisenbahnbetriebes. Wie man vor der Erbauung eines Hauses auf der Zeichnung die Wände mit größter Leichtigkeit verrücken kann, so vermag der Entwerfer des Fahrplans die mächtigen Züge mit der Spitze seines Bleistifts auf den Schienen hin und her zu schieben. Seine Zahlenreihe stellen sie so auf den Gleisen auf, daß sie weder ineinander fahren noch sich gegenseitig durchschneiden können. Wenn der Fahrplan es unmöglich macht, daß an einer gefährlichen Kreuzungsstelle zwei Züge zu gleicher Zeit durchlaufen können, so ist ein Unfall aufs gründlichste ausgeschlossen.

Die Blockposten und die Beamten, welche mit der Ausübung des Zugmeldeverfahrens betraut sind, können ihre Arbeit am besten und sichersten dann erledigen, wenn Tag für Tag zur selben Minute die Stellung aller Züge auf den Geleisen die gleiche ist. Im Personenverkehr wird diese Gleichmäßigkeit für ungefähr halbjährige Abschnitte durch den Fahrplan erzwungen. Der Güterzugverkehr allerdings muß sich den wechselnden Ansprüchen anschmiegen und häufigere Änderungen über sich ergehen lassen. Auch diese nimmt man nach Möglichkeit so vor, daß sie für längere Zeitabschnitte Geltung behalten.

Der Fahrplan hat neben seiner großen betriebstechnischen auch eine überaus wichtige volkswirtschaftliche Bedeutung. Er ist die große Brücke, die eine Verbindung zwischen dem Eisenbahnbetrieb und dem Leben der in dem durchfahrenen Land wohnenden Menschen herstellt. Der Zugumlauf in ganzen Verwaltungsbezirken darf niemals nach betrieblichen Rücksichten allein geregelt werden, es ist vielmehr von den Lebensbedingungen des Lands auszugehen. Die Eisenbahn hat sich den volkswirtschaftlichen Ansprüchen anzupassen, sie zu fördern; ja eine gut geleitete Verwaltung wird es sich angelegen sein lassen, neue Entwicklungsmöglichkeiten zu schaffen. Sorgfältig muß darauf geachtet werden, welche Verschiebungen sich im Land vollziehen. Auf Ödflächen entstehen heutzutage mit erstaunlicher Raschheit große Fabriksiedlungen. Schwach bevölkerte Orte vermehren die Zahl ihrer Einwohner. Ein neu gegrabener Kanal verwandelt einen stillen Fluß geschwind in eine große Verkehrsstraße. Die Fahrplanaufstellung hat sich diesen Umlagerungen rasch anzupassen. Ein Nachhinken hinter den Erfordernissen darf keinesfalls stattfinden, damit nicht Unzuträglichkeiten und Unzufriedenheit entstehen.

Die Eisenbahn ist auch imstande, volkswirtschaftliche Umlagerungen selbst hervorzurufen, indem sie z. B. eine in der Nähe der Großstadt liegende Siedlungsstelle durch Einrichtung einer raschen Zugfolge aufschließt. Gerade auf diesem Gebiet ist in den letzten Jahren die Wirkung der Eisenbahnen durchgreifend gewesen. Die Besserung der Arbeiterwohnverhältnisse in vielen deutschen Großstädten ist in bedeutendem Maß den Bahnen zu verdanken, freilich nicht den großen Fernstrecken, sondern den Vorort-, Stadt- und Straßenbahnen. Nichts fördert das gesunde Draußenwohnen mehr, als wenn der Arbeiter geschwind von der Wohnstätte zur Arbeitsstelle gelangen kann. Die Überzeugung, daß er hierzu imstande sein wird, verschafft ihm der veröffentlichte Fahrplan.

Der Eisenbahn sind freilich auch Grenzen gezogen, über die hinaus sie den Fahrplanwünschen der Bevölkerung nicht mehr ohne weiteres zu folgen vermag. Stellen die Eisenbahnen doch, insbesondere in Deutschland, nicht nur Verkehrsunternehmungen dar, sie sind vielmehr zugleich die stärksten Stützen der Staatseinkünfte. Es folgt hieraus der Zwang für die Eisenbahnverwaltungen, wirtschaftlich zu arbeiten. Wird z. B. der begründete Wunsch geäußert, zwischen zwei großen Städten, die zwar weit auseinanderliegen, aber doch rege Beziehungen miteinander unterhalten, eine neue Verbindung zu schaffen, so muß sorgfältig in Betracht gezogen werden, ob die entstehenden Kosten noch im Verhältnis zu den erhofften Vorteilen stehen. Ein neuer Zuglauf Berlin-München etwa macht wegen der Regelung des Wagenumlaufs auch einen Gegenzug notwendig. Die jährlichen Ausgaben hierfür bleiben nicht weit unter 400 000 Mark. Das ist eine Summe, die man nicht ohne durchaus zwingende Gründe opfern kann.

Die in den Fahrplänen ausgedrückten Festsetzungen der Zugumläufe geschehen nicht ausschließlich im Schoß der Eisenbahnverwaltungen. Es werden vielmehr hierzu Vertreter aller Kreise gehört, auf deren Geschäfte der Verkehr Einfluß übt.

Ein erster Entwurf für jeden am 1. Mai und am 1. Oktober zur Einführung gelangenden Fahrplan wird nach den Betriebserfahrungen und nach den Beschlüssen der Fahrplanberatungen aufgestellt, die halbjährlich unter Teilnahme sämtlicher deutschen, in gewöhnlichen Zeiten auch der wichtigsten anderen europäischen Eisenbahnverwaltungen stattfinden. Dieser erste Entwurf geht den Vertretern der Landesvolkswirtschaft zu. In Preußen sind sie im Landeseisenbahnrat vereinigt. Die hier geäußerten Wünsche werden, soweit sie mit dem Betrieb in Einklang zu bringen sind, durch Änderung des Fahrplanentwurfs berücksichtigt. Die so entstehende zweite Aufstellung wird den einzelnen Dienststellen vorgelegt, die nun weitere Verbesserungsvorschläge machen.

Wenn man bedenkt, daß die einzelnen Zugläufe voneinander abhängig sind und einander beeinflussen wie die einzelnen Teile des menschlichen Körpers, so wird man verstehen, welch umfangreiche Arbeit jedesmal vor dem Fahrplanwechsel zu bewältigen ist. Man kann aus dem sorgsam gefügten Gewölbe nicht ein einzelnes Steinchen herauslösen, ohne daß das Ganze in Bewegung gerät. Fortwährende grundlegende Änderungen verbietet die Sicherheit, die zu einem großen Teil auf Gleichförmigkeit beruht. Dennoch muß ein Fortschreiten stattfinden, und es gilt, hier jedesmal den richtigen Mittelweg zu finden.

Der Fahrplan für die Personenzüge wird zuerst aufgestellt. Der Güterzugfahrplan hat sich diesem anzupassen. Die Zeiten, zu denen Änderungen im Umlauf der Güterzüge am besten vorgenommen werden sollten, fallen nicht mit den Fahrplanabschnitten für den Personenzug-Umlauf zusammen. Dennoch sieht man darauf, die Neuordnungen tunlichst gleichzeitig erfolgen zu lassen, damit sich das Einspielen der Beamten für den Betrieb mit veränderten Zuglagen möglichst mit einem Schlag vollziehen kann.

Sind die Fahrpläne ausgearbeitet, dann müssen im Anschluß daran die Diensteinteilungen für das Beamtenheer, die Zugbildungspläne, die Umläufe der Wagen und Lokomotiven neu geregelt werden. Es ist ein gewaltiger Block, unter den jedesmal die umwälzende Hebelstange geschoben werden muß.

Der Öffentlichkeit werden die Fahrpläne durch ausgehängte Tafeln und durch die Kursbücher bekannt gegeben. Nach der Verkehrsordnung sind während der letzten Geltungsstunden des alten Fahrplans die neuen Pläne auf sämtlichen Bahnhöfen anzuheften. Um die Übersicht zu erleichtern, werden in Deutschland die Wandfahrpläne der eigenen Verwaltung, d. h. der, welcher der einzelne Bahnhof untersteht, stets auf gelbem, die anderen auf weißem Papier gedruckt.

Die Zusammenstellungen auf großen Tafeln sind zu unhandlich, um die Reisenden ständig zu begleiten. Deshalb sind die Fahrpläne in Buchform geschaffen worden. Mit Recht darf gesagt werden, daß das deutsche Reichskursbuch als die beste und übersichtlichste aller Fahrplanaufstellungen in Buchform gelten kann. Es ist hervorgegangen aus dem »Eisenbahn-, Post- und Dampfschiff-Kursbuch«, das im Jahre 1850 vom Kursbüro des Reichspostamts zum ersten Mal herausgegeben wurde. Seit 1878 führt es den Namen Reichskursbuch und wird noch immer von der gleichen Behörde bearbeitet.

Unzählige haben seit dieser Zeit aus dem gelben Band sich Rats erholt. Er bleibt auf keine Frage die Antwort schuldig, gibt stets zuverlässigste und eindeutige Auskunft. Die Fülle des Stoffs, die in dem Reichskursbuch vereinigt ist, hat freilich die Wirkung, daß der Ungeübte nicht ohne weiteres darin zu lesen vermag. Findet man auf diesen Blättern doch nicht nur sämtliche Zugläufe innerhalb des Deutschen Reichs angegeben, das Buch teilt auch die Dampfschiff-Fahrten auf deutschen Gewässern, die Reiseverbindungen auf Landwegen mit und gibt Auskunft über den Verkehr auf den wichtigsten Eisenbahnstrecken in den übrigen europäischen Ländern. Ferner sind die Dampfschifflinien des Weltverkehrs lückenlos darin enthalten. Neben den einfachen Fahrplanaufstellungen sind weitere Abschnitte eingerichtet, aus denen besonders wichtige Reiseverbindungen ohne weiteres entnommen werden können; so die sehr beliebten Zusammenstellungen unter den Nummern 716 und 755, welche die Zugläufe zwischen den wichtigsten deutschen Städten und von Berlin nach allen bedeutenderen Orten enthalten.

Der Hauptteil des Reichskursbuchs ist in Streckenabschnitte unterteilt. Mit vollkommenster Genauigkeit kann man aus diesen ersehen, welche Zugfahrten während des Tags zwischen dem Anfangs- und dem Endbahnhof jeder Strecke stattfinden. Die Absicht, vollkommen gründlich und ausführlich zu sein, hat diese Einstellung verursacht. Sie macht jedoch demjenigen Schwierigkeiten, der den Gang eines Zugs auf einer langen, durchgehenden Fernstrecke kennen zu lernen wünscht. Wer z. B. den Lauf unseres Schnellzugs Berlin-München genau verfolgen will, muß unter den Nummern 93, 193, 195a und 295 nachsehen. Das erfordert große Aufmerksamkeit und eine gewisse Geübtheit in der Beobachtung all der kleinen Hinweise, die von einer Fahrplannummer zur anderen hinüberleiten, oder gründliches Anschauen der beigegebenen Karte. Andererseits findet jemand, der von Berlin nach Bitterfeld reisen will, sämtliche zwischen diesen beiden Bahnhöfen laufenden Züge nebeneinander aufgezählt, obgleich sie drei verschiedenen Fernstrecken Berlin-Frankfurt a. M., Berlin-Oberhof-Kissingen und Berlin-Halle-Nürnberg, zugehören.

Der Ungeübte empfindet ferner eine sehr gute Eigenschaft des Reichskursbuchs oft als störend, nämlich die unermüdliche Aufzählung aller Anschlüsse innerhalb der durchgehenden Fahrpläne. Es ist nicht jedem gegeben, die kleinen Breitenverschiebungen, durch welche die Anschlüsse als Einschiebsel gekennzeichnet sind, zu erkennen, er wird leicht stutzig und verwirrt, wenn er den Zuglauf, den er verfolgt, fortwährend unterbrochen und denselben Bahnhofsnamen mehrfach wiederkehrend findet. Der gewandte Kursbuchleser allerdings sieht in diesen Unterbrechungen einen ganz besonderen Vorzug, weil hier eine unübertreffliche Verkettung und Hinüberleitung von einem der Fahrpläne zum anderen gegeben ist.

Die Tatsache, daß die heutige Kursbuchanordnung vortrefflich ist, wenn es sich darum handelt, möglichst rasch sämtliche Fahrverbindungen zwischen bestimmten Bahnhöfen derselben Linie zu ermitteln, daß es aber recht unhandlich wirkt, wenn man sich über eine durchgehende Fernstrecke unterrichten will, haben den Wunsch auftauchen lassen, das Kursbuch in zwei Teile, in einen für den Nahverkehr und einen für den großen Fernverkehr, zu teilen. Wer von Berlin nach München reisen will, dem ist es gleichgültig, ob zwischen Hof und Nürnberg zu gewissen Stunden Personenzüge mit äußerst langer Fahrtdauer verkehren. Beim Aufsuchen des schnellsten Zugs zwischen Hannover und Aachen wirkt die Aufzählung aller um Dortmund verkehrenden Züge nur störend. Bei Aufstellung des Fernkursbuchs könnte man von der Streckenaufteilung absehen und alle großen Verbindungen geschlossen und übersichtlich darstellen. Das Lloyd-Kursbuch hat hierin bereits den Weg gewiesen.

Der Wunsch nach Neuordnung innerhalb des Reichskursbuch kann jedoch den Wert der Vollständigkeit und straffen Gliederung, die es bereits heute besitzt, in keiner Weise herabmindern. Es wird gewiß viele geben, für die, gleich dem Verfasser, das beste Vergnügen an einer Reise die Ermittlung des geeigneten Zugs im Reichskursbuch ist.

Die Fahrplanangaben in Form von Zahlen, wie man sie auf den Tafeln an den Wänden der Bahnhöfe und in den Kursbüchern findet, geben dem Betriebsmann keine genügende Übersicht. Er kann aus ihnen wohl die Lage jedes einzelnen Zugs erkennen, aber nicht in jedem Augenblick die Stellungen sämtlicher Züge ersehen, die auf einer Strecke gleichgerichtet oder einander entgegengesetzt laufen. Dies ist jedoch aus sehr vielen Gründen wünschenswert, ja unerläßlich.

Ein vortreffliches Mittel, eine unmittelbare Übersicht über alle Zugläufe auf einer Strecke zu erhalten, sie gewissermaßen sämtlich gleichzeitig vor dem Auge vorüberrollen zu sehen, gewähren die bildlichen Fahrpläne.

Auf ihnen ist jeder Zuglauf als eine Linie dargestellt. Diese Linie wird in ein Rechteck eingezeichnet, auf dessen senkrechten Seiten die Zeitabschnitte, auf dessen waagerechten Seiten die Streckenabschnitte aufgetragen sind. Unser Schnellzug Berlin-München wird in diesem Rechteck eine schräge Linie bilden müssen, indem er um 8 Uhr 23 morgens seinen Anfang nimmt und um 6 Uhr 40 abends endet, sein Lauf also als Verbindungslinie zwischen diesen beiden Zeitpunkten quer durch das Rechteck hindurchgehen muß. Wenn nun an der oberen waagerechten Seite des Rechtecks sämtliche Bahnhöfe und Blockstellen in Abständen angetragen sind, die ihren wirklichen Abständen entsprechen, so lassen die Schnittpunkte dieser senkrechten Linien mit der Zugschaulinie ohne weiteres den Zeitpunkt ablesen, zu welchem der Zug an jedem einzelnen dieser Bahnhöfe oder an jeder der Blockstellen vorüberfährt (siehe Bild 354). Trägt man in der gleichen Weise sämtliche Züge einer Strecke in das Rechteck ein, so ergeben sich alle Begegnungen, Kreuzungen usw. aus den Schnittpunkten der einzelnen Linien. Es ist ohne weiteres einzusehen, daß die Linienzüge für die eine Richtung von oben rechts nach unten links, die anderen von oben links nach unten rechts laufen müssen. Die einzelnen Zuggattungen werden durch verschiedenartige Ausbildung der Schaulinien, wie starke, schwache oder gestrichelte Linien, gekennzeichnet.

Aus der mehr oder weniger starken Neigung der Linien geht die Zuggeschwindigkeit hervor. Vergleicht man z. B. auf Bild 354 die Neigungen der Schaulinien für den D-Zug 37 ab Jüterbog 8 Uhr 38, den Personenzug 805 ab Jüterbog 9 Uhr 37 und den Nahgüterzug 7807 ab Jüterbog 8 Uhr 48 miteinander, so sieht man, daß die Schaulinie für den Lauf des letztgenannten am stärksten geneigt ist, die des D-Zugs sich am meisten der Waagerechten nähert. Zum Durchlaufen der gleichen Entfernung brauchte demzufolge der D-Zug am wenigsten, der Nahgüterzug die meiste Zeit. Zugleich sind aus den Schaulinien die Aufenthalte abzulesen. D 37 läuft in glatter Linie von Jüterbog bis zum Anhalter Bahnhof in Berlin durch. Er ermäßigt seine Geschwindigkeit nur kurz vor der Einfahrt in den Kopfbahnhof, was durch Abfall der Linienrichtung im rechten Abschnitt deutlich zu erkennen ist. Der Personenzug 805 aber hält in Luckenwalde, ferner in Trebbin, Ludwigsfelde und Teltow. Das ist durch Absätze in den Linien dargestellt. Die Länge der Aufenthalte geht aus den angeschriebenen Minutenzahlen hervor. Sehr deutlich sind die häufigen langen Aufenthalte des Nahgüterzugs 7807 zu erkennen.

Wie vorzüglich die Lage der Züge zueinander aus dem bildlichen Fahrplan zu erkennen ist, sei an folgendem Beispiel erläutert. Der Eilgüterzug 6093 kommt um 8 Uhr 14 in Scharfenbrück an, um 8 Uhr 21 ist der rascher fahrende D-Zug dort fällig. Würde man den Eilgüterzug nun nach einem Aufenthalt von etwa fünf Minuten in Scharfenbrück wieder auf die Strecke lassen, so würde seine Schaulinie alsbald von der des D-Zugs auf freier Strecke gekreuzt werden, d. h., der D-Zug würde den Eilgüterzug einholen. Um dies zu verhindern, muß der Eilgüterzug sich im Bahnhof Scharfenbrück vom D-Zug überholen lassen, was denn auch durch Einrichtung eines zehn Minuten langen Aufenthalts von 8 Uhr 14 bis 8 Uhr 24 geschieht.

Die bildlichen Fahrpläne gewähren die einzige Möglichkeit, die Einwirkung der Veränderung eines Zuglaufs auf alle anderen zu erkennen. Soll ein Sonderzug eingelegt werden, so muß man dessen Schaulinie so anordnen, daß sie keine andere gleicher Richtung auf offener Strecke schneidet. Bei eingeleisigen Strecken ist rasch zu sehen, wohin die Kreuzungen am besten zu legen sind. Neuaufstellungen von Fahrplänen sind ohne die bildlichen Darstellungen ganz unmöglich.

Auf den bildlichen Fahrplänen sind zugleich die Steigungsverhältnisse der Strecke, sämtliche Krümmungshalbmesser, die Gleislagen auf den Bahnhöfen, die Drehscheiben, Lokomotivschuppen usw. angegeben, so daß ohne weiteres auch erkannt werden kann, wo und in welcher Weise Zusammenführungen, Neubildungen, Aufstellungen zur Überholung und Kreuzungen vorgenommen werden können. Man hat auf dem bildlichen Fahrplan ständig die ganze Strecke wie aus der Vogelschau gesehen vor sich.

Zur besseren Übersicht für die Beamten ist in den bildlichen Fahrplänen jeder Zug mit einer Nummer bezeichnet, und diese Nummern sind auch in die Zahlenfahrpläne übergegangen. Man nimmt gewöhnlich für die Züge einer Richtung gerade Nummern, für die der anderen Richtung ungerade Nummern. Die Schnell- und Eilzüge erhalten die niedrigsten Ziffern zugeteilt, Personenzüge die mittleren, Güterzüge sehr hohe Nummern. Man kann also schon aus der Zugnummer auf die Zuggattung schließen.

Die bereits mehrfach erwähnten Fahrplanbücher, welche der Zugbegleitmannschaft übergeben werden, sind wiederum nach anderen Gesichtspunkten hergestellt. Hier ist es ja nicht mehr notwendig, den Zusammenhang der Zugläufe zu betrachten, sondern es handelt sich um möglichst klare Darstellung des einzelnen Zuglaufs, den die Mannschaft zu leiten oder zu begleiten hat. Man findet in dem dienstlichen Fahrplanbuch also einen besonderen Fahrplan für jeden einzelnen Zug und hierzu noch eine Reihe anderer für die Mannschaft sehr wichtiger Angaben.

In dem auf Seite 470 wiedergegebenen Plan ist die Teilfahrt des Schnellzugs Berlin-Schneidemühl-Thorn-Allenstein auf der Strecke zwischen Schneidemühl und Thorn dargestellt. Mit Grundgeschwindigkeit wird diejenige Fahrgeschwindigkeit bezeichnet, die der Zug in der waagerechten, geraden Strecke zu bester Ausnutzung der Lokomotivkraft einhalten soll. Die Grundgeschwindigkeit ermäßigt sich vor Bahnhöfen, in denen gehalten werden muß, und beim Anfahren des Zugs, beim Befahren von stärkeren Steigungen, schärferen Krümmungen usw. Spalte 1 gibt die Entfernungen zwischen den einzelnen Streckenpunkten in Kilometern an. Spalte 2 zählt nicht nur die Bahnhöfe, sondern auch alle dazwischenliegenden Zugmeldestellen auf. In Spalte 3 sind die gewöhnlichen Fahrzeiten zwischen den durch Querstriche hervorgehobenen Bahnhöfen angegeben, auf denen Aufenthalt stattfindet. Spalte 6 enthält die Abfahrzeiten für sämtliche Bahnhöfe und Zugmeldestellen, also auch für diejenigen, an denen der Zug keinen Aufenthalt hat. Spalte 7 wird bei einer zweigeleisigen Strecke, wie der hier vorliegenden, nicht ausgefüllt, da die Kreuzungen ja hier nur in Form von Zugbewegungen stattfinden, wobei die Züge einen Einfluß aufeinander nicht üben. Für eingeleisige Strecken dagegen ist Spalte 7 sehr wichtig. Nach Spalte 8 hat unser D-Zug drei Güterzüge, gekennzeichnet durch ihre hohen Nummern, und einen Personenzug zu überholen.

Bei Verspätungen sind die Angaben der Spalten 10a und 10b wichtig. Sie geben nämlich die kürzesten Fahrzeiten für den Zug in Rücksicht auf seine jedesmalige Achsenzahl an. Wenn für gewöhnlich zur Fahrt zwischen Schneidemühl und Nakel nach Spalte 3 52 Minuten gebraucht werden sollen, so darf diese Zeit bei Verspätung und wenn der Zug nicht mehr als 44 Achsen hat, auf 41 Minuten hinuntergesetzt werden. Rascher darf unter keinen Umständen gefahren werden. Wie

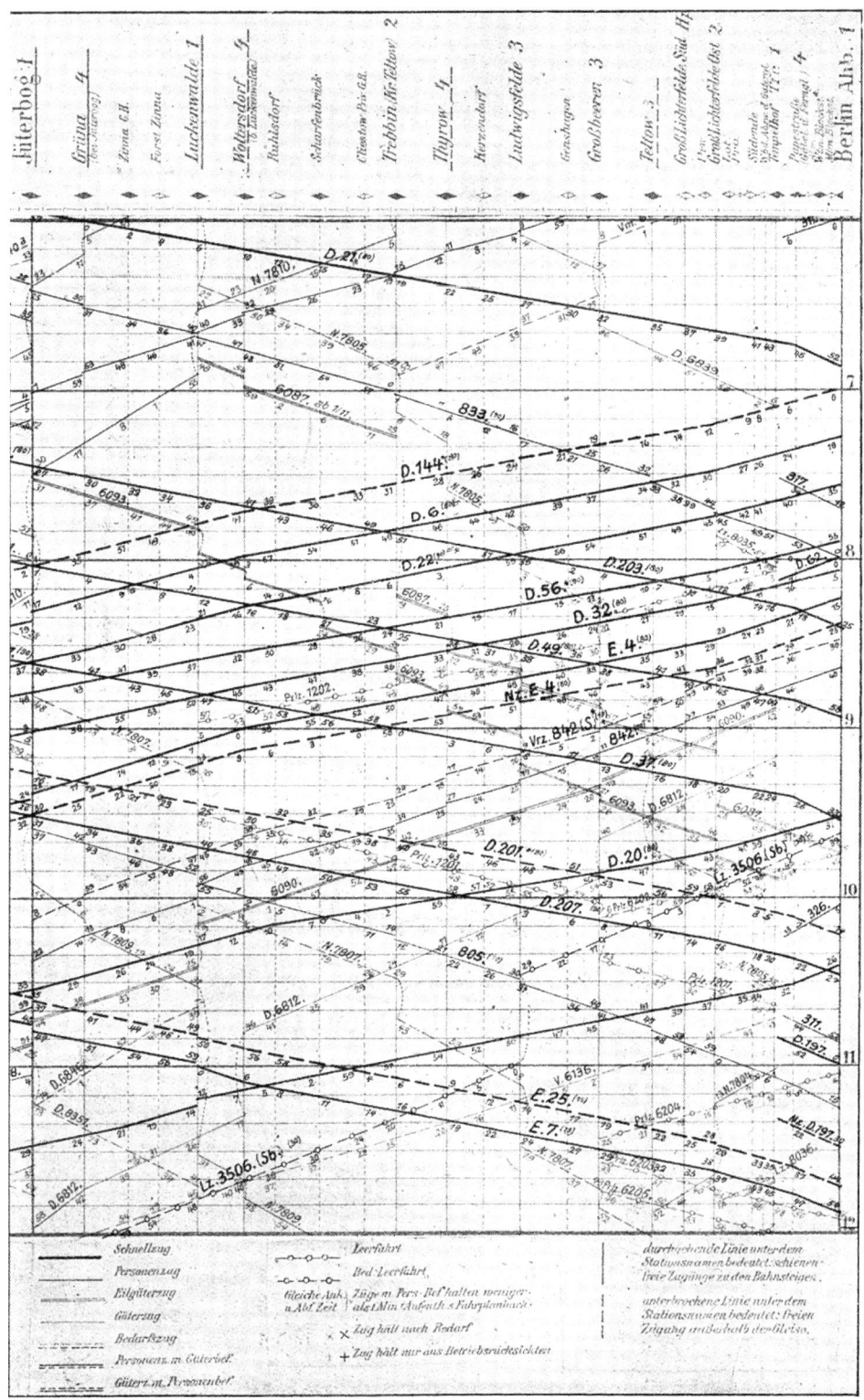

354. Bildlicher Fahrplan
Anzeiger der Zugläufe für Dienstzwecke

D 25. Schnellzug. Berlin-Schneidemühl-Thorn-Allenstein

Grundgeschwindigkeit: von Schneidemühl bis Bromberg 80 km, von Bromberg bis Thorn 70 km

1 Entfernung Kilometer	2 Stationen und Blockstellen	3 Fahrzeit M.	4 Ankunft U. M.	5 Aufenthalt M.	6 Abfahrt U. M.	7 Kreuzung mit Zug	8 Überholung des Zuges	9 Überholung durch Zug	10a Kürzeste Fahrzeit 45–52 Achsen M. M.	10b bis 44 Achsen M. M.	11 Es sind von 100 Wagenachsen zu bremsen	12 Tonnen hat zu befördern
	Schneidemühl . . .	—	708	6	714						88 (60)(100)	8 3 / 8 5
6,6	Selgenau Blockst..				22				7,0	6,7	"	
3,7	Erpel (Pos.)				25				3,1	2,7	"	
5,2	Bergtal Blockst...				29				3,6	3,1	"	
4,7	Friedheim				33				3,2	2,8	"	
7,1	Weißenhöhe				39				4,9	4,3	"	
5,9	Freymark	52			43				4,1	3,5	"	
5,8	Netzthal				48				4,1	3,5	"	
5,5	Hedwig Blockst. .				52				3,8 46,4	3,3 41,0	"	
4,1	Walden				55				3,0	2,5	"	
3,6	Elsenort				58	7591			2,7	2,1	"	
3,6	Lubasch Blockst. .				801				2,7	2,3	"	
4,7	Nakel	—	806	1	07	6753			4,5	4,1	" (65)(100)	
6,6	Slesin				14				6,6	6,0	"	
7,1	Strelau				19				4,8	4,1	"	
7,5	Fang Ubst. . . .	23			25				5,2 21,5	4,6 19,2	"	
3,0	Jägerhof Blockst. .				27				2,1	1,9	"	
2,6	Bromberg	—	830	3	33	255 / 6763			2,8	2,6	" (65)(100)	272 / 326
3,2	Bleichfelde Blockst.				38				4,4	3,9	"	
3,5	Karlsdorf b. Bbg. .	22			40				2,4 16,8	2,1 15,6	" (90)(100)	
3,4	Brahnau				44				2,4	2,4	"	
4,5	Steindorf Blockst. .				49				3,2	2,8	"	
5,5	Schulitz	—	855	1	56				4,4	4,4	" (85)(100)	
7,3	Weichselthal . . .				906				7,7	7,5	"	
5,3	Wodek Blockst. . .				11				3,7	3,2	"	
6,8	Schirpitz (Kr. Th.) .	32			17				4,7 24,5	4,1 22,4	"	
7,9	Schlüsselmühle . . .				23				5,0	4,4	"	
2,6	Thorn Hbf.	—	928	10	938				3,4	3,2	" (40)	360 / 432
136,8		129		5								

Briefbeutel durch Zugpersonal

sich die verkürzte Fahrzeit auf die einzelnen Streckenabschnitte verteilt, sagen die angegebenen Minutenziffern.

Spalte 11 gibt Auskunft darüber, wieviel von je hundert Wagenachsen auf der betreffenden Strecke jedesmal bremsbar sein müssen. Hieraus läßt sich die erforderliche Bremsachszahl für jeden Zug entsprechend seiner Gesamtachszahl leicht berechnen. Die eingeklammerten Zahlen nennen die Geschwindigkeiten, die für die Berechnung der Bremsachszahl maßgeblich gewesen sind.

Spalte 12 endlich gibt die Gattungszeichen für die Lokomotiven an, mit denen der Zug befördert werden soll und darf. Die darunter stehenden Zahlen nennen die Tonnenzahl, die jeder Lokomotive im Höchstfall angehängt werden darf.

Der D-Zug hat keine Bahnpost, die Zugmannschaft nimmt aber geschlossene Briefbeutel zur Beförderung mit.

Es möge noch ein Fahrplan für einen Güterzug folgen, der nicht täglich gefahren werden muß, aber auf Anforderung jederzeit eingelegt werden kann:

6750. Bedarfs-Güterzug. Thorn-Bromberg
Grundgeschwindigkeit 30 km

1	2	3	4	5	6	7	8	9	10	11	12	13
Entfernung Kilometer	Stationen und Blockstellen	Fahrzeit M.	Ankunft U. M.	Aufenthalt M.	Abfahrt U. M.	Kreuzung mit Zug	Überholung des Zuges	durch Zug	Kürzeste Fahrzeit M. M.	Es sind von 100 Wagenachsen zu bremsen	Tonnen hat zu befördern	
	Thorn Gbf.		—		$\frac{850}{55}$				4,6	7 (30)	G 4	G 7
1,3	Schlüsselmühle ...		..						15,0 50,8	„		
7,6	Schirpitz (Kr. Th)		..		$\frac{912}{26}$				13,0	„		
6,8	Wodek Blockst. ...	62			$\frac{}{36}$				10,0	„		
5,3	Weichselthal								15,6	„		
7,3	Schulitz		952	8	10 00				11,0	„		
5,5	Steindorf Blockst..				$\frac{}{13}$				9,0	„		
4,5	Brahnau		..		$\frac{}{22}$				6,8 44,6	„		
3,4	Karlsdorf b. Bbg..	48			$\frac{}{30}$				7,0	„		
3,5	Bleichfelde Blockst.		..		$\frac{}{37}$				6,4	„	859	1093
3,2	Bromberg				$\frac{}{45}$				3,4	„		
1,2	Bromberg Gbf...		10 48		..							
49,6			110	8								

Aus den Angaben des Fahrplanbuchs ist alles zu entnehmen, was für den Zuglauf wichtig ist. Jeder dieser Einzelzug-Fahrpläne ist eine kurzgefaßte, übersichtliche und erschöpfende Beschreibung. Viele preußische Verwaltungen teilen in den Fahrplanbüchern auch die Stellen mit, an denen die Zugmannschaften alkoholfreie Getränke in möglichster Nähe der Zuganhaltestellen erhalten können.

Da der Uhrzeiger an jedem Tag zweimal den Kreis von 12 bis 12 durchschreitet, ist es notwendig, in den Fahrplänen die eine Stundenart, die zum größten Teil in der Nacht liegt, von der anderen, die hauptsächlich den Tag umfaßt, zu unterscheiden. Seit dem Jahre 1878 werden, nach dem schon vorher im Postkursbuch üblichen Verfahren, in den amtlichen deutschen Fahrplänen die Zeitangaben, die sich auf die Stunden von 6 Uhr abends bis 5 Uhr 59 morgens beziehen, durch Unterstreichen der Minutenziffern gekennzeichnet. In anderen Ländern, wie z. B. in Italien, benutzt man eine fortlaufende Stundenbenutzung von 1-24. Es hat dies gewisse Vorzüge für die mündliche Benennung, gibt sicherlich auch Ungeübten weniger Anlaß zu Irrtümern. Dennoch hat sich bei uns die 24stündige Einteilung in den Fahrplänen bisher nicht durchgesetzt.

Aus den Angaben des dienstlichen Fahrplanbuchs haben wir bereits gesehen, daß die Züge durchaus nicht immer mit der höchstmöglichen Geschwindigkeit fahren. Diese würde eine Überanstrengung der Lokomotiven bedeuten, und man hätte auch keinen Überschuß zum Einholen von Verspätungen. Die Fahrzeiten der Züge sind bei uns aber bereits sehr straff gehalten. Auf den Schnellzügen kann nur eine wirklich gut geschulte und tüchtige Mannschaft Pünktlichkeit auf die Minute herbeiführen. Die anbefohlene Höchstgeschwindigkeit setzt übereifrigen Lokomotivführern eine Grenze in der Beschleunigung des Zugs. Wenn diese allzu hoch hinaufgesteigert wird, könnten insbesondere bei der Fahrt durch Krümmungen, schwerste Gefahren auftreten. Die Sicherheit des Betriebs muß aber selbstverständlich stets der Pünktlichkeit vorangehen.

Es ist ferner zu beachten, daß für den Reisenden die höchsten Fahrgeschwindigkeiten eines Zugs durchaus nicht das wichtigste sind. Ausschlaggebend bleibt für ihn vielmehr die Zeit, welche er zur Zurücklegung der Strecke zwischen zwei Orten gebraucht. Dies ist die Reisegeschwindigkeit. Sie setzt sich aus der Fahrgeschwindigkeit und den Aufenthalten nebst ihren Nebenerscheinungen zusammen. Personenzüge haben öfter ebenso hohe Fahrgeschwindigkeiten wie Schnellzüge, aber ihre Reisegeschwindigkeiten sind sehr viel geringer, da sie häufig anhalten müssen, wobei durch die Verlangsamung beim Bremsen und die nur allmählich ansteigende Geschwindigkeit nach der Abfahrt viel Zeit verloren geht. Ihre Reisegeschwindigkeit ist also sehr viel geringer. Es ist deshalb zur Erzielung rascher Verbindungen wichtiger, lange aufenthaltslose Fahrten zu schaffen als besonders hohe Grundgeschwindigkeiten. Das Bestreben, Schnellzüge sehr lange Strecken ohne Aufenthalt durchlaufen zu lassen, ist denn auch heute bei allen Bahnverwaltungen zu beobachten. Hierin stand Deutschland bis zum Ausbruch des Kriegs nicht an der Spitze, Frankreich und England waren uns vielmehr voraus.

Für die Unterscheidung der drei Zugarten im Personenverkehr bieten die Fahrpläne den besten Anhalt. Sie sagen deutlich, was ein Personenzug, was ein Eil- und was ein Schnellzug ist. Tatsächliche, untrügliche Merkmale für deren Unterscheidung sind nicht vorhanden, am wenigsten kann man die Betrachtung der Grundgeschwindigkeiten hierzu heranziehen. Im allgemeinen ist zu sagen, daß ein Personenzug auf sämtlichen Bahnhöfen der von ihm durchfahrenen Strecke anhält, der Eilzug an allen Knotenpunkten, der Schnellzug nur auf den großen Bahnhöfen. In Deutschland werden allmählich sämtliche Schnellzüge als D-Züge gefahren, wodurch ein zwar äußerliches, aber deutliches Unterscheidungsmerkmal herbeigeführt wird.

Damit die Reisenden aus den hohen Fahrgeschwindigkeiten der Schnellzüge einen wirklichen Nutzen ziehen können, müssen diese Züge so gelegt sein, daß Abfahr- und Ankunftszeiten als bequem empfunden werden. Am liebsten fährt man an nicht zu frühen Morgenstunden oder in den Abendstunden ab. Für die Ankunft werden die gleichen Stunden bevorzugt. Es hätte wenig Zweck, einen Schnellzug zu beschleunigen, um ihn statt um 11 Uhr nachts erst gegen 12 Uhr abfahren zu lassen. Die Reisenden würden hierdurch wenig gewinnen, da die freie Nachtstunde doch nicht ausgenutzt werden kann.

Die Personenzüge werden zweckmäßig so gelegt, daß sie den Reisenden von solchen Bahnhöfen aus, an denen die Schnellzüge nicht halten, Gelegenheit geben, am nächsten großen Knotenpunkt in den Schnellzug überzugehen, und daß sie die aus den Schnellzügen kommenden Reisenden auf die folgenden kleineren Bahnhöfe verteilen.

Aus all diesem geht hervor, daß die Fahrplanaufstellung unter Berücksichtigung sehr vieler Gesichtspunkte vorgenommen werden muß. Ständige Kenntnis und Erkenntnis des Lebens außerhalb der Welt auf Schienen ist für den Entwerfer eine Notwendigkeit. Die berühmte Pünktlichkeit auf die Minute hat einen wirklichen Zweck nur dann, wenn die Zugläufe in sinnvoller Weise angeordnet sind.

25. Die Papptäfelchen

Unsere Ferienreisenden, die wir so heiter den Anhalter Bahnhof im D-Zug verlassen sahen, hatten sich die Möglichkeit, den Zug zu benutzen, dadurch erwirkt, daß sie Fahrkarten am Schalter lösten. Hierdurch war der Beförderungsvertrag zwischen ihnen und der Eisenbahnverwaltung geschlossen worden.

Der Beamte am Schalter war nicht berechtigt, dem einen oder dem anderen, der eine Fahrkarte erwerben wollte, diese zu verweigern. Die Eisenbahn hat ja bei uns ein tatsächliches, nur neuerdings durch den Kraftwagenverkehr ein wenig beeinträchtigtes Alleinrecht der Schnellbeförderung zwischen verschiedenen Orten. Aus diesem Grund ist ihr gesetzlich die Beförderungspflicht auferlegt. Sie darf nur unter besonderen Umständen den Vertragsabschluß verweigern. Insbesondere sind Personen, die mit ansteckenden Krankheiten behaftet sind oder aus anderen Gründen den Mitreisenden besonders lästig fallen würde, vom Beförderungsrecht ausgeschlossen.

Dieses Recht, das man mit dem Erwerb der Fahrkarte gewinnt, gibt jedoch der Eisenbahn gegenüber keinen so ausgedehnten Anspruch auf Schadenersatz bei Nichterfüllung, wie dies innerhalb andere Verträge der Fall ist. Zweifellos ist die Eisenbahn schadenersatzpflichtig, wenn in den amtlichen Aushängefahrplänen, nicht aber in den Kursbüchern, ein Fehler enthalten ist, durch den etwa ein Zugversäumnis veranlaßt wird. Aber auch hier ist die Inanspruchnahme der Eisenbahn schon stark herabgesetzt durch den Paragraphen 254 des Bürgerlichen Gesetzbuchs, der beim Eintritt eines ungewöhnlich hohen Schadens ein Mitverschulden des Geschädigten annimmt, falls dieser es unterlassen hat, den anderen Beteiligten auf die Möglichkeit des Eintritts eines ungewöhnlich hohen Schadens aufmerksam zu machen. Wenn nun jemand etwa, um ein großes Geschäft abzuschließen, zu bestimmter Stunde an einem bestimmten Ort sein muß, den Anschluß jedoch durch einen Fehler im Fahrplan versäumt, und das Geschäft zu seinem dauernden Schaden hierdurch nicht zustande kommt, so kann er die Eisenbahn deswegen nicht voll belangen, da er ja sicherlich vor Lösen der Fahrkarte dem Schalterbeamten keine Mitteilung von der Sachlage gemacht hat.

Die Eisenbahnverkehrsordnung setzt weitere Einschränkungen für die Vertragserfüllung fest. Wenn in dem Zug, den der Reisende benutzen will, kein Platz mehr vorhanden ist, auch nicht in einer höheren Wagenklasse als der, für welche die Fahrkarte gelöst ist, so kann der Reisende, falls er zurückbleibt, nur Erstattung des Fahrgelds sowie der Gepäckfracht verlangen. Eine Entschädigung steht ihm nicht zu. Die verspätete Abfahrt oder Ankunft oder das Ausfallen eines Zugs begründen keinen Anspruch auf Entschädigung. Wird infolge einer Verspätung der Anschluß an einen anderen Zug versäumt, so kann der Reisende auch nur das Fahrgeld und die Gepäckfracht für die nicht durchfahrene Strecke zurückfordern. Gibt der Reisende in einem solchen Fall die Weiterfahrt auf und kehrt mit den nächsten günstigsten Zug ohne Fahrtunterbrechung zum Abgangsbahnhof zurück, so sind ihm Fahrgeld und Gepäckfracht ganz zu erstatten, auch freie Rückbeförderung in der für die Hinreise bezahlten Wagenklasse zu gewähren. Wenn Naturereignisse oder andere zwingende Umstände die Fahrt auf einer Strecke verhindern, so hat die Eisenbahn zwar tunlichst für die Weiterbeförderung bis zu jenem Punkt zu sorgen, von dem ab die Strecke wieder fahrbar ist, aber eine Schadenersatzpflicht erwächst ihr in solchem Fall erst recht nicht.

Nur in sehr seltenen Fällen wird der Eisenbahnreisende von derartigen Beschränkungen berührt. Zu allermeist erwirbt er sich mit der gesetzlich festgelegten Vorausbezahlung des Fahrpreises beim Erwerb der Fahrkarte das Recht, auf dem prachtvoll glatten Stahlpfad dahinzugleiten, bis der Bestimmungsort erreicht ist. In den allermeisten Fällen hat der Fahrtausweis, der den Eintritt in den Eisenbahnbezirk ermöglichte, die Form des Papptäfelchens.

Auch diese Fahrkartenform hat es nicht von Beginn an gegeben. In den ersten Jahrzehnten waren auch auf den Eisenbahnen Fahrtausweise in Form von dünnen Scheiben üblich, wie sie die Personenfahrpost angewendet hatte. Fahrziel und Fahrpreis wurden handschriftlich eingetragen. Erst in den sechziger Jahren wurden die fertigen Papptäfelchen von *Edmonson* eingeführt. Sie können leichter unversehrt erhalten werden, die zahlreichen aufgedruckten Angaben bleiben besser lesbar, die Abfertigung geht durch den Fortfall alles Schreibwerks sehr viel rascher vor sich.

Die Zahl der Fahrkarten, die an jedem Schalter vorgehalten werden müssen, ist sehr bedeutend. Eine große Ersparnis wird dadurch erzielt, daß jedes Papptäfelchen durch Abtrennung des unteren Abschnitts in eine nur mit dem halben Preis zu bezahlende Kinderfahrkarte umgewandelt werden kann. Ebenso spart man die Auflegung besonderer Fahrkartensätze für Schnellzüge dadurch, daß besondere Zuschlagkarten ausgegeben werden. Mit Hilfe von nur sechs Arten der Zuschlagkarten, nämlich solcher für die drei Zonen und die zwei hierbei zu unterscheidenden Wagenklassen – erster und zweiter zu gleichem Preis sowie dritter – können alle Ansprüche befriedigt werden. Die unmittelbar für Schnellzüge gültigen Fahrkarten, die auf großen Bahnhöfen zur Beschleunigung der Abfertigung dennoch vorhanden sind, werden durch einen senkrecht durchlaufenden roten Strich gekennzeichnet.

Zur weiteren Einschränkung der Auflage hält man Fahrkarten für Verbindungen, die seltener benutzt werden, nicht fertig vor. Die Ausweise hierfür werden vielmehr auf Verlangen durch handschriftliche Eintragungen in Blankfahrscheine hergestellt. Die Ausstellung erfolgt mittels unverwischbaren Tintenstifts im Pausverfahren. Die Urschrift bleibt zur Verrechnung am Schalter, die Pause wird dem Fahrgast ausgehändigt. Es können auf einem solchen Fahrschein gleichartige Fahrausweise für mehrere Personen hergestellt werden. Diese Einrichtung bringt eine besondere Erleichterung dadurch, daß auf diese Weise das Gepäck sofort bis zum Reiseziel abgefertigt werden kann, was nicht möglich wäre, wenn nur eine Teilfahrkarte gelöst werden müßte.

Für Fahrten über sehr lange Strecken, welche die Bezirke vieler Verwaltungen berühren und wahlweise auf verschiedenen Wegen ausgeführt werden können, erhält der Reisende einen Fahrtausweis in Buchform. Es ist hier eine große Zahl von Prüfungsabschnitten zusammengeheftet, die unterwegs ausgetrennt werden und als Unterlage für die Abrechnung dienen. Da der Reisende verschiedene Wege benutzen darf, so wäre auf andere Weise nicht festzustellen, durch welchen Bahnbezirk er wirklich gefahren ist, welche Verwaltungen also ein Anrecht auf Bezahlung von Teilstreckenfahrten durch diejenige Verwaltung haben, welche den Fahrtausweis ausgegeben und das Geld für die ganze Fahrt erhalten hat.

Der Mensch ist niemals ungeduldiger, als wenn er im Begriff ist, eine Eisenbahnfahrkarte zu lösen. Wie jeder weiß, wartete der Zug nicht, und wie wenige wissen, erlischt der Anspruch auf Verabfolgung einer Fahrkarte fünf Minuten vor der für den Zug festgesetzten Abgangszeit. Viele kommen erst im letzten Augenblick an den Schalter, und alles drängt auf rascheste Abfertigung. Den Beamten wird auf großen Bahnhöfen die Arbeit dadurch sehr erschwert, daß die große Zahl der vorrätigen Fahrkartengattungen die Auflageschränke allmählich höchst umfangreich gemacht hat. Fortwährend sind längere Wege zurückzulegen, die Zeit erfordern. Man hat die Einrichtung der Schränke zwar mit großem Bedacht so getroffen, daß jedes Fahrkartenlager möglichst wenig Platz einnimmt, aber auch das bringt bei der immer weiter anwachsenden Zahl der Verkehrsverbindungen keine grundlegende Hilfe.

Von der liegenden Form der Fahrkartenstapelung in den Schränken ist man neuerdings zur stehenden Form übergegangen. Bei der erstgenannten Anordnung wird die aufzugebende Fahrkarte von unten herausgezogen, bei der anderen ist stets die oberste zu greifen. Die Schichtung nach Nummern muß entsprechend einmal von unten nach oben, das andere Mal umgekehrt geschehen. Man spart bei der stehenden Anordnung die Anbringung besonderer Schilder vor jedem Fahrkartensatz, da die Aufschriften der Papptäfelchen hier deutlich zu lesen sind. Eine Beschleunigung bei der Ausgabe wird jedoch nicht erzielt, wohl aber ist die Abrechnung beim Dienstwechsel erleichtert, da an den freiliegenden Nummern durch Vergleich mit dem bei Dienstbeginn aufgenommenen Verzeichnis ohne weiteres zu erkennen ist, wieviel Karten von jedem Stapel verkauft worden sind.

Die Fahrkartenabrechnung ganz im allgemeinen ist ein sehr umfangreiches Gebiet. Man darf ja nicht übersehen, daß jede Fahrkarte ein Wertpapier darstellt. In den Druckereien müssen die Täfelchen schon unter Aufsicht hergestellt werden, damit kein Mißbrauch stattfindet. Die Auslieferung der Pakete an die einzelnen Ausgabestellen erfordert genaues Auszählen und Bestätigung des Empfangs jeder einzelnen Kartenart nach ihrer Zahl. Bei Neuanforderung ist der Verbrauch der alten Bestände durch Rechnungslegung nachzuweisen. Übergibt ein Schalterbeamter dem anderen seinen Schrank, so müßte eigentlich jedesmal eine vollständige Nummernaufnahme stattfinden, damit der neuantretende Beamte genau weiß, in welchem Zustand er den Fahrkartenvorrat übernommen hat. Die Arbeitszeit der Beamten würde aber hierdurch so bedeutend verlängert werden, daß eine solche ordentliche Übergabe nicht jedesmal vorgenommen werden kann, zumal man auch meist den Schalter nicht so lange geschlossen zu halten vermag.

Es kommt hinzu, daß die Aufbewahrung dieser Wertpapiere recht unsicher ist. Die Eisenbahnverwaltung kann ja nicht jeden der großen Fahrkartenschränke mit Stahlplatten einbruchsicher ausbilden. Das würde viel zu große Kosten verursachen. Eine ständige Bewachung ist deshalb notwendig.

Eine seit den letzten Jahren immer häufiger benutzte Maschine scheint berufen zu sein, alle diese Erschwerungen und Umständlichkeiten zu beseitigen. An zahlreichen großen Schaltern erhält der Reisende heute nicht mehr fertig daliegende Fahrkarten aus Lagerschränken, sondern die Papptäfelchen werden vor seinen Augen frisch gedruckt. Denn an allen anderen Orten geht die Abfertigung schneller vor sich, wenn die begehrte Ware fertig vorhanden ist, als wenn sie erst besonders hergestellt werden muß. Der Fahrkartendrucker arbeitet jedoch äußerst geschwind, und er macht das Absuchen langer Schränke unnötig. Die nur etwa 1 1/2 Meter lange Maschine gestattet das Drucken vieler hundert Fahrkartenarten von fast selbst der gleichen Stelle aus. Vor allem aber beseitigt sie die schwierigen Abrechnungsverfahren gänzlich und schließt Diebstahl aus.

In den durch Sicherheitsschlösser geschützten und vollkommen unzugäng-

Erbaut von der AEG

355. Fahrkartendrucker

lichen Körper des Fahrkartendruckers sind so viele Druckplatten eingeschlossen, wie der Schalter Fahrkartensorten ausgeben kann. Auf einem langen, drehbaren Zylinder sind die Sorten verzeichnet. Ein Schlitten kann davor auf und ab fahren. Indem der Beamte auf eine vor dem Apparat liegende waagerechte Stange mit der Hüfte drückt, kann er den Zylinder drehen und denjenigen Streifen, der die gewünschte Fahrkartensorte nennt, nach vorn bringen. Alsdann wird der Schlitten vor dem Zylinder so weit verschoben, bis ein daran angebrachter Zeiger auf die richtige Angabe deutet. Das alles geschieht in wenigen Sekunden. Nun greift der Beamte aus einem Ständer ein leeres Papptäfelchen in der Farbe der gewünschten Wagenklasse heraus, schiebt es in den Schlitten, zieht an dem darauf angebrachten Hebel, und die Fahrkarte ist durch Anheben des betreffenden Täfelchens fertig

gedruckt. Zugleich wird in jede Fahrkarte die Tagesangabe eingepreßt, so daß der besondere Arbeitsgang hierfür fortfällt.

Es werden bei diesem Vorgang ferner zwei fortlaufende Streifen mit derselben Druckangabe versehen wie die Fahrkarte. Der eine dieser Streifen verbleibt unzugänglich im Apparat und zeigt an,

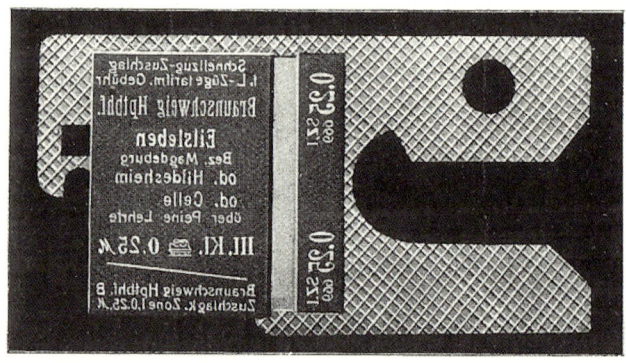

356. Drucktäfelchen des Fahrkartendruckers

474

welche Fahrkarten mit dessen Hilfe hergestellt worden sind. Der andere dringt nach außen und wird von dem Beamten, sobald sein Dienst beendet ist, abgeschnitten. Er hat dann nur die bequem ausgeworfenen Fahrgeldzahlen zusammenzuzählen und mit seinem Kassenbestand zu vergleichen. Eine besondere Übergabe braucht nicht mehr stattzufinden.

Wenn eine Änderung in den Tarifsätzen stattfindet, so mußten bisher sämtliche Fahrkarten, deren Fahrpreisangabe hierdurch unrichtig geworden war, vernichtet werden. Das ist beim Gebrauch des Schalterfahrkartendruckers nicht mehr notwendig, da es hier Vorräte überhaupt nicht gibt. Man braucht nur die Sicherheitsschlösser zu öffnen und das Drucktäfelchen für die betreffende Fahrkarte gegen ein neues auszuwechseln.

357. Fahrkartendrucker an einer großen Ausgabe Hauptbahnhof Breslau

Die äußerste Bequemlichkeit und Schnelligkeit bewirkt der elektrische Fahrkartendrucker, der in Form eines kleinen Schranks hergestellt wird und weder Drehzylinder noch beweglichen Schlitten hat. Bei seiner Benutzung ist nichts weiter notwendig, als einen Kontaktstöpsel in die Klinke neben der zutreffenden Angabe zu stecken. Sofort fällt die gewünschte Fahrkarte fertig gedruckt heraus.

Hat das Papptäfelchen seine Pflicht erfüllt, indem es den Reisenden bis ans Ende seiner Fahrt geleitete, so wird es an der Bahnsteigsperre abgenommen. Die Schaffner werfen die Fahrkarten in verschlossene Kästen, die, sobald sie gefüllt sind, besonderen Prüfstellen übergeben werden. Dort sondert man die Fahrkarten nach Tagen und Zügen und vermag zu erkennen, ob ein Be-

Erbaut von der AEG
358. Elektrischer Fahrkartendrucker
Nach Einstecken des Stöpsels St fällt die neu gedruckte Fahrkarte sofort heraus.

amter an der Sperre sich durch Entgegennahme unrichtiger Fahrkarten hat täuschen lassen. Die Nummernfolge gestattet auch einen Schluß darauf, ob aus den Fahrkartenschränken Fahrkarten zu Betrugszwecken außer der Reihe entnommen worden sind.

Nachdem dies erledigt ist, haben die Papptäfelchen nur noch Stoffwert. Sie werden alsbald zu Brei eingestampft, und aus der unförmlichen Masse entstehen alsdann neue Fahrkarten, die wiederum Menschen in Freud oder Leid während einer Eisenbahnfahrt begleiten.

Die Aufgabe, welche wir uns in Abschnitt 9 stellten, ist nunmehr erfüllt. Wir haben den D-Zug Berlin-München auf seiner Teilfahrt zwischen Berlin und Halle von Kilometer zu Kilometer begleitet, wir haben seine Fahrbahn, seinen Bau, die zu seiner Sicherung getroffenen Einrichtungen betrachtet, sind tief eingetaucht in den Ozean, der inmitten der Welt auf Schienen schäumt und brandet. Die Fülle dessen, was wir auf dem Grund dieses Meers sahen, ist niederdrückend und erhebend zugleich; niederdrückend, weil wir erfahren mußten, daß der Mensch gezwungen war, so gewaltige, an Zahl und Wirkungskraft unvergleichliche Vorkehrungen zu schaffen, nur um mit einigermaßen befriedigender Geschwindigkeit sich über seinen Heimatstern bewegen zu können; erhebend, weil wir erkannten, wie durch unbeirrbar zielstrebiges Zusammenwirken vieler Geschlechter die Entstehung eines so mächtigen Werkzeugs, des gewaltigsten Hilfsmittels möglich wurde, das die Menschheit sich geschaffen hat.

Wir haben hier und da schon Seitenblicke von der großen Hauptstrecke weg auf besondere Eisenbahneinrichtungen geworfen. Es bleibt uns noch übrig, drei Sondererscheinungen zu betrachten, die eine wichtige Rolle in der Gesamtheit des Eisenbahnbetriebs spielen, zum Teil erst im Beginn ihrer Entwicklung stehen.

Aufnahme von Photoglob in Zürich
359. Von der ältesten Zahnbahn in Europa
Schnurtobelbrücke der Strecke Vitznau-Rigi-Kulm

26. Mit Zahn und Seil

Die Eisenbahn ist ein Kind der Ebene. Sobald die Züge eine steigungslose Strecke vor sich haben, können sie auf den Flügeln des Dampfs mit Urkraft und kühner Geschwindigkeit dahinstürmen. Aber wie der unhörbare Zauberspruch eines Gotts den Arm des Helden, so lähmt schon eine kaum sichtbare Steigung den vorwärtsdrängenden Willen der Lokomotive. Ihr Atem geht nur noch stoßweise, ihre Zugkraft und Geschwindigkeit vermindern sich stark. Bereits ein verhältnismäßig geringer Steigungswinkel setzt die Lokomotivleistung tief hinunter. Dies klar erkannt zu haben, ist ja eines der Hauptverdienste des großen Georg Stephenson.

Als die Menschheit in ihrem unhemmbaren Vorwärtsdrängen daran ging, auch die hemmenden Wälle der großen Gebirge zu überschienen, da waren besondere, außerordentlich kostspielige Vorkehrungen notwendig, um auch hier einigermaßen ausreichende Geschwindigkeiten zu erzielen. Damit die Züge nicht zu hoch hinaufzusteigen brauchten, durchbohrte man mit unendlicher Mühe die Berge. Aber auch die Zufahrten zu den Tunneln mußten in besonderer Weise ausgestaltet werden. Spitzkehren, Ausfahrungen von Seitentälern, große Schlingen und Schleifen wurden gebildet, um die Steigung für jedes Meter der Vorwärtsfahrt gering zu halten. Die Bergspitzen, nach denen so mancher sehnsüchtige Blick emporschweifte, blieben trotzdem vom Eisenbahnverkehr ausgeschlossen. Erst vier Jahrzehnte, nachdem die Eisenbahn für die Ebene geschaffen war, gelang es, die Lokomotive auch in die Erhabenheit der Bergwelt emporzuführen.

Bergbahnen haben zu allermeist nur die Aufgabe, Aussichtspunkte zu erschlies-

Aufnahem von Photoglob in Zürich

360. Bergbahn Lauterbrunnen-Mürren (Schweiz)

361. Talbrücke auf der Mürrenbahn
Im Hintergrund von links nach rechts Eiger, Mönch und Jungfrau

sen. Das läßt sie betrieblich von vornherein als Bahnen zweiter Ordnung erscheinen. Güterverkehr kommt nur in mäßigem Umfang vor, ein Durchgangsverkehr ist äußerst selten zu bewältigen, meist handelt es sich nur um eine Betriebszeit während weniger Monate des Jahrs. Das legt aus geldlichen Rücksichten Beschränkungen auf. Man kann nicht daran denken, die sehr starken Steigungen, die hier vorkommen, durch künstliche Längenentwicklungen zu überwinden, denn diese gehören zu den allerkostspieligsten Anlagen. Ein neuer Gedanke mußte entstehen, die Schaffung einer besonderen Bahngattung war notwendig, um hier zum Ziel zu gelangen.

Nachdem die einzig richtige und zweckmäßige Art des Vorgehens gefunden war, sind die Bergbahnen ein wichtiges Glied in der alles umschließenden Kette menschlicher Kultur geworden. An keiner anderen Stelle als auf einem hohen Gipfel vermag der Mensch die Erhabenheit der Natur in ihrer ganzen erschütternden Größe zu erkennen. Neben und unter sich erblickt er die Schöpfungen der ungeheuren Kräfte, die dereinst das Antlitz der alten Erde zerfurchten. Im niemals schmelzenden Firnschnee ergreift ihn eine Ahnung von der ewigen Größe des Todes, und aus den grünen Matten darunter lacht ihm das volle heitere Leben entgegen. Glücklich, wer dieses erschütternde Bild auf sich wirken lassen kann!

Doch nur wenigen sind die körperliche Kraft und die ausharrende Entschlossenheit gegeben, über Gletscher und Schroffen hinweg die Spitzen zu erklimmen. Erst die Bergbahnen haben den hohen Genuß eines Gipfelbesuchs zum Allgemeingut gemacht. Man spreche nicht von Entweihung! Der Einsamkeiten gibt es noch genügend auf den Alpengipfeln, und die Berggeister sind sicher zufrieden, wenn sich unter je hundert Gästen, die aus den Bahnwagen steigen, immer nur fünf finden, denen die Fahrt in diese Höhe tiefstes Erlebnis, freudigstes Erkennen der Schöpfergröße in der Natur bedeutet.

Man darf auch nicht übersehen, daß wichtigste gesundheitliche Einrichtungen, nämlich die Bergheilstätten, die so vielen Wiedererstarkung der verlorenen Körperkraft bringen, erst durch die Bergbahnen möglich geworden sind.

Die Reibung zwischen den Lokomotivrädern und den glatten Schienen ist groß genug, um eine lohnende Zugförderung noch bei einer Steigung von 1 : 30 zu gestatten. Freilich ist die Geschwindigkeit bei derartig raschen Hebungen schon stark hinuntergesetzt, auch die Ausgaben für den Heizstoff werden sehr hoch. Wenn aber jedesmal beim Zurücklegen von 30 Metern mehr als die Höhe von einem Meter erstiegen werden muß, dann ist der Betrieb mit Reibungslokomotiven nicht mehr lohnend. Zahnbahnen aber überwinden noch mit gutem Erfolg Steigungen von 1 : 4, Seilbahnen auf fester Schienenunterlage können bis zu Steigungen von 1 : 1,6 verwendet werden, und die Seilschwebebahnen gar gestatten, bis zum äußersten Grenzfall, nämlich bis zum senkrechten Hub zu gehen.

Freilich muß man bei Verwendung all dieser Sonderbahngattungen auf irgendwie beträchtliche Geschwindigkeiten verzichten. Von den hundert Stundenkilometern des Schnellzugs in der Ebene sinken wir hier auf 10 Kilometer in der Stunde hinunter. Dies ist der Grund, weshalb man für große Gebirgsstrecken, wie z. B. die Gotthardbahn, welche Durchgangsverkehr zu bewältigen haben, die außerordentlichen Ausgaben für künstliche Linienentwicklung der Anwendung des Zahn- oder Seiltriebs vorzieht. Der lebhafte Verkehr auf den Hauptlinien nimmt derartige gewaltsame Hemmungen nur auf sich, wenn keine Möglichkeit

362. Die steilste Zahnbahn
Aufstieg zum Pilatus. Lochersche Zahnstange

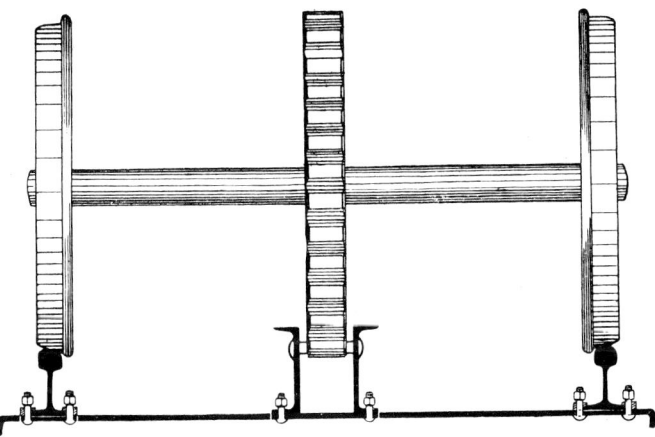

363. Anordnung von Oberbau und Lokomotiv-Hauptachse für Zahnbahnen
Rechts und links Laufräder, in der Mitte das Zahnrad, in die Zahnstange eingreifend

der Vermeidung besteht. Für die Erreichung eines Aussichtspunkts aber spielt, insbesonder weil die Strecken meistens recht kurz sind, die Geschwindigkeit keine ausschlaggebende Rolle mehr.

Die älteste Zahnbahn ist uns bekannt. Auf den Seiten 33 und 34 wurde erzählt, wie Blenkinsop im Jahre 1811 unter Verkennung des Reibungswerts zwischen eisernen Rädern und glatten Schienen die ebene Strecke von Leeds nach Middleton mit einer Zahnstange ausrüstete. Hier war die Verzahnung unmittelbar mit den Laufschienen verbunden. Im Jahre 1847 machte dann *Cathcart* den erfolglosen Versuch, zwischen Madison und Indianopolis in Nordamerika eine Zahnbahn mit gußeiserner Ausrüstung zu bauen. Als der Vater der Bergbahnen ist jedoch der Schweizer Nikolaus *Riggenbach* anzusehen.

Riggenbach war Maschinenmeister bei der schweizerischen Zentralbahn. Auf der starken Steigung, welche die Strecke im Hauensteintunnel zu überwinden hatte, bemerkte er, daß die Räder auf den Schienen glitten und selbst durch Streuen von Sand nicht zu richtigem Lauf gezwungen werden konnten. Er sann nach, wie diesem Übel zu steuern sei, und kam endlich auf den Gedanken, der bis zum heutigen Tag grundlegend geblieben ist. Er erkannte, daß die Lokomotive auf scharfer Steigung günstig arbeiten würde, wenn sie ein Zahnrad bewegte, das in eine Zahnstange eingriffe. Eine äußere Anregung zeigte ihm, wo eine geeignete Stelle für die Anlegung einer ersten Zahnbahn zu finden sei.

In der Beschreibung seines eigenen Lebens, die er »Erinnerungen eines alten Mechanikers« nennt, sagt Riggenbach: »Ich zögerte nicht, kleine Modelle zu konstruieren und allen mich besuchenden Technikern zu zeigen, zumal Herr Professor Dr. Culmann vom Züricherischen Polytechnikum, der in der Hauptwerkstatt Olten öfters Proben mit anderen Erfindungen anstellen ließ, mich in meinen Gedanken sehr bestärkte.«

»Freilich fanden meine Ansichten nicht allenthalben die gleiche Anerkennung, und je mehr ich mit meinen Plänen und Modellen herumreiste, um so mehr wurden mir die Schwierigkeiten der Ausführung vorgestellt.

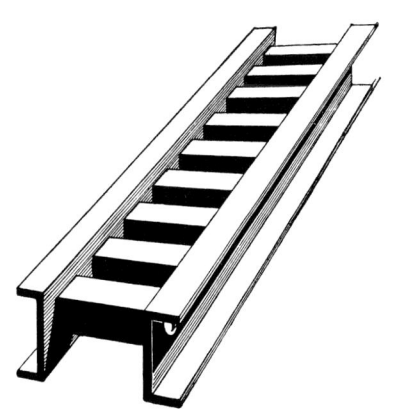

364. Leiterzahnstange
nach Riggenbach

In der Schweiz wollte jedenfalls niemand etwas von der Sache wissen. Da hätte ich, um die technischen Fachmänner und Behörden für meine Ideen zu gewinnen, schon ein Ausländer sein müssen, und als ich, hoffend außerhalb meines Vaterlandes eher als ein Prophet angesehen zu werden, mit meinen Modellen nach Stuttgart zu einer dort stattfindenden Ingenieur- und Architekten-Versammlung reiste, so ging es mir auch nicht besser. Meine deutschen Freunde schüttelten den Kopf und sprachen untereinander mit Bedauern es aus, der gute Riggenbach sei ein Narr geworden. Zwar wurde ich einstweilen noch nicht in einer Anstalt versorgt, wie vor et-

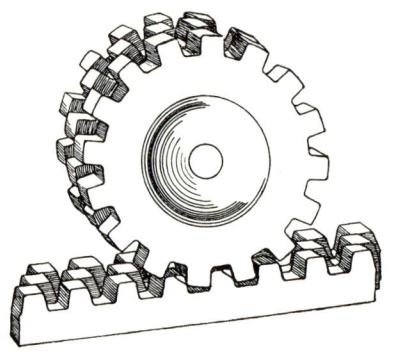

365. Abtsche Stufenzahnstange
mit drei Stufenstangen

wa 280 Jahren der arme Salomon de Caus, der Pfadfinder der Dampfmaschine, aber ich wurde doch wenigstens vielfach mit mitleidigem Achselzucken angesehen.«

»Wie ein Sonnenstrahl erhellte dieses Dunkel ein prophetisches Wort des schweizerischen Generalkonsuls in Washington, Herrn John Hitz. Dieser wackere Mann war bei Anlaß eines Besuches in der Schweiz, aus welcher er ja gebürtig ist, auch nach Olten gekommen, und als ich nun auch ihm, wie allen Besuchern meines Bureaus, die Bergbahnmodelle vorwies, rief er aus: ›Well, Mr. Riggenbach, Sie bauen eine Eisenbahn auf die Rigi!‹ Damit war meinen bisherigen, mehr theoretischen Studien und Plänen zum ersten Mal ein praktisches Ziel gegeben. Auch machte mir das Wort des trefflichen Mannes Mut, meine Ideen immer weiter zu verfolgen und auf eine immer sorgfältigere Verbesserung der Pläne und Modelle hinzuarbeiten.«

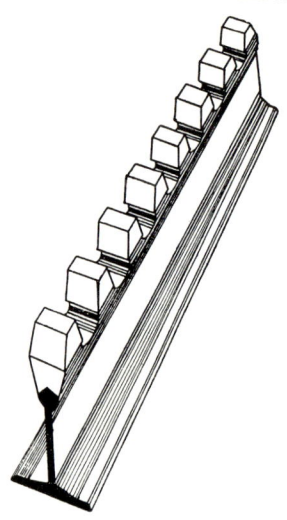

366. Die Zahnstange
der Jungfraubahn
Bauart Strub

»Das erste Patent für meine Erfindung erhielt ich in Frankreich am 12. August 1863, sechs volle Jahre, bevor ich von einer ähnlichen Erfindung des Amerikaners *Marsh* Kunde erhielt, zwei Jahre, bevor ich Amerika bereiste. Die boshafte Aussage meiner späteren Konkurrenten, ich habe mein System in Amerika abgesehen, ist geradezu lächerlich; meine Erfindung war schon im Sommer 1863 patentiert, meine amerikanische Reise fand 1865–66 statt, der Amerikaner Marsh aber trat erst 1869 am Mount Washington mit seiner Erfindung hervor!«

Tatsächlich ist also die erste wirklich brauchbare Zahnbahn in Amerika entstanden; sie führte auf den berühmten Aussichtspunkt Mount Washington in den Weißen Bergen. Nach den, was wir eben gehört haben, steht jedoch Riggenbach das erste Recht auf den Gedanken zu.

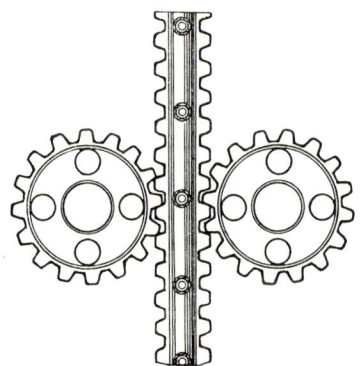

367. Fischgräten-Zahnstange der
Pilatusbahn
Bauart Locher

368. Weiche auf der Zahnbahn Stuttgart-Degerloch
Beim Umstellen der Weiche rücken die Zungenspitzen a und b wie gewöhnlich, d entfernt sich von
dem Zahnstangenstück c nach links, ebenso f von e; h legt sich an g und k an die Zahnstange i

Die Bahn von
Vitznau auf den Rigi
wurde am 55. Ge-
burtstage Riggen-
bachs, am 31. Mai
1871, eröffnet. Bei
der Probefahrt ereig-
nete es sich, wie der
Erfinder selbst er-
zählt, »daß ein in
voller Blüte stehen-
der Birnbaum, der in
die Bahnlinie hin-
überragte und beim
Bau hätte entfernt
werden sollen, mit
dem Kamin der Lo-
komotive etwas ka-
rambolierte, so daß
sich von den über-
hängenden Ästen
ein wahrer Blütenre-
gen auf die Maschi-
ne ergoß. Am Ban-

Nach einem Modell im Deutschen Museum zu München
369. Die erste Zahnbahn-Lokomotive in Europa
Erbaut von Riggenbach im Jahre 1871 für die Bahn Vitznau-Rigi-Kulm

483

Erbaut von Arnold Jung in Jungental
370. Neuzeitliche Zahnbahn-Lokomotive
mit getrennten Triebwerken für Reibungsräder und Zahnrad. Das Zahngetriebe besitzt eine Handbremse

kett der Eröffnungsfeier begrüßte Universitätsprofessor Dr. Rütimeyer in sinniger
Weise diesen kleinen Vorfall als glückverheißendes Omen für die Unternehmung:
und in der Tat, die Bahn Vitznau-Rigi hat bis jetzt blühende Geschäfte gemacht.«

Nach einem Modell im Deutschen Museum zu München
371. Gießbach-Seilbahn
mit Wasserballast-Betrieb und Bremszahnstange. Die beiden Wagen sind durch ein Seil verbunden,
das oben über eine Rolle gelegt ist.

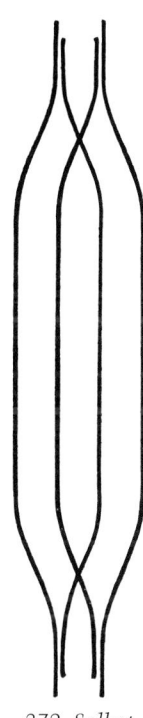

Heute führen bereits drei Bahnen auf den Rigi, der damit der Hauptaussichtspunkt der Schweiz geworden ist. In Deutschland sind nach der Bauart Riggenbach unter anderen die Zahnbahnen von Königswinter auf den Drachenfels und die Niederwaldbahn errichtet worden.

Der Grundgedanke, den Riggenbach in den Bau der Bergbahnen gebracht hat, ist, daß zwischen die Laufschienen eine Zahnstange gelegt wird, in welche ein an der Lokomotive befestigtes Zahnrad eingreift. Die Zahnstange der Vitznau-Rigi-Bahn besteht aus zwei aufrecht gestellten Platten, zwischen welche Bolzen gesetzt sind, so daß das Ganze einer Leiter ähnelt. Beim Fahren klettert die Lokomotive gewissermaßen an dieser Leiter empor.

Ein Schüler Riggenbachs, Roman *Abt*, schuf im Jahre 1882 für die Harzbahn Halberstadt-Blankenburg eine wichtige Verbesserung. Bei der Leiterstange greift immer nur ein Zahn des Lokomotivrads in die Stange ein. Dieser Zahn muß also imstande sein, den gesamten Druck auszuhalten, den das Gewicht des Zugs ausübt. Es spricht gewiß für die Trefflichkeit unserer Eisentechnik, daß ein solcher Zahn fähig ist, bis zu 10 000 Kilogramm Druck zu ertragen. Wenn man jedoch besonders schwere Züge, z. B. Güterzüge, befördern will, so kommen noch größere Zahndrücke vor. Abt überwindet sie, indem er dafür sorgt, daß zwei, manchmal sogar drei Zähne, gleichzeitig eingreifen.

372. Selbsttätige Ausweiche für Seilbahnen
Die Außenräder der Wagen haben doppelte Spurkränze, die Innenräder sind spurkranzlos

Seine Zahnstange besteht aus zwei oder drei nebeneinander gesetzten, hochkant gestellten Platten, in welche die Zähne eingeschnitten, also nicht mehr wie bei Riggenbach eingesetzt sind. Die Zähne sind gegeneinander verschoben, bei doppelter Stange um eine halbe Zahnteilung, das heißt um die Hälfte des Abstands einer Zahnmitte von der anderen. Bei dreiteiliger Stange beträgt die Verschiebung ein Drittel der Zahnteilung. Das an der Lokomotive befindliche Zahnrad besteht gleichfalls aus zwei oder drei fest miteinander verbundenen Scheiben, deren Zähne gegeneinander versetzt sind. Bevor noch der Zahn der ersten Scheibe den Eingriff in die Stange beendet hat, hat schon ein Zahn der nächsten Scheibe den Eingriff begonnen, und so wirken stets mehrere Zähne zusammen. Die Maschine steigt stufenweise empor, weshalb die Abtsche Vorrichtung auch Stufen-Zahnstange heißt. Da die Zahnwechsel hier glatter vor sich gehen, entsteht auch ein ruhigerer Lauf der Züge.

Im Jahre 1896 schuf *Strub* für die Jungfraubahn eine neueste Zahnstangenart. Sie wurde notwendig,

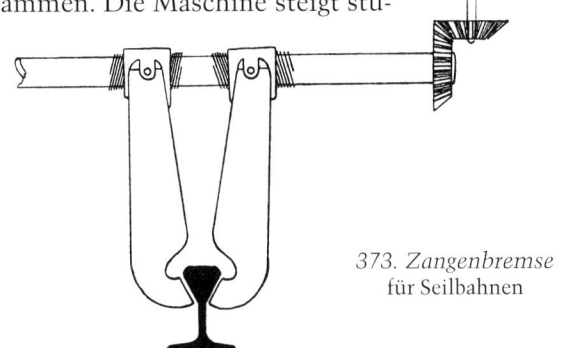

373. Zangenbremse
für Seilbahnen

485

374. Wagen der Seilbahn auf dem Virgl bei Bozen

weil bei sehr starken Steigungen die Gefahr besteht, daß das Zahnrad auf der Stange aufsteigt, das heißt, der Zahn, statt den Zug vorwärts zu ziehen, die Maschine in die Höhe hebt, indem er an der Eingriffstelle senkrecht emporklettert. Die Folge müßte natürlich sein, daß der Eingriff verloren ginge und der Zug ins Rutschen käme.

Strub verhindert das Aufsteigen, indem er der Zahnstange die Form einer Breitfußschiene mit keilförmig verdicktem Kopf gibt. In diesen Kopf werden die Zähne eingeschnitten. Von der Lokomotive hängen zwei zangenförmige Eisen hinunter, die um den Keilkopf der Schiene herumgreifen, diesen umfassen, ohne jedoch für gewöhnlich die Zahnstange zu berühren (Bild 373). Ein Aufsteigen des Zahnrads ist dadurch unmöglich gemacht. Die Zange läßt sich auch vortrefflich als Bremse benutzen.

Die Gefahr des Aufsteigens hatte schon im Jahre 1885 beim Bau der steilsten aller bis zum heutigen Tag vorhandenen Zahnbahnen, nämlich der Bahn auf den Pilatus, zur Schaffung einer besonderen Zahnstange geführt, die aber an keiner Stelle Nachahmung gefunden hat. Für Steigungen von 1 : 2,8, wie sie bei der Pilatusbahn vorkommen, verwendet man nämlich besser Seilantrieb. *Locher*, der Erbauer der Pilatusbahn, benutzte als Zahnstange eine liegende Platte, in deren beide Seiten die Zähne eingeschnitten sind. Ein Zahnrad greift von jeder der beiden Seiten ein, so daß Neigung zum Aufsteigen wie beim Eingriff von oben nicht entstehen kann.

Die Anlagen zur Überführung der Fahrzeuge von einem Gleis aufs andere sind bei Zahnbahnen nicht so einfach wie bei gewöhnlichen Bahnen. Weichen findet man bei den älteren Leiterstangen-Strecken überhaupt nicht, bei der Bauart Locher sind sie gänzlich unausführbar. Man muß sich dann mit Drehscheiben oder Schiebebühnen behelfen, die sehr langsam arbeiten und kostspielig sind.

Immerhin läßt sich auch bei der Leiterstange durch Beseitigung der Seitenplatten eine Weichanlage schaffen, wie Bild 368 zeigt. Es sind hierbei nicht nur die Zungenspitzen beweglich, sondern auch Zahnstangenstücke sowie weitere Teile der

Aufnahem von Photoglob in Zürich

375. Seilbahn auf den Bürgenstock (Schweiz)
mit Abtscher Zahnstange zur Bremsung

Weichenzungen. Auf unserem Bild ist die Zahnstangenweiche zur Fahrt nach rechts gestellt, soll der Zug nach links fahren, dann sind alle die bei dem Bild erörterten Umlegungen vorzunehmen. Es handelt sich hier also um eine vielteilige und sehr schwerfällige Anordnung.

Die Weichenordnung gestaltet sich bei Abtschen und Strubschen Stangen einfacher, wenn die Zahnstange etwas höher liegt als die Laufschienen, so daß die Zahnräder glatt über diese hinweggehen können.

Beim Betrieb der Zahnbahnen sind zwei Arten zu unterscheiden. Die eigentlichen Bergbahnen, bei denen an allen Stellen starke Steigungen überwunden werden müssen, sind durchgehend mit der Zahnstange ausgerüstet. Eine große Zahl von Strecken ist jedoch so angelegt, daß geringere Steigungen eingeschaltet sind. Zur Erzielung größerer Geschwindigkeiten werden auf derartigen Linien, die oft recht bedeutende Ausdehnung haben und auch einem gewissen Durchgangsverkehr dienen, die flacheren Abschnitte ohne Zahnstange unter ausschließlicher Benutzung der Reibung und demzufolge auch mit größerer Geschwindigkeit durchfahren.

Bei reinen Zahnbahnen steht die Lokomotive stets talwärts. Beim Emporfahren schiebt sie den Zug, bei der Talfahrt hält sie ihn auf. Der gemischte Betrieb gestattet verschiedene Möglichkeiten der Lokomotivanordnung. Man läßt teils den Zug von reinen Reibungs-Lokomotiven über die Abschnitte mit flacher Steigung befördern und ersetzt sie für die Zahnstrecken durch besondere Zahnrad-Lokomotiven, die dann gleichfalls stets talwärts vor dem Zug stehen.

Wenn ein häufiger Wechsel zwischen Reibungs- und Zahnstrecken stattfindet, wie z. B. bei der Brünigbahn zwischen Luzern und Interlaken, dann wendet man gern gemischte Lokomotiven an, die sowohl als Reibungs- wie als Zahn-Lokomotiven ohne allzu verwickelte Einrichtungen mit zwei gesonderten Triebwerken auszustatten, so daß nach Belieben nur die Reibungsräder oder nur das Zahnrad angetrieben werden können. Die in Preussen liegenden Zahnbahnen werden ausschließlich mit solchen Lokomotiven betrieben.

376. Stück eines Tragseils für Seil-Schwebebahnen

Die dritte Möglichkeit ist, der Reibungs-Lokomotive auf der Zahnstrecke ihre Arbeit dadurch zu erleichtern, daß eine Zahn-Lokomotive zum Schieben hinten an den Zug gesetzt wird. Dies geschieht z. B. auf der Höllentalbahn im Schwarzwald, die von Freiburg nach Donaueschingen führt und nur eine verhältnismäßig kurze Zahnstrecke besitzt.

Die erste von Riggenbach erbaute Zahnbahn-Lokomotive hatte einen stehenden Kessel. Heute ist man längst auch bei diesen Maschinen zu dem bewährten liegenden Kessel übergegangen.

Wenn bei gemischtem Betrieb kein Lokomotivwechsel stattfindet, so läuft auch auf den Zahnstrecken die Lokomotive vor dem Zug. Andernfalls dürften auch die Reibungsstrecken nur mit geringer Geschwindigkeit befahren werden, da das Schieben der Züge größere Schnelligkeit aus Sicherheitsgründen ausschließt. Beim Ziehen auf starken Steigungs-Einrichtungen werden die Kupplungen außerordentlich stark beansprucht. Die gewöhnlichen Verbindungen zwischen den einzelnen Zugteilen können hierbei nicht angewendet werden, man muß vielmehr verstärkte Kupplungen benutzen.

377. Seil-Schwebebahn auf den Kohlern bei Bozen

Bei reinem Zahnbetrieb, wo die Lokomotive stets talwärts steht, werden die Zugteile überhaupt nicht miteinander gekuppelt. Denn die Verbindung zwischen den Fahrzeugen, die sonst als eine besondere Sicherheitsvorkehrung angesehen wird, kann hier leicht zu schwerster Gefährdung führen. Versagt nämlich die Bremse der Lokomotive, so müßte deren hohes Gewicht, wenn Verbindungen vorhanden wären, den ganzen Zug talwärts reißen. Deutlich geht das aus der Schilderung eines Unfalls hervor, der sich auf der Pikes Peak-Zahnbahn in Nordamerika ereignete und in der »Eisenbahntechnik der Gegenwart« wie folgt geschildert wird:

»Die Lokomotive hatte mit einem von Eisenbahnbeamten besetzten Wagen die Talfahrt vom Gipfel herab angetreten, als die Treibstange der Lokomotive auf einer der steilsten Gefällstrecken plötzlich nachgab und die Lokomotiv-Bremse versagte. Während sich die Geschwindigkeit bedenklich steigerte, wurde der Wagen schleunigst von der Lokomotive losgekuppelt und mit der Handbremse zum Stehen gebracht. Lokomotivführer und Heizer sprangen noch rechtzeitig ab und kamen mit leichten Verletzungen davon. Die Lokomotive raste inzwischen in wildester Fahrt mit größter Geschwindigkeit abwärts; als sie an eine scharfe Krümmung der Strecke gelangte, entgleiste sie und stürzte in den Abgrund, wo sie in völlig zertrümmertem Zustand liegen blieb.«

Hier wurde also ein schweres Unglück nur dadurch verhindert, daß die Kupplung von der Maschine her durch eine besondere Vorrichtung gelöst werden konnte. Fortab sind solche lösbaren Kupplungen auf allen Zahnbahnen eingeführt, die sehr steile Streckenteile, aber auch längere ebene Abschnitte haben, so daß die Lokomotive stets an der Spitze der Züge läuft.

Der Ausrüstung des Zugs mit Bremsen ist bei Zahnbahnen ganz besondere Sorgfalt zuzuwenden. Ein Versagen müßte hier stets weit schlimmere Folgen haben als auf ebenen Strecken. Die Lokomotiven besitzen darum außer dem treibenden stets noch ein besonderes Brems-Zahnrad, ebenso ist jeder Wagen mit einem solchen ausgerüstet. Es wird Vorsorge getroffen, daß die Wagen-Bremsräder auf einfachste Weise durch Ziehen an einem Notbremsgriff von jedem Abteil aus festgehalten werden können und so den Wagen zum Stehen bringen.

Als gewöhnliche Lokomotivbremse sind die in der Ebene bewährten Bremsklötze und auch andere Reibungsbremsen, wie andrückbare Bänder, nicht zweckmässig. Zwar besitzen die Zahnlokomotiven meist auch Bremsklötze an den Laufrädern und Bandbremsen für den Zahnbetrieb, aber dieses sind nur Noteinrichtungen für den Fall des

378. Wagen der Kohlern-Schwebebahn

Versagens der Hauptbremse. Bei der Talfahrt muß diese ja andauernd in Tätigkeit sein, um die Zuggeschwindigkeit zu hemmen. Bremsklötze und Bänder würden infolge der langen ununterbrochenen Anwendungszeit bald glühend werden. Man ersetzt sie daher bei den Berglokomotiven durch eine besondere Art der Luftbremse.

Die Dampfzuführung zu den Zylindern wird bei der Talfahrt abgesperrt, und die Steuerung, wenn die Lokomotive vorwärts fährt, auf Rückwärtsfahrt geschaltet. Die Folge ist, daß die Kolben bei jedem Hub Luft ansaugen und diese beim Zurückgehen zusammenpressen. Durch einen verstellbaren Hahn kann der Lokomotivführer die zusammengepreßte Luft rascher oder langsamer ausströmen lassen, wodurch eine sehr schmiegsame Bremsung entsteht. Da hier durch die Luftpressung sehr viel Arbeit vernichtet wird, entwickelt sich nach dem unentrinnbaren Gesetz von der Erhaltung der Kraft sehr hohe Wärme. Die Erhitzung der zusammengepreßten Luft wird dadurch gemindert, daß man ständig kaltes Wasser in die Lokomotiv-Zylinder einspritzt.

Die Maschinen besitzen auch häufig eine dritte Bremse, die selbsttätig angezogen wird, wenn die Geschwindigkeit über das erlaubte Maß hinausgeht.

Auf Zahnbahnen mit gemischtem Betrieb, bei denen kein Lokomotivwechsel stattfindet, müssen die Zahnräder am Zug imstande sein, ohne Fahrtunterbrechung in die Zahnstange an deren Beginn einzugreifen. Es ist nun nicht zu erwarten, daß der Stand jedes einzelnen Zahnrads stets ein glattes Eingreifen in die starre Stange ermöglicht. Vielmehr wird es häufig vorkommen, daß Zahnkopf auf Zahnkopf trifft. Um Zerstörungen zu verhindern, werden deshalb besondere Zahnstangeneinfahrten angeordnet.

Ein mehrere Meter langes Stück der Zahnstange ist so angebracht, daß es von den Zahnköpfen am Rad leicht hinuntergedrückt werden kann. Sobald der Eingriff erfolgt ist, wird die Zahnstange durch sehr starke Federn, die untergesetzt sind, wieder emporgehoben. Man erleichtert das Zustandekommen des richtigen Eingriffs noch dadurch, daß man die Köpfe der ersten Zähne an der Stange etwas niedriger hält oder zunächst eine etwas abweichende Zahnteilung anwendet.

Bei Steigungen über 1 : 4 wählt man, wie schon erwähnt, heute stets Seilantrieb.

Auf derartigen Bahnen, die meist eine Spurweite von einem Meter bis hinab zu achtzig Zentimetern haben, laufen für gewöhnlich zwei Wagen, die sich stets zu gleicher Zeit und in entgegengesetztem Sinn bewegen. Sie sind miteinander durch ein Drahtseil verbunden, das an der höchsten Stelle der Bahn über eine Rolle geführt ist.

In einfachster Weise kann der Antrieb dadurch erfolgen, daß ein Behälter an dem in der Berg-

Erbaut von A. Bleichert & Co.
379. Antriebsmaschine für die Kohlern-Schwebebahn

Erbaut von J. Pohlig Akt. Ges. in Köln
380. Talbahnhof der Seil-Schwebebahn auf den Paō de Assucar bei Rio de Janeiro
Im Hintergrund links der Gipfel des Bergs

haltestelle stehenden Wagen mit Wasser gefüllt wird, so daß er beim Hinuntergehen durch sein Übergewicht den anderen Wagen emporzieht. Unten angekommen,
wird der Wasserbehälter entleert, der andere inzwischen oben eingetroffene Wagen
wird gefüllt. Ein Betrieb dieser Art findet z. B. auf der Gießbach-Seilbahn am Brien-
zer See und auf der Strecke statt, die von Lugano-Stadt zum Bahnhof hinaufführt.

Es hat sich jedoch gezeigt, daß Wasserballast kein besonders wünschenswertes
Antriebsmittel ist, da er auch dort, wo Wasser auf der Höhe leicht beschafft werden kann, durch sein Gewicht zu bedeutenden Ausgaben zwingt. Es ist nämlich
die Einrichtung eines besonders starken Oberbaus, insbesondere schwere Durchbildung der Brücken notwendig. Auch ist im Gefahrfall ein Umkehren der Fahrtrichtung nicht möglich. Aus diesen Gründen geht man immer mehr dazu über, die
Seilrolle, um die das Seil in solchem Fall mehrfach herumgeschlungen wird, durch
Maschinenkraft, entweder durch Dampf oder durch Elektrizität, anzutreiben.

Die für Seilbahnen angewendete Zugkraft muß den Widerstand des Wagens und
das Gewicht des Seils überwinden. Der Zug, den das Seil auf die antreibende Rolle ausübt, bleibt jedoch nicht gleich. Je weiter der talwärts gehende Wagen nach unten gelangt, desto länger wird der hinabhängende Teil des Seils, der ziehend wirkt.
Man braucht also eigentlich eine immer geringer werdende Zugkraft an der Rolle.
Da hier jedoch vollständige Gleichmäßigkeit erwünscht ist, so muß man einen
Ausgleich anstreben. Am besten ist es, wenn die Steigung nach oben zu immer steiler wird. Die Erleichterung des Antriebs durch das talwärts hängende lange Seil-
stück wird dann durch den größeren Widerstand des aufsteigenden Wagens ausgeglichen. Eine solche Streckengestaltung läßt sich jedoch nicht überall erwirken.
Man hilft sich in solchem Fall dadurch, daß man die Hinterenden der beiden Wagen gleichfalls durch ein Seil verbindet, dessen Gewicht nun dem des eigentlichen

492

381. Auf dem Paõ de Assucar
Gipfelbahnhof der Seil-Schwebebahn von Rio de Janeiro

Zugseils entgegenwirkt. Auch durch allmähliches Ablassen von Wasser aus dem zu Tal gehenden Wagen wird gleichbleibende Belastung der Seilrolle herbeigeführt.

Seilbahnen werden entweder eingeleisig angelegt, oder sie erhalten drei Schienen, wobei alsdann die mittlere Schiene für beide Fahrrichtungen benutzt wird. Dort, wo die Wagen einander begegnen, also in der Mitte der Strecke, muß eine Ausweichmöglichkeit geschaffen sein. Das Gleis teilt sich hier, und eine einfache Vorkehrung sorgt dafür, daß jeder Wagen stets selbsttätig auf eines der beiden Ausweichgeleise gedrängt wird. Man gibt zu diesem Zweck den Rädern die auf der außen liegenden Schiene laufen, doppelte Spurkränze. Die Räder auf der anderen Seite haben überhaupt keine Spurkränze, sind also nur einfache Walzen. Die Außenschiene läuft an der Ausweichstelle glatt durch. Durch die Spurkränze werden die Räder gezwungen, der Schienenkrümmung zu folgen, und so müssen sie auf getrenntem Pfad aneinander vorbeigleiten. (Siehe Bild 372.)

Bei Seilbahnen besteht die Gefahr eines Emporhebens des Wagens in noch höherem Grad als bei Zahnbahnen. Man wirkt dem Auftrieb entgegen, indem man den Fahrschienen einen keilförmigen Kopf gibt und diesen durch Zangen umgreifen läßt. Wenn man die Möglichkeit schafft, die Zangenschäfte mittels Schrauben einander zu nähern, so kann man die Zangen zugleich vortrefflich als Bremsen benutzen. Bei der Jungfraubahn, einer Zahnbahn, wird, wie schon erwähnt, die Zangenbremse an die Zahnstange angepreßt.

Auch auf Seilbahnen findet man häufig eine Zahnstange zwischen den Geleisen verlegt, so z. B. auf der Bergbahn, die von Heidelberg am Schloß vorbei zur Molkenkur hinaufführt. Der Volksmund spricht in solchem Fall meist von Zahnradbahnen, was jedoch eine Täuschung über die tatsächlichen Betriebsverhältnisse ist. Die Zahnstange wird hier nur zum Bremsen benutzt, indem ein nicht angetriebenes, aber feststellbares Zahnrad am Wagen in die Stange eingreift.

Damit die sich bewegenden Seile nicht durch Schleifen auf dem Boden abgenutzt werden, sind zwischen den Schienen Seilrollen aufgestellt, gegen welche sich die Seile nach Vorüberfahrt des Wagens legen. Sehr lange Seilstrecken werden in mehrere Abschnitte unterteilt, zwischen denen umgestiegen werden muß, damit die auf den einzelnen Antrieb fallenden Seilgewichte nicht allzu hoch werden.

Bis jetzt haben wir nur von solchen Seilbahnen gesprochen, welche die Form von Standbahnen haben. In sehr großer Zahl sind sie jedoch auch als Schwebebahnen in Benutzung. Hierbei können die Wagen auf festen Schienen laufen, die an Pfeilern befestigt sind, wie bei der Schwebebahn zwischen Dresden und Loschwitz, oder es treten fest ausgespannte Seile an die Stelle der Schienen. Derartige Drahtseilbahnen sind besonders von deutschen Fabriken in allen Weltteilen erbaut worden. Sie dienen meist der Lastenbeförderung, z. B. von Bergwerken zu Schiffsladeplätzen oder innerhalb großer gewerblicher Anlagen, werden jedoch auch zur Personenbeförderung benutzt.

Der Hauptvorzug dieser Drahtseilbahnen ist, daß auch tief zerrissenes Gelände von ihnen durchfahren werden kann. Wollte man zum Durchfahren eines Gebirgsteils der fortwährend von tief eingeschnittenen Tälern durchbrochen ist, eine Standbahn anlegen, so wäre diese gezwungen, sich allen Windungen des Geländes anzupassen. Der Weg müßte hierdurch sehr lang werden, so daß die Bahn sehr teuer würde. Die Drahtseile kann man glatt von einem Geländepunkt zum andern hinüberlegen, ohne Rücksicht darauf, was sich dazwischen befindet. Die Spannweiten können einen Kilometer und mehr betragen, so daß die Aufstellung von nur verhältnismäßig wenigen Pfeilern notwendig ist.

Wo es sich um Personenbeförderung

382. Selbsttätige Seilschmierungen auf einer Schwebebahn
Der Schmierwagen auf der Strecke

Wagen erbaut von van der Zypen & Charlier in Köln-Deutz   •
383. Die Elberfelder Schwebebahn
Streckenstück über der Wupper

handelt, also vollkommenste Sicherheit erfordelich ist, legt man stets zwei Tragseile aus, von denen jedes das Wagengewicht mindestens zehnmal auszuhalten vermag. Selbst der Bruch eines der Seile würde also noch keine Gefahr heraufbeschwören. Die Tragseile werden an dem einen Ende fest verankert, am anderen Ende hängen sie frei herunter und sind mit Gewichten belastet, so daß die
Wärmedehnung ausgeglichen wird und ein gleichmäßiges Durchhängen gesichert
ist. Für den Antrieb der Wagen werden besondere Zugseile benutzt. Auch diese werden zumeist doppelt ausgeführt, damit beim Reißen des einen Zugseils der Wagen
noch in die Haltestelle geschafft werden kann. Selbsttätige, ausreichend erprobte
Hemmvorrichtungen verhindern ein Hinabgleiten selbst im Fall des Reißens beider Zugseile.

Eine besondere Schwebebahnart befindet sich seit dem Beginn des Jahrhunderts
in Elberfeld als Stadtschnellbahn in Betrieb. Zum größten Teil stand für diese Bahn
nur der Raum über dem Flußbett der Wupper zur Verfügung. Es mußte daher eine
leichte Fahrbahn erbaut werden, die sich an die schräg über den Fluß gestellten
Stützen anhängen ließ. Die gewählte Bauart Lange-Cöln hat sich vortrefflich bewährt. Jeder Wagen hängt an zwei Jochen, welche die Fahrschiene von oben und
unten umgreifen, so daß eine Entgleisung ausgeschlossen ist. Die vier Räder jedes
Jochs werden durch Elektromotoren angetrieben.

Unter allen Bergbahnen nimmt die Jungfraubahn eine ganz besondere Stelle ein.
Und das ist der Fall, obgleich weder die höchst gelegene Haltestelle aller Bahnen
der Erde hat, noch selbst die am weitesten hinaufdringende Bergbahn ist. Die schon
erwähnte Peruanische Anden-Bahn Callao-Lima-Oroya überschreitet den Paß auf
4774 Meter Höhe. Die Bergbahn auf den Pikes Peak in Nordamerika fährt bis zu
4320 Metern Höhe hinauf. Der Gipfel der Jungfrau aber ist nur 4166 Meter hoch,
die größte von der Bahn bis jetzt erreichte Höhe beträgt 3457 Meter. Aber in den

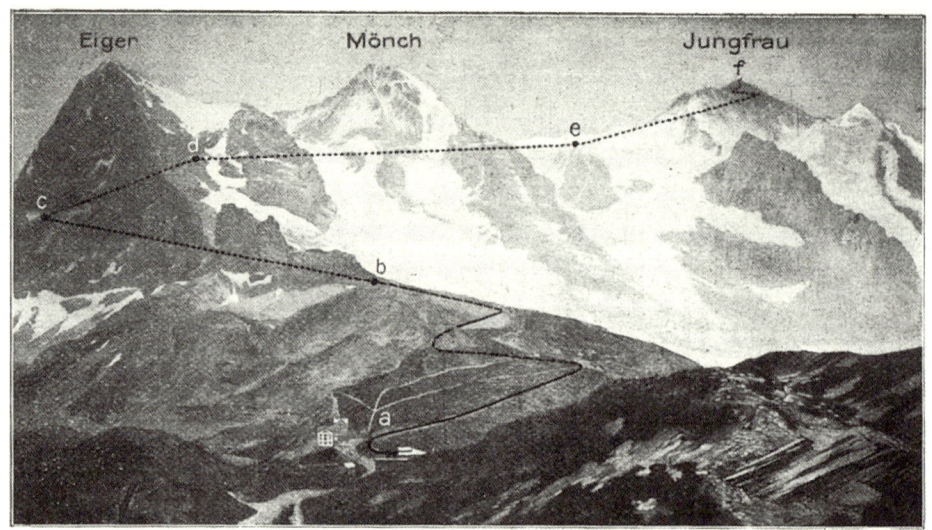

Nach einer Tafel im Deutschen Museum zu München

384. Linienerstreckung der Jungfraubahn

a) Ursprungsstelle Kleine Scheidegg, b) Haltestelle Eigergletscher, c) Haltestelle Eigerwand,
d) Haltestelle Eismeer, e) Haltestelle Jungfraujoch, f) Endstelle am Gipfel

Alpen liegt die Schneegrenze sehr viel niedriger als an den erwähnten Stellen in
Amerika, so daß die Jungfraubahn die einzige ist, welche die Großartigkeit der Glet-
scherwelt in bequemster Weise erschließt.

Aufnahme von Photoglob in Zürich

385. Haltestelle Eigergletscher der Jungfraubahn (2830 Meter)
Im Hintergrund ganz links der Eiger (3975 Meter), ganz rechts der Mönch (4105 Meter)

Vielfach war schon der Plan gehegt worden, die erhabenen Schönheiten der Jungfrau durch eine Bergbahn zu erschließen. Es bedurfte aber erst des großen Gedankens eines mit künstlerischem Blick begabten Manns, um die richtige Bahnlage
herauszufinden. Nach den ersten Plänen stieg die Bahn stets geradenwegs auf den
Berg hinauf, so daß sich von allen Punkten aus immer das gleiche Landschaftsbild

Aufnahme von Photoglob in Zürich
386. Tunnelausfahrt auf der Jungfraubahn
Blick auf den Mönch

den Augen geboten hätte, nur mit zunehmender Höhenlage immer weiter sich aus-
breitend. Der Schweizer Industrielle *Guyer-Zeller* erkannte, daß man nicht nur auf
das Ziel, sondern auch auf den Weg zu achten habe: damit die Bahn ausreichenden
Ertrag abwerfen könnte, mußte sie viele wechselnde Bilder erschließen.

Der Gedanke, wie das gemacht werden könne, kam ihm als echter Genieblitz
plötzlich wie eine Erscheinung. Am 27. August 1893 bestieg er mit seiner Tochter
von Mürren aus den Gipfel des Schilthorns, von dem man eine prächtige Aussicht
auf die zusammenhängende Bergmasse Eiger-Mönch-Jungfrau hat. Guyer war die
ganze Zeit über sichtlich mit einem Gedanken beschäftigt; beim Aufstieg blieb er
plötzlich stehen und rief: »Nun habe ich's gefunden!« Noch in derselben Nacht fertigte er trotz der Müdigkeit, welche die schwere Bergwanderung dem mehr als fünf-
zigjährigen Mann verursacht haben mußte, eine Zeichnung an, die den ihm vor-
schwebenden Lageplan der Jungfraubahn darstellte.

Die Zeichnung trägt den Vermerk: »11 – 1 1/2 Uhr nachts, Zimmer Nr. 42, Kur-
haus, 27. Bis 28. August 1893. G.-Z.« Die genaue Datierung verrät, daß Guyer sich
der Tragweite seines Gedankens voll bewußt war. Und wirklich ist die Bahn genau
so gebaut worden, wie er ihre Lage damals vorgezeichnet hat; selbst nach seinem
Tod wurde nichts Wesentliches daran geändert.

387. Postablage auf der Haltestelle Eismeer der Jungfraubahn (3161 Meter)

Die Strecke steigt jetzt erst nach weitem Umweg durch Eiger und Mönch zur Jungfrau hinauf. Dadurch wird bewirkt, daß jede Haltestelle einen ganz neuen und überraschenden Blick eröffnet, daß die Aussicht in angenehmer Steigerung stets an Großartigkeit zunimmt.

Am 19. September 1898 wurde die erste Haltestelle »Eigergletscher« eingeweiht. Erst vier Jahre nach Guyer-Zellers Tod war der nächste Bahnhof »Eigerwand« erreicht. 1905 folgte die Haltestelle »Eismeer« und 1912 war das »Jungfraujoch« erstiegen. Die Fortsetzung ist noch nicht begonnen. Es besteht die Absicht, die eigentliche Bahn nicht unmittelbar auf den Gipfel hinaufzuführen, sondern sie unter diesem enden zu lassen und für das letzte Stück einen senkrechten Aufzug vorzusehen.

Die Jungfraubahn entspringt auf der Kleinen Scheidegg, wo sie sich an die von Lauterbrunnen und Grindelwald herkommende Wengern-Alp-Bahn anschließt. Sie ist eine Zahnradbahn mit elektrischem Antrieb. Bis zur Haltestelle »Eigergletscher« fährt sie auf offenem Gleis. Von da ab steigt sie in geschlossenem, in den Fels gesprengten Tunnel empor. Die Haltestellen sind Durchschläge des Tunnels durch den Fels, Fenster gewissermaßen, die in den Bergwänden eröffnet wurden. Auf dem Bahnhof »Eismeer« befindet sich ein großes, modern eingerichtetes Hotel, das mit elektrischer Küche und elektrischer Heizung alle Bequemlichkeiten bietet. Das Entzücken, welches die Ausblicke von den Haltestellen der Jungfraubahn den Reisenden gewähren, ist unvergleichlich; keine andere Bahnstrecke auf der Erde vermag auch nur ähnliche Naturgenüsse zu bieten.

Erbaut von der Maschinenfabrik Eßlingen

388. Dampftriebwagen

27. Der Einsame

Wenn der gute Onkel um die Weihnachtszeit das Fritzchen fragt, was es am liebsten geschenkt haben möchte, dann ist eine häufige Anwort: »Eine Eisenbahn!« Das Kind will damit durchaus nicht sagen, daß es eine große Bahnanlage mit Geleisen, Hochbauten und Signalen wünscht, sondern es meint bescheidentlich nur einen Zug. Zug und Eisenbahn sind für den Begriff des Kinds und auch der meisten Erwachsenen dasselbe. Das Fritzchen ruft: »Dort fährt eine Eisenbahn!«, aber auch der Vater sagt: »Morgen fahre ich mit der Eisenbahn!«, während er doch dabei im Sinne hat, daß er in den Zug steigen wird.

Diese Benennung eines Teils mit dem Namen des Ganzen, dieses totum pro parte, hat hier einen tiefen innerlichen Sinn. Alle Eisenbahnanlagen sind ja nur geschaffen, damit die Züge befördert werden können. Die häufige Anwendung der erwähnten Redeform aber hat ihre Ursache in der alles beherrschenden prachtvollen Erscinung der dahinstürmenden langen Züge. Bis vor wenigen Jahren haben sie auch ausschließlich die Beförderung besorgt. Seit kurzer Zeit aber sieht man häufiger und häufiger an Stelle der hinter der Lokomotive zusammengeschlossenen Wagengemeinschaft ein einsames Fahrzeug über die Schienen rollen, durch dessen Fenster Gesichter von Reisenden blicken. Man fährt heute nicht mehr ausschließlich mit der »Eisenbahn« im kindlichen Sinn, die immer vielfältiger wer-

389. Lokomotivwagen
Dampftriebwagen auf der Otavibahn in Deutsch-Südwestafrika

denden Verkehrsansprüche haben einen neuartigen Bewohner der Welt auf Schienen entstehen lassen.

Den Verkehrsansprüchen der Jetztzeit genügt es nicht mehr, wenn selbst auf einer verkehrsärmeren Strecke nur drei- bis viermal am Tag Beförderungsangelegenheit gegeben ist. Die Eisenbahnverwaltungen aber, die doch ein wirtschaftliches Ergebnis aus ihrem Betrieb erzielen müssen, können Züge zumeist nur dann laufen lassen, wenn auf einigermaßen genügende Besetzung zu rechnen ist. Vor jedem Zug liegt ja eine Lokomotive, und diese arbeitet äußerst unwirtschaftlich, wenn ihre Zugkraft nur zum Teil ausgenutzt wird. Man hat zur Ausfüllung größerer Verkehrspausen leichte Züge mit verhältnismäßig schwachen Lokomotiven eingeführt, ohne jedoch zu einem geldlich befriedigenden Ergebnis gekommen zu sein. Um die hier sehr erwünschte, gründliche Abhilfe zu schaffen, mußte eine noch leichtere kleinere Verkehrseinheit geschaffen werden. Sie ist in dem *Triebwagen* gefunden worden.

Dieser vereinigt in einem einzigen Fahrzeug Antriebsmaschine und Räume für die Reisenden. So läßt sich ein niedriges Gesamtgewicht erzielen, die tote Last, die auf jeden einzelnen Platz kommt, ist gering, die Bedienung kann durch einen einzigen Mann vorgenommen werden, der Lokomotivführer, Heizer und Schaffner zu-

Accumulatoren-Akt.-Ges. in Berlin und Hagen
390. Elektrischer Triebwagen
Speicher-(Akkumulatoren-) Doppelwagen der preußischen Staatsbahnen

gleich ist. Während jeder Zug an der Endstelle umständlich kehren muß, indem zum mindesten die Lokomotive von einem Zugende an das andere umsetzt, können die Triebwagen ohne weiteres ihre Fahrtrichtung wenden. Sie vermögen auch auf solchen Bahnhöfen zu kehren, die keine genügenden Einrichtungen für Verschiebebewegungen von Zügen haben. So ist der Triebwagen das schmiegsamste aller Beförderungsmittel; die äußerst günstigen Betriebseigenschaften, welche ihm innewohnen, lassen seine Bedeutung mehr und mehr wachsen.

Auf den preußischen Staatsbahnen gab es im Jahre 1907 erst fünf Triebwagen, die zur Erprobung ihrer Leistungsfähigkeit erbaut waren. Im Jahre 1910 waren bereits 100 dieser Fahrzeuge im Betrieb; heute laufen in Preußen 367 Triebwagen, auf allen deutschen Bahnen 470. Sie dienen dazu, größere Pausen im Zugverkehr auszufüllen, sie bringen von Nebenlinien Fahrgäste zu den Schnellzügen der Hauptstrecke und verbessern die Anschlüsse auf den Hauptstrecken selbst. Ihr Antrieb erfolgt durch Dampf, durch Elektrizität und hier und da auch durch Gas- oder Ölmotoren. Das Neueste ist die Verbindung von Gas-Krafterzeuger und elektrischen Antriebsmaschinen auf einem Fahrzeug.

Die Kesselanlagen der Dampftriebwagen unterscheiden sich grundsätzlich von denen der Lokomotiven. Kommt es doch hier darauf an, äußerst billig zu arbeiten und mit der Bedienung der gesamten Dampfanlage durch einen Mann auszukommen. Man richtet die Feuerung möglichst so ein, daß sie sich selbsttätig beschickt,

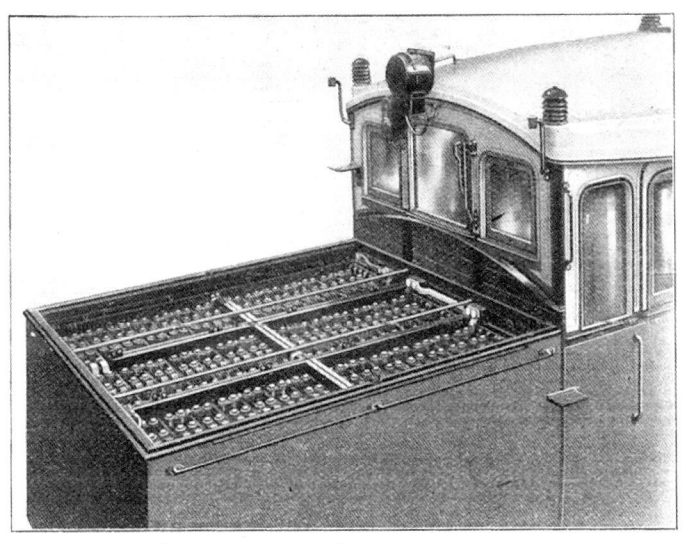

Accumulatoren-Akt.-Ges. in Berlin und Hagen
391. Speicherraum
Zellenaufstellung vor der Stirnwand des Triebwagens

indem etwa der Brennstoff in einem auf dem Dach liegenden Bunker untergebracht ist, von wo er, durch besondere Vorkehrungen geregelt, nach Bedarf dem Rost zurutscht. Der Kessel ist sehr klein, er birgt fast gar keinen Vorrat an Wasser; dieses wird ihm vielmehr ständig zugeführt. Meist enthält der Kessel nur gerade so viel Dampf, wie die Maschine in jedem Augenblick gebraucht. Sehr rasches Anheizen ist auf diese Weise möglich, so daß der Triebwagen stets sofort in Betrieb gesetzt werden kann und die Vorbereitungszeiten fortfallen. Sehr günstig wirken die Anwendungen hoher Überhitzungsgrade und außergewöhnlicher Dampfspannungen, die bis zu 35 Atmosphären hinaufgehen.

Häufig ist ein Führerstand nur auf einer Stirnseite des Dampfwagens vorgesehen, nämlich dort wo der Kessel liegt. Dann aber ragt der Stand nach beiden Seiten über die Wagenbreite hinaus, damit der Führer auch bei Rückwärtsfahrt die Strecke überschauen kann und ein Wenden des Triebwagens auch in diesem Fall unnötig wird. Andere Dampfwagen haben zwei Führerstände, wobei dann von der einen Seite Zugstangen zu den eigentlichen Maschinengriffen hinübergeleitet werden müssen. In solchem Fall wird man meist noch einen besonderen Heitzer vorsehen müssen, da der Kessel nicht gut ganz ohne Aufsicht gelassen werden kann.

Die weitaus größte Zahl der heute in Deutschland verkehrenden Triebwagen wird durch elektrische Speicherbatterien (Akkumulatoren) angetrieben. Obgleich diese Antriebsart bei den Straßenbahnen versagt hat und sich bei Kraftwagen nur in sehr mäßigen Grenzen bewährt hat, hat sie sich für Eisenbahn-Triebwagen als recht günstig erwiesen. Der Grund ist, daß hier eine erschütterungsarme Fahrbahn vorhanden ist, und sachgemäße War-

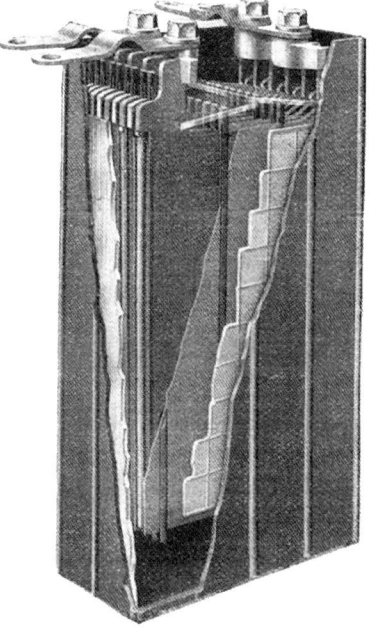

Accumulatoren-Akt.-Ges. in Berlin und Hagen
392. Elektrizitäts-Speicher
Bleiplatten in der Speicherzelle eines Triebwagens

501

tung und Aufsicht in jedem Augenblick zur Verfügung stehen. Es kommt die Aufstellungsart der Speicherkasten hinzu, die hier günstiger sein kann als bei den Strassenbahnen.

Bei den ersten Triebwagen mit Elektrizitätsspeichern standen die Kasten mit den stromgebenden Zellen wie bei den Straßenbahnen unter den Sitzbänken. Hier waren sie schlecht zugänglich, während des Ladens füllten sie die Abteilräume mit schlecht riechenden Gasen an. Auf den Vorschlag *Wittfelds* ist gründliche Abhilfe dadurch geschaffen, daß die Speicherbatterien jetzt in besonderen, den Stirnseiten der Wagen vorgelagerten Räumen untergebracht werden. So entstand die eigentümliche Form des heutigen elektrischen Triebwagens, die sich mehr und mehr Platz erobert. Als besonders wirtschaftlich hat sich die Anwendung grosser Speicherbatterien herausgestellt. Der von ihnen angetriebene Wagen mußte entsprechend der Leistungsfähigkeit der Motoren ziemlich lang ausfallen. Um ihm eine genügende Schmiegsamkeit in den Gleiskrümmungen zu wahren, wird er meist in der Mitte durchgeteilt. Es bildet sich der Doppel-

Bauart der Bergmann-Elektrizitätswerke in Berlin
393. Fahrerstand eines Triebwagens
mit Fahrschalter, Luftbremse und Handbremse

Triebwagen mit Kurzkuppelung zwischen den beiden Teilen heraus. Sie stellen zusammen eine Einheit dar, ihre Trennung kann nur in der Werkstatt vorgenommen werden.

Die Speicherbatterien bestehen aus einzelnen Zellen, die in säurefest ausgefütterte Holzkasten eingesetzt sind. Es befindet sich verdünnte Schwefelsäure darin, in die besonders durchgebildete Bleiplatten eintauchen. Wenn den Zellen genügend lange Zeit Strom von außen zugeführt ist, sind sie nachher imstande, Strom abzugeben und damit die unter dem Wagen angebrachten Motoren anzutreiben.

Hieraus geht hervor, daß die Triebwagen dieser Art von Ladestellen abhängig sind. Meist sind sie nur befähigt, mit einer einzigen Ladung 100 Kilometer zurück-

Accumulatoren-Akt.-Ges. in Berlin und Hagen

394. Einrichtungen im Fahrerstand eines Triebwagens
der preußischen Staatsbahnen

In dem Schaltschrank: 1. Motorsicherung, 2. Batteriesicherung, 3. Batterieumschalter, 4. Motor-
ausschalter, 5. Fahrschalter mit 6. Sicherheitsfahrkurbel, 7. Hebel zur Druckluftbremse, 8. Selbsttätiger Hilfsschalter, 9. Selbsttätiger Luftpumpenschalter

zulegen; sie dürfen sich also niemals weiter als 50 Kilometer von ihrer Ladestelle
entfernen, damit sie auch wieder zu dieser zurückkehren können. Neuerdings gibt
es auch Speichertriebwagen mit einer Fahrfähigkeit von 180 Kilometern. Die Stundengeschwindigkeit beträgt höchstens 60 Kilometer.

Diese Abhängigkeit der elektrischen Triebwagen mit Speichern von ihren Ladestellen hat alsbald den Wunsch entstehen lassen, Fahrzeuge zu schaffen, denen
die großen Vorzüge des elektrischen Antriebs erhalten bleiben, die aber dennoch
volle Freizügigkeit auf den Geleisen besitzen. Man hat dieses Ziel auf einem recht
seltsamen Umweg erreicht: man baut nämlich einen Stromerzeuger in den Triebwagen ein. Es werden hierzu ausschließlich Benzin-, Benzo- oder Diesel-Motoren
benutzt, die alle bereits als selbständige Bewegungsmaschinen in reichlicher Anwendung sind. Hier dienen sie nur dazu, eine Dynamo-Maschine anzutreiben, die
ihrerseits Strom in die Elektromotoren unter dem Wagen schickt.

Dieser eigentümliche Umweg ist notwendig, weil alle diese sogenannten Verbrennungsmotoren einen günstigen Wirkungsgrad nur bei einer bestimmten Umdrehungszahl haben. Der Antrieb von Eisenbahnfahrzeugen verlangt aber wechselnde Geschwindigkeiten, da beim Anfahren und in Steigungen eine erhöhte
Kraftleistung von der Maschine verlangt wird, die nur durch Herabsetzung der Geschwindigkeit gewonnen werden kann. Es ist daher bei unmittelbarem Antrieb
durch den Verbrennungsmotor, wie er hier und da vorkommt, die Zwischenschal-

tung einer veränderlichen Übersetzung zwischen Motorachse und angetriebener Wagenachse notwendig. Ferner muß die Drehrichtung der Triebwagenachsen umkehrbar sein. Der Verbrennungsmotor gewährt diese Möglichkeit ohne weiteres nicht. Es muß also ein besonderes Wendegetriebe vorgesehen sein.

Hinzu kommt, daß der Verbrennungsmotor nur anläuft, wenn er frei von Last ist. Demgemäß ist eine Kupplung vorgesehen, mit deren Hilfe der Motor während des Anlassens von den Treibachsen getrennt werden kann. Alle diese Vorkehrungen machen den unmittelbaren Antrieb von Eisenbahnfahrzeugen durch Verbrennungsmotoren äußerst verwickelt. Man hat bei uns von derartigen Einrichtungen abgesehen.

Schaltet man Dynamo-Maschine und Elektromotor zwischen Verbrennungsmaschine und Treibachsen, so gelangt man trotz des Umwegs zu einer weit einfacheren Vorrichtung. Der größere Kraftbedarf beim Anfahren und auf Steigungen kann aus einer Speicherbatterie befriedigt werden, die während des glatten Laufs über die ebene Strecke aufgeladen wird. Die Umkehrung der Bewegungsrichtung erfolgt durch einfaches Umlegen eines Schalthebels. Der Leeranlauf wird durch Abschalten der Dynamo-Maschine von den Leitungen bewirkt. Das Ergebnis ist ein in jeder Beziehung brauchbares und vollständig selbständiges Eisenbahnfahrzeug. Der Einsame ist in dieser Form ganz auf sich selbst gestellt, er vermag sein einsiedlerisches Leben in vollständiger Unabhängigkeit durchzuführen.

Obgleich die Verbrennungsmaschine in Form des Benzinmotors die besten Ergebnisse liefert, wie der Kraftwagenbau lehrt, wendet man auf den deutschen Eisenbahnen doch meist benzolelektrische Triebwagen an. Benzol wie Benzin sind flüssige Kohlenwasserstoffe, die leicht vergasen. Das Benzin wird aus Erdöl gewonnen, das Benzol aus Steinkohlen hergestellt. Erdöl findet man in Deutschland nicht, während der Kohlenreichtum unseres Vaterlands groß ist. Die Anwendung des Benzols macht die Eisenbahn-Triebwagen also unabhängig von der Einfuhr aus dem Ausland und zwingt nicht zum Abfließen größerer Geldsummen dorthin.

Neben seiner etwas ungünstigeren Ausnutzbarkeit im Verbrennungsraum der Maschinen hat das Benzol die weitere lästige Eigenschaft, daß es bereits bei 0 Grad zu erstarren beginnt, während Benzin weit höhere Kältegrade erträgt. Man hält da-

Erbaut von der AEG

395. Benzolelektrischer Triebwagen des Khedive von Ägypten

504

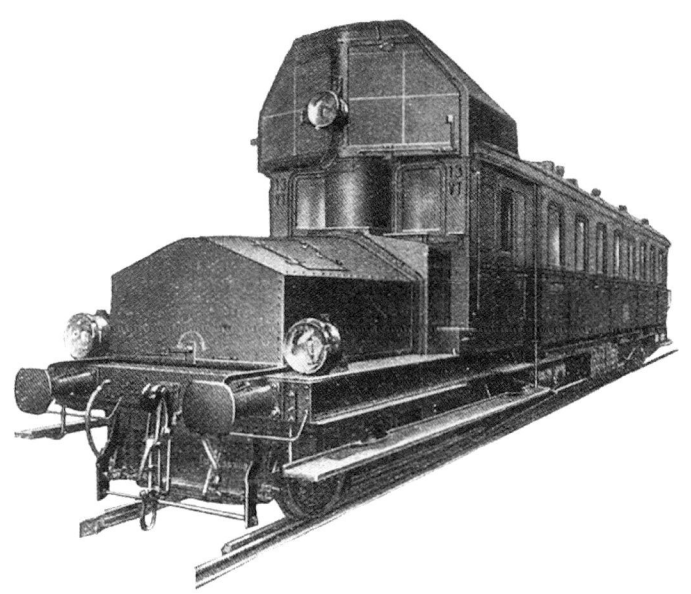

Erbaut von den Bergmann-Elektrizitätswerken in Berlin
396. Benzol-elektrischer Triebwagen
der preußischen Staatsbahnen
mit Kühlwassergefäß über dem Dach

rum während der kalten Jahreszeit zum Anlassen der Motoren immer einen kleinen Benzinvorrat bereit. Wenn der Motor läuft, wird der Benzolbehälter durch die heißen Abgase geheizt. Diese dienen gleichzeitig dazu, einen flammenerstikkenden Mantel um den Brennstoffbehälter zu legen, damit die darin befindliche Flüssigkeit nicht entzündet werden kann. Oft sind auch besondere Abdeckungen durch eine Kohlensäure- oder Stickstoffschicht vorgesehen.

Die benzol-elektrischen Triebwagen ruhen auf zwei Drehgestellen, von denen das eine die Antriebs- und Stromerzeugungsmaschine, das andere die Elektromotoren trägt. Die Einschaltung des bereits erwähnten, kleinen Elektrizitätsspeicher gestattet eine ständig gleiche Beanspruchung der Verbrennungsmaschine. Deren Anlassen erfolgt mittels Druckluft, die ohnedies für die Bremse bereitet werden muß, oder durch Elektrizität, indem die Dynamo-Maschine an die Speicher geschaltet wird und für kurze Zeit als Motor läuft. Während der Wagen stillsteht, kann die Umdrehungszahl der Kraftmaschine auf die Hälfte hinuntergesetzt werden, wodurch die während dieser Zeit besonders merkbaren Erschütterungen sich mindern.

Wie beim Kraftwagen ist zur Kühlung der Zylinderwände Kühlwasser erforderlich. Es wird teils unter dem Wagenkasten, manchmal auch auf dem Dach in einem Behälter untergebracht, der vorn ein kleines Rohrnetz trägt, damit eine möglichst große Wasserfläche mit der kalten Luft in Berührung kommt. Bevor das an den Zylinderwandungen erhitzte Wasser dem Kühler zufließt, durchläuft es im Winter Röhren unterhalb der Sitze in den Wagenabteilen, wobei es diese erwärmt, also als Heizung dient. Die wenig angenehm riechenden Abgase der Verbrennungsmaschinen, als welche auch Diesel-Motoren mit Schwerölspeisung in Anwendung sind, werden durch einen Schornstein über das Wagendach hinweggeführt.

Die Triebwagen bilden ein Verbindungsglied zwischen den dampfgetriebenen Eisenbahnzügen und einer neuen Antriebsart, die mehr und mehr Platz zu gewinnen sucht. Schon wenn man einen der Einsamen über die Schienen rollen sieht, wird man inne, daß die alte, prächtige Dampflokomotive nicht mehr Alleinherrscherin in der Welt auf Schienen ist. Aber auch bei der Förderung großer, schwerster Züge erwächst ihr ein immer kräftiger auftretender Wettbewerber. Der Anwendung der

Elektrizität auf den Vollbahnen, einem Gebiet, das bereits in die Zukunft weist, sei der letzte Abschnitt dieser Betrachtungen über die Eisenbahntechnik der Gegenwart gewidmet.

Accumulatoren-Akt.-Ges. in Berlin und Hagen
397. Elektrische Kran-Lokomotive
mit Speichern als Stromquelle

Elektrische Einrichtung von der AEG
398. Zug der elektrischen Vorortbahn Berlin-Lichterfelde-Ost
Triebwagen mit Stromzuführung durch dritte Schiene. Gleichstrom von 500 Volt Spannung

28. Unter dem Fahrdraht

Wir fahren über die Landstraße zu dem Riesenkraftwerk, das die Eisenbahnen einer ganzen Provinz mit Strom versorgt. In fünf Minuten würden wir angekommen sein, sagt unser Führer.

Angestrengt blicken wir geradeaus, um den sicherlich doch sehr großen und ragenden Bau auftauchen zu sehen. Wir suchen die hohen Schornsteine, die Zinnen und Dächer; wir spähen nach dem Wasserturm und den großen Förderanlagen. Doch nichts davon ist zu sehen. Der Wagen hält. Wir sind an Ort und Stelle, und noch immer suchen unsere Augen das Riesenkraftwerk.

Der große Toreingang, vor dem wir gehalten haben, führt anscheinend ins Innere der Erde. Doch wenn wir ihn durchschreiten, betreten wir keine finstere, feuchte Höhle, sondern einen gut gelüfteten und mit natürlichem Licht reichlich versorgten Maschinensaal. Gewaltige Stromerzeuger wölben ihre Rücken und drehen sich, von gleichfalls riesigen Maschinen angetrieben.

Wir sind im Eisenbahnkraftwerk. Keine Schornsteine, kein Wasserturm, keine bautechnisch glanzvoll durchgebildeten Umfassungsmauern verraten weithin den Ort, wo es sich befindet. In einer natürlichen Geländewelle ist ein genügend großer Raum ausgeschachtet, mit schweren Eisenbeton-Trägern überwölbt und nochmals durch mehrfache Steinpacklagen nach oben hin gesichert. Das Ganze ist mit

507

Wiesenboden überdeckt; nur verhältnismäßig kleine Aussparungen gestatten dem Licht und der Luft genügenden Eintritt.

Kein feindlicher Flieger wird imstande sein, ein solches Kraftwerk der Zukunft durch eigene Sicht zu finden. Und er wird es auch nicht durch Bombenwürfe zu zerstören vermögen, falls ihm der Ort seiner Lage durch Verrat genau kundgegeben wird. Dieses Werk braucht keine weithin sichtbaren Schornsteine und keinen Wasserturm zu haben, weil es nicht mit Dampf, sondern mit Gasmaschinen betrieben wird. Solche Anlagen lassen sich leicht verstecken, ohne daß sie durch irgendeinen Qualm ihren Aufstellungsort kennzeichnen. Die Kosten für den bombensicheren Einbau der Maschinen werden vermutlich reichlich dadurch aufgewogen werden, daß man auf die prächtige baukünstlerische Ausstattung verzichten darf, die heute bei derartigen großen Bauten, wenn sie frei in der Landschaft stehen, nicht mehr umgangen werden kann.

Bei der Fortsetzung unserer Zukunftswanderung sehen wir noch mehr Merkwürdigkeiten.

Die gewaltigen Brennstoffmassen, die dem Werk zur Bereitung des Betriebsgases für die Maschinen zugeführt werden müssen, kommen durch einen Tunnel an, damit auch die Bewegung der zahlreichen Güterwagen nicht gleich einem Finger dem Flieger das Kraftwerk zu weisen vermag. Die Abgase der Antriebsmaschinen gehen nicht in die Luft, sondern werden in einer zugehörigen Fabrik auf Salpetersäure verarbeitet, die sie in großen Mengen liefern. Auch elektrische Öfen zur Bereitung von Stahl auf neuzeitliche Art, vielleicht noch eine Aluminiumfabrik finden wir angegliedert. Die große Schalttafel lehrt uns, daß im Kraftwerk nicht nur der Strom für

399. Zug der elektrischen Vorortbahn Ohlsdorf-Hamburg-Blankenese
Triebwagen mit Stromzuführung durch Oberleitung. Wechselstrom mit 6000 Volt Spannung

die Bahnen und die angegliederten Nebenbetriebe, sondern auch zur Versorgung des Gewerbes und der Wohnhäuser in einem großen Umkreis erzeugt wird.

So sehen die Pläne aus, die man heute in Preußen für die Krafterzeugung zum Zweck des elektrischen Betriebs der Vollbahnen hegt. Bekanntlich wurden bereits vor dem Krieg von militärischer Seite starke Bedenken gegen den elektrischen Ausbau von Vollbahnen in weitem Umfang gehegt, weil man fürchtete, daß durch Zerstörung eines der offen daliegenden und daher von Fliegern leicht auffindbaren Kraftwerke alle Bahnen in einem weiten Landgebiet zu gleicher Zeit stillgelegt werden könnten. Das fliegersichere Kraftwerk, das ohne Schwierigkeiten zu schaffen ist, entkräftigt derartige Einwürfe.

Der große Krieg aber hat uns etwas noch viel Wichtigeres über den Zusammenhang zwischen feindlichem Angriff und Aufrechterhaltung des Eisenbahnbetriebs gelehrt, das außerordentlich zugunsten der Einführung des elektrischen Betriebs spricht.

Auf den Dampflokomotiven kann ausschließlich Steinkohle verfeuert werden. Nun besitzt Deutschland große und vorläufig unerschöpfliche Fundstellen für diesen Brennstoff. Aber die Steinkohlenbergwerke liegen alle am Grenzrand. Das Saargebiet wie der Ruhrbezirk und noch weit mehr die oberschlesischen Gruben können beim Eindringen eines Feinds über unsere Grenzen verhältnismäßig leicht verlorengehen. Mit solchen Möglichkeiten muß, auch wenn man sie für recht unwahrscheinlich hält, stets gerechnet werden.

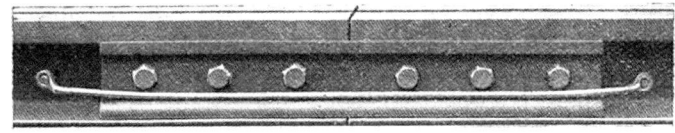

400. Die Fahrschienen als Stromrückleiter
Überbrückung des Schienenstoßes durch einen leitenden Kupferdraht

Die Bahnkraftwerke bedürfen der Steinkohle nicht. In ihnen können Braunkohle und auch Torf verbrannt oder vergast werden. Diese Brennstoffe aber besitzen wir in größter Fülle im Herzen des Reichs. Sie werden immer zur Verfügung sein.

Die geschilderte Kraftwerkanlage und Erwägungen wie die eben angegebenen räumen alle wirklich beachtenswerten Einwände gegen die Anlegung elektrischer Vollbahnen weg, soweit sie sich auf die Landesverteidigung beziehen. Denn die leichte Zerstörbarkeit der Fahrleitungen kann nicht als durchschlagend angeführt werden, da ähnliches von den Geleisen gilt. Ein von der Stromleitung unabhängiger Lokomotivpark freilich wird, um militärischen Nachschub über die Grenzen hinaus künftig nicht unmöglich zu machen, auch weiter vorhanden sein müssen. Die ölgespeiste Diesel-Lokomotive dürfte für diesen Zweck entwickelt und eine genügend große Zahl dieser Maschinen im Betrieb, also stets zur Verfügung gehalten werden.

Die Einführung elektrischer Zugförderung wird einen gänzlichen Umsturz der bisherigen Eisenbahnverhältnisse zur Folge haben. Wenn man an eine so vollkommene Umgestaltung einer altbewährten Einrichtung denkt, so müssen die Vorzüge, die sie bietet, groß sein.

Und das ist in der Tat der Fall.

Zwar liegen die Dinge durchaus nicht so, daß man die Hauptbahnen heute unbedingt und schleunigst für elektrischen Betrieb umbauen müßte. Man ist hier nicht am Ende der betrieblichen Möglichkeiten angelangt, wie es z. B. bei den Pferdebahnen der Fall war, als deren elektrischer Umbau vollzogen wurde. Die Stras-

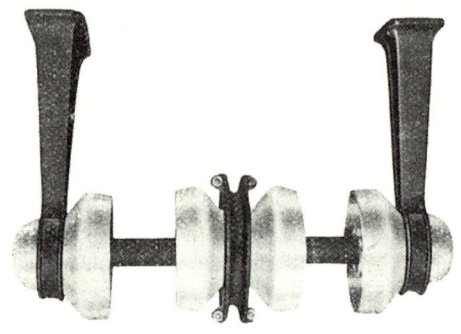

401. Fahrleitungsträger der Strecke Dessau-Bitterfeld

In der Mitte: Diabolo-Isolator zum Tragen des Hängedrahts

senbahnen haben dadurch eigentlich erst ihre Lebensberechtigung im neuzeitlichen Verkehrsbetriebe erkämpft. Die Vollbahnen aber sind, wie wir gesehen haben, auch bei der Verwendung von Dampfkraft durchaus als neuzeitliche und befriedigende Betriebsmittel anzusprechen. Wenn trotzdem ihre Umgestaltung kraftvoll und sicherlich unaufhaltsam angestrebt wird, so muß das Gründe besonderer Art haben.

Man kann die Vorteile des elektrischen Vollbahnbetriebs kurz in folgenden Punkten zusammenfassen:

Durch Vereinigung der gesamten Krafterzeugung in wenigen großen Werken werden die Betriebskosten hinabgesetzt.

Es können minderwertige Brennstoffe verwendet und aus ihnen Nebenerzeugnisse gewonnen werden.

Die elektrische Lokomotive vermag eine größere Leistungsfähigkeit zu entfalten. Sie braucht kein totes Gewicht in Form von Vorräten mitzuschleppen.

Die elektrische Lokomotive kann länger in ununterbrochenem Dienst bleiben, läßt sich also weit besser ausnutzen.

Der Dienst der Lokomotivbeamten wird bedeutend erleichtert, da die Handha-

Bauart der AEG (ohne Hilfsdraht)

402. Fahrleitung der Strecke Dessau-Bitterfeld

bung der elektrischen Steuerung einfach und bequem ist.

Die Reisenden werden nicht mehr durch Rauch belästigt; die Beschädigungen der Eisenbahnanlagen durch die im Rauch enthaltenen Säuren fallen fort, desgleichen die Flurschäden, welche durch den Funkenwurf der Lokomotiven entstehen.

Die Errichtung grosser Bahnkraftwerke gibt Gelegenheit, elektrischen Strom für Gewerbe und Beleuchtung zu billigen Preisen über weite Landstrecken abzugeben.

Die Energie für elektrischen Bahnbetrieb kann durch Wasserkräfte erzeugt werden.

Erbaut von den Bergmann-Elektrizitätswerken in Berlin
403. Fahrleitung der Mittenwald-Bahn

Im folgenden sollen nun diese Hauptvorzüge des elektrischen Bahnbetriebs näher betrachtet und im einzelnen begründet werden.

Die elektrische Zugförderung allein macht es möglich, die Krafterzeugung in wenigen Stätten zusammenzufassen, die mit großen Maschineneinheiten ausgerüstet sind. Das ist von umfassender Wichtigkeit. Denn der Betrieb von Eisenbahnen, wie er jetzt im allgemeinen noch besteht, unterscheidet sich zu seinen Ungunsten von den allgemeinen anerkannten Grundsätzen technischer Anlagen.

In jeder Fabrik ist man bestrebt, die Krafterzeugung an einem Punkt zu vereinigen. Eine einzige große Maschinenanlage liefert die Krafteinheit stets billiger als eine größere Zahl verstreuter kleiner Anlagen. Die Summe der Einzelteile, welche der Abnutzung unterliegen und ständiger Wartung bedürfen, wird dann geringer; die vielen kleinen Baustücke lassen sich zu großen Maschinenteilen entwickeln, die weniger Verluste durch Reibung und ähnliches ergeben. Insbesondere aber ist die Ausnutzung des Heizstoffs ins Auge zu fassen. Schon wenn man an Stelle der vielen Einzelfeuer unter den Lokomotivkesseln einen gewaltigen Brand in einem großen Dampfkraftwerk entzündet, genießt man viele Vorteile; insbesondere dadurch, daß in den großen ortsfesten Krafterzeugungsstellen minderwertiger Brennstoff verfeuert werden kann. Auf dem Tender der Lokomotive muß stets beste Steinkohle liegen. Sie allein ermöglicht es, die Feuerung bei mehrstündigen Fahrten gangbar zu erhalten, weil sie verhältnismäßig wenig Schlacke bildet. Der Heizer auf einer großen Schnellzuglokomotive ist ja voll beschäftigt, wenn er ständig für rechtzeitige Zuführung der Kohle sorgt und die zahlreichen Hebel an der Maschine bedient. Es ist ausgeschlossen, daß er häufiger gründliche Reinigungen des

Rosts vorzunehmen vermag. In der ortsfesten Anlage dagegen kann die sehr asche-reiche, billige Braunkohle in großräumigen Anlagen bequem verfeuert werden. Durch Anordnung von Treppenrosten und sonstigen Hilfsanlagen kann eine gründ-liche Verbrennung herbeigeführt werden.

Abgesehen von der ungünstigen Zerteilung der Krafterzeugung durch die Ein-zelfeuer entstehen durch Benutzung der Dampflokomotive große Verluste am Volksvermögen auch dadurch, daß wichtige und teure Stoffe, die in der Kohle ent-halten sind, nicht ausgenutzt werden können, sondern gänzlich verlorengehen müssen. Die großen chemischen Errungenschaften der letzten Zeit gestatten, aus

Bauart der AEG

404. Weichenanlage auf der Strecke Dessau-Bitterfeld

der Kohle, wenn man sie nicht unmittelbar auf dem Rost verbrennt, sondern vor-her in großen Anlagen vergast, Öle, Teerpech, Ammoniumsulfat, ein vortreffliches Düngemittel, Salpetersäure und noch manches andere zu gewinnen. Das Gas kann unter Dampfkessel verbrannt oder zum Betrieb von Gasmaschinen verwendet wer-den, jedenfalls aber ist man imstande, durch das Festhalten der Nebenstoffe in gros-sen ortsfesten Werken bedeutende Werte zu gewinnen.

Die zahlreichen Einrichtungen, die sich heute bereits zur letzten Ausnutzung der Kesselleistung an der Lokomotive befinden, sind kaum noch zu vermehren. Aus den Lokomotiven von der bisher gebräuchlichen Größe können also bedeu-tend höhere Kraftleistungen nicht gut mehr herausgeholt werden. Die Schwere der Züge und die Ansprüche, die an deren Geschwindigkeit gestellt werden, wachsen jedoch unaufhörlich. Wenn man mit Hilfe von Dampflokomotiven diesen Anfor-derungen entsprechen will, müßte man die Maschinen noch weiter vergrößern. Ei-ne Verbreiterung ist wegen der nahen Nachbarschaft der Nebengleise ausge-schlossen, die Lokomotiven könnten also nur in der Länge wachsen. Längere Ro-ste aber mit der Hand gut zu beschicken ist nicht mehr möglich, man müßte sich

405. Fahrleitungsanlage über einem Bahnhof

zur Anwendung von Wanderrosten oder ähnlichen künstlichen Beschickungsanlagen entschließen. In Amerika hat man einige Versuche in dieser Hinsicht gemacht,

in Europa betrachtet man eine weitere Belastung der Lokomotive mit derartigen Neueinrichtungen als nicht zweckmäßig, wie bereits dargelegt worden ist.

Die Beschränkung des Feuerungs- und Kesselraums setzt also der Leistungsfähigkeit der Dampflokomotive eine Grenze nach oben. Freilich wird diese Maschine wahrscheinlich noch sehr lange imstande sein, selbst die schwersten gebräuchlichen Züge zu schleppen. Elektrische Lokomotiven können für jede beliebige Leistung gebaut werden.

Eine weitere Vergrösserung der Dampflokomotive würde auch zur

Anlage ausgeführt von den Siemens-Schuckert-Werken
406. Eisbildung auf einer Fahrleitung
Abklopfen des Eises vom Fahrdraht der schwedischen Lappland-bahn

513

407. Spanngewichte
Belastung des Fahrdrahts zum Ausgleich der Wärmeänderungen

Folge haben, daß die tote Last der Vorräte, welche von ihr ständig mitgeschleppt werden muß, eine Vergrösserung erführe. Bei Schnellzügen beträgt das Gewicht von Kohle und Wasser auf dem Tender bei Anfang der Fahrt heute bereits nicht weniger als zwölf vom Hundert des gesamten Zuggewichts. Beim Güterzug sind es immer noch fünf vom Hundert. Die elektrische Lokomotive braucht gar keine tote Last mit sich zu führen.

Die Ausnutzungsfähigkeit der Dampflokomotive wird dadurch stark herabgemindert, daß sie nach Fahrleistungen von wenigen Stunden immer wieder für längere Zeit von der Strecke zurückgezogen werden muß, damit der Rost gereinigt, die Rauchkammer entleert und sonstige Hilfsarbeiten an ihr ausgeführt werden können. Eine Dampflokomotive, die gänzlich außer Betrieb gesetzt war, braucht lange Zeit, bis sie so weit angeheizt ist, daß sie wieder vor den Zug gelegt werden kann. Die Mannschaften haben für Instandhaltung und Inbetriebsetzung der Maschinen sehr viel Arbeit zu leisten, die dem eigentlichen Betrieb nicht zustatten kommt.

Bei der elektrischen Lokomotive fällt das alles fort. Sie kann ununterbrochen im Betrieb bleiben, bis die Notwendigkeit einer Ausbesserung eintritt, was sehr viel seltener der Fall sein wird als bei der älteren Maschine mit ihrer bedeutend größeren Anzahl von Einzeleinrichtungen. Vorbereitungen sind bei ihr nicht notwendig. Sie ist stets sofort voll betriebsbereit. Auch die lästige Arbeit des Wendens, die bei Dampflokomotiven mit Tendern so oft notwendig wird, fällt fort, da die elektrische Lokomotive Führerstände an beiden Stirnseiten besitzt.

Eine geradezu umwälzende Verbesserung in ihren dienstlichen Verhältnissen bringt die elektrische Lokomotive den darauf beschäftigten Beamten. Der Übergang vom völlig ungeschützten Stand zum heutigen Führerhaus war kaum durchgreifender als die Verbesserung ist, welche die neue Maschinenform gewährt. Trotz aller Schutzvorkehrungen leidet die Lokomotivmannschaft im Winter, insbesondere bei Stürmen, noch immer recht lebhaft unter der Witterung. In unmittelbarer Nähe des Kessels herrscht starke Hitze, während ein einziger Schritt rückwärts in grimmige Kälte bringt.

Der »elektrische« Führer steht in einem nach allen Seiten geschlossenen, angenehm geheizten Haus. Er ist nicht schlechter daran als die Insassen der Abteile. Ihn belästigen weder Wärmeausstrahlungen noch kalte Winde. Hinter einer grossen Glasscheibe stehend, überblickt er das Gleis ohne Hinderung. Der verdeckende, lange Vorbau des Kessels fällt

Bauart Siemens & Halske
408. Überwegschutz
Warnungstafeln am Wegübergang, deren Unterkante tiefer liegt als die Fahrleitung

fort, keine Dampfwolke verhüllt mehr die Signale, kein Donnerkrachen der auf den Schienen rollenden Räder gellt ihm ungehindert in die Ohren.

Es ist kein Zweifel, daß die Gestalt des Lokomotivführers künftig viel von dem geheimnisvollen Schimmer verlieren wird, mit dem sie heute noch umwoben ist. Die Abtrennung der Lokomotivmannschaft vom übrigen Zug findet nicht mehr statt, wahrscheinlich wird der Zugführer künftig seinen Platz neben dem Loko-

Accumulatoren-Akt.Ges. in Berlin und Hagen
409. Überwachungswagen
Fahrzeug zum Nachsehen und Ausbessern der elektrischen Oberleitung

Erbaut von der Hanomag. Elektrische Ausrüstung von der AEG
410. Elektrische Güterzug-Lokomotive
mit Blindwelle und Schubstangenantrieb.   Achsanordnung D

motivführer erhalten und trotzdem jederzeit von dort die übrigen Fahrzeuge des Zugs erreichen können.

Die Fahrgäste selbst werden nach dem Übergang zu der neuen Betriebsart unmittelbar und mit besonderer Freude den Wegfall der recht unangenehmen Rauchbelästigung bemerken. Auch die allerreinlichsten Menschen werden es künftig kaum noch notwendig haben, stundenlang mit Handschuhen in der Eisenbahn zu sitzen, weil sie nicht mehr zu befürchten brauchen, daß sie sich beim Anfassen irgendeines Gegenstands sofort die Finger berußen. Das Hinabrieseln der feinen, aus dem Schornstein der Maschine mitgerissenen Kohleteilchen auf die Wagen des Zugs wird aufhören. Sie werden nicht mehr so beräuchert aussehen, und ebenso werden die Bahnhöfe ein viel freundlicheres Gesicht zeigen. Die Verwaltungen werden viel Geld für Anstreichfarben sparen können, die starken Verletzungen, welche alle Eisenbauten durch die im Lokomotivrauch enthaltenen Säuren erleiden, werden nicht mehr eintreten.

Ferner wird den Verwaltungen eine bedeutende Ersparnis durch den Wegfall der Flurschäden erwachsen, die trotz aller Schutzstreifen und Gräben fortwährend durch den Funkenwurf der Lokomotiven entstehen. Die elektrische Lokomotive wird zwar – bildlich gesprochen – durch den weithin zuckenden Funken getrieben, aber sie wirft ganz gewiß keine zündenden Funken aus.

Weniger bequem als bei Benutzung der Dampflokomotive ist beim elektrischen Betrieb vorläufig die Durchführung der Heizung. Am einfachsten wäre es, wie es auch heute in Einzelfällen bereits geschieht, die Wagen dadurch zu erwärmen, daß man unter den Sitzen Widerstandskörper aufstellte, die durch hineingeleiteten

516

411. Elektrische Lokomotive der Rhätischen Bahn (Chur-St. Moritz) mit Schneepflug
Achsanordnung 1 D 1

Strom erhitzt werden. Es ist aber für unabsehbare Zeit nicht daran zu rechnen, daß alle Züge mit elektrischen Lokomotiven gefahren werden. Noch lange wird der Dampfbetrieb bei weitem überwiegen, so daß an ein Entfernen der Dampfheizkörper nicht gedacht werden kann. Um Freizügigkeit der Wagen zwischen Dampfzügen und elektrischen Zügen zu erwirken, werden darum die elektrischen Lokomotiven mit Dampfentwicklern für die Heizung versehen sein müssen.

Es ist also während des Winters der Betrieb eines Heizkessels auf solchen Lokomotiven notwendig. Die Wärmeerzeugung erfolgt entweder durch Koks- oder durch Ölfeuerung. Die technisch schönere elektrische Heizung mittels Widerständen stellt sich zu teuer.

Durch die Einführung der Verbundeinrichtung und der Dampfüberhitzung, neuestens auch der Vorwärmung des Speisewassers, ist die Ausnutzung der Kohle auf der Dampflokomotive erheblich gesteigert. Der elektrische Betrieb wird nur dann wettbewerbsfähig, wenn er die Krafteinheit außerordentlich billig an die Lokomotivräder liefert. Verfeuerung billigen Heizstoffs, dessen Vergasung, insbesondere aber die Gewinnung von Nebenstoffen werden viel hierzu beitragen. Dennoch würde die Krafteinheit noch zu teuer werden, wenn das Bahnkraftwerk ausschließlich für die Strecke und kleinere Nebenbetriebe arbeitete. Die Maschinen müssen ja stets so berechnet sein, daß sie dem höchstmöglichen Kraftbedarf zu genügen vermögen. Dieser wird aber von der Stelle höchster Beanspruchung, von der Strecke her, innerhalb 24 Stunden immer nur während einer kurzen Zeit angefordert. In den übrigen Stunden wäre also eine völlige Ausnutzung der vorhandenen Kräfte nicht möglich. Dieser unerwünschte Zustand kann sehr bedeutend dadurch verbessert werden, daß das Bahnkraftwerk Strom auch für andere Zwecke in bedeutendem Maß abgibt. Deshalb ist es gut, wenn die umliegenden Ortschaften von ihm mit elektrischer Kraft versorgt werden.

Auf diese Weise aber wird die elektrische Vollbahn zum Vorkämpfer für die Verbesserung der Lebensverhältnisse im ganzen Land und für weitere gewerbliche Erstarkung. Der kleine Elektromotor, der immer nur Kraft verbraucht, wenn er in Betrieb ist, hebt erfahrungsgemäß das Kleingewerbe, aber auch große Fabriken entstehen leicht in der Nähe leistungsfähiger Kraftlieferungsstellen. Die Ausnutzung dieser Wirkungsmöglichkeit wird eine bedeutende Aufgabe beim Ausbau der Vollbahnen für den elektrischen Betrieb sein.

Ganz besonders wichtig ist ferner, daß zur Erzeugung von Bahnstrom in ganz grossen Werken mit Kraftabgabe nach außen das fallende Wasser umfassend ausgenutzt werden kann. In Deutschland bietet sich hierzu insbesondere in Bayern Gelegenheit. Einige elektrisch betriebene Bahnstrecken empfangen dort bereits heute ihren Strom aus Wasserkraftwerken. Eine großartige Ausnutzung des Höhenunterschieds zwischen Walchensee und Isar einerseits, dem Kochelsee andererseits ist in Vorbereitung.

Daß elektrische Vollbahnen bei uns heute schon in immerhin beträchtlicher Zahl in Betrieb sind, zeigt die folgende Zusammenstellung von derart ausgebauten Strecken:

Dessau-Bitterfeld (Preußisch-Hessische Staatsbahnen).
Lauban-Königszelt im Riesengebirge (Preußisch-Hessische Staatsbahnen).
Murnau-Oberammergau (Lokalbahn-Aktiengesellschaft).
Salzburg-Berchtesgaden (Bayerische Staatsbahnen).
Garmisch-Partenkirchen-Griesen (Bayerische Staatsbahnen).
Garmisch-Partenkirchen-Landesgrenze-(Innsbruck) [Mittenwald-Bahn] (Bayerische Staatsbahnen).
Basel-Zell [Wiesental-Bahn] (Badische Staatsbahnen).
Karlsruhe-Herrnalb (Badische Lokal-Eisenbahnen).

Ehe man zur Einführung des elektrischen Betriebs auf diesen Bahnen gelangte, war es vor allem notwendig, die günstigste Stromart zu ermitteln, die hierbei in Anwendung kommen sollte. Wiederum war es die Verwaltung der preußisch-hessischen Staatsbahnen, die hierbei führend mitgewirkt hat. Sehr bedeutende Verdienste hat sich in diesem Bezirk insbesondere der Geheime Oberbaurat Dr.-Ing. e. h. *Wittfeld*, vortragender Rat im Ministerium der öffentlichen Arbeiten, erworben.

In den Jahren 1900–1902 verkehrte bereits ein elektrischer Versuchszug auf der Wannseebahn zwischen deren Endbahnhof in Berlin und Zehlendorf. Hierbei wurden Triebwagen benutzt, die Antriebsmaschinen waren also in einen Personenwagen eingebaut. Es wurden Gleichstrom von 750 Volt Spannung angewendet. Der elektrische Zug lief zwischen Dampfzügen. Der Betrieb vollzog sich damals schon glatt, es stellte sich jedoch heraus, daß er etwas teurer war als die Zugförderung durch Dampflokomotiven.

Im Jahre 1903 wurde alsdann die 9 Kilometer lange Vorortstrecke Berlin (Potsdamer Bahnhof) – Lichterfelde-Ost für den elektrischen Betrieb eingerichtet, der dort bis heute fortdauert. Es wird wiederum Gleichstrom benutzt, aber mit einer Spannung von nur 500 Volt. Die Stromzuführung erfolgt, wie es bei dem Ver-

Bauart der AEG

412. Lokomotive mit vorgebauten Motoren

Achsanordnung B + B. Zwischen den Rädern die Schutzkapseln für den Antrieb der Blindwellen. In der Mitte steht der Transformator, die Kühlschlangen für das Isolieröl, das zwischen dessen Spulen umläuft, sind sichtbar.

Bauart der Siemens-Schuckert-Werke

413. Elektrische Lokomotive mit zwei innen liegenden Antriebsmaschinen

Achsanordnung 1 D 1

suchsbetrieb auf der Wannseebahn der Fall gewesen, durch eine dritte Schiene, die isoliert neben dem Gleis auf dem Boden angebracht ist.

Die Erfahrungen, welche man auf der Lichterfelder Strecke gemacht hat, haben gezeigt, daß der Gleichstrombetrieb auf kurzen Strecken sehr gute Leistungen ergeben kann. Die Entwicklung des elektrischen Antriebs für Vollbahnen mußte jedoch andere Wege einschlagen. Man war gezwungen, zum Wechselstrom überzugehen.

Der maßgebliche Unterschied zwischen Straßenbahnen, Stadtschnellbahnen und Vorortstrecken einerseits, die bis zum heutigen Tag allermeist mit Gleichstrom betrieben werden, und den Vollbahnen liegt in ihrer Längenerstreckung. Der Gleichstrom hat Eigenschaften, die seine Benutzung auf sehr weite Entfernungen im allgemeinen verbieten.

Jede Leitung setzt der fortgeleiteten elektrischen Arbeit einen Widerstand entgegen, der kraftverzehrend wirkt. Je länger die Leitung ist, desto mehr Arbeit geht durch den Leitungswiderstand verloren. Es hat sich jedoch gezeigt, daß dieser Verlust klein gehalten werden kann, wenn man Strom mit sehr hoher Spannung durch die Leitung schickt. 50 000, 60 000, ja 100 000 Volt sind gebräuchliche Spannungszahlen geworden. Der Stromerzeuger aber ist im allgemeinen nicht imstande, höhere Spannungen zu liefern als etwa 5000 Volt. Schon für eine Bahnlinie von Berlin bis Halle reicht das wegen der Verluste in der Leitung bei weitem nicht aus.

Um derartige Strecken zu verfolgen – und es handelt sich doch für die Zukunft noch um ganz andere Entfernungen –, muß man die Spannung des aus dem Erzeuger kommenden Stroms erhöhen. Das ist bei Gleichstrom nur dadurch möglich, daß man Umformer einschaltet, die sich drehen, laufende Maschinen also, welche

Lokomotive erbaut von den Siemens-Schuckert-Werken
414. Herausheben eines Lokomotivmotors
nach Entfernen des einen Stromabnehmers

einer ständigen Wartung bedürfen und selbst Energie verzehren. Der Wechselstrom aber gestattet, Spannungsänderungen in bequemster Weise durch ruhende Maschinen vornehmen zu lassen, die ohne jede Aufsicht zu arbeiten vermögen. Sie führen in der Technik die Bezeichnung Transformatoren.

Mit Hilfe solcher Transformatoren kann man die Spannung eines hineingeschickten Wechselstroms in beliebigen Grenzen hinauf- und hinabsetzen, und die Umänderung verbraucht fast gar keine Arbeit. Die großen Wechselstrom-Transformatoren gehören zu den Maschinen mit bestem Wirkungsgrad. Der Arbeitsverlust in ihnen beträgt kaum mehr als ein bis zwei vom Hundert.

Bedingungen für die Verwendung des Wechselstroms im Bahnbetrieb war die Schaffung eines geeigneten Wechselstrom-Motors, der bis in die ersten Jahre dieses Jahrhunderts noch nicht vorhanden war.

Die preußische Staatsbahnverwaltung gab der Allgemeinen Elektrizitäts-Gesellschaft Gelegenheit, in den Jahren 1903 bis 1905 einen Probebetrieb mit dem neuen, von ihr entwickelten Wechselstrom-Motor auf der Vorortsstrecke Niederschöneweide-Spindlersfeld bei Berlin einzurichten. Die Ergebnisse waren so befriedigend, daß vom Jahre 1907 ab die wichtigste Vorort

Erbaut von der Siemens-Schuckert-Werken
415. Lokomotive der schwedischen Lapplandbahn
nach einer Fahrt im Schneesturm

strecke Ohlsdorf-Hamburg-Blankenese für Betrieb mit Wechselstrom von 6000 Volt eingerichtet werden konnte.

Man erzielte auf dieser Linie nach Überwindung einiger, allerdings ziemlich schwerer Kinderkrankheiten alsbald einen ganzen Erfolg, der zu weiteren Schritten anregte und dazu ermutigte, nun auch eine Vollbahn als Probestrecke elektrisch zu betreiben. Während jedoch bisher ausschließlich Triebwagen benutzt worden waren, wurden für die Vollbahn Lokomotiven ausgeführt, das heißt Antriebsfahrzeuge, die nicht mit Personen-Abteilen fest verbunden sind.

Am 18. Januar 1911 konnte die erste elektrische Vollbahn in Preußen, die Strecke Bitterfeld-Dessau, dem Betrieb übergeben werden. Der Ausbau war in kurzer Zeit nach den Angaben Wittfelds durch die Eisenbahndirektion Halle unter Heranziehung der drei führenden elektrotechnischen Firmen Deutschlands, der AEG, der Siemens-Schuckert-Werke und der Bergmann-Elektrizitäts-Werke sowie der Maffei-Schwartzkopff-Werke und der Firma Brown, Boveri & Co. ausgeführt worden. Die Strecke ist bis zum Ausbruch des Kriegs in Betrieb gewesen. Die elektrische Zugförderung soll alsbald noch über beide ursprünglichen Endpunkte hinaus um

416. Elektrische Schnellzug-Lokomotive vor einem D-Zug
auf der Strecke Bitterfeld-Dessau

ein bedeutendes Stück erweitert werden und alsdann die Strecke von Magdeburg über Dessau und Bitterfeld bis Leipzig und von dort nach Halle mit einer Länge von 1534 Kilometern umfassen.

Auch diese Anlage brauchte bald befriedigende Ergebnisse, die zeigten, daß man die neue Betriebsart schon damals technisch vollkommen beherrschte. Heute nun darf man auf Grund der in jahrelangem Betrieb gewonnenen Erfahrungen sagen, daß die Form der elektrischen Vollbahn fertig dasteht. Auch über die wichtigste Streitfrage, die Wahl der geeignetsten Stromart, ist volle Klarheit geschaffen.

Die Staatsbahnverwaltungen von Preußen, Bayern, Baden, Österreich, Schwe-

Elektrische Anlage ausgeführt von den Siemens-Schuckert-Werken
417. Ein Güterzug der schwedischen Lapplandbahn

den und der Schweiz haben in Übereinstimmung mit den elektrotechnischen Großfirmen dieser Länder nach gründlichen Vorarbeiten auf dem Papier und auf den Strecken die Betriebsform mit einfachem Wechselstrom von hoher Fahrdraht-spannung und niedriger Wechselzahl als die für den Hauptbahnbetrieb im ganzen geeignetste Zugförderungsart erkannt. Durch die Betrachtung der Probestrecke Bitterfeld-Dessau, der eine geschichtliche Bedeutung zukommt, gewinnt man einen Überblick darüber, wie die elektrischen Vollbahnen der Zukunft aussehen werden.

Zur Errichtung des Kraftwerks für die Linie, das freilich noch mit Dampfmaschinen und ohne Nebenbetriebe arbeitet, ist ein Gelände in unmittelbarer Nähe des kleinen Bahnhofs Muldenstein ausgewählt worden, der an der Strecke Berlin-Halle unweit von Bitterfeld liegt. Es ist dies ein Punkt inmitten eines ausgedehnten Braunkohlengebiets, das groß genug erscheint, um für lange Zeit den Bedarf an Heizstoff zu decken. Es kann also hier billiger Brennstoff verwendet werden, ohne daß er weithin verfrachtet zu werden braucht; es wurde schon darauf hingewiesen, daß diese für das wirtschaftliche Ergebnis des elektrischen Betriebs von ausschlaggebender Wichtigkeit ist.

418. Fahrerstand einer elektrischen
Schnellzug-Lokomotive

Der Wärmewert der Kohle wird in einer neuzeitlich ausgestatteten Kesselanlage auf das gründlichste ausgenutzt. Es sind in Muldenstein zwanzig Wasserrohrkessel in Betrieb, in denen die Rohre sehr steil gestellt sind, damit die Flugasche, welche beim Verbrennen der Braunkohle in reichlichen Mengen entsteht, sich nicht auf den Rohrwandungen absetzen und deren Wärmeaufnahme vermindern kann, sondern stets sofort nach unten abrutscht. Für eine bequeme Entschlackung der in besonderer Weise durchgebildeten Roste und für die Möglichkeit der Asche-Entnahme während des Betriebs ist Sorge getragen.

Die Eisenbahnwagen, welche die Kohle heranbringen, fahren über eine Rampe

523

in ein hochliegendes Stockwerk des Kesselhauses, wo sie ihren Inhalt in Bunker entleeren. Aus diesen rutscht die Kohle selbsttätig in die Feuerung. Eine Schaufel gibt es in dem Muldensteiner Kesselhaus überhaupt nicht mehr. Ein einziger Mann ist imstande, mehrere Kessel zu bedienen.

Der hier entwickelte Dampf treibt Turbinen an, mit denen die großen Stromerzeuger gekuppelt sind. Sie bringen einen Wechselstrom von 4000 Volt Spannung und 16 2/3 Pulsen hervor, daß heißt der Strom fließt innerhalb einer Sekunde 16 2/3 mal im positiven und ebenso oft im negativen Sinn. Diese Pulszahl des einfachen Bahnwechselstroms ist genau 1/3 der sekundlichen Pulszahl 50 des dreifachen Wechselstroms (Drehstroms), wie ihn unsere Überlandleitungen meistens führen. Man wählte solchen Wechselstrom, um später Bahn- und Überlandkraftwerk möglichst bequem vereinigen zu können.

Im Kraftwerk wird der Strom in riesigen Transformatoren auf die Spannung von 60 000 Volt gebracht und in dieser Form einem Unterwerk zugeführt, das in der Nähe von Bitterfeld unmittelbar an der Strecke errichtet ist. Eine weitere Transformatorenanlage setzt den Strom hier auf die Spannung von 15 000 Volt hinunter, mit der er in die Fahrleitung fließt.

Diese ist an festen Tragjochen über den Geleisen aufgehängt. Die Lokomotiven nehmen den Strom mit Schleifbügeln aus der Leitung ab. Bevor er den Antriebsmaschinen zufließt, durchläuft er den Lokomotiv-Transformator, wodurch seine Spannung auf einige hundert Volt hinuntergesetzt wird, da die Elektromotoren so wenig wie die Dynamos ganz hohe Spannungen zu ertragen vermögen.

Es findet also eine dreimalige Spannungsänderung des Stroms statt. Der Weg, den er zurückzulegen hat, ist deshalb recht verwickelt. Dennoch befriedigt die Anlage in Wirkungsgrad und Übersichtlichkeit alle technischen Ansprüche.

Das Hinauftransformieren des Bahnstroms im Kraftwerk auf die Höhe von 60 000 Volt erfolgt, wie wir bereits wissen, damit die Verluste in der langen Fernleitung möglichst gering werden. Nun ist aber der Fahrdraht über den Geleisen gleichfalls nichts anderes als eine Fernleitung. An sich wäre es also richtig, den Hochspannungsstrom unverändert in die Fahrleistung hineinzusenden. Zweifellos würde das wirtschaftlich am vorteilhaftesten sein.

Der Fahrdraht stellt jedoch eine Leitung besonderer Art dar. Er hat nicht nur elektrische Beanspruchung auszuhalten wie die Speiseleitung vom Kraftwerk zum Unterwerk, er wird auch mechanisch stark angegriffen. Es ist daher notwendig, den Fahrdraht sehr viel häufiger zu befestigen als die Speiseleitung. Eine sehr große Zahl von Isolatoren muß vorgesehen werden, und man würde zu einer äußerst kostspieligen und ganz unübersichtlichen Anlage kommen, wenn man jeden dieser Isolatoren so stark machen müßte, daß er die Spannung von 60 000 Volt aushielte. Um das zu vermeiden, nimmt man lieber einen stärkeren Spannungsabfall im Fahrdraht durch Verwendung einer niedrigeren Voltzahl in Kauf.

Bei Stadt-, Schnell- und ähnlichen Bahnen pflegt man in allen Ländern die Stromzuführung als eine dritte Schiene neben den Geleisen zu verlegen. Das ist bequem und billig und hat den Vorteil, daß der Luftraum über dem Bahnkörper frei von störenden Einbauten bleibt. Es ist jedoch nicht daran zu denken, eine derartige Stromzuführung auch für Fernbahnen zu verwenden. Schon die hohe Spannung, die zur Anwendung gelangt, verbietet dies. Während bei den kürzeren Stadtbahnen Gleichstrom von 500 bis 750 Volt in Anwendung ist, dessen Durchgang der menschliche Körper unter nicht allzu ungünstigen Umständen meist erträgt, handelt es sich bei den Vollbahnen um 15 000 Volt Wechselstrom, eine unbedingt tödlich wirkende Spannung. Es muß also dafür gesorgt werden, daß gleichzeitige Berührung von Stromleitung und Fahrschiene, die ja als Rückleitung dient, durch einen lebenden Körper unmöglich ist. Eine todbringende Spannung auf einer Erdschiene über Felder und Landstraßen hinwegzuführen ist selbstverständlich unmöglich.

Es ergibt sich also die Notwendigkeit, eine hoch liegende Oberleitung auszuführen. Die bekannten Strassenbahnoberleitungen konnten als Vorbilder nicht dienen. Denn es ist ein anderes, eine Leitung für langsam fahrende Wagen auszulegen oder eine solche herzustellen, unter der Lokomotiven mit 120, vielleicht auch einmal 150 Kilometern Stundengeschwindigkeit dahinfahren sollen.

419. Im Motorraum einer elektrischen Lokomotive
Anker mit Stromzuführungsbürsten

Die Straßenbahnleitungen sind an dünnen Stahlquerdrähten befestigt. Man zieht sie nicht straff an, sondern läßt sie in leichtem Bogen durchhängen. Die Leitung bildet also eine ständig auf- und absteigende gekrümmte Linie. Die Bügel- oder Rollenstromabnehmer der Straßenbahnwagen folgen unter dem Druck der auf sie wirkenden Federn bequem den wechselnden Höhenlagen des Fahrdrahts. Die Lokomotivbügel aber haben viel größere Massen. Bei hohen Geschwindigkeiten könnten diese sich nicht rasch genug hin und her bewegen, wenn die Höhenlage des Fahrdrahts über ihnen ständig wechselte. Auf Vollbahnen ist es also notwendig, diesen genau in gerader Linie auszulegen.

Das kann nur geschehen, wenn der Draht sehr scharf angespannt wird. Dünne Stahldrähte als Träger können hierbei nicht mehr verwendet werden, da sie in der waagerechten Ebene zu sehr nachgeben würden. Aber auch der Kupferdraht der Leitung selbst kann so starke Zugkräfte nicht aushalten, da Kupfer keine genügende Festigkeit gegen Zerreißen besitzt. Eine Verstärkung des Querschnitts über die Forderungen der elektrischen Beanspruchung hinaus ist nicht zulässig, da Kupfer ja ein sehr teurer Stoff ist. Man hat demzufolge zu Hilfsanordnungen schreiten müssen, durch welche die Fahrleitung für Vollbahnen eine recht verwickelte, vielteilige Anordnung geworden ist.

Man kann nicht sagen, daß die Überbauung der Eisenbahnlinien mit Fahrdrähten die Schönheit der durchzogenen Landschaften verbessern wird. Auch der Reisende, der aus den Fenstern blickt, wird fortwährend aufragende Bauteile an seinen Augen vorüberflirren sehen, welche die Aussicht beeinträchtigen. Immerhin dürfte dies nicht allzu störend empfunden werden, wie man auch an das Telegraphengestänge, das oft zu beiden Seiten der Bahn steht, bereits gewöhnt ist.

Die Ausführungsform der Fahrleitung auf der Strecke Bitterfeld-Dessau, die als grundlegend angesehen werden kann, sieht nun so aus:

In Entfernungen von je 100 Metern sind zu beiden Seiten der Strecke kräftige Gittermaste aufgerichtet. Sie sind durch waagerecht über den Geleisen liegende, eiserne Joche miteinander verbunden. Diese treten an Stelle der Querdrähte über den Straßenbahnlinien. Sie verbiegen sich nicht in der waagerechten Ebene, wenn sie scharf in dieser Richtung beansprucht werden. Zwischen den Jochen ist über jedem Gleis und gleichgerichtet mit diesem ein Tragseil aus Stahldraht befestigt, das nicht straff angezogen ist, sondern in einem Bogen, einer Kettenlinie, durchhängt. An diesem Tragseil sind in kurzen Abständen senkrechte Hängedrähte angebracht, deren Enden sämtlich in gleicher Höhe liegen. Die Hängedrähte halten einen stählernen Hilfsdraht von großer Zugfestigkeit. Dieser ist ganz genau in gerader Linie ausgelegt und scharf angespannt. Der eigentliche Fahrdraht aus Kupfer ist dicht unter dem Hilfsdraht mit kurzen, in kleinsten Abständen aufeinanderfolgenden Klammern befestigt. Er hat also fast gar keine mechanische Beanspruchung auszuhalten und liegt doch ganz gerade da. Im Gegensatz zu der von den Siemens-Schuckert-Werken ausgeführten Bauform fehlt der Hilfsdraht bei der Bauart der AEG.

Um die Längenänderungen unschädlich zu machen, welche durch die wechselnden Wärmegrade in dem Fahrdraht auftreten, ist er mit Hilfe einer sehr geschickten Anordnung in Abständen von 1 bis 1 1/2 Kilometern durch kräftige Gewichte belastet, die ihn stets anspannen.

Die gesamte Leitungsanordnung folgt nicht genau der Gleismittellinie. Sie bildet vielmehr ein fortwährend nach rechts und links ausweichendes Zickzack. Man geht in dieser Weise vor, damit die Schleifbügel der Lokomotiven nicht immer an der gleichen Stelle vom Fahrdraht berührt werden. Es läge sonst die Gefahr vor, daß die Bügel an dieser Stelle ausgesägt würden, daß sich eine Kerbe bildete, in welcher der Fahrdraht sich schließlich verfangen, und wodurch er hinabgerissen werden könnte. Dünne Rohrausleger, die in Fahrdrahthöhe von den Gitterträgern seitlich zum Gleis vorspringen, sichern die Zickzacklinien.

Jeder der zwei oder drei über einem jeden Gleis liegenden Drähte, das Tragseil, der Fahrdraht und – wo vorhanden – der Hilfsdraht, müssen gegen die tragenden Stützen isoliert sein. Man hat sich wegen der immer noch hohen Spannung nicht mit einfacher Isolation begnügt, sondern den Grundsatz durchgeführt, daß an jeder Aufhängsstelle eine doppelte Isolierung vorhanden sein muß. Stromübergang in tragende Teile kann also nach menschlichem Ermessen niemals stattfinden. Es hat sich gezeigt, daß als Isolationsstoff nur Porzellan in Betracht kommt. Trotz ihrer Zerbrechlichkeit ist diese Masse allein fest genug, um die sehr hohen mechanischen Beanspruchungen auszuhalten. Bedeutet doch das Tragen eines Stahl- oder Kupferdrahts von hundert Metern Länge eine ziemlich starke Belastung. Als günstigste Gestaltung der Isolatoren hat sich die von Wittfeld angegebene Diaboloform erwiesen (siehe Bild 401), die dem bekannten Spielzeug nachgebildet ist.

526

Obgleich die Fahrleitung in einer Höhe von fünf Metern über der Schienenoberkante verlegt ist, sind dennoch an den Wegübergängen besondere Vorkehrungen getroffen, um eine Berührung unmöglich zu machen. Bestünde doch die Gefahr, daß ein hoch beladener Heuwagen oder die Spitze einer Fahne, die in einem Aufzug getragen wird, an die Leitung stoßen könnte. Um dies mit Sicherheit auszuschließen, sind an jedem Überweg zu beiden Seiten der Leitung und gleichgerichtet mit dieser langen Warnungstafeln aufgehängt, deren Unterkanten ein bis zwei Meter tiefer liegen als die Fahrleitung. Ein zu hoher Gegenstand, mit dem die Geleise überquert werden sollen, müßte also schon vorher gegen eine dieser Tafeln stoßen.

Übergänge mit besonderes lebhaftem Verkehr haben trotzdem noch eine weitere Sicherung erfahren. Die Fahrleitung führt an diesen Stellen Strom nur dann, wenn die Wegschranken geschlossen sind. Solange der Übergang geöffnet ist, geht der Strom durch ein unterirdisch verlegtes Kabel von einer Wegseite zur anderen.

Neben der guten Eigenschaft, sich bequem transformieren zu lassen, hat der Wechselstrom die unheilvolle Fähigkeit, Stromleitungen, die in einiger Nähe gleichgerichtet mit seiner Fließrichtung verlaufen, ungünstig zu beeinflussen. Er erregt in ihnen oft sehr starke Fremdströme. Das Telegraphieren und Fernsprechen in Drahtleitungen, die neben einer mit Wechselstrom betriebenen Bahnstrecke laufen, ist ohne besondere Vorkehrungen unmöglich. Die Schwachstromleitungen müssen an solchen Stellen daher meist in ganz anderer Weise als bisher verlegt oder mit besonderen Schutzvorkehrungen ausgerüstet werden.

Die ursprüngliche Versuchsstrecke Bitterfeld-Dessau mit ihren sehr geringen Steigungen hat insbesondere dem Sammeln von Erfahrungen über den elektrischen Vollbahnbetrieb in der Ebene gedient. Um auch die Ergebnisse in stark hügeligem

420. An der Martinswand
Streckenstück der elektrischen Mittenwald-Bahn

Gelände kennen zu lernen, hat die preußische Eisenbahnverwaltung einen zweiten Versuchsbetrieb auf der Linie Lauban-Königszelt in den Vorbergen des Riesengebirges sowie einigen Anschlußstrecken eingerichtet, der später bis nach Breslau und Görlitz ausgedehnt werden soll. Man kann hier das Verhalten der elektrischen Lokomotive auf starken Steigungen beobachten. Den Fahrgästen erwächst ein grosser Vorteil durch die sofortige Abkürzung der Fahrzeiten, weil bei der neuen Betriebsart auf ansteigender Strecke nicht mehr so langsam gefahren zu werden braucht wie beim Dampfbetrieb. Denn die elektrische Lokomotive kann leicht für kurze Zeit eine Überholung vertragen, die Züge also mit wenig verminderter Geschwindigkeit in die Höhe schleppen.

Während die Leistungsfähigkeit der Dampflokomotive etwa bei 2500 Pferdestärken ihr Ende erreichen dürfte, besteht bei der elektrischen Lokomotive eigentlich gar keine Leistungsgrenze. Maschinen mit 3000 Pferdestärken sind heute schon vorhanden. Man kann so viel Antriebsfahrzeuge aneinander reihen, wie notwendig ist, und braucht doch für alle zusammen nur einen Bedienungsmann. Ob die Lokomotiven oder führerstandslose Triebgestelle hierbei unmittelbar hintereinanderlaufen oder über den ganzen Zug verteilt sind, ist gleichgültig.

Damit keine Gefährdung des Zugs eintritt, falls der Führer einmal ohnmächtig werden sollte, ist der Fahrschalter mit einer Notvorrichtung versehen. Sobald die Kurbel aus der Nullstellung herausgedreht ist, die Antriebsmaschinen also Strom erhalten, muß ein Knopf an dem Griff niedergedrückt sein. Liegt die Hand des Führers nicht auf der Kurbel, dann hebt sich der Knopf, die Kurbel geht von selbst auf Null zurück, der Strom ist damit abgeschaltet, und nach zwei oder drei Sekunden kann sich, wenn man will, die Druckluftbremse von selbst anstellen. Freilich wird sich auf Vollbahnen der Fahrer niemals ganz allein in seinem Stand befinden, da der Zugführer, wie schon gesagt, seinen Platz in unmittelbarer Nähe haben wird.

Im Gegensatz zu den Antriebsmaschinen bei Straßen- und Schnellbahnen pflegt man bis heute die Motoren bei Lokomotiven nicht zwischen die Achsen zu legen, sondern sie auf den Fußboden des Maschinenwagens zu stellen. Hieraus ergibt sich eine hohe Lage des Schwerpunkts, die als günstig angesehen werden muß. Bei Motoren, die auf den Achsen gelagert sind, glaubte man eine ganz besonders ungünstige Einwirkung auf den Oberbau befürchten zu müssen, auch war man der Meinung, daß die sehr beträchtlichen Massen der Motoren in solchem Fall gar nicht abgefedert werden könnten. Das Hochlegen ergab ferner auch den Vorteil, daß die Durchmesser der Maschinen beliebig vergrößert werden konnten, so daß man imstande ist, bedeutende Leistungen durch wenige Maschinensätze hervorzubringen.

Freilich zwingen die hochliegenden Motoren dazu, an der elektrischen Lokomotive wieder Teile anzubringen, die nicht vollständig um und um laufen. Da die Motoren auf dem Wagenboden stehen, folgen sie dem Federspiel. Der Abstand von den Mitten der Motorachsen zu den Mitten der Treibachsen ändert sich demgemäß fortwährend. Eine unmittelbare Verbindung durch Zahnräder ist deshalb ausgeschlossen. Man hat zur Anwendung eines Zwischengliedes greifen müssen. Der Motor treibt meist mittels einer Schubstange, oft aber auch durch Zahnräder eine im Rahmen festgelagerte, radlose, sogenannte Blindwelle an, die gleichfalls den Federspiel unterworfen ist, also ihren Abstand von der Motorachse nicht verändert. Die Blindwelle ist mit den Treibachsen durch waagerechte Kuppelstangen verbunden, die das Federspiel unschädlich machen.

Die Erfahrung hat aber gelehrt, daß die Einwirkung selbst sehr schwer unabge-

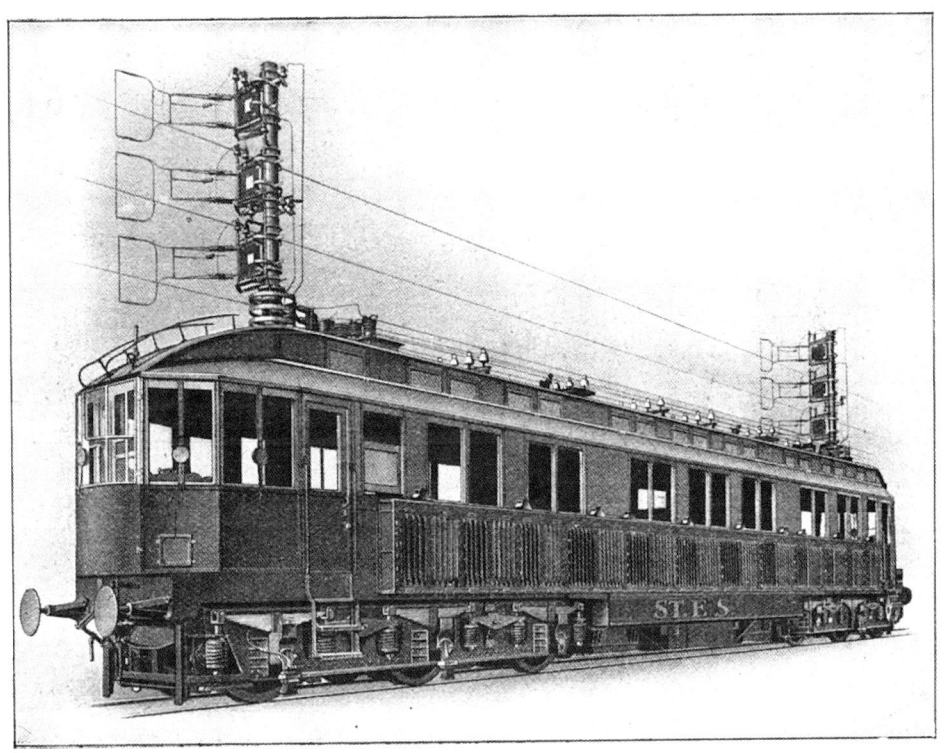

421. Schnellbahnwagen der Siemens-Schuckert-Werke,
der bei Probefahrten im Jahre 1903 eine Stundengeschwindigkeit von mehr als 200 Kilometern
erreichte. Ausrüstung der Strecke mit Drehstromzuleitung.

federter Massen auf den Oberbau längst nicht so unheilvoll ist, wie man geglaubt
hat. Auch gibt es heute ziemlich einfache Mittel für ihre Abfederung. So ist man
denn jetzt wieder im Begriff, bei elektrischen Lokomotiven zum Achsmotorbau zurückzukehren, insbesondere nachdem es gelungen ist, die Zahnräder, selbst solche
von sehr kleinem Durchmesser, so widerstandsfähig zu machen, daß sie sehr bedeutende Leistungen ohne nennenswerte Abnutzung dauernd zu übertragen ver-

422. Schnellbahnwagen der AEG,
der bei Probefahrten im Jahre 1903 eine Stundengeschwindigkeit von 210 Kilometern erreichte

mögen. Es wird sich hieraus eine weitgehende Vereinfachung im Bau der elektrischen Lokomotiven ergeben.

Ob hiermit die endgültige Form für die neue Antriebsmaschine gefunden ist, wird die Zukunft lehren. Jedenfalls sind die in den beiden letzten Jahren vor dem Krieg gebauten elektrischen Lokomotiven, wie die Erfahrungen auf den schlesischen Gebirgsstrecken gezeigt haben, als völlig betriebstüchtige Maschinen anzusehen, die jeder Anforderung zu genügen vermögen. Es kann sich bei der weiteren Entwicklung daher nur noch um Verbesserungen einer bereits hervorragend brauchbaren Einrichtung handeln. Bei der Jugend der elektrischen Lokomotive stellt das eine treffliche Leistung dar; ist doch der Bau der Dampflokomotive nach mehr als acht Jahrzehnten nicht als abgeschlossen zu betrachten.

Am 28. Oktober 1903 vollzog sich auf der sonst so bescheiden stillen Strecke der Militär-Eisenbahn zwischen Marienfelde und Zossen bei Berlin ein Ereignis von höchst bemerkenswerter Art. An diesem Tag lief ein Eisenbahnfahrzeug mit einer Geschwindigkeit über die Strecke, die weder vorher noch nachher von einem auf dem Boden ruhenden Fahrzeug erreicht worden ist. Der Wagen erzielte eine Stundengeschwindigkeit von 210 Kilometern.

Es war ein elektrischer Triebwagen, erbaut von der Allgemeinen Elektrizität-Gesellschaft. Diese Firma hatte sich mit den Siemens-Schuckert-Werken vereinigt, um durch Versuche festzustellen, welche Geschwindigkeiten beim gegenwärtigen Stand der Technik durch den elektrischen Antrieb auf Eisenbahnen zu erreichen seien. Der Wagen der Siemens-Schuckert-Werke vollbrachte gleichfalls eine höchst erstaunliche Leistung, indem er mit einer Stundengeschwindigkeit von mehr als 200 Kilometern über die Strecke fuhr.

Obgleich der Vorgang damals mit Recht ungeheures Aufsehen auf der ganzen Erde erregte, hat er doch keine tatsächlichen Folgen erbracht. Von einem Vortrupp ist in stolzer Höhe ein Merkzeichen aufgerichtet worden, dem die geschlossene Menge der Vollbahnen sich noch nicht genähert hat.

Die Versuche auf der Militär-Eisenbahn wurden mit Drehstrom gemacht. Es waren drei Fahrdrähte neben, nicht unter den Geleisen verlegt. Der Strom wurde durch seitlich abstehende Bügel von den Fahrleitungen entnommen. Es zeigte sich alsbald, daß eine dreifache Fahrleitung für den wirklichen Betrieb kaum in Frage kommen könne. Die Entwicklung hat denn auch den Drehstrom fast gänzlich verlassen und, wie wir wissen, den einfachen Wechselstrom vorgezogen. Diese Änderung erklärt aber allein nicht den Fortfall weiterer Bemühungen auf dem Gebiet der Schnelligkeitsssteigerung bei den Eisenbahnen. Diese wäre auch mit einfachem Wechselstrom erreichbar. Es ist vielmehr das in der Jetztzeit noch mangelnde Bedürfnis gewesen, welches die Einführung der 200-Kilometer-Geschwindigkeit in den wirklichen Betrieb verhindert hat. Denn hiermit wären geradezu ungeheure Aufwendungen verbunden. Die Zossener Versuche waren vorausgenommene Zukunft. Was wir von dieser erwarten können, soll im Schlußabschnitt betrachtet werden.

Zukunft

Nachdem wir auf den vorhergehenden Blättern der Eisenbahn so manche Huldigung dargebracht haben, brauchen wir es uns nun um so weniger zu versagen, dieser großen Schöpfung menschlichen Geists auch ihre Schwächen vorzuhalten.

Wenn man die heutige Schnellzuggeschwindigkeit dem Gezottel der Postkutsche gegenüberstellt, so bemerkt man einen fast unvergleichlichen Fortschritt. Aber unser Vorstellungsvermögen trägt uns rasch noch sehr weit über das tatsächlich Errungene hinaus. Nach den eben erwähnten Zossener Versuchen ist es nicht sehr schwer, sich Schnellzugfahrten zu denken, die mit dem Doppelten der heutigen Geschwindigkeit vor sich gehen. Da schon vor 1 1/2 Jahrzehnten Antriebsmaschinen vorhanden waren, die ein Fahrzeug derartig zu beflügeln vermochten, so kann es der Technik unserer Tage keineswegs schwer fallen, den Schnellzug mit einer Stundengeschwindigkeit von 200 Kilometern zu schaffen. Das würde eine Abkürzung der Reisezeiten auf die Hälfte bedeuten. Der geistige Urheber der Zossener Schnellfahrversuche, Emil *Rathenau*, der Begründer der AEG, sagte über die Wirkung solcher beschleunigten Fahrten:

»Bei einer Geschwindigkeit von 200 Kilometern würde der Geschäftsmann die Strecke Berlin-Hamburg gewissermaßen ohne jeden Zeitverlust zurücklegen. Morgens könnte er seine Post erledigen, bei einer Abreise um 10 Uhr vormittags nähme er unterwegs sein Frühstück ein, könnte einige Stunden den Angelegenheiten auswärts widmen, gegebenenfalls an der Börse mit einer ganzen Anzahl Parteien verhandeln, um 4 Uhr wieder zurück sein und den Nachmittag und Abend für die Korrespondenz und seine sonstige Tätigkeit zur Verfügung haben. Kaum, daß man den Seinigen noch von einer solchen Reise erst Kenntnis zu geben brauchte.«

In der Tat würde man für eine Fahrt von Berlin nach Hamburg nicht mehr als 1 1/2 Stunden gebrauchen. Die Entfernung von Berlin nach Leipzig könnte in weniger als einer Stunde durcheilt werden. In München vermöchte man von der Reichshauptstadt aus nach unterbrechungsloser Fahrt, wie sie dann selbstverständlich wäre, in 3 1/4 Stunden anzulangen. Es wäre also auch bei dieser großen Entfernung möglich, unter Aufwendung nur eines Reisetags, und ohne daß man die Nacht im Schlafwagen zubringen müßte, seine Geschäfte abzuwickeln und wieder zurückzukehren.

Unnötig ist es auszuführen, welche große Bedeutung eine solche Abkürzung der Reisezeiten für Handel und Verkehr haben würde. Ihre Herbeiführung aber ist ohne Aufwendung ungeheurer Summen nicht möglich. Keine der vorhandenen Eisenbahnstrecken könnte hierfür benutzt werden. Eine so hoch gesteigerte Schnelligkeit der Züge verlangt wegen der gewaltig erhöhten Stoßkraft der bewegten Massen einen sehr viel stärkeren Oberbau, als die Bahnen ihn heute besitzen. Eine durchgehende Geschwindigkeit von 200 Kilometern läßt sich nur entfalten, wenn die Strecken ganz schwache Krümmungen haben. Wegkreuzungen in Schienenhöhe sind wegen der gesteigerten Gefahr unmöglich. Aus dem gleichen Grund könnte man auch nicht langsam fahrende Züge zwischendurch verkehren lassen. Ohne die Auslegung ganz neuer Geleise ist also dieser Fortschritt technisch nicht ausführbar. Es wäre notwendig, fremdes Gelände anzukaufen, Schienen von bisher nicht gebräuchlicher Höhe müßten darauf verlegt, kräftigere Schwellen zur Anwendung gebracht werden.

Und da entsteht die Frage, ob das tatsächlich vorhandene Bedürfnis diese riesenhaften Aufwendungen rechtfertigen würde. Die Fahrpreise für derartig beschleunigte Züge müßten sehr hoch sein, und es ist zweifelhaft, ob sich genügend viel Reisende finden würden, die bereit wären, für den Gewinn weniger Stunden das Vier- oder Fünffache des jetzt üblichen Fahrgelds aufzuwenden, während sie auf den alten Strecken, die doch bestehen blieben, auch weiter für das jetzige Entgelt fahren könnten. Zur Befriedigung von Seelenwünschen allein aber kann kein Staat, keine Eisenbahnverwaltung so große Summen opfern.

Billiger ließen sich die Schnellstrecken ja herstellen, wenn man von der heutigen Art der Standbahnen abginge und die Einschienenbahn anwendete. Doch da stehen wir heute noch einem technischen Rätsel gegenüber. Ob es wirklich möglich ist, die Wagen auf der Einschienenbahn auch bei einer Stundengeschwindigkeit von 200 Kilometern in Krümmungen aufrecht zu erhalten, ist noch nicht erwiesen. Die Erfolge von Probeveranstaltungen mit leichten Wagen und geringer Schnelligkeit geben keinen sicheren Anhalt. Die Anforderungen des wirklichen Betriebs an das aufrichtende Hilfsmittel würden unverhältnismäßig viel härter sein.

Beim Einschienenfahrzeug befinden sich Räder nur unter der mittleren Längsachse. Der Wagen steht also an sich nur in schwebendem Gleichgewicht auf seinem Gleis. Außer der Antriebsmaschine ist darin aber noch ein sehr schwerer Kreisel mit senkrechter Drehachse untergebracht, der vor Antritt der Fahrt in äußerst rasche Umdrehung versetzt wird. Ein solcher schnell gedrehter Kreisel hat die Eigenschaft, die Richtung seiner Drehachse mit großer Kraft festzuhalten. Es erwächst ihm hier die Aufgabe, das Einschienenfahrzeug daran zu hindern, auf seiner Schiene hin und her zu schwanken oder gar in Krümmungen umzukippen. Die starke Richtkraft schwerer, rasch bewegter Kreisel ist unzweifelhaft erwiesen. Nur fehlt bisher die Ausprobung der Anlage im wirklichen dauernden Betrieb.

Die geringe Reibung infolge Herabsetzung der Achslagerzahl und die Verminderung der Unebenheiten im einfachen Gleis würden, eine ausreichende Wirkung des Kreisels vorausgesetzt, die Herbeiführung großer Geschwindigkeiten sicherlich erleichtern und verbilligen. Man brauchte dann aber bei 200 Kilometern in der Stunde nicht stehen zu bleiben. Denn das ist durchaus noch keine so schwindelnde Schnelligkeit, daß man vor ihrer Überschreitung zurückschrecken müßte. Freilich dürfte bei noch höherer Steigerung der Geschwindigkeit die Überwindung des Luftwiderstands eine sehr bedeutende Rolle spielen.

Jeder hat die Geschwindigkeit von 200 Kilometern in der Stunde schon recht häufig und sogar unter besonders ungünstigen Umständen wahrgenommen, ohne daß er eine üble Einwirkung empfunden hätte. Wenn nämlich zwei der heute üblichen Schnellzüge einander auf offener Strecke begegnen, so hat jeder gegenüber dem anderen annähernd eine Geschwindigkeit von 200 Kilometern, da ja die beiden Eigengeschwindigkeiten zusammengezählt werden müssen. Obgleich bei dieser Gelegenheit die so rasch bewegten Gegenstände einander äußerst nahe sind, ist es doch bei einiger Aufmerksamkeit noch ganz gut möglich, Einzelheiten zu erkennen, wie etwa die Fenster und die Lücken zwischen den einzelnen Wagen. Sicherlich würde also auch vor den Augen der Reisenden, die in einem mit der wirklichen Geschwindigkeit von 200 Kilometern dahinfahrenden Schnellzug säßen, die Gegenstände im Gelände nicht als dunstige Gebilde vorübergleiten, sondern man würde sie, namentlich soweit sie in größerer Entfernung liegen, auch dann noch ganz gut in ihrer Art und Form aufzufassen vermögen. Das ist übrigens auch schon durch die Beobachtungen während der Schnellfahrversuche auf der Militärbahn erwiesen.

Mit Fahrzeugen, die beim Vorwärtsdringen eine sehr viel geringere Reibung und einen kleineren Luftwiderstand zu überwinden haben, sind tatsächlich auch bereits Geschwindigkeiten erreicht worden, welche über die 200 Stunden-Kilometer hinausgehen. Flieger haben schon vor dem Krieg während längerer Zeit Stundengeschwindigkeiten von 220 und 230 Kilometern eingehalten. Und hier tritt uns dasjenige technische Werkzeug entgegen, welches, aller Voraussicht nach, im Personen- und Postschnellverkehr die Eisenbahn überflügeln wird.

Der Krieg hat die Flugzeugtechnik in kaum genug zu bewundernder Weise gefördert. Die Sicherheit des Fliegens, selbst in Wetter und Sturm, ist sehr groß geworden. Riesenhafte Einheiten zur Aufnahme vieler Menschen sind geschaffen. Keiner, der sich zukünftige Entwicklungen auch nur ein wenig auszumalen vermag, kann daran zweifeln, daß die Zukunft des hochgesteigerten Schnellverkehrs in der Luft liegt. Die Geschwindigkeitsgrenzen für Flugzeuge sind sehr viel weiter gesteckt als für die Eisenbahnen, und diese Fahrzeuge sind ferner in der Lage, stets den kürzesten Weg zwischen zwei Orten, nämlich die gerade Luftlinie, zu wählen. Die mühsame Errichtung von Unterbauten, das Ausstrecken von Schienen ist nicht notwendig, um eine Verkehrslinie für Flugzeuge herzustellen. Die verhältnismäßig leichte Herrichtung von Landungsplätzen und deren zweckmäßige Ausstattung genügen.

Sicher kommt einmal der Tag, da der Luftreisende von seinem erhabenen Sitz aus gerade so spöttisch auf den unter ihm schneckenartig dahinkriechenden Eisenbahnzug hinabsehen wird, wie heute der Fahrgast des Schnellzugs die vor der Schranke haltende Postkutsche betrachtet. Gibt es doch im menschlichen Leben keine anderen Werte als solche, die durch Vergleich entstehen, wechselt doch die Bewertung jedes Gegenstands unausgesetzt nach den Zeitumständen.

Seit der Mitte des Jahres 1917 hat die Eisenbahn-Fachliteratur begonnen, sich mit dem Flugzeugverkehr zu beschäftigen. Man wittert Morgenluft. Die beteiligten Kreise sehen ein, daß hier ein Wettbewerber für besonders hochwertigen Verkehr heranwächst. Freilich wird die ausbleibende Entwicklung auch hier nur allmählich vor sich gehen. Aber der Menschenaustausch zwischen den ganz großen Städten, den Ländern und Erdteilen dürfte immer häufiger durch die Luft vor sich gehen. Es ist mehr als wahrscheinlich, daß die so ungeheuer kostspieligen Anlagen der neuen 200 Kilometer-Eisenbahnen dadurch unnötig gemacht werden. Vorläufig gehört ja noch immer einiger Mut dazu, in ein Flugzeug zu steigen. Doch die Möglichkeit äußerst rascher Beförderung wird viele die gesteigerte Gefahr vergessen lassen, und sicherlich wird es auch bald gelingen, den großen Luftomnibus annähernd so weit flugsicher zu machen, wie die Eisenbahn unfallsicher ist.

Man darf ja nicht übersehen, daß dem Flugzeug schon heute, wenn es ein paar hundert Meter über dem Boden fliegt, nur noch sehr wenige Gefahren drohen. Der einzige Vorgang, der wirklich unrettbares Verderben über die Insassen zu bringen vermag, ist das Abbrechen der Tragflächen. Die Kunst des Flugzeugbaus ist nun jedoch bereits so vollkommen, daß hiermit keinesfalls mehr gerechnet zu werden braucht. Das Versagen des Motors in der Luft aber ist ganz ungefährlich. Jedes Flugzeug ist ja imstande, ohne die geringste Gefährdung im Gleitflug zur Erde niederzugehen. Befindet sich der Apparat in einer Höhe von 1000 Metern über dem Boden, was bei den Linienflügen später wahrscheinlich regelmäßig der Fall sein wird, so kann der Führer in aller Ruhe sich einen Landungsplatz im Umkreis von 15 bis 17 Kilometern aussuchen. Wenn überall im Land, in der Nähe jeder großen Stadt ein Flughafen vorhanden ist, so wird fast stets Gelegenheit sein, unter Ausschluß jeder Gefahr auf einen solchen niederzugehen.

Am Tag werden diese Landungsorte durch weithin sichtbare Zeichen zu erkennen sein, in der Nacht wird man sie durch Lichter, bei Nebel durch Rauchsäulen oder andere geeignete Maßnahmen weithin kenntlich machen. Jedes Flugzeug wird also stets einen sicheren Hafen zur Verfügung haben.

Weitere bedeutende Sicherheit wird dadurch entstehen, daß die Zahl der Betriebsmaschinen gesteigert wird. Einer unserer besten und erfahrensten Friedensflieger, Hellmuth *Hirth*, erzählt in seinem Buch »Meine Flugerlebnisse«, wie er sich die Entwicklung in dieser Beziehung vorstellt:

»Wenn man bedenkt, daß in unseren jetzigen Flugzeugen ein ausgewachsener Mensch gezwungen ist, stundenlang auf einem kleinen Sitz zu verharren, so komme ich zu der Überzeugung, daß unsere heutigen Flugmaschinen bald riesige Dimensionen annehmen werden. Unsere Technik ist jetzt schon erfreulicherweise so weit, daß sie uns den Bau von riesenhaften Flugzeugen, von 600, 2000 und mehr Pferdestärken gestattet. Diese werden eine völlige Umwälzung des augenblicklichen Luftbetriebs herbeiführen. Der Führer oder besser der Flugzeugkapitän wird dann lediglich den Start und die Landung beaufsichtigen. Ein Mann wird für die Seitenstabilität sorgen, ein anderer die Höhensteuer bedienen. Dann ist die Zeit gekommen, die Flugzeuge mit automatischen Stabilisatoren (selbsttätigen Vorrichtungen zum Ausgleich der Schwankungen) auszurüsten. Es wird Platz vorhanden sein wie in einem großen Speisewagen. Ein derartiges großes Flugzeug mit 2000 Pferdekräften kann leicht 60 Personen 50 Stunden lang befördern. Dann fängt die Fliegerei erst an, gemütlich zu werden.«

»Wenn derartige große Flugschiffe 12 Motoren – sagen wir einmal zu je 160 PS – besitzen, wird der ganze Flug ruhig und sicher verlaufen. Wind und Wetter würden ihm wenig mehr anhaben. Es können bis fünf Motoren ihre Arbeit während des Flugs einstellen, ohne die Sicherheit des Flugs zu gefährden, und nach dem heutigen Stand der Motorentechnik kann man mit Sicherheit annehmen, daß von zwölf Motoren sieben fehlerfrei arbeiten.«

Bevor noch derartige Riesenmaschinen gebaut werden konnten, hat der Luftverkehr bereits begonnen. Zwischen dem italienischen Festland und der Insel Elba besteht eine Flugpostlinie. Spanien geht daran, seinen wegen der schlechten Eisenbahnverhältnisse recht mangelhaften Postverkehr durch Einführung von Flugpostlinien zu verbessern. In Dänemark ist das Streben nach gleichen Einrichtungen sehr rege, da die Zerklüftung des Lands in viele kleine Inseln starke Verzögerungen des Verkehrs über die Erdoberfläche verursacht. Mit Hilfe des Flugzeugs könnte die Post zwischen Kopenhagen und Jütland, also dem Festland, in zwei Stunden, statt wie bisher in 24 Stunden, befördert werden.

Lord *Montagu* hat in durchaus ernsthafter Weise Vorschläge für eine baldigst zu errichtende Flugverbindung zwischen England und Indien gemacht. Nach seinen Plänen soll sich ein Flug zwischen dem englischen Mutterland und dessen wichtigster Kolonie künftig folgendermaßen gestalten:

Man fliegt um 7 Uhr morgens von London ab und kommt um 1/2 12 Uhr mittags in Marseille an, wo eine Stunde Aufenthalt zum Einnehmen des Frühstücks gemacht wird. Um sechs Uhr abends ist man in Neapel. Nächtliche Flüge schließt Lord Montagu vorläufig noch aus, da er sie für zu gefährlich erachtet. Die Reise geht also erst am nächsten Morgen weiter. Frühstückspause findet in Kreta statt, und am Abend des zweiten Tags ist Alexandrien erreicht. Nach Übernachtung in dieser Stadt geht es nach Basra und am vierten Tag nach Kurachi, einem wichtigen Knotenpunkt der indischen Eisenbahnen. In einer Gesamtreisezeit von 83 1/2 Stunden könnte auf diese Weise eine Entfernung zurückgelegt werden, für die man heute bei schnellster Fahrt 14 Tage gebraucht.

Die reine Flugzeit beträgt aber nur 39 1/4 Stunden. Denkt man sich Hirths Speisewagenflugzeug benutzt, wodurch Frühstücks-Aufenthalte unnötig werden würden, und nimmt man an, daß auch während der Nacht geflogen werden kann, was ja durchaus im Rahmen der Möglichkeit liegt, so wird unter Einrechnung einiger trotzdem nicht zu umgehender Zwischenaufenthalte die Reise von England nach Indien vielleicht schon in 2 1/2 Tagen zu erledigen sein.

Es würde alsdann von selbst geschehen, daß sich eine weitere Fluglinie über Singapore nach Australien anschlösse, die vielleicht gestatten würde, die Entfernung London-Sidney in einer Woche zurückzulegen.

Weit wichtiger noch wird die Flugverbindung zwischen Europa und Nord-Amerika sein. Die Überquerung des Atlantischen Ozeans bildet unter Benutzung der Azoren als Zwischenlandungsstelle keine unüberwindlichen Schwierigkeiten. Sollte es sich jedoch wirklich als besonders schwierig herausstellen, daß ein Riesenflugzeug genügend Betriebsstoff und Öl mitnehmen kann, um die Entfernung zwischen den eben genannten Inseln und dem amerikanischen Festland in ununterbrochenem Flug zurückzulegen, so wäre die Zwischenaufstellung von Schiffen denkbar, von denen aus so große Schwimmflächen auf das Wasser gelegt werden, daß Flugzeuge darauf zu landen vermögen. Hier könnten sie neu versorgt werden.

Von diesen Weltlinien abgesehen, werden dem Flugzeug aber auch in Europa selbst sehr bedeutende Aufgaben zukommen. In dem Augenblick, da man an Luftreisen denkt, erscheint die Eisenbahnfahrt von Berlin nach Konstantinopel, von Paris nach Moskau und weiter nach Wladiwostok, der Ausgangsstelle für das Übersetzen nach Japan, als eine höchst jämmerliche Beförderungsart. Stellt man alle Pläne für künftigen Luftverkehr zusammen, die augenblicklich in Deutschland, Frankreich, Schweden und den bereits genannten Ländern erwogen werden, so zeigt sich ziemlich deutlich, daß Berlin als die einzige Weltstadt, die im Herzen Europas liegt, berufen sein wird, ein Mittelpunkt des künftigen Luftverkehrs zu werden. Die europäischen Verkehrslinien dürften hier ihren Knotenpunkt haben.

Es wäre verfrüht, heute schon in irgendeiner Weise die Formen voraussagen zu wollen, in denen sich der Luftverkehr im einzelnen abspielen wird. Das Unerwartete dürfte hier Ereignis werden.

Sicher ist jedoch, daß die Frage des Reisegepäcks eine große Wichtigkeit haben wird. Das zu befördernde Gewicht spricht ja bei Flugzeugen mehr mit als auf den Eisenbahnen mit ihrer festen Unterstützung. Man wird gezwungen sein, jedem Reisenden immer nur das Mitnehmen eines leichten Päckchens zu gestatten. Die Dame, welche mit den bekannten zehn Koffern zu reisen gewöhnt ist, wird vorläufig also entweder auf die Luftbeförderung verzichten oder sich mit dem Gedanken vertraut machen müssen, daß ihr Gepäck sehr viel später als sie selbst mit der Eisenbahn am Bestimmungsort ankommt. Da der Kulturmensch aber auch bei bescheidenen Ansprüchen zur Mitnahme vieler Gegenstände gezwungen ist, so kann man hier eine Schwäche des Luftverkehrs wahrnehmen, die viele sonst zur Luftfahrt bereite Reisende weiter bei der Eisenbahn festhalten wird, bis dereinst Riesen-Riesenflugzeuge auch zehn Koffer für jeden Fahrgast mit Leichtigkeit werden mitnehmen können.

Hiermit sind wir schon bei einer fernen Zukunft angelangt. Vorläufig bleibt es noch wichtigste Aufgabe, die Eisenbahnen weiterzuentwickeln. Mancherlei ist da zu tun. Sind doch noch zahlreiche Gegenden, selbst in Europa, mit Geleisen zu durchdringen. Man denke nur an Rußland, wo viele Städte mit 40 000 und 60 000 Einwohnern bis heute des Bahnanschlusses entbehren. In den anderen Erdteilen ist das Bedürfnis weit größer. Für Deutschland freilich ist der Bau neuer großer Hauptlinien kaum mehr zu erwarten. Unser Vaterland ist in dieser Beziehung gesättigt. Die Verdichtung des Schienennetzes durch Errichtung von Nebenstrecken und insbesondere durch Vermehrung der Kleinbahnen wird aber weiter fortschreiten.

In den Zügen selbst wird den Reisenden immer mehr Bequemlichkeit geboten werden müssen. Daß die Einrichtung von Geschäftsabteilen gewünscht wird, wurde bereits erwähnt. Neuerdings hat dieser Wunsch einen unmittelbaren Ausdruck in einem Antrag gefunden, der von der Handelskammer in Köln dem preußischen Eisenbahn-Minister übersandt worden ist. Es wird hierin die Einrichtung von Geschäfts-Abteilen oder die Einstellung ganzer Geschäftswagen in D-Züge mit langer Fahrtdauer angeregt. Die Abteile sollen mit je einem großen Tisch, Stühlen und Schreibzeug versehen sein, so daß die Erledigung von schriftlichen Arbeiten und auch die Abhaltung von Besprechungen ohne die Anwesenheit fremder Reisender möglich ist. Für die Benutzung der Abteile soll eine Gebühr von etwa zwei Mark für die Stunde erhoben werden.

Professor Schimpff weist darauf hin, daß die für gute Benutzbarkeit derartiger Wagen mit Geschäfts-Abteilen besonders gute Bauart Bedingung ist. Nur Fahrzeuge mit sechsachsigen Drehgestellen würden bei den heutigen Schnellzuggeschwindigkeiten ruhig genug laufen, um sicheres Schreiben von Stenogrammen und Arbeiten auf der Schreibmaschine zu gestatten. Nach Schimpffs Angaben würde »der Wagen wie ein gewöhnlicher D-Zugwagen mit Abteilen und einem Seitengang auszustatten sein. Für Besprechungen wären Vollabteile mit einem großen Tisch und sechs Sesseln einzurichten, als Arbeitsräume Halbabteile mit herunterklappbaren Wandschreibtischen und Stühlen für drei Personen. Schreibtische und Stühle müssen so miteinander verbunden sein, daß ihre Bewegungen stets gemeinsam stattfinden.«

»Da auch die Mitführung von Sekretärinnen in Frage kommt, wäre für diese in der Mitte des Wagens ein Abteil zu schaffen, in dem sie sich aufhalten und Stenogramme auf die Schreibmaschine übertragen könnten. Dabei käme in erster Linie die Mitführung von eigenen Sekretärinnen, in zweiter Linie Mitnahme eisenbahnseitig angestellter Damen in Frage. Für den Wagen wäre eine besondere Bedienung (Bursche) zu schaffen, um den Wagen sauber zu halten und auf den Zwischenstationen Telegramme und Zeitungen zu besorgen. Da es sich wenigstens zunächst kaum darum handeln dürfte, sogleich einen ganzen Wagen für Geschäftszwecke einzurichten, dürfte es zweckmäßig sein, einen Teil des Wagens zu Abteilen erster Klasse zu benutzen.«

Gewiß wird es nicht lange dauern, bis auch die Barbierstube und das Badezimmer in den Schnellzügen zu finden sein werden.

Die Vervollkommnung des drahtlosen Verkehrs wird in absehbarer Zeit gestatten, im fahrenden Eisenbahnzug Telegramme aufzugeben und zu empfangen. Mit der Freiheit von geschäftlichen Erregungen, die heute jede Eisenbahnfahrt gewährt, wird es dann leider vorbei sein. Und noch ärger wird man im Genuß einer schönen Gegend, durch die der Wagen rollt, gestört werden, wenn in jedem Zug erst ein drahtloser Fernsprechapparat hängt. Das Schlaf-Abteil mit Bad und Fernsprecher ist zugleich ein schöner und ein abscheulicher Gedanke.

Die Züge, welche derartige Einrichtungen besitzen, werden elektrische Förderung haben. Damit wird der schmutzende Ruß von den Strecken verschwunden sein. Die Fahrzeuge werden mit freundlichen, hellen Farben angestrichen sein, da kein Rauch mehr vorhanden sein wird, dessen Säuren den Lack rasch unansehnlich machen. Um auch die letzte Belästigung der Reisenden hintanzuhalten, wird man die Bahnkronen mit bindenden Flüssigkeiten übergießen, so daß die fahrenden Züge keinen Staub mehr aufwirbeln können. Wenn dann noch die Lüftungseinrichtungen in den Wagen verbessert sein werden, dürfte eine Eisenbahnfahrt einer Frischluftkur nicht mehr unähnlich sein. Sicherlich ist es Aufgabe der Eisenbahnverwaltungen, dafür zu sorgen, daß das Reisen an sich immer mehr zu einem Vergnügen wird.

Wird die Welt auf Schienen auch einst in Trümmer gehen wie alle anderen Welten, so strahlt sie doch heute in hellstem Glanz. Und die nächste Ankunft wird ihr sogar noch weitere machtvolle Entfaltung bringen. Die gewaltige Arbeit, welche die Menschheit an die Erbauung der Eisenbahnen gesetzt hat, ist ihr reichlich vergolten worden. Die über die Schienen brausenden Züge machen den Erdbewohnern ihr Haus erst wohnlich, verhelfen ihnen zu dessen vollem Besitz. Was wären uns die Herrlichkeiten der Erde ohne die Eisenbahnen! Eine Sage, etwas unerreichbar Fernes für die meisten! Man nehme aus unserer Welt die Welt auf Schienen, und sie wandelt sich aus sorgsam angebautem Land in eine unbetretbare Wildnis zurück.

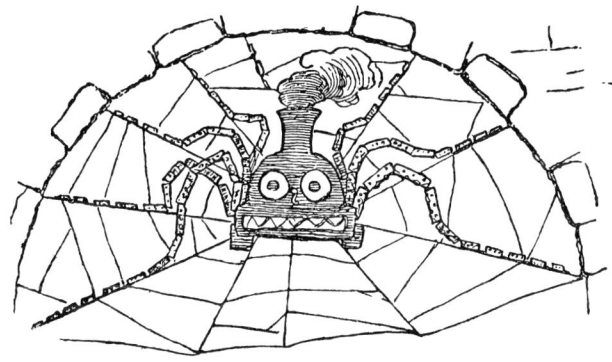

Aus Klima: »Die Technik im Licht der Karikatur«
Die Eisenbahn als Spinne

Verzeichnis der Verwaltungen der deutschen Staats- und Privatbahnen mit Regelspur

(Aus »Statistik der im Betrieb befindlichen Eisenbahnen Deutschlands«)

	Gesamtlänge der Bahnstrecken in Kilometern (1913)
Staatsbahnen:	
1. Reichseisenbahnen in Elsaß-Lothringen	2030,97
2. Militär-Eisenbahn	70,52
3. Vereinigte preußische und hessische Staatseisenbahnen	39 125,56
4. Bayerische Staatseisenbahnen	8 230,48
5. Sächsische Staatseisenbahnen	2 831,30
6. Württembergische Staatseisenbahnen	1 997,67
7. Badische Staatseisenbahnen	1 803,45
8. Großherzoglich Mecklenburgische Friedrich-Franz-Eisenbahn	1 094,30
9. Oldenburgische Staatseisenbahnen	673,74
Privatbahnen:	
10. Köln-Bonner Kreisbahnen	43,82
11. Eutin-Lübecker Eisenbahn	39,17
12. Ludwigs-Eisenbahn (Nürnberg-Fürth)	6,04
13. Lübeck-Büchener Eisenbahn	161,07
14. Achern-Ottenhöfener Eisenbahn	10,41
15. Altona-Kaltenkirchener Eisenbahn	47,02
16. Badische Lokaleisenbahnen, Aktiengesellschaft in Karlsruhe	96,75
17. Bayerische Bahnen der Lokalbahn-Aktiengesellschaft in München	147,86
18. Bentheimer Kreisbahn	73,78
19. Biberach-Oberharmersbacher Eisenbahn	10,56
20. Birkenfelder Eisenbahn (unter preußischer Staatsverwaltung)	5,23
21. Brandenburgische Städtebahn	125,58
22. Braunschweigische Landes-Eisenbahn	108,00
23. Braunschweig-Schöninger Eisenbahn	70,69
24. Butzbach-Licher Eisenbahn	53,79
25. Crefelder Eisenbahn	62,80
26. Cronberger Eisenbahn	9,62
27. Dahme-Uckroer Eisenbahn	12,53
28. Deggendorf-Mettener Eisenbahn	4,22
29. Dessau-Wörlitzer Eisenbahn	18,70
30. Eisern-Siegener Eisenbahn	14,24
31. Elmshorn-Barmstedt, Oldesloer Eisenbahn	52,66
32. Esperstedt-Oldisleber Eisenbahn	4,20
33. Farge-Vegesacker Eisenbahn (unter preußischer Staatsverwaltung)	10,44
34. Freien Grunder Eisenbahn	13,74
35. Georgs Marienhütte-Eisenbahn	9,00

36. Gotteszell-Viechtacher Eisenbahn	24,97
37. Greifswald-Grimmener Eisenbahn	48,43
38. Greußen-Ebeleben-Keulaer Eisenbahn	37,68
39. Halberstadt-Blankenburger Eisenbahn	87,25
40. Haltingen-Kanderner Eisenbahn	13,00
41. Hildesheim-Peiner Kreisbahn	31,44
42. Hoyaer Eisenbahn	6,30
43. Ilmebahn (unter preußischer Staatsverwaltung)	13,25
44. Kahlgrund-Eisenbahn	23,00
45. Königsberg-Cranzer Eisenbahn	48,53
46. Kreis Oldenburger Eisenbahn (unter preußischer Staatsverwaltung)	43,65
47. Krozingen-Staufen-Sulzburger Eisenbahn	11,00
48. Lam-Kötztinger Eisenbahn	17,75
49. Lausitzer Eisenbahnen	80,91
50. Liegnitz-Rawitscher Eisenbahn	129,08
51. Löwenberg-Lindow-Rheinsberger Eisenbahn	37,60
52. Meckenbeuren-Tettnanger Eisenbahn	4,46
53. Mecklenburgische Friedrich-Wilhelm-Eisenbahn	102,64
54. Meppen-Haselünner Eisenbahn	29,00
55. Mittweida-Dreiwerden-Ringethaler Eisenbahn (unter sächsischer Staatsverwaltung)	10,53
56. Mühlhausen-Ebelebener Eisenbahn	25,33
57. Nauendorf-Gerlebogker Eisenbahn	15,15
58. Neubrandenburg-Friedländer Eisenbahn	25,68
59. Neuhaldensleber Eisenbahn	30,64
60. Neustadt-Gogoliner Eisenbahn	41,60
61. Niederbiegen-Weingartener Eisenbahn	4,89
62. Niederlausitzer Eisenbahn	113,30
63. Oberschefflenz-Billigheimer Eisenbahn	8,50
64. Oschersleben-Schöninger Eisenbahn	27,63
65. Osterwieck-Wasserlebener Eisenbahn	21,33
66. Paulinenaue-Neuruppiner Eisenbahn	30,30
67. Peine-Ilseder Eisenbahn	7,95
68. Prignitzer Eisenbahn	61,49
69. Rappoltsweiler Straßenbahn	4,00
70. Reinickendorf-Liebenwalde-Groß-Schönebecker Eisenbahn	62,02
71. Rinteln-Stadthagener Eisenbahn	20,40
72. Röthenbach bei Lindau-Weilerer Eisenbahn (unter bayerischer Staatsverwaltung)	5,73
73. Rosheim-St. Naborer Eisenbahn	11,65
74. Ruppiner Eisenbahn	132,71
75. Schaftlach-Gmund-Tegernseer Eisenbahn	12,35
76. Stendal-Tangermünder Eisenbahn	13,23
77. Stralsund-Triebseer Eisenbahn	33,73
78. Süddeutsche Eisenbahn-Gesellschaft in Darmstadt	179,22
79. Teutoburger Wald-Eisenbahn	101,33
80. Trossinger Bahn	4,46
81. Vorwohle-Emmerthaler Eisenbahn	31,80
82. Weimar-Berka-Blankenhainer Eisenbahn	31,40

83. Wenigentaft-Oechsener Eisenbahn	10,11
84. Westfälische Landes-Eisenbahn	265,78
85. Wittenberge-Perleberger Eisenbahn	10,54
86. Württembergische Eisenbahn-Gesellschaft in Stuttgart	84,67
87. Württembergische Nebenbahnen	64,00
88. Wutha-Ruhlaer Eisenbahn	7,31
89. Zschipkau-Finsterwalder Eisenbahn	32,92

Quellenverzeichnis

»Allgemeine Fahrordnung für Hauptbahnen der Königlich Preußischen Staats-Eisenbahn«.

»Berlin und seine Eisenbahnen 1846-1896«, herausgegeben im Auftrag des Königlich Preußischen Ministers der Öffentlichen Arbeiten. Berlin 1896, Verlag von Julius Springer.

»Das Buch der Erfindungen«. Band 9. Leipzig, Verlag von Otto Spamer.

»Der Dampfwagen-Reisende auf der Leipzig-Dresdner Eisenbahn«. Leipzig 1838, Verlag von J. J. Weber.

»Das deutsche Eisenbahnwesen der Gegenwart«. Berlin 1911, Verlag von Reimar Hobbing.

»Eisenbahn-, Bau- und Betriebsordnung«, Verlag von Wilhelm Ernst & Sohn in Berlin.

»Die Eisenbahn-Technik der Gegenwart«, herausgegeben von Blum, v. Borries, Barkhausen, Courtin und v. Weiß. 1. und 2. Auflage. Wiesbaden, C. W. Kreidels Verlag.

»Eisenbahn-Signalordnung«. Berlin 1913, Verlag Wilhelm Ernst & Sohn.

»Eisenbahn-Verkehrsordnung für das Deutsche Reich«. Verlag von Emil Roth in Gießen.

»Enzyklopädie des Eisenbahnwesens«, herausgegeben von Dr. Freiherrn von Röll, 2. Auflage. Berlin und Wien 1912, Verlag von Urban & Schwarzenberg.

»Die ersten deutschen Eisenbahnen Nürnberg-Fürth und Leipzig-Dresden«, herausgegeben von Friedrich Schulze. Leipzig, R. Voigtländers Verlag.

»Fahrdienstvorschriften der Preußischen Eisenbahnverwaltung«. 1913.

»Festschrift über die Tätigkeit des Vereins Deutscher Eisenbahnverwaltungen 1846-1896«. Berlin 1896, Naucksche Buchdruckerei.

»Die Gotthardlinie«. 1909 herausgegeben vom Publizitätsdienst der Schweizerischen Bundesbahnen.

»Das größte Wunderwerk unserer Zeit«. Nürnberg 1832 , Verlag von Friedrich Campe.

»Güterwagenvorschriften des Deutschen Staatsbahnwagenverbands«.

»Das Königlich Preußische Eisenbahn-Gesetz vom 3. November 1838«. Elberfeld, Büschlersche Verlagsbuchhandlung.

»Das Projekt der Jungfraubahn«. Druck von Friedrich Schultheß in Zürich 1896.

»Der Siegeslauf der Technik«, herausgegeben von Max Geitel. Stuttgart, Berlin, Leipzig, Union Deutsche Verlags-Gesellschaft.

»Statistik der im Betrieb befindlichen Eisenbahnen Deutschlands«. Berlin 1915, Vertrieb von E. S. Mittler & Sohn.

»Statistisches Jahrbuch für das Deutsche Reich«, herausgegeben vom Kaiserlichen Statistischen Amt. Berlin 1915, Verlag von Puttkammer & Mühlbrecht.

»Georg Stephenson, geschildert in seinem Leben und Wirken als Mensch und Erfinder«. Stuttgart 1860, Franckhsche Verlagsbuchhandlung.

L. Berger: »Der alte Harkort«. Leipzig 1890, Verlag von Julius Baedeker.

Bode. »Der praktische Lokomotivbeamte«. 2. Teil: »Die Luftbremsen«. Berlin 1914, Verlag von Kurt Amthor.

Dr. R. van der *Borght:* »Das Verkehrswesen«. Leipzig 1912, Verlag von C. L. Hirschfeld.

Max *Eyth*: »Hinter Pflug und Schraubstock«. Stuttgart und Leipzig, Deutsche Verlags-Anstalt.

Artur *Fürst:* »Das Reich der Kraft«. Berlin, Vita, Deutsches Verlagshaus.

Artur *Fürst* und Alexander *Moszkowski.* »Das Buch der 1000 Wunder«. München 1916, Verlag von Albert Langen.

A. *Haarmann:* »Das Eisenbahn-Geleise«, Leipzig 1891, Verlag von Wilhelm Engelmann.

Ludwig *Häußer:* »Friedrich Lists gesammelte Schriften«. Stuttgart und Tübingen 1850, J. G. Cottascher Verlag.

Dr. Richard *Hennig:* »Buch berühmter Ingenieure«. Leipzig 1911, Verlag von Otto Spamer.

Hellmuth *Hirth:* »Meine Flugerlebnisse«. Berlin 1915, Ferd. Dümmlers Verlagsbuchhandlung.

Dr. Edwin *Kech:* »Geschichte der deutschen Eisenbahnpolitik«. Leipzig 1911, G. J. Göschensche Verlagsbuchhandlung.

Dr. Anton *Klima:* »Die Technik im Lichte der Karikatur«. Wien 1913, Verlag von Franz Malota.

Launhardt: »Am sausenden Webstuhl der Zeit«. Leipzig 1910, Verlag von B. G. Teubner.

Fr. *List:* »Über ein sächsisches Eisenbahn-System als Grundlage eines allgemeinen deutschen Eisenbahn-Systems und insbesondere über die Anlegung einer Eisenbahn von Leipzig nach Dresden«. Leipzig 1833, Verlag von A. G. Liebeskind.

Conrad *Matschoß:* »Die Entwicklung der Dampfmaschine«. Berlin 1908, Verlag von Julius Springer.

C. *Merckel:* »Schöpfungen der Ingenieurtechnik der Neuzeit«. Leipzig 1907, Verlag von B. G. Teubner.

Dr. Albert *Neuburger:* »Erfinder und Erfindungen«. Berlin 1913, Verlag von Ullstein & Co.

Nikolaus *Riggenbach:* »Erinnerungen eines alten Mechanikers«. Basel 1890, C. Detloffs Buchhandlung.

Johannes *Scharrer:* »Deutschlands erste Eisenbahn mit Dampfkraft«. Nürnberg 1837, bei Riegel & Wießner.

Dipl.-Ing. Friedrich *Steiner:* »Bilder aus der Geschichte des Verkehrs«. Prag 1880, Verlag von H. Dominicus.

Ing. Ludwig Ritter von *Stockert:* »Eisenbahn-Unfälle«. Leipzig 1913, Verlag von Wilhelm Engelmann.

Max Maria v. *Weber:* »Aus der Welt der Arbeit«. Berlin 1907, G. Grotesche Verlagsbuchhandlung.

Max Maria v. *Weber:* »Zur Erinnerung an die fünfzigjährige Gedenkfeier der ersten Lokomotiv-Wettfahrten bei Rainhill«. Vortrag, gehalten im Verein für Eisenbahnkunde zu Berlin am 7. Oktober 1879. Berlin 1879, Verlag von Julius Sittenfeld.

Stichwortverzeichnis

Ablaufanlage, Selbsttätige 360
Ablaufberg 365
Ablaufsignal 357
Abstellbahnhof 346
Abt 485
Abteile 264
Achsanordnung an Lokomotiven 251
Achsen, Einstellbare 227, 228, 261
Achsen, Lokomotiv- 218
Achsen, Verschiebbare 227
Achsstand 185, 225, 261
Achswechsel 301
Adams 83, 89
Adamsachse 227
»Adler« (Lokomotive) 103
Akkumulatoren, siehe Speicher
Anhalten von Zügen 445
Aschkasten 207
Ashkroft 89
Ausgleichstellen für Güterwagen 352

Baader, von 101
Bahngattungen, Wahl der 134
Bahnhofsblockung 397
Bahnhofs-Fahrordnung 442
Bahnkrone 136
Bahnmeister 449
Bahnpolizeibeamter 450
Bahnräumer 454
Bahnsteige 368
Bahnwärter 450
Baker 153
Barlow 82
Bayreuth, Wilhelmine von 13
Beamte 433
Beaumont 78
Befahren des falschen Gleises 443
Befehl A 444
Beleuchtung der Wagen 55, 281
Bereitschaftswagen 340
Berkinshaw 81
Berlin-Potsdam 121

Bettung 173
Bignoles 82
Bitterfeld-Dessau 521
Blasrohr 37, 49, 209
Blattstoß 183
Blenkinsop 40
Blockeinrichtung 380, 395
Börne 15
Booth 63
Borries, von 232
Böschungswinkel 138, 141
Bouch 149
Brader Weiche 90
Bandleitetunnel 157
Breidsprechersche Wagen 301
Breitenbach, Minister von 434
Breitfuß-Schiene 82
Breitspur 93
Bremsen 314
Bremsen auf Zahnbahnen 486
Bremsklötze 315
Bremsprellbock 376
Bremsprobe 330
Bremsweg 315
Brennerbahn 163, 167
Britanniabrücke 146
Brücken 144
Brückenunterhaltung 457
Brückschiene 82
Brunton 42
Bullenkopf-Schiene 82

Callao-Lima-Oroya 167
Carpenter-Bremse 323
»Catch me, who can« (Lokomotive) 40
Cathcart 481
Chapman 42
Chappe 388
Crampton-Lokomotive 213
Cugnot 32
Curr 81

Dampf, Überhitzer 232
Dampfdom 209
Dampfläutwerk 249
Dampfpfeife 249
Dampfstutzen 248
Dampfwagen 501
Denis 102
Desinfektion, siehe Entseuchung
Diabolo-Isolator 526
Diestelrasen-Tunnel 157
Dirschauer Brücke 148
Drehbrücke bei Amsterdam 157
Drehgestelle 227, 262
Drehscheiben 190
Druckluftbremsen 321
Druckmesser 251
D-Wagen 265, 273

Edmonsonsche Fahrkarten 472
Einkammerbremse 324
Einschienenbahn 532
Einschwimmen eines Brückenträgers
    147
Eisenbahndirektionen 434
Eisenbahngesetz, Erstes preußisches
    123
Eisenbahnunfälle 422, 445
Eisenbahnzentralamt 434
Elektrische Vollbahnen 506
Elektrische Vollbahnstrecken in
    Deutschland 518
Elektrische Vorortstrecken 518
Elm, Bahnanlagen bei 160
Entseuchung der Personenwagen 347
Entwässerung im Bahnkörper 140
Entwurf einer neuen Linie 134
Eröffnungszeiten wichtiger Strecken
    125
Eyth 149

Fahrdienst 435
Fahrdienstleiter 440
Fahrdienstvorschriften 349
Fahrdraht 524
Fähren 304
Fahrkarten 471
Fahrkartendrucker 473
Fahrplanbücher, Dienstliche 466

Fahrpläne 461
Fahrpläne, Bildliche 465
Fahrscheinbücher 473
Fahrstraßensicherung 383
Federn 212
Feindliche Signale 382
Fenster, Wagen- 277
Fettgas 282
Feuerkiste 206
Feuerschirm 211
Feuertür 243
Feuerung, Lokomotiv- 206
Firth of Forth-Brücke 149
Flügelschienen 194
Flugzeuge 533
Fowler 149
Frischen 402
Führerbremsventil 325
Führerstand 239
Funkenfänger 209
Funkenwurf der Lokomotiven 142

Galera-Tunnel 167
Gasdruckregler 282
Gelenkkessel 229
Gerber 154
Geschäftsabteile 536
Gewichtsbremse 320
Gleichstoß 90
Gleis, Geschichte 76
Gleisbau 187
Gleisbremse 359
Gleismelder für Ablaufberge 359
Gleissperren 384, 410
Göltzschtalbrücke 152
Gotthardbahn 164
Great Western-Railway, siehe Große
    Westbahn
Gregory 388
Grenzpfähle 195
Große Westbahn 93
Güterbahnhöfe 359
Güterverkehr 19, 24, 348
Güterwagen 288
Güterzugbremse 333
Güterzüge, Arten der 355
Guyer-Zeller 497

Haarmann 90, 182, 183
Hakenschloß 402
Handbremse 318
Hardy-Bremse 330
Harkort 95
Hauptsignale 390
Hauptuntersuchung der Wagen 459
Hauptwagenamt 350
Heberleinbremse 319
Hedley 44
Heimatbahnhof 341
Heißdampflokomotiven 234
Heizrohre 209
Heizung der Wagen 279
Herzstücke 194
Hilfsbläser 210
Hilfszüge 293
Hofzug des Kaisers 269
Hohlglaswagen 291
Huskisson 67
Husumer Klappbrücke 154

Jessop 80
Jungfraubahn 493

Kaiser, Wilhelm-Brücke bei Müngsten
    154
Kehren 159
Kehrtunnel 164
Keilklemmen 184
Kemble 69
Kessel, Lokomotiv- 63, 206
Kesselwagen 292
Kipper 301
Kleinbahnen 26
Kleineisenzeug 180
Knallsignale 395
Knorrbremse 325
Kochemer Tunnel 157
Kohlensäureantrieb für Vorsignale 394
Kraftwerke für Vollbahnen 507, 523
Krankenwagen 269
Kreuzungen 194
Kronenbreite 138
Krümmungshalbmesser 135
Krümmungstäfelchen 187
Krupp, Alfred 221
Krupp-Kupplung, Selbsttätige 311
Kügelgen 14

Künstliche Längenentwicklung 159
Kunze 335
Kunze-Knorr-Bremse 335
Kupplungen 307
Kupplungen auf Zahnbahnen 488
Kupplungen, Selbsttätige 311
Kursbücher 463
Kurswagen 463

Landeseisenbahnrat 463
Langholzwagen 296
Laschen 89, 183
Lauban-Königszelt 528
Launhardt 17
Läutewerke an der Strecke 418, 451
Läutewerke, Dampf- 249
Le Crenier 85
Leipzig-Dresden 108
Leipziger Hauptbahnhof 369
Lenkachsen 228, 261
List 108
Lloyd-Kursbuch 464
Locher 486
»Locomotion« (Lokomotive) 53
Lokomotiv-Bremse 326
Lokomotive, Erste 38
Lokomotive, Erste deutsche 43
Lokomotiven 22, 195
Lokomotiven, Achsanordnung der 251
Lokomotiven, Ausbesserung der 253
Lokomotiven, Besetzung der 253
Lokomotiven, Druckluft- 258
Lokomotiven, Elektrische 510, 528
Lokomotiven, Feuerlose 256
Lokomotiven, Gattungen der 251
Lokomotiven, Heißdampf- 234
Lokomotiven, Motor- 257
Lokomotiven, Reinigung der 348
Lokomotiven, Schmierung der 249
Lokomotiven, Signale auf den 428
Lokomotivkessel 63
Ludwigsbahn 102
Luftpumpe, Brems- 325
Luftsaugebremse 330
Lüftung der Wagen 278
Luftverkehr 534

Mallett 228, 233
Manchester-Liverpool 63
Manometer, siehe Druckmesser
Marcotty 239, 243
Marienburger Brücke 148
Marsh 482
Maybach, von 124
Meldeverfahren, Telegraphisches 437
Merkpfähle 195
Middlesborough, Entstehung von 56
Ministerium der öffentlichen Arbeiten 434
Mischgas 483
Muldenstein, Kraftwerk in 523
Müngstener Brücke 154
Murdock 33

Nagler 17
Nebelsignale 427
Neigungswinkel 134
Neigungszeiger 187
Nixon 80
Normalspur, siehe Regelspur
Notbremse 327
Notleine 329
Notsignal 329
Nürnber-Fürth 102

Oberbau 173

Packwagen 293
Papin 31
Pease 52
Personenbahnhöfe 362
Personenverkehr 24
Personenwagen 259
Personenwagen, Bau der 273
Personenwagen, Eiserne 276
Peru, Andenbahn in 167
Petiet 234
Pilatusbahn 486
Pilzschiene 80
Pintsch 281
Plattformwagen 294
Postkutsche 18
Postwagen 271
Prellböcke 376
Prinz-Wilhelm-Eisenbahn 99
Prudhomme 329

Prüfhähne 247
Puffer 307
»Puffing Billy« (Lokomotive) 44
Pullmann 266

Querschwellengleis 173

Raddruck, höchster 184
Räder, Lokomotiv- 220
Räder, Wagen- 263
Radlenker 194
Radlenker-Weiche 91
Radreifen, Nahtlose 221
Radstand (siehe auch Achsstand) 185
Rahmen, Lokomotiv- 212
Rainhill, Wettkampf bei 66
»Rakete« (Lokomotive) 63
Ramsbottomscher Fülltrog 230
Rangieren, siehe Verschieben
Rathenau 531
Rauchkammer 210
Rauchverbrennung 238
Regelspur 93
Reglerhebel 245
Reichskursbuch 463
Reisegeschwindigkeit 470
Reynolds 79
Riggenbach 481
Rimrott 228, 233
Roentgen, Gerhard Moritz 232
Rollböcke 302
Ruhesignal (Bayern) 389
Rundkehren 161

Saalwagen 267
Sandkasten 248
Sattelschiene 82
Savery 31
Scharfenberg-Kupplung, Selbsttätige 312
Scharrer 102
Schiebebühnen 190
Schiene, Doppelköpfige 82
Schiene, Entwicklung der 79
Schienen, Herstellung der 175
Schienennägel 181
Schienenstoß 87, 183
Schienenstromschließer 397
Schlafwagen 266

Schleifenbildung 161
Schleppweiche 91
Schlittenbremse 315
Schmidt, Wilhelm 234
Schneepflüge 454
Schneeräumung 457
Schneeschleuder 455
Schneeschutz 142
Schneeverwehungen 453
Schnellbahn-Bremse 335
Schnellbahnen der Zukunft 531
Schnellfahrversuche 531
Schranken an Überwegen 451
Schraubenkupplung 308
Schutzschienen 186
Schutzweichen 384
Schwebebahn, Elberfelder 495
Schwellen, Eiserne 85, 175
Schwellen, Hölzerne 78, 79, 84, 174
Schwellen, Stein- 79, 84
Schwellen, Tränken der 175
Schwellenschiene 82
Schwellenschrauben 181
Schwellenteilung 175
Seilbahnen 492
Seil-Schwebebahnen 493
Selbstentlader 297
Semmeringbahn 161, 168
Sicherheitsventil 247
Siemens, Werner 421
Signale 378
Signale am Zug 415
Signale auf der Lokomotive 428
Signalordnung 389
Simplontunnels, Bau des 170
Sonderzüge 443
Spannvorrichtungen 406
Speicherwagen 501
Speisevorrichtungen 246
Speisewagen 268
Speisewasser-Vorwärmer 237
Spezialwagen 352
Spitzkehren 159
Sprengring 223
Spurerweiterung 187
Spurmaß 188
Spurweite 91
Staatsbahnwagen-Verband, Deutscher 349

Stammwagen 340
Stationswagen 353
Statistisches 19
Stehbolzen 207
Stellwerke 384, 411
Stellwerke, Elektrische 413
Stemmlaschen 184
Stephenson, George 46
Stephenson, Robert 48, 146
Steuerung, Lokomotiv- 216
Stevens 82
Stockert, von 422
Stockton-Darlington 52
Stopfen des Gleises 189
Stoß 88, 183
Stoßfanglasche 183
Stoßlückenbleche 189
Strahlapparat 244
Streckenbewachung 450
Streckenläufer 451
Streckenläutewerke 421, 451
Streckenunterhaltung 459
Strickland 82
Strub 485

Tay-Brücke 149
Telford 144
Tender 229
Tiefladewagen 296
Tränken der Schwellen 175
Treibachsen, Einstellbare 228
Trevithick 34
Triebwagen 499
Triebwerk 204, 214
Tunnel 157
Tunnel, Höhenlagen der größten 167
Tunnel, Längen der größten 168
Tunnelbau 168
Tunnelunterhaltung 458
Tunnel zwischen Bahnsteigen 366

Überdachung der Bahnsteige 369
Überhöhungen im Gleis 187
Umgrenzung des lichten Raums 139
Umsetzwagen 301
Unfälle 422, 445
Unterbau 138
Unterlagsplatten 86, 180

Verbund-Lokomotive 231
Verdübelung 174
Verein deutscher Eisenbahnverwaltungen 124
Vereinslenkachsen 261
Verschiebebahnhöfe 354
Verspätungen 443
Verstärkungswagen 340
Vitznau-Rigi-Kulm 483
Vivian 36
Vorsignale 390

Wagen 22, 259, 288
Wagen, Beleuchtung der 55, 281
Wagen, Heizung der 279
Wagen, Unterhaltung der 459
Wagenbeistellungsberatung 345
Wagenklassen 272
Wagenumlauf 342, 349
Walzschiene 81
Wandern der Schienen 183
Wärmelücken 180
Wärtersignale 415
Wasener Doppelschleife 164
Wasserkräne 361
Wasserstandsglas 246
Wassertürme 360
Watt 31, 33
Weber 13, 146, 241
Wechselstoß 90
Wegübergänge 451
Weichen 90, 191

Weichen, Auffahren der 410
Weichen auf Seilbahnen 493
Weichen auf Zahnbahnen 486
Weichenlaternen 410
Weichenriegel 409
Weichensicherung 402
Westinghouse-Bremse 329
Wilson, Lokomotivführer 103
Winkelschiene 79
Wippbrücke über den Trollhätta-Kanal 156
Wirkung der Eisenbahn 18
Wittfeld 502, 518

Zahnbahnen 477
Zahnstangen 485
Zahnstangeneinfahrten 491
Zangenbremse 485
Zugabrufer, Elektrischer 430
Zugarten 470
Zugbildung 338
Zugbildungspläne 342
Zugfolgestellen 436
Zugführer 435
Zugkraft der Lokomotiven 227
Zugmeldestellen 436
Zugnummern 466
Zugschluß-Signal 411
Zugstange 309
Zweikammerbremse 323
Zylinder, Lokomotive- 214

Unveränderter Nachdruck der Ausgabe
des Albert Langen Verlags, München 1918,
für Verlagsgruppe Weltbild GmbH, Steinerne Furt, 86167 Augsburg
Umschlaggestaltung: Andreas Rödig, Atelier Lehmacher, Friedberg (Bay.)
Umschlagmotiv: vorne: AKG, Berlin; hinten: Archiv Lehmacher
Gesamtherstellung: Offizin Andersen Nexö Leipzig GmbH,
Spenglerallee 26–30, 04442 Zwenkau
Printed in Germany
ISBN 3-8289-5391-3

2006   2005   2004   2003
Die letzte Jahreszahl gibt die aktuelle Ausgabe an.

Einkaufen im Internet: *www.weltbild.de*